经济学分析方法
在欧盟企业并购反垄断审查中的适用

THE ECONOMIC ASSESSMENT OF MERGERS UNDER EUROPEAN COMPETITION LAW

[英]Daniel Gore [英]Stephen Lewis
[意]Andrea Lofaro [荷]Frances Dethmers 著
黄晋 韩伟
解琳 柏勇 译
朱忠良 审校

法律出版社
LAW PRESS·CHINA

This is a Chinese edition of the following title published by Cambridge University Press: Economic Assessment of Mergers under European Competition Law by Daniel Gore, Stephen Lewis, Andrea Lofaro, Frances Dethmers, ISBN: 9781107596146

著作权合同登记号
图字：01-2016-1134

推 荐 序

经营者集中控制是反垄断法的核心制度之一。从我国《反垄断法》生效至2016年年底，商务部审查经营者集中案件近1600起，其中禁止2起，附条件批准28起。鉴于我国有着广阔的市场，世界500强企业和大跨国公司大多在我国市场上开展生产经营活动，我国《反垄断法》与美国反托拉斯法和欧盟竞争法一样，已经成为全球最具影响的反垄断法之一。毫无疑问，反垄断执法机关审查经营者集中需要经济学分析。一般来说，只有通过界定相关市场，评估交易方的市场力量并分析影响市场竞争的其他各种因素后，执法机关方可认定一个集中是否可能产生或者加强市场支配地位，或者是否产生严重的竞争损害。除了企业并购，审理垄断协议和滥用市场支配地位的案件通常也要进行经济分析，因为这些案件同样需要界定相关市场，评估市场行为对市场竞争可能产生的限制性影响。一言以蔽之，既然反垄断法的目的是反对垄断和保护竞争，既然垄断和竞争都是经济现象，那么反垄断案件的审理就不能不进行经济学分析。

为了提高我国反垄断执法队伍进行经济分析的专业技能和水平，我郑重地向大家推荐英国剑桥大学出版社2013年出版的《经济学分析方法在欧盟企业并购反垄断审查中的适用》一书，该书的四位作者都是在反垄断领域有着丰富实践经验的经济学家。本书以欧盟竞争法实践为视角，全面且生动地阐述了欧盟企业并购反垄断审查中的经济学分析方法，包括相关市场界定的经济学原理和技术方法、横向并购审查中的单边效应和协同效应、非横向并购审查中的封锁效应和传导效应等。本书第一个特点是，在阐述欧盟企业并购反垄断审查的经济学分析和证据使用方法时，结合了作者咨询和处理过的大量案例，增强了本书的实用性。本书第二个特点是，结构和逻辑十分清晰，内容简明扼要，分析问题深入浅出。即便对于缺乏经济学专业知识的反垄断执法官员、学者和律师来说，这本书也称得上通俗易懂，是一部普及反垄断经济学知识和推广反垄断经济学分析方法的上乘之作。随着我国反垄断执法精细化的水准越来越高，深入理解反垄断经济学分析的原理和熟练掌握各种经济学分析的方法,应当成为我国反垄断执法队伍所应具备的一种能力。

承担本书译校工作的是我国反垄断领域几位优秀的青年专家。朱忠良、解琳、黄晋和韩伟四位博士毕业于中国社会科学院,他们都是我的学生。前两位具有企业并购反垄断审查的实务工作经验,后两位是我国反垄断理论界研究企业并购制度的佼佼者。柏勇律师来自国际声望很高的高伟绅律师事务所,他本人在企业并购方面有着丰富的实务经验。这样一个在反垄断领域既有理论知识又有实务经验的译校团队,可以确保本书的翻译质量达到"精准"水平。

反垄断法的企业并购控制一直是我重点研究的领域,20 世纪 80 年代,我在德国留学的博士学位论文就与这个题目相关。我高兴地看到,随着我国反垄断执法的不断深入,我国反垄断法研究在各个领域(包括并购控制在内)出现了一大批优秀成果。本书作为一部译著,毫无疑问也是我国反垄断法研究的一个重要成果,因为这样的译著有助于我们学习发达国家的反垄断司法机构在案件审理和进行经济学分析时的智慧和经验,从而有助于提高我国反垄断案件执法的合理性和科学性。我也衷心地希望我国反垄断学人发表和出版更多和更好的优秀成果,为完善我国竞争立法、有效实施反垄断法、推动我国竞争文化和推进竞争政策作出更多的努力和更大的成绩。

是为序。

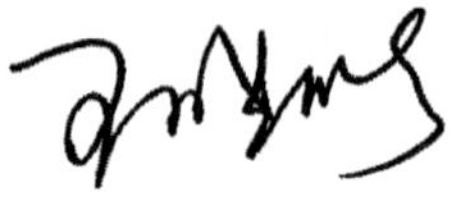

2017 年 3 月 15 日

致　谢

本书的撰写得到了很多人士的协助和支持。Daniel Gore、Stephen Lewis 和 Andrea Lofaro 在本书中所引用的诸多材料，皆需感谢 RBB Economics 的同事的协助。特别鸣谢 Derek Ridyard、Simon Bishop 和 Simon Baker，与他们共事令作者获益良多——本书中许多对经济和政策问题的洞见都源于他们的启发。Frances Dethmers 对其在高伟绅律师事务所（Clifford Chance）的同事致以诚挚的谢意，尤其是 Tony Reeves、Heleen Englelen 和 Adam Dawson 的无私支持。此外，还要感谢 Julianne O'Leary、Jürgen Schindler、Julia Holtz、Kylie Sturtz 和 Barbara Nijs 等同行人士的努力，让竞争法的发展更加激动人心。同样需要特别感谢的还有 Luc Peeperkorn（欧盟竞争总司）和 Ali Nikpay（公平交易局），有二位作为职业生涯初期的导师是无比幸运的。

我们同样感谢 Adrian Majumdar、Iestyn Williams、Sam Brown、Alan Crawford、Chris Doyle、Paul Hutchinson、Daria Prigioni 和 Toby Watt 对本书诸多章节进行了审阅，并提出众多宝贵的观点、意见和建议。Joan de Sola-Morales 协助对一系列案例进行了检索和阐述。Stephanie Bouchet、Ina Esser 和 Alicia Fecci 对本书中的图表的处理使得本书的专业性得以保证。感谢 Florentin Genthon、Julie Lassebie、Louise Lee 和 Michael Lewis 对本书的验校和对诸多措辞的建议。高伟绅律师事务所的 Monica Michiels van Kessenich 和 Chantal Roosseleers 对本书的整体排版（包括所有引注的完善）付出了巨大努力。

特别鸣谢 Nicholas Levy 为本书撰写前言，以及 Simon Baxter、Fiona Carlin、Jeffrey Church、Claire Jeffs、Frederic Louis 和 Frank Verboven 对本书的鼓励和认可。

我们还要感谢剑桥大学出版社的 Kim Hughes 以及她的同事们在过去两年中持续不断的帮助，而且在我们无数次推迟时间表后依然没有失去耐心。

最后，我们希望感谢 Katy、Daria、Jane 和 Hilde 对我们在无数夜晚和周末因准备本书而无法陪伴的理解，以及在整个过程中的无私支持。

我们将本书献给我们的父母。

前　　言

如今,很难想象,1990 年迎接欧共体《合并控制条例》(Merger Regulation)[1]颁布之前,人们那种蕴含着期盼、忐忑而又激动、欣喜的心情。面对悬而未决的各种问题,欧委会通过《合并控制条例》,重点解决了两个核心问题:一是对符合申报标准企业并购的相关市场如何界定;二是对与之相关的实质性问题如何审查。尽管《合并控制条例》明文规定,审查企业并购时应着重分析对市场竞争产生的影响,但是,在使用经济学和经济学家方面,欧委会当时尚处萌芽阶段。主要表现在以下方面:一是拥有经济学教育背景的执法人员凤毛麟角;二是绝大部分所谓外部顾问对反垄断经济学原理和基本概念也并不熟悉;三是在企业并购审查中应用经济学分析方法和调查技术手段的案例极为罕见。由此可见,在欧盟企业并购审查执法实践中,经济学分析究竟应扮演什么角色、应发挥什么样的作用这一根本问题并未得到解决,而这也确是当时的真实情况。

审查企业并购或其他形式经营者集中时,起初是在相关市场界定方面,随后逐渐扩大到横向和非横向竞争效果分析方面,欧盟开始尝试更为精细、更为量化的经济学分析方法,逐渐将审查结果建立在扎实的经济证据和可靠的调查技术基础上,使之禁得起熊彼得(Joseph Schumpeter)所说的"经济学原理冷酷而坚硬的检验"。到了 2003 年和 2004 年,欧洲法院推翻的欧委会企业并购审查决定接踵而至,为了扭转这种被动局面,欧委会采取了一系列应对措施,不仅颁布了横向并购指南,而且还任命了首席经济学家,并由此正式确认了经济学和经济学家在欧盟企业并购审查中所发挥的核心作用。此后,有关企业并购审查的欧委会决定逐渐建立在坚实的数据和经济分析基础之上。

1　欧委会于 1989 年通过首个《合并控制条例》(1990 年生效),并于 2004 年通过了新的《合并控制条例》。为便于读者区分,后文将 1989 年通过的条例译为《合并控制条例》(1989 年),将 2004 年通过的条例译为《合并控制条例》。——译者注

本书堪为一本非常好的教科书，不仅内容完整，而且结构精美。无论是在校学生、专业律师还是经济学家、执法人员，均可从中学到欧委会根据《合并控制条例》审查经营者集中时使用的经济学分析工具及其应用方法。无论是界定相关市场，还是对单边、协调、纵向乃至混合型竞争影响进行分析，本书都对所使用的实证技术进行了简明扼要的描述。为了便于理解，每一章都采用如下体例：在操作层面描述具体审查方法之前，先对其中蕴含的基本原理做出清晰、明确而透彻的说明。为了便于理解，本书在论述基本理论时多处采用了图表。此外，笔者利用自身积累的丰富实践经验和真知灼见对具体案件做了详尽分析，其中包括发生在最近10年来的几起经典案例：*Nokia/Navteq*，*Sony/BMG*，*Google/DoubleClick*，*Statoil/JET*，*ABF/GBI Business*，*Oracle/Sun Microsystems* 以及 *Gas Natural/Endesa*。针对企业并购审查中遇到的纷繁复杂的实质性问题，如何合理使用定量分析方法成功找到答案，本书提供了权威性指导。在我看来，或许这才是本书的精华所在。

如今，在欧盟并购审查方面，想要成为一个合格的专业人员，不很好地掌握经济学知识是绝对不可能的。本书恰恰提供了这样的经济学知识。这是一项令人望而生畏的巨大成就，也是一部价值连城的杰作。Daniel Gore、Stephen Lewis、Andrea Lofaro 和 Frances Dethmers 合著的这本反垄断参考书，可谓精美绝伦。

Nicholas Levy

2012 年 12 月

Jeffrey Church 教授对本书的评论

这是一本全面而富有洞察力的专著,巧妙而睿智地将相关经济学理论和竞争经济学实务相结合是本书鲜明的特色。

过去十年,经济学的变革促使欧洲合并执法政策转型,而本书的作者一直处于这场变革的最前线,他们在这一过程中所积累的学识和经验都在本书中得以体现。

通过对现代合并执法政策所依托的经济学概念的全面探讨,以及实务中对梳理和评估合并(无论是横向、纵向或混合合并)的竞争效果的证据时所采用的实证技巧和方法进行的阐述和评估,本书的作者为全球的竞争政策执法界做出了切实而宝贵的贡献。他们通过对欧委会在合并案中对相关分析方法的实际运用的敏锐探讨,清晰地将论述重点放在了竞争政策"是什么"。

本书必将成为初识合并政策执法实践的错综复杂的新手需要随时翻看的参考资料,也同样适用于经验丰富的人士。

Jeffrey Church 教授
卡尔加里大学
2012 年 12 月

目　　录

导　论

1. 本书的写作目的及范围

本书的写作目的是为从事适用欧盟竞争法处理企业合并案件的实务工作者提供支持与协助。本书针对的主要对象是那些没有经济学教育背景的律师，通过阅读本书，他们能够对分析并购竞争影响的经济学理论、分析方法及其使用的证据有一个最基本的了解。同时，我们也希望，本书对那些愿意了解经济学在企业合并审查实践应用的经济学家有所帮助。本书所要达到的目标可以概括为如下几个方面：一是帮助读者了解与具体案件有关的经济学概念；二是识别与该案相关的经济学分析模式及其使用的相关证据；三是了解合并方及其顾问如何有效进行分析和证据准备；四是对合并方或竞争执法机构所提供的经济学证据进行严格评估。

为了实现上述目标，根据并购申报需要解决的问题类型，我们设计了本书的框架结构。讨论每类问题及其相关证据和分析模式时，都通过设立专门章节集中讨论。之所以采用这种方法，主要是为了方便读者，使之根据并购类型和相关问题能够快速找到本书中的相关内容。

第二章集中讨论了市场界定（market definition）的基本原理。市场界定指的是一种分析框架，用于识别彼此之间能够施加竞争约束的企业、产品或地域。因此，市场界定是各种反垄断执法需要考虑的核心要素。对于企业并购来说，市场界定为调查企业所有权变化产生的竞争影响提供了分析的起点。为了便于理解企业并购审查中涉及的市场界定问题，第二章简要介绍了欧盟委员会使用的证据和分析方法。
和分析方法。 1

第三章集中讨论了单边效应（unilateral effects）。这是在横向合并背景下经常会遇到的一种损害理论。合并使两个企业合为一体，从消费者角度来看，如果各自产品之间具有重要的替代性,单边效应就有可能产生削弱竞争的消极效果。第三章对评估单边效应时需要考虑的一系列因素进行了描述,考察了分析横向并购单边效应时使用的各种分析方法和证据。

第四章集中讨论了协调效应(coordinated effects),这是一种在横向合并中比较少见的损害理论。产生协调效应时,企业合并导致市场条件发生如下变化:合并双方彼此心照不宣就能够限制竞争,通过涨价实现共同赢利。第四章讨论了如下三个问题:一是根据经济学预测,判断协调效应可能性大小时需要考虑的具体因素;二是对欧盟委员会为审查协调效应建立的分析框架进行深入讨论;三是对上述框架下欧盟委员会考虑的证据形式进行了详细描述。

第五章探讨了非横向合并(non-horizontal mergers)。与横向合并截然不同,非横向合并关注的不是消费者认为具有替代性的产品,因此合并双方之间存在的直接竞争约束并没有被消除。非横向合并包括两类:一是纵向合并(vertical mergers),合并双方处于同一供应链上不同环节;二是混合合并(conglomerate mergers),合并双方在不同市场和供应链上从事经营活动。虽然与横向合并相比,非横向合并所产生竞争关注的频率不高,但在有些情况下也可能导致企业从事封锁行为(foreclosure),即通过打击竞争对手而削弱竞争。第五章讨论了非横向合并适用的各种封锁理论模型,欧盟委员会评估封锁效应使用的分析框架,以及审查竞争影响时使用的证据类型。

围绕经济分析和证据的作用,本节简要介绍了欧盟委员会审查企业并购的基本框架。第二节列举了欧盟企业并购审查标准、委员会调查程序以及相关申报规则。第三节围绕过去5年经济分析在欧委会执法中运用和重要性日益增强的实
2 际情况,继续讨论经济学在欧盟并购分析中的作用。第四节介绍了支撑并购控制的核心经济学原理。讨论了产业组织(industrial organisation)的核心概念,为企业行为和市场结构的经济分析提供了基础。运用产业组织理论分析现实经济生活中特定行业中特定企业合并的竞争影响,就是运用经济学方法的精髓所在。

仅仅依靠理论,通常不足以对企业合并可能产生的竞争影响得出明确的结论。尽管经济学理论往往能够指明不同变量之间关系的基本**方向**(比如,某个产品的价格和需求之间的关系),但却无法指明这种关系的**强度**。对这种经济关系的强度进行评估,必须使用计量经济学数据,结合交易涉及的具体行业和具体企业,并根据交易当时所处的具体环境,进行具体分析。

2. 法律框架和欧委会执法程序

2.1 《合并控制条例》

欧委会《合并控制条例》[1]为欧洲企业并购监管提供了法律依据。作为《合并控制条例》适用对象，“经营者集中”指的是“导致相关企业相互控制关系发生持久性变化，且进而导致市场结构发生持久性改变的交易行为”，既包括合营，也包括合并和收购。[2]

《合并控制条例》承认，在一定范围内，欧盟对这类集中持欢迎态度，但必须满足如下条件：“一是有助于提升欧盟产业的竞争力，二是改善经济增长条件，三是提升欧盟成员的生活水准。”[3]然而，《合并控制条例》也指出，批准合并必须满足一个基本前提：“不得对竞争造成持久性损害。”此外，欧盟还明确了一项基本法律 3
原则，对“可能严重阻碍有效竞争的经营者集中加以规范，不管这种问题发生在整个欧盟共同市场还是其中的某个重要组成部分”。[4]

《合并控制条例》赋予了欧盟欧委会对符合如下两个标准的交易享有独家管辖权：一是导致相关市场结构发生重大改变；二是该种变化产生的影响超出了欧盟任何一个成员的国界。[5] 其影响范围仅限个别成员国境内的交易，由相关成员国竞争执法机构负责管辖。[6]

《合并控制条例》对欧委会执法机构的审查对象作出明确限定，要求必须达到规定的营业额标准，只有达到这些标准的经营者集中才被认为产生了“共同体影响”。[7]

---

1 Council Regulation (EC) No. 139/2004 of 20 January 2004 on the control of concentrations between undertakings (the EC Merger Regulation), OJ L24/1, 29 January 2004.

2 《合并控制条例》，第 20 段。

3 《合并控制条例》，第 4 段。

4 《合并控制条例》，第 5 段。

5 《合并控制条例》，第 8 段及第 9 段。

6 《合并控制条例》，第 8 段。

7 《合并控制条例》，第 9 段及第 10 段。

具有共同体影响的集中必须同时满足以下条件：[8]

> (a)参与集中的所有企业在全球范围内的累计营业额超过50亿欧元；(b)其中至少有两个企业在欧共体范围内各自营业额分别超过2.5亿欧元，但是，该营业额的三分之二不得来自同一成员国。

从经济学的角度来看，合并审查需要考虑的最重要的因素是对竞争影响的关注。《合并控制条例》确立了**实质性妨碍有效竞争(Substantial Impediment to Effective Competition，SIEC)**的概念，并将其作为审查集中的标准。根据《合并控制
4 条例》，“在整个共同市场或其中的一个主要部分，任何可能产生严重阻碍有效竞争效果的经营者集中，均应当被认定为与共同市场无法兼容”。[9]

SIEC概念的出现意味着欧盟放弃了1989年首次颁布《合并控制条例》时设定的审查标准：[10]“在整个共同市场或其中的一个主要部分，任何产生或加强市场支配地位并因此导致有效竞争受到严重阻碍的经营者集中，均应当被禁止。”[11]

显然，2004年《合并控制条例》确立的审查标准比《合并控制条例》(1989年)曾经规定的标准更为宽松。尽管两种标准均包括“对有效竞争构成严重或实质性阻碍”这一共同因素，但是，后者还包括了一个额外因素——“产生或加强市场支配地位”，而这是前者所没有的。

有些人士认为，《合并控制条例》(1989年)有关“市场支配地位”的要求容易产生执法“漏洞”。当出现如下特殊情形时，条例可能禁止欧委会作出禁止决定：在一个寡头垄断行业，在没有任何一个企业享有市场支配地位的情况下，市场竞

---

8 《合并控制条例》，第1条，第2项。另外，满足以下条件的，具有共同体规模：

(a)所有相关企业在全球范围内的营业额之和超过25亿欧元；(b)至少有三个成员国，在其中每一个成员国境内，所有相关企业的总营业额超过1亿欧元；(c)在上述(b)所规定的至少三个成员国中的每一个成员国境内，至少两家相关企业中的每一家企业的营业额总和超过0.25亿欧元；且(d)至少两家相关企业中的每一家企业在共同体的总营业额超过1亿欧元的，但相关企业各自在共同体维度内的营业额的三分之二以上部分均来自于同一个成员国的除外。

见《合并控制条例》，第1条，第3项。

9 《合并控制条例》，第25段。

10 Council Regulation (EEC) No. 4064/89.

11 《合并控制条例》(1989年)，第24段。

争因并购受到削弱，消费者利益也会因此受到损害。[12] 但是，通过具体案例，欧委会创设了“联合支配”的概念。这个概念的功能在于，几个企业通过共谋协调各自行为。因此，使用“联合支配”之后，上述执法“漏洞”得到一定弥补，仅限于如下极为特殊的例外情况：企业并购不会产生协调效应，也不会导致某个企业单独拥有支配地位，但是存在通过单边效应削弱市场竞争的可能性。[13] 5

欧盟颁布 2004 年《合并控制条例》时，想通过某种措施解决这种“漏洞”，并对相关概念做出了如下解释：[14]

> 鉴于发生在寡头性市场结构中的经营者集中对竞争可能带来的不良影响，确保这类市场的有效竞争就变得尤其必要。在许多寡头性市场，企业之间的竞争程度处于一个健康水平。但是，在特定的情况下，如果合并消除了合并双方彼此向对方施加的重要竞争约束，减轻了对其他竞争对手施加的竞争压力，即便不存在寡头成员之间从事协调行为的可能性，仍然可能对有效竞争造成严重阻碍。SIEC 弥补了支配地位概念本身存在的缺陷，补充了一种特殊情况：不具有支配地位的企业之间集中时，通过非协调行为产生了排除限制竞争效果。

然而，自执行新的 SIEC 标准以来，欧委会的执法实践表明，企业并购审查适用“支配地位”旧标准产生的执法“漏洞”比当初想象的要小得多。[15] 2006 年 4 月发表的一篇文章对此作出了明确说明。该文作者是欧盟委员会竞争总司前首席经济学家 Lars-Hendrik Röller 及其副手 Miguel de la Mano。通过对横向并购进行抽样研究，没有发现任何一起因执法“漏洞”而逃脱审查的典型案例，尽管他们认为有一起纵向合并案（*E. ON/MOL*）[16]可能属于根据《合并控制条例》（1989 年）无

12　寡头市场是指有存在数量较少的相互竞争的提供商的市场，这些企业有能力影响价格并且在决定自己的策略时考虑竞争对手的行为（区别于教科书中的完全竞争情形，完全竞争情形中无法决定价格而必须根据市场来定价，否则将没有销量）。现实中，几乎所有对竞争法有意义的市场都是寡头市场。

13　有的观点认为欧委会在共同支配地位的基础上禁止 *Airtours/First Choice* 案的决定可能是为了弥补《合并控制条例》（1989 年）的缺口而做出的努力，见 M. Motta (1999) ‘EC Merger Policy, and the Airtours case’，载 http://people.exeter.ac.uk/maf206/motta_1999.pdf。

14　《合并控制条例》，第 25 段。

15　See A. Lofaro and D. Ridyard, ‘The Role of Economics in European Merger Control’, published in N. Levy, *European Merger Control Review-A Guide to the Merger Regulation* (LexisNexis, 2011).

16　Case COMP/M. 3696-E. ON/MOL, Commission decision of 21 December 2005.

法进行挑战的案例。[17]

此后，与执法“漏洞”问题有关的案例非常少。较为典型的只有两起。一是 *T-Mobile Austria/Tele. ring* 案[18]。在奥地利移动通信行业，排名第二和第四的两大大网络运营商进行了合并，欧委会认为，即便合并后的实体的市场份额只占三
6 分之一，没有达到市场支配地位的标准，但仍会产生阻碍竞争的不利效果。二是 *EDF/Segebel* 案[19]。EDF 收购了比利时第二大电力运营商 SPE 的多数股权，虽然合并后的实体在比利时电力批发市场所占份额仅为 10% ~20%，远没有达到支配地位的标准，欧委会还是要求双方进行重大的剥离。在这两个案件中，欧委会认为，并购消灭了竞争对手，而其竞争实力被其市场份额大大低估了。

2.2 申报和审查程序

对《合并控制条例》规定的企业合并申报和竞争影响审查进行详尽的说明，不是本书的目的。但是在本节，我们想简要介绍一下，欧盟并购审查过程中需要考虑的各种因素和时间表，希望对那些不熟悉欧盟并购审查程序的读者有所帮助。

《合并控制条例》所管辖的企业合并由欧盟竞争总司（Directorate-General for Competition，DG COMP）负责审查。对符合共同体维度的集中，《合并控制条例》确立了一套严格的强制申报制度：[20]

> 对于达到共同体维度的合并，在达成协议、宣布公开竞标收购或取得控制权益后，相关企业必须履行事前申报义务。具体而言，满足下列条件时，只要集中具有共同体纬度的申报标准，相关企业就应事前履行申报义务：相关企业向欧委会不仅表达了集中签订协议的意向，还通过特定方式表明了为集中制订的具体计划，如企业之间达成原则协议，签订备忘录，签署意向书，或者，在公开投标时，有关企业公开参与竞标的
> 7 意图。

---

17 See L. -H. Röller and M. de la Mano, “The Impact of the New Substantive Test in European Merger Control” (2006) 2(1) European Competition Journal 9.

18 Case COMP/M. 3916-T-Mobile Austria/Tele. ring, Commission decision of 26 April 2006 (2007 OJ L88/44).

19 Case COMP/M. 5549-EDF/Segebel, Commission decision of 12 November 2009.

20 《合并控制条例》，第 34 段。

通常通过填写标准申报表,相关企业向欧委会履行申报义务,该表被称为**CO表格(Form CO)**[21]的标准申报表格。CO表格的目的是,提供有关集中交易的具体信息,以便欧委会进行竞争影响评估。CO表格要求提供的信息包括如下几个方面:有关交易各方及其所有权结构的信息、集中交易的细节、相关内部文件、对交易所影响到的相关市场界定以及这些市场内部的竞争结构。

欧委会收到内容完备的CO表格之日,申报正式生效,审查程序即正式启动。因此,在原则上讲,CO表格表明欧委会与合并各方进行的第一次接触。不过,实践中,对于可能产生竞争关注的集中,交易各方通常会与欧委会在申报之前进行商谈。在申报正式生效之前,收到CO表格草稿之后,欧委会通常会发表评论,让申报方了解在哪些方面需要作出进一步的解释、证据或分析,以便消除欧委会的竞争关注。

申报一旦生效,欧委会开始**第一阶段**初步审查,为期25个工作日。经过审查,如果欧委会发现竞争问题,相关企业针对竞争问题作出**承诺**(也称为救济),可以将第一阶段审查时间延长至35个工作日。经过审查,欧委会必须作出判断,集中交易是否对竞争效果产生严重担忧。为作出这种判断,欧委会将考虑各方在CO表格中提供的相关信息以及相关各方针对欧委会在申报生效之前问卷所作的回复。尤为重要的是,通过独立**市场调查**,向受交易影响的相关第三方(主要是消费者,但也包括竞争对手)征求意见和收集证据,以便对交易各方提交的材料进行补充。

由于时间有限,在初步审查阶段,欧委会通常不会进行详细或复杂的经济学分析,而是将审查重点放对交易各方和相关第三方提供的信息进行深入分析,以便发现可能存在的竞争关注。不过,如果在申报之前各方已经与欧委会就竞争影响进行充分讨论,欧委会将对各方提供的经济学证据和分析结果也会进行认真考 8
虑。所以,特定情况下,在第一阶段,对经济学证据进行详细而复杂的分析是可行的。

在根据《合并控制条例》第6条,欧委会做出审查决定后,第一阶段审查终止。对于绝大多数案件,由于没有竞争担忧,根据第6(1)(b)条,欧委会作出批准决定。如果最终的批准决定以集中各方所做出的承诺为前提,根据第6(1)(b)条和

21　CO表格见Commission Regulation (EC) No. 802/2004 implementing Council Regulation (EC) No. 139/2004的附件。

第 6(2)条,欧委会作出附条件批准决定,将集中各方所作出的承诺作为批准的前提条件。根据第 6(1)(b)条做出批准决定后,集中各方可以实施集中。

第一阶段调查结束后,如果认为交易可能对竞争产生严重损害,欧委会将根据第 6(1)(c)条作出决定,对申报案件进行**第二阶段**审查。第二阶段审查时间为 90 个工作日,如果各方提出承诺的时间较晚,在第二阶段开始 55 天后,那么第二阶段审查时间可以延长至 105 个工作日,特定情况下,如果欧委会与各方达成共识,也可以多延长 5 个工作日,延长至 110 个工作日。

在第二审查阶段,为了收集大量证据,欧委会通常会对第一阶段发现的竞争问题进行更为详尽、深入的调查。第二阶段时间相对较长,为审查提供了充足时间,欧委会可以对交易各方提供的详细信息和复杂的经济证据进行详尽分析,并对竞争影响独立进行经济学分析。如果欧委会调查时使用了第三方提供的信息,那么在满足适当保密信息的前提下,欧委会可以采取数据库方式,允许集中各方的法律顾问查阅数据库信息、委员会对数据的评论,以及委员会执法人员进行的分析或第三方提供的意见。

第二阶段审查结束后,欧委会必须做出审查决定,判定交易是否符合《合并控制条例》第 8 条。通常情况下,在第二阶段调查结束时,欧委会可能会得出三种决定:一是根据第 8(1)条无条件批准;二是根据第 8(2)条附条件批准,通过所附加的条件解决欧委会认定的竞争关注;三是根据第 8(3)条做出禁止决定,认定交易
9 与共同市场不兼容。

当欧委会打算禁止或附加条件批准一项交易时,会在该判决前先发布一种特殊文件,被称为**异议声明**(Statement of Objections,SO),其中阐明欧委会做出该决定的主要理由。异议声明发布后,在正式判决前,允许交易各方针对欧委会的裁决进行抗辩,抗辩既可以以书面液可以以口头方式点。

图 1.1 总结了《合并控制条例》下的欧洲合并审查过程。

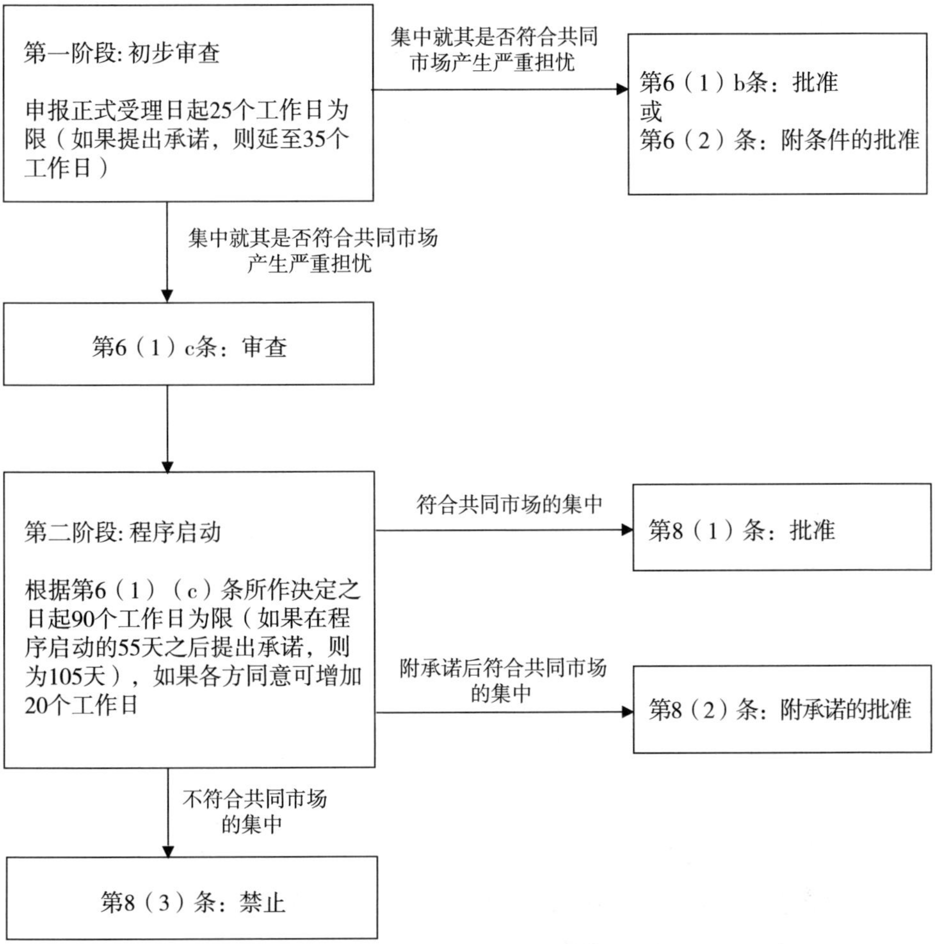

图 1.1　《合并控制条例》中的欧盟合并审查程序 10

表 1.1　欧委会根据第 6 条做出决定的合并案件的结果(2004 年至 2011 年)

	案件数量	占第 6 条案件的份额（%）
根据第 6 条做出的决定 …	2453	
…无条件批准	2271	92.6
…附承诺的批准	109	4.4
…启动了第二阶段程序的案件…	73	3.0
…撤销	15	0.6

续表

	案件数量	占第6条案件的份额（%）
…无条件批准	27	1.1
…附承诺的批准	28	1.1
…禁止	3	0.1

资料来源：欧盟欧委会数据。

表1.1总结了欧委会在2004～2011年的8年中根据第6条做出决定的合并案件的结果。

这些数据说明欧委会调查的大多数合并在第二阶段得到无条件批准。在第一阶段审查后，需要做出承诺或进入第二阶段审查的案件只占7.5%。还需要注意的是，很多进入第二阶段的案件最终也被无条件批准，约占三分之一，这足以说明一个道理：即便第一阶段发现竞争担忧，在第二阶段经过更加更详尽的审查后，也可能被消除。最后，表格还说明，向欧委会申报的交易中只有极小部分最终因
11 存在竞争问题而被禁止。[22]

3. 经济学在欧盟合并控制中的角色

过去十年中，欧盟的合并分析发生一次彻底的转型——欧盟竞争执法的每个方面都愈加依赖经济学。这种方式通常被称为“效果分析”，其分析重点是特定市场结构和企业行为对最终消费者利益带来的影响。与“效果分析”不同，“形式判断”方法根据已有规则对竞争影响进行分析，这些规则明确规定哪种形式的企业行为和市场结构是可以被接受的，哪些是不能被接受的。

比较而言，基于效果分析的竞争执法的不足是牺牲了形式判断所特有确定性。基于形式判断，企业能够很快明白某个特定行为（如提供忠实折扣或与供应商合并）是否会因为违反竞争法而招致干预；与之相关的对个案进行调查和分析

[22] 除了表格中列出的在近8年中观察到的3件禁止案件之外，可以推测在第二阶段撤销的15个案件中的一部分如果没有撤销，可能最终会被禁止；类似地，在第一阶段撤销的50个案件（未列入表格）中的一部分也可能会最终被禁止。虽然如此，欧委会审核的绝大多数案件都最终得到批准，并且大多数案件为无附加承诺的批准。

也给企业和纳税人带来更大负担。尽管如此,大家一致公认,运用经济学方法对具体的案件中竞争问题进行分析,更有可能避免竞争执法者不当问题,既可以防止干预过度,也可以防止干预不足,从而确保审查结果最有利于消费者的利益。

对于合并审查的背景,执法政策的调整最明显的效果体现在,执法机构不再过于依赖市场份额,而将可替代性、竞争的紧密程度等经济学概念作为审查重点。但是,侧重效果分析对非横向并购和横向并购的协调效应的评估产生的影响最大。过去十年,欧委会在这两个领域逐渐放弃使用清单和本身禁止原则。

从实务工作者的角度来看,无论是对于欧委会来说还是对于合并方来说,选择效果分析方法致使欧盟合并审查制度愈加依赖经济分析和证据。

针对普通法院推翻欧委会对 *Airtuors/First Choice* 案[23], *Tetra Laval/Sidel* 案[24]和 *Schneider/Legrand* 案[25]做出的禁止决定,为了解决在证据和分析方面遭受的失败,作为执法体制改革计划的一部分,2003 年竞争总司创设了**首席经济学家**这一 12
职位。首席经济学家领导一个由竞争经济学专家组成的团队——**首席经济学家团队**(Chief Economist's Team, CET)——为欧委会的反垄断执法中经济学理论和计量经济学工具的使用提供内部专业意见。在合并审查执法中,首席经济学家团队主要采取两种方式为案件审查小组提供技术支持:一是由首席经济学家团队为审查小组拟定的批准、附条件批准或禁止决定提供内部独立审核("制衡"功能);二是由首席经济学家团队直接参与正在进行的合并审查执法工作并协助帮助("支持"功能)。[26]

通过第一种角色,通过对经济学逻辑和证据支持力度进行内部审核,首席经济学家团队对欧委会近年来判决质量的提高发挥了重要作用。但是,从日常工作的角度来看,对参与合并的法律实务工作者影响更大且更为直接的是第二种功能。在其扮演支持角色过程中,首席经济学家团队将其成员直接派到到有复杂经济学或证据需求的审查小组。这种指派可以根据审查小组或首席经济学家的具

23　Case COMP/M. 1524-Airtours/First Choice, Commission decision of 22 September 1999.

24　Case COMP/M. 2416-Tetra Laval/Sidel, Commission decision of 30 October 2001.

25　Case COMP/M. 2283-Schneider/Legrand, Commission decision of 10 October 2001.

26　See L. -H. Röller and P. A. Buigues, 'The Office of the Chief Competition Economist at the European Commission' (Commission, May 2005).

体要求做出。因此,通常情况下,首席经济学家团队中的成员在最复杂和最具争议性的案件中扮演重要的角色,尤其是那些已经进入或有可能进入第二阶段审核的并购案件。

4. 基本的经济学概念

在本书中,在相应章节的开始部分,我们将介绍与每种合并和竞争损害理论相关的经济学概念及相关原理。不过有一些经济学概念是支撑所有合并审查的共同基础,在本节中我们会重点对如下几个概念进行简要描述:需求曲线、企业成本的本质和作用、理性利润最大化行为及市场控制力。

竞争经济学是产业组织学的一部分,后者是微观经济学的分支,关注的是企
13 业行为和市场结构。产业组织学的核心话题是面对其他企业和消费者的行为,理性企业会做出何种反应,以便实现利润最大化。

这个问题的分析需要统筹考虑企业成本条件、需求条件和企业间互动的本质。每个企业都被假定为会根据自身的成本条件和所面对的需求,结合其他企业追求利润最大化的决策,尽力实现自身的利润最大化。

竞争经济学是建立在对单个企业的动机和行为的分析,特别是在合并分析的基础上,两家或多家相互独立的企业通过合并受到共同控制后,在现有成本和需求条件下,企业现有动机和行为会发生什么变化。如下文将述,并购后企业动机发生的最重要变化,是通过参与并购的企业或受并购影响的企业面对的需求曲线变化实现的。

接下来的部分,对与竞争分析(尤其与合并分析)相关的基本经济学概念进行简要介绍。

4.1 需求曲线

企业所面临的需求取决于多种因素,包括企业产品的价格和属性、其他供应商产品的价格和属性、消费者的收入及品味偏好。经济学家将这些因素归结为需求曲线这个概念。需求曲线描述了这么一种关系:在其他因素(如产品属性和竞争者的价格)保持不变的情况下,一个企业在每个价格水平时实现的销量。图 1.2

绘制了一家装饰品制造企业 WidgetCo 的需求曲线。

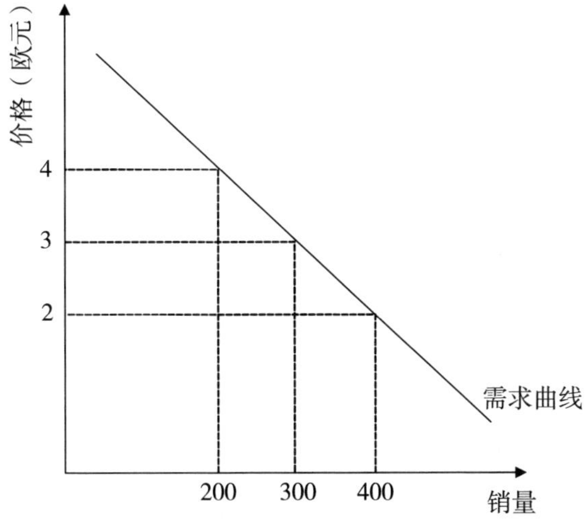

图 1.2　需求曲线示例

横轴代表了 WidgetCo 销售的装饰品的销量(q),纵轴代表了 WidgetCo 销售装饰品的价格(p)。需求曲线展示了这两个变量之间的关系,描述了在每个价格水平时 WidgetCo 销售产品的数量;或者,换个角度来看,销售一定数量的产品时所需的价格水平。

需求曲线向下倾斜,说明价格越高销量越低,反之亦然。这种反比关系在(几 14
乎)所有需求曲线中都是一样的。[27] WidgetCo 是一个“线性”需求曲线(一条直线),价格每变化 1 欧元导致销售额变化 100 个。

27　从理论上来说,某些商品的需求曲线可能呈现向上倾斜的趋势,也就是说更高的价格增加了产品的需求。(理论上)这样的商品被称为“吉芬商品”(Giffen Goods)。这类产品属于一类所谓“低档物品”(需求随着收入的减少而增加)的特殊例子。如果一种低档物品构成了消费者总支出的相当大一部分,该类商品价格的升高会使收入中可用于其他消费的支出减少,反而致使该商品本身的需求增加(需求与收入呈反比关系)。虽然其有明显的荒谬性,“吉芬商品”仍具有理论上的价值,因其不能被作为微观经济学理论基础的理性选择公理所排除。但是,他们和实践领域几乎没有关联。另一种需求曲线为向上倾斜的产品被称为“韦伯伦商品”(Veblen Goods)。这些商品在更高的价格时会吸引更多的需求,因为消费者们认为高价与更高的感知质量相关联,奢侈品(如香水)就是“韦伯伦商品”的代表。不过也有争议认为,虽然一瓶售价 100 欧元的香水可能会比一瓶化学成分完全相同但售价 10 欧元的香水具有更高的销量,但它们并不是同种产品,因为价格本身就是这类商品特征的一部分。我们并不能确定,如一瓶通常销售 100 欧元的香水如果因为促销而降价 5%,是否会因此而失去消费者。

我们将在下文利润最大化的决定中看出，企业将价格和产量的关系连同自身
15 的成本结合起来，以决定产品的价格水品（且因此得到产出）。因此，企业的行为取决于其面对的需求曲线所呈现的特征。

对竞争分析而言，需求曲线的一个关键因素是需求的**弹性**，通常用希腊字母 ε 表示。自身价格需求弹性衡量了一种商品价格变化时消费者通过需求作出响应的能力，也就是说，作为价格降低（提高）的结果，企业能期待增加（减少）多少的销量。[28] 自身价格需求弹性是需求变化比例与造成该需求变化的相应价格变化比例的比率，这一关系可以通过以下的公式来表达，其中的 Δq 表示需求数量的改变，q 是原始需求，Δp 是价格的改变，p 是原始价格：

$$\varepsilon = (\Delta q/q)/(\Delta p/p)$$

比如，如果价格提升 10% 将导致销量减少 5%，则弹性为 -5%/10%，或 -0.5。需要注意的是，因为需求曲线是向下倾斜的，自身价格弹性应总为负数。但是按照惯例，弹性通常用绝对值来表示（负号应被忽略），以上例子中的自身价格需求弹性应写为 0.5。

值得注意的是，在需求曲线上的不同点，弹性通常不同。[29] 的确，由于弹性是根据价格和数量变化的百分比而不是绝对数量计算而得，自身价格弹性在线性需求曲线的不同点通常都是不同的。这一点可以从 WidgetCo 的需求曲线中看出。在价格为 2 欧元的时候，WidgetCo 的销售量为 400。此时如果价格上涨 1 欧元，即价格变为 3 欧元，那么销售量将减少 100 个，即变为 300 个。故此处的弹性为 -25%/50%，即 0.5。

当价格为 3 欧元时，WidgetCo 能够销售 300 个单位的产品。在这个价格水平上，1 欧元的价格增加将导致需求减少 100 个。但此时价格的升高比率为 33%，而
16 需求的比率变化为 -33%，则此处的弹性为 1。

最后，当价格为 4 欧元时，WidgetCo 能销售 200 个单位的产品。由于需求曲线是一条直线，1 欧元的价格提升会再次导致 100 个单位的产品的需求减少（从 200 个到 100 个单位）。此时价格的升高比率为 25%，而需求的下降比率为 50%，

---

28 除了自身价格弹性，需求的交叉价格弹性衡量一种商品价格改变时另一种商品需求的变化程度，其与竞争分析也相关。详见第二章市场界定内容中对需求估算的讨论。

29 例外情形是固定弹性或等弹性的需求曲线，即指拥有特定形状的需求曲线，弹性不随着点在需求曲线上的变动而改变。固定弹性需求曲线将在附录 B 中展开讨论。

也就是说此时的弹性为 2。

因此，虽然 WidgetCo 的价格和需求呈线性关系，每 1 欧元的价格变化与 100 个单位的销量变化相对应，但是弹性根据其衡量的起点值而发生变化。WidgetCo 因此会随着不同定价水平而面临不同的需求弹性。具体来说，当价格低于 3 欧元时，WidgetCo 的需求弹性的绝对值小于 1，当价格高于 3 欧元时，需求弹性的绝对值大于 1。当价格刚好是 3 欧元时，需求弹性的绝对值刚好为 1。

当弹性的绝对值低于 1 时（也就是说，比 -1 更大的负数），需求被称为“缺乏弹性”或“相对缺乏弹性”。[30] 当一定百分比的价格变化导致的销量变化的比例小于该百分比时，需求是相对缺乏弹性的。

当弹性的绝对值大于 1 时（也就是说，比 -1 更小），需求被称为“具有弹性”或“相对具有弹性”。[31] 当需求相对具有弹性时，一定百分比的价格变化导致的销量变化的比例将会大于该百分比。在这两个区间中间点上的需求弹性（负数）被称为“单位弹性”。

通常情况下，在目前这个阶段，介绍边际收益的概念比较合适。边际收益是与销量对应的收入的变化率。企业增加一个单位产量的决定将从两个方面对收益产生影响。直接影响是出售额外的产品会使收入增多。但间接影响却是，为保证增产产品得以销售，企业必须下调**所有**产品的价格，因而会损失一定收入。边际收益的正负取决于这两种影响哪个更大。 17

我们在上文中指出，当弹性的绝对值低于 1 时，一定比例的价格变化会带来小于该比例的销量变化。因此，在需求缺乏弹性的区间，降价将**减少**总收入，因为降低价格带来的损失比增加销量带来的收益更大。我们因此可以得出，当需求缺乏弹性时，产出和收入的关系成反比意味着边际收益为负。

相反，当弹性的绝对值大时，一定比例的价格变化会带来大于该比例的销量变化。因此，在需求具有弹性的区间，降价将**增加**总收入，因为增加销量带来的收益比降低价格带来的损失更多。因此，当需求具有弹性时，产出和收入的关系成正比意味着边际收益为正。

边际收益因此随着产出的增加而下降。更具体地说，当需求具有弹性时，边

30　完全无弹性需求（$\varepsilon=0$）指的是需求曲线为一条垂直直线，代表着无论价格如何，市场需求不变。

31　完全弹性（$\varepsilon=\infty$）指的是需求曲线为一条水平直线，代表存在一种价格使企业能够销售任何数量的产品，但当价格高于这个水平时销量将为 0。

际效应曲线将位于零以上；当需求弹性为 1 时，曲线在需求弹性为单位弹性的点经过零；当需求缺乏弹性时，位于零以下。

图 1.3 表示了线性需求曲线中，需求弹性、边际效应和总收入的关系。

该图说明，在单位弹性的位置或边际收益为 0 时，总收入达到最大值。[32] 但是，这并不意味着企业运营的目标是达到其需求曲线上弹性为 1 的位置。追求利润最大化的企业必须将与产品价格及产量相关联的生产成本一同纳入考虑范围。

即使不考虑成本，我们也会发现，企业总会使其运营保持在需求曲线具有弹性的部分，换言之，边际收益为正值的部分。上述结论可通过分析一个在缺乏弹性的区间运营的企业的可选决策得出。当需求缺乏弹性时，价格增加毫无疑问会带来收入的增长，因为一定比例的价格提升只会带来相较更小比例的销量的下降。如果假设成本不会随着产量的减少而增加，那么收入增加的同时降低产量一定会提高收益率。在这种情况下，当企业面对缺乏弹性的需求（或边际收益为负）
18 时，其有提高价格的动力，并且会直到需求变为具有弹性之后的某个位置时才会停止提价（或边际效应变为正值时）。

32 边际收益为 0 时总收入达到最大值这一特征，不仅适用于线性的需求曲线，也适用于更普遍的情形。

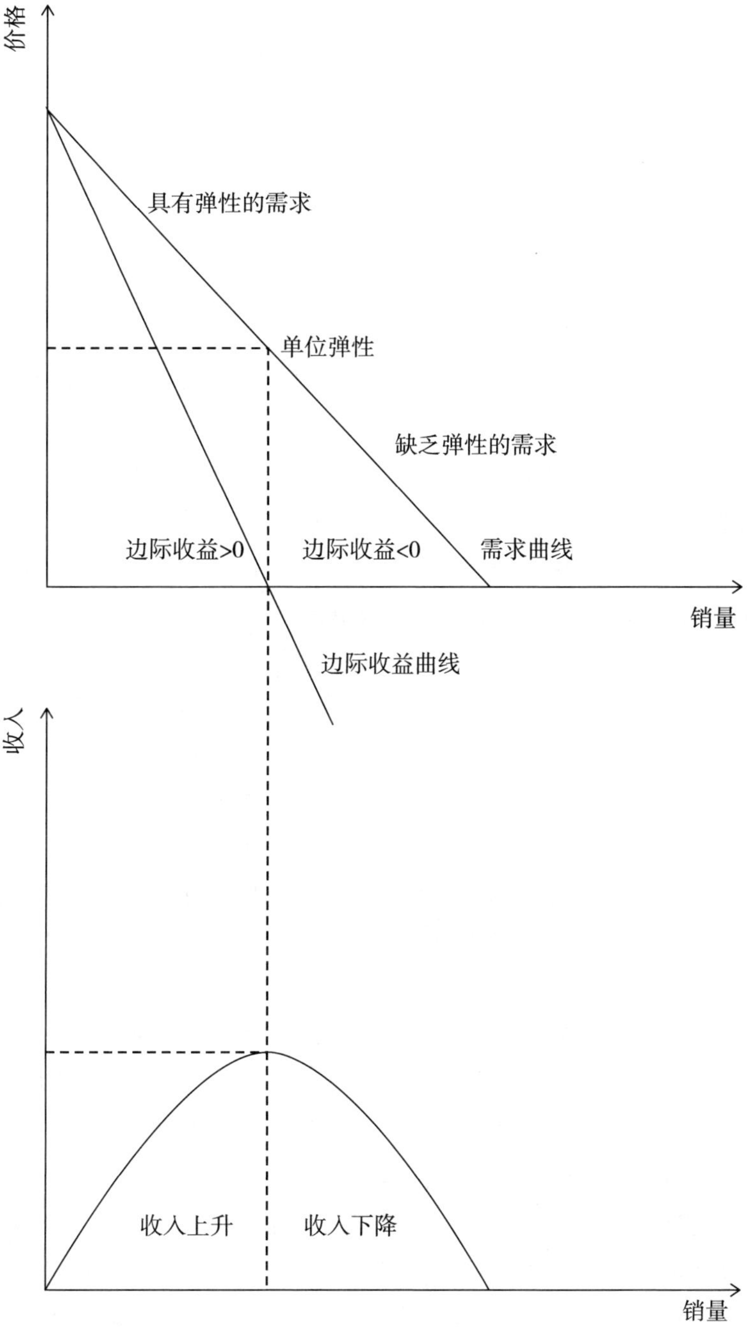

图 1.3　需求弹性、边际效应和总收入的关系 19

企业会选择在需求曲线的弹性范围内的哪一点运营,取决于对因为价格提升而失去的收入(上文曾述,在单位弹性的位置收入实现最大化)和因为相应的产量减少而节省的成本两者的权衡。如何寻找这些因素之间的最佳的平衡点将在下文利润最大化的部分讨论。但是在那之前,有必要先介绍成本曲线的概念。

4.2 成本曲线

成本曲线是用于总结企业成本随着产量的改变而变化关系的工具。成本曲线可以用数学公式或图表形式描述,并为计算成本达到最小值时对应的产量提供一种计算方法。

经济学家区分了两种基本的成本类型:固定成本和可变成本。**固定成本**是指不随产量的改变而变化的支出。某一企业固定成本的类型会因其经营活动和做出产量决定的时间范围的不同而有所不同,不过通常被认为是固定成本的项目包括租金和管理层人员成本。**可变成本**是指随着产量的改变而变化的支出,通常由制造每一个单位产品所对应的主要投入成本构成。

固定成本和可变成本的区别并非总是明确的,很多成本实际上是**半固定**的,在一定程度上随着产量而变化。较为典型的是员工成本,其性质更倾向于半固定。在产量的变化小时,企业一般不会调整其员工成本。一家五条生产线满负荷运营的企业,如果产量减少10%,该企业仍需继续运营这五条生产线并雇佣相应数量的员工。但是,如果产量下降20%,企业有可能会关闭其中一条生产线,因而只需要雇佣运营四条生产线所需要的员工。在上述例子中,当产量下降10%时员工成本是固定的,但当产量下降20%时员工成本则是可变的。

在竞争经济学中,我们通常会关注边际成本。边际成本是成本随着产量改变
20 而变化的比例,具体内容将在下文中进一步展开。由于决定边际成本的成本在产量发生很小的改变时也会变动,因此在许多情况下我们需要关注可变性最显著的成本类型,并将半固定成本视为固定成本。

为了说明这些成本类型,我们以只运营一个制造车间的特定产品制造商为例,分析他所面临的成本。假设车间的租金为每年50万欧元,员工成本为每年75万欧元,企业每年在广告上花费100万欧元。这些成本不会随着特定产品制造和销售数量的改变而变化,所以在任何产量水平上,最小成本都为225万欧元。

我们再假设,每生产一件特定产品的材料需花费1欧元,这是随着特定产品

产量改变而变化的可变成本。将固定和可变成本结合起来,特定产品制造商产生的成本将等于225 万欧元与1 欧元乘以特定产品产量所得之和。图1.4 描述了这种关系。

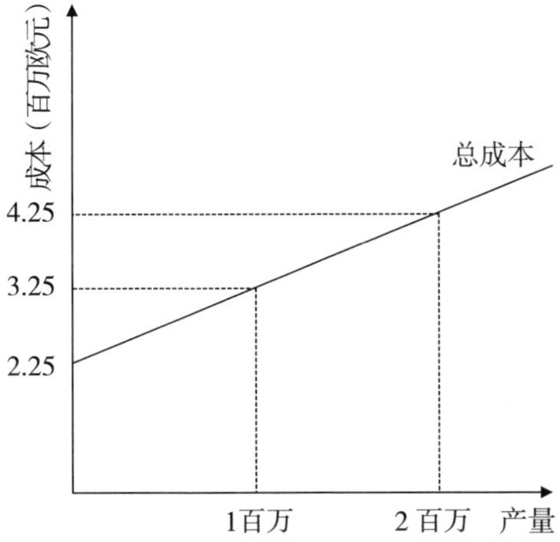

图1.4　总成本曲线示例

这幅图反映了总成本曲线,代表了不同特定产品产量对应的总成本。通过总成本曲线可进一步得出两种均与单位产品成本相关的成本衡量方式。第一种成本概念是**平均成本**,由总成本除以相应产量得出。当企业存在固定成本时,产量上升将会使固定成本分摊到更多的产品上,故而平均成本通常会随之下降。这种现象通常被称为**规模经济**,即企业成本随着销量上升而下降的情形。正如我们在 21
下文有关利润最大化的部分将要解释的,固定成本的分摊虽然会影响一家企业的利润率,但不影响企业的行为。

第二种成本概念是**边际成本**。边际成本反映的是在任何给定产量上制造最后一个单位产品所产生的额外成本,边际成本曲线反映了边际成本和产量的关系。因此,在上述特定产品制造商的例子中,每销售一个单位产品产生的额外费用是1 欧元的材料成本。这一边际成本无论在任何产量水平上都是恒定的;例如,生产第十个单位所增加的成本为1 欧元,则生产第一万个或第一千万个单位产品时所增加的成本也同样是1 欧元。[33] 因此,边际成本曲线将被表现为一条维

33　请注意,严格意义上来说,制造第一个单位产量的成本是2,250,001 欧元,因为制造零个单位产量和一个单位产量之间存在225 万欧元的固定成本的差额。

持在1欧元的水平直线。正如我们在下文有关利润最大化的部分将要解释的，与企业决定产量和价格相关的是边际成本。

前文的讨论考虑了在给定行业运营的企业所面临成本的描述。此外，成本结构还会影响企业进入或退出一个市场的决定。与之相关的核心概念是**沉没成本**。沉没成本是固定成本的子概念，是指在停止运营时无法回收的固定成本。广告费用、员工培训支出，以及因无法用于其他用途而不具有出售价值的专用设备，都是沉没成本的例子。由于沉没成本在企业关停的情况下无法被避免或回收，在一定条件下，其可能对进入一个市场的吸引力产生消极影响。由于企业会考虑若进入市场失败时能收回多少成本，在其他因素不变的情况下，一个行业的沉没成本越高，该行业吸引企业进入市场的能力就越弱。沉没成本在合并分析中所扮演的角
22 色将在第三章中进一步讨论。

4.3 利润最大化

上文已经讨论了经济学家如何描述一个企业的需求和成本情况，并且解释了边际收益曲线和边际成本曲线的概念。在本节中，我们将探讨企业如何基于在这些曲线中获得的信息决定价格和产量。

这一分析的起始点在于假定企业是理性的并寻求利润的最大化，而利润为总收入减去总成本所得。较为直观的是，每个企业都需要权衡：是选择高价，在较少的销量中实现更高的利润率，还是选择低价，在较低的利润率下实现更多的销量。两种方案之间实现利润最大化的最佳平衡点的位置取决于企业面临的生产成本和消费者对价格的敏感度。

如果除了企业寻求利润的最大化之外不作任何其他假设，则可以得出有关利润最大化在理论上的核心结论：企业会持续调整其运营策略直至**边际收益等于边际成本**。

这一结论是通过微分学得出，但是通过上文所述边际成本和收入的概念足以理解。边际成本代表了在任何给定的产量水平下生产供应最后一个单位产品的成本；边际收益代表了在任何给定的产量水平下销售最后一个单位产品对企业总收入带来的变化。图1.5描绘了边际成本（MC）和边际收益（MR）曲线。

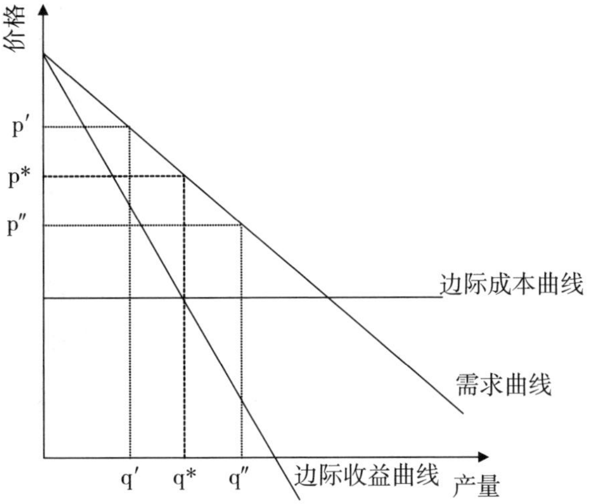

图 1.5　成本、需求和利润最大化 23

边际成本曲线是水平的，说明每个单位产品所产生的额外成本相同。边际收益曲线下降的斜率比需求曲线更大，说明额外销售一个单位产品所需的降价减少了销售**所有**单位产品而非仅是最后一个单位产品带来的收入。

为理解利润最大化原则，考虑一家企业在销量 q′和价格 p′点运营时面临的选择。在这个产量水平上，边际收益比边际成本要高（沿着从 X 轴上 q′点起画的垂直向上的虚线，虚线与边际收益曲线的交点在与边际成本曲线交点的上方）。

因此，如果企业在 q′点运营，生产最后一个单位产品所产生的额外成本低于销售该单位产品的额外收入。这说明增加产出将提高企业的盈利能力，因为销售最后一个单位产品的额外收入比产生的额外成本要高。照此逻辑，当边际收益曲线在边际成本曲线上方时，企业可以通过提高销量来增加其利润。

相反的情况则是一家企业在销量 q″和价格 p″点运营时面临的选择。在这个产量水平上，边际收益比边际成本低，在 q″点销售最后一个单位产品所增加的收入因此比带来的额外成本更低。由于节省的成本高于损失的收入，企业可以通过撤回最后一个单位产品的销售而提高自己的收益。照此逻辑，当边际成本超过边际收益时，企业可以通过降低产量来增加其利润。

结合这两个结论可以得出，如果寻求利润最大化的企业在边际收益大于边际成本时有增加产量的动机，在边际收益小于边际成本时有减少产量的动机，那么企业运营的最佳策略是选择边际收益等于边际成本的位置所对应的价格和产量。

这一点在图 1.5 上以 p^* 和 q^* 来表示，代表提升价格后利润率的增加和销量的减少之间的最佳平衡点。

4.4 市场控制力

竞争政策的目的是通过企业间的竞争，为消费者提供一个具有低廉的价格、
24 上乘的品质、产品的创新以及其他利好的环境。为实现这一目的，竞争执法机构力图避免**市场控制力**的形成和滥用。

"市场控制力"这一词汇的使用通常不是一个严谨和正式的表述，一般与拥有较大市场份额的企业相关。然而在产业组织学中，市场控制力(或定价能力)的确定会参考达到利润最大化状态的企业所获得的多于边际成本的加价。这一加价**或价格—边际成本加价率(price-cost margin)**，是指价格和边际成本的差额除以价格所得。因此，价格—边际成本加价率反映了某种产品的价格高于制造者生产供应此商品所需要的额外成本的程度。这种加价越大，企业被认定具有的市场控制力或定价能力越强。

特别需要注意的是，根据这一定义，在现实当中几乎所有的企业都有一定程度的市场控制力。在企业面临任何程度的固定成本的情况下，企业只会在能够获得高于平均可变成本的正值差额以弥补固定成本时，选择长期留在该市场。[34] 因此，市场控制力是否引发竞争关注取决于控制力的大小和持久性。[35]

每个企业获得的价格—边际成本加价率是由这个企业所面对的需求弹性决定的。需求弹性越小，企业可以实现的价格—边际成本加价率越高，该企业所拥有的市场控制力越大。这是因为弹性的需求越小，当价格上升时销量的下降比例就越小。这意味着需求弹性越小，利润将在越高的价格水平和越低的产量水平达到较大值。更加直观的是，需求弹性越小说明消费者转而放弃这种产品的可能性
25 越小，因而供应商有更多的空间将价格提升到边际成本之上。

---

34 需要注意，根据在第 4.3 节的讨论，企业定价时仅参考边际成本，而不考虑固定成本。当企业在利润最大化状态下的价格太低以至于不能产生足够的价格—边际成本差额来弥补固定成本时，企业即使在这一利润最大化价格下也无法盈利，在这种情况下，一些企业会选择退出市场。这一过程将会持续直到剩余企业面临的需求弹性下降至产生一个能弥补固定成本的利润最大化价格。

35 尤其引发竞争关注的是一家企业能够使价格长期显著高于平均总成本。

对于一家单一产品企业，价格—边际成本加价率和需求弹性的关系被称为**勒纳状态**。这一结论通过对利润最大化的数学运算得出，即一家企业利润最大化时的价格—边际成本加价率与其面对的需求弹性相关。这种关系可通过以下公式来表示，其中的 p 是价格，mc 是边际成本，ε 是需求弹性：

$$(p-mc)/p=-1/\varepsilon$$

等式的左边是企业的价格—边际成本加价率，也就是一个单位产品的销售价格和生产边际成本的差异，以两者之差所占销售价格的比例来表示。如前文所述，需求弹性以负数表示，需求弹性越小（指 ε 的绝对值更小）价格—边际成本加价率越大，因此消费者享有的待遇就越不利。同样，需求弹性越高价格—边际成本加价率越低，消费者也就能享受到越有利的条件。

因此，勒纳状态呈现了企业面对的市场条件和其将价格提升到边际成本以上的能力之间的联系，说明市场控制力是由企业面对的需求弹性决定的。

因此，为克制企业对市场控制力的利用，竞争执法者会关注企业面对的需求弹性。竞争通过需求弹性对企业的行为施加影响。因此，为避免市场控制力的增加，合并控制着重分析供应商的合并对企业的需求弹性带来的影响。[36]

在确定了需求弹性和市场控制力之间的关系后，我们将说明竞争和弹性之间的关系。

当替代选择越多和越好时，需求弹性更高——某个企业的产品的替代品质量越好，与其产品越类似，企业因为价格提高而承受的需求损失就越大。当一个企业的产品的替代品极少时，价格上升时消费者更换产品的意愿更小，意味着需求 26
的弹性更小。

竞争者的存在和紧密性影响了消费者可选择的替代品的范围，因而将进一步影响每个企业面临的需求曲线的弹性。这一点在前文中关于市场控制力的讨论中已经有所反映，说明企业在面临较小的弹性时将会选择更高的价格—边际成本加价率。

还有一点值得注意，因为合并控制是根据竞争环境的变化进行审查的，分析必须关注弹性的变化。需求弹性源自消费者在替代品间替换的意愿。当参与合并的各方为紧密替代商品的生产者时，该合并很可能会降低合并后企业的需求弹

[36] 需要注意，在合并产生协同性，影响了边际成本进而改变了定价动机的情况下，合并也有可能通过供给曲线影响企业行为。合并通过对企业成本的变化而对价格产生的影响会在第三章中讨论。

性,因而使其产生了提升价格的动机。但是,当参与合并的企业生产的产品并无紧密替代性时,该交易对各企业需求曲线的影响将是有限的,因而对其行为的影响也是有限的。

5. 实证经济证据

虽然经济学理论提供了评估合并对竞争的潜在影响的框架,但欧委会是以证据为重心的机构,在作决定时会试图让最终的结论与所涉市场的运行现状的研究结果相一致,并为相关资料所支持。合并控制必须具有预见性,在合并带来的市场结构的改变所产生的影响实际发生前,就应通过对市场的观察和研究推测得出。

概括来说,经济学家试图通过研究经济主体(企业和消费者)对以往事件的反应得出推论。这个广义的手段下包括了相当多的方法,其适用性和重要性根据各个市场及合并的具体情况的差异而不同。在何种调查中应该运用何种方式没有一成不变的规律可循,每个合并分析对证据的要求应当根据具体案件进行具体分析。因此,实证经济证据在合并调查中的运用既是一门科学,也是一门艺术。

一个合并调查中可能收集和提交的证据范围,既可能只包括简单的统计数据,也可能包括复杂的计量经济学分析。[37] 实证证据在竞争执法中的运用在近几年得到了显著发展,在多起欧盟合并调查中,都运用到了如回归分析、需求估算以及合并模拟等方法。[38]

27 但是,由于复杂的计量经济学分析需要大量的时间及资源,其在欧盟合并分析中的运用仍是一种例外情形而非常态。虽然应用复杂计量经济学分析的案件会在竞争法实务人士间引发与其极少的案件数不成比例的广泛关注,但是欧盟欧委会审查的大多数案件还是依据定性证据或者更简单的定量方法做出决定的,即

37 计量经济学是通过数学和统计将经济学理论和经验事实相连接的研究领域。在过去的50年间,计量经济学已经发展成为高度广博而复杂的专业领域,其大多数内容不在本书的讨论范围之内。附录A简要介绍了应用计量经济学分析的原则和方法。

38 对于近期欧盟合并分析中运用的计量经济学方法的讨论,见I. Small, *Econometric Analyses of Unilateral Effects in Merger Cases*, Concurrences, No. 2 (2009)。

使是最受关注的案件也可能如此。在对 *Deutsche Börse/NYSE* 案的调查中,欧委会首席经济学家指出,用于判断企业在市场条件变化时反应的复杂的计量经济学方法,通常仅在这些企业此前曾经被某种形式的市场冲击影响过的情况下适用。[39] 在缺乏合适数据的情况下,如在 *Deutsche Börse/NYSE* 案[40]和 *Olympic/Aegean Airlines* 案[41]中,欧委会采用定性证据、内部文件和市场调查问卷的方法。

本书的目的是对欧盟欧委会在合并控制中经常使用的不同形式的证据和分析方法提供一个非技术性的、与欧委会的实践相一致的介绍。为便于读者更充分地理解这些内容,我们先在下文对合并调查中运用的实证证据进行了简单的概览。从宏观层面来讲,合并案件中经济证据的典型适用方式可分为三种。 28

首先,实证证据可能包括基本的统计数据。比如,统计检验可能被运用于审查两种产品的价格是否不同以及差异的程度。价格关联分析(见第二章第 3.6 节)和稳健性分析(见第二章第 3.7 节)就属于这一类别。由于这类分析背后并没有一个基本经济学模式试图对所得数据的决定因素进行解释,可以说其更多是"统计学"而非"计量经济学"分析。一旦发现有统计结果值得关注(如"价格相等"或"价格高度相关"),接下来就有必要去分析该结果是否具有经济学上的意义。

其次,实证证据可以源于使用"简化模式"的计量经济学模型,其试图在不参考有关这些关系的具体基础理论的情况下,衡量不同经济变量间的导向和关系的强弱。价格集中分析(见第三章第 3.3 节)和一些竞标研究(见第三章第 3.7 节)属于这一类别。简化模式和纯粹的统计方法的区别在于,虽然简化模式不会确定一个涵盖所有相关过程的具体经济学模型,但是会考虑未被正式纳入分析的因素的影响。在简化模式的语境下,计量经济学家通常试图找到能揭示各个因素间真实关系的"自然实验法"(见第三章第 3.5 节),在其他情形下这些关系很可能由于数据的缺少而被忽视。

最后,经济证据也可能来自结构性计量经济模型,这种分析使用观测所得数据来校准反映相关经济学关系的具体理论模型(这些模型的目的在于产出这些数

39　K. -U. Kühn, speaking at Global Competition Law Centre Lunch Talk, 'The CommissionNotice on the Definition of the Relevant Market', Brussels, 15 February 2012.

40　Case COMP/M. 6166-Deutsche Börse/NYSE Euronext, Commission decision of 1 February 2012.

41　Case COMP/M. 5830-Olympic/Aegean Airlines, Commission decision of 26 January 2011.

据)。需求估算(见第二章第3.2节)和合并模拟(见第三章第3.6节)属于这一类型。

统计推论法将这些方法进行整合以评判这些方法所得结果的准确性。这种推论通常会对比观测所得和在特定假设下预期获得的结果。如果观测所得(在统计学意义上)和在特定假设下预期的结果差异较大,那么观测所得证明了该假设
29 是错误的。本书附录A更详细地介绍了一些统计学的概念。

本书接下来的部分将更详细地讨论欧委会在特定的合并类型的语境下已经考虑和运用过的不同类型的实证证据。但是,因为经济证据具有很强的个案特殊性,试图总结在特定类型案件中何种形式的经济学分析具有决定性作用是非常困难的。在实践中,由于仅凭单个证据往往不足以使欧委会做出决定,更值得建议的做法是采用一系列互补的分析以提供相互支持的结果。欧委会对特定经济证据或分析的可信度的判断取决于该证据与欧委会从其他途径获得的证据的一致
30 程度,包括欧委会的市场调查和内部商业文件。

第二章 市场界定

1.引　言

本章集中讨论与合并评估有关的界定市场的理论原则和实际做法。近几年，尽管分析技术的迅速发展和证据的大量应用在一定程度上使合并评估能够绕过相关市场界定，使后者在合并评估中的地位有所下降，但实践中，市场界定仍是一个经过长期实践证明必须考虑的重要因素。[1] 虽然有观点称相关市场界定对经济分析而言只是个简陋的工具，但我们可以看到，在欧委会的大部分合并评估中，其核心地位没有发生根本改变。

欧委会通过《关于为欧洲共同体竞争法界定相关市场的委员会通知》(《市场界定通知》)[2]对界定市场的方法做出明确规定。市场界定的目的是为一项合并的竞争分析提供评估范围，竞争执法机构通过确定所涉产品和服务的相关反垄断市场(相关市场)实现这一目标。相关市场包括彼此存在竞争约束关系的产品和供应商的总和，其中部分产品和供应商的被控制情况发生变化可能导致市场力量变化，并由此对消费者利益造成损害。《市场界定通知》对此解释道：[3] 31

> 市场界定是确认和界定企业间竞争界限的一种工具。它允许建立一个框架，以供委员会在这个框架范围内适用竞争政策。市场界定的主要目的是以系统的方式确定相关企业面临的竞争限制。界定相关产品

1　特别是，近些年美国和英国的合并控制制度各自开始使用"价格上行压力"测试(upward pricing pressure)和"阐释性价格上涨"测试(illustrative price rise)，使用合并方之间的利润和销售转移信息直接确定公司合并后的定价诱因。"价格上行压力"测试和"阐释性价格上涨"测试将在第三章中探讨。

2　Notice on the definition of relevant market for the purposes of Community competition law (Market Definition Notice), OJ C372, 9.12.1997, pp. 5–13.

3　《市场界定通知》，第2段。

> 市场和相关地域市场的目标是确定相关企业的那些实际竞争者,以便限制相关企业的行为,并防止其独立实施有效的竞争压制行为。

界定相关市场通过"假定垄断者测试"(hypothetical monopolist test)进行。该测试考察的问题是,当一个企业控制了原来由其竞争者控制的特定资产时,能否在盈利的条件下将价格提升至现行市场价格之上。如果确实如此,则对这些资产的单独控制能够产生市场支配力,即经营者有能力将价格提升至高于竞争水平。这项合并产生的资产整合必然消除了重要的竞争约束,竞争执法机构因此有理由调查这组资产所有权的集中。此外,如果对这些资产进行单独控制不会产生市场支配力,则说明其他经营者和产品必然能对其产生重要的竞争约束,在这种情况下,其他经营者和资产应当被包括在相关市场内。

重要的是,竞争法意义上的相关市场不需要符合、通常也不符合一般理解中的"市场"概念,甚至与企业对自身经营活动的理解和描述也不同。[4] 企业认识和理解的"市场"可能比反垄断意义上的相关市场狭窄,因为企业描绘的市场可能未包括能够带来竞争约束的替代供应商;或者,更为典型的情况是,其可能比反垄断意义上的相关市场更为宽泛,因为企业往往关注更大范围的竞争者,而不仅是能够彼此约束经营行为的最小范围的竞争者集合。

我们在本章第 2 节讨论市场界定和假定垄断者测试的理论基础。在第 3 节,我们将探讨欧委会在合并案件中评估相关市场时使用的一系列定量分析技术,重
32 点介绍每项技术适用的具体情形及各自的潜在局限性。

2. 基 本 概 念

本节介绍相关市场界定的基本框架,即**"假定垄断者测试"**或称为 **SSNIP 测试**[4a]。本章第 2.1 节介绍了这一测试方法的逻辑和目的,第 2.2 节讨论了实际应用这项测试时可能产生的一些问题和可能面临的复杂情况。

---

4 《市场界定通知》,第 3 段。

4 a SSNIP 测试首先由美国司法部和联邦贸易委员会适用,并规定在美国 1992 年的《横向合并指南》里。

2.1 假定垄断者测试/SSNIP 测试

假定垄断者测试考察的是,假定拥有一组特定产品或服务的垄断者,对这组产品或服务进行小幅度但显著且非临时性涨价(Small but Significant Non-transitory Increase in Price,SSNIP)后,是否仍有利可图。[5] 假定垄断者能够营利性地实施 SSNIP,使价格高于竞争水平的最小范围的产品集合构成相关市场。

SSNIP 测试的原理是,如果假定垄断者不能营利性地提高其控制的产品的价格,那么这些产品必然面临来自假定垄断者之外的替代产品的重要竞争约束。在对这些产品进行竞争评估时应考虑到这类竞争关系,也就是说,相关市场应拓宽到包括这些竞争约束。因此,典型情况下,SSNIP 测试会逐一测试备选市场,即可能代表反垄断相关市场的产品组和地域组。以涉案产品和地域为起点,假定垄断者测试逐渐拓展测试范围,直到 SSNIP 条件得到满足,就能够在确保垄断者赢利的前提下确定最小产品组合。

例如,为了评估两家金冠苹果供应商之间的潜在合并,市场界定过程可以由最狭窄的潜在备选市场开始,即包含合并方经营产品的市场——金冠苹果供应市场。如果一个金冠苹果的假定垄断者在实施 SSNIP 涨价后不能获利,那么这个备 33
选市场不能体现反垄断相关市场,因为存在影响假定垄断者的外部竞争约束。分析将继续进行,以确定一个边界更宽的市场,这个市场可能还包括所有青苹果。如果纳入所有青苹果后的市场仍不能通过 SSNIP 测试,分析将继续在更大范围的备选市场进行,逐渐纳入所有类型的苹果、水果、零食,直到符合 SNNIP 测试标准的相关市场得以确定。

概括地讲,一个备选市场不能通过 SSNIP 测试可能有两种原因。其一,消费者通过转向可替代的商品和服务来回应假定的价格上涨。如果相当一部分假定垄断者的现存顾客选择转移消费,假定垄断者营业额的损失将超过剩余顾客在价格上涨情况下带来的利润增加,从而导致假定垄断者不能赢利性地实施 SSNIP 涨价。这一顾客导向的转换购买过程被称为需求替代。在上述案例中,如果金冠苹

---

5 SSNIP 测试通常以涨价的方式考察,这一逻辑同样适用于供应恶化的情况,如产品数量、质量或服务范围的减少。就本章而言,我们在提及 SSNIP 测试时主要讨论价格,但这些讨论应被理解为同样适用于供应条件恶化的情况。

果不能通过 SSNIP 测试是因为顾客转向了澳洲青苹果，就构成了需求替代的一个例证。

其二，SSNIP 测试也会因供给替代而失败。供给替代是指这样一种情况，假定垄断者实施 SSNIP 涨价赚取更高的利润，将诱使当前未在备选市场从事经营的企业开始生产相同产品或提供相同服务。竞争度的提高将减少假定垄断者的利润率，可能足以导致 SSNIP 涨价无利可图。在这种情况下，备选市场必须拓宽，直至将来自这些潜在竞争者的竞争包含在内。

在上述案例中，如果苹果 SNNIP 涨价足以激励桔子种植商将其部分土地转为种植苹果，那么供给替代可能会使包括"所有苹果"的备选市场不能通过 SSNIP 测试。换言之，如果桔子种植商的供给替代能阻止控制苹果种植生产资料的某一个企业涨价后仍能赢利，那么针对苹果种植生产资料界定的相关市场就应当包括桔子种植商控制的土地。

34 在实践中，需求替代是欧委会评估相关市场的重点。《市场界定通知》指出，需求替代"构成了特定产品供应商最直接有效的制约力量，特别是与他们的定价决定相关"。[6] 相比之下，欧委会认为"供给替代……和潜在竞争的竞争约束通常不会那么直接，适用时需要对其他因素进行分析"。[7] 实践中，通常仅当供应商能够非常容易地转换生产设备从事新的生产活动以回应价格变化时，欧委会才会认为供给替代是可行的。若非如此，供给替代和潜在市场进入的影响将在竞争评估时予以考虑，而非在界定相关市场的环节。[8]

在评估需求替代时，经常使用的一个重要概念是边际消费者（marginal consumers）和非边际消费者（infra-marginal consumers）[8a]。在之前的讨论中，我们提及，需要有"充分"（sufficient）的顾客转移才能得出假定垄断者受外部产品约束的结论。本章第 3.1 节将更为详细地讨论，如果两种产品界定在同一相关市场，何种程度的顾客转移是"充分"的。但在本节，重点是明确在回应 SSNIP 涨价时从一种既定产品转向替代产品的顾客，不需要（通常也不会）是所有的顾客，一般仅涉

---

6 《市场界定通知》，第 13 段。

7 《市场界定通知》，第 14 段。

8 《市场界定通知》，第 23 段和第 24 段。

8a "infra-marginal consumers"在诸多经济学著作里翻译为超边际消费者，考虑到本章中该词与边际消费者相对应，为避免歧义和便于读者理解，本章译为非边际消费者。—— 译者注

及一个顾客子集,相对于替代产品而言,他们对既定产品的偏好程度最弱。这些顾客被称为**边际消费者**。

回到上文的苹果案例,如果金冠苹果的价格逐步升高,第一批转而购买替代产品的顾客就是对金冠苹果偏好程度最弱的消费者。也就是说,这些顾客在涨价之前的价格水平上就对选择金冠苹果还是其他苹果漠不关心。这些边际顾客对于替代产品的偏好决定了价格小幅上涨时转换的目标,最终确定了相关市场的边界。

相比之下,面对小幅涨价不会转而购买替代产品的那部分顾客被称为**非边际** 35
顾客。[9] 这些顾客认为既定产品优于其他替代产品,他们对既定产品的偏好与确定相关市场的边界没有直接相关性,但与市场界定的实践密切相关,因为在备选市场中非边际顾客的比例越大,该备选市场上假定垄断者越有可能营利性地将价格提升到竞争水平之上。应当注意的是,尽管他们对所涉产品小幅但重要的价格上涨没有反应,但非边际顾客仍从边际顾客的行为中受益,因为边际顾客转而购买替代产品的威胁构成了对供应商定价的约束,也决定了所有顾客(包括边际顾客和非边际顾客)实际支付的价格。

2.2　市场界定中存在的问题和复杂情况

2.2.1　SSNIP 测试幅度和“两分谬误”(binary fallacy)

“小幅但显著”的表述通常被认为是指价格的 5% ~10% 的变化。[10] 然而选择这一变化幅度并没有严格的经济学依据。说到底,这一问题的判断标准是,竞争执法机构认为多大程度的竞争约束对界定相关市场而言是充分的,能够为竞争评估提供分析框架。尽管 5% ~10% 已成为既定标准,并成为欧盟(美国和世界其他司法辖区)对 SSNIP 涨幅的事实定义,但是,为什么将界定相关市场边界的 SSNIP 幅度定在 5% ~10% ,既没有理论依据,也没有客观理由。

9　应当明确的是,边际顾客和非边际顾客的分类取决于价格上涨的幅度。例如,假设金冠苹果最初售价是 0.5 美元/个。如果一个消费者认为金冠苹果涨价 4 美分就不如买他喜欢的其他苹果,那么在金冠苹果 SSNIP 价格上涨 10% 时,由于售价变为 0.55 美元/个,该消费者就是边际消费者,如果 SSNIP 价格上涨 5% ,他就是超边际消费者,因为售价仅为 0.525 美元/个。

10　《市场界定通知》,第 17 段。

实践中,竞争执法机构几乎总是使用5%或10%而不是两者之间的任一涨幅来定义SSNIP。多数情况下,不可能量化需求对价格变化的敏感度,从而找到SSNIP测试中对市场界定有决定性影响的准确、充分的涨幅水平。然而,考虑到采用5%或10%而非其他数值没有经济学依据,一种基于这两个数值的实用方法
36 (在可能的情况下)可用来研究市场界定对竞争分析的影响。如果适用这两个数值得出的结果在性质上相似,就可以确保得出的结论符合相关行业的实际情况。相反,如果竞争分析结果对采用的SSNIP涨幅敏感,就需要格外小心,防止对使用某一数值得出的测试结果过于依赖。

图2.1　两分谬误假设

与SSNIP测试法界定相关市场边界相关的一个问题就是所谓的"两分谬误"。[11] 这一概念指的是这样一种认识:机械运用SSNIP测试法界定市场的边界必然十分清晰。具体而言,一旦决定了适当的SSNIP涨幅(一般是5%或者10%),对于某个特定的替代产品而言只有两种结果,要么纳入该市场要么排除出该市场。这种二分法得出的结论明显脱离实际,事实上多数市场的可替代性产品或地域或多或少地表现出一定的连续性。图2.1说明了这一情况,该图显示了根据5% SSNIP涨幅界定的产品A的相关市场,假设产品A存在三种质量较低的潜在替代产品B、产品C和产品D。

随着产品A价格上涨,部分顾客会转向其他产品,在此例中,我们假设替代产
37 品的质量越差,受其吸引从而转换产品的顾客的比例就会越低。

对5% SSNIP测试的生硬解释意味着产品B和产品C均是相关市场的一部分,因此对产品A产生同等重要的竞争约束力,而产品D不是该市场的一部分。然而,

11　John Vickers教授把"0-1谬误"解释为"一旦'市场'界定,则认为对核心问题产品来说,该市场内的所有产品都具有极端可替代性,而边界外的产品则是不相关的一种倾向"。See J. Vivkers, Director General of Fair Trading, 'Competition Economics and Policy-A Speech on the Occasion of the Launch of the New Social Sciences Building at Oxford University', 3 October 2002.

这一解释不能准确反映经济现实。实际上,产品 B 是迄今为止与产品 A 最接近的替代品,而产品 C 和产品 D 在对 A 产生的竞争约束程度上并不存在较大差异。

因此,尽管对 SSNIP 测试的僵化运用可能意味着产品 A 在某个市场内与产品 B 和产品 C 而非产品 D 竞争,但经济现实是产品 A 在很大程度上受产品 B 约束,产品 C 和产品 D 对产品 A 的竞争约束力则没有如此重大。值得注意的是,以 10% SSNIP 作为价格敏感度测试标准很可能导致产品 D 被纳入相关市场。需要从此案吸取的教训在于,这种"不是就是"的二分法具有相对任意性。作为一种分析框架,对 SSNIP 测试应当采取一种慎重态度,只是将其作为评估竞争关系的起点,使用时不应教条或机械。

2.2.2 SSNIP 涨价之前的价格(pre-SSNIP price)和玻璃纸谬误(cellophane fallacy)

与市场界定实践有关的更深层次问题是, SSNIP 测试对所适用的初始价格水平是敏感的。严格意义上说,SSNIP 测试关注的是备选市场上中相对于"竞争性价格水平"(竞争价格)的价格上涨的幅度。然而,如果备选市场的竞争是无效的,该备选市场中的现行价格就可能高于竞争价格。在现行价格高于竞争价格的情况下采用 SSNIP 测试,被消费者视为替代品的产品范围有可能被大幅度扩大。

因此,对市场现行价格而非竞争价格适用 5% ~10% 幅度的 SSNIP 涨价,有可能因过分强调备选市场之外替代产品带来的竞争约束而人为扩大市场边界范围。这就是著名的**玻璃纸谬误**。根据这一理论,远端替代品(distant substitutes)在备选市场中表现出有效的竞争约束,是因为备选市场中的价格已经提升并超过竞争价格,而在这一价格水平上,最为紧密的替代品尽管应在适当界定的相关市场之外, 38
但仍然可以阻止其价格的进一步上涨。其实,如果备选产品在 SNNIP 涨价之前的价格没有超过竞争价格,这种远端替代品不应被纳入相关市场之内。[12]

尽管玻璃纸谬误在反垄断案件中是一个重要问题,但竞争执法机构在合并调查中却通常不作考虑。确实,对合并的评估应当采用一种**相对**标准(relative benchmark)。在这个意义上,需要解决的关键问题是相对于合并未发生的情况,

---

12 "玻璃纸谬误"一词源自 *United States v. E. I. du Pont de Nemours & Cp.*, 351 U. S. 337, 76 S. Ct. 994, 100 L. Ed. 1264 (1956),该案认定铝箔、蜡纸和聚乙烯对玻璃纸包装具有明显竞争限制,这是因为杜邦提升了玻璃纸的价格,致使顾客开始转向其他替代品,而这些材质与玻璃纸并不在同一个相关市场。

拟议合并是否会导致竞争强度衰减。具体而言,合并前缺少有效竞争约束可能已经使相关企业将价格提升到某一点,该点价格的进一步提升会导致顾客转向相对边缘的竞争者(在有效竞争条件下,市场价格保持在较低水平时,不曾被顾客作为替代品考虑的产品)的事实,即使不作相关考量,也不应影响调查结果。

因此,合并分析的市场界定几乎总是以现行价格为起点展开。然而,玻璃纸谬误意味着,为合并评估之目的而界定的相关市场应用到其他反垄断案件中时应该审慎(反之亦然)。

2.2.3 市场界定的不对称(Asymmetry)

市场界定过程中一个潜在的复杂问题是竞争限制的彼此不对称。产品 A 对产品 B 的供应商产生竞争限制,这一事实并不必然意味着产品 B 对产品 A 的供应商也产生竞争限制。因此,在适用 SSNIP 测试时,明确适当起始点很重要。相关市场界定的结果可能因备选产品被评估的顺序不同而有所差异。

举个简单例子,界定某镇的零售业市场,该镇目前有两家大型超市和多个小
39 商铺。各家小商铺专营某一种特定产品。具体而言,假设该镇拥有大量果蔬店(专售水果蔬菜)、大量肉店(专售肉类产品)和大量烘焙店(专售面包和点心)。同时,两家大型超市也销售上述各类产品。所有小商铺彼此相距只有几百米,这意味着顾客采购时,分别去多个小商铺的交通成本可忽略不计。

在这种情况下,对拟议合并进行 SSNIP 测试时,相关市场界定的结果,取决于合并主体以及进行 SSNIP 测试时所采用的起始备选市场。

假设两家果蔬店进行合并,进行 SSNIP 测试需解决的问题是:从果蔬店开始,相关市场是否应扩大,纳入两家大型超市的果蔬销售?

这一问题的答案取决于,超市果蔬产品是否对专营店的果蔬产品产生竞争约束。在这两类零售商销售质量相似的果蔬产品的情形下,果蔬店进行 SSNIP 涨价时,可以合理地预见会有足够多的顾客转向大型超市。因此,相关市场应包含小型果蔬店和大型超市。如果超市占该镇果蔬销售总量的大头,则两家果蔬店之间拟议的合并不可能导致竞争担忧。

假设两家超市合并,需要解决的问题就是:从超市开始,相关市场是否应当扩大,纳入专营零售店?

这一情况下的答案可能大不相同。如果该镇超市的垄断者将对其所有产品实施 SSNIP 涨价,那么部分顾客将转向专营零售店(分别光顾果蔬店、肉店和烘焙店)。然而,出于时间和精力考虑,许多顾客可能认为这种分散采购的成本过大,

从而选择继续在超市购物，由此对超市实施 SSNIP 就可以盈利。如上分析，超市之间展开竞争的相关市场可能不包括果蔬专营店，即便以果蔬专营店为起点界定的相关市场包含超市。 40

2.2.4　间接约束（indirect constraints）和替代链（chains of substitution）

界定相关市场时需要注意的另一个重要问题是，不同产品之间彼此施加的竞争约束可能是通过**替代链**间接实现的。“替代链”这一术语描述了这样一种情形：尽管某些产品或地域没有直接对其他产品或地域产生竞争约束（没有顾客会因为这些产品或地域的价格变化而直接在两者间转换），但当中间产品或地域的存在确实约束了两端定价时，它们可能间接地实现这一点。对此，《市场界定通知》说明如下：[13]

> 在某些情况下，替代链的存在可能导致对以下相关市场的界定，即使产品或区域因处于市场的极端而不能直接替代。运输费用较高的产品的地域范围就是一个例子。在这种情况下，由于运费的影响，特定的工厂仅能向工厂周围的某个区域送货。原则上讲，这个区域就可以构成相关地域市场。然而，如果工厂的销售情况在不同工厂周边的区域之间存在较大的重叠，那些产品的定价就有可能受到替代链效应的限制，从而导致界定一个更广泛的地域市场。

以图 2.2 所示的四种产品举例说明。这些产品因某一方面的不同而相互区别，但根据表中显示的圆圈来看，它们在功能上有重叠。

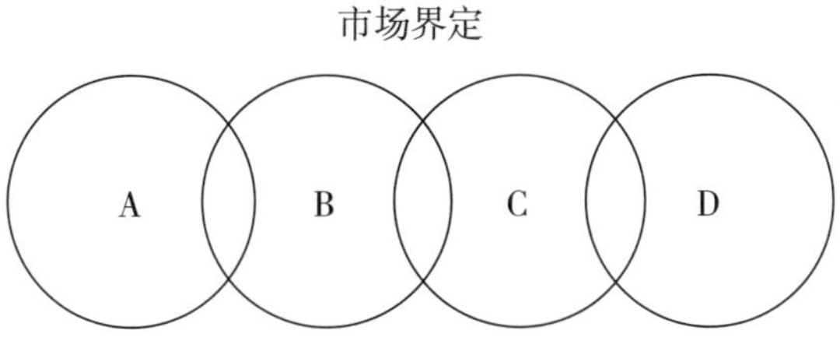

图 2.2　替代链假设示例

假设我们从产品 A 开始界定市场，产品 A 的价格受到产品 B 价格的约束。由此出发，产品 A 和产品 B 可能构成同一相关市场的一部分。但是，如果产品 B

13　《市场界定通知》，第 57 段。

的价格受到产品 C 和产品 D 的约束，则产品 A 的价格会间接受到产品 C 和产品 D 的约束。那么将产品 C 和产品 D 纳入该市场是恰当的，因为产品 A、产品 B、产品 C 和产品 D 之间存在替代链。

欧委会指出，实践中“替代链的概念必须有实际证据的支持，如替代链两端的价格依赖性，才能证明个案中的相关市场应得以延伸”。[14] 欧委会在 *Lufthansa/SN*
41 *Airholding* 案[15]中再次声明了这一观点，欧委会在该案中驳回了汉莎提出的观点，即由于不同类型的可退改签和不可退改签机票之间存在替代链，时间敏感型乘客与时间不敏感型乘客应属于同一市场。委员会特别指出：[16]

> 合并方提出，不同类型的机票之间存在替代链导致所有类型的机票属于同一相关市场，这一观点很值得推敲。复杂的定价结构和复杂的业绩管理系统的目的在于允许承运人区分乘客需求，以从时间敏感型乘客那里获得高价格，他们的价格弹性比时间不敏感型乘客低很多……委员会进行的价格分析……表明所称的替代链两端的价格（商务舱票价和不可退改签经济舱票价）处于不同的水平，不具有相互依赖性。

近期值得关注的 *Oracle/Sun Microsystems* 案[17]中，因为不同产品之间存在替代链而确定了宽泛的市场。该案在第一阶段审查中界定的相关市场，在第二阶段审查中得以维持，欧委会对此阐述道：[18]

> 委员会在第一阶段的调查发现，从供应商和使用者的角度看，两种数据库属于不同产品，因此并没有明确界定数据库市场，而是指出两种
> 42 数据库之间的关系具有连续性，由此导致彼此间形成竞争关系。

---

[14] 《市场界定通知》，第 58 段。该段继续指出，在替代链两端的价格水平也必须位于同样的高度是界定更广泛的相关市场的必要条件。与本章第 3.5 节提到的可以从价格水平推断市场界定的讨论一致，我们不同意此处观点。

[15] Case COMP/M. 5335-*Lufthansa/SN Airholding*, Commission decision of 22 June 2009.

[16] Case COMP/M. 5335-*Lufthansa/SN Airholding*, Commission decision of 22 June 2009, para. 33.

[17] Case COMP/M. 5529-*Oracle/Sun Microsystems*, Commission decision of 21 January 2010.

[18] Case COMP/M. 5529-*Oracle/Sun Microsystems*, Commission decision of 21 January 2010, para. 87.

3. 评估市场界定的实证方法

在本节，我们讨论欧委会经常用来界定相关市场的各种证据和分析方法。

经营者对相关价格变动的反应是市场界定和假定垄断者测试的核心关注。如名称所示，该测试需要对定价模式假定变动的结果进行推测。这些结果并不像自然科学那样可直接通过可控的试验实现，而必须通过可获得的现有经营者及消费者的行为证据进行推测。

目前，有多种收集消费者和经营者行为证据的方法，包括对消费者的可能性行为进行定性及定量分析的计量学分析。具体案件里，采用的分析方法很大程度上取决于该案中相关行业的竞争方式及可获得的数据。此外，具体分析模式也根据市场界定对竞争评估的重要性而有所差别。如《市场界定通知》所述：[19]

> 在个案中，某些类型的证据将是决定性的，这在很大程度上取决于正被调查的行业以及产品或服务的特征和特殊性。同种类型的证据在其他案件中则可能无足轻重。在绝大多数情况下，作出决定时必须考虑多种标准和不同的证据。委员会对经验式的证据持开放的态度，目的是有效地利用所有与个案相关的可得信息。委员会不会对来源不同的信息或不同类型的证据进行生硬的等级划分。

在下文中，我们将讨论可能为市场界定提供证据支持的八种定量分析方法：

- 临界损失分析（Critical loss analysis）
- 需求评估（Demand estimation）
- 调查证据（Survey evidence）
- 销售模式分析（Analysis of sales patterns）
- 价格水平分析（Analysis of price levels） 43
- 价格相关性分析（Price correlation analysis）
- 价格平稳性分析（Price stationarity analysis）
- 市场冲击分析（Shock analysis）

---

19 《市场界定通知》，第 25 段。

除上述方法外,委员会还利用定性证据阐明他们对市场界定的意见。确实,在很多案件中,基于定性证据就足以得出结论,无须进行详细的定量分析。

两种形式的定性证据经常被用于市场界定分析。第一种定性证据是对可能处于同一相关市场中的不同产品特性的考察,通过预测某些产品的相对价格改变时消费者是否会转去购买其他产品来进行。然而,《市场界定通知》指出,尽管"对产品特性和用途的分析使委员会首先可以限定可能替代品的调查范围……产品特性和用途不足以推断两种产品是否为需求替代品"。[20]

第二种定性证据涉及对企业内部文件及其业务经营方式的考察。该方法关注的重点是经营者行为而非消费者行为,归根结底,经营者的行为是经营者对消费者行为的理解和做出的反应。在这个意义上,该方法是对产品特征分析方法的改进。可以说,经营者对自身所处的行业更为了解,因此,他们的看法有助于解释消费者的行为模式。委员会在进行市场界定评估时,经常援引经营者的观点,诸如某些企业不可能在特定地区参与竞争,面临来自特定竞争对手的威胁,或者援引企业自身经营所处的市场作为界定相关市场的参考。

尽管界定相关市场时,理解经营者的看法可能具有一定参考价值,但是,对于那些不是从竞争法角度给出的有关市场界定的意见,竞争执法机构需要谨慎对待。通常情况下,经营者使用"市场"和"竞争"概念时比较宽泛,不像在进行反垄断分析时那样严谨;而且,他们通常也不知道假定垄断者测试,更不懂得从该测试
44 的角度考虑问题。特别是,有关企业经营计划的内部文件通常仅从他们自身经营的角度分析其所处市场,而非从一组产品之间的替代关系考虑问题。因此,一家小型零件生产企业通常仅对自身产品涨价时考虑替代问题,而不会从所有相关小型零件生产企业集体涨价角度考虑协同涨价的后果。

合并方委托外部专家完成的市场研究报告也存在类似问题。这些研究往往不是以反垄断审查为目的,而是从经营者角度细分行业部门,这些细分行业部门的做法可能与经营者集中审查意义上的竞争分析并不相关。

同样,尽管经营者的内部文件可为市场界定提供有价值的分析起点,但当市场界定对于竞争分析具有重要意义时,出于确定相关市场的目的,此种定性证据应通过收集到的定量证据予以强化和确认。

最后,值得注意的是,尽管本节论述的各种定量分析方法均已被欧委会在

---

20 《市场界定通知》,第 36 段。

众多经营者集中案件审查中使用过，但只有少数案件审查决定对市场界定进行了详尽分析。多数案件中，欧委会在界定相关产品市场和相关地域市场时并未进行任何详细的实证分析，因为不论相关市场界定的边界宽或窄，竞争评估的结果是一样的。如《市场界定通知》所述：[21]

> 界定相关市场的程序可以概括如下：基于可得的初步信息或相关企业提供的信息，委员会通常将能够大体上确定可能的相关市场，集中或竞争限制的评估须在这个相关市场内进行。在一般情况下，出于在处理个案时的实际目的，问题通常存在于如何在几个可供选择的可能相关市场中做出选择。比如，在涉及产品市场时，问题通常是确定产品 A 和产品 B 属于还是不属于同一产品市场。如果把产品 B 纳入相关市场中，往往就不会有任何竞争问题。
>
> 在这种情况下，通常不必考虑市场是否包括更多的产品，也不必就确切的产品市场作出明确的结论。如果在这些可以想到的选择性市场界定中，所涉及的经营方式不会带来竞争忧虑，我们就不必界定市场，这就可以减少公司提供信息的负担。 45

此外，对相关市场的界定存在争议，且市场界定对竞争分析结果存在重大影响时，欧委会将在市场界定方面投入大量资源，并期望合并方也做出相应努力。表 2.1 概述了自 2004 年以来进入第二阶段调查的案件中欧委会对市场界定进行详细评估的案件以及欧委会在各案件中所采用的主要实证分析方法。

表 2.1　2004 年以来第二阶段的合并案件中的市场界定量化分析情况

案件	临界损失	需求评估	销售模式	相关性	平稳性	冲击分析
Areva/Urenco/ETC JV[1]（*2004*）				×		
Bertelsmann/Springer/JV[2]（*2005*）			×			
Blackstone/Acetex[3]（*2005*）				×		×
Johnson&Johnson/Guidant[4]（*2005*）				×		
Inco/Falconbridge[5]（2006）				×		×
Omya/Huber PCC[6]（*2006*）			×			

21　《市场界定通知》，第 26 段和第 27 段。

续表

案件	临界损失	需求评估	销售模式	相关性	平稳性	冲击分析
JCI/VB/FIAMM[7](*2007*)				×		
Kronospan/Constantia[8](*2007*)			×			
Ryanair/Aer Lingus[9](*2007*)				×		
ABF/GBI Business[10](*2008*)				×		
Arjowiggins/M-real Zanders Reflex[11](*2008*)				×	×	×
StatoilHydro/Conoco Phillips[12](*2008*)			×			
Friesland Foods/Campina[13](*2008*)			×	×		
Ineos/Kerling[14](*2008*)	×		×	×	×	×
Arsenal/DSP[15](*2009*)			×	×	×	×
Lufthansa/SN Airholding[16](*2009*)	×			×		×
47 *Unilver/Sara Lee Body Care*[17](*2010*)		×		×		
Votorantim/Fischer/JV[18](*2011*)		×		×	×	×
UPM/Myllykoski and Rhein Papier[19](*2011*)				×		

[1] Case COMP/M. 3099 – *Areva/Urenco/ETCJV*, Commission decision of 6 October 2004.
[2] Case COMP/M. 3178 – *Bertelsmann/Springer/JV*, Commission decision of 3 May 2005.
[3] Case COMP/M. 3625 – *Blackstone/Acetex*, Commission decision of 13 July 2005.
[4] Case COMP/M. 3687 – *Johnson&Johnson/Guidant*, Commission decision of 25 August 2005.
[5] Case COMP/M. 4000 – *Inco/Falconbridge*, Commission decision of 4 July 2006.
[6] Case COMP/M. 3796 – *Omya/Huber PCC*, Commission decision of 19 July 2006.
[7] Case COMP/M. 4381 – *JCI/VB/FIAMM*, Commission decision of 10 May 2007.
[8] Case COMP/M. 4525 – *Kronospan/Constantia*, Commission decision of 19 September 2007.
[9] Case COMP/M. 4439 – *Ryanair/Aer Lingus*, Commission decision of 27 June 2007.
[10] Case COMP/M. 4980 – *ABF/GBI Business*, Commission decision of 23 September 2008.
[11] Case COMP/M. 4513 – *Arjowiggins/M–real Zanders Reflex*, Commission decision of 4 June 2008.
[12] Case COMP/M. 4919 – *Statoil Hydro/Conoco Phillips*, Commission decision of 21 October 2008.
[13] Case COMP/M. 5046 – *Friesland Foods/Campina*, Commission decision of 17 December 2008.
[14] Case COMP/M. 4734 – *Ineos/Kerling*, Commission decision of 30 January 2008.
[15] Case COMP/M. 5153 – *Arsenal/DSP*, Commission decision of 9 January 2009.
[16] Case COMP/M. 5335 – *Lufthansa/SN Airholding*, Commission decision of 22 June 2009.
[17] Case COMP/M. 5658 – *Unilever/Sara Lee Body Care*, Commission decision of 17 November 2010.
[18] Case COMP/M. 5907 – *Votorantim/Fischer/JV*, Commission decision of 4 May 2011.
48 [19] Case COMP/M. 6101 – *UPM/Myllykoski and Rhein Papier*, Commission decision of 13 July 2011.

3.1　临界损失分析(critical loss analysis)

3.1.1　技术概述

我们对市场界定的实证方法的讨论从临界损失分析开始。临界损失分析虽然不是欧盟竞争分析实践中常用的方法,但它的确为处于市场界定核心地位的替代性问题提供了一个有益的分析框架。

临界损失分析法起源于美国,它在美国被视为现代并购反垄断执法的最重要技术之一。[22] 临界损失分析法及其实际应用一直是美国反托拉斯经济学家和法律实务界经常探讨和争论的问题。[23] 虽然这一技术最近开始吸引欧洲执法界的注意,但在欧盟合并案件中仍然较少被适用或提及。

3.1.1.1　SSNIP 测试与定价决策

临界损失讨论的是,利润率与销量之间的反比关系导致企业在定价决策过程中的权衡行为。提高价格可以使企业在售出的产品上取得更高的利润率,但也会缩减销量(反之亦然)。理性的企业将考虑这两个对立的因素,以确定利润率与销量是否平衡,确定是否达到利润最大化的最优价格。 46

这个定价过程的逻辑被 SSNIP 测试直接采纳。SSNIP 测试追问的是,一个假定控制着某种生产资料的企业对竞争价格实施显著但小幅的涨价是否有利可图。竞争价格是指独立企业在互相竞争条件下形成的价格。因此,SSNIP 测试的核心问题是,对于假定垄断者而言,对竞争水平的价格实施小幅涨价是否能够盈利。对于给定的任何一组产品或地区而言,SSNIP 测试的结果都取决于随着 SSNIP 涨价而增加的利润在多大程度上会被损失的销量抵消。

在判定将价格上涨到竞争水平以上能否盈利时,假定垄断者会把涨价后保留下来的销量所取得的增量利润的价值与预期会失去的销量的利润损失价值进行对比。前者等于每个单位产品的增量利润乘以涨价后仍然能够售出的产品数量。后者等

22　See D. Scheffman, M. Coate and L. Silvia, 'Twenty Years of Merger Guidelines Enforcement at the FTC: An Economic Perspective' (2003) 71 *Antitrust Law Journal* 277-318.

23　For an overview of this debate See D. P. O'Brien and A. L. Wickelgren, 'A Critical Analysis of Critical Loss Analysis' (2003) 71 *Antitrust Law Journal* 161 - 84; J. Farrell and C. Shapiro, 'Improving Critical Loss Analysis' (2008) *The Antitrust Source*, February.

于每个单位产品的原有利润(涨价之前可获得的利润)乘以因涨价而丧失的销量。

如果前者的收益低于后者的损失,那么涨价带来的利润增量就不足以抵消损失增量。在这种情况下,涨价就无利可图,这意味着,假定垄断者控制范围以外的替代程度很高,足以对其行为形成外部约束,使 SSNIP 测试失败。反之,如果保留的销量的增量利润的价值大于损失销量的利润损失价值,假定垄断者就会盈利。在这种情况下,SSNIP 测试就通过了,假定垄断者拥有的资产构成了相关反托拉斯市场。

用一个简单的数字实例来说明,表 2.2 列出了特定产品的假定垄断者在考虑是否对现行的竞争价格实施 5% 的 SSNIP 时的成本数据。该表显示被考查产品的边际生产成本是每单位 80 欧元,现行的竞争价格是每单位 100 欧元,市场需求量
49 是 100 个单位。表 2.2 还表明,发生 SSNIP 之后,需求会降至 90 个单位。

表 2.2　临界损失例解

	发生 SSNIP 之前	发生 SSNIP 之后
价格	100	105
边际成本	80	80
每单位的利润	20	25
销量	100	90

上述信息足以计算 SSNIP 是否盈利。根据上文论述,我们通过对比保留的销量的利润增量与损失掉的销量引起的利润损失来计算 SSNIP 的盈利能力。

SSNIP 带来的收益增量的算法是每单位产品的增量利润乘以涨价后保留的售出数量。根据以上数据,就是用 5 欧元的增量利润(SSNIP 涨幅)乘以实施 SSNIP 之后售出的 90 个单位产品,得出的增量利润为 450 欧元。

由需求减少引起的利润损失的算法是发生 SSNIP 前的 20 欧元的利润率乘以损失掉的 10 个单位销量,等于 200 欧元。这两个数值冲抵后,净利润增加了 250 欧元,意味着假定垄断者如果实施 SSNIP,它的利润可以增加 250 欧元。[24] 这表示

24　这种算法遵循了前文讨论的做法,即把利润的净变化值分解为两个互相冲抵的部分,分别体现增加的利润率和减少的销量。另一种做法是,把发生 SSNIP 之前和之后的总利润数值相对比,以评估 SSNIP 的盈利情况。在这种情况下,发生 SSNIP 之前的利润等于 20 欧元的利润率乘以 100 个单位,得出的总利润为 2000 欧元;发生 SSNIP 之后的利润则等于 25 欧元的利润率乘以 90 个单位,得出的总利润为 2250 欧元。两个总利润的差额为 250 欧元,与文中按照增量收益和销量损失算出的结果一样。

假定垄断者所控制的这组资产足以脱离竞争约束，形成一个单独的相关市场。因此，是这组资产内部的竞争而不是外部的竞争把价格限制在发生 SSNIP 之前的水平。

反之，如果假定发生 SSNIP 涨价后的实际销量为 70 个单位而不是 90 个，SSNIP 的盈利形势就会逆转。 50

如果发生 SSNIP 后的销量为 70 个单位，5% 的涨价带来的增量利润就是 350 欧元（5 欧元的增量利润率乘以 70 个单位销量）。同时，利润损失为 600 欧元（原有 20 欧元的利润率乘以损失掉的 30 个单位销量）。这时，SSNIP 导致的盈利净变化值是 −250 欧元。因此，在需求数量发生较多转移的情况下，同样是 5% 的 SSNIP 涨价就变得无利可图，这时假定垄断者控制的资产就不构成一个单独的相关市场。

3.1.1.2　SSNIP 测试与临界损失分析

以上论述解释了一个假定垄断者会如何评估涨价的成本与收益并据以选择是否实施 SSNIP，前提是它掌握 SSNIP 导致的销量损失程度的信息。但显然，虽然这种信息是 SSNIP 决策的关键，但它本身就具有不确定性，因为顾客和竞争者的总体反应程度是未知的。

临界损失分析改变了这一思路。它探究的问题并不是一个假定垄断者在其涨价行为带来一定程度的销量损失的情况下盈利如何变化，而是在价格发生一定上涨的情况下，假定垄断者能够承受多大的销量损失而不至于使涨价变得无利可图。

这个原则可以用表 2.2 列出的价格和利润率数据来解释。假设发生 SSNIP 之前的利润率为每个单位 20 欧元，SSNIP 涨幅为 5%，据此可以推算出使假定垄断者的利润保持不变的需求量损失为 20 个单位。[25] 如果需求量损失大于 20 个单位，5% 的涨价就会导致利润减少；反之，如果需求量损失小于 20 个单位，SSNIP 涨价就有利可图，备选市场就构成相关市场。

因此，临界损失分析可以提供一个允许假定垄断者通过涨价来盈利的消费者

25　这个数字是通过确定使 SSNIP 引起的增量利润收益与增量利润损失相等的销量变化的方式计算出来的。具体地说，用 m 代表发生 SSNIP 之前的利润率，q 代表发生 SSNIP 之前的销量，Δm 代表利润率的变化值，Δq 代表销量变化值，等式 $\Delta m(q-\Delta q)=\Delta qm$ 表示发生 SSNIP 后利润不变。经整理，等式变为 $\Delta q=(q\Delta m)/(m+\Delta m)$。最后，代入文中的数据，$\Delta q=(100\times5)/(20+5)=20$。

最大转移程度的基准。在原则上说，正如下节所述，计算临界损失只需要有销售
51 利润率信息。

但显然，确定临界销量损失只是市场界定的起点。临界损失提供了构成一个相关市场假定垄断者能承受的销量损失程度，但并没有提供需求损失在实践中是否可能发生的任何信息。估测假定价格上涨可能引起的实际需求转移程度是一项更为艰巨的任务。

3.1.1.3　实践中的临界损失计算方法

前文提出了一个数值示例来解释临界需求损失的概念。在这一损失程度上，对假定垄断者来说保持原价或实施 SSNIP 涨价没有差别。一般来说，临界需求损失可以用下面的公式来表示，其表达方式是需求和价格变化的**比例**，假定边际成本不变：

$$\text{临界需求损失百分比} = \frac{t}{(m+t)}$$

其中，m 是 SSNIP 涨价之前的利润率，t 是价格变化百分比。

因此，按照表 2.2 中的例子所示，SSNIP 幅度为 5%（$t=0.05$），现行利润率为 20%（$m=0.2$），临界需求变化比例为 0.05/0.25 = 0.2（或 20%）。由于发生 SSNIP 之前的销量为 100 个单位，减少的 20% 的销量就等于 20 个单位，这一点在上文中已经确认了。如果发生 5% 的 SSNIP 引发的总销量损失预期大于 20 个单位，那就意味着实施 SSNIP 无利可图，被考查的产品或地区就不构成相关反垄断市场。如果该产品或地区的预期销量损失小于 20 个单位，那么假定垄断者就可以盈利，这些产品或地区就构成相关市场。

可以看出，一旦 SSNIP 涨幅确定（如 5%），计算临界损失所需的唯一数据就是构成该备选市场的产品或地区在发生 SSNIP 之前的利润率。正如图 2.3 所示，很重要的一点是，发生 SSNIP 之前的利润率越高，使假定垄断者不关心涨价与否所需的临界销量损失就越小。临界销量与利润率之间呈反比关系的原因是，现有销量的利润率越高，单位销量损失的成本就越大，这就减少了使假定涨价行为无
52 利可图所需的临界销量的损失数量。

上文介绍了对假定垄断者来说维持现有竞争价格或涨价 5% ~10% 都一样的临界需求损失。这种所谓的“盈亏平衡”临界损失测试在欧盟被普遍适用，探究的相关问题是假定垄断者是否能够通过小幅但显著的涨价盈利。假定垄断者测试的另一种设问方式（美国横向合并指南中采用的方式）是，一个假定的利润最大化

的垄断者是否会实施小幅度但显著的涨价。[26]

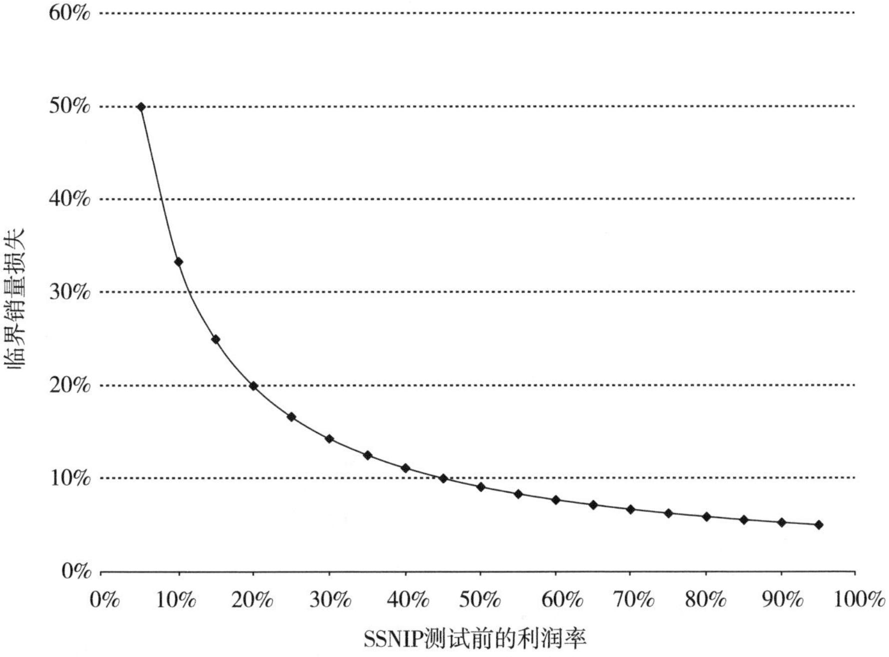

图 2.3　临界损失例解

如果对后一个而不是前一个 SSNIP 测试问题感兴趣，就必须采用另一种经常被称为“利润最大化”临界损失测试的测试方法。这一测试探究的是一个假定垄断者利润最大化决策是否是实施 5% ~10% 的涨价。 53

因此，盈亏平衡临界损失确认的是涨价导致的销量损失比例大到什么程度可以使涨价刚好没有利润；而利润最大化临界损失测定的是涨价导致的销量损失比例大到什么程度刚好可以使假定垄断者不会实施给定幅度以上的涨价。[27]

虽然《市场界定通知》中的明确提法是 SSNIP 是否有利可图，而不是它是否能

26　“具体来说，这一测试标准的要求是：一个假定的利润最大化的、不受价格监管的企业是目前和未来该产品的唯一销售者（假定垄断者），它很可能会实施小幅度但明显且非暂时性涨价（SSNIP）……”见美国司法部与联邦贸易委员会的《横向合并指南》，2010 年 8 月 19 日，第 4.1.1 节。

27　利润最大化临界损失的定义是 Gregory Werden 提出来的。See G. J. Werden, ‘Demand Elasticities in Antitrust Analysis’ (1998) 66 *Antitrust Law Journal* 363, 370, 373 – 374 and n. 366.

维持利润最大化,[28]但在欧委会近来进行过临界损失分析的案件中,它的报告中既有盈亏平衡临界损失的结论,也有利润最大化临界损失的结论。[29]

一般情况下,如果一个利润最大化的假定垄断者起码会实施 SSNIP,那么实施 SSNIP 的利润就比维持现行价格水平的利润更高。[30] 因此,如果对于一个假定垄断者来说,使利润最大化的涨幅高于 5% ,那么 5% 这个较小幅度的涨价通常就会使利润增加。[31]

所以,利润最大化临界损失一般会小于盈亏平衡临界损失,因此它是一个更严苛的条件(它往往表明市场范围更大)。[32] 也就是说,某一幅度的实际需求损失,按照盈亏平衡临界损失标准,可能不足以把相关市场在备选市场的基础上进
54 一步扩大,但是如果采用利润最大化标准,该损失幅度就可能足以导致该备选市
场不能单独构成相关市场。

原则上说,利润最大化临界损失标准更为适当。利润最大化临界损失标准可以确定一个假定垄断者会实际选择实施不低于规定幅度(如 5%)涨价的相关市场。相比之下,盈亏平衡临界损失测试所确定的是一个即使假定垄断者实际上选择实施更小幅度的涨价,但若实施给定的 SSNIP 仍可增加利润(与竞争性价格相对而言)的相关市场。假定垄断者在这种情况下选择不完全实施既定 SSNIP 的事实表明存在外部约束,说明备选市场不是一个单独的相关市场。盈亏平衡临界损失测试表明的是,只要存在通过 SSNIP 盈利的机会,就存在相关市场。

这两种临界损失测试得出不同结果的情况分析见图 2.4。该图表显示了当价格超过最初的 100 欧元水平时,假定垄断者的利润随着涨价幅度而变化的情况。值得注意的是,如果价格上涨 5% ,达到 105 欧元,利润就从 10 欧元增加到 12 欧
55 元,意味着通过了 SSNIP 测试。但是,该图还表明,假定垄断者不会选择涨价 5% ,

---

28 “如果替代行为足以使涨价行为因销量损失过大而无利可图,增加的替代品和替代地区就被纳入相关市场。”见《市场界定通知》,第 17 段。

29 到目前为止,在这两者中选择哪一个并不是相关市场评估中的关键因素;因此,在选择结果会影响分析结果的情况下欧委会会支持哪种方法的问题尚未解决。

30 唯一的条件是,作为价格函数的利润只有一个最大值。

31 这个论断可能不成立的特殊情况是,备选市场以外的竞争对手的产能受限。这可能表明 5% 的涨价无利可图,因为许多顾客会转向备选市场以外的竞争对手,但 15% 的涨价就有利可图,原因是一旦竞争对手的产能用尽,顾客就无法再转移,因此备选市场上的进一步需求损失很小。

32 See J. Farrell and C. Shapiro, ‘Improving Critical Loss Analysis’ (2008) *The Antitrust Source*, February.

因为如果采用3%这个稍小的涨价幅度，实施103欧元的售价，它的利润会更高。

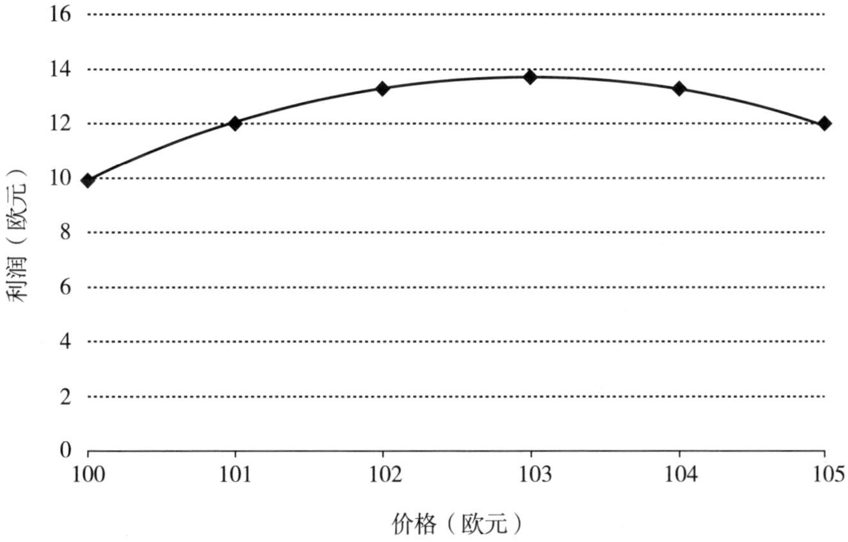

图2.4　利润与价格的关系图示

虽然对于市场界定来说利润最大化临界损失测试更适当，但它的操作也比盈亏平衡临界损失测试更复杂。这是因为利润最大化临界损失标准并不是单纯地比较竞争价格与发生SSNIP后的价格的盈利状况，它还试图确定等于或大于给定SSNIP的最优涨幅，需要假设假定垄断者面对的需求曲线形态。

在利润最大化临界损失测试中，两种需求模式因便于数学处理而经常被使用：**线性需求和等弹性需求**。表2.3总结了这两种需求模式的函数公式以及上文提出的盈亏平衡临界需求的函数公式（它不依赖对需求曲线形态的假设，也不需要这种假设）。[33] 每个公式都以假定垄断者实施统一价格且边际成本恒定为假设前提。

33　关于这些公式的推导过程，见Anney A of G. J. Werden, 'Demand Elasticities in Antitrust Analysis' (1998) 66 *Antitrust Law Journal*。

表 2.3　临界损失公式

	临界损失
盈亏平衡点	$\frac{t}{(m+t)}$
利润最大化(线性需求)	$\frac{t}{(m+2t)}$
利润最大化(等弹性需求)	$1-(1+t)^{\frac{1+t}{-(t+m)}}$

3.1.1.4　数据要求

在实践中,用来计算临界损失的相关利润率经常引起争议。上述公式的假设前提是:假定垄断者的边际成本恒定,因此按给定价格售出的每个单位产品产生的增量利润相等。这个增量利润率等于售出的单位产品的价格减去为售出该单位产品而产生的成本(或者在不售出该产品的情况下可以节省的成本,两者同
56 义)。这会引起两个潜在问题。

第一,这种利润率一般不会体现在企业的账目中,后者通常记录的是不随着售出的单位产品数量而变化的固定成本,如人工成本、行政成本和资产折旧成本。主要的相关增量成本通常只包括每个单位产品的原材料和分销成本。因此,与临界损失分析相关的利润率可能高于企业账目中计算的利润率。第二,更为重要的是,利润率恒定的假设在某些行业里并不成立,原因在于价格不恒定(见欧委会在下文讨论的 *Lufthansa/SN Airholding* 案[34]中的论述),或非线性成本(non-linearities)变化。

非线性成本变化的相关性在于,在 SSNIP 导致销量减少的情况下,假定垄断者可以消除一部分固定成本。例如,如果企业能够关闭一处生产设施,停用一项设备或者减少生产换班次数,涨价除了会提升利润率以外,还有可能带来成本节约,从而起到抵消需求损失的作用。

因此,在涨价后可以节约非边际成本的情况下,即使需求损失程度高于利润率恒定条件下临界损失分析所显示的程度,SSNIP 仍可能对假定垄断者具有吸引力。在这种情况下,由于临界需求损失将大于上述公式显示的程度,这些公式可能会错误地显示:给定需求损失过大,没有理由实施 SSNIP。这将导致备选市场

[34] Case COMP/M. 5335-*Lufthansa/SN Airholding*, Commission decision of 22 June 2009.

不构成相关反垄断市场的结论,但实际上假定垄断者选择实施涨价是合理的。

当可能存在非线性成本变化时,可以根据上文介绍临界损失概念时使用的方法,人工计算出使假定垄断者对 SSNIP 失去兴趣时的销量变化,再把该销量损失可能带来的成本的非线性变化计算进去,[35]从而检验盈亏平衡临界损失公式的结果。 57

表 2.4 盈亏平衡临界损失与利润最大化临界损失的计算

	公式	演算过程	临界损失(吨/年)	
盈亏平衡点	$\frac{t}{(m+t)}$	$\frac{0.05}{(0.15)}=33.33\%$	6.67	
利润最大化(线性需求)	$\frac{t}{(m+2t)}$	$\frac{0.05}{(0.2)}=25\%$	5	
利润最大化(等弹性需求)	$1-(1+t)^{-\frac{(1+t)}{(t+m)}}$	$1-(1.05)^{-\frac{(1.05)}{(0.15)}}=28.93\%$	5.79	58

该案例涉及芬兰造纸业相关地域市场的界定。如果相关地域市场为国别市场(芬兰),则芬兰造纸企业面临的竞争约束来自境内的其他造纸企业;如果相关地域市场是欧洲,则芬兰造纸企业的定价行为会受到芬兰境外的造纸企业的约束。

我们假设芬兰有四家造纸企业,每家每年销售纸张 5 百万吨。再假设每个单位产品销量的利润率为售价的 10%。表 2.4 显示了在发生 5% 的 SSNIP 的情况下盈亏平衡临界损失和利润最大化临界损失。

该表体现了盈亏平衡临界损失与利润最大化临界损失概念之间的关系。为了使 5% 的涨价带来利润增长,假定垄断者的销量损失(芬兰这四家企业在同时实施 5% 的 SSNIP 后将会遭受的销量损失之和)不能超过实施 SSNIP 之前的销量的 33.33%,相当于每年 667 万吨。如果 5% 的 SSNIP 引起的预期销量损失超过 667 万吨,那么这个幅度的涨价就会使假定的芬兰造纸业垄断者的利润由于芬兰境外的造纸企业的替代行为而减少。反之,如果芬兰境内生产的纸张价格上涨 5% 后预期的销量损失小于 667 万吨,该涨价就有利可图,因为增加的利润价值将超过

35 沿用上文脚注 25 中的推导方法,设 γ 为单位产品固定成本的平均节约值。这时 Δq 这个临界值的数量就发生变化,体现在等式 $\Delta m(q-\Delta q)+\gamma\Delta q=m\Delta q$ 中,整理后为 $\Delta q=(q\Delta m)/(m+\Delta m-\gamma)$。由此可以得出调整后的临界数量的近似值,前提是把非线性成本假定为线性成本。

损失掉的销量的价值。

相比而言,利润最大化临界损失所探究的问题就不是5%的SSNIP是否会增加芬兰造纸业垄断者的利润,而是该垄断者是否会选择在现行竞争价格基础上至少涨价5%。表2.4中的数值表明利润最大化临界损失为每年500万吨或者575万吨,具体取决于对纸张的需求曲线形态的假设。这些数值小于盈亏平衡临界损失,证明假定的芬兰造纸业垄断者只需要承担每年500万吨(线性需求)或每年579万吨(等弹性需求)的销量损失,5%的涨价就会高于能够使利润最大化的涨幅,即使这种涨价有利于增加利润。[36]

不过,临界损失分析本身在市场分析中能够起到的作用也仅限于此。临界损失分析只告诉我们:假如芬兰造纸企业涨价5%,它们集体遭受的销量损失总额将超过667万吨,那么假定的芬兰造纸业的垄断者在实施该幅度的涨价后的利润将会减少;如果需求损失超过每年500万吨(假如需求是等弹性的,则为597万吨),那么假定的垄断者将更愿意选择实施5%以下幅度的涨价,即使假定的5%的涨价会使其利润比实施竞争性价格水平时增加。

因此,临界损失分析只提供了一个分析基准,可以据之评估SSNIP可能导致的实际损失。所以,在我们的假设案例中,要解决地域市场的界定问题,须进一步调查芬兰的造纸企业实施SSNIP之后,实际需求会发生多大幅度的替代转移。

3.1.2 在欧盟合并控制中的使用

尽管临界损失分析法很少在欧盟的合并案件中使用,但自从2004年以来,欧委会至少三次明确提到这种方法。

在*Lufthansa/SN Airholding*案[37]中,合并方提交了临界损失分析,旨在证明从
59 布鲁塞尔以北的安特卫普出发的航班是从布鲁塞尔扎芬特姆机场起飞的航班的替代产品。但欧委会称,基于这两个理由,临界损失分析不适用于航空业。第一个理由涉及适当的利润率的确定。欧委会称,虽然航空业的大部分成本在短期内属于固定成本(特别是在各条航线上的产能被视为恒定的情况下),但在实施了永久性的涨价后,一个航空公司可能重新调整自己的飞行时刻和频次或飞机型号,以减少产能,从而使成本适应降低的需求。因此,欧委会担心,可测定的利润率无法准确反映一个打算实施SSNIP的假定垄断者所考虑的利润。欧委会并没有提

---

36 正如上文所言,只要损失不超过每年667万吨,涨价就可以增加利润。

37 Case COMP/M.5335 – *Lufthansa/SN Airholding*, Commission decision of 22 June 2009.

出一种长期利润估算方法，以进行更有意义的临界损失分析。

第二个理由是航空业价格的设定方式极为复杂，欧委会认为，这导致无法有效适用标准的临界损失公式。欧委会称：

> 在航空业这一差别定价十分显著的行业里（绩效管理系统的主要目标是对收益高、价格敏感度低的乘客实施较高价格），适用临界分析法还面临其他诸多问题。实际上，临界损失分析的假设前提是对所有顾客实施统一价格。"一刀切"地使用平均价格和单一的涨幅来计算临界损失，不符合假定垄断者在这个行业的定价方式。5% ~10% 的平均涨价有可能可以通过对收益高、价格敏感度低的乘客实施高幅度涨价，对收益低、价格敏感度高的乘客实施很小幅度的涨价（甚至不涨价）的手段来实现。[38]

在驳回合并方的临界损失分析时，欧委会指出，航空业测定的高利润率——尽管它在早些时候说，这些高利润率在某种程度上是以对该行业的短期观察为基础的结果——本身就可以提供涨价后可能发生的**实际损失**的信息。这一论点是以高利润率指向低价格弹性［两者的联系通过"勒纳条件"（Lerner condition）建 60
立，见第一章的论述］这一论为基础的。[39] 低价格弹性又表明 5% ~10% 的涨价引起的实际损失会比较低，因此，不太可能超过既定临界损失。欧委会明确指出：

在固定成本高（而可变成本低）的行业中，毛利润率会较高，所以临界损失较低。这意味着，在毛利润率较高的市场中，市场往往被界定得比较宽，因为只需少量损失就会导致涨价无利可图。但高利润率也往往表明企业具有一定程度的市场力量。这不但说明实际损失也可能很低，也说明市场可能很窄（因为企业能够实施高价格，这是因为顾客不会转移）。事实上，企业应该会设定使利润最大化的价格，价格与企业面临的需求弹性呈反比关系。因此，低价格弹性往往导致高价格（和高利润率）。[40]

虽然这个逻辑是正确的，但它是不是驳回临界损失分析的适当理由就值得商榷了。首先，临界损失与实际损失之间的理论关系表明，如果只简单地指出，因为

38　Case COMP/M. 5335 – *Lufthansa/SN Airholding*, Commission decision of 22 June 2009, para. 89.

39　关于利润率与可能发生的实际损失之间的关系的讨论，见 J. Farrell and C. Shapiro, 'Improving Critical Loss Analysis' (2008) *The Antitrust Source*, February。

40　Case COMP/M. 5335 – *Lufthansa/SN Airholding*, Commission decision of 22 June 2009, para. 87.

有理由相信实际损失在这种情况下“较小”,临界损失就“较小”,这个理由不足以证明市场范围更广泛。其次,在给定备选市场上,以临界损失与实际损失之间的理论关系为依据,排斥从假定垄断者的角度分析临界损失与实际损失哪个可能更
61 高,是无法令人信服的。[41] 法雷尔和夏皮罗曾建议,把关于顾客转移规律的信息与临界损失分析里的利润率数据结合起来分析,从而确定相关市场。[42]

在 *Arsenal/DSP* 案[43]中,合并方提出了临界损失分析。该分析表明,当实际损失超过合并后实体的总销量的 11.8% 时,在欧洲经济区(EEA)内对苯甲酸实施 5% 的 SSNIP 就会无利可图。对于这项证据,欧委会回应说:

> 申报方没有提供任何弹性评估或其他可以证明 5% 至 10% 的涨价会导致多大销量损失的证据。相反,它只是说……如果固态苯甲酸涨价 5% 引起的实际销量损失超过 11.8%,市场范围就应当扩大,纳入其他地区……所以,没有可用来评估申报方临界分析的直接证据,此项分析没有说服力。在这方面,值得注意的是,虽然大量顾客无法估测 EEA 范围内的价格上涨多少才会决定转向中国或美国供应商,但回答过这个问题的顾客大多数表示,只有 EEA 范围的苯甲酸价格涨幅超过 15%,这种转换才值得考虑。[44]

理想情况下,欧委会或申报方应继续这项分析,考察实际损失是否真的会超

---

41 一系列有趣的文章对这两个观点都进行了论证。See M. L. Katz and C. Shapiro, ‘Critical Loss: Let’s Tell the Whole Story’ (2003) *Antitrust Magazine*, Spring, 49 and D. P. O’Brien & A. L. Wickelgren, ‘A Critical Analysis of Critical Loss Analysis’ (2003) 71 *Antitrust Law Journal* 161 – 184(该文的观点是临界损失分析很容易被滥用并且具有很大的潜在的误导性);D. T. Scheffman and J. I. Simons, ‘The State of Critical Loss Analysis: Let’s Make Sure We Understand the Whole Story’ (2003) *The Antitrust Source*, November(该文为临界损失分析进行了辩解);M. L. Katz and C. Shapiro, ‘Further Thoughts on Critical Loss’ (2004) *The Antitrust Source*, March, and D. P. O’Brien and A. L. Wickelgren, ‘The State of Critical Loss Analysis: Reply to Scheffman and Simons’ (2004) *The Antitrust Source*, March [对 Scheffman 和 Simons 为临界损失分析的辩解(2003 年)做出回应];and J. Farrell and C. Shapiro (2008), ‘Improving Critical Loss Analysis’ (2008) *The Antitrust Source*(提出了利用临界损失分析判定一组备选产品是否包含了构成一个市场所需的足够替代品的新标准,但这些标准仍然从企业的观察结论中提取信息)。

42 J. Farrell and C. Shapiro, ‘Improving Critical Loss Analysis’ (2008) *The Antitrust Source*, February.

43 Case COMP/M.5153 – *Arsenal/DSP*, Commission decision of 9 January 2009.

44 Case COMP/M.5153-*Arsenal/DSP*, Commission decision of 9 January 2009, para. 83.

过申报方临界损失分析所确认的损失数量。在这一点上，应当指出，欧委会提出的“大多数顾客在涨幅达到 15% 时仍不愿转换”的说法并不足以排除根据该临界损失分析确认一个更大市场的可能，因为要使 5% 的涨价无利可图，只需要极少数顾客（所占销量比例超过 11.8%）做出反应。

上文讨论的两个案例中，都是合并方提出了临界损失分析，但最终被欧委会驳回。*Ineos/Kerling* 案[45]则是欧委会实施临界损失分析的案例。在该案中，为了 62
验证悬浮聚氯乙烯（S-PVC，窗框、管材和模具制造商的原料）供应的相关地域市场范围是否如合并方所说的超出英国范围，欧委会进行了临界损失分析。

欧委会综合利用盈亏平衡公式和利润最大化公式，假设价格分别上涨 5% 和 10%，对假定的 S-PVC 垄断者的临界损失进行了评估。[46] 由于适当的成本尺度存在不确定性，欧委会根据两个利润率估算值分别计算了临界损失，[47]得出了临界损失数量估值范围，5% 和 10% 的 SSNIP 对应的估值范围分别为 61 千吨至 108 千吨和 107 千吨至 170 千吨。[48]

在确定了能够使假定的英国 S-PVC 垄断者的涨价行为变得无利可图的临界损失数量估值范围后，欧委会又尝试确定发生 SSNIP 可能导致的实际损失。起初它试图直接通过英国生产商总体需求弹性（英国生产商的销量对价格变化的敏感度）的计量经济评估值来量化实际损失。[49] 但是，这种方法无法可靠地确定这一关系，这在很大程度上是因为没有可以用来确定 S-PVC 的供求变化的影响的适当的辅助变量（关于关系的确定和辅助变量问题的进一步讨论，见本章第 3.2.1 小节和附录 A）。

虽然计量经济评估无法提供与临界损失估值相对比的实际损失的可靠估值，但欧委会没有就此作罢，而是以临界损失估值作为框架，对英国 S-PVC 生产商实施 SSNIP 后进口商可能做出的反应的定性信息进行验证。欧委会曾解释说，这种信息可能包括“调查报告或其他定性证据，如自由产能扩张计划，需求预测或转换

---

45 Case COMP/M.4734-*Ineos/Kerling*, Commission decision of 30 January 2008.

46 Case COMP/M.4734- *Ineos/Kerling*, Commission decision of 30 January 2008, para. 98.

47 Case COMP/M.4734- *Ineos/Kerling*, Commission decision of 30 January 2008, para. 98.

48 A. Amelio et al., '*Ineos/Kerling* Merger: An example of quantitative analysis in support of a clearance decision' (2008) 1 *Competition Policy Newsletter*.

49 A. Amelio et al., 'Ineos/Kerling Merger: An example of quantitative analysis in support of a clearance decision' (2008) 1 *Competition Policy Newsletter*, 67.

63 成本”。[50] 具体地说,对欧洲大陆产能状况的详细分析使欧委会得出了以下结论:

> 西欧现有的备用产能加上预计会发生的产能扩张……对于满足整个西欧市场的预期发展绰绰有余,大约有[100 至 150][50a] 千吨的备用产能可以在英国价格上涨时供应该国,它们约占 2011 年英国市场预期规模的 20% 到 30%。[51]

这一结论得到了价格平稳性分析(第 3.7 节)和需求与汇率冲击分析(第 3.8 节)证据的进一步印证。这些证据也表明进口对英国的 S-PVC 生产商形成了竞争约束,欧委会据此认定相关地域市场超出了英国范围。

3.2 需求评估

3.2.1 技术概述

上节阐述了市场界定从根本上取决于产品的价格与预计销量之间的关系。SSNIP 测试要求相关市场的假定垄断者能在其市场内对产品进行可盈利的涨价。SSNIP 的盈利率取决于假定垄断者因涨价而损失的销量以及利润率反映出的销售价值。

临界损失分析将 SSNIP 引起的销量损失同销售利润率联系起来,从而确定可盈利的最大需求损失。临界损失方法因而将市场界定评估聚焦在价格与需求两者关系的衡量上。某组产品的需求对价格变动的敏感度越高,或者说,销量受 SSNIP 影响损失越大,该组产品构成一个单独相关市场的可能性就越低。所以,根据销售对价格变动的敏感度的信息,我们能判定某一特定的备选市场是否构成

64 相关市场。

如果存在销售数据、影响销售的价格和非价格因素的历史数据,则可以通过计量经济分析来评估需求对价格变动的敏感度。《市场界定通知》对此进行了规定,强调了计量经济方法是市场界定中量化证据的关键来源之一。[52]

采用计量经济方法进行需求评估异常复杂,需要掌握超出本书讨论范围的统

---

50 A. Amelio et al., ‘Ineos/Kerling Merger: An example of quantitative analysis in support of a clearance decision’ (2008) 1 *Competition Policy Newsletter*, 68.

50a 方括号为原文标注,下同。——译者注

51 See Case COMP/M. 4734-*Ineos/Kerling*, Commission decision of 30 January 2008, para. 135.

52 《市场界定通知》,第 39 段,另见第 45 段。

计和计量经济知识。本节的目的旨在向读者概述该方法及其与实际市场界定的关系,运用该方法需获取的数据,以及对得出的结果采用的解读方式。

3.2.1.1　需求评估和识别

本书第一章阐述了需求曲线表现的是特定一种或一组产品的价格和销售量之间的关系。在任一价格水平,需求曲线都将显示顾客愿意购买的产品数量。假设一个线性需求曲线可通过下述方程式定义:

$$\textit{数量}=180-4\times\textit{价格}$$

该需求曲线的图示见图 2.5。该图说明,价格为 20 时,顾客将愿意购买 100 单位的产品,但价格为 25 时,顾客只会购买 80 单位的产品。这说明价格为 20 时,25%的价格增长将减少对该产品 20 单位的需求。通常而言,解释需求曲线的数学方程式能让我们推断出某一种或一组产品价格的变动对销售的影响。

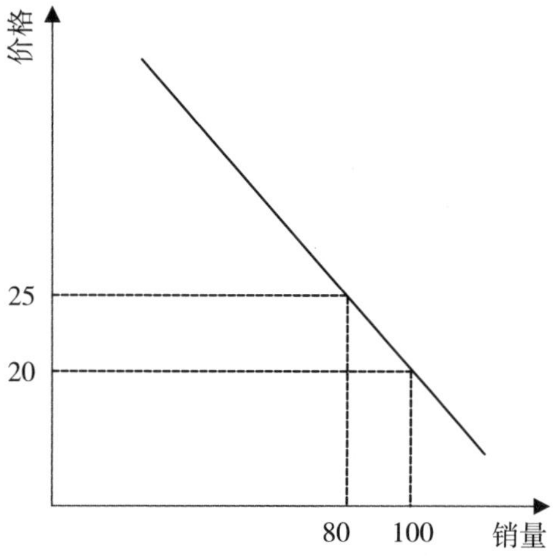

图 2.5　需求曲线

需求评估是一个运用实际价格和数量统计来推断特定一种产品或一组产品的需求曲线的过程。实际上,需求评估首先运用价格和销量观察值来制作数学方程式,再绘制需求曲线,而非一开始就绘制需求曲线,继而结合信息预测符合该曲线的价格和销量关系。 65

这通常采用回归分析(regression analysis)来完成。附录 A 进一步讨论了回归分析以及从经济角度识别有意义关系的难点,附录 B 深入探讨了不同形式的需求评估。

我们可以通过一个简单例子来阐明如何使用回归分析推测需求曲线。假设名为 Jaffa 的一家公司销售无汽橙汁。假设替代产品的价格等影响橙汁需求的因素在特定时间段内不变,但生产橙汁的边际成本变动,导致橙汁价格变动以及 Jaffa 的橙汁产量发生变化。图 2.6 标记出 Jaffa 在一段时间内的十组价格和销量值。粗略看来,这些组合连成一条不规则直线。通过连接这条线(如右图所示),形成该产品的需求曲线。显示出的需求曲线可用方程式数量=1500−10×价格表示。

对该产品来说,需求对 SSNIP 的敏感度可简单计算得出。假设市场价格为 100,在这个价格水平的销量达到 500 单位。适用 5% 的 SSNIP,价格则为 105,对应的销量为 450。因此,若价格每增长 5%,该公司实际损失的销量预计为 50 单位,即 10% 的销量。

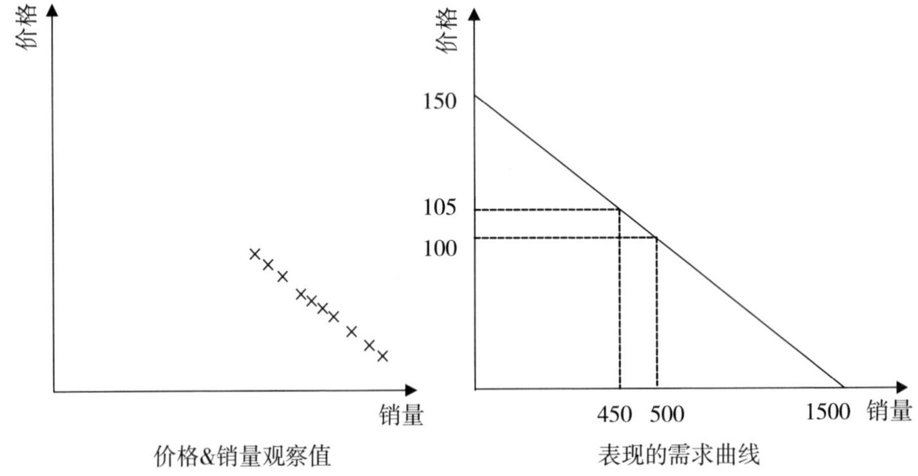

图 2.6　Jaffa 橙汁的需求曲线

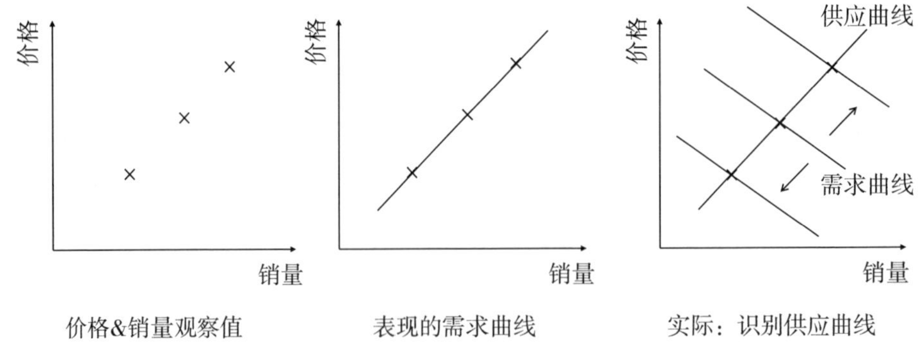

图 2.7　识别需求曲线问题

在上例中,我们假设需求和价格之间的关系恒定,仅由一定时间内的供应变化导致价格和实际需求数量的变化。因此,能够通过简单连接各组价格和销量值,绘制出需求曲线。然而,实践中由于识别问题[53],通常不可能采用这种方式直 66
接绘制出需求曲线。

可这样解释识别问题:假设一段时间内 Jaffa 的成本不变,但其需求曲线确实 67
发生了变动。图 2.7 表明,在这种情况下,将观察到的各组价格和销量值的连线表现出的将是供应曲线(Jaffa 在各价格水平选择的供应量),而非需求曲线。

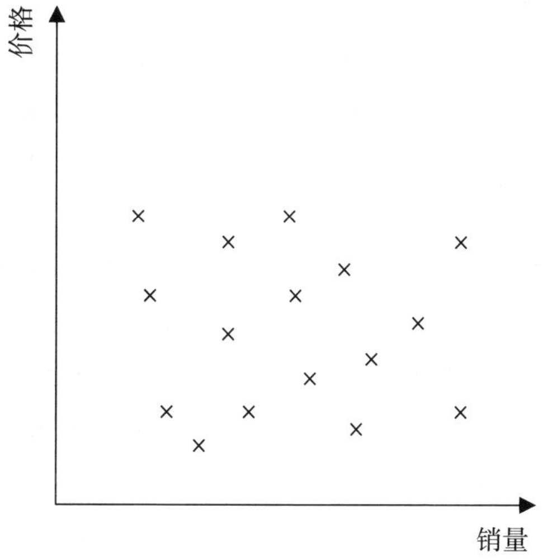

图 2.8 供需变动产生的价格和销量值

实际上,观察到的价格和销量值经常可能受到导致需求变化的因素和导致供应变化的因素影响。这意味着每组价格和销量值会表现出类似图 2.8 所示的情况。

在这种情况下,通过观察到的每组价格和销量值,可绘制一条"最适合线"(line of best fit),即不会形成需求曲线也不会形成供应曲线,而是价格和销量之间无经济意义的关系线(这条线可能随供应和需求相对量的变动向上或向下延伸)。不存在显而易见的方法,仅通过观察该图就能分别得出供应和需求方程式,由于

53 在需求曲线的实证评估中早已认识到识别问题。如 H. L. Moore 对生铁需求的分析,See H. L. Moore, *Economic Cycles: Their Law and Cause* (New York: Macmillan, 1914);以及后续评论 '*Economic Cycles: Their Law and Cause by H. L. Moore. Review by: Philip G. Wright*' (1915) 29(3) *The Quarterly Journal of Economics*。

这两个方程式同时在起作用，该图反映出众多不同的价格销量组合值。

考虑到实际观察到的价格和销量值是由供需条件共同决定的，计量经济方法可被用来识别一段时间内各价格水平和销量组合值的需求曲线公式。为实现这一目的，要求使用含有**工具变量(instrumental variables)**的计量经济方法进行识
68 别。这些变量同价格相关，但同需求公式里的其他值无关。这些变量使我们能够分离出价格对顾客需求的影响，但本书不对工具变量进行详细阐述。[54]

3.2.1.2 需求评估和市场界定

采用上述方法分析某公司的销售数据，能识别出该公司经历的需求曲线。上述简单示例表明，橙汁生产商 Jaffa 每提价 5%，将导致销量减少 50，相当于销量的 10%。结合根据利润率数值估计的临界损失和 SSNIP 涨价导致的销量损失，可评估 Jaffa 的无汽橙汁是否构成单独相关市场。

实践中的重要问题不是某特定公司供应的某一种产品是否构成相关市场，而是一组产品是否构成相关市场。例如，我们试图确定的是所有无汽橙汁饮料是否构成一个相关市场。Jaffa 橙汁的需求曲线难以充分回答这个问题。

Jaffa 橙汁的需求弹性反映出 Jaffa 价格变动时顾客从无汽橙汁转向其他产品的倾向，也反映出从 Jaffa 转向其他无汽橙汁品牌的范围。因此，企业一段时间内的需求曲线将同时反映其所在备选市场内外的替代情况。直观上讲，考虑到市场内顾客转换的范围，企业面临的备选市场内需求通常比市场外需求更具有弹性。

因此在界定相关市场时，须对可能构成备选市场的所有产品进行需求评估，而非仅针对某一种产品。通过对构成备选市场的各组产品的价格和销量进行回归分析，可以确定备选市场假定垄断者一段时间内的需求曲线。

3.2.2 举例

有众多复杂的计量经济方法可用于需求评估。无论最终运用哪种方法，都将
69 生成一个方程式，该方程式描述在产品价格、其他产品价格及各种其他因素变化情况下，特定产品的需求情况。举例说明，下例反映了在速溶咖啡、过滤咖啡、茶和软饮料价格，以及每周平均温度变化的影响下，英国速溶咖啡的周需求量。这一回归方程式采用各变量的自然对数(natural logarithms)进行评估。因此，可把

---

54 很好地阐明了需求识别这一经典问题，并解释了更多先进方法。See E. Rasmusen, 'The BLP Method of Demand Curve Estimation in Industrial Organization', Indiana University Working Paper, 2007.

各变量系数看作弹性指数。[55]

$$\begin{aligned}\text{速溶咖啡销售量} = & -2.2\times\text{速溶咖啡价格}\\ & +1.8\times\text{过滤咖啡价格}\\ & +0.6\times\text{茶价格}+0.1\times\text{软饮料价格}\\ & -0.1\times\text{温度}\end{aligned}$$

该结果表明,按现行价格,速溶咖啡自身的需求价格弹性是2.2,意味着速溶咖啡的需求是弹性的。值得注意的是,如果该系数按绝对值计算小于1(如果需求不具有弹性),则表明速溶咖啡构成一个相关市场,因为速溶咖啡的假定垄断者可以营利性地将价格提升至高于现有价格水平(见第一章第4.1节)。[56]

然而,需求具有相对弹性的事实本身不能得出市场界定的结论。即使存在弹性需求,如果保留的销量利润率较高,能够抵消因价格增长而损失的销售价值,假定垄断者仍可通过SSNIP盈利。

举例说明,我们假设速溶咖啡的利润率是45%。运用第3.1.1节中的公式,这意味着SSNIP为5%时,速溶咖啡的假定垄断者的临界损失为0.05/0.5=10%。速溶咖啡的自身价格弹性估计为2.2,这表明5% SSNIP将导致销量减少5×2.2=11%。结合估计的临界损失,这意味着受SSNIP影响,速溶咖啡假定垄断者将遭受的销
售损失大到足以认定价格上涨无利可图的程度。这反过来说明,在我们假定的案 70
例中,速溶咖啡不构成单独相关市场。

此外,上述需求评估结果说明速溶咖啡供应商面临的竞争约束阻止了速溶咖啡被营利性垄断。速溶咖啡对过滤咖啡的交叉价格弹性很高,并且高于对茶和软饮料的交叉价格弹性。这意味着过滤咖啡价格上涨会导致速溶咖啡销售量大幅的增长。速溶咖啡因此构成过滤咖啡的竞争约束,反之亦然,即过滤咖啡也构成速溶咖啡的竞争约束(尽管根据第2.2.3节有关不对称竞争约束的论述,事实可能并非如此)。相较之下,茶和软饮料的低交叉价格弹性表明这些产品的替代程度较低。

综上所述,备选市场可被扩大至同时包含速溶咖啡和过滤咖啡。在这一假设中,英国的价格和销量可被用来评估咖啡产品组的需求变化,从而得出以下方

55　详细内容见附录B。

56　第一章中已经解释,任何追求利润最大化的公司都将在其需求具有弹性的某点(需求大于其绝对值的某点)运营,这是标准经济效益。

程式。

咖啡销售量=-0.8×咖啡价格+1.5×茶价格 +0.2×软饮料价格-0.1×温度

影响该需求变化的最重要因素是咖啡组的自价格弹性指数为-0.8,远低于(按绝对值计算)速溶咖啡的自价格弹性。因此,扩大后的咖啡产品组与速溶咖啡相比,需求敏感度大幅降低。在众多产品中,速溶咖啡更容易被过滤咖啡替代。咖啡组的自价格弹性按绝对值计算小于1,说明在本假设案例中,英国对咖啡产品组的需求曲线不具有弹性。这意味着提升所有咖啡的价格不会导致销量的过度减少,反之说明假定垄断者将选择将咖啡价格提升至现行价格水平之上。这一结论表明速溶咖啡和过滤咖啡共同构成一个单独的相关市场。

3.2.3 在欧盟合并控制中的运用

71 尽管需求弹性评估可直接适用于市场界定,欧委会很少在合并评估中使用。这一情况从侧面反映了需求弹性评估的技术复杂性以及应用该技术所需数据的获得难度。

2004 年之前,欧委会曾在一些并购案件的市场界定中使用或引用需求弹性评估,包括 *Guinness/Grand Metropolitan* 案[57]、*Kimberly - Clark/Scott* 案[58] 以及 *Procter&Gamble/VPSchickedanz* 案[59]。在 *Kimberly-Clark/Scott* 案中,基于尼尔森公司每周超市扫描仪的数据,合并方及一名竞争者主张使用计量经济学分析方法,分析英国及爱尔兰的卫生纸的需求弹性。所有研究结论都表明,其自价格弹性小于1,因此在英国与爱尔兰存在一个统一的卫生纸相关市场。

这些研究还试图解决在评估交叉价格弹性时,品牌产品是否受到贴牌产品的竞争约束。第三方研究表明,贴牌产品细分市场并未对品牌产品细分市场产生显著的竞争约束。另外,合并方提交的研究表明,两个细分市场之间存在明显的竞争互动,由此得出与欧委会关于市场界定的观点相一致的结论,即品牌产品与贴牌产品最终都包含在同一市场中。

在 *Procter&Gamble/VP Schickedanz* 案[60]中,合并方力图证明 *Always* 卫生巾在德国市场有很高的自价格弹性(-1 至-3),结合主要卫生棉条品牌具有高交叉价

---

57 Case COMP/M.938-*Guinness/Grand Metropolitan*, Commission decision of 15 October 1997.

58 Case COMP/M.623-*Kimberly-Clark/Scott*, Commission decision of 16 January 1996.

59 Case COMP/M.430-*Procter&Gamble/VP Schickedanz*, Commission decision of 21 June 1994.

60 Case COMP/M.430-*Procter&Gamble/VP Schickedanz*, Commission decision of 21 June 1994.

格弹性的证据,表明卫生巾本身并不构成一个单独相关产品市场。欧委会表示,原则上,某一候选市场中某一特定商品的价格弹性证据(本案中为 *Always* 卫生巾)不能反映候选市场整体的价格弹性。因此,由于消费者存在转向其他卫生巾产品的可能性,*Always* 品牌的单方面提价可能并不会有利可图,而所有卫生巾产品的同时提价则可能是有利可图的。此外,欧委会对合并方的计量经济学模型持批判态度,因为该模型未将潜在的重要解释变量纳入考虑,如季节性因素及未计 72
入数据的商店的价格变化等。欧委会强调,需求弹性评估中值得注意的是:"评估一个模型要尽可能多的将相关变量纳入考虑,即要使用多变量而非单一变量的方法。这样才能区分众多解释性变量产生的不同影响。"[61]

近年来,使用需求弹性评估进行市场界定的主要案例有 *Friesland Foods/Campina* 案[62],*Unilever/Sara Lee Body Care* 案[63]以及 *Votorantim/Fischer/JV* 案[64]。

在 *Friesland Foods/Campina* 案[65]中,欧委会通过使用每周零售扫描机的数据对荷兰乳制品进行了大规模的需求弹性测验。这项分析既用于相关产品市场的界定,也用于调查合并方的品牌产品与贴牌产品之间竞争关系的紧密性以评估单边效应。关于市场界定,欧委会发现,基本乳制品如牛奶、酸奶、脱脂乳以及奶油冻之间无弹性需求,并且彼此之间交叉价格弹性很低,表明这些商品分别构成单独的相关市场。欧委会还发现,新鲜保健饮料构成一个单独的相关市场,因为这一产品组无弹性需求,但经过延长保质期处理的巧克力乳制饮品与经延长保质期处理的水果乳制饮品之间表现出了弹性需求,它们彼此间的高交叉价格弹性表明,两者均不构成单独相关产品市场。

Friesland Foods/Campina 案[66]的决定中值得注意的一点是,欧委会承认完全依赖需求弹性评估分析相关市场是不可靠的。欧委会指出:

> 在构建、评估,以及模拟计量经济学模型时,需要做出很多重要选择。这些选择只能在特定的案例背景中进行评估。需要结合计量经济

---

61 Case COMP/M. 430-*Procter & Gamble/VP Schickedanz*, Commission decision of 21 June 1994, para. 56.

62 Case COMP/M. 5046-*Friesland Foods/Campina*, Commission decision of 17 December 2008.

63 Case COMP/M. 5658-*Unilever/Sara Lee Body Care*, Commission decision of 17 November 2010.

64 Case COMP/M. 5907-*Votorantim/Fischer/JV*, Commission decision of 4 May 2011.

65 Case COMP/M. 5046 - *Friesland Foods/Campina*, Commission decision of 17 December 2008.

66 Case COMP/M. 5046-*Friesland Foods/Campina*, Commission decision of 17 December 2008. 73

学和相关定性分析，综合做出选择。[67]

在 *Unilever/Sara Lee Body Care* 案[68]中，欧委会进行了一次合并模拟，具体将在第三章（单边效应）中有进一步讨论。作为合并模拟的一部分，欧委会评估了男性和非男性除臭剂的相关需求弹性，发现"如果所有男性（非男性）除臭剂的价格增长5%，男性（非男性）除臭剂细分市场的假定垄断者的利润将增长"。[69] 换言之，欧委会的分析发现，男性和非男性除臭剂细分市场的 SSNIP 测试都是有利可图的。以此分析为基础，结合其他更多的定性证据（主要与男性和非男性除臭剂间的价格差别有关），欧委会认为男性和非男性除臭剂分别构成单独的相关市场。

在 *Votorantim/Fischer/JV* 案[70]中，申报方运用每月零售数据，估算了法国、德国、荷兰以及英国的橙汁与其他饮料的自价格弹性和交叉价格弹性。[71] 基于若干技术理由，欧委会反驳了合并方的分析，特别指出样本规模小以及控制变量缺乏的问题，并且指出其结果存在大幅误差的可能（分析所使用的系数存在广泛的置信区间）。[72] 欧委会指出，不论如何，从合并方估算的自价格弹性结果的表面价值及合并方的近期利润来看，橙汁价格提升5%的 SSNIP 测试将是有利可图的，这与合并方的论点相悖。[73]

3.3 调查证据

3.3.1 技术概述

欧委会在合并调查期间分析合并方提供的信息和证据的同时，还会收集来自
74 其他市场经营者的信息。这些信息能提供市场运行受拟议合并的影响，此外，市场经营者对欧委会信息收集要求的回应情况同样为相关市场的评估提供了参考。

---

67 Case COMP/M.5046-*Friesland Foods/Campina*, Commission decision of 17 December 2008, Annex 1, para.7.

68 Case COMP/M.5658-*Unilever/Sara Lee Body Care*, Commission decision of 17 November 2010.

69 Case COMP/M.5658-*Unilever/Sara Lee Body Care*, Commission decision of 17 November 2010, para.94.

70 Case COMP/M.5907-*Votorantim/Fischer/JV*, Commission decision of 4 May 2011.

71 Paragraphs 97 et seq.

72 See paras 99 and 100. 广泛的置信区间与市场界定的目的尤其相关，市场界定不仅需要评定自价格弹性的趋势还需要评定其大小。

73 See para.102.

就此而言,《市场界定通知》解释道:

> 在委员会认为有必要进行准确的市场界定时,委员会通常会与该行业主要的顾客和主要的公司联系,询问他们对产品市场和地域市场界限的看法,并获取必需的事实证据,以得出结论。[74]

这种信息收集可以分为两大类。第一类通常由**市场调研开始**,欧委会通过给市场经营者发放调查问卷、访谈等方式了解市场经营者的观点。调查问卷通常被送达至合并方的竞争对手,在合并方产品的直接下游顾客是经销商而非最终消费者的情况下,也会送达至下游顾客。尽管欧委会可能会经常问询市场经营者对相关市场界定的看法,但市场调研的主要目的是帮助欧委会理解产品的性质以及行业的供需结构。欧委会已经阐明,合并评估中的市场调研是"一个持续的过程,欧委会在这一过程中不断提炼和缩小其分析问题的范围,并向第三方阐释不清楚和矛盾的观点"。[75]

第二类也是比较少见的,欧委会可能会实施一项旨在评估市场界定的正式**顾客调查**,这一顾客调查通过调查顾客转向替代商品的意愿来进行。此类调查在合并方面向最终消费者供货的案件中会特别有帮助,因为这类案件能够使用足够多的样本,给出在统计学上有意义的结果。合并方同样可以自行组织消费者调查,作为市场界定的证据提交给欧委会。

顾客调查提供了一条关于顾客行为的有价值的直接证据,用以证明需求替代。原则上,调查可直接问询消费者,为应对候选地域市场或产品市场中进行的
SSNIP 测试时,他们将如何改变其消费行为。此项调查使依靠历史数据推测消费 75
者行为变得没有必要。特别是调查证据会为在 SSNIP 测试中可能发生的需求损失提供证据信息,可用来评估临界损失,或者如第三章第 3.1 节讨论的,可用于直接评估单边效应。

然而,欧委会收集市场经营者观点和行为模式信息的方法存在很多潜在问题。

首先,市场调研直接询问被调查人对相关市场界定的观点,这一做法假定被

---

74 《市场界定通知》,第 33 段,另见第 47 段。

75 Case COMP/M. 5830-*Olympic/Aegean Airlines*, Commission decision of 26 January 2011, paragraph 27.

调查人熟悉有关相关市场界定的反垄断概念。但实际情况往往并非如此。即便是最基本的替代性问题,很多被调查人并不熟悉 SSNIP 测试是一种通过判断替代程度,进而确定哪些产品和地域处于相同反垄断市场中的方法。在一次提价 5% ~10% 的 SSNIP 测试中,被调查人可能认同那些在性能上可行但并不经济的替代品;或者,反之他们也可能会遗漏在现行价格下无需考虑的经济型替代品。在很多案例中,某一特定企业的反馈信息实际取决于该企业负责填写调查问卷的个人的身份与观点。在使用调查问卷获取作为合并评估依据的市场信息时,这种主观性确实是潜在的问题。

其次,在分析调查获取的证据时,须仔细区分边际和非边际顾客,即在一次 SSNIP 测试中最有可能转变和不太可能转变的顾客。如本章第 2 节所解释的,是前者的行为决定了厂商的价格设置,而顾客将会转向的目标商品构成了对厂商行为的竞争约束。如果这两类顾客对替代选择的偏好不同,那么顾客的整体回应就无法为边际顾客在 SSNIP 测试中可能做出的行为转变提供有意义的参考。

在候选市场中,那些在 SSNIP 测试中选择离开的顾客也因此与 SSNIP 测试更加相关,他们比通常的顾客更具价格敏感性。由此产生的结果是,他们的偏好与一般顾客相比会有所不同。由于这个原因,“如果不再提供产品×,你将选择哪个
76 产品?”这一问题为“一般”顾客认为最接近的替代选择提供了参考,但从市场界定的角度来看,则可能会产生关于替代品相对重要性的误导性观点。纠正这个问题的一种方法是,只考虑那些在 SSNIP 测试中表明转换意愿的顾客的回复。例如,问题“如果商品×价格提升 5% 你是否会因此转向其他商品”;以及“如果是的话,你将会转向哪个商品?”这组问题提供了对“边际”顾客最密切的替代选择的深入了解。然而,只考虑边际顾客的回应,将会实质性减少调查的样本容量,进而引发关于调查可靠性的疑虑。

再次,欧委会调查的顾客数量常常是有限的,这既是一个实际问题,也是由于 B2B(商家对商家)公司服务的顾客数量有限。由于样本容量通常较小,这增加了调查结果对个体回应的敏感性。

复次,调查对象可能无法或不会给出有代表性的回应。消费者可能只有有限的行业知识,且不能深入思考如何回应假定的市场情况变化。在面对枯燥无味的假定价格变化说明时,调查对象尤其可能会夸大影响他们行为的偏好,虽然可以通过详细叙述和充分解释来限制这些偏差的范围,但仍难以避免。当调查对象是企业时,他们更了解市场,而且会为回复调查问卷投入更多资源,但基于其知晓自

身的回复可能对调查结果产生的影响,他们可能会有意的采取策略性的回复行为。出于这个原因,欧委会申明其将会慎重考虑竞争者提交的观点。[76]

最后,一个相关的问题是,欧委会进行的市场问卷调查常常因为选择的偏差,产生非典型性或误导性结果。考虑到并没有法律要求第三方回应这些调查,很多甚至大多数收到调查问卷的人仅在对交易有明确观点时才会花时间回复。而持有明确观点的回复人,通常是消极而非积极的。因此,即使只有少数顾客对一项 77
交易存在疑虑,这些顾客的回复可能会在所有顾客回复的市场调查问卷中不成比例的凸显出来,这潜在地导致了对市场参与者观点的错误印象。

基于以上,欧委会倾向于将顾客调查作为市场界定的定性参考,而非以此为基础做出具体的定量分析。这可能构成一些案件中的传闻证据(anecdotal evidence),仅享有这类证据所应附加的权重。

合并方可以向欧委会提交为深入了解消费者行为而自行进行的消费者调查。理想状况下,为了让调查有意义,这些调查应该覆盖大量(几百而非几十)随机挑选的顾客,并且采用的问题能够清晰区分出 SSNIP 测试中会转变和不会转变的两种顾客,以及前者会转向的替代选择。在面向消费者的零售业中进行此类大规模调查的可能性最大,因为在这一行业中存在大量的,容易被识别和调查的个人顾客样本。

合并方实施的调查应委托独立市场调查公司进行,从而确保其结果享有预期的权重和欧委会要求的可靠性。只要有可能,调查结果还应与观察到的顾客行为进行核对。[77]

3.3.2　在欧盟合并控制中的运用

欧委会的市场调查在其禁止 *Olympic/Aegean Airlines* 合并的决定中具有决定性意义。在缺乏适当数据进行实证分析或计量经济学分析的情况下,欧委会实施了一次超大范围的市场调研,囊括了航空公司、渡船和火车运营商、旅行社、企业客户、机场、民航局以及消费者协会。[78] 欧委会指出,欧盟普通法院(General 78

76　Case COMP/M.5830-*Olympic/Aegean Airlines*, Commission decision of 26 January 2011, foot note 20.

77　For further details see 'Best Practices on Submission of Economic Evidence' (DG COMP Staff Working Paper, 17 October 2011), paras. 30, 31 and 48.

78　Case COMP/M.5830-*Olympic/Aegean Airlines*, Commission decision of 26 January 2011, paras. 23, 30 and 31.

Court)对 *Ryanair/Aer Lingus* 案的裁决表明,“技术”和“非技术”证据之间不存在优先层级,而且采信后者不需要来自前者的支撑,欧委会反驳了合并方对欧委会依赖来自市场调查的定性证据的批评。[79]

欧委会对合并方的定期航空客运服务市场进行界定评估时,主要依靠市场调查中收集的信息和观点,尤其是来自企业客户以及其他客运方式服务提供商的信息和观点。欧委会通过这些信息得出以下结论:时间敏感型乘客与时间不敏感型乘客分属不同的相关产品市场。而且,在大多数航线上,海运和铁路运输与合并方为时间敏感型乘客提供的航空客运服务不属于同一个相关市场。[80]

除市场调查外,在 *Olympic/Aegean Airlines* 案中,欧委会还考虑了将消费者调查用于市场界定的可能性。欧委会得出结论认为,出于诸多原因,完成一项有代表性的消费者调查是不可行的。[81] 虽然大部分原因没有在决定中详细说明,但是欧委会强调了以下事实:在合并评估期间实施的任何调查,只能说明季节性极为明显的希腊旅游业的短期情况,欧委会认为这一局限性并不能通过“纠正”数据来解决。[82]

尽管如此,合并方委托进行了两项调查,试图说明渡船公司对航空客运公司的竞争约束程度。[83] 欧委会基于若干关于样本选择和样本规模的方法论理由批驳了这项证据。更实质的是,欧委会指出,合并方的调查没有考察消费者在航空客运和渡船客运之间转换的倾向,而只考察了使用每种服务的消费者在多大程度上也选择过另一种服务。一些消费者曾经既使用过船运也使用过航空客运来旅行,
79 虽然这一事实表明了这些消费者并非拒绝使用另一种客运方式,但这种并行使用

---

79 Case COMP/M. 5830-*Olympic/Aegean Airlines*, Commission decision of 26 January 2011, para. 33. See also Case T-342/07 *Ryanair Holdings plc v. Commission* [2011]4 CMLR 245, para. 136.

80 Case COMP/M. 5830-*Olympic/Aegean Airlines*, Commission decision of 26 January 2011, paras. 52-193.

81 Case COMP/M. 5830-*Olympic/Aegean Airlines*, Commission decision of 26 January 2011, para. 35.

82 Case COMP/M. 5830-*Olympic/Aegean Airlines*, Commission decision of 26 January2011, para. 35, foot note 31.

83 Case COMP/M. 5830-*Olympic/Aegean Airlines*, Commission decision of 26 January2011, paras. 194-208.

并不能充分说明两种服务之间的可替代性。[84] 这些调查并没有考虑到将船运作为航空旅行的补充与将船运作为航空旅行的替代之间的区别。因而,欧委会得出结论认为,在对航空客运进行 SSNIP 测试时,合并方的调查不足以就航运乘客在多大程度上可能转而选择船运提供信息。

在 *Friesland Foods/Campina* 案[85]中,合并方质疑欧委会的市场调查问卷结论,并提出理由:"相对于采用大部分消费者的回复,欧委会应该辨认出边际消费者,正是这些消费者决定了荷兰产天然奶酪的价格。"[86]

欧委会没有直接对这一论点做出评论。但是,它转而指出,由于消费者缺乏对可供替代商品的知识和了解,市场调查得出的可替代程度也许被夸大了。[87] 实际上,欧委会似乎用他们自己对消费者将如何行动的观点取代了调查得出的消费者关于自己偏好的观点。尽管存在消费者不能准确回答假设问题的可能,但这种调查证据的方式应引起注意。此外,可以明确的是,欧委会的论断其实可得出两种结论;欧委会(或者合并方)同样也可以证明,由于消费者不熟悉替代选择,因为在现价条件下他们不需要考虑这些替代选择,导致消费者调查认定的可替代程度错误性地过低。欧委会显然不愿仅从表面价值采纳其调查证据,于是引发了上述
问题,即合并方提出这种证据时,欧委会将赋予这些证据何种权重。 80

3.4 销售模式分析

3.4.1 技术概述

欧委会往往会考量现有行业惯例和购销模式,以此为基础进行市场界定评估。这包括调查顾客购货来源和供应商的销售途径,通过这些信息可以推断出一组候选产品和候选地理区域的假定垄断者在可获利的前提下能够提高价格的幅度。

此种方法的主要优点是所需信息通常容易获得。无论是 B2B(商家对商家)

---

84 合并方第二项调查询问了使用一种运输方式的调查参加者是否在将来会再用另一种。再次强调,在调查问题没有提及航空运输发生 SSNIP 的情况下,所体现出的选择船运的意愿是无法充分显示两者之间的可替代性的。

85 Case COMP/M.5046-*Friesland Foods/Campina*, Commission decision of 17 December 2008.

86 Case COMP/M.5046-*Friesland Foods/Campina*, Commission decision of 17 December 2008, para. 752.

87 Case COMP/M.5046-*Friesland Foods/Campina*, Commission decision of 17 December 2008, para. 753.

还是 B2C(商家对消费者)公司,通常都保留了全面的销售记录,包括其所供货的顾客类别及供应数量。在市场调查过程中联系到的顾客也能够提供这些信息,竞争执法机构能够交叉检验合并方所提供的证据。

然而,我们将解释,在市场界定的情形中,供应模式的证据价值是有限的。供应模式只反映当前行业状况,因此不一定会传递出公司及消费者在应对供应条件变化时可能做出的行为,而这才是市场界定的决定性因素。尽管如此,考察销售模式可以了解行业运作的方式,这进而可以提供有用的背景信息以对市场界定进行更准确的分析。

Kenneth Elzinga 和 Thomas Hogarty 在 1973 年一篇关于合并评估中地域市场界定的论文中提出,可以在市场界定中对销售模式数据进行分析。[88] 具体而言,作者提出了一种基于观察到的货物输入输出量的测试方法,其中采用"输入最小化"(Little In From Outside, LIFO)和"输出最小化"(Little Out From Inside,LOFI)这两个概念来考察某一特定产品在一个备选地域市场输入输出的数量。本章第 3.4.1.1小节将讨论 Elzinga-Hogarty 测试(也被称为 LIFO/LOFI 测试)在地域市场界定中的应用。第 3.4.1.2 小节将进一步探讨,该测试的原理在多大程度上
81 可被推广应用到产品市场界定。

3.4.1.1　地域市场界定

Elzinga-Hogarty 测试表明,当且仅当以下条件满足时,一个区域构成一个相关地域市场:

- 该区域内至少 75% 的购买量是由位于该区域的供应商生产的(LIFO 情形);并且
- 该区域内至少 75% 的产量是卖给位于该区域的顾客(LOFI 情形)。

Elzinga-Hogarty 测试的目的是识别出一个独立于其他地域的地理区域,该区域内的生产者对位于其他区域的顾客几乎不存在依赖性,并且该区域内的顾客对其他区域的供应商也几乎没有依赖性。但是,在用 SSNIP 测试界定市场时,可以发现这一方法存在重大局限。

首先,正如 Elzinga 和 Hogarty 自己所承认的那样,75% 的基准"有点武断"。尽管两位作者将 75% 的门槛描述为一种保守估计,"包括了主要需求和供给的出

88 K. G. Elzinga and T. F. Hogarty, 'The Problem of Geographic Market Definition in Antimerger Suits' (1973) 18 *Antitrust Bulletin*, 45–81.

货量”,这种观点也是主观的。实践中,欧委会运用销售模式证据界定市场时,并不会引用具体的百分比,明确何种比例的区域内外供求量是“微量的”(little)。

其次,更为实质地是,LOFI 条件在地域市场界定中究竟起多大作用尚不清楚。特定区域内的供应商不向该区域外大量出口并不意味着该区域构成一个独立的相关地域市场。即使特定区域内的供应商并没有向该区域外出口,该区域内的供应商仍可能在很大程度上受到进口的竞争约束。[89]

最后,LIFO 条件甚至并不能完全捕捉到 SSNIP 测试核心的经济分析过程。市场界定的概念基于某一特定产品或服务组中需求与供给替代程度对假定垄断者定价能力的限制。其结果取决于顾客与其他生产者对价格变化的反应。然而, 82
Elzinga - Hogarty 测试是一种静态测试,说它静态是因为它仅仅测试顾客及企业在现行价格下如何做出选择。它所依赖的销售数据不能传递出企业将如何应对价格变化的信息。

举个例子,如果法国消费的超过 75% 的小部件是在法国生产的(进一步假设法国所生产的 75% 小部件都在法国消费了),这种情况可以得出何种结论?这是否意味着法国是一个相关地域市场?实际上并不能必然得出这一结论,因为销售数据并未给出任何信息说明在法国供应商与顾客将如何应对价格上涨。尽管有上述销售模式,但法国小部件价格上涨 5% ~10% 完全可能会导致顾客从外国购买小部件,以及外国的生产商向法国出口小部件。如果这种反应使 SSNIP 测试中的垄断者无利可图,那么尽管满足了 Elzinga - Hogarty 测试的条件,法国也不构成一个单独的相关地域市场。

重要的是,这类例子并不少见,它实际反映了一种非常常见的情形。甚至在较广阔的地域市场中,因市场参与者有使运输成本最小化的动机,某一假定产品的销售模式可能会被相对当地化。在上述例子中,尽管法国、德国和西班牙的小部件在同一相关地域市场中相互竞争,但法国的顾客会尽量使用法国的供应商(以及法国的供应商会寻求服务于法国消费者),以便使运输成本最小化。然而,认识到这些国家中任意哪国的价格上涨都可能被进口水平的激增挫败,表明法

89　把某家小啤酒厂看作某一特定区域中的唯一生产者,它仅在该区域进行销售。一些大啤酒厂位于其他区域并且在全国范围进行销售。这家小啤酒厂并不向其坐落的区域之外的经销商销售并不必然表明该区域构成一个相关竞争市场。换句话说,某一区域的垄断供应商可能受到全国范围内大啤酒厂的竞争约束,不管该供应商是否向其他区域出口。

国、德国和西班牙的国别价格都受到此类潜在竞争的约束，尽管在现行价格水平上缺乏大量的跨区域贸易。

如此，贸易流动的证据可作为市场界定的一项验证，与现行销售模式一起，最多只能表明相关市场的最小范围。大量产品在两个区域之间流动的事实足以得出这样的结论：在现行价格水平上产品能在两个区域间流动，说明当一个区域进行 SSNIP 涨价时，供应商可能会增加另一个区域的发货量。但反之，产品在两个
83 区域之间流动的事实并不是这两个区域属于同一相关市场的必要条件。

3.4.1.2　产品市场界定——"多渠道购买"

Elzinga - Hogarty 测试原本是用于地域市场界定的，主要考察地理区域之间的贸易流动。不过这一测试关于顾客选择产品的逻辑，同样可用于产品市场界定。

根据 Elzinga - Hogarty 测试结果，位于一个区域的顾客愿意并且能够从另一区域的供应商处购买产品，由此可推断出这两个区域的供应商之间存在相互竞争。同样的观察结果也可用于产品市场界定，购买一种产品的顾客也通过购买另一种产品来满足同一需求。这种情形被称为"多渠道购买"。

多渠道购买主要证明了利用一个以上的供应商获得供货的能力（并因此可在供应商之间进行转换），同理，进口证明了从其他国家寻求供应商的能力（并因此可在不同国家之间进行转换）。然而，在使用多渠道购买作为存在更广泛的产品市场的证据，以及考虑多渠道购买销售模式的证据价值时，有两个需要注意的问题。

第一个是区分可互为补充渠道以及可互为替代渠道时需格外谨慎。如果某一顾客利用两种产品都能满足同一需求，则可以证明这两者可相互替代，并且因此构成同一相关市场的一部分。然而，如果前述产品是以相互补充而非相互替代的方式利用，这一推断就是无效的。例如，一家报社购买纸张和油墨，都是满足印刷需求，但认定这两种投入属于同一相关市场是错误的，因为对纸张进行假定垄断者测试并不会导致报社转而使用油墨来代替纸张。然而，如果出版社交替购买和使用45 克/平方米和50 克/平方米的纸，用于同一目的（印刷相同的内容，而不是用前一种纸印报纸，后一种纸印杂志），则可以说明这两者处于同一产品市场。

将 LIFO/LOFI 逻辑用于产品市场界定的第二个理论难点是，顾客对产品存在不同程度的偏好。在地域市场界定的情形中，顾客在可供选择的产品之间进行转换，潜在转换障碍主要是距离及运输费用。对顾客和供应商而言，不同区域的

转换障碍是相似的。因此,如果位于区域A的一个顾客愿意并能够从区域B采 84
购,那么有理由推断,区域A的所有顾客(至少相当一部分;详见本章第3.4.3节讨论)能同样利用区域B的供应商供货,因为他们面临同样的运输成本。

然而,在产品市场界定中,对顾客而言,在产品之间进行转换的障碍是因人而异的。某一特定顾客面临的在两种产品之间进行转换的障碍,可能无从得知,其他顾客也不一定存在同样的障碍。例如,一家报社愿意并且能够在不同重量的纸张之间进行转换,并不表明其他报社也愿意并且能够这样做。因此,观察到一个顾客进行多渠道购买或在两种产品之间进行转换,并不能必然得出结论认为,对所有顾客来说,相关产品市场都包括这两种产品。

因此,认识到上述两个难点,多渠道购买行为在产品市场界定中的证据价值就大打折扣了,除非有其他证据能够对相关产品的替代性另加证明。实践中,在界定产品市场时,欧委会运用LIFO/LOFI测试的频率低于在地域市场界定中的使用频率,有时欧委会使用多渠道购买行为作为产品市场界定的一项佐证(corroborative evidence)。

3.4.2 举例

假设两个打印机墨盒生产商之间拟进行一起并购,L'Équipe Copie在法国经营一家工厂,Ink International在法国、德国及奥地利经营工厂。鉴于这两家公司的业务在法国有地域重合,法国可被当作最小候选相关市场,第一个被调查的区域。

表2.5概括了2009年Ink International法国工厂的出货量。该表格显示Ink International法国工厂的出货量大部分供给在法国境内,几乎没有交付到与法国不直接接壤的国家。

假设政府公开数据表明,2009年法国进口量为600万单位。由于表格2.5显
示Ink International在法国的销售量超过6500万单位,那么无须考虑L'Équipe 85
Copie及其他公司的销售量,很明显进口量一定低于法国消费总量的10%,因此,在法国进口相对来说不是很重要的供货来源。

表 2.5　2009 年法国 Ink International 销售目的地

目的地	销售量(百万单位)	销售量百分比(%)
法国	69.9	78.4
西班牙	10.1	11.3
意大利	5.6	6.3
英国	1.2	1.3
其他	2.4	2.7
总计	89.2	100.0

综上,这些数据可能表明法国构成一个单独的打印机墨盒相关市场。我们观察到 Ink International 在法国的产量中,只有少数被运至法国以外的目的地,并且进口到法国的量也非常少。尽管如此,并不能排除法国消费者选择购买其他国家产品的可能性,在法国的供应条件日趋恶化的情形下,他们可能会选择进口供货。

还需注意的是,Ink International 有限的出口及其相对较短的运输距离,可能是其为了展现国际化生产形象而产生的结果。鉴于其德国和奥地利工厂更接近中欧及东欧,Ink International 不可能通过法国工厂为上述地区的消费者供货。但 Ink International 的法国工厂不在欧洲内出口的事实,并不一定说明其他公司也不可能经济地做到。

为了评估国际化销售的范围,考量其他工厂的销售距离是否更长也是有帮助的。为此目的,可统计 L'Équipe Copie 法国工厂的销售目的地进行对比。表 2.6 显示了其 2010 年顾客所处的地点,表明 L'Équipe Copie 能够为捷克、奥地利和匈牙利的顾客服务。然而,在这些国家的较低销量可能让人产生怀疑,这些销售是否具有代表性。在采信这些交易信息,证明打印机墨盒可以在法国与匈牙利之间
86 大约 1250 公里的距离经济地交易之前,对这些交易的背景进行调查(如它们之间是经常性交易还是单次交易),是较为谨慎的做法。

表 2.6　2010 年 L'ÉquipeCopie 的销售目的地

目的地	销售量(百万单位)	销售量百分比(%)
法国	7.4	23
德国	5.7	17
西班牙	4.5	14

续表

目的地	销售量(百万单位)	销售量百分比(%)
意大利	4.3	13
英国	3.5	11
奥地利	2.1	6
捷克	1.7	5
比荷卢同盟	1.1	3
爱尔兰	1.1	3
葡萄牙	0.9	3
匈牙利	0.3	1
克罗地亚	0.2	1
总计	32.8	100

作为交叉检验,表 2.7 显示了 2009 年 Ink International 德国工厂的交货方式。这些数据显示,相当一部分货物销售给距离德国相当远的消费者,如俄罗斯、白俄罗斯和乌克兰。然而,尽管考虑到 Ink International 工厂的规模,销售到这些国家的货量在其生产量中只占很小的比例,但其绝对规模确实表明,在通常的业务过程中,在 1500 公里或者更远的距离之间存在经常性交易。值得注意的是,其所供货的其他国家主要位于德国以东,这与法国工厂服务于西欧和德国工厂服务于中欧及东欧的实际情况是一致的。

总之,合并双方的销售记录表明,打印机墨盒可以在相当远的距离之间进行交易。然而,Ink International 和 L'Équipe Copi 的法国工厂,并没有在远距离之间进行大量的出口和进口,很可能是因为前者拥有其他工厂,而后者无须依赖更远的地方就能够消化掉其相对小的总产量。

表 2.7　2009 年 Ink International 德国工厂的销售目的地

目的地	销售量(百万单位)	销售量百分比(%)
德国	75.4	39
奥地利	24.3	13
波兰	24.2	13
意大利	17.8	9

续表

目的地	销售量(百万单位)	销售量百分比(%)
丹麦	12.1	6
俄罗斯	9.7	5
罗马尼亚	5.8	3
匈牙利	5.4	3
乌克兰	5.4	3
白俄罗斯	4.1	2
保加利亚	3.8	2
希腊	2.3	1
瑞士	1.3	1
总计	191.6	100

87 尽管如此,Ink International 德国工厂能够运送大量货物给大约 1500 公里以外的消费者这一事实表明,打印机墨盒运输的经济性使这些距离能够纳入相关地域市场的考量之中。因此,上述例子中的证据表明,法国不应单独被认定为墨盒供应的相关地域市场。

3.4.3 在欧盟合并控制中的运用

就界定相关地域市场而言,欧委会在几个案件中对销售模式进行了分析。在 *Ineos/Kerling* 案[90]中,欧委会详细调查了英国消费者的真实购买方式,以确认非英国供应商是否构成竞争约束。欧委会注意到,在 2002 年到 2006 年的 5 年中,S-PVC的进口量一直占英国总需求量的 30% ~45%。[91] 与 Elzinga-Hogarty 测试一样,它也调查了西欧与东欧之间的贸易流动。欧委会发现来自西欧的贸易量占东欧消费量的 30% ~40%,然而由于西欧对 S-PVC 具有更大的需求量,因此来自
88 东欧的贸易量仅占西欧消费总量的 5% ~10%,尽管从绝对数上来说并不小。有趣的是,这些数据表明西欧符合 Elzinga-Hogarty 测试中成为一个单独相关市场的 LIFO 条件。[92]

---

[90] Case COMP/M. 4734-*Ineos/Kerling*, Commission decision of 30 January 2008.

[91] Case COMP/M. 4734-*Ineos/Kerling*, Commission decision of 30 January 2008, para. 107.

[92] 未考察西欧生产商的销售目的地,因此未能评估 LOFI 条件是否满足。

尽管如此,欧委会从这些数据中得出结论认为"东欧与西欧之间存在相当大的贸易量",因此合并方认为相关市场是欧洲经济区的观点似乎有些道理。[93] 欧委会的观点部分是基于这一认识,即西欧与东欧之间贸易量的不平衡,可由"在S-PVC交易中绝大多数的需求来自西欧这一事实得到解释"。[94] 这表明欧委会认可,区域之间在一个贸易流向上存在大量的贸易量,足以证明在相反的流向也可能存在相当的贸易量。

在 *Kronospan/Constantia* 案[95]中,欧委会为分析相关地域市场,要求合并方提供所有未加工刨花板出货量的数据,以及每个客户距所有供应商的距离。其分析结果表明,绝大多数的销售发生在500公里的半径范围内。[96] 基于这一发现,欧委会认为,竞争性评估应当集中于某一受影响的区域,该区域应限定于距供应商所在地半径500公里范围内,而不是合并方主张的1000公里范围内。这一距离是基于下述调查结果:"客户一般在1000公里范围内购买,而且在绝大多数情形中不会超过500公里",并且"绝大多数客户……从距离他们所在地500公里范围内的工厂购买"。[97]

然而,可争论的是,在超过1000公里的范围内交易依然活跃,这一事实表明,
为应对价格提升,在这种距离内存在交易的可能性,尽管在现行价格水平上,大多 89
数顾客可以在500公里半径范围内,以竞争性的条件购买到其所需的产品。

在 *Sonoco/Ahlstrom* 案[98]中,欧委会遵循了相似的逻辑,该案涉及芯板和芯(纸管)的业务整合。该案中,欧委会认为80%的销售量发生在特定半径范围内,这足以勾勒出相关地域市场:"在市场调查中,绝大多数竞争者确认它们将80%的产量供应到最大250公里半径的区域内,这支持了区域市场的界定。"[99]

欧委会在 *Omya/Huber PCC* 案[100]中使用一个相似的假设作为相关地域市场分析的起点,但欧委会在审查销售数据时更进了一步。在该案中,欧委会通过距离

93 Case COMP/M.4734-*Ineos/Kerling*, Commission decision of 30 January 2008, paras. 62 and 64.

94 Case COMP/M.4734-*Ineos/Kerling*, Commission decision of 30 January 2008, para. 62.

95 Case COMP/M.4525-*Kronospan/Constantia*, Commission decision of 19 September 2007.

96 Case COMP/M.4525-*Kronospan/Constantia*, Commission decision of 19 September 2007, para. 25.

97 Case COMP/M.4525-*Kronospan/Constantia*, Commission decision of 19 September 2007. , para. 26.

98 Case COMP/M.3431-*Sonoco/Ahlstrom*, Commission decision of 6 October 2004.

99 Case COMP/M.3431-*Sonoco/Ahlstrom*, Commission decision of 6 October 2004, para. 74.

100 Case COMP/M.3796-*Omya/Huber PCC*, Commission decision of 19 July 2006.

分析开始进行评估，这一距离内涵盖了每种运输方式承运的碳酸钙总量的 80%。然后，继续增加半径距离，直到合并方工厂能够通过每种运输方式经常性地进行发货的最大距离（值得注意的是，在该案中，欧委会的决定并未对“经常性”进行定义）。[101]

接下来，欧委会考察了每家工厂上述两个数据的最大值，并据此形成一个半径参数范围，在该范围内，每个工厂代表一个可靠的供应选择。[102] 欧委会表示，包含 80% 发货量的半径区域仅构成最小发货半径区域，某些工厂未在该半径范围内发货，“并不意味着它们不能做到，而仅仅可能是，如其他工厂是非常强大的竞争者或是没有这么远的顾客”。[103]

然而，将每家工厂的发货半径限定于包含合并方全部销量 80% 的最大距离，或者限定为每家工厂可“经常性”销售的半径范围，欧委会的分析可能仍然无法获
90 得潜在相关地域市场的确切范围。在现行价格水平上得出的最大发货半径，并不能排除存在更大发货半径的可能，而只是排除了存在更小地域市场的可能。

在 *Arsenal/DSP* 案[104]中，申报方主张，出口到欧洲之外的苯甲酸，在进行 SSNIP 测试时可能被重新运回欧洲。申报方试图在相关地域市场界定中扩大贸易流的使用范围，从而证明相关市场比欧洲还要广阔。欧委会认为，这一证据并不能充分证明存在更广阔的地域市场：[105]

> 申报方的竞争者可能出口大量的苯甲酸到欧洲经济区之外的区域这一事实，与评估相关地域市场是否比欧洲经济区更广阔并不相关。
>
> 同样，申报方主张的 *DSP* 和 *Velsicol* 将其苯甲酸产量的 50% 以上出售到欧洲经济区之外的区域，这一事实并不能用于证明相关市场比欧洲经济区更广阔。因为问题并不是苯甲酸是否能够出口到欧洲经济区之外，而是产自欧洲经济区之外的苯甲酸是否能够进口到欧洲经济区，也就是说非欧洲经济区的竞争者是否能够对欧洲经济区的生产者施加竞争约束。

---

[101] Case COMP/M. 3796-*Omya/Huber PCC*, Commission decision of 19 July 2006, para. 255.

[102] Case COMP/M. 3796-*Omya/Huber PCC*, Commission decision of 19 July 2006, para. 259.

[103] Case COMP/M. 3796-*Omya/Huber PCC*, Commission decision of 19 July 2006, para. 256.

[104] Case COMP/M. 5153-*Arsenal/DSP*, Commission decision of 9 January 2009.

[105] Case COMP/M. 5153-*Arsenal/DSP*, Commission decision of 9 January 2009, paras. 49 and 50.

欧委会陈述的逻辑是正确的，即存在欧洲产品被重新出口回欧洲的可能性，对欧洲消费者来说，并不一定意味着非欧洲的生产者代表一项可靠的供给选择，仅仅说明所有欧洲产品潜在都能够出售给欧洲消费者。然而，欧委会在 SSNIP 测试中，得出欧洲存在潜在进口的推断时，没有足够重视欧洲存在大量出口这一事实，值得讨论。如果运输成本足够低，欧洲产品能够经济地出口到欧洲之外，那么这可能表明，在进行 SSNIP 测试时，同样的运输成本也能让非欧洲产品进口到欧洲。如果确实如此，那么苯甲酸的相关地域市场可能要比欧洲广阔。

案例法强调了在调查销售模式时应当考虑的几个因素。

第一个需要考虑的是在研究前述案例时提到的问题，即多大比例的销售应当被考虑在内，超过这一门槛，销售模式能被视为足以证明存在竞争互动。原则上，
并不一定要设置这一门槛来证明相关产品能够在该距离进行销售，以及向其他处 91
于相同距离的地点销售的潜在可能性。实践中，依靠最远距离的销售地点进行市场界定是轻率的，而且这种考察结果是极端的。特别是最远距离的销售在不具代表性的情形中也可能发生，例如顾客的常年供应商突然中断供应，而不得不寻求更远的供应商。在这种情况下，顾客可能会将更远距离的供应商当作其进行短期“痛苦购买”的选择，而在进行 SSNIP 测试时，顾客可能并不愿意将更远距离的供应商作为其长期选择。

欧委会的先例似乎表明了其在试图纠正这种极端销售对地域市场界定的影响，在实践中运用包含 70% ~80% 销量的距离（*Kronospan/Constantia* 案[106]、*Sonoco/Ahlstrom* 案[107]）以及销售“经常”发生的距离（*Omya/Huber PCC* 案[108]）进行市场界定。申报方可能会希望欧委会通过调查交易背景认定最远距离销售范围是具有代表性的。不管怎样，将出售给最远距离顾客的销量与出售给离货源更近的顾客的销量进行对比，或者调查发货距离的连贯性是有帮助的。假设最远距离的销售地点位于离货源 1500 公里的地方，而第二远的距离位于离货源 1000 公里处，如果在 1000 公里到 1500 公里区间缺失其他顾客，这一事实本身就可能表明 1500 公里的发货距离不具备代表性。

在分析销售模式时，需要考虑的第二个问题是运输方式之间的差异。正如欧

---

106 Case COMP/M. 4525-*Kronospan/Constantia*, Commission decision of 19 September 2007.

107 Case COMP/M. 3431-*Sonoco/Ahlstrom*, Commission decision of 6 October 2004.

108 Case COMP/M. 3796-*Omya/Huber PCC*, Commission decision of 19 July 2006.

委会在 *Omya/Huber PCC* 案[109]中注意到的，因运输方式的不同，经济运输半径一般
92 也是不同的。例如，铁路和海运每公里的运输成本就比公路运输要便宜。不同地域可用的运输方式是不同的，这也造成了不同的有效运输半径。例如，如果交易双方的工厂毗邻铁路或海港，那么他们供货的运输半径可能就不具有代表性，因为没有这些便利条件的竞争者无法在这个距离施加竞争约束。

第三个需要考虑的问题是货运规模的潜在影响。只要运输符合规模经济，大规模运输每公里的平均运输成本就要比小批量运输低，因此，公司之间能相互竞争的距离范围可能就会因顾客规模的不同产生差异。大型顾客相对于小型顾客而言，往往能够在更广阔的地理区域内选择供应商，这意味着前者的相关地域市场比后者要广阔。欧委会承认，在 *Ineos/Kerling* 案[110]中，对泛欧洲地区大型顾客和地方性大中型顾客来说，购买方式是不同的。

3.5 价格水平分析

3.5.1 技术概述

上一节已经讨论了交易前销售模式可用作相关市场界定的证据，证明顾客和公司在面对价格变化时可能作出的反应。本节我们将探讨一种类似的方法，运用交易前的价格水平信息，推断顾客在应对价格变化时可能作出的反应。确切地说，这种方法试图通过比较不同产品的价格水平和相同产品在不同地理区域的价格水平，得出关于市场界定的结论。

将价格水平分析作为市场界定的指标，可以追溯到 Antoine Cournot（安东尼·古诺）在 1838 年发表的一篇文章中将市场界定为"……在任何区域内，购买者和
93 销售者能自由地进行交易，相同物品的价格能轻易并快速地趋于一致"。[111]

这是对市场可能发生的情形的直观描述。如果相同产品的价格不能保持一致，那么可以推测，买卖双方之间的自由贸易受阻，彼此处于相互独立的市场，所以价格无法保持一致。

与销售模式证据一样，这种方法的优势在于分析简单，并且对合并方（和监管

109 Case COMP/M.3796-*Omya/Huber PCC*, Commission decision of 19 July 2006.

110 Case COMP/M.4734-*Ineos/Kerling*, Commission decision of 30 January 2008, paras. 87 and 88.

111 Cournot (1838), 'Recherchessur les PrincipesMathématiques de la Théorie desRichesses', quoted in A. Marshall, Principles of Economics, 8th edn (London: Macmillanand Co., Ltd., 1920).

者)来说,其所需的信息一般而言容易获得。然而,问题在于,用交易前的价格水平进行市场界定,这一方法的理论基础在大多数情况下存在缺陷。

实际上,在一个相关市场中,价格相同的情况可能仅发生在非常特殊的完全同质的产品之间。在实际的并购评估中,大多数相关产品特性是不完全一样的,而且由于所处位置及相应运输成本的不同,不同地理区域之间的价格也是不同的。在这些情形中,无论价格相同还是不同,都不能用于区分市场界定中的替代性选择。

本节的目的是勾勒出这一技术的概况,因为欧委会可能会在并购分析中运用这一技术,此外本节也将探讨其局限性。

只有当价格相同能够对一组物品/区域是否构成相关市场进行区分时,它才能成为相关市场界定的有效测试。换句话说,价格相同必然源于产品或区域之间的竞争,而价格不同必然源于缺乏这种竞争。

但实际上,价格相同与相关市场的相关性并不具有实用价值,也就是说,并不能通过对价格水平的考察结果确认或否定一项假设的市场界定。作为市场界定的一种测试,价格相同理论在以下两方面都失败了。其一,价格相同并不必然意味着两种产品或区域处于同一市场,因为这种相同可能是偶然产生的。其二,更加实质性的是,价格不同不一定意味着这两种产品或区域处于不同的市场。

价格相同与市场界定之间缺乏真实相关性的另一个论点是,在相关市场内价
格可能也是不同的,这能够被 SSNIP 测试的基本原理证明。SSNIP 测试关注的是
在对一系列产品进行提价后,生产者是否会因为现有顾客对这些产品需求的减少 94
而变得无利可图。需求替代性取决于现有顾客的边际程度,也就是说,这些顾客
在多大程度上愿意转向替代品。

如果产品都是一模一样的,那么价格将成为顾客作购买决定时所需考虑的唯一因素。顾客愿意在相同的产品之间转换才导致了价格相同。对同质化的产品来说,在进行 SSNIP 测试时,相对于价格被提升的产品,很明显顾客确实会愿意转向任何(一模一样的)价格较低的产品。

然而,从消费者角度来看,如果产品是一模一样的,就无须进行更进一步的市场界定分析并搜集证据。只有顾客因产品不同,在不同产品之间进行转换的程度出现不确定时,才需要为市场界定收集证据。实践中,大多数合并分析及产品市场界定都发生在涉及不同产品的案件中。

在产品不同的情况下,顾客通过权衡不同产品的特点作出选择,包括权衡价

格。每个顾客都会根据每种产品的属性和特点（包括消费所带来的好处和相应的代价、符合其偏好的程度）暗自对不同的产品进行排名。市场界定的意义是对某一候选市场进行 SSNIP 测试，测试是否足以使顾客改变他们对产品的主观排名，让那些之前把某候选产品排在最高名次的顾客现在把替代产品排在最高名次，并且选择购买该替代产品。

为了了解产品替代顺序，需了解每种产品之间的排名差距，不仅仅在价格上，而是对产品的全部特点进行比较。

可以用一个简单的例子说明，顾客会在价格与品质之间进行权衡。在现行价格水平上，不存在价格差异时，消费者可能会选择以低价格购买低品质的产品，而不会选择以高价格购买高品质的产品，这意味着尽管他偏好更高品质的产品，但相对于低质量产品来说，价格增加的负担会超过质量提升带来的益处。然而，当
95 低质量产品的价格上涨时，消费者完全有可能在价格和品质之间重新进行权衡。假设在新的相对价格水平上，低质量与高质量产品之间品质上的差异超过了它们之间的价格差异，也就是说，低价/低质产品的购买者可能会决定转而购买高价/高质产品，以应对相关产品在 SSNIP 测试中价格的提升，即使在进行 SSNIP 测试前后，两种产品价格都不同。

无论这两种产品的相对价格水平如何，这种转换都可能会发生。即使高质量产品的价格是低质量产品的两倍，顾客可能还是会在两种产品之间徘徊，对它们的特性和价格进行权衡。显然，两种不同产品之间的价格差异，不能作为证明它们不在同一相关产品市场中竞争的依据。相反，两种产品价格相同可能成为它们处于同一市场的证据，尽管这种价格相同可能只是偶然发生的，但这种证据并不是决定性的。

在地域市场界定问题上，产品之间价格不同可能更有决定性意义。在地域市场界定中，供顾客选择的产品（来自不同地域的相同产品）可能主要或完全只是在地理位置这一点上存在不同。从产品差异角度来看，顾客对不同地域市场的产品进行排名，完全是基于对运输费用的比较得出的。地域市场界定的分析类似于上述产品市场的界定。因此，在进行地域市场 SSNIP 测试时，对运输费用进行比较，可用于确定消费者可能转向的产品供货地。

举个例子来说，假如产自西班牙、法国和波兰的小零件在这些国家每单位售价 100 欧元，而法国与西班牙之间的运费是每个小零件 2 欧元，波兰与西班牙之间的运费是每个 12 欧元。在这个假设中，西班牙的消费者会从法国购买小零件，

以应对 SSNIP 测试中的价格提升,由于波兰小零件含运费的价格(112 欧元)超过了西班牙小零件在进行 SSNIP 测试时提升后的价格,因此,西班牙的消费者不会从波兰购买小零件。在这个例子中,西班牙的小零件生产商的相关地域市场包括 96
法国,但可能不包括波兰。[112]

在评估产自不同区域的相似产品是否属于同一地域市场时,可在某个特定地点调查来自不同区域产品含运费价格的差别。如果这些差别比 SSNIP 测试中 5% ~ 10% 的提价幅度更小或大致相当,那么运费差异就不足以导致各个区域形成独立的市场,而超过这一水平的含运费价格的不同,可能就会使各个区域的产品不受彼此竞争的限制。

总之,价格不同可能与地域市场界定的评估相关,但不像在产品市场界定中那样具有决定性意义。然而,正如下文所述,欧委会通常仅在产品市场界定中考虑价格水平。尽管欧委会在地域市场界定中也关注价格水平,但未将这一考察结果与运费信息直接联系起来,而仅考虑在不同国家中,不同的价格水平可能表明不同的供给与需求条件。

3.5.2 举例

假设两家德国轿车生产商 Hark 和 Rapp 拟进行一起合并。合并方认为他们的生产面临来自生产豪华轿车的法国厂商 Dauphine 和德国厂商 Gottleib 的竞争,以及来自生产运动轿车的厂商 Ferry,和生产紧凑型轿车的厂商 Dub 的竞争。为便于说明,我们假设每家厂商只生产一种车型。

表 2.8 概括了六家汽车厂商的产品在各自生产国的价格。

关于产品市场界定,从表格中的数据可以看出,Hark 和 Rapp 生产的轿车构成一个单独的产品市场,有别于 Dub、Gottleib 和 Ferry 生产的紧凑型轿车、豪华轿车和运动轿车。不同种类产品之间的价格差异,明显大于合并方在 SSNIP 测试中 97
5% 的升幅,即相当于 1325 欧元到 1350 欧元的幅度。即使合并方轿车的价格提高了 5%,轿车的价格仍然明显低于 Ferry 和 Gottleib 所生产的运动轿车和豪华轿车。

112 需要注意的是,这个例子并没有考虑这些国家之间存在的连锁替代,即波兰的小零件生产商对法国生产商有竞争约束,进而对西班牙生产商产生竞争约束。正如在第 2 节中所述的,相对于产品能够经济地进行运输的距离来说,地域市场的范围可能更广阔。

表 2.8　各厂商的产品种类和价格

厂商	种类	生产国	价格(欧元)
Hark	轿车	德国	26,500
Rapp	轿车	德国	27,000
Gottleib	豪华轿车	德国	35,000
Dub	紧凑型轿车	德国	19,000
Ferry	运动轿车	德国	40,000
Dauphine	轿车	法国	27,000

这一推断忽视了产品本身的差异。尽管不同汽车的价格各异,对合并方的轿车产品进行 SSNIP 测试时,可能会导致消费者转而购买紧凑型轿车、豪华汽车或运动轿车。以表 2.8 中的价格选择购买轿车的德国消费者,可能更中意豪华轿车,但觉得虽然豪华轿车品质更好,却并不值 8000 欧元到 8500 欧元的价差。然而,对德国轿车进行 SSNIP 测试之后,会缩小两种车之间的价格差异,一些原本徘徊的消费者(边际消费者)可能会认为,缩小的价格差使他们更愿意购买高品质的豪华轿车,进而从合并方转向 Gottleib。

同样,以表 2.8 中的价格选择购买轿车的一些消费者,可能会转向购买紧凑型轿车,以应对轿车在进行 SSNIP 测试时的价格提升。测试前,认为轿车的价值最多比紧凑型轿车高 8000 欧元的消费者,选择购买了 Hark 轿车而不是 Dub 紧凑型轿车。然而,如果把 Hark 轿车的价格提升 5%,达到 27,825 欧元,比 Dub 紧凑型轿车的价格高 8825 欧元,那么这些消费者可能会转而购买 Dub 紧凑型汽车。

如果徘徊于轿车与其他车型之间的边际消费者比例足够大,那么其他种类轿车会阻碍假定垄断者通过提价获利。其他种类轿车生产商对轿车生产商存在竞
98 争约束,因此应当包含在同一相关产品市场中。

不同类型轿车价格不同的信息并不会让这一可能性减小。因此,尽管价格明显不同,如果没有更进一步的信息,仍然很难提供有意义的用作进行产品市场界定的证据。

至于地域市场,表 2.8 中的价格信息可以为法国进口轿车对德国轿车的竞争约束程度提供一些有用的信息。我们假设,在消费者看来,Dauphine 轿车与 Hark 和 Rapp 生产的轿车是一样的,那么如果德国轿车价格提高到法国进口车之上,德国消费者将转向法国进口车。

我们假设法国与德国之间运输费用是每辆车 500 欧元。这样的话，在德国每辆 Dauphine 轿车的含运费价是 27,500 欧元。在上述现行价格水平上，这将比 Hark 或 Rapp 生产的轿车贵。那么对 Hark 和 Rapp 分别提价 5%，分别达到 27,825欧元和 28,350 欧元，将超过 Dauphine 轿车的进口价。在假设所有轿车质量一样的前提下，对德国轿车进行 SSNIP 测试后，德国消费者会把他们的需求全部从德国轿车转向 Dauphine 轿车。这表明，对德国轿车进行 SSNIP 测试，会由于消费者转向法国进口车而变得无法获利，这样法国生产商应当与德国生产商处于同一相关地域市场。

但上述推理的逻辑基础是假设全部轿车是一样的。这种逻辑在许多有关地域市场界定的案子中可能是一种适当的假设，在这些案子中，相似或一样的产品产自不同的地方，运输成本是唯一不同的因素，而在汽车案子中，这种假设不大可能是适当的。在德国，Hark 和 Rapp 轿车的售价有些许差异这一事实表明轿车之间是有差异的；同样，Dauphine 轿车的含运费价（27,500 欧元）高于表 2.8 中显示的 Hark 和 Rapp 轿车的售价，也表明各轿车类型之间是有差异的。

如果轿车生产商的产品之间确实存在差异，那么上述逻辑并不适用，因为无 99
法仅根据价格预测消费者在面对价格变化时可能作出的反应。如果一些德国消费者对德国车有偏好，那么对德国轿车进行 SSNIP 测试时，尽管 Dauphine 轿车的价格比德国车低，可能仍然不会导致足够多的消费者转向 Dauphine 轿车，因产品不一样。相反的情形也可能出现，即尽管运费为每单位 1500 欧元，对 Dauphine 轿车有偏好的德国消费者在当德国车在 SSNIP 测试中价格提升时，会转向法国进口车。具体而言，在德国进行 SSNIP 测试后，尽管 Dauphine 轿车在德国会比 Hark 和 Rapp 的轿车价格（28,500 欧元比 27,825 欧元和 28,350 欧元）更贵，但价格差异的变小会导致原先因进口费用高而选择购买德国车的德国消费者，转而购买自法国进口的 Dauphine 轿车。

这一案例强调，在没有关于消费者偏好的进一步证据加以佐证时，仅基于产品的价格不同并不能直接得出有关市场界定的结论。关于消费者偏好的证据可以直接从消费者那里收集到，如通过本章第 3.3 节中提到的调查方法，或者使本章第 3.6 节、第 3.7 节和第 3.8 节提到的方法，从公司的行为中推断。

3.5.3　在欧盟合并控制中的运用

尽管存在上述批评，欧委会最近在大量合并案件中在界定相关市场时引用了关于产品价格水平的证据。

在 *Cargill/Degussa Food Ingredients* 案[113]中,欧委会在界定卵磷脂的相关产品市场时考察了该产品的价格水平。在分析转基因卵磷脂和非转基因卵磷脂之间是否存在竞争时,欧委会驳回了合并方提出的两者处于同一相关市场的主张,理由是两者的生产流程与供应链都不相同,且非转基因卵磷脂的主要购买者是食品生产商,而其他下游企业倾向于购买转基因卵磷脂。[114] 欧委会比较了两种卵磷脂
100 的价格,发现非转基因卵磷脂比转基因卵磷脂贵 50%,这一价格水平证据进一步佐证了其他两项定性证据。

欧委会同样注意到两种产品的价格差随时间扩大的趋势,其考察方法与第 3.6 节阐述过的价格相关性方法论相一致。但就这一趋势而言,欧委会的决定中并没有任何数据或定量分析。[115]

欧委会因此得出结论认为,转基因与非转基因卵磷脂各自构成独立的相关产品市场。值得注意的是,欧委会以两种商品不同的定价模式为理由得出上述结论的过程中,这两种商品之间的价格差异占多大权重,还不得而知。

在 *Lufthansa/Austrian Airlines* 案[116]中,欧委会使用价格水平证据质疑合并方提出的慕尼黑到维也纳航线与铁路运输之间存在明显竞争互动的主张。决定中写道:[117]

> [合并方] 可退改签的经济舱机票和无限制的商务舱机票平均票价均超过[铁路运营商]Deutsche Bahn 可退改签一等票票价的三倍。[合并方] 部分限制退改签的经济舱机票平均票价超过 Deutsche Bahn 可退改签二等票平均票价的两倍。甚至[合并方]限制退改签的经济舱机票平均票价比 Deutsche Bahn 可退改签二等票平均票价贵[50% ~60%]。显著的价格差异表明,不应把铁路运输视为航空运输的密切竞争者,尤其是对于时间敏感的乘客而言。

---

113 Case COMP/M. 3975-*Cargill/Degussa Food Ingredients*, Commission decision of 29 March 2006.

114 Case COMP/M. 3975-*Cargill/Degussa Food Ingredients*, Commission decision of 29 March 2006, paras. 50 and 51.

115 Case COMP/M. 3975-*Cargill/Degussa Food Ingredients*, Commission decision of 29 March 2006, para. 52.

116 Case COMP/M. 5440-*Lufthansa/Austrian Airlines*, Commission decision of 28 August 2009.

117 Case COMP/M. 5440-*Lufthansa/Austrian Airlines*, Commission decision of 28 August 2009, para. 144.

在同一决定中,欧委会还引用了价格水平相似的证据认可了合并方的下述观点:Niki 航空(奥地利尼基航空公司)在维也纳到苏黎世航线上对合并方产生了竞争约束。欧委会的定性证据表明,Niki 航空在这一航线上代表着一股可靠的约束力:[118]

> ……通过比较乘客在离出发日期较近的时间在三家航空公司所购机票的平均价格,可以确认 Niki 航空的票价基本与[汉莎航空的票价]相当。而且,在特定的几个月里,Niki 航空的票价似乎还要更贵一些。此外,与[奥地利航空]相比,Niki 航空的票价一直都稍贵一些。 101

在 *Inco/Falconbridge* 案[119]中,欧委会重申了其观点:价格水平可能与产品市场界定相关。在回应合并方提出的镀镍产品与不锈钢镀镍产品在同一个相关市场的主张时,欧委会表示:"合并方并未解决产品之间存在明显价格差异这一事实,其本身构成证明两者在不同产品市场的证据。"[120]

同样,在 *Arjowiggins/M-real Zanders Reflex* 案[121]中,欧委会引用了卷筒纸与平张纸的价格差异(以及在类似成本下的利润差异)作为证据,连同价格相关性及平稳性分析一起,证明这两个产品市场相互独立。欧委会注意到,成本不能用来解释为什么 Arjowiggins 的平张纸利润明显高于卷筒纸,并因此认为两者的价格差异一定可归因于其他因素,如竞争动态,这可能表明平张纸与卷筒纸处于相互独立的市场中。[122]

在 *DONG/Elsam/Energi E2* 案[123]中,欧委会在分析对不同类型的顾客(如发电厂、工业用户以及家庭)供应天然气分别构成独立的产品市场时,将价格差异作为众多考虑因素之一。

---

118 Case COMP/M. 5440-*Lufthansa/Austrian Airlines*, Commission decision of 28 August 2009, para. 245.

119 Case COMP/M. 4000-*Inco/Falconbridge*, Commission decision of 4 July 2006.

120 Case COMP/M. 4000-*Inco/Falconbridge*, Commission decision of 4 July 2006, para. 112.

121 Case COMP/M. 4513-*Arjowiggins/M-real Zanders Reflex*, Commission decision of 4 June 2008.

122 Case COMP/M. 4513-*Arjowiggins/M-real Zanders Reflex*, Commission decision of 4 June 2008, para. 58.

123 Case COMP/M. 3868 - *DONG/Elsam/Energi E2*, Commission decision of 14 March 2006, paras. 102 and 107.

在 *Unilever/Sara Lee Body Care* 案[124]中，欧委会运用男性除臭剂和非男性除臭剂两种产品之间的平均价差进行需求弹性分析(见本章第 3.2 节)，佐证了这两种产品的市场界定。[125] 申报方辩称，所谓价差是产品组合效应的产物，特别是那些受欢迎的高端男性除臭剂品牌。但欧委会认为，产品组合间如此大的价格差异本身就是分属不同产品市场的证据。

关于地域市场界定，在 *ABF/GBI Business* 案[126]中，欧委会在其关于酵母的国
102 内市场调查结果中[127]指出，各成员国的“平均价格之间存在明显差距”。报告称，这些差距“可能在很大程度上，反映了各[成员国]市场的不同需求结构”。然而，该报告没有明确地将各成员国的价格差异与运输费用联系起来，以证实酵母的国际运输无法应对一成员国当地实施的 SSNIP 涨价。但欧委会将其对不同成员国酵母价格水平的考察结果，与酵母价格随时间发生相对变化的动态评估结合起来(见本章第 3.6 节提到的价格相关性分析)。在该案中，目前尚不清楚欧委会在决定酵母的相关地域市场范围小于欧洲经济区时，赋予了价格水平证据多少权重。

基于以上案件，可以看出，欧委会在界定相关市场的过程中，在必要时会对价格水平进行评估，尽管只是作为相关市场结论的佐证性证据而非决定性证据。实践中，欧委会在很多案件里列举了与本章第 3.6 节所讨论的价格相关性分析方法一致的价格水平证据和价格变动证据。

尽管如此，欧委会曾在相当多的案件中明确提到，基于价格水平做出市场界定结论可能是不可靠的。如果这么做，欧委会通常会进一步论证价格水平随时间发生的动态变化(在本章第 3.6 节中有所讨论)具有更大的证据价值。

举例来说，在 *JCI/VB/FIAMM* 案[128]中，欧委会表示，原则上，价格水平存在差异这一事实本身并不能充分地推断出相关市场为成员国市场。在特定的情形下，各成员国的价格发生平行变化的程度可能更有相关性，当查明确实存在价格平行变化时，很可能意味着存在比单个成员国本身更广阔的市场。[129]

在该案中，欧委会进行了一项跨国价格差异分析，力图了解合并方提出的众

---

124 Case COMP/M. 5658-*Unilever/Sara Lee Body Care*, Commission decision of 17 November 2010.

125 Paragraphs 71 et seq.

126 Case COMP/M. 4980-*ABF/GBI Business*, Commission decision of 23 September 2008.

127 Case COMP/M. 4980-*ABF/GBI Business*, Commission decision of 23 September 2008, paras. 73 and 74.

128 Case COMP/M. 4381- *JCI/VB/FIAMM*, Commission decision of 10 May 2007.

129 Case COMP/M. 4381- *JCI/VB/FIAMM*, Commission decision of 10 May 2007, para. 196.

多差异化因素。欧委会认为，不同国家对产品规格的差别要求本身就构成存在独立的成员国市场的证据：[130] 103

> 即使（至少部分）国家间的价格差异可以通过诸如顾客规模的不同、产品组合的差异、销售成本的差异和品牌等不同因素来解释，这些差异综合起来看显示出欧洲经济体范围内的需求状况存在极大的差异性。因此，从定性的角度来看，汽车启动蓄电池产品表现出国别特点。

尽管如此，基于合并方主张的导致不同成员国价格水平差异的因素，欧委会还实施了一项回归分析，通过考察诸如顾客类型、规模以及位置，产品规格以及交易规模等因素试图解释价格变化。欧委会得出结论认为，价格差异无法被这些其他因素解释，因此相关市场为成员国市场。但欧委会也承认，价格差异不一定是界定相互独立的市场的决定性因素。

Areva/Urenco 案[131]的合并方采用了类似的评估方法。在该案中，欧委会批评合并方在分析中的可控变量（control variables）范围过于简单，无法从中观察到低浓缩铀供应市场的合同变化（contract variability）情况，并因此得出结论认为，合并方提出的全球范围内价格水平相似的主张不具有证据价值。但是，欧委会没有对合并方采用的方法提出任何概念上的批评。

在 *Arjowiggins/M-real Zanders* 案[132]中，欧委会驳斥了合并方提出的在地域市场界定时进行"价格分散"（price dispersion）分析的建议，并对价格水平证据的价值表明了类似的观点。合并方主张，成员国内部的价格差异与各成员国之间的价格差异一样大，而且国家间的价格分布存在明显的重合，这证明存在更广阔的地域市场。这实际上只是测试国家之间价格是否相同（price equality）的一个简单变通做法。

欧委会驳回了这一证据，但不是基于无法判断顾客转移的可能性的价格相同
或价格不同理论，而是基于在市场界定中，价格水平分析相对于欧委会采取的价 104
格相关性与稳定性分析来说，是一种证明力更弱的证据形式。欧委会在决定中表明：

---

130 Case COMP/M. 4381- *JCI/VB/FIAMM*, Commission decision of 10 May 2007, para. 188.

131 Case COMP/M. 3099-*Areva/Urenco/ETC JV*, Commission decision of 6 October 2004, paras. 91, 92 and 100.

132 Case COMP/M. 4513-*Arjowiggins/M-real Zanders Reflex*, Commission decision of 4 June 2008.

> 欧委会没有找到能够认定一个更广阔的地域市场的令人信服的证据[合并方关于国家间价格分散的证据并不足以让人信服]。欧委会认为,合并方关于不同国家平均价格水平变化的分析为市场界定提供了更多相关信息。虽然不同的国家间有相似的价格分布,但两个国家的平均价格向不同方向变化,这本身就意味着这两个国家不属于同一个相关地域市场……[133]

在该案中,欧委会明确提出以下观点:合并前的价格水平证据与价格随时间变化的证据相比,对相关市场界定而言更不具有决定性。

3.6 价格相关性分析(price correlation analysis)

3.6.1 技术概述

欧委会在其合并分析中经常使用价格相关性分析。而且《市场界定通知》确认了价格变化证据与市场界定的相关性。[134] 这一技术与本章第3.7节提到的价格平稳性分析有关。

价格相关性分析的原理在于,当两种产品或两个区域属于同一个相关市场时,两者之间的需求替代和/或供给替代将导致两者的价格随时间发生同样的变化。

假设产品A和产品B在同一相关产品市场相互竞争,这时前者降价将导致对后者的需求减少。而对产品B的需求减少将对其供给方施加降价压力。同样,如果产品A涨价,这将降低产品B生产商的竞争压力,从而为产品B的价格创造出盈利增加的空间。在上述情况下,产品A的价格变化都会导致产品B的价格发
105 生类似的变化。

同样的逻辑可以应用在地域市场界定的问题上。如果A国供应的小部件的价格上涨,那么对于那些生产与A国小部件相竞争产品的企业来说,他们的竞争压力会下降,这可能会体现在这些企业产品价格的提升上。因此,如果A国与B国生产的小部件在同一个相关地域市场中,A国小部件涨价,B国小部件也将紧

---

133 Case COMP/M.4513-*Arjowiggins/M-real Zanders Reflex*, Commission decision of 4 June 2008, para.86.

134 《市场界定通知》,第39段;另见第45段。

随其后地涨价，A 国小部件降价，由于其现有顾客将会从降价中获利，B 国小部件生产商也会面临降价的压力。

相反，如果两种产品的价格或不同地区产品的价格随时间变化各自发生不同变化，就意味着这两种产品或两个地区之间缺少竞争互动，因此存在相互独立的相关市场。

价格之间联动（co-movement）的程度可以通过图形化的方式评估，也可以通过相关性系数（correlation coefficients）计算，这是一项简便的统计方法，可以计算出价格随时间发生同向变化的程度。相关性系数可以取-1 到 1 的任何值。当两个价格数据彼此密切地跟随对方时，相关性系数将上升，趋近于 1。而两个彼此完全不相关的价格数据会使相关性系数变为 0。[135] 基于上述理由，两个价格数据的相关性程度越高，表明两个产品或地区越可能在同一个相关市场内彼此竞争。

出于相关市场界定的目的，采用这一方法时需考虑两个关于价格相关性分析的缺陷：存在假性相关的可能；以及没有明确的标准评价何种程度的相关性足以证明产品/地区间存在充分的竞争，使它们处于同一相关市场。

下述两小节将讨论虚假相关性与价格相关性分析中的标准问题。[136] 我们之后将讨论如何使用延迟变量获取竞争者的延迟反应。 106

3.6.1.1　虚假相关性（Spurious correlation）

虚假相关性发生于两种产品的价格因竞争以外的原因显示出联动的情况。如果影响评估中某一产品价格的因素同样影响到评估中的其他产品，那么这些因素发生变化将影响所有产品的价格，从而提升价格相关性的程度。这种并非归因于真实的竞争互动的相关性，由于提高了价格联动的程度，也会导致得出两种产品属于同一相关市场的结论。

举个例子来说明这一问题。假设分析奥地利成品油批发价格和匈牙利成品油批发价格之间的相关性，以评估两国的炼油厂是否处于同一地域市场。由于成品油在生产批发过程中存在相当程度的共同成本，所以可以预见，任何基于绝对价格水平的简单的价格演变分析，都会得出很高的相关性水平，无论国际竞争约

135　负的相关性系数表明价格向相反方向运动。

136　关于价格相关性分析的使用，更综合的评论见 G. J. Werden and L. M. Froeb, ‘Correlation, Causality, and All That Jazz: The Inherent Shortcomings of Price Tests for Antitrust Market Delineation’ (1993) 8 *Review of Industrial Organization* 329-353。

束是否存在。炼油厂在生产过程中最显著的成本是原油的投入成本,原油价格受全球市场决定。可以预见,原油的涨价将带来所有成品油批发价格上涨,无论其产于何地。同样,原油的涨价会导致奥地利与匈牙利的成品油批发价格都发生上涨,无论这些国家间存在何种程度的竞争互动。同理,原油的降价会以精炼油降
107 价的形式波及成品油批发市场,无论存在何种程度的竞争。这一模式里,导致价格联动的因素是共同投入成本,而不是竞争互动。

虚假相关性的问题已得到普遍承认。在 *FrieslandFoods/Campina* 案[137]中,欧委会驳回了合并方提交的价格相关性分析,指出牛奶是各种奶酪生产的共同投入成本:[138]

> 虽然这些价格呈现出某种水平的长期联动,应注意的是,牛奶是奶酪最重要的原料,因此也是最重要的成本构成。因此天然奶酪和去皮奶酪的价格都必然反映了牛奶价格的变化,无论这些奶酪种类在需求与供给方面是否是可替代的。另外,口味或其他同时影响不同产品的需求但又不必然表明这些产品处于同一市场的变量的变化同样会引发价格的联动变化。在这些情况下,推断因果关系或者就此得出讨论中的产品处于同一市场的结论通常都是错误的。

在 *JCI/VB/FIAMM* 案[139]中,欧委会在驳回合并方关于汽车启动蓄电池产品在成员国之间存在价格联动变化的证据时,强调了共同成本的重要性:

> 生产成本中很大一部分是原材料(铅),[而且可以]预计,如果生产成本提高——如铅的价格提高——将会为几乎所有国家的生产商带来提价的动机,正如所有使用相同原材料的产品的价格会发生同样的变化趋势。

鉴于这一考察结果,欧委会对合并方所主张的成员国之间存在价格联动的证据明确表示怀疑。取而代之,依据对价格差异的观察结果(在本章第 3.5 节中论

---

137 Case COMP/M. 5046-*Friesland Foods/Campina*, Commission decision of 17 December 2008.

138 Case COMP/M. 5046-*Friesland Foods/Campina*, Commission decision of 17 December 2008, para. 153.

139 Case COMP/M. 4381-*JCI/VB/FIAMM*, Commission decision of 10 May 2007, para. 198.

及),欧委会认为汽车启动蓄电池存在相互独立的国别市场。[140]

重要的一点是,任何共同成本因素的存在都会提高价格相关性水平。从这个
意义上来说,共同成本的影响是单向的。正因如此,为了得出市场界定结论而控 108
制共同成本因素始终是必要的。例如,在 *Inco/Falconbridge* 案[141]中,合并方主张欧委会在分析不同产品之间的价格相关性时没有控制共同成本因素。[142] 但实际上,欧委会在该案的分析中得到的相关性系数趋近0(且为负)。虽然该案确实存在一些共同成本,但排除这些共同成本因素将导致本来就微乎其微的价格相关性进一步降低:“所以……需要指出的是,欧委会在控制共同成本因素上的失败将导致一个更高的正相关性……因此,欧委会的方法仅提供了一个保守的真实相关性的上限。”[143]

因此,当一项简单确定的价格相关性展现出过高的联动程度以至于超过了既定标准或业内看法,使讨论中的产品或地区被认定为属于同一相关市场时,共同成本的问题才是有意义的。在这些情况下,有必要调查所确定的价格相关性在排除共同成本后是否依然处于较高水平。然而,如果在控制共同成本前,得出的相关性水平已经是有限的(处于较低水平),则可以得出结论,排除共同成本后的价格相关性水平毋庸置疑也是较低的。

当共同成本被确定时,其影响可以通过从价格里剔除这些成本的方式来简单地进行控制。剔除共同成本因素将得出净价。这样价格相关性分析的逻辑就可以直接应用到这些净价上。

重新回到欧洲国家批发成品油的案例中,如果奥地利的炼油厂能获得的原油成本,与匈牙利的炼油厂能获得的原油成本同时发生价格变动,那么共同竞争条件就发生了变化。奥地利的炼油厂为了回应匈牙利炼油厂的降价行为,也将被迫降低价格,反之亦然。 109

尽管数据显示,奥地利和匈牙利的炼油厂收取的绝对价格之间具有相关性,但从价格中剔除原油成本之后,净价之间可能只有微弱的或根本不具有相关性。这表明,表面的价格相关性是由共同成本的变化推动的,而奥地利炼油厂定价行为的变化并不会影响匈牙利炼油厂的定价(反之亦然)。这表明这些国家之间不

140 Case COMP/M. 4381-*JCI/VB/FIAMM*, Commission decision of 10 May 2007, para. 199.

141 Case COMP/M. 4000-*Inco/Falconbridge*, Commission decision of 4 July 2006.

142 Case COMP/M. 4000-*Inco/Falconbridge*, Commission decision of 4 July 2006, paras. 108-109.

143 Case COMP/M. 4000-*Inco/Falconbridge*, Commission decision of 4 July 2006, para. 118.

存在显著的竞争互动,因此,两国的炼油厂不处于同一个相关市场。

应当注意的是,虽然从价格中剔除共同成本可能在形式上得出利润,但分析应该集中于价格的相关性(即使因共同成本而有所调整),而非通常意义上的利润相关性。因此,价格中应该移除的只有共同成本。将重点放在利润相关性(如企业在日常经营中计算并上报的利润)上是错误的,因为利润反映的是企业的生产成本,但即使企业之间存在竞争关系,生产成本也不必然具有相关性,并且如果存在外在成本冲击(cost shock)影响调查中的产品或地区,则可能使存在的竞争关系变得不易识别。

举个例子来说,假设小部件与小配件(widgets and gadgets)单价都是 7 欧元,两者的利润都是每个 2 欧元,且两者之间存在竞争。当小配件的单位生产成本从 5 欧元降到 3 欧元时,小配件的生产者会选择将部分成本下降传递给消费者从而将价格从 7 欧元降到 6 欧元。这一降价会对小部件施加降价的压力,导致小部件的生产者将价格也下调到6 欧元。小配件生产者的利润因此从 2 欧元上升到 3 欧元,而小部件生产者的利润则从 2 欧元下降到 1 欧元。正是由于两种产品之间存在竞争关系,小配件生产者的成本变化使得小配件与小部件生产者的利润向不同方向变化。因此,净利润的相关性并非检验产品或地区之间存在竞争关系的一项有意义的方法。事实上,如果将非共同成本的变化引入分析,对利润的考察有可能生成虚假的负相关性。因此,为了进行相关性分析,应当从价格数据中移除的
110 只是共同成本。

在 *Arjowiggins/M-real Zanders Reflex* 案[144]中,欧委会在其价格相关性分析中,使用合并方提供的毛利润(gross margin)数据作为控制共同成本影响的手段,并指出:

> 对该调查结果[不同国家卷筒纸的价格之间存在很高的相关性系数]的一种解释是,价格的近似变动可能是由投入成本的变动所推动的。因此,Arjowiggins 提交的毛利润数据很好地评估了共同投入成本变化的作用。[分析这些数据得出的]结果显示,排除了共同成本的价格(毛利润)相关性系数非常低,并且一般来说无法达到足以认定这些国家属于

---

[144] Case COMP/M. 4513-*Arjowiggins/M-real Zanders Reflex*, Commission decision of 4 June 2008.

同一相关市场的程度。[145]

然而，此处并不清楚合并方提供的毛利润的计算方法及其是否仅仅剔除了共同成本。若这些毛利润移除了共同成本，将可以解释为何该相关性低于计算出的绝对价格的相关性。

共同投入成本是虚假相关性的最常见来源，而其他可能影响价格的外部（与竞争不相关的）因素包括政策法规的变化、汇率变动、季节性需求等。进行相关性分析时，任何共同因素都需要加以考虑，在必要的情况下应给予足够重视。[146]

3.6.1.2　相关性标准

第二个最常被讨论的关于价格相关性分析的问题是，对于何种程度的相关性能够充分证明特定产业中存在单一相关市场或相互独立的相关市场，经济学理论无法为此提供指导。尽管方向效应（directional effect）是清晰明确的，即相关性越高标志着产品或地区间存在相互竞争的证据越强。但相关性要达到什么程度才 111
能“充分”证明所论及的产品和地区属于同一相关市场，并没有一致的结论。

尽管用价格相关性证明竞争关系缺乏清晰的理论标准，欧委会曾在界定地域市场的情况下提出，“一般而言，如果相关性系数低于0.8，很难证实两个地理区域存在于同一相关市场”。[147]

这一观点的理论基础还不完全清楚，因为没有任何经济学理论支持相关性系数在0.8以下即表明两地区间不存在竞争关系的观点。但值得注意的是，欧委会在其关于产品市场界定的讨论中同样引用了0.8的相关性系数标准。例如，在*Arjowiggins/M-real Zanders Reflex*案[148]中，欧委会基于0.8的相关性系数标准评估热敏纸与压感复写纸之间的价格相关程度，在被视为属于同一相关产品市场的各种类型卷筒纸产品之间可以发现这一相关系数的存在。[149]

145　Case COMP/M.4513-*Arjowiggins/M-real Zanders Reflex*, Commission decision of 4 June 2008, para. 88.

146　应当注意的是，当上述外部冲击不均衡地发生在产品或地区内时（如工厂倒闭、产品引进或汇率变动只影响一种产品的情况），外部冲击可以直接解释一个或一批企业试图恶化其供应条件的影响。这种冲击对于市场界定的证据价值在本章第3.8节中有所讨论。

147　D. Donath, ‘The Use of Pricing Analysis for Market Definition Purposes: The *Arjowiggins/M-real Zanders Reflex* and *Arsenal/DSP mergers*’ (2009) 1 *Competition Policy Newsletter* 41-50.

148　Case COMP/M.4513-*Arjowiggins/M-real Zanders Reflex*, Commission decision of 4 June 2008.

149　Case COMP/M.4513-*Arjowiggins/M-real Zanders Reflex*, Commission decision of 4 June 2008, para. 403.

不可否认,相对于使用武断的、绝对的相关系数标准,一个更可取的替代选择是,把有利害关系的产品或地区之间的相关性与同一产业中被普遍认为是存在于同一市场中的产品或地区的价格相关性水平进行比较。

欧委会在 *Arjowiggins/M-real Zanders Reflex* 案[150]的决定中解释了这一原则,并强调"为了评估两种产品的价格是否充分相关到能够被视为处于同一市场的程度,典型做法是采用两个被认为是存在于同一市场的产品之间的价格相关性系数作为标准"。[151]

在 *ABF/GBI Business* 案[152]中,欧委会试图依照其观察到的国内地区销售数据
112 相关性程度,为不同成员国之间酵母价格相关性水平制定一个标准。[153] "西班牙所有地区的价格都与马德里地区的价格有很强的相关性,但与西班牙之外的地区相关性较低。"通过这一调查结果,欧委会得出结论认为,西班牙内部各地区之间存在竞争,但西班牙与其他国家之间不存在有意义的竞争互动。

但以这种方式运用判断标准——根据一个人为设定的标准来证明缺乏竞争约束——多少存在些问题。相关性超过一般被认为具有竞争关系的产品或地区之间的相关性,即可证实被调查产品之间具有竞争关系(或者,同理,相关性小于那些被认为是处于相互独立的市场的产品或地区之间的相关性,则相当于缺乏竞争约束),这种说法是合理的,但不意味着所有存在利害关系的地区或产品之间的相关性低于上述标准都一定表明缺乏竞争约束。此类标准不能代表存在竞争关系的相关系数的最低水平,而仅仅是一个名义数值。

ABF/GBI Business 案[154]中,西班牙与其他国家之间的价格相关性可能意味着西班牙与其他国家之间存在竞争关系,尽管该价格相关性系数低于西班牙国内地区间的价格相关性系数。但欧委会认为,只有当国家间价格相关性水平高于国内价格相关性水平时才能得出严谨的结论。事实上,欧委会在 *ABF/GBI Business* 案[155]中采用的设定标准的方法仍无法解决基本的判断问题:当相关性水平略低于

---

[150] Case COMP/M. 4513-*Arjowiggins/M-real Zanders Reflex*, Commission decision of 4 June 2008.

[151] Case COMP/M. 4513-*Arjowiggins/M-real Zanders Reflex*, Commission decision of 4 June 2008, Annex 1, para. 27.

[152] Case COMP/M. 4980-*ABF/GBI Business*, Commission decision of 23 September 2008.

[153] Case COMP/M. 4980-*ABF/GBI Business*, Commission decision of 23 September 2008, para. 77.

[154] Case COMP/M. 4980-*ABF/GBI Business*, Commission decision of 23 September 2008.

[155] Case COMP/M. 4980-*ABF/GBI Business*, Commission decision of 23 September 2008.

设定标准时,是否一定不足以认定存在竞争关系?

欧委会在 *Arjowiggins/M-real ZandersReflex* 案[156]中关于产品市场界定的推理也存在同样的问题。在该案中,欧委会认定了明显处于同一产品市场的不同类型卷筒纸的价格相关性水平,并申明这一相关性水平“是能够表明卷筒纸与平张纸处于同一市场的最低标准”。[157] 这一论断忽略了卷筒纸与平张纸可能比不同类型 113
卷筒纸之间的价格相关性低,却仍然充分相关并处在同一相关市场的可能性。

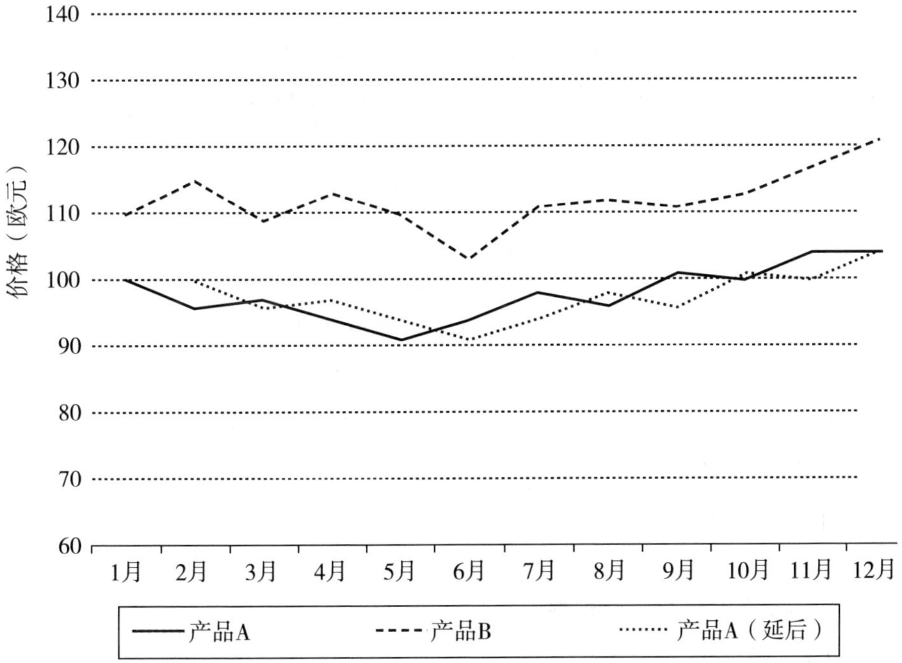

图 2.9　价格相关性延迟的假设案例

3.6.1.3　延迟反应

在进行价格相关性分析时,经常要考虑的一个问题是地区或产品之间的(假定)竞争互动可能存在延迟。这类延迟是指需求方或供给方,尤其是后者面对价格变化时做出的反应存在延迟,导致不同产品或地区的价格未能在同一时间回应彼此的变化。这种价格回应的延迟可能会使价格之间的相关性模糊不清。例如,

---

156　Case COMP/M.4513-*Arjowiggins/M-real Zanders Reflex*, Commission decision of 4 June 2008.

157　Case COMP/M.4513-*Arjowiggins/M-real Zanders Reflex*, Commission decision of 4 June 2008, Annex 1, para. 27.

在表 2.9 中,A 产品价格变化时,B 产品的价格会延后 1 个月变化。因此,A 产品在某特定月份发生的涨价,往往不会导致 B 产品在该月发生涨价,而会导致 B 产品在下个月发生涨价。从图 2.9 中可以看出这点,第三条曲线描绘了产品 A 延后
114 一个月的价格(延迟的数据曲线上的每月价格都是上一月的实际观测结果)。可以看出产品 A 的延迟价格曲线的变化密切反映了产品 B 同期的价格曲线变化。

由于存在延迟反应,两个未经调整的价格曲线之间的相关性系数相当低,仅为 0.62。然而如果根据延迟反应调整曲线,将产品 A 从 1 月到 11 月的价格曲线与产品 B 从 2 月到 12 月的价格曲线相关联(将 A 每个月的价格与 B 下个月的价格进行比对),相关性系数则上升到了 0.92,反映了延迟数据曲线之间的高度联动。

在 *Arjowiggins/M-real Zanders Reflex* 案[158]中,欧委会在评论合并方提出的意见时承认这种延迟反应理论上的可能性及其对价格相关性分析的影响。[159]

值得注意的是,使用延迟调整后的数据必然会减少可使用的观察结果的数量。正如之前的例子所显示的,延迟 1 个月的月度数据会减少一个月的观察结果(一组 12 个月的同期月度观察结果,如果延迟 1 个月,只能产生 11 个观察结果)。在进行延迟调整的时候必须要注意的是,为了得出有意义的结论,要保留足够多的数据以保证满足所要求的数量与持续期间。

考虑到竞争约束的传导有延迟的可能,典型做法是在所有的价格相关性分析中调查可能存在的延迟。延迟的长度基于价格变化的频率在不同产业中有不同表现。对价格数据进行表面检测经常会有助于识别出延迟的存在和大致长度。

3.6.2 举例

在下述假设案例中,我们将考察价格证据能否支持成品油批发(提炼出汽油和柴油卖给零售商或商业用户)的相关地域市场为欧洲经济区,或是否只由若干国家构成。我们在这一假设案例中讨论两个地点:荷兰(欧洲经由鹿特丹和安特
115 卫普海运码头进口成品油的来源地)及德国。

---

158 Case COMP/M.4513-*Arjowiggins/M-real Zanders Reflex*, Commission decision of 4 June 2008.

159 Case COMP/M.4513-*Arjowiggins/M-real Zanders Reflex*, Commission decision of 4 June 2008, Annex 1, paras. 10 and 11.

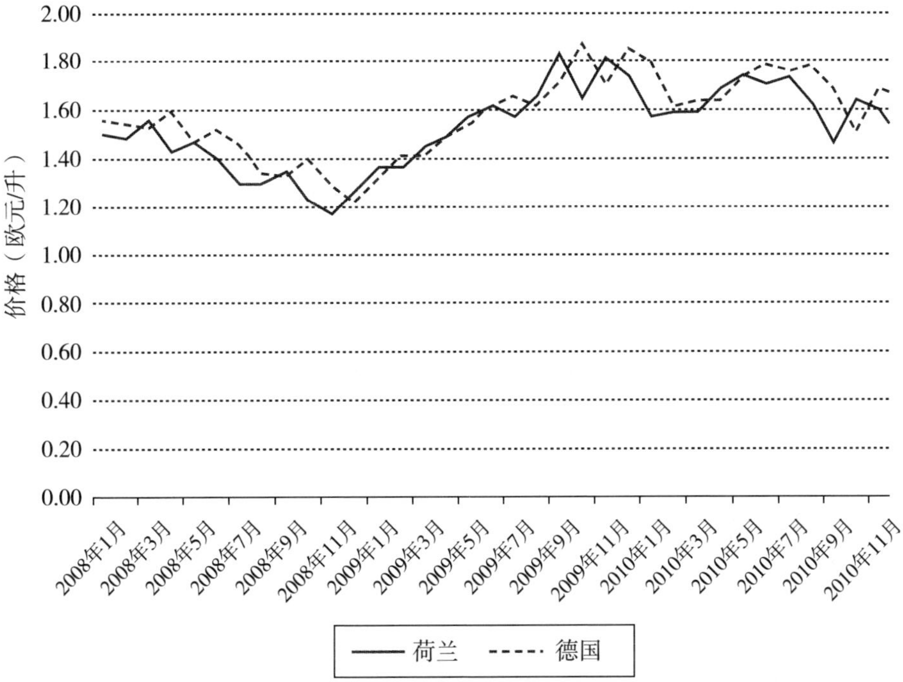

图 2.10 荷兰及德国汽油批发价格

图 2.10 显示了 2008 年到 2010 年荷兰和德国汽油批发价格的月平均数据。为了避免产品混合的后果，数据仅表示成品油产品的一个特定等级：97 号汽油，并且只涉及通过零售渠道销售的数量。图标显示荷兰与德国的价格之间有很高的相关性水平。两者之间 0.82 的相关性系数确认了这一点。

然而应该承认，荷兰与德国的成品油价格中包含的相当一部分原油成本属于共同成本。为了避免原油价格变化影响荷兰与德国的成品油价格，可以从图 2.10 显示的零售价格中剔除每升汽油每月的原油成本从而计算出每个国家的汽油批发净价。

图 2.11 显示了这两条净价曲线。两条净价曲线之间的相关度显然比之前绝对价格之间表现出的相关度低。确实，净价曲线显示的相关性系数只有 0.11。这证明了剔除共同成本的重要性；正如以上所述，在这个例子中，不考虑共同成本的话，会错误地将相关系数从 0.11 增加到 0.82。 116

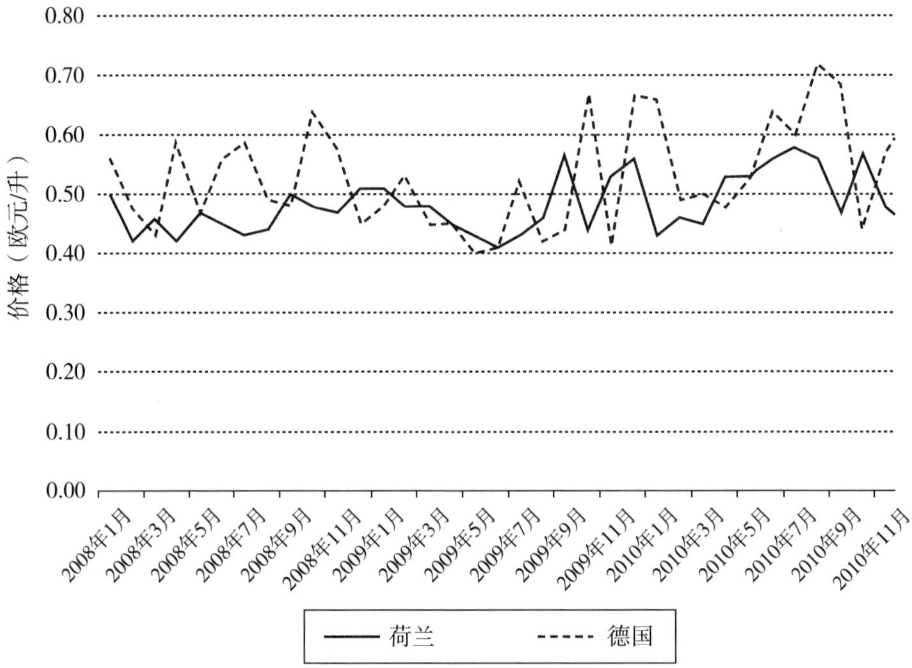

图 2.11　荷兰和德国的汽油批发净价

从图 2.11 可见，这两条曲线间缺乏相关性，似乎表明德国和荷兰并不处于同一相关市场之中。然而，该图给人的印象是，针对荷兰油价的变化德国汽油价格所做出的回应可能有点滞后。正如上文所阐述的，这种情况可以通过实施滞后价格相关性分析得到验证。

图 2.12 显示了相对于德国净价的荷兰滞后净价（2008 年 2 月荷兰滞后净价对应的是 2008 年 1 月的荷兰净价，以此类推）。正如该图所显示的，引入一个月的滞后期会实质性地增加相关度，两条曲线之间的相关性系数将变为 0.73。

尽管该图展示了合理的高相关度，问题仍然是 0.73 的相关性系数是否足够高，以至于能证明批发给荷兰和德国零售商的 97 号汽油构成一个单独的相关地域市场。正如上文所述，并没有一个明确的临界值，当价格相关度高于其时即可证明两种产品或地区处于同一市场，实践中采用的方法是使用被认为处于同一市
117 场的产品之间的价格相关性系数作为标准进行比对。

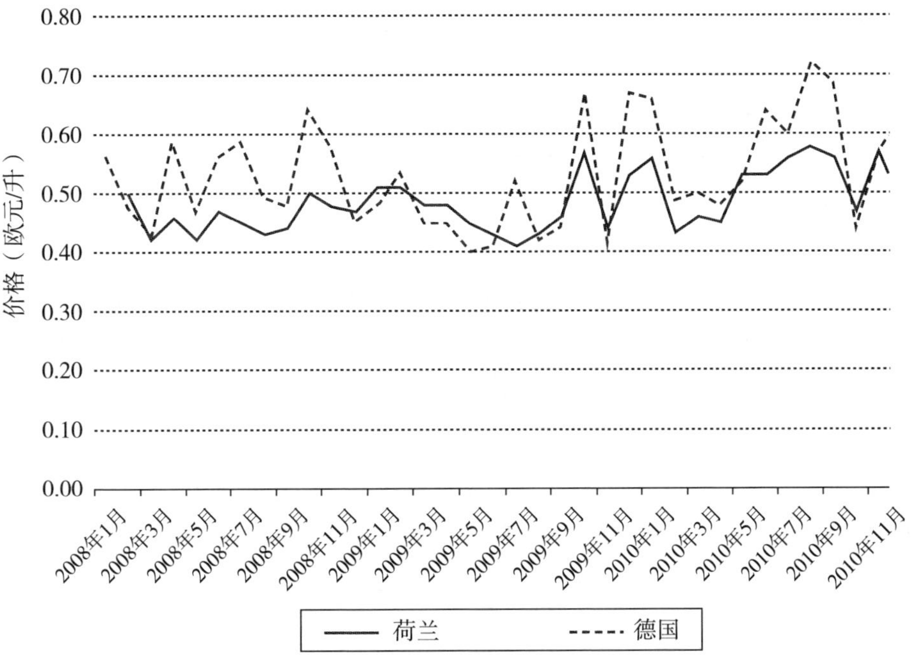

图 2.12　荷兰和德国的滞后汽油批发净价

为此，我们假设根据市场参与者的证词和荷兰国内的贸易流动情况，认为荷兰构成一个单独的相关地域市场。在此基础上，荷兰国内不同省份 97 号汽油之间的价格相关度可以表明成品油批发行业存在竞争关系时的价格相关程度。我们假设，合并一方提供了荷兰三分之一省份在相同期间内 97 号汽油的每月批发价，以便进行价格相关度分析。在这些数据的基础上把原油价格剔除，可以得出这些省份每月的净价以及这些净价之间的相关性系数。表 2.9 显示了泽兰、格罗宁根、北荷兰和林堡四个省份之间的净价格相关性系数。

表 2.9　各省份价格相关性系数

	泽兰	格罗宁根	北荷兰	林堡
泽兰	1.00	—	—	—
格罗宁根	0.69	1.00	—	—
北荷兰	0.84	0.73	1.00	—
林堡	0.76	0.74	0.71	1.00

该表显示，荷兰各省之间的相关性系数可能低至 0.69，而这些省份被认为处

于同一相关地域市场。这四个省份的平均相关性系数在 0.73 和 0.74 之间。

118 这一证据表明,荷兰与德国汽油净批发价之间的相关性系数为 0.73,与处于同一相关地域市场的荷兰各省之间的相关性系数是一致的。尽管荷兰的几个省份之间(如北荷兰与泽兰之间)表现出更高的价格相关度,但在验证德国和荷兰之间的价格相关性程度时,竞争基准应当考虑各省之间的最低价格相关度。

3.6.3 在欧盟合并控制中的应用

最近不少进入第二阶段调查的合并案件中,欧委会在产品市场界定时进行了价格相关性分析。表 2.10 和表 2.11 总结了一些案例,在这些案例中,欧委会依据价格相关性来评估产品与地域市场的界定。

欧委会的判例表明了运用价格相关性分析的重要性。但欧委会在判例中也指出,这种证据不能单独运用,必须与其他形式的证据一起使用。例如,在 *Friesland Foods/Campina* 案[160]中,欧委会提出:

> ……价格联动并不能作为市场界定的决定性证据……价格联动可能由竞争限制之外的因素引起;因此需要更进一步的信息,如产品分类、所包括的交易和集中的方式等。价格联动应与其他证据保持平衡,如市
> 119 场调查中收集到的定性证据。[161]

表 2.10 产品市场界定中的价格相关性分析

案例	所涉产品	结论
UPM/Myllykoski and Rhein Papier[1] (2011)	杂志纸	合并方提交了价格相关性分析,其结果显示不同等级杂志纸之间存在高度的价格相关性。因此,合并方认为不同等级杂志纸属于同一相关产品市场。欧委会并未接受这一观点。首先,欧委会指出"价格联动本身并不足以构成市场界定的证据,因为价格联动不能直接回答 SNNIP 测试提出的问题,即在价格上涨 5% ~10% 的情况下是否还会获利……此外,两种产品价格密切同步变化的现象本身也不能为两者价格之间是否存在因果关系提供任何解释"。[2]其次,欧委会指出合并方的分析有几点不足,特别是未能控制共同市场冲击(common shock)和共同成本的影响。

160 Case COMP/M. 5046-*Friesland Foods/Campina*, Commission decision of 17 December 2008.

161 Case COMP/M. 5046-*Friesland Foods/Campina*, Commission decision of 17 December 2008, para. 515.

续表

案例	所涉产品	结论	
Votorantim/Fischer/JV[3]（2011）	橙汁	针对合并方提交的价格相关性分析，欧委会再次指出，价格相关性本身并不能成为市场界定的决定性因素。[4]欧委会表示，此类证据不应单独运用，而应当在市场调查中，与所收集到的其他证据材料一起用于评估市场界定。根据其他证据，欧委会认为，合并方认定的价格相关性水平（橙汁与苹果汁之间为0.56，葡萄柚汁与苹果汁之间为0.64）过低，难以证明存在比橙汁更广泛的产品市场。	120
Unilever/Sara Lee Body Care[5]（2010）	除臭剂	欧委会在一些国别市场中进行了价格相关度调查，结果显示男用与非男用除臭剂价格在很大程度上存在联动现象。[6]但欧委会也发现了一些价格并不同向变动的情况。尽管合并方声称这些不一致是由于引入了新的高端男用除臭剂而引起的，欧委会认为这种情况恰恰证明在这两种产品的细分市场中，产品价格是分别设定的。	
Lufthansa/SN Airholding[7]（2009）	航班	欧委会的价格相关性分析表明，五条航线中的可退改签票价与限制退改签票价不同向变动，表明它们两者处于相互独立的产品市场中。[8]	
Friesland Foods/Campina[9]（2008）	乳制品	共同成本（牛奶）导致不同乳制品之间形成虚假相关，欧委会因此驳回了合并方提供的价格相关性分析。[10]	121
Arjowiggins/M-real Zanders Reflex[11]（2008）	纸	欧委会进行了价格相关性分析，以调查卷筒纸和平张纸是否处于同一相关产品市场。欧委会计算了一些成员国中的价格相关性系数，发现相关性系数在-0.32到0.5。这一价格相关性水平确实低于处于同一相关市场中的各种级别铜版纸之间的基准水平，表明卷筒纸与平张纸并非处于同一产品市场中。[12]	
Ryanair/Aer Lingus[13]（2007）	航班	欧委会进行的价格相关性分析表明，从都柏林飞往斯坦斯特德、从都柏林飞往盖特威克和从都柏林飞往卢顿的航班之间存在相当高的价格相关性，表明这三条航线处于同一相关市场。[14]	
Inco/Falconbridge[15]（2006）	电镀和不锈钢镍产品	欧委会调查了用于电镀和不锈钢的镍的价格之间的相关性，剔除共同成本之后，分析了不同用途的镍的净价。欧委会发现两种产品净价之间的相关性系数为0.2，表明它们处于不同的产品市场。[16]	122

续表

案例	所涉产品	结论
Johnson&Johnson/Guidant[17] (2005)	医疗器械	较低的价格相关度表明，金属支架和药物洗脱支架处于不同相关产品市场。[18]

1 Case COMP/M. 6101-*UPM/Myllykoski and Rhein Papier*, Commission decision of 13 July 2011.
2 Ibid. ,Paragraph 44.
3 Case COMP/M. 5907-*Votorantim/Fischer/JV*, Commission decision of 4 May 2011.
4 Paragraph 92 et seq.
5 Case COMP/M. 5658-*Unilever/Sara Lee Body Care*, Commission decision of 17 November 2010.
6 Ibid. ,paras. 75 et seq.
7 Case COMP/M. 5335-*Lufthansa/SN Airholding*, Commission decision of 22 June 2009.
8 Ibid. ,Annex 1,para. 4.
9 Case COMP/M. 5046-*Friesland Foods/Campina*, Commission decision of 17 December 2008.
10 Ibid. ,para. 513.
11 Case COMP/M. 4513-*Arjowiggins/M-real Zanders Reflex*, Commission decision of 4 June 2008.
12 Ibid. ,para. 54.
13 Case COMP/M. 4439- *Ryanair/Aer Lingus*, Commission decision of 27 June 2007.
14 Ibid. ,Annex Ⅲ,para. 43.
15 Case COMP/M. 4000-*Inco/Falconbridge*, Commission decision of 4 July 2006.
16 Ibid. ,paras. 107 and 108.
17 Case COMP/M. 3687- *Johnson&Johnson/Guidant*, Commission decision of 25 August 2005.
123 18 Ibid. ,para. 17.

表 2.11　地域市场界定中的价格相关性分析

案例	所涉产品	结论
Arsenal/DSP[1] (2009)	苯甲酸	欧委会的分析表明，欧洲经济区、亚洲和北美地区的价格存在分歧，相关地域市场并不是全球。[2]
Arjowiggins/M-real Zanders Reflex[3] (2008)	无碳纸	在确定相关地域市场是成员国内还是欧洲经济区的问题上，价格相关性分析并不是决定性的。欧委会表示，实际情况可能因虚假相关的出现而被扭曲，所以欧委会使用价格平稳性分析补强了相关性分析，证明相关地域市场是成员国国内市场。[4]
ABF/GBI Business[5] (2008)	酵母	欧委会发现，尽管葡萄牙不同区域之间的价格相关性程度很高，西班牙、葡萄牙和法国的压榨酵母价格逐渐呈各自独立变化趋势，这表明相关地域市场是成员国国内市场。[6]

续表

案例	所涉产品	结论	
Ineos/Kerling[7](2008)	聚氯乙烯	合并方提交的价格相关性分析表明，一些欧盟成员国之间的悬浮聚合聚氯乙烯价格联动程度很高。[8]连同价格平稳性证据和临界损失与市场冲击分析(shock analysis)一起，欧委会认定相关地域市场比英国和北欧地区更广阔，至少包括西北欧范围。	124
JCI/VB/FIAMM[9](2007)	汽车零部件	合并方提交的分析表明，欧盟国家之间存在较高的价格相关性。欧委会确认，如果在一定期间内存在价格联动的证据，那么价格差异本身并不能确认单独地域市场的存在，但剔除运费后的价格之间的差异比价格联动的证据重要。[10]欧委会强调了共同投入成本可能是促使合并方得出高价格相关性结论的潜在原因，尽管欧委会并没有试图修改这一分析结论。	
Inco/Falconbridge[11](2006)	电镀和不锈钢镍产品	欧委会推定欧洲经济区和其他区域之间并不存在足够高的价格相关性，能够证明相关地域市场是全球市场。欧委会运用合并方前十大欧洲客户和前十大全球客户的数据计算出欧盟境内和全球范围内的加权平均销售价格，在这些数据的基础上进行了价格相关性分析。[12]	125
Blackstone/Acetex[13](2005)	醋酸	合并方提交的价格相关性分析表明存在一个全球市场，但欧委会以虚假相关为由驳回了该分析报告。[14]	

1　Case COMP/M. 5153-*Arsenal/DSP*, Commission decision of 9 January 2009.
2　Ibid. ,para. 81.
3　Case COMP/M. 4513-*Arjowiggins/M-real Zanders Reflex*, Commission decision of 4 June 2008.
4　Ibid. ,paras. 69 and 70.
5　Case COMP/M. 4980-*ABF/GBI Business*, Commission decision of 23 September 2008.
6　Ibid. ,paras. 75-77.
7 Case COMP/M. 4734-*Ineos/Kerling*, Commission decision of 30 January 2008.
8　Ibid. ,para. 55.
9 Case COMP/M. 4381-*JCI/VB/FIAMM*, Commission decision of 10 May 2007.
10　Ibid. ,paras. 196-198.
11　Case COMP/M. 4000-*Inco/Falconbridge*, Commission decision of 4 July 2006.
12　Ibid. ,paras. 218-220.
13　Case COMP/M. 3625-*Blackstone/Acetex*, Commission decision of 13 July 2005.
14　Ibid. ,paras. 34,35 and 57.

欧委会的观点表明，价格相关性分析的明显缺点是其并不能说明不同的供应

商将如何应对(未来的)价格上涨,正如欧委会在 *Ineos/Kerling* 案中所述[162]:

> 然而,这种形式的价格相关性研究验证了价格趋同性(price convergence),也就是说,识别出的不同区域之间价格的关系。它并未提供不同群组生产者的供给弹性信息。因此,从竞争法角度来说,这些测试本身并未提供直接证据证明不同区域的生产者处于同一相关地域市场,尽管它明显指向这一方向。当与其他定性证据结合起来时,这些价格相关
> 126 性研究可以用于界定相关市场。

然而,在考虑到价格相关性分析自身限制的前提下,欧委会承认了价格相关性分析的证据价值。欧委会的观点是,如果价格不呈现相关性,可以确认产品处于不同相关市场,但存在价格相关性并不一定能够证明相反的情况。例如,在 *Arjowiggins/M-real Zanders Reflex* 案[163]中,欧委会提出:[164]

> 尽管价格的一致变动不是证明两种产品之间存在竞争约束的证据,但它当然与这两种产品处于同一相关市场相一致。如果没有高度一致的价格联动,则表明这两种产品之间的竞争约束并不足够强,不能证明它们在同一相关产品市场中。

同样,在 *ABF/GBI Business* 案[165]中,欧委会报告表明,从 2002 年到 2008 年,成员国各自的价格动向明显不同,这与 2006 年的绝对价格差异一起,表明[各成员国]的市场竞争并不相同,各国生产者之间的竞争互动以及各国的需求在很大程度上是独立的。[166]

3.7 平稳性分析(stationarity analysis)

3.7.1 技术概述

上一节讨论了价格相关性分析,通过对价格数据进行分析来调查某些产品或

---

[162] Case COMP/M.4734- *Ineos/Kerling*, Commission decision of 30 January 2008, para. 56.

[163] Case COMP/M.4513-*Arjowiggins/M-real Zanders Reflex*, Commission decision of 4 June 2008.

[164] Case COMP/M.4513-*Arjowiggins/M-real Zanders Reflex*, Commission decision of 4 June 2008, para. 52.

[165] Case COMP/M.4980-*ABF/GBI Business*, Commission decision of 23 September 2008.

[166] Case COMP/M.4980-*ABF/GBI Business*, Commission decision of 23 September 2008, para. 76.

地域是否处于同一相关市场。平稳性分析是运用价格数据进行市场界定更进一步的方法。近几年，这一方法日益发挥重要作用，欧委会在近期的一些案例中，着重依靠它来证明相关地域市场的判断。[167] 127

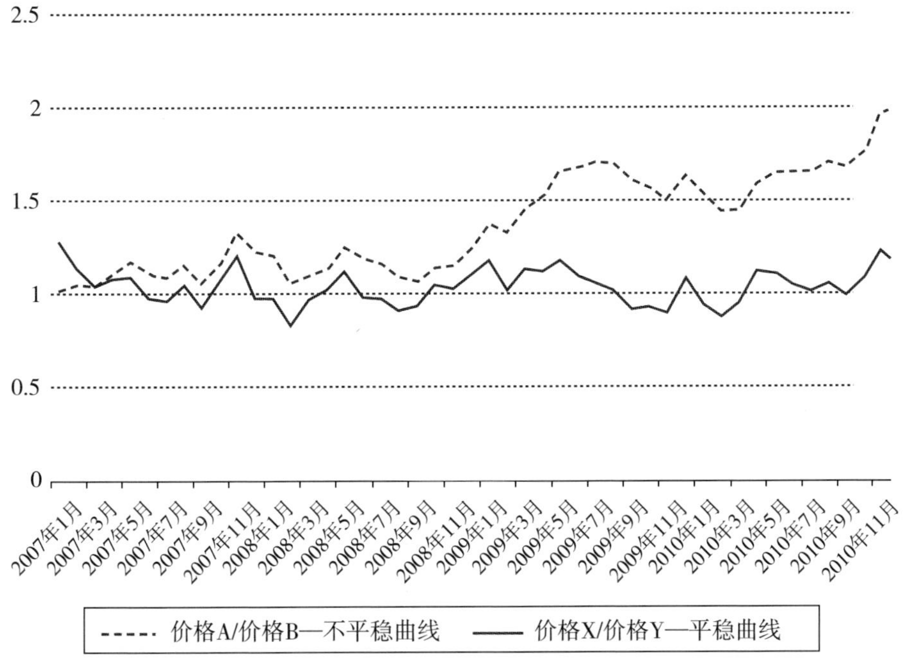

图 2.13　平稳和不平稳价格数据的例证

平稳性分析验证两种产品或两个区域的价格比率（price ratio）是否能保持稳定。作为市场界定的一项工具，平稳性分析的基本原理建立在与价格相关性分析一样的基础上。正如在本章第 3.6 节中所解释的，由于产品之间可能存在的需求和供给替代性，处于同一相关市场的产品之间的价格不会相差太多。

该逻辑是，如果两种产品（或区域）之间存在有效竞争，那么提高其中一种产品的价格会连带提高另一种产品的价格，反之亦然。这样的话，它们之间价格的比率也不会改变。相反，如果一种产品或一个区域的价格能够相对于另一产品或区域保持增长，导致它们之间的相对价格比率持续变化，这就表明两者处于不同的相关市场。

167　See, for intance, Case COMP/M. 4513-*Arjowiggins/M-real Zanders Reflex*, Commission decision of 4 June 2008 and Case COMP/M. 5153-*Arsenal/DSP*, Commission decision of 9 January 2009.

平稳性概念可以由图 2.13 得到诠释，该图展示了一个有关两种产品 A 和产品 B 之间非平稳性价格比率的例子，以及一个有关两种产品 X 和 Y 之间平稳性价格比率的例子。

虚线显示产品 A 相对于产品 B 的价格比率，从 2008 年年初的 1 增长到 2011 年年末的 2。这表明，尽管产品 A 的售价在 2008 年年初与产品 B 大致一样，产品 A
128 的售价在 2011 年年末大致是产品 B 价格的 2 倍。这可能是因为在这期间产品 A 的价格增长，或产品 B 的价格下降，或两者兼而有之。无论什么原因，两种产品价格比率的下降，表明两种产品之间的替代性，并不足以提升产品 B 的价格或阻止产品 A 的价格上升。由此可以从中推定，两种产品处于不同的相关市场。

相比之下，尽管实线显示产品 X 和 Y 的相对价格有短期波动，它们的价格比率一直是围绕着数值 1 变动。因此，产品 X 对产品 Y 的价格比率可以说是“平稳的”。[168] 这表明在该期间内，产品 X 的价格不会长久地（on a non-transitory basis）背离产品 Y 的价格（反之亦然）。这意味着这两种产品之间存在足够的竞争约束，可以判定它们处于同一相关市场。

欧委会提倡以价格平稳性分析代替价格相关性分析，因为平稳性分析能够解决价格相关性分析无法解决的两个关键问题，即共同成本可能会产生虚假相关性的问题以及缺乏明确的标准确认相关市场的问题。这两个问题使仅基于价格相关性系数进行的相关市场界定变得有些武断。[169] 关于第一个问题（价格平稳性分析），由于考虑到价格比率后，共同成本对价格的影响就会被抵消掉，因此无须使用净价以排除共同成本。

至于第二个问题，平稳性分析运用统计假设测试技术（statistical hypothesis testing techniques），可以评估出价格平稳性，而无须运用一个武断标准或特设标准。评估平稳性的常见统计学方法是 Dickey - Fuller 测试（迪基—福勒测试），该测试运用不平稳的数据曲线将反映其此前数值这一事实（which uses the fact that the value of a non-stationary series will reflect its own previous values），来测试一组

---

168 注意价格比率不一定要围绕数值 1 变动才叫平稳；围绕任何数值变动都可以说是平稳的，并且正如在本章第 3.5 节中所解释的，这与认定两种产品或区域处于同一相关市场相一致。

169 See, for Instance, Case COMP/M. 4513-*Arjowiggins/M-real Zanders Reflex*, Commission decision of 4 June 2008, para. 51.

特定数据是否表现出平稳性。[170] **Dickey-Fuller 测试**和其他平稳性测试可通过统计及计量经济学软件包(如 Stata 或 E-Views)进行。 129

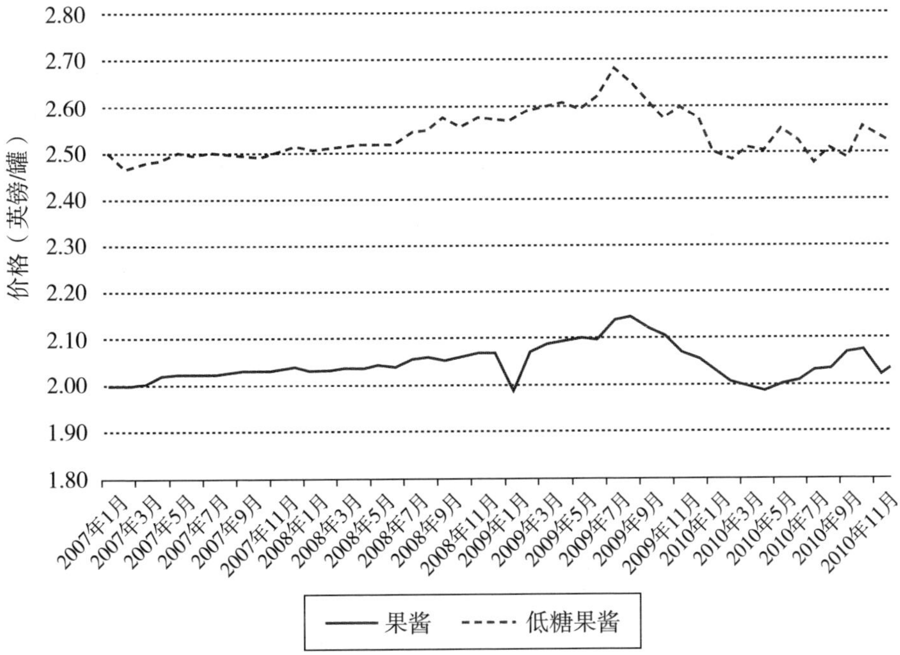

图 2.14 英国果酱和低糖果酱批发价格

3.7.2 举例

在此案例中,我们运用价格平稳性分析来调查英国市场上销售的果酱和低糖果酱是否处于同一相关市场。图 2.14 显示了 2007 年至 2010 年果酱和低糖果酱的月平均批发价格。

可以看到,尽管这两种产品价格之间存在巨大的绝对价差,但两者都遵循同样的变化模式,即直到 2009 年 8 月它们一致平稳上升,之后一直下降,直到 2010 年年初,随后又变得相对稳定。这两种价格之间的相关性系数是 0.81。虽然它们的价格都深受由水果价格表示的共同成本的影响,相关性系数可能存在虚假相关的成分,但仍为证明这两种产品处于同一相关市场提供了有关证据。 130

为解决虚假相关性这一潜在问题,图 2.15 绘制了这两种产品之间的价格比率。该图显示,尽管价格本身存在较大幅度的波动,果酱价格仍然维持在低糖果

170 其他平稳性测试包括 Phillips-Perron 测试和 KPSS 测试。

酱价格的80%左右。

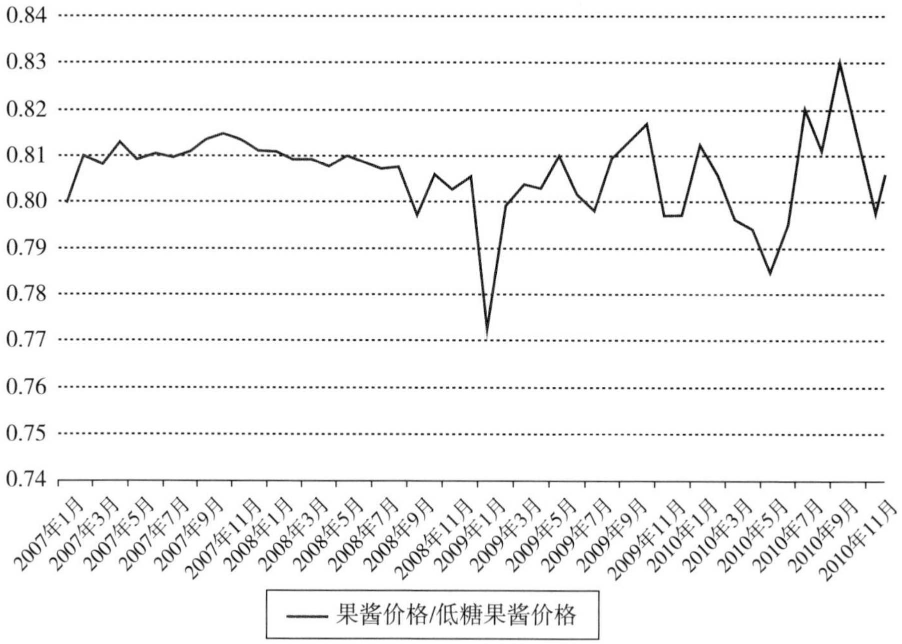

图 2.15　英国果酱和低糖果酱批发价格的关系

两种产品的价格关系相对稳定,表明每种产品价格都受到另一种产品可能存在的替代性约束。这一表面印象经实施 Dickey-Fuller 测试得到验证,测试结果在 99% 的置信程度上否定了不平稳的假设。[171]

3.7.3　在欧盟合并控制中的运用

欧委会在两起合并案件的调查中进行了平稳性分析:2008 年的 *Arjowiggins/M-real Zanders Reflex* 案[172]和 2009 年的 *Arsenal/DSP* 案[173]。

131 在这两起案子中,平稳性分析与相关性分析一起用于界定相关地域市场。欧委会基于以下几点理由,将平稳性分析用作相关性分析的补充:[174]

171　注意统计测试并不能确认假设,只是通过相关置信程度排除了相反的假设。

172　Case COMP/M. 4513-*Arjowiggins/M-real Zanders Reflex*, Commission decision of 4 June 2008.

173　Case COMP/M. 5153-*Arsenal/DSP*, Commission decision of 9 January 2009.

174　Case COMP/M. 4513-*Arjowiggins/M-real Zanders Reflex*, Commission decision of 4 June 2008, para. 69.

欧委会也对相对价格(不同国家之间)进行了平稳性分析,以佐证其地域市场测试,因为(i)评估价格相关性时并无明确的标准,并且(ii)相对价格使共同成本因素的影响降到最小。

在 *Arjowiggins/M-real Zanders Reflex* 案中,欧委会运用德国、法国、意大利、波兰、西班牙和英国卷筒和平板无碳纸的相对价格评估合并方认定相关地域市场是欧洲经济区的主张。欧委会的分析发现,“相对价格表现出明显变化的趋势,因此没有依据认为相关地域市场比成员国还广泛”。[175]

同样,在 *Arsenal/DSP* 案[176]中,欧委会通过平稳性分析发现欧洲经济区、亚洲和北美的苯甲酸价格正变得越来越不同。这使欧委会认定相关地域市场比全球更窄。[177]

在 *Ineos/Kerling* 案[178]中,合并方也提交了平稳性分析以否定相关地域市场限定在英国境内的观点。在决定中,欧委会陈述了对这一分析的看法:“在所分析的大多数国家中,英国与其他国家之间的相对净价格是平稳的。因此,英国的价格与其他欧洲经济区国家的价格是一起变动的,这表明相关地域市场比英国广阔。”[179]

近期,在 *Votorantim/Fischer* 案[180]和 *Olympic/Aegean Airlines* 案[181]中,欧委会对合并方提交的平稳性分析采取了更加怀疑的态度。在 *Votorantim/Fischer* 案中,欧委会提出,价格相关性和平稳性“可能符合产品之间存在密切竞争关系的特点”,但并不能得出这样的结论,进一步说“这种证据不能孤立地使用,而要与其他 132
收集到的证据材料一起用于市场调查”。[182]

在 *Olympic/Aegean Airlines* 案中,合并方提交的证据表明,Aegean 的商务舱

---

175 Case COMP/M. 4513-*Arjowiggins/M-real Zanders Reflex*, Commission decision of 4 June 2008, para. 70.

176 Case COMP/M. 5153-*Arsenal/DSP*, Commission decision of 9 January 2009.

177 Case COMP/M. 5153-*Arsenal/DSP*, Commission decision of 9 January 2009, para. 81.

178 Case COMP/M. 4734-*Ineos/Kerling*, Commission decision of 30 January 2008.

179 Case COMP/M. 4734-*Ineos/Kerling*, Commission decision of 30 January 2008, para. 151.

180 Case COMP/M. 5907-*Votorantim/Fischer/JV*, Commission decision of 4 May 2011.

181 Case COMP/M. 5830-*Olympic/Aegean Airlines*, Commission decision of 26 January 2011.

182 *Votorantim/Fischer*, paras. 92 and 93. 欧委会也注意到合并方提出的平稳性,在其所提及的期间内,并不是稳健地变化着,并且在比合并方所采用的更长一段时间内,价格也并不稳定。See para. 95.

及全价机票价格之间存在平稳性，表明时间敏感性和非时间敏感性乘客处于同一相关市场。[183] 然而，欧委会基于两点理由驳回了这一证据。第一，与其在 *Ineos/Kerling* 案中的态度有所不同，欧委会对价格平稳性是否可用于认定产品之间存在相互竞争关系提出了质疑：[184]

> 通过相对价格进行的平稳性测试，或者通过其他计量经济学方法得到验证的价格联动的证据，并不是证明一种或更多产品处于同一市场的适当工具，而是反驳它们处于不同相关市场的恰当方式。换句话说，相对价格的平稳性分析证明是产品处于同一市场的必要条件，而非充分条件。

第二，欧委会注意到，如果不同产品的价格数据本身是稳定的，可能会产生虚假平稳性的问题。[185] 也就是说，如果产品 A 和产品 B 的价格是平稳的，那么甚至在缺乏竞争互动的情况下，它们的价格比率也将是平稳的。这一逻辑表明，只有在至少一种产品的价格数据表现得不平稳时，平稳性分析才能为市场界定提供有价值的证据。

基于以上分析，欧委会驳回了合并方的平稳性证据，并对平稳性分析在市场界定中的作用给出了如下评论：[186]

> 即使平稳性研究的结论是对的，（这）并不构成证明存在单独市场的充分证据……为了得出这一结论，额外证据是必要的。此类证据可以从
> 133 多个源头获得，可以是定性的也可以是定量的。在缺乏额外支持性证据的情况下，相对价格上的平稳性并不能为界定相关市场提供有意义的证明。

同样，欧委会在 *Olympic/Aegean Airlines* 案中表明，在没有更进一步证据支持的情况下，欧委会不可能接受价格平稳性分析作为市场界定的唯一证据。相对而言，欧委会更可能将平稳性分析作为相关市场包含某项替代而非从相关市场排除

---

183 Case COMP/M. 5830-*Olympic/Aegean Airlines*, Commission decision of 26 January 2011, Annex 1, paras. 43 et seq.

184 Case COMP/M. 5830-*Olympic/Aegean Airlines*, Commission decision of 26 January 2011, Annex 1, para. 52.

185 Case COMP/M. 5830-*Olympic/Aegean Airlines*, Commission decision of 26 January 2011, Annex I, para. 60.

186 Case COMP/M. 5830-*Olympic/Aegean Airlines*, Commission decision of 26 January 2011, Annex I, para. 68.

某项替代的根据。

3.8　市场冲击分析（shock analysis）

3.8.1　技术概述

本章第3.6节和第3.7节讨论了运用价格联动来推断产品之间是否存在竞争限制的方法。此类方法依赖于一种产品价格的变动对其他产品定价的影响。在价格相关性和平稳性分析方法里，价格变化之源是不可知的，某些情况下有可能不是两种产品共有的原因。

市场冲击分析是界定相关市场的一种方法。该方法关注的是具体事件，或者说是影响企业定价和供给行为的“市场冲击”（shocks）。如果此类事件会损害企业提供产品或服务的能力，它就能对企业试图抬高价格或恶化供应条件产生类似的影响。因此，对市场冲击的反应可以预示消费者和企业将如何应对SSNIP测试。

直观地看，该分析仅可用于发生适当冲击（suitable shocks）的情况。三种最常见的冲击事件是新供应商或产品的进入、供应短缺（如工厂倒闭）以及汇率或进口关税变动对不同区域企业的定价能力产生不对称的影响。下文将阐述市场冲击分析应用在相关市场界定中的逻辑。

关于第一种冲击事件，即引进一种新产品或一家新企业开始运营，通常认为新的市场进入会对与其在同一相关市场竞争的产品或企业产生消极影响。市场进入分析的目标就是，通过比较现存企业在新企业进入该市场前后的表现来识别 134
是否产生了前述影响。如果识别出此类影响，那么这将构成证明新进入企业或产品与现存企业或产品处于同一相关市场的证据。如果未发现此类影响，则表明现存企业并未实质性地受到新进入企业或产品的影响，因此，新进入者不可能与现存企业处于同一相关市场。这一逻辑可同样用于产品和地域市场界定。

具体而言，新市场进入者造成的影响可通过检验进入前后现存企业的价格和销售额情况来调查。对这两种因素最好都予以检验，因为当它们所在的相关市场竞争加剧后，现存企业可能会作出不同的反应，如通过降价以减少销售额的损失。[187]

对可能因机器设备损坏或劳资纠纷而引起的供应短缺进行分析是基于相似的逻辑。如果某一生产商对一组企业具有竞争性影响,因而处于同一相关市场,那么该生产商的生产设备减少供应将会减弱对那些企业的竞争性限制。同样,工厂的倒闭会对处于同一市场的其他企业产生明显的积极影响。因此,供应短缺分析可以确定彼此之间存在竞争限制的一组企业和产品。[188]

此外,可将这一逻辑用于产品和地域市场界定。如果关闭一家小部件工厂可导致小配件供应商提高价格,这表明小配件受到小部件的竞争约束,因此,小部件与小配件处于同一相关市场。相同地,如果因法国小部件的供货短缺,英国的小
135 部件生产商通过提高价格而获益,这表明法国的小部件供应商能够限制英国的供应商,它们处于同一相关地域市场。

竞争总司前首席经济学家积极评价了该项技术的运用:[189]

> 消极的供应冲击导致产出受限,由此可见处于其他区域的生产商竞争性反应的强度……这种自然实验可能是一种适当的实证方法,能够阐明可能阻碍市场力量发挥作用的竞争约束的来源……不能预见的供货短缺,尽管是短期的,也可能为处于欧洲经济区的生产商所面临的竞争约束提供说明。

供货短缺对其他企业和产品的积极影响可能会以以下方式显现:相关市场中剩余企业价格的提升或这些企业销售额的增加。实践中,很有可能这两种方式一起出现。

在进行供货短缺冲击分析的时候,应该考虑这一方法的两项潜在限制。首先,工厂倒闭并不等同于将价格提高 5% ~10% 的 SSNIP 测试。在发生供货短缺的情况下,当损失的销量在相关市场中占较大比例时,这种损失可能会导致价格

---

187 注意现存企业在市场进入前后的销售额应当以绝对数计量,而不是作为一系列候选产品的供应份额。新企业/产品进入之后,对一系列候选产品需求的任何增长,一定会稀释现存企业的供应份额,尽管它们之间不存在直接的替代关系。

188 注意有计划的关闭可能会比无计划的关闭影响更小,因为供应商和消费者更可能通过提前建仓来应对这种影响。因此,实际上可行的市场冲击分析,必须在每个案子中根据行业实际及环境仔细审查。

189 L. Roeller and O. Stehmann, 'The Year 2005 at DG Competition: The trend towards a more effects-based approach' (2006) 29 Review of Industrial Organization 281–304.

上涨5%～10%,进而可能会导致在以市场界定为目标的5%～10%的SSNIP测试中不会发生的需求和供给替代。为了避免错误地扩大市场界定,因供货短缺引起的销量变化应当与价格变化一起考虑,以确保供货短缺并不会导致SSNIP测试范围之外的替代情形出现。

供货短缺冲击分析的第二项限制是,企业对短期临时性供货短缺的回应,可能不同于它们对非临时性价格上涨(如SSNIP测试)的回应。为了应对供货短缺,竞争者可能需要扩大投资(诸如产品重新配置、产量扩张或者地域市场销售网的扩张),短期冲击的后果并不足以证明竞争者在长久的价格上涨后会采取同样的
回应,即使确实如此。因此,在解释短期冲击影响的时候,应持谨慎态度,避免因 136
未考虑中长期效果而错误地将市场界定得更为狭窄。[190]

前两种市场冲击分析考虑的是市场供应结构的变化,第三种冲击分析利用的是引起候选市场中产品相对价格变化的外在汇率变化(并不是由于候选市场参与者的决定引起的变化)。适当的汇率变动会产生一种类似于假定垄断者测试的情形。具体而言,如果某国货币对另一国货币升值,这会使前一国家进口商从后一国家生产者处进口的成本减少。从顾客的角度来看,这相当于国内生产者的价格上涨。因此,根据企业和顾客对价格上涨的回应,可以了解国内假定垄断者试图运用市场支配力量时企业会作出何种反应。如果国内生产者因汇率变动导致竞争力削弱从而进行降价,这表明它们与境外供应商相互竞争,并且与它们处于同一地域市场。此外,在进口价格降低时,如果国内生产者仍然能够将它们的价格和销量维持在原有水平,则表明国外供应商并不能施加足够大的竞争约束,不能证明国内生产者和国外供应商处于同一相关市场之中。

这一调查方法与本章第3.6节所概括的价格相关性分析有关。如果这些区域处于同一相关市场,那么汇率变动引起的其他区域产品价格的变化会被价格变化抵消,以维持两者之间的联动。下一节将在一个案例中运用该种分析方法。

在进行本项冲击分析时,需要控制的一个关键点是汇率对投入成本可能产生的影响。如果国内生产者依靠进口生产原材料生产产品,虽然货币升值导致它们
产品价格的竞争力相应减弱,但货币升值也减少了其投入的成本。这会促使国内 137
生产者降价,即使缺少相对更具竞争力的进口成品。未考虑到这一问题,可能会导致这么一种错误印象,即因存在进口产品的竞争,国内生产者才降价,并且因此

190　直观地讲,该问题在市场进入分析的情形中并未出现,这与长久而非暂时的市场结构变化相关。

将相关地域市场界定得更加宽泛。

因此,如果出现进口生产原材料,就像在价格相关性分析的情形中共同成本应当从最终价格中剥离一样,在检验汇率变动产生的影响之前,这些生产原材料的成本应该从成品中扣除。

3.8.2 举例

为了说明冲击分析技术的应用,假设两家胶合板生产商之间拟进行一起交易,它们在匈牙利都有工厂。进一步假设:(i)如果相关地域市场被认定为成员国市场,那么拟进行的交易在该国会产生垄断;(ii)相邻国家有大量的胶合板生产商,如果相关地域市场被认定为比成员国更大的范围,那么拟进行的交易不会引发实质性竞争担忧;并且(iii)未见从这些国家大量进口胶合板。

在这个案例中,我们将使用两种冲击分析方法,说明匈牙利是否构成胶合板的相关地域市场。具体而言,需要调查匈牙利进口胶合板的可能性,该项进口在拟进行的合并之后是否足以对国内生产者形成长期竞争制约。

首先,考虑一家临时性工厂倒闭产生的影响。假设合并方中的一方(Forestry International)遭受了一场大火,迫使它在 2009 年下半年关闭匈牙利的生产工厂。假设在这一事件之前,这家工厂每年生产 400 万吨胶合板,占匈牙利胶合板生产量的 40%。如果相关地域市场是成员国市场,那么该市场上供应的减少会使该市
138 场价格上涨;也就是说,在工厂关闭期间,合并方中另一方的价格应该会明显上涨。相反,如果相关地域市场比成员国更广阔,那么工厂关闭会引起进口增加,因为为应对当地供应短缺,匈牙利的胶合板消费者会转向匈牙利境外的生产者。

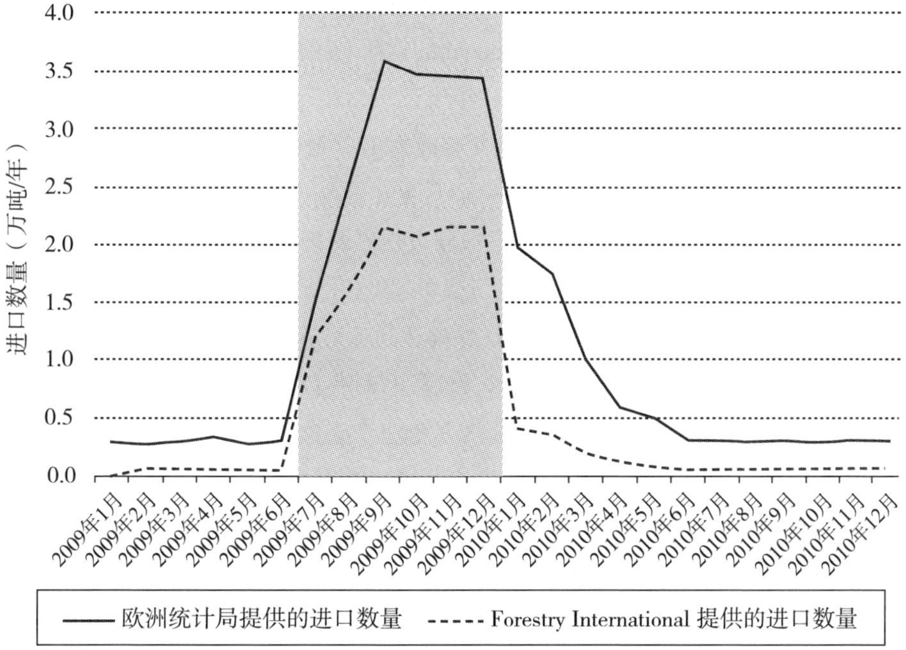

图 2.16　2009 年 1 月至 2010 年 12 月匈牙利胶合板进口

根据两个不同的数据来源，图 2.16 显示 2009 年到 2010 年匈牙利进口胶合板的变化情况。第一组数据来自欧洲统计局（Eurostat）的公开信息，第二组数据由胶合板生产商 Forestry International（合并方）提供，其匈牙利工厂在本案中因火灾倒闭了，这组数据关系到它从其他欧洲工厂进口到匈牙利的胶合板数量。

公开数据表明，在 Forestry International 的匈牙利工厂遭受火灾时，即 2009 年 9 月，匈牙利进口胶合板的数量达到每年 350 万吨的峰值，占因火灾遭受的损失量的八分之七。这表明匈牙利进口胶合板的量相当有弹性，即使在非常短的期限内。尽管无法完全抵消因工厂关闭引起的国内产量的大幅减少，进口替代了这些产量中的 139
大部分，表明进口有可能阻止匈牙利的胶合板垄断生产商实施 SSNIP 涨价。[191]

然而，重要的是，在对市场界定得出可靠的结论之前，需认识到市场对临时性工厂关闭的反应可能不同于在 SSNIP 测试中作出的反应。当匈牙利国内价格上涨 5% ~10% 之后，企业与消费者不一定会做出在国内产量突然减少 40% 的特殊情形下可能做出的同样的行为。企业以进口作为应对供货短缺的方式，可能并不

191　考察作为进口来源的这些国家，能够为相关地域市场的界定提供参考。

会在匈牙利胶合板进行 SSNIP 测试时发生同样的情形。

图 2.16 表明,因 Forestry International 的匈牙利工厂遭受火灾,2009 年匈牙利进口了很大比例的胶合板,大概比上一年增长了 200 万吨到 350 万吨。一定程度上,这些进口量证明,非匈牙利的生产商有能力出口到匈牙利,这一事实与评估匈牙利胶合板的假定垄断者在获利的情况下能够提高价格的程度有关,尽管事实上,Forestry International 本身并不会进口胶合板以妨碍合并后的价格增长。然而,Forestry International 增加对匈牙利出货量的意愿可能仅仅因为它的工厂遭受了火灾,这一特定情况下的进口并不能反映匈牙利境外独立第三方企业会采取的举措。比如,Forestry International 可能对其匈牙利消费者存在合同上的义务,即使进口并不经济,也必须这样做,而独立第三方企业不会这样做;或者,为了在匈牙利工厂开始生产之前维持顾客的好感,它也可能会选择非经济的进口。因此,应当对进口的背景进行仔细调查。

重要的是,进口的增长可能并不足以阻止匈牙利胶合板的价格因市场冲击而上涨。因此,在检验供货短缺对产品供应量的影响之外,检验其对产品价格的影响是很有必要的。表 2.17 显示了在 Forestry International 工厂停产期间,其余匈
140 牙利生产商生产的胶合板的价格。该价格反映了匈牙利胶合板的现行价格。

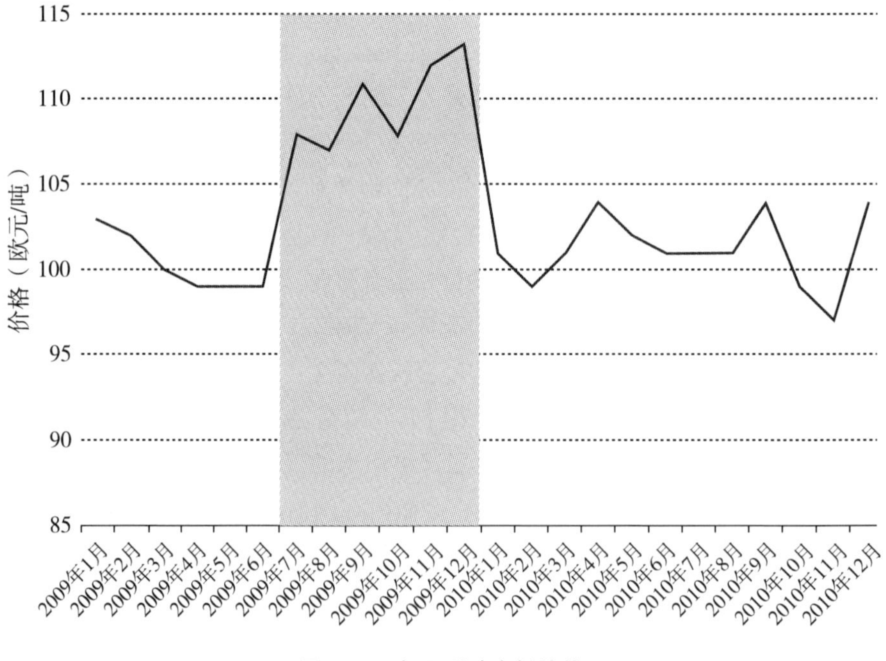

图 2.17　匈牙利胶合板价格

该数据表明，在 Forestry International 工厂关闭期间，匈牙利胶合板价格上涨了 10% 左右，在整个 2009 年下半年平均每吨 110 欧元，而在此前后每吨价格在 100 欧元左右。这表明应对市场冲击的供给反应（进口）并不足以阻止匈牙利胶合板价格进行一次 SSNIP 涨价。尽管对匈牙利胶合板的假定垄断者来说，这并不一定表示进行 SSNIP 涨价会获利。供给反应不足以阻止价格上涨 10% 这一事实表明，为应对 SSNIP 测试作出同样的供给反应，不足以使 SSNIP 测试无利可图。[192] 141

第二种市场冲击分析利用匈牙利不是欧元区成员国这一事实，通过匈牙利福林对欧元汇率的变化来检验产自欧洲经济区的进口胶合板价格变化对国内生产商行为的影响。

匈牙利福林对欧元汇率的变化会反映在匈牙利胶合板与欧元区胶合板之间相对价格的变化上。相比以上论及的较为罕见的供应短缺情形，对相对价格变化的回应更可能反映出企业和消费者对当地价格变化的回应情况。

具体而言，如果匈牙利构成胶合板供应的一个单独地域市场，我们会看到福林对欧元汇率的变化对当地价格并不会产生影响，因为匈牙利境内的竞争条件并未发生变化。此外，如果进口对匈牙利胶合板价格来说是一个重要竞争约束，那么为了相对于进口产品保持竞争力，匈牙利胶合板价格会对汇率变化作出回应。换句话说，无论何时，如果因福林对欧元贬值（升值），在匈牙利以福林标价的产品价格因而上涨（下跌），那么这就意味着所界定的相关地域市场比匈牙利广阔。

为了验证这一假设，图 2.18 显示了在福林对欧元汇率值上，以福林和欧元标价的匈牙利胶合板价格的月均销售价。

该图表明，2006 年福林对欧元汇率大幅上涨后大幅下降，这代表着一个理想的经济冲击，可用于检验匈牙利胶合板生产商与邻国生产商之间的竞争关系。该图显示了 2006 年福林对欧元汇率的变化为 10%，这与 SSNIP 测试中假定的价格上涨幅度相符。

该图清晰地表明，以福林标价的胶合板售价会紧随着福林对欧元汇率的变化

192　然而，这些数据与边际数据合起来，可能为 10% 的 SSNIP 涨价构建起一个临界损失额。这些数据可能表明，维持 10% SSNIP 价格上涨需要使匈牙利胶合板产量下降 40%。运用本章第 3.1 节设定的盈亏损失点上的边界损失公式，可以表明，15% 的边界会使 10% 的 SSNIP 价格上涨，导致临界值减少 40%。这样的话，如果胶合板边界值在 15% 以下，那么匈牙利的假定垄断者会减小 40% 的产量，以便实现 10% 的价格上涨。

而变化,而以欧元标价的当地价格却一直保持不变。

该图的意义也可由 2006 年中出现的福林对欧元汇率暂时性峰值得到证明。
142 在 3 月到 8 月,福林兑换欧元所需的数量上涨了 10%,从 251 上升到 277,对匈牙利消费者来说,从欧元区进口的胶合板价格因此也上升了同样的比例,其他条件保持不变。进口价格的上升,导致以匈牙利当地货币标价的胶合板价格水平总体上涨,面对这一因进口产品竞争约束减小而产生的盈利机会,当地生产商抬高了价格。

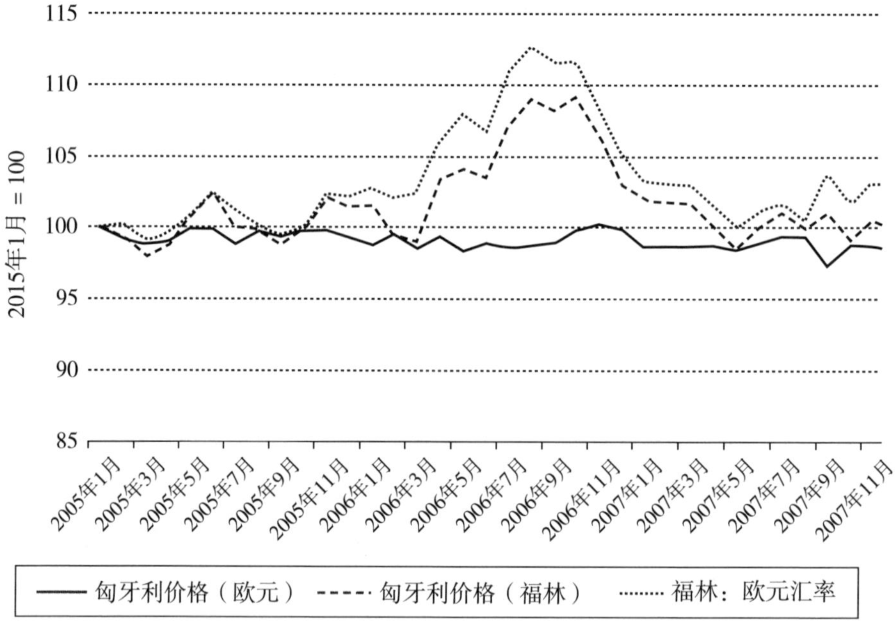

图 2.18　匈牙利胶合板价格和福林对欧元汇率

2006 年 8 月的峰值之后,福林兑换欧元所需的数量再次下滑,2007 年第一季度福林兑换欧元所需的数量几乎回到了 2006 年年初的水平。当地胶合板的价格再次紧随着汇率的变动而下跌。因为进口产品变得更加便宜,相对于进口产品的价格,匈牙利生产的当地标价胶合板的价格显得提高了。认识到国内消费者转向国外产品的可能性增加之后,匈牙利供应商没有维持高价,而是选择了降价。如果进口胶合板并不能代替当地生产的胶合板,那么这一降价措施是没有必要的;福林标价的产品价格将保持不变。

因此,第二种市场冲击分析给出了强有力的证据,证明匈牙利处于更广阔的
143 地域市场之中,在该市场中,消费者能够通过将需求转向位于欧元区的其他生产

商而有力地威胁当地生产商。在调查所涵盖的期间内，销售数据显示了相似的结论，福林对欧元汇率变动引起匈牙利当地标价的胶合板价格发生相应变化，而不是使以欧元标价的产品价格偏离国外竞争者的价格。

3.8.3　在欧盟合并控制中的运用

尽管市场冲击分析关注的是特定事件，混合了定性和定量评估，只具有传闻证据价值，它们仍然是市场界定丰富的证据来源。2004 年之后，在几个进入第二阶段调查的案件中，欧委会在界定相关市场时进行了市场冲击分析。下面以市场冲击种类为依据进行分类叙述。

3.8.3.1　*Lufthansa/SN Airholding* 案[193]中的市场进入

欧委会分析了 2006 年 VLM（比利时维尔姆航空公司）进入安特卫普—曼彻斯特航线的影响，以验证合并方提出的布鲁塞尔机场与安特卫普机场处于同一相关地域市场的主张。欧委会评估了 VLM 的进入对 SN（布鲁塞尔航空公司）在布鲁塞尔—曼彻斯特航线上的定价策略和机票销售的影响。欧委会最终得出结论认为，VLM 的进入对 SN 在布鲁塞尔—曼彻斯特航线上的定价策略和机票销售无明显影响：[194]

> VLM 的进入对 SN 的可退改签经济舱价格以及限制退改签经济舱价格无影响……在乘客数量方面，2006 年和 2007 年 SN 的限制退改签经济舱乘客数量很接近……尽管 2007 年 VLM 运送的乘客更多……如此看来，VLM 进入安特卫普—曼彻斯特航线对 SN 的布鲁塞尔—曼彻斯特航线服务并未产生明显的竞争约束。

同样，欧委会认为，铁路服务（欧洲之星，Eurostar）的进入或扩张，对以布鲁塞尔为起点的航线有竞争影响，但对以安特卫普为起点的航线无影响，这再一次表明，布鲁塞尔机场和安特卫普机场并不属于同一个相关市场。欧委会在其决定中写道：[195] 144

> 确实，欧洲之星对布鲁塞尔—伦敦航线的机票价格有更大影响这一结论并不能排除安特卫普机场与布鲁塞尔机场之间的替代性，但这种更

---

193 Case COMP/M. 5335- *Lufthansa/SN Airholding*, Commission decision of 22 June 2009.

194 Case COMP/M. 5335-*Lufthansa/SN Airholding*, Commission decision of 22 June 2009, para. 100.

195 Case COMP/M. 5335-*Lufthansa/SN Airholding*, Commission decision of 22 June 2009, para. 102.

大的影响确实表明,安特卫普机场与布鲁塞尔机场是受不同竞争条件影响的,当与其他证据结合在一起时,就能证明布鲁塞尔机场和安特卫普机场并未处于同一相关市场。

3.8.3.2　工厂停产或罢工

在 *Inco/Falconbridge* 案[196]中,欧委会注意到,工厂罢工导致高纯度钴供应量减少,对高纯度钴价格产生了影响,但低纯度钴的价格并未受影响:[197]

> 纯度为 99.3%的钴和 99.8%的钴在伦敦金属交易所的报价不同。2003 年,在宣布 Inco 下属的 Sudbury 公司发生罢工以及其他两个生产商产出困难后,可以明显地观察到高纯度和低纯度钴之间价差扩大。2006 年 6 月,Sudbury 公司再次发生罢工的风险,进一步推高了高纯度钴的价格……这证明市场对高纯度钴存在特定需求,影响高纯度钴供应商(如 Inco)产量的事件会强烈影响这种需求。

欧委会得出结论指出,已有证据表明这些产品之间缺乏替代性,因此,高纯度钴的供应构成一个单独的相关产品市场。

正如 *Ineos/Kerling* 案[198]所显示的那样,工厂停产的影响也为深入了解相关地域市场界定提供了证据,欧委会描述了此类分析的用途:[199]

> 供货短缺会给竞争者提供扩大销售以及获得额外利润的机会,假设竞争者们有能力扩大产出,或者能够将销售重新分配给受影响的顾客。分析销售量、价格和利润在这期间的变化可以为相关地域市场界定提供额外的证据,具体而言,这些分析可以为确认相关地域市场是否为英国国内或比英国更大的区域提供证据。

在该案中, Ineos 在南威尔士巴里的工厂于 2004 年 6 月出现意外部分停产,导致随后 5 个月的产量大幅减少。这为判断 Ineos 和 Kerling 在英国是否共同享
145 有垄断地位提供了天然验证。欧委会的分析发现,Ineos 失去的销售量并未完全

[196] Case COMP/M. 4000- *Inco/Falconbridge*, Commission decision of 4 July 2006.

[197] Case COMP/M. 4000- *Inco/Falconbridge*, Commission decision of 4 July 2006, para. 193.

[198] Case COMP/M. 4734- *Ineos/Kerling*, Commission decision of 30 January 2008.

[199] Case COMP/M. 4734- *Ineos/Kerling*, Commission decision of 30 January 2008, para. 142.

被 Kerling 取得,因为顾客在寻找替代渠道时转向了进口产品。[200]

与此相似,尽管 Kerling 获得了一些 Ineos 失去的销售量,但它并不能趁英国产量下降之机增加利润。这为证明英国之外存在重要的竞争约束提供了很好的证据,因此,S-PVC 的相关地域市场比英国国内市场更大。

Blackstone/Acetex 案[201]涉及乙酰基和塑料生产,在该案中讨论了地域市场界定这一问题,合并方称相关地域市场是全球。合并方对 VAM(一种由乙酸生成的化学品)进行了一次市场冲击分析,由于缺乏适当的冲击事件而没有对交易涉及的其他产品进行类似的冲击分析。合并方提出,亚洲出现的意外供应短缺对西欧产品价格有影响,试图证明相关地域市场是全球。然而,欧委会主张,为判断西欧的供应商是否受亚洲生产商的竞争约束,这一证据并不是决定性的。它指出并未发现欧洲的供应短缺对亚洲价格有影响。[202]

欧委会针对西欧的供应短缺对北美和亚洲价格的影响进行了市场冲击分析,但未发现任何有意义的影响。[203] 欧委会进一步考察了供应短缺对 VAM 交易量的影响。其分析发现西欧的供应短缺对从北美进口产生了显著影响,尽管已有的数据并不足以得出认为西欧的供应短缺对从亚洲进口也产生了显著影响的结论。[204] 这使欧委会得出结论,认为西欧的相关地域市场至少包括北美。[205]

在 *Votorantim/Fischer/JV* 案[206]中,欧委会调查了 2004 年和 2005 年佛罗里达州飓风导致橙汁价格大幅上涨时消费者做出了何种反应,结果发现绝大多数消费者并未转向其他果汁。[207] 尽管并未详细考察转向其他果汁的消费者数量,但这一证据可以用于支持欧委会的结论,即存在独立的橙汁相关产品市场。 146

3.8.3.3　汇率冲击或者波动

正如以上所阐述的,汇率变化能导致进口产品成本变化。汇率变动提供了天然的实验,借此可以考察产自不同国家和地区产品的相对价格变化,为相关地域

---

200 Case COMP/M. 4734- *Ineos/Kerling*, Commission decision of 30 January 2008, para. 145.

201 Case COMP/M. 3625-*Blackstone/Acetex*, Commission decision of 13 July 2005.

202 Case COMP/M. 3625-*Blackstone/Acetex*, Commission decision of 13 July 2005, para. 36.

203 Case COMP/M. 3625-*Blackstone/Acetex*, Commission decision of 13 July 2005, para. 37.

204 Case COMP/M. 3625-*Blackstone/Acetex*, Commission decision of 13 July 2005, para. 40.

205 Case COMP/M. 3625-*Blackstone/Acetex*, Commission decision of 13 July 2005, para. 41.

206 Case COMP/M. 5907-*Votorantim/Fischer/JV*, Commission decision of 4 May 2011.

207 Case COMP/M. 5907-*Votorantim/Fischer/JV*, Commission decision of 4 May 2011, para. 79.

市场界定提供了参考证据。

欧委会在 *Arsenal/DSP* 案[208]中进行了汇率冲击分析,在该案中欧委会指出:[209]

> 假设美国和欧洲经济区是一个整合的市场,由于美元对欧元汇率从2001 年到 2007 年下降了 30% 多,可以预见到美国生产商会增加向欧洲经济区的出口。然而,美国对欧洲经济区的出口在这一期间减少超过[30% ~40%],并且在过去的 9 年中下降超过[50% ~60%]。因此,即使市场条件非常有利于出口,美国生产商似乎并未构成对欧洲经济区苯甲酸生产商的竞争限制。

Ineos/Kerling 案[210]中进行了一个相似的分析,合并方在该案中证明,英镑急剧贬值并未对欧洲大陆 PVC 价格产生任何长久的影响。欧委会并未认可这一证据,甚至没有与价格相关性和平稳性测试得出的支持性结论相结合,在考虑汇率
147 冲击对英国进口产生的影响之后,欧委会最终确认相关地域市场至少是西北欧。[211]

---

[208] Case COMP/M. 5153-*Arsenal/DSP*, Commission decision of 9 January 2009.

[209] Case COMP/M. 5153-*Arsenal/DSP*, Commission decision of 9 January 2009, para. 45.

[210] Case COMP/M. 4734-*Ineos/Kerling*, Commission decision of 30 January 2008.

[211] Case COMP/M. 4734-*Ineos/Kerling*, Commission decision of 30 January 2008, para. 152.

第三章　横向合并Ⅰ:单边效应

1. 引　　言

本章讨论了横向合并中单边效应关注的经济学理论。当合并双方间的竞争限制使合并后实体有能力将价格提高到合并前水平以上时,合并会产生单边效应。合并各方均有可能提高价格的原因在于,合并前提高价格,则一部分销售额将为竞争对手夺取,而合并后,该部分销售额可通过另一合并企业的增加销售额部分挽回。客户在当事双方产品间转换的倾向性越大,则合并前存在的竞争限制的程度也就越高,这些单边效应的程度也就更强。即使剩余竞争对手不提高价格,合并后实体也会因竞争限制的消除而有涨价动机,因此这类竞争关注也被称为单边效应(或非协调效应)。

从很多方面来看,单边效应的经济学概念与单一企业控制(single firm dominance)的法律概念十分相似,因为这两个概念都关注合并后实体在竞争限制减少后的价格增长。对单一企业控制的传统分析涉及对相关市场的界定以及对合并后市场份额的计算。此传统方法假定了每家企业提供的竞争约束强度与其市场份额是成比例的:一方市场份额越大,则它被期望俘获另一方因提高价格而流失的销售份额也就越大。因此,合并后实体能够进行单边涨价的可能性也就越高。

重要的是,当企业产品同质化时,这种假设或许是合理的,但差异化产品或者服务市场内毕竟也发生了许多合并。在企业销售的产品存在差异化时,各产品之
间并非完美的替代品。重要的是,在产品存在差异化的行业中,不同企业产生的 148
竞争限制有所不同,且某些企业与其他企业的竞争“更加激烈”。这些竞争“密切程度”的差异使得对相关市场的界定产生了一些复杂问题,并且使市场份额的重要性随之降低。为此,一些观察者认为,在差异化产品市场内评估单边效应时,相

关市场的界定不再是必要的,或者不再适用。

本章结构如下。

第 2 节阐述了与单边效应分析相关的一些重要的经济学概念,并概述了产业经济学文献中的单边效应主要理论模型。欧盟《横向合并指南》[1] 中反映的经济学原理表明,如果合并将会消除当事各方之前施加给对方的竞争约束,那么就可能产生单边效应。这是查明单边效应的一个必要条件。一般认为,在以下情况中更有可能出现重要的竞争限制:合并企业拥有较大的市场份额,合并双方的产品之间存在较高的可替代性,或者其中一方扮演了一股"重要的竞争力量"。

第 3 节描述了一些实证经验技术,这些经验技术用来测试合并双方之间是否存在重要竞争约束,并根据合并条例已经应用于具体的案例中。对于每种技术,首先描述它所需要的典型数据,其次用一个例证来说明如何在实际中应用该技术,另外还总结了委员会采用该技术处理的众多重要的欧盟合并案例。本节还提供了一系列案例研究,其中详细讨论了某种特定技术在竞争评估中发挥关键作用的合并案例。

149 第 4 节阐述了可能与评估单边效应关注有关的一些其他问题。首先,尽管单边效应关注通常在合并双方属于实际竞争者时出现,但这种关注也可能由于潜在竞争的消除而产生,也就是说,当一方进入另一方服务的市场从而对市场竞争产生重大影响时,单边效应关注会出现。其次,描述了进一步的关注,特别是存在相对同质化产品时可能出现的关注。当市场条件使竞争对手在价格上涨时不可能大幅增加供给时,合并企业所面临的竞争约束可能会得到限制,并增加了降低产出的动机,从而提高价格。在本节中,还分析了转换成本在合并竞争评估中可能发挥的作用。最后,描述了这样一种情况,竞争企业之间的互持部分股权能够降低企业相互竞争的动机,即使这些股权并未给予任何形式的控制。

第 5 节阐述了一些抵消因素,可显著降低合并后价格大幅提升的风险,即使合并各方被认定在合并前相互间施加了重要的约束。这种因素包括大型买家采

1 Commission Guidelines on the assessment of horizontal mergers under the Council Regulation on the control of concentrations between undertakings (the 'EC Horizontal Merger Guidelines'), OJ C031/5, 5 February 2004.

取行动抵消合并后实体市场力量的能力,市场进入的范围,竞争对手重新定位其产品的能力,以及效率增进幅度。尽管在标准(静态)的竞争经济模型中通常未考虑更为动态和战略性的竞争特征,然而正如欧盟《横向合并指南》所承认的,它们对市场结果有潜在重大影响。最后,该节简要阐述了一些条件,即在这些条件下,当合并一方为破产企业时,某些遇到问题的合并最终可能不被视为会产生反竞争效果。

2. 重要竞争约束:经济学理论和欧盟《横向合并指南》

2.1　经济学理论和关键概念

2.1.1　经济模型和市场集中度

两种基本理论模型为现代寡占经济学理论提供了基石。[2] 它们分别是古诺模
型(1838)和伯特兰德模型(1883)。前一种模型的假设条件是:企业自己选择产出 150
数量,在市场供给(企业选择的总产出水平)与市场需求相同的水平下出现单一市场价格。伯特兰德模型假设企业自己选择价格。鉴于企业自身的价格以及竞争对手选择的价格,每家企业的产出由其产品需求决定。这些模型均假定,每家企业根据其他企业选择的数量/价格水平选择使其利润最大化的数量/价格水平。[3]

尽管古诺模型和伯特兰德模型都过于简单,且不可能表现大多数行业的真实情况,但它们可以用来说明产业集中和竞争条件之间的联系,以及横向合并的潜在影响。

2.1.1.1　古诺模型

古诺竞争的一个关键特征是随着竞争企业的数量增加,由市场总产出决定的市场价格将稳步下降并趋向边际成本。图 3.1 展示了此关系,其假定所有企业以

2　寡占市场的定义性特征是,少量企业占有大部分销售额,并且供应商认可其影响市场条件的能力,并承认与之有战略性的相互依赖。

3　考虑到其他企业的决策,每个企业都保持最佳状态,这种情况称为纳什均衡。

2 欧元的固定边际成本进行生产,进而产生了相同的单独市场份额。[4]

此图表描述了市场集中度增加(企业数量的减少)对竞争能力的影响。有趣的是,当市场没有相对集中时,企业数量变化引起的价格效应极为有限,但当市场份额集中在少数企业时,企业数量变化引起的价格效应会十分显著。特别是,如图 3.1 所示,企业数量从 10 家减少至 9 家,价格由此增加 0.07 欧元或 2.6%(从 2.73 欧元增加至 2.80 欧元),而一次合并使企业从 3 家减少至 2 家,会使价格显著增加 0.67 欧元或 16.8%(从 4.00 欧元增加至 4.67 欧元)。

古诺模型的这种特征从理论上支持了这样一种原理,即高市场份额的企业间
151 合并所产生的单边效应明显高于低市场份额的企业间合并。

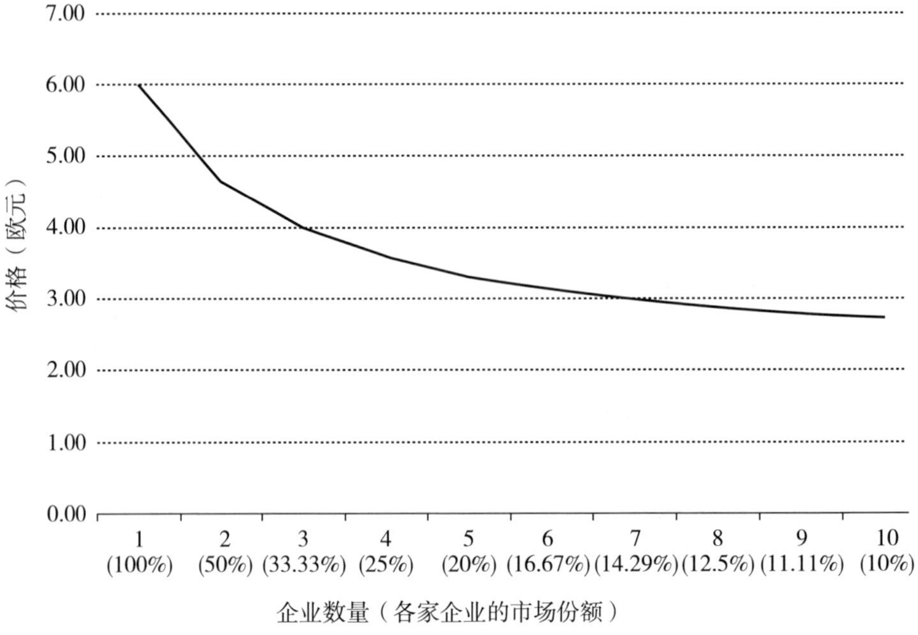

图 3.1　价格和企业数量之间的古诺关系

古诺模型的另一个有趣特征是其预测价格显示了与**赫芬达尔—赫希曼指数**(HHI)之间的直接关系。HHI 是市场集中程度的一个衡量指标,定义为行业中所

4　在实例中,我们进一步假定企业生产一种同质化产品,并面对一个由 $p = a - Q$ 表示的线性需求函数,其中 p 为价格,Q 为市场中所有企业的总产出。在此情况下,均衡点的古诺价格由 $(a + nc)/(n + 1)$ 表示,其中 n 为企业数量,c 为边际成本。在此实例中,市场需求曲线假定为 $p = 10 - Q$。

有企业市场份额的平方值之和。HHI 以单个测量方式总结了市场份额的分布，从而描绘了市场集中的程度。随着企业数量降低/企业间市场份额非对称的程度上升，HHI 将会增加。HHI 的最低值为零，在一家企业占有整个市场的极端情况下其最高值为 10,000，如表 3.1 所示。[5]

古诺市场价格和 HHI 之间的关系可表示如下：[6] 152

表 3.1　企业数量和 HHI 之间的关系

企业数量	每个企业的市场份额	HHI
5	20%	$20^2+20^2+20^2+20^2+20^2=2,000$
4	25%	$25^2+25^2+25^2+25^2=2,500$
2	50%	$50^2+50^2=5,000$
1	100%	$100^2=10,000$

$$\frac{p-c}{p}=\frac{HHI}{\varepsilon}$$

其中，p 为古诺价格，c 表示企业的边际成本，ε 是市场的需求弹性。

上述关系表明，更高的 HHI 值与更高的价格和边际成本相关，反之亦然。如 HHI 所反映的，集中度增加将导致更高的价格。然而，鉴于古诺模型的假设是高度程式化的，因此不可能反映真实行业中的企业战略行为，实际上，HHI 指数和市场结果之间的实际关系在现实中可能较弱。

2.1.1.2　伯特兰德模型

与古诺竞争相比，伯特兰德竞争的价格更低，而产量更高。[7] 的确，如果我们假定企业都以固定边际成本生产同质性产品，只要竞争者的数量大于 1，伯特兰德

5　此外，当企业市场份额呈非对称分布时，HHI 会更高。例如，如果市场存在两家企业，其中一家企业有 90% 的市场份额，而另一家企业的市场份额为 10%，则 HHI 为 8200，这明显高于两家市场份额均为 50% 的企业所产生的 HHI 值，在后一情况下 HHI 为 5000。

6　See K. Cowling and M. Waterson, 'Price-cost Margins and Market Structure' (1976) 43 *Economica* 267–274.

7　See for example X. Vives, 'On the Efficiency of Bertrand and Cournot Equilibria with Product Differentation' (1985) 36 *Journal of Economic Theory*, 166–175; and N. Singh and X. Vives, 'Price and Quantity Competition in a Differentiated Duopoly' (1984) 15 *Rand Journal of Economics* 546–554.

竞争将产生与边际成本相等的价格。在此基础上,只要市场不存在纯粹垄断,所有水平的市场集中度都将产生相同的竞争结果。

然而,如果我们采用更加逼真的假设,即企业生产差异化产品,则与古诺价格一样,伯特兰德价格将随着企业数量的增加而逐步降低。

图 3.2 对这种情况进行了说明,展示了在企业产品间存在不同程度的可替代性时,伯特兰德均衡与企业数量之间的关系。可替代性程度以参数 d 表示,其值
153 的范围为 0(表示每家企业是其产品的垄断供应商)至无限大(表示各企业的产品可以完全相互替代)。[8] 实例中的生产边际成本设为 2 欧元。

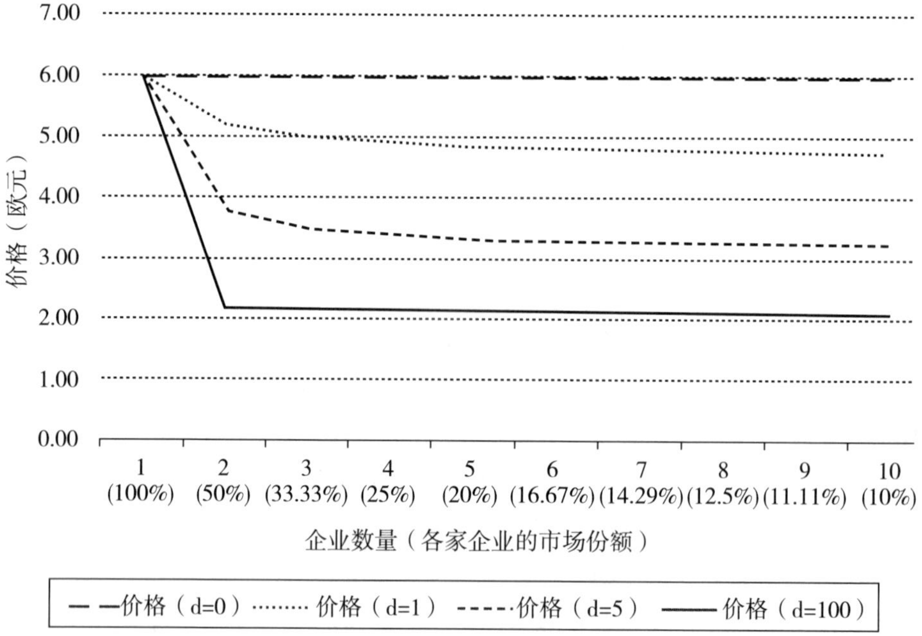

图 3.2 在企业产品间具有不同程度的可替代性情况下价格和对称企业数量之间的伯特兰德关系

图 3.2 显示,产业集中程度越低,企业产品间的可替代性程度越高,均衡价格

---

8 在此实例中,我们进一步假设企业面对一个线性需求函数,如以下文章所述:E. Levitan and M. Shubik, *Market Structure and Behaviour* (Cambridge, Mass.:Harvard University Press, 1980)。关于对该情景下产生的均衡属性作进一步详细讨论,请参见 M. Motta, *Competition Policy: Theory and Practice* (Cambridge University Press, 2004)。

趋至边际成本水平的速度也就越快。特别是，如果参数 d 足够高，随着企业数量从一家增加至两家，伯特兰德价格将从垄断水平 6 欧元跌至接近边际成本 2 欧元，而企业数量的进一步增加对价格的影响可忽略不计。

重要的是，上述分析假设企业的产品完全可以同等替代（参数 d 所表示的可替代性程度对于所有产品都完全相同）。如果每家企业产品之间的可替代程度不
对称，那么合并带来企业数量的减少会对价格产生相当不同的影响，这具体取决 154
于合并企业的地位。特别是，产品非常相似的两家企业间合并所引起的价格上涨会明显高于产品高度差异化的两家企业间的合并。

伯特兰德模型的这一特征为该原则提供了理论，*即提供紧密替代品的企业间合并其产生单边效应的可能性远远高于竞争程度较低的企业间的合并*。下文将更为详细地讨论这一重要问题。

2.1.2 竞争密切程度和转移率

所有横向合并分析的目标均在于，评估合并带来的结构变化影响企业涨价动机的程度。在企业 A 和企业 B 之间的合并中，价格动机的潜在影响可通过一个简化模型进行说明，假定企业 A 提高价格，合并前和合并后结果为：

- 合并前，企业 A 因各种因素被限制提高价格，最明显的是，如果它提高价格，客户将会把自己的需求转向 B、C、D 等企业提供的替代产品。
- 然而在合并之后，就消费者从企业 A 转向企业 B 的范围而言，企业 A 不再关注提高其价格的后果。在合并后，“转向”产品 B 的任何客户需求继续回到合并后的企业，因而不再对该企业形成竞争限制。[9]

这一简单实例证明，合并双方产品的需求转移程度对评估横向合并的竞争影响是至关重要的。

在许多情况下，评估横向合并首先要审查合并企业的市场份额。在上述描述
合并如何通过需求转移改变企业定价动机的情境下，该方法很容易理解。如果企 155
业 B 占据全部市场的较高份额，则可以合理地假设，合并前客户转向企业 B 的威胁为企业 A 的定价提供了大部分的约束（反之亦然）。基于此，人们可能关注具有较高市场份额的企业间合并所带来的影响。

上述推理基于这样的假设：如果较高比例的客户选择从企业 B 购买产品，则可以预测，企业 A 损失的客户中会有类似高比例人群转而选择企业 B。在产品同

9 然而，合并后企业的涨价仍然会受限于顾客购买 C、D 等企业提供的竞争性产品的能力和倾向。

质化的情况下,这种假设可能有效。然而,现实中大多数企业的产品或多或少会有差异。在产品存在差异的情况下,我们不能假设客户会按照企业的市场份额成比例地在企业和产品间转换。因此,在差异化产品市场中,横向合并引起竞争减少的范围不能通过合并企业的规模来推断,而必须通过对需求转移模式的直接观察来评估。

经济学家一般通过计算合并双方的“转移率”来研究差异化产品的合并。[10] 转移率可衡量一家企业在单边涨价后损失客户转向另一企业的比例。因此,企业 A 和企业 B 之间的转移率可界定为从产品 A 转向产品 B(而非转向 C、D 等)的客户占所有损失客户的比例。合并双方之间的转移率反映了每家企业合并前面临的竞争约束的比例,这种约束源于其他企业的存在、但最终被合并所消除。合并双方之间的转移率越高,双方之间的竞争密切程度越大,合并因此产生减少竞争的风险也就越大。与大部分客户从产品 A 转向 C、D 等产品相比,如果三分之二的客户从产品 A 转向购买产品 B,则 A 和 B 合并导致竞争削弱的可能性就会明
156 显增加。

2.1.3 转移率实例

我们用一个实例来说明转移率在合并分析中发挥的作用。假设一条高速公路上有 A、B、C、D 四家私人独立拥有的加油站,每家加油站之间的距离相同,如图 3.3 所示,且 A、B、C 每一家都拥有 20% 的市场份额,而 D 的份额明显更高,为 40%。

图 3.3 地理差异化的图示:高速公路上的加油站

假如 A 打算收购其中一家竞争对手,具体为加油站 B 或 D。如果评估仅限于检查合并前和合并后的市场份额,第一种收购看起来是最没有问题的,因为它会导致合并市场份额为 40%,相较而言,A 和 D 合并后的新实体其市场份额

---

10 有关转移率的描述,以及其对合并单边效应分析的应用,请参见 C. Shapiro, former Deputy Assistant Attorney General at the US Department of Justice, ‘Mergers with Differentiated Products’, *Antitrust*, Spring 1996。另请参见 RBB Brief 19, ‘Lost in Translation:The use and abuse of diversion ratios in unilateral effects analysis’, June 2006 and C. Walters, ‘*Diversion Ahead! Approximating diversion ratios for retail chain mergers*’ (Competition Commission, Occasional Papers, November 2007)。

为 60%。

然而,本来打算在加油站 A 加油的司机不可能将加油站 B 和 D 视为平等的替代者。例如,原打算在加油站 A 加油的司机不可能愿意在 A 涨价情况下冒着汽油被耗完的风险一路驾驶到加油站 D。

为了验证这种假设,企业 A 进行了一项调查,询问其客户在 A 永久提价 5% 而其他加油站价格保持不变的情况下会如何反应。假设调查结果表明,10% 的客户将放弃加油站 A,并且他们转向其他加油站的比例如下:60% 转向加油站 B,30% 转向加油站 C,而 10% 转向加油站 D。表 3.2 列举了该调查结果所示涨价前后四家加油站之间的销量分布。

表 3.2 显示,在涨价后,加油站 A 售出的汽油量会降低 10%(从 1000 升降低至 900 升)。加油站 B 的销售量将提高 60 升,因此它是加油站 A 转移量的主要受益者。加油站 C 将增加 30 升,而加油站 D 最少,将增加 10 升。 157

表 3.2 企业 A 假定涨价后的销售量转移

加油站	价格提高之前的销量(升/天)	价格提高之后的销量(升/天)	实际增加的销量
A	1000	900	-100
B	1000	1060	+60
C	1000	1030	+30
D	2000	2010	+10

从表中可以看出,仅通过简单审视市场份额得出结论—— A 与 D 间 的合并比 A 与 B 间 的合并问题更多——是不正确的。特别是,尽管合并市场份额更低,但鉴于合并后实体能够保留的转移销量较高,收购加油站 B 明显更可能允许企业 A 在合并后提高价格。相反,收购 D 不可能产生单边效应,这是因为收购不会消除特别重要的竞争限制。

该实例说明这样一个原则,即市场份额对横向合并的潜在竞争影响会产生误导。在产品存在差异性情况下,我们应当寻找产品间需求转移的证据,以便恰当地评估双方在合并前的竞争程度,以及合并因此产生的可能影响。

2.2 欧盟《横向合并指南》中的重要竞争约束

欧盟《横向合并指南》阐述了委员会在评估横向合并时应用的分析框架，并解释如果合并消除了合并双方之前施加给对方的重要竞争约束，则会产生单边效应。[11] 与上述阐明的经济学原理相一致，如果出现以下情况则更有可能存在重要
158 的竞争限制：

- 合并企业拥有较大的市场份额；或
- 双方的产品是特别紧密的替代品。

此外，《横向合并指南》声明如果其中一方代表了一股“重要的竞争力量”，则可能产生单边效应。在下文中，我们将依次讨论每一种情况。

2.2.1 合并企业拥有较大的市场份额

《横向合并指南》阐述了市场份额和单边涨价范围间的联系，指出“销量基数增加越大，涨价后获得的利润就越高，尽管随之而来造成的产出会减少，然而合并企业将越有可能认定涨价有利可图”。[12] 这种推理源于在支撑企业定价决策中起核心作用的利润与销量间平衡（参见第一章）。任何既定的涨价都将与特定的销售损失相关联。涨价的好处将由企业销量余额所获得。

因此，在其他条件保持恒定情况下，企业提高特定价格的成本（就放弃产出所赚取的利润而言）不会随着企业的规模而变化，但拥有更大销量基数的企业会获得涨价带来的更多好处（剩余产出拥有更高利润）。在其他条件相同的情况下，当收购竞争对手可显著提高特定企业的销量基数时，涨价的动机就越发强烈。

相应地，《横向合并指南》阐述了若干市场份额门槛，为单边效应的评估提供一般性指导。首先《横向合并指南》为小企业设立了“安全港”，确认合并后的市场份额低于 25% 时不太可能产生单边效应。[13]

---

11 EC Horizontal Merger Guidelines, paras. 24–25.

12 EC Horizontal Merger Guidelines, para. 27.

13 值得注意的是，Form CO 要求双方在合并市场份额超过 15% 时提供受影响市场的市场数据。然而，在实际操作中，对于市场份额超过 25%（通常超过 35% 或 40%）的企业，委员会通常要求其提供有关该市场的更详细信息。

另外,《横向合并指南》同样还声明,合并后市场份额超过 50% 时,合并极有可能产生单边效应关注。实际上,欧盟《横向合并指南》还规定"根据已确立的判例法,极大市场份额——50% 或以上——本身就是存在市场支配地位的证 159
明"。[14]

但是,这些门槛并不能构成严格的或具有约束力的合并评估规则。特别是,《横向合并指南》明确指出,若合并后企业的市场份额处于 40% ~50%(有时甚至低于 40%),则合并可能产生单边效应。[15]

《横向合并指南》还界定了各种基于 HHI 的非约束性假设。特别是:

> 在合并后 HHI 低于 1000 的市场内,委员会不可能确认合并存在横向竞争关注。这些市场一般不需要扩展分析;[16]
>
> 在合并后 HHI 处于 1000 ~2000 且增量低于 250,或者合并后 HHI 高于2000 且增量低于150 的情况下,委员会也不可能确认合并存在横向竞争关注。[17]

值得注意的是,这些门槛是相当低的,因此,它们可能与实际情况不一致。HHI 为 1000 表示集中程度相当于市场中存在 10 个规模相当的合并后企业。鉴于一般市场的集中程度都高于这一数据,因此,鲜少有合并能够豁免于《横向合并指南》中规定的扩展分析。

例如,在仅有对称的 8 家企业的市场中发生任何拟议合并都将使合并后的 HHI 超过 1500,并且其 HHI 增量将超过 300,使得该交易处于指南的 HHI 安全港范围之外。

鉴于设置的门槛非常保守,因此采用《横向合并指南》之后,HHI 的计算值从未在委员会的合并执法中发挥任何实质性作用也就不足为奇了。

2.2.2　合并企业之间的竞争非常激烈

如上所释,合并双方之间的重要竞争约束决定了合并双方合并前的行为,在通过合并消除后将会产生单边效应。这种竞争限制源于一方将对方视为替代自身取得现有客户的程度。 160

14　EC Horizontal Merger Guidelines, para. 17.

15　EC Horizontal Merger Guidelines, para. 17.

16　EC Horizontal Merger Guidelines, para. 19.

17　EC Horizontal Merger Guidelines, para. 20.

如上所述,产生单边效应的可能性在某些情况下可根据市场份额进行推断。如果企业 A 和 B 在全部市场中都占有较高份额,则可以合理地假设,企业 A 的现有客户可能转向 B 的威胁对企业 A 在合并前的定价施加了重要的约束,因此人们可能关注企业 A 和 B 间的合并对竞争产生的影响。

然而,当产品存在差异化时,市场份额可能高估或低估两家企业间的竞争约束。于是,合并对竞争的影响将取决于合并双方所供应产品间的竞争密切程度。如果两家企业在相关市场中的各种产品或地理属性比其他产品更为类似,则它们就更可能属于相互间激烈竞争的对手。

因此,两家豪华汽车制造商间合并(如奔驰和宝马),其产生单边效应的可能性会高于一家豪华汽车制造商和一家小型家用汽车制造商间的合并。同样,正如上述假设实例所展示的,与覆盖不同区域的加油站相比,业务网络在地理上接近的两家加油站间的合并其产生单边效应的可能性会更高。

《横向合并指南》明确承认了评估合并双方产品间可替代程度的重要性,并指出:[18]

> 合并企业产品间可替代程度越高,则合并企业大幅涨价的可能性就越高。例如,如果大多数客户将某两个生产者供应的产品视为其第一和第二选择,则该两个生产者间的合并可能会产生明显的价格上涨。因此,双方之间的竞争已成为市场竞争的重要来源有可能成为合并分析的一个核心因素。

至关重要的是,展示竞争的密切程度仅是得出合并将显著削弱竞争的单边效应的众多必要条件之一。同样重要的是,剩余竞争对手不会提供有效的竞争
161 约束(它们不是合并双方的相近替代者[19]),并且这些竞争对手在假定涨价后无法重新定位其产品,从而在将来成为相近替代者。[20] 此外,如果只有少部分客户将两家合并企业的产品视为最相近的替代者,那么合并基本不可能显著阻碍竞争。

---

18 At para. 28.

19 值得注意的是,原则上,即使合并未消除最相近的竞争约束,它也可能对竞争产生负面影响。尽管委员会已经在其指南及判例法中明确指出,消除某特定相近约束可能是足够的,但实际上,如果至少一个竞争供应商对每个合并方施加的约束比合并双方相互施加的约束更大,则它通常不会进行干涉。

20 本章第 5 节将进一步详细讨论此问题。

2.2.3 合并消除了"重要的竞争力量"

《横向合并指南》还指出,合并可能通过消除"重要的竞争力量"而产生单边效应,使合并"以显著的、反竞争的方式改变竞争动态"。[21] 与前文讨论的《横向合并指南》中的要素不同,该要素试图探讨其中一家合并企业对竞争过程的影响大于其市场份额,或与另一方存在激烈竞争所暗示的可能出现的竞争关注。作为此情况的实例,《横向合并指南》提出了预计在未来会施加显著更高竞争约束的新近进入者,或者在创新成为重要竞争因素的市场内提供具有发展前途的未来产品的企业。[22]

有时候,《横向合并指南》对重要竞争力量的引用被用于支持干预所谓"特立独行"企业(追求一种特别激进的定价策略)参与的合并。[23] 然而,就企业"特立独行"的程度而言,这可以反映在对它与另一合并后实体之间竞争程度的评估中。因此,如果主张某家企业的竞争力量超过了根据其市场份额和/或转移率进行分析所得出的结果,则必须仔细、充分地证实该主张。特别是,某公司采纳不同于其他供应商的商业模式,或者收取更低的价格,并不会使它自动成为一家"特立独 162
行"的企业。

确实,如果一家合并企业采取一种与竞争对手不同的定价策略(例如,低价/低质量的商业模式),则这可能表明它与其他企业之间存在某种程度的差异,并暗示它与其他供应商之间缺乏重要的竞争约束。这种情况可以使用一个新车市场的类比来进行说明。在该市场中,印度塔塔和奔驰分别在低端和高端市场开展业务,并未对彼此施加显著的竞争约束。就此而言,不能将塔塔采取的较低定价作为证据,用以说明塔塔是对奔驰施加显著约束的"重要竞争力量"。

根据《横向合并指南》的文本内容,重要竞争力量这一概念的作用似乎是捕获竞争条件随时间发生的变化。因此,原理的使用应仅限于这样的情况,其中有合理的理由可预测当前的竞争条件不会反映未来可能出现的情形。一般来说,很少会出现这样的情形,即合并一方在将来可能对另一方施加的约束大于当前。

简言之,无论企业的行为是何种性质,人们总是有必要确定该企业是否对另

---

[21] EC Horizontal Merger Guidelines, para. 37.

[22] EC Horizontal Merger Guidelines, para. 38.

[23] 请参见本章第 2.3 节了解关于此案例的详情。

一合并方施加了重要的竞争约束(或者在没有合并的情况下可能会施加)。如果不能根据一系列连贯证据证明这点,那么单边效应分析结果的有效性是无法维持的。

2.3 委员会近来的执法实践

在 2004 ~ 2011 年,为进一步了解单边效应关注,委员会调查了 51 个进入第二阶段审查程序的合并案例。其中,

- 无条件批准了 19 项合并;[24]

[24] (1) Case COMP/M. 4781-*Norddeutsche Affinnerie/Cumerio*, Commission decision of 23 January 2008; (2) Case COMP/M. 4647-*AEE/Lentjes*, Commission decision of 5 December 2007; (3) Case COMP/M. 4215-*Glatfelter/Crompton Assets*, Commission decision of 20 December 2006; (4) Case COMP/M. 4094-*Ineos/BP Dormagen*, Commission decision of 10 August 2006; (5) Case COMP/M. 3975-*Cargill/Degussa Food Ingredients*, Commission decision of 29 March 2006; (6) Case COMP/M. 6101-*UPM/Myllykoski and Rhein Papier*, Commission decision of 13 July 2011; (7) Case COMP/ M. 6106-*Caterpillar/MWM*, Commission decision of 19 October 2011; (8) Case COMP/ M. 6214-*Seagate/HDD Business of Samsung*, Commission decision of 19 October 2011; (9) Case COMP/M. 5907-*Votorantim/Fischer/JV*, Commission decision of 4 May 2011; (10) Case COMP/M. 5529-*Oracle/Sun Microsystems*, Commission decision of 21 January 2010; (11) Case COMP/M. 4956-*STX/Aker Yards*, Commission decision of 5 May 2008; (12) Case COMP/M. 4747-*IBM/Telelogic*, Commission decision of 5 March 2008; (13) Case COMP/M. 4734-*Ineos/Kerling*, Commission decision of 30 January 2008; (14) Case COMP/M. 4662-*Syniverse/BSG*, Commission decision of 4 December 2007; (15) Case COMP/M. 4523-*Travelport/Worldspan*, Commission decision of 21 August 2007; (16) Case COMP/M. 3848-*Sea-Invest/EMO-EKOM*, Commission decision of 18 August 2006; (17) Case COMP/M. 3178-*Bertelsmann/Springer/JV*, Commission decision of 3 May 2005; (18) Case COMP/M. 5141-*KLM/Martinair*, Commission decision of 17 December 2008; (19) Case
163 COMP/M. 3625-*Blackstone/Acetex*, Commission decision of 13 July 2005.

- 附承诺批准了 21 项合并;[25]以及 164
- 禁止了 *Ryanair/Aer Lingus*,[26]*EDP/ENI/GDP*[27]和 *Olympic/Aegean Airlines*[28] 3 项合并(最近,委员会还于 2012 年 2 月禁止了 *Deutsche Börse/NYSE Euronext*[29] 的合并)。

---

25 (1) Case COMP/M. 5440-*Lufthansa/Austrian Airlines*, Commission decision of 28 August 2009; (2) Case COMP/M. 5335-*Lufthansa/SN Airholding*, Commission decision of 22 June 2009; (3) Case COMP/M. 5153-*Arsenal/DSP*, Commission decision of 9 January 2009; (4) Case COMP/M. 4513-*Arjowiggins/M-real Zanders Reflex*, Commission decision of 4 June 2008; (5) Case COMP/M. 5658-*Unilever/Sara Lee Body Care*, Commission decision of 17 November 2010; (6) Case COMP/M. 4187-*Metso/Aker Kvaerner*, Commission decision of 12 December 2006; (7) Case COMP/M. 4000-*Inco/Falconbridge*, Commission decision of 4 July 2006; (8) Case COMP/M. 3653-*Siemens/VATech*, Commission decision of 13 July 2005; (9) Case COMP/M. 5153-*Arsenal/DSP*, Commission decision of 9 January 2009; (10) Case COMP/M. 4525-*Kronospan/Constantia*, Commission decision of 19 September 2007; (11) Case COMP/M. 3436-*Continental/Phoenix*, Commission decision of 26 October 2004; (12) Case COMP/ M. 4919-*StatoilHydro/ConocoPhillips*, Commission decision of 21 October 2008; (13) Case COMP/M. 3916-*T-Mobile Austria/Tele.ring*, Commission decision of 26 April 2006; (14) Case COMP/M. 5675-*Syngenta/Monsanto' s Sunflower Seed Business*, Commission decision of 17 November 2010; (15) Case COMP/M. 4381-*JCI/VB/FIAMM*, Commission decision of 10 May 2007; (16) Case COMP/M. 4980-*ABF/GBI Business*, Commission decision of 23 September 2008; (17) Case COMP/M. 4504-*SFR/Télé 2 France*, Commission decision of 18 July 2007; (18) Case COMP/M. 4726-*Thomson Corporation/Reuters Group*, Commission decision of 19 February 2008; (19) Case COMP/M. 4381-*JCI/VB/FIAMM*, Commission decision of 10 May 2007; (20) Case COMP/M. 3868-*DONG/Elsam/Energi E2*, Commission decision of 14 March 2006; (21) Case COMP/M. 3687-*Johnson&Johnson/Guidant*, Commission decision of 25 August 2005; (22) Case COMP/M. 3696-*E.ON/MOL*, Commission decision of 21 December 2005; (23) Case COMP/M. 3796-*Omya/Huber PCC*, Commission decision of 19 July 2006; (24) Case COMP/M. 4404-*Universal/BMG Music Publishing*, Commission decision of 22 May 2007; (25) Case COMP/M. 3431-*Sonoco/Ahlstrom*, Commission decision of 6 October 2004; (26) Case COMP/M. 2978-*Lagardère/Natexis/VUP*, Com- mission decision of 7 January 2004; (27) Case COMP/M. 4180-*Gaz de France/Suez*, Commission decision of 14 November 2006; (28) Case COMP/M. 3216-*Oracle/People-soft*, Commission decision of 26 October 2004; (29) Case COMP/M. 3099-*Areva/Urenco/ETC JV*, Commission decision of 6 October 2004.

26 Case COMP/M. 4439-*Ryanair/Aer Lingus*, Commission decision of 27 June 2007 and Case COMP/M. 5434-*Ryanair/Aer Lingus II*, Commission decision of 23 January 2009.

27 Case COMP/M. 3440-*ENI/EDP/GDP*, Commission decision of 9 December 2004.

28 Case COMP/M. 5830-*Olympic/Aegean Airlines*, Commission decision of 26 January 2011.

29 Case COMP/M. 6166-*Deutsche Börse/NYSE Euronext*, Commission decision of 1 February 2012.

值得注意的是,仅在两个进入第二阶段的案例(*T-Mobile Austria/Tele. ring*[30]和*JCI/VB/FIAMM*[31])中,合并双方拥有的合并市场份额低于可能导致单一企业控制的水平;同时,在数个无条件批准的案例中,双方的合并市场份额都远远超过50%。表3.3概述了委员会对这些案例的批准理由。表3.3表明合并双方间缺乏竞争相关性,且竞争对手的闲置产能常被引用为在存在较高市场份额时缓和单边效应关注的因素。

在许多附承诺批准的案例中,委员会认为合并双方的产品属于非常相近的替代品。表3.4提供了若干类似案例的细节。

此外,在一些案例中,委员会之所以要求合并企业作出承诺,是因为它认为拟议合并将会由于消除了重要竞争力量而产生单边效应。在表3.5展示的案例中,委员会认为其中一个合并方是一股重要的竞争力量或“特立独行者”。

最后,在2004~2011年最终禁止的三个案例中,两个(*Ryanair/Aer Lingus*[32]和*Olympic/Aegean Airlines*[33])涉及航空公司的合并。委员会认为它们的合并将会导致在多条航线产生垄断或形成市场支配地位,进而极有可能产生单边效应。在另一个被禁止的案例(*ENI/EDP/GDP*[34])中,葡萄牙电力公司Energias de Portugal
165 (EDP)和意大利能源公司ENI拟议收购葡萄牙Gás de Portugal(GDP)燃气公司。委员会认为,由于潜在竞争的消除,合并将增强EDP在葡萄牙电力批发和零售市场中的支配地位,以及GDP在葡萄牙燃气市场中的支配地位。[35] 本章第4.2节将更为详细地讨论这种特殊类型的单边效应关注。

---

30 Case COMP/M. 3916-*T-Mobile Austria/Tele. ring*, Commission decision of 26 April 2006.

31 Case COMP/M. 4381-*JCI/VB/FIAMM*, Commission decision of 10 May 2007.

32 Case COMP/M. 4439-*Ryanair/Aer Lingus*, Commission decision of 27 June 2007.

33 Case COMP/M. 5830-*Olympic/Aegean Airlines*, Commission decision of 26 January 2011.

34 Case COMP/M. 3440-*ENI/EDP/GDP*, Commission decision of 9 December 2004.

35 拟议合并也因为非横向效应的原因而被禁止,即电力批发市场中的投入品封锁,以及某些燃气市场中的客户封锁。有关案例的详细概要,请参见G. Conte, G. Loriot, F. X. Rouxel and W. Tretton, *EDP/ENI/GDP*:委员会禁止燃气和电力国有企业间的合并,可访问http://ec. europa. eu/competition/pu-blica- tions/cpn/2005_1_84. pdf。

表 3.3　尽管份额表明支配地位但仍为无条件批准的案例

案例	合并市场份额（增量）	竞争对手的份额	委员会的结论	
Norddeutsche Affinnerie/Cumerio（化学品）[1]	50% -60%（15% ~20%）	一个主要竞争对手拥有 25% ~30% 的市场份额	双方在铜型材商品市场中的合并市场份额为 50% ~60%。委员会认为,合并后实体将会受到竞争对手大量闲置产能的限制。委员会还认为,某些证据表明客户有余地反向参与铜型材生产的整合,从而对合并双方施加限制。	
Cargill/Degussa Food Ingredients（食品）[2]	55% ~65%（0% ~10%）	一个主要竞争对手拥有 25% ~30% 的市场份额	双方在欧洲经济区非转基因脱脂卵磷脂市场内拥有的合并市场份额为 55% ~65%，且仅有一个重要的竞争对手。然而,Cargill 是一个新近市场进入者,市场份额相对较低,为 0% ~10%，且对 Degussa 并未产生重要的竞争限制。此外,委员会发现一些全球供应商,已经对重要的生产能力进行了投资,正在进入欧洲经济区市场。	166
UPM/Myllykoski 和 *Rhein Papier*（纸业）[3]	50% ~60%（20% ~30%）	两个主要竞争对手拥有 20% ~30% 和 10% ~20% 的市场份额,数个更小的竞争对手拥有的市场份额低于 10%	尽管双方的合并市场份额为 50% ~60%，但委员会发现,竞争对手在合并后实体提高价格后,既有能力也有动机增加产出。特别是,委员会注意到较高固定成本可以促使供应商积极寻求更多的销量。这也为使用季节性需求变化作为自然实验的分析方法所肯定,该方法认为价格在需求峰值期间并未提高。	
Seagate/HDD Business of Samsung（IT 设备）[4]	40% ~50%（5% ~10%）	两个主要竞争对手拥有 20% ~30% 的市场份额	尽管双方在某些硬盘驱动细分市场中的合并份额为 40% ~50%，但根据委员会针对其客户进行的市场调查发现,它们不属于短兵相接的竞争对手。这一点已通过投标分析得以证实,分析表明当只存在三个投标者（而非四个）时,客户并不会因此而受损。	
Votorantim/Fischer/JV（酒类）[5]	40% ~50%（5% ~10%）	两个主要竞争对手拥有 20% ~30% 的市场份额	委员会认为,橙汁大体上是一种同质化产品,所有供应商都同样相近。因此,决定性的问题在于,客户是否可将需求转向竞争对手,以及竞争对手是否拥有足够的闲置产能。委员会使用了详细的转换和多源分析,结果表明,大多数客户倾向于将其购买需求在至少三个供应商之中进行分配,且他们经常在三个供应商之间转移或切换需求量。此外,委员会发现,竞争对手可在任何单边涨价后轻易地增加产出。	167

[1] Case COMP/M. 4781-*Norddeutsche Affinnerie/Cumerio*, Commission decision of 23 January 2008.
[2] Case COMP/M. 3975-*Cargill/Degussa Food Ingredients*, Commission discussion of 29 March 2006.
[3] Case COMP/M. 6101-*UPM/Myllykoski and Rhein Papier*, Commission decision of 13 July 2011.
[4] Case COMP/M. 6214-*Seagate/HDD Business of Samsung*, Commission decision of 19 October 2011.
168 [5] Case COMP/M. 5907-*Votorantim/Fischer/JV*, Commission decision of 4 May 2011.

表 3.4　在担保条件下被批准的案例,其中双方的产品被视为非常相近的替代品

	案例	合并市场份额(市场份额增量)	竞争对手的份额	概要
	Unilever/Sara Lee(消费品)[1]	高于 50%	几个竞争对手拥有显著市场份额	委员会发现,男性和非男性除臭剂是独立的国家市场。委员会认为在许多欧洲经济区国家存在竞争关注。在数个市场中,基于客户转换分析,合并双方尽管不一定是最相近的竞争对手,但应考虑为相近的竞争者。合并模拟模型支持存在单边效应的认定,并伴随有限预测的平均价格上涨(尽管单个品牌的价格估计会显著上涨)。委员会不同意合并双方关于零售商(超市)拥有足够抗衡势力的主张,且也未发现存在任何重要潜在进入者的证据。
169	*Kronospan/Constantia*(工业材料)[2]	60% ~80%(30% ~40%)	分别低于 10%	双方在受影响地区刨花板市场中的合并份额为 60% ~80%,其增量为 30% ~40%。委员会认为,奥地利、匈牙利、斯洛伐克和罗马尼亚的客户将需求转向其他供应商的可能性十分有限,且主要供应商没有足够的闲置产能来增加产出。扩大产能需要相当大的投资,同时也需要大量的交货时间。尽管某些产能预计在两年内可在受影响地区投入使用,但委员会认为,这些附加的产能不足以满足刨花板的增长需求。
170	*Inco/Falconbridge*(金属)[3]	70% ~100%(30% ~40%)	分别低于 10%	在几个镍和钴应用的细分市场中,双方的合并市场份额远远超过 70%。委员会发现双方为最相近的竞争对手,特别是根据对其内部文档的审查和冲击分析表明,Inco 的其中一家工厂发生罢工后,其大多数销量都转向了 Falconbridge。委员会还发现,有证据表明双方其他规模小得多的竞争对手没有能力大量增加产出。

续表

案例	合并市场份额（市场份额增量）	竞争对手的份额	概要
Continental/Phoenix（汽车零部件）[4]	60% ~70%（15% ~20%）	分别低于10% ~15%	合并后实体将成为迄今为止欧洲多功能空气弹簧系统市场中的主要供应商，其合并市场份额为60% ~70%（其中Phoenix占15% ~20%），且没有竞争对手的份额超过10% ~15%。根据对该市场客户排名的研究以及投标分析发现，双方为最相近的竞争对手。虽然客户数量庞大且十分复杂，但是他们没有足够的抗衡能力来限制合并后的实体。
Arjowiggins/M-real Zanders（纸业）[5]	40% ~60%（10% ~20%）	一共有三个主要竞争对手，最大的一个拥有20% ~30%的市场份额，另外还有几个本地利基型企业（niche players）	合并双方在整个欧洲经济区无碳复写纸（可进一步分为纸张和纸卷）市场的合并份额为40% ~60%（增量为10% ~20%）。此外，委员会发现双方在部分国家的市场份额超过50%。在其市场调查过程中，委员会非常看重从众多客户收集的消极反馈。委员会未发现有证据表明，需求降低未产生大量闲置产能，这是由于供应商使其产能适应了需求的变化。因此，竞争对手没有闲置产能来增加产出，且合并后实体会有动机提高价格。

171

1 Case COMP/M. 5658-*Unilever/Sara Lee Body Care*, Commission decision of 17 November 2010.

2 Case COMP/M. 4525-*Kronospan/Constantia*, Commission decision of 19 September 2007.

3 Case COMP/M. 4000-*Inco/Falconbridge*, Commission decision of 4 July 2006.

4 Case COMP/M. 3436-*Continental/Phoenix*, Commission decision of 26 October 2004.

5 Case COMP/M. 4513-*Arjowiggins/M-real Zanders Reflex*, Commission decision of 4 June 2008. 172

表3.5 合并一方视为重要竞争力量或特立独行者的有关案例

案例	合并市场份额（市场份额增量）	竞争对手的份额	概要
T-Mobile Austria/Tele. ring[1]	30% ~40%（10% ~20%）	委员会认为，合并将导致合并后实体与第二大企业Mobilkom（其份额稍高于合并后实体，即35% ~45%）之间形成相近的对称竞争关系	委员会发现，"Tele. ring作为一个特立独行者，其对市场竞争的影响远远高于其市场份额的占比"。[2]其市场份额在合并前几年中增长明显，且它在一个相对集中的市场中提供了极为明显的低价。

续表

	案例	合并市场份额（市场份额增量）	竞争对手的份额	概要
173	*StatoilHydro/ConocoPhillips*[3]	在瑞典为 40% ~ 50%（10% ~ 20%），在挪威为 30% ~40%（0 ~5%）	在瑞典，合并后实体的市场份额几乎是其主要竞争对手的两倍，而在挪威，其合并市场份额低于其主要竞争对手	委员会认为 JET Sweden 是一个“定价特立独行者”，因此其市场份额并不反映其竞争重要性。委员会进行了深入的经济计量分析，结果表明 JET Sweden 的存在对定价拥有最重要的影响。
	Oracle/Sun Microsystems[4]	45% ~55%（0 ~5%）	合并后实体面临两个重要竞争对手（IBM 和 Microsoft），每个拥有的市场份额为 20%	委员会认为，Sun Microsystems［一家开源数据库（MySQL）供应商，其预期收入份额仅为 0 ~5%］“有可能对 Oracle 和其他专有数据库供应商施加重要且不断增长的竞争约束。”[5]但该交易仍然获得了批准，这是因为 Oracle 作出非正式承诺，因此不再需要考虑该约束的重要性。
174	*Syngenta/Monsanto's Sunflower Seed Business*[6]	40% ~50%（0 ~10%）	市场份额的增量是适中的，且有几个竞争对手的份额远远高于 Monsanto（处于 10% ~30%）	委员会认为，尽管 Monsanto 只拥有 10% 的市场份额，相对较低，但拟议合并将为 Syngenta 消除一个重要的创新型竞争对手，从而增强后者的市场领导者地位。
	JCI/VB/FIAMM[7]	50% ~60%（2%）	在此情况下，市场份额的增量无关紧要。该市场实际上是一个双寡头垄断市场，由主要竞争对手持有剩余的市场份额（40% ~50%）	委员会承认，FIAMM 在卡车/HCV 原厂电池市场持有的市场份额少于 2%，且客户并不认为它是 JCI 最相近的竞争者。但欧盟委员会却认为，FIAMM 尽管存在财务困难，但其存在的闲置产能使它有能力进行扩张。相反，委员会发现，尽管竞争对手有扩大产出的类似能力，但它们不可能有相应的动机。

1 Case COMP/M. 3916-*T-Mobile Austria/Tele. ring*, Commission decision of 26 April 2006.

2 Paragraph 126.

3 Case COMP/M. 4919-*StatoilHydro/ConocoPhillips*, Commission decision of 21 October 2008.

4 Case COMP/M. 5529-*Oracle/Sun Microsystems*, Commission decision of 21 January 2010.

5 Paragraph 756.

6 Case COMP/M. 5675-*Syngenta/Monsanto's Sunflower Seed Business*, Commission decision of 17 November 2010.

175 7 Case COMP/M. 4381-*JCI/VB/FIAMM*, Commission decision of 10 May 2007.

总的来说，委员会对单边效应关注采用的方法概括如下：

- 当合并双方在每个相关市场的合并市场份额不超过 25% 时，委员会通常不要求实体分析。

• 当合并双方的合并市场份额处于20%和40% ~50%时(支配地位门槛),除非合并被视为消除了一个特定相近的竞争者,或者一股重要的竞争力量,否则委员会不可能确定竞争关注。

• 当合并实体的合并市场份额超过市场支配地位门槛时,除非有证据表明,合并双方并非特别相近的竞争者,且合并没有消除重要的竞争力量,否则委员会可能会确定存在竞争关注。

3. 合并双方之间的重要竞争约束:实证经验技术

迄今委员会已经发展了多种实证经验技术用于测试合并双方之间是否存在重要竞争约束。在本节中,我们将讨论以下技术,近年来委员会正是依赖这些技术进行合并调查: 176

- 调查证据
- 客户转换分析
- 价格/集中度研究以及对竞争对手的存在本身有影响的分析
- 市场进入分析
- 自然实验
- 合并模拟
- 赢/输和投标分析

如下是对每种技术的组织讨论。首先简要描述该技术以及实施该技术通常所需的数据。随后用一个例证来说明如何在实际中应用该技术,另外还总结了委员会采用该技术处理的众多的重要合并案例。在本节中,还提供了一系列案例研究,其中详细讨论了特定技术在竞争性评估中发挥关键作用的合并案例。

3.1 调查证据

3.1.1 技术的描述

本章第2节的讨论内容已经确立,横向合并中的单边效应范围在很大程度上取决于客户替代模式。由于竞争程度的问题主要关注于客户对不同产品的偏好,以及他们的购买模式在价格出现相对变化后如何改变,就此而言,对消费者进行的调查证据就是一个明显的证据来源。第二章已经讨论了在市场界定的背景下使用客户调查来收集有关市场参与者可能行为的信息时可能出现的潜在问题(如样本选择、对假设问题反应所附加的权重等)。然而,在很大程度上,委员会仍然将调查信息作为对客户偏好执行定性分析的来源。此外,竞争主管机构也越来越多地使用调查来估计转移率,从而定量反映合并双方彼此施加竞争约束的程度。

正如第二章第 3.3.1 节中的市场界定所指出的,客户调查的内容以及从中推断出来的结论将在很大程度上依赖于市场中买方的性质,特别是取决于买家是企
177 业(对市场十分了解)还是最终消费者(他们通常不会花费大量时间和精力来理解所购买产品和服务的特征及价格)。在后一种情况下,建立调查设计的原则十分重要,包括确保提出的问题易于理解,且不会存在任何既定的偏见。

客户调查通常在委员会合并评估的过程中发挥重要作用,且经常被用于解决各种问题,包括对单边效应的评估。在以 B2B 交易为特征的市场中,委员会通常会询问客户如何看待合并可能产生的影响,以此作为市场调查的一部分。尽管不清楚这些定性证据被赋予了多大的权重,但委员会已在过去的案例中明确表明,任何反馈意见都应当在相关背景下进行分析,且应将其与其他证据进行比较评估。例如,在 *JCI/VB/FIAMM* 案[36]中,委员会表明:

> 作为一般评论而言,委员会注意到,尽管第三方对一般竞争情况的主观意见在许多方面是有用的,但这些意见本身不足以覆盖在市场调查过程中系统收集的事实证据,这些事实证据构成了委员会评估的基础。这些意见必须考虑适当的背景,包括争议第三方在诉讼结果中的利益性质,对市场形势的掌握程度,以及支撑其观点的证据充分性。[37]

无论案例是否涉及 B2B 或 B2C 交易,委员会都可将客户调查作为一种定量数据来源,用以分析合并企业及其竞争者之间的可替代程度。委员会将努力收集广泛的信息来评估客户偏好。第一,委员会通常要求客户指出可以替代合并双方

---

36 Case COMP/M.4381-*JCI/VB/FIAMM*, Commission decision of 10 May 2007.

37 Case COMP/M.4381-*JCI/VB/FIAMM*, Commission decision of 10 May 2007, para. 428. 在该案例中,委员会驳回了合并双方的主张。他们认为,关于拟议合并在启动机蓄电池市场中的影响,大多数顾客没有产生任何担忧。然而,委员会确实发现了单边效应。委员会还指出,合并双方错误解释了顾客的答复。

的一系列可靠供应商，包括他们曾经使用过的以及考虑在将来使用的供应商。这有助于界定双方产品所在相关市场的范围。 178

第二，委员会经常要求客户根据供应商的产品技术特征和/或其定价，对它们进行排名。然而，委员会在根据该等证据推断出单边效应的范围时会保持谨慎。由于排名分析并不会表现替代者之间的距离，如果仅仅根据双方在客户调查中排名第一和第二，从而认为其合并可能产生反竞争效应，这有可能是不正确的。的确，正如前文所释，只有当客户认为剩余竞争对手所供应的产品并非合并双方产品的相近替代品时，相近竞争者之间的合并才可能产生单边效应。

第三，如下列假设实例所示，委员会可能会尝试通过收集客户对合并一方假定涨价的设定反应来计算转移率，或者，在某些情况下，在无法取得合并一方产品或服务的假设场景中，委员会可以根据客户的设定行为来计算转移率。[38] 通过将这些反应与客户的购买价值的信息相结合，委员会可以计算出双方的收入加权转移率。如果合并双方中的一方或两方损失的收入，大部分转向了另一方，则可以初步证明客户将合并企业视为非常相近的竞争对手。

3.1.2　实例

我们来假设两家连锁超市 A 和 B 之间的合并，它们在一个欧盟国家内分别拥有 50 家店面。拟议合并将使连锁超市数量从 4 个减少为 3 个，其中企业 C 和 D 分别在该国家内控制 50 家店面。超市之间的竞争是在地方层面上发生的，这就意味着为了评估单边效应的风险，有必要以单一店面为基础衡量双方之间的竞争密切程度。相应地，竞争主管机构着手进行一项消费者调查，由此分别对 A 和 179
B 店面中的 20 名购物者提出以下问题：[39]

- 您今天在店里花了多少钱？

38　请注意，如果询问顾客无法取得其中一方的产品或服务时如何反应，会存在这样一个问题，即通过此问题获得的转移模式将代表*所有*顾客对替代企业的相对偏好，而非仅仅是*边际*顾客（那些在合并方进行小幅但显著提高价格后会转换购买的顾客）。正是边际顾客对替代企业的相对偏好，确定了这些替代企业作为竞争限制的重要性。边际顾客的转移模式在原则上不同于一般顾客。

39　实例的灵感来源于 2005 年英国竞争委员会着手进行的一项调查，用以评估由 Somerfield 拟议收购 Morrisons 115 家食品杂货店所引起的单边效应关注（*Somerfield plc and Wm Morrison Supermarkets plc*, September 2005）。自此以后，英国竞争委员会在众多零售业合并案中采纳了相同的调查技术。请参见 RBB Brief 19，'Lost in Translation：The use and abuse of diversion ratios in unilateral effects analysis'，June 2006，以了解更多详情。

• 如果这家店被关闭,您会选择哪一家来替代它?

表 3.6 描述了在连锁超市 A 一家店面中所收集的答复。

随后,调查答复用于计算每家店面的收入加权转移率。特别是, A 店的转移率计算如下:

• 转移到 B:(20 欧元+30 欧元+50 欧元+40 欧元)/1405 欧元=0.10

• 转移到 C:(130 欧元+70 欧元+150 欧元+30 欧元+90 欧元+120 欧元+30 欧元+80 欧元)/1405 欧元=0.50

• 转移到 D:(25 欧元+70 欧元+70 欧元+40 欧元+50 欧元+140 欧元+150 欧元+20 欧元)/1405 欧元=0.40

换句话说,转向 B 店的收入加权转移率 (10%) 相对较低,且远远低于转向 C (50%) 和 D (40%) 的转移率,这表明特定店面合并后不太可能会产生单边效应。

表 3.6　企业 A 一家店面的调查答复

调查对象	花费	回答的替代店面
调查对象 1	130 欧元	C
调查对象 2	20 欧元	B
调查对象 3	25 欧元	D
调查对象 4	30 欧元	B
调查对象 5	70 欧元	C
调查对象 6	70 欧元	D
调查对象 7	150 欧元	C
调查对象 8	30 欧元	C
调查对象 9	50 欧元	B
调查对象 10	70 欧元	D
调查对象 11	40 欧元	D
调查对象 12	50 欧元	D
调查对象 13	40 欧元	B
调查对象 14	90 欧元	C
调查对象 15	140 欧元	D
调查对象 16	120 欧元	C
调查对象 17	150 欧元	D

续表

调查对象	花费	回答的替代店面
调查对象 18	30 欧元	C
调查对象 19	80 欧元	C
调查对象 20	20 欧元	D
总花费	1405 欧元	

3.1.3　欧盟合并控制中的应用

作为其市场调查的一部分,除了传统的定性调查方法外,委员会近年来越来越多地依赖于大规模消费者调查,特别是在需求侧为最终消费者(如零售和服务市场)的合并案例中。在此背景下,委员会于 2011 年 10 月出版了《关于经济证据提交的最佳实践指南》。该指南提供了一些建议,并指出如何着手进行调查以获取具有代表性的调查样本并避免偏见。[40] 特别是,该文件第 30 段内容如下: 180

> 对最终消费者的大范围调查,能够用以补充委员会通过对市场参与者提针对性信息请求所获得的定性或其他书面证明材料。尽管在市场调查中只有具备特定行业或市场知识的企业所提供的信息才具有证据价值,然而对最终客户着手进行大范围调查的具体目标是获取统计上有关的数据,以便通过更少样本中收到的答复,估计出更多最终消费者的特征、行为和观点。

委员会最近采用客户调查来执行竞争性评估的案例包括: 181

Siemens/VA Tech:[41] 双方提供电站、电力供应网络、火车、钢铁厂和大型建筑物中使用的设备。委员会通过调查来探讨哪种购买因素对客户最重要,并发现大多数客户认为价格比非价格因素(如产品质量)的重要性更低。随后,委员会进一步评估了客户对双方产品在这些非价格因素方面的竞争程度。大多数客户将合并企业视为其水电和金属工厂建设的第一和第二选择。因此,委员会推断出 Sie-

---

40　更广泛地说,该文档着重于经济和计量经济分析的展示,以及经济数据的提交。请参见‘DG Competition-Best practices for the submission of economic evidence and data collection in cases concerning the application of Articles 101 and 102 TFEU and in merger cases’, available at http://ec. europa. eu/competition/antitrust/legislation/best_practices_submission_en. pdf。

41　Case COMP/M. 3653-*Siemens/VA Tech*, Commission decision of 13 July 2005.

mens 和 VA Tech 在这些产品上的竞争非常激烈。

Lufthansa/SN Airholding：[42]在该案中，委员会通过第三方代理对航空乘客进行了一项调查。尽管此项研究的主要目的是评估相关产品和地域市场的范围，该调查也对其他航空公司（如 easyJet）对重叠航线施加的竞争约束进行了探讨。例如，在布鲁塞尔—柏林航线上，调查发现乘客更偏爱合并各方而非 easyJet。特别是，调查结果表明，当相对价格出现小幅但显著变化时，过去选择合并各方的调查对象中 15% 会在这两家企业之间进行转换，而只有大约 8% 的调查对象会转向 easyJet。

Ryanair/Aer Lingus：[43]在评估拟议合并的过程中，委员会聘请了第三方在都柏林机场执行一项乘客调查。调查要求乘客列出其考虑的替代航空公司，以及他们在相对价格出现微小但显著变化时如何反应。

调查发现，Ryanair 是 Aer Lingus 乘客考虑最多的替代公司，而 Aer Lingus 是 Ryanair 客户提及最多的替代公司。

在其对异议声明的答复中，Ryanair 辩称，由于调查问题的设定方式存在瑕疵，其中合并双方的名称被明确指定为潜在选项，而其他航空公司则没有指明，因
182 此调查有存在偏见的潜在可能性。合并双方还批评该调查只在都柏林机场进行（它们双方在那里都设有运营基地），而没有在各航线另一端的机场进行。

Statoil/JET：[44]StatoilHydro 对 JET Scandinavia 的收购导致两家企业在挪威和瑞典的零售燃油网络出现了横向重叠。在第二阶段调查中，委员会着手进行了一项客户调查，根据案件审查小组随后发布的一份文件显示，该调查在委员会评估此项交易产生单边效应的可能性上发挥了重要作用。[45] 调查以电话或网络的形式对 1250 名瑞典和 1001 名挪威汽车燃油消费者进行了采访，调查时间持续两个月之久。该调查的主要结论是，Jet 在瑞典和挪威都被视为一家低价供应商，客户对价格十分看重（例如，当决定是否要加油时，大约 54% 的挪威调查对象将价格视为最重要的因素），且大约一半的客户认为拟议交易有可能对竞争产生负面影响。

---

42 Case COMP/M. 5335-*Lufthansa/SN Airholding*, Commission decision of 22 June 2009.

43 Case COMP/M. 4439-*Ryanair/Aer Lingus*, Commission decision of 27 June 2007 and Case COMP/M. 5434-Ryanair/Aer Lingus II, Commission decision of 23 January 2009.

44 Case COMP/M. 4919-*StatoilHydro/ConocoPhillips*, Commission decision of 21 October 2008.

45 J. Cloarec, D. Johansson, P. Redondo, D. Donath, E. Glowicka and C. Hariton, 'Fuel for Thought-StatoilHydro/ConocoPhillips (Jet ?)' (2009) 1 *Competition Policy Newsletter* 71–76.

正如本章第3.6节所讨论的，某些竞争主管机构(包括英国的竞争主管机构)通过简单的测试，采取将源自调查的转移率与合并企业的总利润信息结合的方法，来评估合并产生单边效应的可能性。至今为止，委员会尚未采用以调查证据的方式计算转移率。

3.2　客户转换分析

3.2.1　技术的描述

与客户转换行为相关的证据通常可用于了解合并双方相互竞争的密切程度，并可衡量其他竞争者对合并双方施加的竞争约束。更为具体地讲，转换分析的目的是恰当获得各供应商产品之间的转移率估值，从而确认各方客户可能将另一方 183
视为替代者的范围。如果证据显示客户并非主要由一方转向另一方，则表明双方之间的竞争并不是最激烈的，且拟议合并不可能消除重要的竞争约束。

转换分析侧重于评估之前就将业务转移出合并各方的客户的行为。特别是，其目标是观察这些客户转换其购买需求的目标公司。这表示由于单边价格的上涨，每一个合并方损失的销售比例(在合并前)都将积累到另一方，从而为双方施加给对方的竞争约束强度提供指导。

为了着手进行转换分析，通常要求合并双方收集最近一段时间内(例如，合并前三年)损失的客户数量和业务价值，以及其业务转向的替代供应商。

然后，将企业A在这段时间内的销售损失总额，除以从企业A转向企业B的销售额，大致计算出转移率。[46]

除了客户转换分析以外，有时候对重叠客户执行分析也十分有用，即分析当前从合并双方购买产品的客户。竞争主管机构在评估单边效应关注时，通常将注意力集中在重叠客户身上。确实，如果大部分客户只从合并双方购买产品，并且他们并未将其他供应商视为足够有效的替代者，那么从这一点来说，合并带来的选择性减少确实会允许新实体提高价格。《横向合并指南》指出了这一可能性，指

46　注意到，为了不低估转移率，销售损失总额应当排除由于客户停止购买争议产品导致的(例如，由于停业造成的)销售损失额，因为这些客户损失并未反映企业运营时受到的竞争约束。同样，销售损失总额应排除未知目的地的客户损失。然而重要的是，在未知目的地的情况下，客户一般会转向更小型的竞争对手，这可能与资料中记录的转向更大型竞争对手的预期存在偏差。

184 南指出：

> 合并双方的客户可能会因为替代供应商太少或者需承担大量转换成本而难以转向其他供应商。这种客户非常容易受到涨价的损害。合并可能影响这些客户保护自己免受涨价损害的能力。特别是对于将两家合并企业作为双重来源以获取竞争价格的客户来说，极有可能出现这种情况。以往客户转换模式以及对价格变化的反应，可为这一方面提供重要信息。[47]

分析重叠客户通常以下列方式进行。

第一，需要识别双方之间客户重叠的所有情况。

第二，对于每个重叠客户，需要调查：(i) 他们从双方购买的产品是否为同一类型；[48](ii) 当前其他供应商的作用，以及这些供应商各自的闲置产能；(iii) 能够作为所需类型产品潜在供应商的其他生产厂商的作用。为此目的，有必要了解以下详细信息：

- 从每个供应商购买的数量；
- 购买的产品类型；
- 替代供应商的迹象，倘若客户决定不完全依靠合并后实体，或者不保持相同数量的供应商；
- 关于每个重叠客户最近期(如过去三年或五年)选择的供应商身份证据。

3.2.2 实例

假设企业 A 和企业 B 之间进行拟议合并，企业 A 和企业 B 都生产一种工业产品，并与另外两个竞争对手企业 C 及企业 D 竞争。市场需求方仅有 30 个客户，且合并双方已经对这些客户在 2009 年和 2010 年从每个供应商购买的产品数量进
185 行了评估。表 3.7 展示了这两年内的预计交付额。

---

47 EC Horizontal Merger Guidelines, para. 31.

48 通常就合并双方购买不同产品而言，客户层面的大量重叠确实可能证明它们之间的互补性。

表 3.7 2009 年和 2010 年各企业的预计交付额

	2009 年				2010 年				
	企业 A	企业 B	企业 C	企业 D	企业 A	企业 B	企业 C	企业 D	
客户 1	70	0	30	0	0	0	30	70	
客户 2	80	0	0	20	80	0	0	0	
客户 3	70	0	30	0	70	0	30	0	
客户 4	0	70	0	30	0	0	70	30	
客户 5	0	0	10	90	10	0	0	0	
客户 6	0	80	10	10	0	90	10	0	
客户 7	40	0	0	60	0	0	40	60	
客户 8	40	0	10	50	20	20	10	50	
客户 9	50	0	10	40	50	0	10	40	
客户 10	0	0	30	70	30	0	0	70	
客户 11	0	20	20	60	0	40	20	40	
客户 12	40	0	60	0	0	0	60	40	
客户 13	50	0	0	50	0	0	50	50	
客户 14	30	30	40	0	30	0	40	30	
客户 15	80	0	20	0	100	0	0	0	
客户 16	0	0	10	90	0	90	10	0	
客户 17	70	0	0	30	60	0	10	30	
客户 18	0	40	30	30	0	70	0	30	
客户 19	0	30	50	20	0	0	80	20	
客户 20	10	30	10	50	0	40	10	50	
客户 21	20	0	40	40	80	0	0	20	186
客户 22	60	10	10	20	80	10	10	0	
客户 23	0	30	50	20	50	30	0	20	
客户 24	0	50	0	50	0	0	50	50	
客户 25	0	50	30	20	0	50	50	0	
客户 26	0	60	0	40	0	40	0	60	
客户 27	0	30	20	50	0	50	0	50	

续表

	2009 年				2010 年			
	企业 A	企业 B	企业 C	企业 D	企业 A	企业 B	企业 C	企业 D
客户 28	40	30	30	0	40	30	10	20
客户 29	0	0	0	100	0	0	0	100
客户 30	0	40	50	10	50	40	0	10
销售总额	750	600	600	1050	750	600	600	1050
187 市场份额/%	25	20	20	35	25	20	20	35

这些数据显示，双方的合并市场份额在 2009 年和 2010 年均为 45%，其增量为 20%，从而产生了单边效应关注的初步证据。然而，为了在市场份额之外评估竞争的密切程度，双方收集的信息可以用来进行转换分析和重叠客户分析，如下所述。

表 3.8 和表 3.9 分别显示了 2009 年到 2010 年从企业 A 和企业 B 转向其竞争对手的业务损失总值。

表 3.8　2009 年到 2010 年从企业 A 转向其竞争对手的业务损失价值

企业 B	企业 C	企业 D
30	100	110

表 3.9　2009 年到 2010 年从企业 B 转向其竞争对手的业务损失价值

企业 A	企业 C	企业 D
0	150	50

因此，从企业 A 转向企业 C 和 D 的业务远远多于转向企业 B 的业务，这表明企业 B 不太可能是与企业 A 非常相近的竞争对手，而在企业 B 损失业务的情况下，受益最大的是企业 C，表明这两家企业是特别相近的替代者，同时，没有客户将购买需求从企业 B 转向企业 A。

根据该转换分析发现，A 和 B 间拟议合并所产生竞争关注的可能性，远远低于传统市场份额分析所得出的结果。

以上实例中的数据都是虚构的，因此很容易看到每家企业在每个客户身上损失的销售额，以及某个竞争对手增加的销售额。特别是，假设每个客户在两年内的总需求保持不变，并且在每一种情况下，增加销售额的企业都只有一家。实际

情况不可能这么清晰。每个客户的总需求可能在每年都出现变化，且客户可能以
更加复杂的方式在不同企业间购买产品。在这些情况下，有必要根据客户如何变 188
更其向各企业购买产品的相对比例，合理地构建需求转移的衡量方法。

分析重叠客户能够用来进一步测试合并双方之间的竞争密切程度。表 3.7 显示，在 2010 年，只有 5 个客户同时从企业 A 和企业 B 购买产品。也就是说，合并双方之间的客户重叠度相对较低。此外，分析这些客户的背景状况可以得出以下要点：

- 客户 8 在 2010 年也从企业 C（占其需求的 10%）和企业 D（50%）购买产品，它在 2009 年不是重叠客户，因为这一年它未从企业 B 购买产品。
- 客户 22 在 2010 年也从企业 C（10%）购买产品，在 2009 年从企业 D（20%）购买产品。
- 客户 23 在 2010 年也从企业 D（20%）购买产品，在 2009 年不是重叠客户，因为这一年它从企业 C 购买了 50% 的所需产品，而没有从企业 A 购买任何产品。
- 客户 28 在 2010 年也从 C（10%）和 D（20%）购买产品。
- 客户 30 在 2010 年也从企业 D（10%）购买产品。它在 2009 年不是重叠客户，因为这一年它从企业 C 购买了 50% 的所需产品，而没有从企业 A 购买任何产品。

总之，这些数据支持这样一种观点，即合并后实体不可能对这些重叠客户提高价格，因为他们当前也从其他供应商购买产品，并且可以推测，他们还可以重新转向不久之前购买过产品的供应商。[49] 因此，欧盟《横向合并指南》所描述的关注，即将合并双方作为双重需求来源的客户可能特别容易受到合并后涨价的损害，在该实例中并未出现。

3.2.3　欧盟合并控制中的应用

在最近几次合并调查中，委员会着手进行了转换分析以评估合并双方间的竞
争密切程度。 189

Syniverse/BSG[50]是涉及活跃在 GSM 无线通信数据交换服务市场中的两家公司的合并。在合并双方提供的数据范围内（包含 10～15 个转换实例），委员会发

49　当然，必须验证竞争对手供应商拥有足够的闲置产能，以满足额外的产量需求。

50　Case COMP/M.4662-*Syniverse/BSG*, Commission decision of 4 December 2007.

现双方之间只有一种客户转换的情况。[51] 委员会认为，将证据与投标分析的结果（参见本章第3.7节）结合起来看，可证明合并后实体并非彼此最相近的竞争者，且合并后实体将受到其他竞争对手的强烈竞争约束，使得合并不太可能产生反竞争的单边效应。[52]

在 *Kronospan/Constantia* 案[53]中，委员会调查了该交易在刨花板（用于制造家具的一种产品）市场中产生单边效应的范围。在其第二阶段调查中，委员会根据合并企业在三年间的销售数据着手进行了重叠客户分析。分析显示，合并企业将相当大比例的产品出售给普通客户，表明其合并可能消除重要的竞争约束。[54] 结合委员会的发现结果，即合并后实体的竞争对手由于其地点和产能限制的原因，没有能力对价格提高作出反应，因此委员会认为该交易正如最初所申报的，将严重阻碍有效竞争。[55] 最终，委员会批准了合并方修改后的交易，Kronospan 于是收购了 Constantia 旗下的木基板及相关产品业务，并承诺不会收购其剩余资产。

在 *T-Mobile Austria/Tele. ring* 案[56]中，委员会调查了合并双方作为奥地利移动网络运营商（mobile network operators，MNO）的竞争密切程度。委员会在很大
190 程度上根据转换分析得出结论，Tele. ring 对 T-Mobile 施加的约束明显高于其市场份额暗示的结果。特别是，委员会能够使用携号入网数据来追踪客户在移动网络运营商间的转换行为。委员会通过转换分析发现：

> 2005年，在转换供应商且使用携号入网的客户中，超过一半的人转向了 tele. ring，并且在携带号码并放弃 T-Mobile 和 Mobilkom 的客户中，57% ~61% 的人转向了 tele. ring。2005年中排第二位的是 H3G，其大约赢得了转换供应商和使用携号入网客户数量的20%。[57]

---

51 Case COMP/M. 4662-*Syniverse/BSG*, Commission decision of 4 December 2007, para. 81.

52 Case COMP/M. 4662-*Syniverse/BSG*, Commission decision of 4 December 2007, para. 101.

53 Case COMP/M. 4525-*Kronospan/Constantia*, Commission decision of 19 September 2007.

54 Case COMP/M. 4525-*Kronospan/Constantia*, Commission decision of 19 September 2007, para. 46. 另请参见 Case COMP/M. 4726-*Thomson Corporation/Reuters Group*, Commission decision of 19 February 2008, para. 410，其中委员会发现，60% ~80% 的顾客仅从 Thomson and Reuters 获取特定产品，"因此他们极大地依赖于它们"。

55 Case COMP/M. 4525-*Kronospan/Constantia*, Commission decision of 19 September 2007, para. 81.

56 Case COMP/M. 3916-*T-Mobile Austria/Tele. ring*, Commission decision of 26 April 2006.

57 Case COMP/M. 3916-*T-Mobile Austria/Tele. ring*, Commission decision of 26 April 2006, para. 50.

根据委员会的意见,该证据暗示合并双方之间存在重要的竞争约束,使得拟议合并有可能严重阻碍为最终用户提供移动电话服务的奥地利市场的有效竞争。[58] 在合并双方同意剥离电信频率和移动通信站点后,该交易最终获得了批准。[59]

3.3 价格/集中度研究和竞争对手存在影响分析

3.3.1 技术的描述

价格/集中度研究旨在通过行业中现有市场集中程度的差异来识别价格和集中程度之间的关系。如果假定各市场内价格和集中度间存在稳定关系,评估这种关系有助于了解特定市场内合并产生的集中度变化对价格的潜在影响。换句话说,一种评估合并潜在影响的方法是,将合并后企业的预期地位作为基准,与集中度已达到合并后水平的现有市场进行比较。

直观地讲,价格/集中度研究的最重要因素是选择合适的参照市场,以建立价格和供应集中度之间的关系。因此,这种分析方法通常应用于存在集中度已接近合并后水平(用以观察价格)的类似市场的行业中。同样,该技术最常用于覆盖众 191
多本地市场的行业(如零售、航空),或者是存在有效国际比较的国家市场。

然而,不同市场实际上除了集中度水平以外在其他方面也可能存在差异。这会混淆集中度与效能间的简单比较。例如,位于某个特定区域的一家企业开发了一种优质产品,因而有能力既增加产出(获得更高的市场份额),又提高价格(由于顾客有很强的意愿去为产品买单)。观察该情况下价格和集中度间的积极关系,对于了解激烈竞争情况下集中度对价格的影响来说几乎没有任何帮助。此外,某些特定因素(如价格条件)可能同时影响价格和企业市场进入的决策(从而影响行业中的企业数量),这意味着所观察到的价格和企业数量间关系并未揭示集中度变化(假设其他因素保持不变)如何影响价格。[60] 然而,在某些情况下,经济计量

---

58 Case COMP/M. 3916-*T-Mobile Austria/Tele. ring*, Commission decision of 26 April 2006, para. 125.

59 Case COMP/M. 3916-*T-Mobile Austria/Tele. ring*, Commission decision of 26 April 2006, para. 130.

60 这是一个内生性的实例,本章第 3.4.2 节和附录 A 将进一步讨论。

技术可用于控制这些因素，以试图隔离集中度对企业效能的影响。[61]

3.3.2 实例

假设A和B两家银行试图进行合并。可能出现潜在竞争问题的主要领域是向中小企业提供贷款。再进一步假设，向中小企业贷款代表了各单独分行业务中的很小一部分，因此，我们有理由估计，企业不会根据该部分业务盈利情况来决定
192 在哪里开设分行。[62] 在向中小企业提供贷款的领域中，两家银行在地方层面面临不同水平的竞争，从这个意义上讲，两家银行在某些特定区域面对的是相对较多的分行参与竞争（多达五个竞争对手），而在其他区域可能为地方垄断者。不同集中程度的存在需要我们对两种情况的利率差异进行分析，即比较分析竞争对手较少区域内向中小企业收取的利息率和在竞争对手较多区域内收取的利息率。

在某种程度上，供应商数量越少，利率也就越高，这可能表明竞争发生在地区层面上，且单边效应可能会出现在合并后存在较少竞争对手的区域内。相反，如果在某种程度上并未存在这种关系，则这与地方层面集中度水平对竞争结果没有影响的观点是一致的，它表明竞争将在一个更为广泛的地域市场中发生。鉴于双方的合并市场份额在国内层面上相对较低，因此这一事实意味着，拟议交易在任何特定地方区域内都不可能产生单边效应。至关重要的是，为了保证分析的价值，除了竞争性分行的数量以外，这种分析还需要考虑地方层面影响利率的其他因素。影响中小企业贷款利率的最重要因素可能是与每个分行常规业务相关的风险水平。很明显，任何特定分行面临的风险水平越高，则该分行贷款给客户的动力就越低，因此，该分行收取的利率通常也就越高（在其他条件保持不变的情况下）。

表3.10展示了银行A的每家分行（一共50家）在2011年收取的利率。它还展示了每个小镇内竞争对手的分行数量，以及银行A的每家分行交易客户的平均风险类别。为简单起见，我们假设只有三种风险水平：1（低风险）、2（中等风险）和3（高风险）。表3.10还展示了银行A的哪一家地方分行面临来自银行B（另

61　某些评论者表示，在解释价格/集中度分析时出现的难点十分棘手，因此完全不应使用这种技术。例如，Newmark (2004) 认为“价格—集中度研究，即使在合并调查的后期阶段采用，也应当非常谨慎，且如有可能应完全不予以使用”。See C. M. Newmark, ‘Price-Concentration Studies: There You Go Again’, prepared for the *DOJ/FTC* Merger Workshop, ‘Concentration and Market Shares’ panel, revised 14 February 2004.

62　该假设的相关性将在下文中予以解释。

一合并方）以及银行 C（业务遍及全国的另一主要竞争对手）的竞争。[63] 193

表 3.10　A 银行分行在 2011 年收取的平均利率、存在的竞争对手以及平均风险类别

	平均利率/%	竞争对手数量	C 是否存在来自 B 的竞争	B 是否存在来自 C 的竞争	风险
分行 1	8	5	是	是	1
分行 2	8	4	是	是	1
分行 3	8	3	是	否	1
分行 4	8	5	否	是	1
分行 5	8	4	否	是	1
分行 6	9	3	是	是	1
分行 7	9	5	否	否	1
分行 8	9	4	否	是	1
分行 9	9	3	是	否	1
分行 10	9	5	否	否	1
分行 11	10	4	是	是	1
分行 12	10	3	是	否	1
分行 13	10	5	否	否	1
分行 14	10	4	否	否	1
分行 15	10	3	是	是	1
分行 16	11	2	否	是	2
分行 17	11	4	是	是	2
分行 18	11	3	否	是	2
分行 19	11	2	否	是	2
分行 20	11	4	是	是	2
分行 21	12	3	否	是	2
分行 22	12	2	是	否	2

63　为简单起见，我们并不专门分析竞争对手银行 D、E 等在地方层级上施加的竞争约束。在理想情况下，关于其分行地理位置的信息也是需要的。

续表

		平均利率/%	竞争对手数量	C 是否存在来自 B 的竞争	B 是否存在来自 C 的竞争	风险
	分行 23	12	4	否	是	2
	分行 24	12	3	否	否	2
194	分行 25	12	2	否	否	2
	分行 26	13	3	是	是	2
	分行 27	13	2	是	否	2
	分行 28	13	4	是	否	2
	分行 29	13	3	否	是	2
	分行 30	13	2	是	否	2
	分行 31	14	4	是	否	2
	分行 32	14	3	否	是	2
	分行 33	14	2	否	否	2
	分行 34	14	4	否	否	2
	分行 35	14	3	否	否	2
	分行 36	15	2	是	是	3
	分行 37	15	1	否	是	3
	分行 38	15	2	否	是	3
	分行 39	15	1	否	是	3
	分行 40	15	0	否	否	3
	分行 41	16	2	是	否	3
	分行 42	16	1	否	是	3
	分行 43	16	0	否	否	3
	分行 44	16	2	是	否	3
	分行 45	16	1	是	否	3
	分行 46	17	0	否	否	3
	分行 47	17	2	是	否	3
	分行 48	17	1	是	否	3
	分行 49	17	0	否	否	3
195	分行 50	17	2	否	否	3

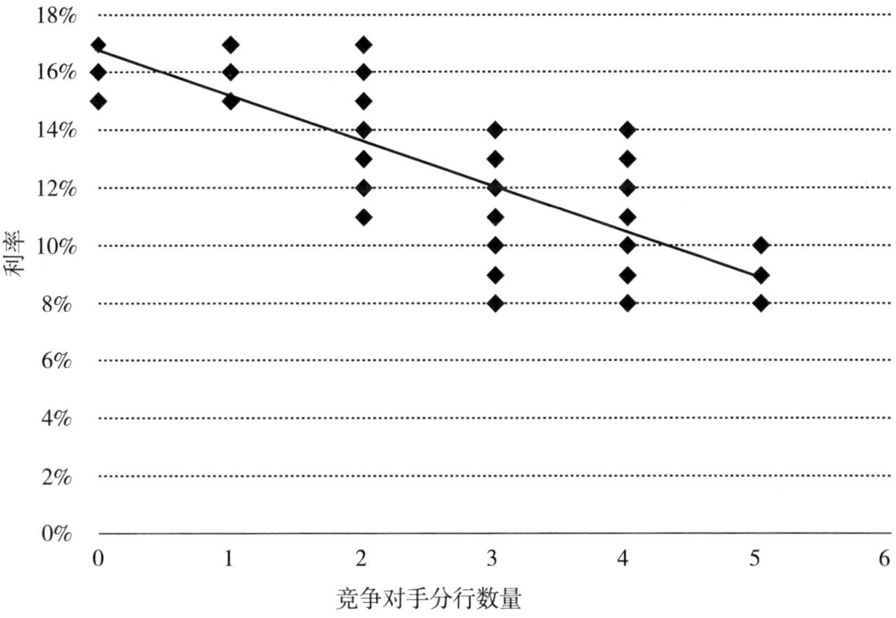

图 3.4　利率与竞争对手分行数量的对比关系(忽略风险水平)

图 3.4 展示了银行 A 的 50 家分行所收取的平均利率与竞争对手分行数量的对比关系。该图突出了利率和本地竞争对手数量之间呈负相关,这一关系通过向下的趋势线得以证实。这一简单的图形分析表明了本地竞争对手数量的重要性,且由于拟议交易将减少众多本地区域的竞争对手分行数量,因此,就这方面而言,合并可能产生明显的单边效应。

然而,不考虑银行 A 每家分行面临风险所代表的潜在重要因素,得出上述结论是不可靠的。风险在某种程度上确实十分重要,而忽略风险则可能产生误导性结果。如果因为某种原因,每家分行面临的风险水平刚好与竞争对手数量密切相关,则可能出现这种情况。换句话说,如果存在大量高风险业务(如小型创业公司)的区域——因而也是利率更高的区域——与银行 A 面临少量竞争对手的区域重合(反之亦然),则不考虑风险水平会导致分析错误,将高利率归因于缺乏本地竞争对手。 196

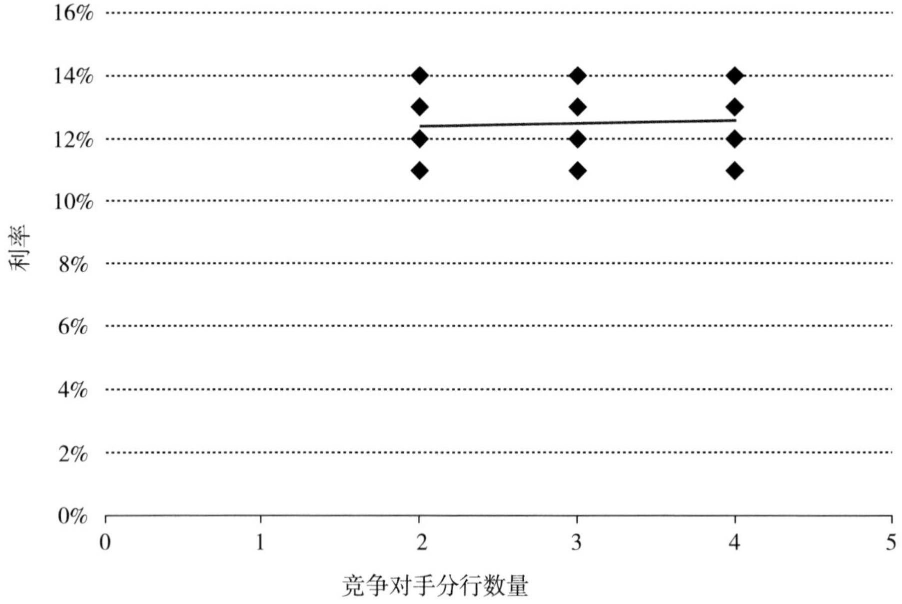

图 3.5　利率与竞争分行数量的对比关系(中等风险水平)

的确,如果我们在分析中恰当考虑风险水平,则这张图将发生急剧变化。例如,如果我们仅仅关注客户风险水平为中等的分行,则平均利率和竞争对手分行数量间不再是负相关,如图 3.5 所示。鉴于这一事实也适用于其他风险类别(低风险分行和高风险分行),合理的结论应当是:银行 A 的分行所收取的利率实际上并不取决于本地竞争者的数量。这一结论支持这样的观点,即拟议合并带来的本地分行数量的减少不会产生单边效应关注。

除了了解不同地方区域内竞争对手数量与利率间的一般关系以外,分析银行 B 的存在是否会对银行 A 的利率产生影响是有益的。该等分析的结果常常可解释如下:

• 如果 A 面临 B 的竞争时,其价格显著低于平均水平,则可以合理推测,B 的存在对 A 产生了竞争约束,从而防止 A 提高价格。在此情况下,A 和 B 间的合并
197 可能会导致单边价格提高,这是由于合并消除了银行 B 施加给银行 A 的竞争约束。[64]

64　然而,正如本章第 5 节所讨论的,也可能存在其他因素防止该合并后实体提高价格,比如其他竞争对手的反应或者其他银行的进入。

• 另一方面,如果 A 的价格明显不受 B 存在与否的影响,则表明 B 未对 A 的行为产生特别重要的约束。在此情况下,A 和 B 的合并不可能产生单边效应。

表 3.11 存在/不存在 B 的区域内银行 A 的平均利率

	风险水平			平均值
	1	2	3	
B 不存在	9.0	12.5	15.9	12.7
B 存在	9.0	12.5	16.2	12.2

对于每种风险类别,表 3.11 比较了银行 A 在有银行 B 参与竞争的区域与在没有银行 B 参与竞争的区域内收取的平均利率。该表显示,就所有区域的平均表现而言,当银行 B 存在时银行 A 收费略低。然而,这也可能是因为银行 B 的分行在低风险水平区域内数量相对较多的缘故。重要的是,当分别考虑三种风险类别中的单独区域时,银行 A 在银行 B 存在时并未收取更低的平均利率。这一事实可证明这样一种观点,即该银行并未对银行 A 施加特别重要的竞争约束。

此外,表 3.12 表明银行 C 可能是银行 A 的最相近竞争者。确实,在每种风险类别的区域中,相对于不存在银行 B 的区域,银行 C 存在的区域中银行 A 通常收取明显更低的利率。

以上结论还可通过进行经济计量分析来进一步验证,分析旨在通过每家分行面临的风险水平以及本地竞争者的数量和身份来解释银行 A 的利率,即因变量。正如第一章中所释,委员会和申报方越来越多地使用经济计量分析,来评估合并 198
产生单边效应的范围。特别是,回归分析(将在附录 A 中作进一步讨论)用于解释一个变量(因变量)的变化如何由一组其他变量(自变量)进行解释。这种分析非常适合评估合并双方是否对彼此施加了重要的竞争约束,以及消除该约束是否会产生价格上涨。通过考虑其他重要因素,经济计量分析可以隔离企业 B 对企业 A 价格的影响,反之亦然。

表 3.12 存在/不存在银行 C 的区域内银行 A 的利率

	风险水平			平均值
	1	2	3	
C 不存在	9.4	13.1	16.4	13.2
C 存在	8.6	11.9	15.2	11.6

重要的是，只要一方的价格在统计学和经济学意义上都明显受另一方存在的影响，企业 A 和 B 之间的合并就会引起关注。如果分析对存在价格差异不是偶然出现的这一结论给予较高的置信区间（通常为 95% 或以上的概率），那么价格差异从统计学意义讲就是显著的。但统计学上具有显著性的价格差异从经济学角度来看并不一定重要。例如，如果 A 的价格在 B 存在时降低 0.1%，则价格变化在统计上是显著的，但几乎总是被视为不足以引起关注。如果需要使结果成为采取强制措施的坚实基础，那么结果必须同时在统计学和经济学意义上均具有显著性。

实施经济计量分析的第一步是指定模型，使自变量与利率这一因变量形成关
199 联。特定简单计量经济学模型在此情况下的实例如下：[65]

表 3.13　竞争对手的存在对银行 A 利率影响的经济计量分析

	标准			95% 置信区间
	系数	误差	假定值	
风险	3.56	0.23	0.000	[3.09, 4.02]
竞争对手数量	0.10	0.13	0.482	[-0.18, 0.37]
银行 B 存在?	-0.09	0.24	0.7818	[-0.56, 0.39]
银行 C 存在?	1.11	0.25	0.000	[-1.61, -0.61]
常数	5.65	0.82	0.000	[3.99 - 7.31]

$$利率_i = \alpha + \beta\ 风险_i + \gamma\ 竞争对手数量_i + \delta\ B\ 虚变量_i + \eta\ C\ 虚变量_i + \varepsilon_i$$

其中

- α 是常数项，反映了不考虑其他因素时的平均利率
- **风险**是与分行 *i* 业务相关的平均风险，可取值为 1（低风险）、2（中等风险）或 3（高风险）
- **竞争对手数量**是分行 *i* 面临的竞争分行数量

65　应当注意的是，实例是高度程式化的，在任何实际设定中，该模型必须考虑在此并未提及的若干问题。例如，正如本章第 2.1.3 节所释的，理论上预测：当存在较多企业时，企业数量的变化对价格影响有限，而当存在企业较少时则其影响可能更大。因此，企业 B 的存在对企业 A 价格的影响可能取决于竞争对手的数量。为了考虑这一点，有必要包含额外的自变量，以便评估企业数量与企业 B 存在与否间影响的"相互作用"。此外，任何实践应用都需要考虑风险变量的类别属性。

• B 虚变量是所谓的“虚拟”变量，如果分行 i 面临来自银行 B 的本地竞争，则其设为 1，否则设为 0。

• C 虚变量是另一个“虚拟”变量，如果分行 i 面临来自银行 C 的本地竞争，则其设为 1，否则设为 0。

• ε_i 是误差项。

表 3.13 显示了该分析的结果。

以下几点值得注意。首先，与变量“风险”相关的系数在 5% 水平时具有统计学上的显著性(既然 95% 的置信区间不包括零)，且其值等于 3.56。这就意味着，如果一家分行应付的风险水平增加 1[如从 1(低风险)增加至 2(中等风险)]，则 201
该分行提供的预期平均利率大约增加 3.5%。

其次，与图 3.5 所阐述的图表分析一致，回归分析正式确定了这样一种主张，即鉴于相关系数在 5% 的水平从统计学意义上讲与零没有差异，没有证据表明可变的“竞争对手数量”能够解释利率的变化。有趣的是，如果人们忽略了回归中的可变“风险”，那么可变“竞争对手数量”在统计意义上变得较为显著，从而与图 3.4一样错误地暗示竞争对手数量的增加会引起更低的利率。

再次，最为重要的是，银行 A 的利率在银行 C 也存在的区域内明显更低(超过一个百分点)。相反，银行 B 似乎未对银行 A 的利率产生任何影响，表明两者并非对方的最紧密竞争者，且它们的合并不可能产生单边效应。

最后，我们在上面的实例中曾假定，每个地方区域内向中小企业提供贷款的企业数量是由外生性质所确定。换句话说，我们将每个地方区域的企业数量当作了自然事实，而不是将企业基于各区域预期盈利能力作出市场进入决策看作是某种函数。在此情况下，我们试图证明该假设是基于：向中小企业贷款代表了任何单独分行业务的一小部分，其结果是，有理由认为，企业不会根据该部分业务的盈利能力来决定在哪里开设分行。实践中，这种假设只有在某些特殊情况下才成立。因此，该分析通常需要考虑企业市场进入决策的内生性质，例如通过辅助变量的使用来考虑。内生性将在附录 A 中作进一步讨论。

3.3.3 欧盟合并控制中的应用

委员会在近来的许多案件中都使用了价格/集中度分析，和/或对合并一方存在对另一合并方收取费用影响的分析。 201

在 *Sanofi–Aventis/Zentiva* 案[66]中，委员会声称，既然经济计量分析证明 Zentiva 在任何受影响国家内都未对 Sanofi–Aventis 实施不同于其他一般生产商的独特竞争约束，那么，计量分析与其他证据一起能够证实可以排除与引入仿制药产品有关的竞争关注。[67] 特别是，委员会收集了 1996～1998 年所有地域市场中的销量、价格和广告支出等数据，其中 1998～2010 年 Sanofi–Aventis 在 10 个国家内面对来自一家分子级仿制药生产商的市场进入。[68] 委员会着手进行了经济计量分析，以测试 Zentiva 是否对 Sanofi–Aventis 施加了比普通仿制药生产商更强的竞争约束。[69] 委员会并未发现任何重要的证据表明 Zentiva 是 Sanofi–Aventis 的特殊竞争者，无论它是作为第一个“独立的”仿制药生产商还是作为后来者进入市场。根据委员会的上述分析表明，Zentiva 对 Sanofi–Aventis 施加的竞争约束并不强于普通仿制药竞争者施加的约束。[70]

在 *Ryanair/Aer Lingus* 案[71]中，委员会特别关注合并双方在都柏林之外航线上施加给对方的竞争约束。委员会使用了各种经济计量分析，以评估合并前场景下，一方的存在是否对另一方设定的价格水平产生影响。最初，委员会对特定时间点的不同航线实施了代表性回归分析。该分析的主要目的是，分析比较一方在航线上存在时另一方的价格与在航线上不存在时另一方的价格。经济计量模型包含了许多其他自变量，以考虑不同航线上的需求和成本变化。最终，委员会认为系数值和统计学上的显著性都不能得出明确的结论，主要是因为其中使用的自
202 变量没有考虑到航线特殊性的存在。[72] 于是委员会决定转而依赖另一种分析，试图确定竞争对手的存在随时间变化（市场进入）是如何影响价格的。该分析将在本章第 3 节作进一步讨论。

在 2008 年的 Statoil/JET[73]合并调查中，委员会运用经济计量分析来评估存在本地竞争对手所带来的竞争影响。下列案例研究讨论了这一调查，以及其中对竞

---

66 Case COMP/M. 5253-*Sanofi–Aventis/Zentiva*, Commission decision of 4 February 2009.

67 Case COMP/M. 5253-*Sanofi–Aventis/Zentiva*, Commission decision of 4 February 2009, para. 510.

68 Case COMP/M. 5253-*Sanofi–Aventis/Zentiva*, Commission decision of 4 February 2009, para. 543.

69 Case COMP/M. 5253-*Sanofi–Aventis/Zentiva*, Commission decision of 4 February 2009, para. 545.

70 Case COMP/M. 5253-*Sanofi–Aventis/Zentiva*, Commission decision of 4 February 2009, para. 547.

71 Case COMP/M. 4439-*Ryanair/Aer Lingus*, Commission decision of 27 June 2007.

72 这就是所谓的遗漏变量偏差（OVB）。

73 Case COMP/M. 4919-*StatoilHydro/ConocoPhillips*, Commission decision of 21 October 2008.

争对手着手进行的经济计量分析。

3.3.4　案例研究:Statoil/JET

委员会采用了本节讨论的经济计量分析,以评估 StatoilHydro(Statoil)对 ConocoPhillips(JET)位于斯堪的纳维亚半岛无人加油站的拟议收购。[74] 2008 年 10 月,经过第二阶段调查后,委员会在附带一系列条件下批准了该合并。在瑞典,委员会发现申报交易将导致单边效应关注。[75] 因此,它要求 Statoil 剥离加油站网络。

Statoil 是一家历史悠久的、以人工加油站为主的瑞典加油站运营商,曾经拥有 30% ~40% 的市场份额。JET 于 1978 年作为第一家"从简型"无人值守加油站运营商进入瑞典市场,以低于人工加油站的零售价格出售汽油和柴油,不提供任何额外服务。[76] 由于其先行优势,JET 能够获得有吸引力的地点,可为所有瑞典加油站网络提供最高的效率(就每个站点的年均销量而言)。JET 之前的市场份额为 10% ~20% ,导致合并后的市场份额可达到 40% ~50% 。

3.3.4.1　JET 的作用

在 1978 年进入瑞典市场后的第一个 10 年里,JET 在瑞典市场上发挥了积极作用。相对于人工加油站价格,它稳步地提高其零售价格折扣,试图获得更多的市场份额。然而,大约从 1990 年开始,JET 在瑞典的战略发生了变化。从那以后, 203
在大约 15 年时间里,JET 与其他无人值守运营商保持了相对于人工加油站完全一样的折扣(每公升汽油 0.25 克朗)。JET 以稳定的折扣跟随人工加油站的价格,并未开始降低价格以增加其市场份额。

在合并前的几年里,JET 的折扣分别受到竞争对手两次独立挑战,第一次是壳牌(Shell),然后是 Statoil。两家运营商都参与了重组,并大大降低了成本。随后,它们试图将降低的成本转化为更高的市场份额,因此使其人工加油站的价格

74　Case COMP/M.4919-*StatoilHydro/ConocoPhillips*, Commission decision of 21 October 2008. 该案例研究引用了 A. Lofaro and J. P. van der Veer, 'Fuelling the Debate? The role of econometrics in Statoil/JET' (2010) 31 (6) *European Competition Law Review* 222-225。

75　委员会还认为交易在挪威也会产生单边效应。

76　由于 JET 的进入,其他运营商(包括知名运营商)也推出了无人值守加油站,从而使合并向委员会申报时,瑞典超过一半的加油站已变为无人值守加油站。

降低至趋向 JET 的价格水平。[77]

在这两次挑战中,JET 害怕壳牌和 Statoil 如果维持降价会导致其零售价格差异更小,进而失去竞争力,因此,JET 通过降低其自身价格作出回应,以便恢复最初的价格差异。[78] 然而,壳牌和 Statoil 试图继续降低其价格,以减少它们与 JET 价格之间的差异。在此情况下,一场旷日持久的价格战随之展开,所有企业都使用极其低廉的价格来迫使竞争对手要么接受要么拒绝新的价格差异。正如我们所看到的,一个关键的问题是,如何解释来自不稳定价格战期间的定价证据。

3.3.4.2 经济计量评估

委员会的评估侧重于瑞典市场内 JET 对竞争的影响,特别是对 Statoil 价格的影响。委员会担心,JET 作为一个零售价格低于人工加油站的低价竞争者,其施加的竞争约束高于其市场份额所表明的水平。[79] 委员会将 JET 视为一个可能的"特立独行者",这是市场价格竞争的一个重要驱动者,消除 JET 可能会产生单边
204 效应。为了确定 JET 是否对 Statoil 施加了重要的竞争约束,委员会和合并双方的经济学家运用了经济计量分析,以各直销店为基础,大量使用价格、销量、人口密度、本地竞争对手的数量和地位等数据。

尽管基于稍显不同的说明,但委员会和合并双方的经济学家使用的经济计量分析产生了明显类似的结果。特别是,委员会和合并双方的经济计量模型都同意,在非价格战期间,JET 的存在并未对 Statoil 的价格产生重大影响。[80] 这些结果强调了 JET 在非价格战期间的消极作用,它只是以固定折扣跟随其他企业设定的价格,而未降低价格。因此 JET 在正常时期并未对 Statoil 施加重要的竞争约束。然而,*在两次价格战期间*,合并双方以及委员会都发现,只要在靠近 JET 加油站的地方,Statoil 加油站都会显著降低其价格。

3.3.4.3 将计量经济学置于合适的经济背景

尽管委员会和合并双方的经济学家所进行的分析产生了明显类似的结果,然

---

77 与经济理论完全一致,这表明当一家企业可从降低单位生产成本中获益时,它有动机降低其价格来获取额外的销量。

78 最初,某些其他无人值守运营商也抵制壳牌和 Statoil 减少价格差异的举措。然而,这些运营商倾向于比 JET 更快地接受新的价格差异。

79 EC Horizontal Merger Guidelines, para. 37.

80 特别是,根据合并双方提交的模型,JET 对 Statoil 价格的影响在统计学上具有显著性,而根据委员会的模型,其在统计意义上是显著性的但在经济上可以忽略不计。

而他们对如何解释这些结果的方式产生了极大的分歧。委员会特别依赖与价格战期间相关的经济计量分析结果，以主张 JET 对 Statoil 施加了重要的竞争约束，消除 JET 有可能产生单边效应。合并双方的回应是这种解释存在缺陷。

至关重要的是，合并双方认为，JET 在价格战期间的影响并没有以任何方式暗示 JET 阻止了 Statoil 的涨价，或者 JET 试图通过降价来获得更多的市场份额。确实，如前所述，价格战是由壳牌和 Statoil 而非 JET 的降价措施所引起。然而，由于担心失去竞争力，JET 对这种降价进行了激进回应。但是由于 Statoil 已经启动了一项价格政策以降低其加油站相对于 JET 的溢价，这反过来导致 Statoil 在面对本地竞争者 JET 时收取极低的价格，进而导致 Statoil 的价格在 JET 存在的地方低
于任何其他地方。然而，重要的是，没有证据表明 JET 试图通过拒绝跟随其他企 205
业一起涨价来增加市场份额。在此基础上，合并双方认为经济计量分析结果没有暗示 JET 对 Statoil 施加了重要的竞争约束，从而阻止后者提高价格。

如果委员会使用其经济计量分析来支持单边效应的理论，则该理论必须是：新的实体可能不会像合并前的 JET 一样激进地回应竞争对手的价格降低。

尽管这类理论可能代表一种可信的损害理论，但不足以推断出拟议交易将产生反竞争效果。其原因在于，对竞争对手价格降低的激进回应可能既有积极又有消极的福利影响。积极影响非常明显，这是因为消费者在短期内可从激进回应中带来低价获益。然而，重要的是，它也可能会产生消极影响，这是因为，如果竞争对手知道这种举措可能通过短期激进回应来实现，则其一开始就不可能降低价格。[81] 换句话说，JET 对壳牌和 Statoil 的定价举措所作出的明显激进回应可被视为一种防御行为，旨在阻止价格竞争。任何损害理论都需要考虑这两种影响，恰当地权衡积极和消极影响。

然而，不同于解决这种权衡，委员会只是将价格战期间观察到的 JET 对 Statoil 价格的影响作为重要竞争约束的证据。[82] 这样的话，委员会可能忽略了是经济背景催生了价格战期间 JET 对 Statoil 价格的影响，尤其是竞争对手考虑的对未来降
价的威慑效果 源于 JET 对竞争对手降价的一贯激进回应。 206

81　如果企业知道当它们试图以低价形式将成本降低转移至消费者时，将面临来自竞争对手的激进回应，则它们可能甚至不会实施成本降低计划。

82　案例团队随后发表的文章（本章第 3.1.3 节提到的）也指出了自身的局限性，声明其得出经济计量分析结果时未考虑合适的经济背景。

3.4 市场进入分析

3.4.1 技术的描述

上节讨论了价格/集中度的研究,试图衡量价格和集中度水平之间的关系,并分析每一方对另一方价格的影响。这些方法体现了代表性分析的形式,也就是说在本质上,它们试图比较特定时间点企业在不同市场中的表现,以推断出合并带来的市场结构变化如何改变市场结果。

同样的逻辑也可以应用于对不同时间而非不同市场的分析,即比较特定市场中企业绩效在市场结构发生变化时的演变。例如,如果一家企业最近才进入一个市场,则可以比较其进入前和进入后的价格水平,以评估新企业的存在所产生的竞争影响,从而评估合并后企业数量的减少带来单边效应的可能风险。由于市场进入涉及市场集中度的降低,因此引起集中度升高的合并对集中度的影响可能与市场进入相反。当市场进入者为其中的一个合并方时,市场进入的影响与合并评估可能存在特别的关联,这是因为根据调查,这种企业的增加可能密切对应合并带来改变的对立面。

接下来,我们提供了一个简单实例来说明,市场进入分析如何为合并评估提供有用信息。

3.4.2 实例

考虑两家名牌汤类生产商 A 和 B 之间的合并,在合并后,新实体将拥有超过 40% 的市场份额,且它将面对两个竞争对手企业 C 和 D,这表明委员会必须谨慎地调查单边效应的风险。然而,对有效证据的简单分析支持这样一种观点,即合并双方并非特别相近的替代者,且其合并不会消除重要的竞争约束。特别是,图 3.6 显示 2008 年 1 月至 2010 年 12 月每月市场份额的演变,以及每家企业在相
207 同时期内每月价格的变化。

检查图表中的数据可以看到两个要点。第一,企业 B 直到 2010 年 1 月才进入市场,它在同年 12 月获得了 11% 的市场份额,且它夺取的份额几乎全部来自企业 C。事实上,图中清楚地显示,企业 A 和 D 两家企业的市场份额几乎未受企业 B 进入市场影响。第二,在企业 B 进入市场以前,企业 C 的价格与企业 A 及 D 的价格高度平行。然而,在企业 B 进入后,它以极低的价格推出自身的产品,使得企业 C 的价格大幅下降并迅速趋向于企业 B 的价格。

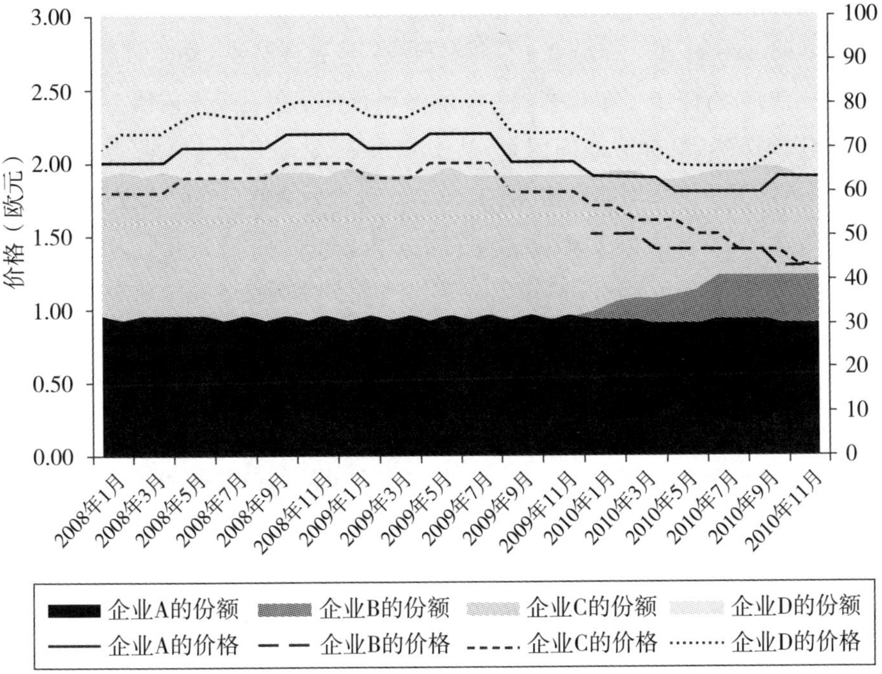

图 3.6　2008 年 1 月至 2010 年 12 月的每月份额和价格

因此，这一简单分析提供了反对合并会产生单边效应这一观点的强有力证据。产品 B 的价格可能仍然会受到企业 C 的有效制约，而产品 A 的价格将继续受到企业 D 的限制。[83] 208

3.4.3　欧盟案例中的应用

在近年来许多进入第二阶段审查的合并案件中，委员会评估单边效应时都考虑了市场进入的因素。

委员会在 *Lufthansa/SN Airholding*[84]、*Lufthansa/Austrian Airlines*[85]、*Johnson&Johnson/Guidant*[86]和 *Ryanair/Aer Lingus*[87] 等案中分析了竞争对手进入市场带来

83　如上节所讨论的，通常有必要采用经济计量技术来考虑可能影响两家企业市场进入策略以及竞争结果的因素（例如，市场增长和成本条件的变化）。

84　Case COMP/M. 5335-*Lufthansa/SN Airholding*, Commission decision of 22 June 2009.

85　Case COMP/M. 5440-*Lufthansa/Austrian Airlines*, Commission decision of 28 August 2009.

86　Case COMP/M. 3687-*Johnson&Johnson/Guidant*, Commission decision of 25 August 2005.

87　Case COMP/M. 4439-*Ryanair/Aer Lingus*, Commission decision of 27 June 2007.

的影响。特别是,在 *Lufthansa/ SN Airholding* 案[88]中,委员会使用了经济计量分析,结果表明 easyJet 进入布鲁塞尔—柏林航线后导致该航线上 SN 的票价显著降低。委员会的分析使用了布鲁塞尔—慕尼黑和布鲁塞尔—汉堡航线上的票价变化来控制影响航空票价的外部因素,其中观察到,SN 在柏林航线上的票价在 easyJet 进入前高于汉堡航线价格,但在 easyJet 进入后降低至类似或更低的水平。因此,委员会认为 easyJet 对 SN 施加了竞争约束,并且约束在合并后仍然存在。

同样,在 *Lufthansa/Austrian Airlines* 案[89]中,委员会调查了竞争对手的进入是否可提高新实体在合并后将面临的竞争约束强度。特别是,委员会对维也纳—慕尼黑航线的分析显示,低成本航空公司 Niki 在 2007 年的进入对合并实体的价格并未产生影响(至少在考虑时间敏感型乘客时)。同样,在维也纳—法兰克福航线上,Niki 在 2006 年 10 月的进入,对合并双方完全灵活的商务舱和经济舱票价没有影响。委员会发现,Niki 的进入对 Lufthansa 的非灵活型经济舱票价产生了影响,但与 Austrian Airlines 的非灵活型经济舱票价相比则影响较低。因此,委员会认为对于时间敏感型乘客(甚至可能是所有乘客)来说,Niki 对合并双方不构成竞争约束。

在 *Johnson&Johnson/Guidant* 案[90]中,委员会调查了在心血管医疗器械供应市场上产生单边效应的范围。尽管委员会并未着手进行详细的市场进入分析,但它
209 指出,新产品的进入没有导致合并双方市场份额的降低,这表明新进入者无法对合并企业产生实质性的竞争约束。

在 *Ryanair/Aer Lingus* 案[91]中,委员会使用了经济计量分析,试图确定竞争对手的存在时间变化时是如何影响定价的。[92]委员会使用了合并前后分析,其中包含两种不同的方法。第一种方法旨在评估一方进入(或存在于)市场对另一方票价的影响,而第二种方法则分析了一方产能(频率)变化对另一方价格的影响。这些模型同时考虑了需求和成本随时间和航线的变化。尽管委员会的分析受制于某

---

88 Case COMP/M. 5335-*Lufthansa/SN Airholding*, Commission decision of 22 June 2009.

89 Case COMP/M. 5440-*Lufthansa/Austrian Airlines*, Commission decision of 28 August 2009.

90 Case COMP/M. 3687-*Johnson&Johnson/Guidant*, Commission decision of 25 August 2005.

91 Case COMP/M. 4439-*Ryanair/Aer Lingus*, Commission decision of 27 June 2007.

92 特别是,该委员会使用固定样本数据着手进行固定效应回归分析。“固定样本数据”系指多维度数据。在当前的特定情况下,它系指沿着两个维度界定的数据:(a) 不同的航线(其构成代表性)和(b) 不同的时间点。

些具体警示,但这种方法相对于在指定时间点对不同航线的分析(本章第3.3.3节所述)的主要优势在于,时间维度的引入减少了因为遗漏变量偏差而对代表性分析的可靠性产生的疑虑;其主要原因是在指定航线中,大多数无法观察到的因素不可能随时间产生变化。[93] 鉴于后一点,委员会认为这种方法足够可靠,因此在评估中考虑了它的结果。尽管委员会并未发现Aer Lingus进入市场对Ryanair的价格产生了在统计意义上的显著影响,但它发现有Ryanair参与竞争的航线中,Aer Lingus的价格通常要低5%～10%。该结果促使委员会得出拟议合并可能产生严重阻碍有效竞争的结论。 210

3.5　自然实验

3.5.1　技术的描述

在以上章节中,我们讨论了如何通过考虑集中度变化以及特定竞争对手的存在(不同市场或不同时间)对价格的影响,从而推断各企业互相施加给对方的竞争约束。如上所述,这些研究可能遇到这样的问题是,研究中所观察到的集中度变化(不同市场或时间)可能是由同样也会影响价格的需求和成本条件导致的。[94]

自然实验涉及研究企业如何回应由外生性(并非企业决策的功能)确定的市场变化。在特定情况下,这些外生性变化有助于推断特定企业(或多个企业)对竞争对手施加竞争约束的程度。在合并分析中,依赖最多的自然实验涉及利用临时无计划的供应中断。[95] 导致供应中断的原因有很多,包括特定企业工厂的罢工、停电或火灾。如果供应中断足够严重,则其可为自然试验提供分析的基础。特别是,该事件可能有助于回答各种问题,比如,当不能使用特定供应来源时,客户会转向哪里?竞争对手是否能够扩大产出,以应对特定企业的供应减少。当一个特定企业(临时地)不再提供产品参与竞争时,竞争对手的价格将如何变化?这种方法在下列程式化实例中作进一步说明。

93　有关EC经济计量分析的更详细概述,请参见M. de la Mano, E. Pesaraesi and O. Stehman,'Econometric and Survey Evidence in the Competitive Assessment of the Ryanair - Aer Lingus Merger'(2007) 3 *Competition Policy Newsletter* 73-81。

94　这一问题被称为内生性,将在附录A作进一步讨论。

95　为了着手进行自然实验之目的,可使用的其他事件包括在不同地理区域或产品领域中单独影响企业的税制变化,以及第二章(市场界定)中详细讨论的汇率变化。

3.5.2 实例

假设两家工业设备生产商A和B计划进行合并。两家企业持有的市场份额分别为30%和40%。合并后的实体将面临来自其他两家企业C和D(分别具有
211 25%的市场份额)的竞争。鉴于合并后企业的市场份额约为50%,初步会考虑该合并将会产生单边效应。

现在假设过去1年中,企业B的工厂因为严重火灾导致出现了3个月的停工。在此期间,企业B必须停止所有生产。通过观察其他市场参与者对企业B生产停滞的反应,可以推断其他每家企业在正常情况下会对企业B施加的竞争约束。

表3.14 企业B工厂停工前的三个月以及停工期间的三个月内各企业的月均销量

	停工之前的三个月	停工期间的三个月
企业A	30	30
企业B	20	—
企业C	25	35
企业D	25	35

表3.14显示了4家企业在企业B的工厂停工前的3个月以及停工期间的3个月内的月均销量。

该表显示,在其工厂停工前的3个月内,企业B每月的平均销量为20个单位。在停工期间的3个月内,企业C和企业D的月均销量都增加了10个单位。因此,在没有企业B的产品时(或者相当于该产品无限涨价),企业B的业务有一半转向了企业C,另一半转向了企业D,而没有任何业务转向企业A。这或许可以证明,对企业B施加的大多数重要约束来自于企业C和D,可能是由于实际产能限制的缘故,企业A并未对企业B施加任何约束。

进一步假设,在停工期间,剩余3家供应商并未显著提高价格。该结果支持
212 这样的观点,即企业B并未代表行业中一个对竞争结果至关重要的竞争来源,因此竞争在合并后的市场环境中仍将继续有效进行。[96]

---

96 该实例是高度程式化的。在实践中,可能有必要使用经济计量技术来控制影响企业在供应中断前、中断期间和中断后定价和产出决策的其他因素。

3.5.3　欧盟案例中的应用

委员会在许多合并调查中采用了自然试验,特别是临时供应中断来评估竞争约束。

在 *Inco/Falconbridge* 案[97]中,委员会使用了 Inco 一家生产工厂罢工所引起的供应中断,来评估镍供应市场的竞争。委员会发现,在2003 年一次持续13 周的罢工中,Falconbridge 似乎从 Inco 损失的销量中获得了相当大比例的市场份额,约为25% ~35%。[98] 因此委员会认为 Falconbridge 对 Inco 施加了重要的竞争约束。在 Falconbridge 将其位于挪威的 Nikkelverk 提炼厂以及相关资产剥离给镍矿开采行业中一个已经非常活跃的企业 LionOre 后,该合并最终获得了批准。

在对 *Ineos/BP Dormagen* 案[99]的评估中,委员会考虑了合并双方提交的意见,即竞争对手对合并企业工厂电力故障的反应可以证明,这些竞争对手有能力提高环氧乙烷的产量,以抵消合并后减少产出的任何潜在意图。委员会注意到,尽管无法根据竞争对手在过去应对短期停工的能力直接推测它们在将来仍然有能力应对合并后实体永久性减少批发销量(从而带来反竞争影响),但在结合委员会的其他发现后,这些研究有助于得出这样的结论:既然竞争对手有能力也有动机来抵消这种策略,那么合并后实体不可能减少商品市场的销量。[100]

然而,在 *Friesland Foods/Campina* 案[101]中,委员会拒绝了合并双方提供的证据:2004 年一场火灾引起 Campina 一家工厂的关闭对荷兰乳制品的总体供应并未 213
产生影响。委员会主张,临时关闭未使产业结构发生永久性变化,因此无法直接解读为对合并后定价动机的预测。[102] 特别是,委员会发现,乳制品行业中的合同期限可能掩盖了行业供应暂时性变化的影响;在国际出口市场中,Campina 的上述工厂仅占据供应的一小部分;且 Campina 可能已将生产外包给第三方,以减轻受影

97　Case COMP/M. 4000-*Inco/Falconbridge*, Commission decision of 4 July 2006.

98　Case COMP/M. 4000-*Inco/Falconbridge*, Commission decision of 4 July 2006, para. 373.

99　Case COMP/M. 4094-*Ineos/BP Dormagen*, Commission decision of 10 August 2006.

100　Case COMP/M. 4094-*Ineos/BP Dormagen*, Commission decision of 10 August 2006, para. 97.

101　Case COMP/M. 5046-*Friesland Foods/Campina*, Commission decision of 17 December 2008.

102　Case COMP/M. 5046-*Friesland Foods/Campina*, Commission decision of 17 December 2008, para. 794.

响工厂的产出损失。[103] 委员会的立场表明，为使供应中断的自然实验有意义，必须证实上述冲击对行业供应有重大影响。

3.6 合并模拟

3.6.1 技术的描述

合并模拟描述了一种广泛的技术，试图通过现有企业行为的数据，来预测该行为在发生合并后如何响应。[104] 本质上，合并模拟包含以下过程。首先，使用合并市场数据来校准行业中企业间竞争互动的数学描述。一旦建立了模型，就可对其进行修改，以反映拟议合并会导致的企业所有权变化。随后，这种合并后模型可以预测所有权变化将如何改变行业内所有企业（包括合并双方及其竞争对手）的动机，以及合并对行业销量和价格的总体影响。然而，在实践中，合并模拟的应用是一个高度技术化和数据密集的过程，需要使用某些强大的（在某些情况下是可疑的）经济假设来呈现易处理的数学运算。在本节中，我们不会试图为如何进行
214 合并模拟提供完整的描述，但会简单介绍合并模拟技术，以及应当何时以何种方式使用它们。

人们已经发展了许多方法，使用经济计量技术来模拟合并产生的单边效应，且通常由于能够取得扫描数据，所以在品牌消费品行业的合并中进行使用。[105]

---

[103] Case COMP/M. 5046-*Friesland Foods/Campina*, Commission decision of 17 December 2008, paras. 795-799.

[104] 以下讨论部分引用了 RBB Brief 12, 'The Emperor's New Clothes? The role of merger simulation models', January 2004。另请参见 A. Lofaro and D. Ridyard, 'The Role of Economics in European Merger Control', in N. Levy, *European Merger Control Review-A guide to the Merger Regulation* (LexisNexis, 2011), Section 24.05。

[105] See, e. g., J. Baker, 'Contemporary Empirical Merger Analysis', FTC Working Paper; D. Hosken, D. O'Brien, D. Scheffman and M. Vita, 'Demand System Estimation and its Application to Horizontal Merger Analysis' (DOJ Working Paper, April 2002); and J. Hausman, G. Leonard and D. Zona, 'A Proposed Method for Analyzing Competition Among Differentiated Products' (1992) 60 *Antitrust Law Journal* 889-900. 2004 年，DG COMP 发表了一份关于合并模拟方法的技术报告：R. Epstein and D. Rubinfeld, 'Effects of Mergers Involving Differentiated Products', COMP/B1/2003/07, available at http://ec.europa.eu/competition/mergers/studies_reports/effects_mergers_involving_differentiated_products.pdf。

合并模拟模型的使用引起了众多方法论上的挑战。[106] 这些模型也引起了争议,这是因为它们通常需要对消费者的选择和竞争者互动的方式进行重要的假设。

合并模拟模型存在许多不同变体,其复杂度也不尽相同。模型之间的选择在很大程度上是灵活性(对模型施加尽可能少的限制和假设)和数据要求之间的妥协。一般来说,行业数据的可用性越高,则可以使用的模型方法就越灵活。然而,就企业间竞争的本质而言,所有模型都需要某些假设。差异化产品市场中的合并模拟模型所提出的标准假设是,企业采取的竞争方式与伯特兰德竞争一致:也就是说,每家企业都选择一种价格来使其利润最大化,并假定其竞争对手会保持价格不变。

委员会认识到,合并模拟模型必然以某种方式与现实偏离,但根本问题是,简化的假设是否使模型能够反映上述行业中的核心竞争要素。在 *Oracle/Peoplesoft* 案[107]中,其声称: 215

> 委员会同意,模拟模型的使用严重依赖于该模型是否能够充分捕捉驱动不同市场参与者行为的基本机制,并且,原则上来说,评估是否为任何特定案例的情况可能存在争议。为了使模型在数学方面易于处理,有必要简化假设,并且在此过程中,确保模型中存在的基本机制足以反映真实情况是非常重要的。[108]

人们对技术越来越感兴趣的一个主要原因在于,发展简单模拟模型只需要有限的关于合并企业及其竞争者的数据。由 Epstein 和 Rubinfeld 倡导的按比例校准的近理想需求系统(Proportionally Calibrated Almost Ideal Demand System, PCAIDS)模型,以及由 Froeb 和 Werden 开发的反垄断罗吉特模型(Antitrust Logit Model, ALM)都是最简单模型的实例。[109] 例如,为了预测横向合并所产生的效应,

---

106 请参见 D. Scheffman and M. Coleman, 'FTC Perspectives on the Use of Econometrics in Antitrust Cases' (FTC Bureau of Economics Working Paper, 2002)。作者对基于结构化需求预测的经济计量模拟提出了一些适用性方面的批评,声称它们预测的合并后价格效应过于显著,使人难以相信。

107 Case COMP/M. 3216-*Oracle/Peoplesoft*, Commission decision of 26 October 2004.

108 Case COMP/M. 3216-*Oracle/Peoplesoft*, Commission decision of 26 October 2004, para. 193.

109 R. Epstein and D. Rubinfeld, 'Merger Simulation: A Simplified Approach with New Applications' (2002) 69 *Antitrust Law Journal* 883–917; G. Werden and L. Froeb, 'The Effects of Mergers in Differentiated Products Industries: Logit Demand and Merger Policy' (1994) 10(2) *Journal of Law, Economics & Organization* 407–426.

PCAIDS 模型只需要三个输入——合并前市场份额、市场需求的总体弹性以及合并双方其中一方品牌层面的需求弹性。PCAIDS 模型和 ALM 存在一些相同的简化假设。特别是,两种模型都假设:如果一家企业提高其价格,则其一部分需求将会按照市场份额比例转移到其他品牌。[110] 关于需求曲线形状的假设,可确定合并后实体提高价格的最佳额度,且伯特兰德竞争的假设允许模型解答其对整体市场价格的最终影响。然而,我们应该牢记,这些都是非常受限的模型,其中合并双方在合并后的定价行为必须与合并企业的市场份额直接相关。因此,这些模型的简
216 单性意味着很高的代价——它们无法解释一个差异化行业的真实情况。

我们可以通过引入"嵌套层"(nests)到需求假设中,以便为这些模型添加稍微更加现实的因素,其中某些产品可通过该嵌套层被确为更相近的替代者。在这些"嵌套罗吉特"模型中,提高价格后一家企业损失的需求将按照市场份额比例转向其他品牌的假设,仅适用于分配到相同嵌套层中的产品,而不适应于不同嵌套层的产品。然而,至关重要的是,嵌套层的组成并不是源自数据,而是必须通过假设施加到模型上。有关嵌套罗吉特模型的更详细讨论,以及更为普遍的离散选择,请参见附录 B。

凭借对品牌间竞争本质信息的更充分了解,一种更具雄心的模拟模型通过将单独的自身价格和交叉价格弹性的统计估计值输入到模拟中,试图避免对嵌套潜在的任意假设。Ivaldi 和 Verboven 在为委员会竞争总司关于 *Volvo/Scania*[111]合并着手进行的欧洲卡车市场分析中,以及 Foncel 和 Ivaldi 在为竞争总司关于 *Lagardère/Natexis/VUP*[112]合并进行的研究中均采纳了该方法。[113] 这种方法需要更多的数据,但声称可以根据品牌间的实际互动获得了更真实的结果。它们还使得分析不受特定市场条件的限制,这是因为品牌间的可替代性程度通过估值过程"露出了真实面貌"。

---

110 因此,例如在一个包含三家企业的模型中,品牌 A、B 和 C 的市场份额分别为 20%、20% 和 60%,假设品牌 A 提高价格,A 损失的需求将按 25∶75 的比例分配给企业 B 和 C。

111 Case COMP/M. 1672-*Volvo/Scania*, Commission decision of 15 March 2000.

112 Case COMP/M. 2978-*Lagardère/Natexis/VUP*, Commission decision of 7 January 2004.

113 特别是,在 *Volvo/Scania* 合并调查中,Ivaldi 和 Verboven 所进行的分析预测合并将会导致北欧国家(合并后实体在这些国家非常强势)的消费者福利受到严重损害。他们还分析了不同场景效率增进可以削减不利影响的程度。他们还发现,Volvo 和 Renault 之间的合并(该交易在斯堪的纳维亚的交易被禁止后确实发生了)则不会产生重大不利影响。

尽管它们使用的经验技术十分复杂,但通过这些模型得出的预测仍然高度依赖于大量关键技术参数。例如,关于需求曲率的假设可以用来区别合并后价格上涨的高低,关于寡头垄断集团成员间互动本质的各种假设,将会影响将合并企业单边涨价解读为全行业结果的方式。[114] 这些模型提出了一系列更为基础的问题, 217
即它们是否为合并的实际效应提供了可靠的指导。对于它们在衡量竞争品牌间历史关系的所有复杂性,如上所述,大多数合并模拟模型的理论基础就是极其简单的伯特兰德模型,它们固有的偏见,预示着任何横向合并都会导致价格上涨。对于这种模型是否有效体现现实世界的寡头互动的质疑已导致一些批评者反对依赖这些技术。[115]

3.6.1.1 价格压力测试的插曲

我们在上文中提供了复杂合并模拟工具的概览,委员会在一些深入的合并调查中已经采纳了这些工具。一些竞争主管机构,特别是英国的竞争主管机构,最近开始采用某些与合并模拟神似的简单工具,这些工具在特定情况,可以在启动更加详细的调查之前对合并可能产生的影响提供认识。

这些工具通常被统称为价格压力测试。如上所述,横向合并会产生提高价格的动机,因为一个合并方提高价格可为另一合并方的产品需求带来积极影响。价格压力测试的一个共同特征是,它们利用两种关键信息——合并企业之间的转移率和合并前的毛利润——来深入了解提高价格的动机强度。

价格压力测试存在多种变形,其中有三个吸引了竞争主管机构的特别注意:*说明* 218
性价格上涨(*Illustrative Price Rise*,IPR)、*上涨定价压力*(*Upward Pricing Pressure*,UPP) *和总价格上涨压力指数*(*Gross Upward Pricing Pressure Index*,GUPPI)。[116]

---

114 有关讨论,请参见 G. Werden, 'Simulating the Effects of Differentiated Products Mergers:A Practitioners' Guide' (June 1996) *Proceedings*:*Strategy and Policy in the Food System*:*Emerging Issues* 20–21; and G. Werden and L. Froeb, 'Calibrated Models Add Focus, Accuracy and Persuasiveness to Merger Analysis' (Discussion Paper, 2002)。

115 联邦贸易委员会经济局前局长 David Scheffman 一直是最直言不讳的批评者之一。特别是,他与合并模拟技术的两个主要支持者 Luke Froeb(他在 FTC 的继任者)和 Greg Werden(美国司法部反垄断局高级经济顾问)共同编写了一篇文章,试图为这种技术的使用提供某些适用性的指导。See G. Werden, L. Froeb and D. Scheffmann, 'A Daubert Discipline for Merger Simulation' (Working Paper, 2004). 与欧洲经济评论家的众多模拟相比,这些作者的作品代表了对合并模拟更加平衡和批判性的立场。

116 RBB Economics, 'Conjectural Variations and Competition Policy: Theory and Empirical Techniques' (A Report for the OFT, October 2011) 中提供了关于这些测试(和一些扩展)的概述。

第一个在合并控制中考虑的、基于合并前利润和转移率的简单测试是 IPR 方法。它首次为一家欧洲竞争主管机构使用是英国竞争委员会在 2005 年对 *Somerfield/Morrisons* 合并案的调查中。[117] IPR 方法采用转移率和合并前利润的信息,并与具体需求曲线形态的假设一起,提供预测性(说明性)价格上涨。特别是,在对称企业的情况下,[118]如果假设需求为等弹性形态,则 IPR 计算公式为 $(m\times d)/(1-m-d)$,如果假设需求为线性形态,则 IPR 为 $(m\times d)/2(1-d)$。[119] 一种对该方法的强烈批评是,该方法产生的预测价格上涨对需求曲线形态的选择特别敏感。特别是,等弹性需求假设计算出的价格上涨,远远高于线性需求假设计算出的价格上涨。此外,鉴于 IPR 必然总是为正值,则为了使此方法可行,要求为预测价格上涨百分比设定一个门槛,当超过这一门槛后 IPR 将会引起关注。一些评论者已经注意到,即使为可容忍预测价格上涨设定了较高的门槛,使用等弹性需求假设也会导致对明显没有问题的合并引起关注。[120]

最近,人们提出了两种相关的备选指标 UPP 和 GUPPI。这些方法不需要对需求形态进行假设。这些方法背后的基本直觉是,合并后提高价格的动机在概念上
219 源自每个合并方增加额外销量而需要增加的成本。考虑企业 A 和企业 B 之间的合并。在合并之前,如果企业 A 增加额外销量(通过降低价格),它会吸取企业 B 的某些销量,从而使企业 B 的利润受损,这是企业 A 在合并前制定定价策略时并未考虑的。对于企业 A 增加的每笔额外销量,企业 B 都会损失相关利润,其价值等于:企业 A 从企业 B 赢取的销量之比例 DR_{AB},[121]乘以企业 B 本来可以在这些销

117 Somerfield plc and Wm Morrison Supermarkets plc, September 2005. 有关在该情况下使用 IPR 的批评性讨论,请参见 U. Akgun and D. Ridyard, 'Lost in Translation:The use and abuse of diversion ratios in unilateral effects analysis' (2006) 27(10) *European Competition Law Review* 564–568。

118 适用于非对称合并企业的 IPR 公式的类似版本更加复杂,在此并未展示。这些可以在 RBB Economics, 'Conjectural Variations and Competition Policy:Theory and Empirical Techniques' (A Report for the OFT by October 2011) 中找到。

119 C. Shapiro, 'Mergers with Differentiated Products' (1996) 10 *Antitrust* 23–30 中展示了这些公式并进行了更详细的讨论。

120 See, e. g. , D. Parker, 'Illustrative Price Rises from Mergers in Differentiated Products Markets', *Global Competition Policy* (April 2009) (Release 2).

121 请注意,我们假设企业 A 降低价格时来自企业 B 的额外销量比例,与企业 A 提高价格时转向企业 B 的损失销量比例相同。这是一个简单的假设,并不同于假设从企业 A 到企业 B 的转移率 DR_{AB} 与从企业 B 到企业 A 的转移率 DR_{BA} 相等,因为后者与企业 B 的价格变化有关。

量上赚取的绝对利润 M_B。合并之后,企业 A 在制定其定价策略时,会考虑企业 B 的这一额外成本。因此,$DR_{AB} \times M_B$ 的乘积可被视为企业 A 的边际成本之名义增量,它源自从企业 B 夺取的销量之内在化。由于边际成本的标准性增加,该名义成本的增加导致企业 A 的价格产生"向上压力"。

由 Joseph Farrell 和 Carl Shapiro 提出的 UPP 方法,[122]将此名义成本"增加量"与可被视为源自特定合并效率的成本降低量进行了比较。企业 A 的 UPP 计算公式为

$$UPP_A = DR_{AB} \times M_B - E_A C_A$$

其中 DR_{AB} 是从产品 A 转向产品 B 的转移率,M_B 是产品 B 的绝对利润总额,E_A 是企业 A 的边际成本 C_A 的降低量百分比。如果名义成本增加量($DR_{AB} \times M_B$)高于成本降低量 $E_A C_A$,则 UPP 将为正值,且预计合并将使价格上涨。因此,为了实施 UPP 方法,需要证明边际成本会按照合并特有的效率成比例地降低,或者最好是对这一效果的假设(鉴于 UPP 旨在提供初始筛选)。[123] 220

Salop 和 Moresi 提议的 GUPPI 方法[124]不需要这种关于效率的假设。GUPPI 的理念在于,由于 $DR_{AB} \times M_B$ 这一乘积可被视为一家企业因合并导致的名义边际成本增加量,因此这个值本身是有用的。特别是,原则上可以将其与关于成本变化向价格变化的传递率 ρ 之信息进行结合。[125] 随后,可以预测 A 的价格变化就是 A 提高价格的机会成本乘以传递率:$DR_{AB} \times M_B \times \rho$。该表达式在除以 A 的价格后,可得到 A 的价格上涨百分比的预测值。企业 A 的 GUPPI 计算公式为

$$G_A = (DR_{AB} \times M_B) / P_A$$

该指数可与关于传递率 ρ 的信息结合,使得预测价格上涨百分比的表达式简化为

$$A\text{ 的价格上涨百分比} = G_A \times \rho$$

---

[122] C. Shapiro and J. Farrell, 'Antitrust Evaluation of Horizontal Mergers:An Economic Alternative to Market Definition' (Competition Policy Center UC Berkeley, November 2008).

[123] Farrell 和 Shapiro 最初提议,应当为合并设定一个标准效率信用值:E=10%,使得该测试可以有效地提供初始筛选。

[124] S. C. Salop and S. Moresi, 'Updating the Merger Guidelines:Comments' (2009),可访问 www.ftc.gov/os/comments/horizontalmergerguides/545095-00032.pdf 获取。

[125] 请注意,ρ 衡量的是一家企业的价格上涨量与其边际成本增加量的相对值,其中假设行业中所有其他企业的边际成本保持不变。有关合并背景下对传递相关概念的更详细讨论,请参见 S. Jaffe and E. G. Weyl, 'Price Theory and Merger Guidelines' (2011) 3(1) *CPI Antitrust Chronicle*。

对 GUIPP 的一种批评意见认为,如果未将此指数与传递率信息结合,则难以通过该值(它始终为正值)来确定合并是否存在问题。[126] 同时,在实践中非常难以估计 ρ 的值,即使在深入调查的背景之下。此外,由于任何单个企业的传递率取
221 决于需求形态和竞争对手的反应,因此关于 ρ 的任何假设,还包含了对需求形态以及企业间策略互动本质的隐含假设。[127] 必须注意的是,定价压力测试的最初目标是为识别可能产生竞争关注的合并提供初始筛选,它优于重点关注市场份额的方法。[128] 基于转移率和利润的简单衡量方法,并未解释一系列重要的因素,如供应端的反应(如市场进入和产品重新定位)、多产品定价、竞争对手的定价回应以及特定的需求相关因素,因此它们只能构成单边效应总体评估的一部分。因此,正如它们最初支持者所指出的,不能将这些简单测试当作更深入调查的替代方案。[129]

即使是作为第一阶段的筛选,对于价格压力测试是否应当构成调查中的一个重要部分,也一直存在争议。它们的主要价值在于,它们以现代产业经济学为基础,因此比差异化产品合并中的传统"初始筛选"分析更加先进,因为传统的分析仅限于对市场份额的评估。[130] 与合并模拟方法相比,这些测试只需要非常少的信息,使其在初始调查阶段即可执行,而在初始阶段,通常因为时间的限制而不允许执行更加复杂的分析。然而,这些测试受到了某些评论者的批评。尽管上述每种方法存在其自身的特定缺点,就测试假设的限制或者缺乏评判测试结果的门槛而
222 言,适用于所有这些方法的共同批评在于,它们在早期调查阶段非常注重两个数

---

126 在 *Streetcar/Zipcar* 案中,英国竞争委员会通过对利润和转移率的分析,得出了价格上涨较为"适度"的结论。然而,它并未指出如何使用显著性阈值或偏置(效率)因素来推断价格上涨是"适度的",即使转移率和利润的乘积对于所有合并都是正值。有关此案例的讨论,请参见 RBB Brief 36, 'Road-testing UPP: the Zipcar/Streetcar merger', available at http://www.rbbecon.com/publications/downloads/rbb_brief_36.pdf。

127 就此而言,对于应用 IPR 公式来说,对传递率的任意假设可能与对需求形态的明确假设同等重要。

128 在美国,对这种测试的需求可能更大,因为美国的相关市场界定和对市场份额的后续评估是法院评估合并时至关重要的一部分。

129 例如,Farrell 和 Shapiro 介绍 UPP 是"一种简单的、新的测试,可用于对竞争对手之间的拟议合并是否可能减少竞争并导致价格上涨作出初始判断"。请参见上文第 123 条(应为第 122 条。——译者注)脚注中引用的 J. Farrell 和 C. Shapiro 的文章。

130 然而在实践中,没有理由相信欧盟案例中的第一阶段应等同于"初始筛选",因为该术语最初是由这些测试的支持者使用的。原则上,除了根据简单定价压力测试或市场份额分析的结果对合并进行筛选,委员会在第一阶段中还可以做得更多。

据——转移率和毛利润。特别是，毛利润通常难以测算，且可能成为合并双方和竞争主管机构之间的主要争论焦点，导致因行业中的其他方面（尽管其关联非常紧密）在初始调查阶段中忽略可能产生的机会成本。

价格压力测试的积极方面，使得某些竞争主管机构决定在其合并决策以及《横向合并指南》中使用并引用它们。然而，欧盟委员会既没有使用价格压力测试，也没有公开表明有关其适用性的立场——将来委员会是否会使用它们目前无法确定。

3.6.2　实例

考虑以下简单实例，其中三家企业以相同且固定的边际成本 c 生产差异化的产品，估计成本 c 等于 2 欧元，且没有任何固定成本或产能限制。拟议合并涉及企业 1 和企业 2。为了评估交易产生单边效应的可能性，我们执行了一次合并模拟。

分析的第一步是对三家企业中每一家的需求函数进行计量经济学方面的估计。尽管销量通常受到一系列价格和非价格因素的影响（如广告、天气条件等），为简单起见，我们假设每种产品的需求只取决于该产品的价格以及其他两种产品的价格。就产品 1 的需求而言，可通过以下关系表示：

$$q_{1,t}=\alpha+\beta p_{1,t}+\gamma p_{2,t}+\delta p_{3,t}+\varepsilon_t$$

其中

- $q_{1,t}$代表产品 1 在时间 t 的销量，
- α 是常数项，
- β、γ 和 δ 三个系数代表每种产品价格对产品 1 销量的影响，
- ε_t是时间 t 的误差项，其反映了三种产品的价格无法完全解释因变量。 223

基于 2009～2011 年的每月价格和销量数据，计量经济分析为每种产品生成了以下估算的需求函数：[131]

$$q_1=100-10p_1+4p_2+4p_3$$

$$q_2=100-10p_2+4p_1+4p_3$$

$$q_3=100-10p_3+4p_1+4p_2$$

以上等式表明，每当企业 1 将其产品价格提高 1 欧元时，其需求预计将降低 10 个单位，而企业 2 和企业 3 的产品需求预计将分别增加 4 个单位（假设其价格保持不变）。企业 2 和企业 3 提高价格后将会产生类似的结果，如表 3.15 所示。

131　对估计该需求系统所需的经济计量技术之描述超出了本书范围。

表 3.15　每种产品在不同价格水平下的销量

p1	p2	p3	q1	q2	q3
10	10	10	80	80	80
11	10	10	70	84	84
12	10	10	60	88	88
10	11	10	84	70	84
10	12	10	88	60	88
10	10	11	84	84	70
10	10	12	88	88	60

分析的下一步是计算合并前的均衡价格。可通过将每个售出单位的利润乘以其产出获得每家企业的利润。例如,企业 1 的利润可表示如下:

$$\Pi_1 = (p_1 - \mathrm{c})\,q_1 = (p_1 - 2\text{ 欧元}) \times (100 - 10p_1 + 4p_2 + 4p_3)$$

假设每家企业选择了使其利润最大化的价格,即假设该企业的竞争为伯特兰德模式,可验证在平衡状态下三家企业都会将价格设为 10 欧元。例如,如图 3.7 所示,假设企业 2 和企业 3 收取的价格等于 10 欧元,如果企业 1 也收取 10 欧元的价格,则其利润可实现最大化。如果设为任何其他价格,则利润总是会更低。
224 鉴于需求系统的对称性,这表明要价 10 欧元的每家企业在合并前确实达到了平衡。

一旦进行了合并模型模拟后,可以预测合并前的价格并可在评估该模型的准确性时提供有用的交叉检查。如果模型对合并前行业结构中的价格预测明显偏离了合并前实际观察到的价格,则表明该模型并未反映上述行业中的竞争过程,且不能用作一种可靠方法来预测该行业中合并产生的影响。

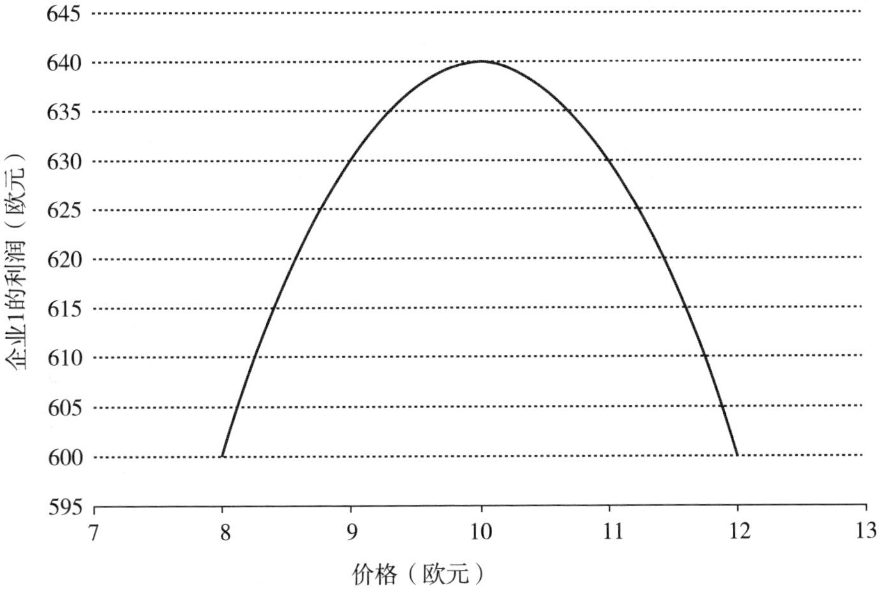

图 3.7　假设企业 2 和企业 3 设定 10 欧元价格，企业 1 在不同价格水平下的利润

最后一步是评估企业 1 和企业 2 之间的拟议合并会对价格产生的影响。新实体的利润可表示如下：

$$\Pi_{1+2}=(p_1-c)q_1+(p_2-c)q_2$$

$$=(p1-2\text{ 欧元})\times(100-10p_1+4p_2+4p_3)+(p_2-2\text{ 欧元})\times(100-10p_2+4p_1+4p_3)$$

采用与上述相同的逻辑，新实体需要找到 p_1 和 p_2 的最佳值以使其利润最大化，同时要考虑企业 3 的行为。 225

凭直觉来看，企业 1 和企业 2 对彼此施加的竞争约束被消除后，将会使合并后的价格上涨。其原因可以从图 3.7 中看出，该图显示每当企业 1 提高价格都使企业 2 的需求增加了，反之亦然。合并后的实体会在新的平衡中考虑这种需求增长效应，导致产生更高价格。

确实，可以看出合并后实体将会为其每种产品设定大约为 13 欧元的价格（比企业 1 和企业 2 合并前的价格高 30%），而且竞争对手将选择大约 11 欧元的价格。也就是说，我们的简单合并模拟模型预测，该交易将会产生显著的单边效应，除非新实体获益于该合并带来的边际成本下降。任何此等成本降低将会（至少一部分）传递至消费者，从而抵消——尽管在我们的实例中只是部分地——交易的反竞争效应。[132]

重要的是，在这类设定中，边际成本的降低通常代表了对横向合并带来市场力量增强的唯一抵消因素。其他重要因素如竞争对手可能重新定位产品或者扩大其产品种类则被完全忽略了。[133] 正如欧盟《横向合并指南》中明确承认的，这些抵消因素可能影响合并后实体提高价格的动力，同样必须认识到，即使一个良好的合并模拟模型，也只能代表一部分揭示拟议合并可能带来影响的总体证据。

3.6.3 欧盟案例中的应用

合并模拟模型在现代合并分析中显然起到了重要作用。然而，实践中难以获取竞争的所有相关因素，因此，许多模型的假设过于简化，从而降低了它们的预测能力。可能是因为这些原因，竞争总司在其以往的合并决策中，只在有限的案例中依靠了合并模拟技术，更多的则是依靠其他不基于这些局限性假设前提的实证
226 技术和方法。委员会在其决策中考虑了合并模拟分析的重要案例，包括以下几个。

在 *Volvo/Scania* 案[134]中，委员会委托专业学者根据嵌套罗吉特需求和伯特兰德竞争进行了一次合并模拟。但是，最终委员会不愿依赖合并模拟来得出其评估结论，因为该方法过于新颖且专业学者和合并双方之间的意见分歧较大。[135] 在公布的决策中，并未包含关于模拟合并的任何更多细节以及分歧来源，但一些评论者阐述了其中出现的问题。最重要的是，该模型使用了标价而非实际的净价。考虑到重型卡车相关市场中的折扣力度，这是一个严重的缺陷。[136] 根据对较高市场份额的传统分析，结合双方在北欧重型卡车供应市场中的优势，委员会最终禁止了该合并。

---

132 确实，在我们的实例中，可以看出即使新实体的边际成本 c 假设降至 0，合并后的价格仍然会上涨约 2 欧元（从 10 欧元上涨至 12 欧元）。

133 本章第 5.3 节将进一步详细讨论产品重新定位的问题。

134 Case COMP/M. 1672-*Volvo/Scania*, Commission decision of 15 March 2000.

135 Case COMP/M. 1672-*Volvo/Scania*, Commission decision of 15 March 2000, para. 75.

136 受委托来执行 Volvo/Scania 合并模拟的作者讨论了该模型的局限性；请参见 M. Ivaldi and F. Verboven, 'Quantifying the Effects of Horizontal Mergers in European Competition Policy' (2005) 23 *International Journal of Industrial Organization* 669–691。另请参见 J. Hausman and G. K. Leonard, 'Using Merger Simulation Models: Testing the Underlying Assumptions' (2005) 23 *International Journal of Industrial Organization* 693–698。

在 *Phillip Morris/Papastratos* 案[137]中，合并双方根据嵌套罗吉特需求和伯特兰德竞争模型提出了一个合并模拟模型，结果表明该合并不可能产生单边效应，该结论的主要前提是，假设合并双方的产品处于不同细分领域，所以应当将其置于单独的嵌套层中。委员会认可了支持产品差异性的证据，因此产生单边效应的可能性是最小的。[138] 然而，无法确定合并模拟模型对委员会结论产生的实际影响：只有收集了其他单独的证据，证实了“合并双方产品间可替代性是有限的”这一假设前提的有效性，才可接受模拟的结果。很可能的情况是，证据本身就足以排除单边效应，从而证明获得批准的合理性。因此，一旦着手进行接受模拟所必需的交叉检查，合并模拟的实施争议才可能变得多余。 227

在 *Lagardère/Natexis/VUP* 案[139]中，外部专业学者代表委员会建立了一个合并模拟模型。[140]该模型预测，口袋型一般文学书籍的价格上涨会相对适度，其范围从 3.74% 到 5.54%。该模型以标价为基础，排除了对最终消费者收取的税款，且并未考虑经销商获得的任何折扣。在缺乏该证据的情况下，委员会认定该合并存在竞争关注，这是因为合并整合了两家领先供应商，使合并后实体的市场份额超过了 50%。

在 *Oracle/Peoplesoft* 案[141]中，委员会采用了一个合并模拟模型，来评估合并对仅包含 Oracle、Peoplesoft 和 SAP 的备选市场可能产生的影响。该模型发现，合并“有可能对客户带来严重损害，因为客户的选择减少了而价格却提高了”，这也许不足为奇，因为根据该模型假设的市场定义，本次交易将使供应商数量从三个减为两个。[142] 然而，在此基础上进行了合并模拟分析之后，委员会最终认为，相关产品市场比假设的更广泛，应当将另外四家或五家供应商视为合并双方产品的竞争对手。这一新结论动摇了委员会的合并模拟模型，因此委员会之后在分析中取消了该模型。有趣的是，委员并未试图创建一个修正的合并模拟模型，来反映其关于市场界定的最终结论，可能是因为时间和数据限制通常阻碍了合并模拟模型的

137　Case COMP/M. 3191-*Phillip Morris/Parastratos*, Commission de cision of 2 October 2003.

138　Case COMP/M. 3191-*Phillip Morris/Parastratos*, Commission de cision of 2 October 2003, para. 32.

139　Case COMP/M. 2978-*Lagardère/Natexis/VUP*, Commission decision of 7 January 2004.

140　Case COMP/M. 2978-*Lagardère/Natexis/VUP*, Commission decision of 7 January 2004, paras. 700 et seq.

141　Case COMP/M. 3216-*Oracle/Peoplesoft*, Commission decision of 26 October 2004.

142　Case COMP/M. 3216-*Oracle/Peoplesoft*, Commission decision of 26 October 2004, para. 191.

228 使用。

然而，尽管认识到它在此特定案例中的合并模拟模型由于假设的市场界定（它的预测以该定义为基础）而被视为不合适，但委员会总体上阐述了对这种技术的支持。特别是，委员会认为，合并模拟模型所要求的假设比隐含在其他形式经济证据背后的假设更加透明：[143]

> 关于模型中应接受哪种简化的争议，不应掩盖这样一个事实：对合并影响的前瞻性分析本质上应以假设为基础。在一个模型框架内对合并效应进行预测的前提是，预测的逻辑一致性及其基本假设是高度透明的。在基于定性评估的经济模型框架之外执行的前瞻性分析，尽管不那么透明和明确，仍然也基于一系列假设，因此可能也会遭到相同的批评。
>
> 因此，委员会保持的一般观点是，这种模拟模型可作为一种有用工具，用于协助委员会对合并可能产生的影响进行经济评估。

在 *Kraft Foods/Cadbury* 案[144]中，合并双方的顾问使用了基于伯特兰德竞争且采用嵌套型罗吉特需求方法的合并模拟模型，来评估合并对英国和爱尔兰巧克力糖果市场的影响。[145]该模型的嵌套层（条状、片状、球状）根据尼尔森扫描数据中的产品份额进行界定。该模拟模型预测，拟议合并即使没有带来任何效率，也只会导致英国和爱尔兰的加权平均价格轻微上涨。委员会对合并双方的分析执行了一系列稳健性和敏感性测试，发现上述声明结果采用了一系列假设的输入因素来校准该模型。[146] 根据此分析，再加上其他证据表明合并双方并非特别相近的竞争者，特别是委员会确认英国和爱尔兰客户对传统英式巧克力品种的喜爱胜过“欧洲大陆式”巧克力，委员会最终认为该交易不会在英国和爱尔兰市场产生任何竞

143 Case COMP/M. 3216-*Oracle/Peoplesoft*, Commission decision of 26 October 2004, paras. 19 and 195.

144 Case COMP/M. 5644-*Kraft Foods/Cadbury*, Commission decision of 6 January 2010.

145 Case COMP/M. 5644-*Kraft Foods/Cadbury*, Commission decision of 6 January 2010. 合并双方在一些食品和饮料市场中存在重叠。特别是，Kraft 和 Cadbury 都是欧洲经济区中巧克力糖果业务的强有力竞争者，其中 Kraft 的巧克力品牌包括 Milka、Côte d'Or 和 Toblerone，而 Cadbury 是英国和爱尔兰的市场领导者，并且在法国、波兰、罗马尼亚和葡萄牙也拥有本地品牌。

229 146 Case COMP/M. 5644-*Kraft Foods/Cadbury*, Commission decision of 6 January 2010, para. 68.

争关注。[147]

委员会对 *Unilever/Sarah Lee Body Care* 合并案[148]使用了合并模拟分析,其试图预测拟议交易在多个除臭剂市场中的影响,合并双方在该市场中的 Axe、Sanex、Dove 和 Rexona 品牌占据了较高的合并份额。与合并模拟分析由合并双方提出的 *Kraft Foods/Cadbury* 案[149]相反,*Unilever/Sara Lee Body Care* 案中的合并模拟最初由委员会提出,强调了委员会在可行且合适的情况下致力于采纳这种技术。与 *Kraft Foods/Cadbury* 案一样,委员会首先使用嵌套罗吉特模型进行了需求估计,然后进行合并模拟来评估该交易对除臭剂价格可能产生的影响。该分析是在国家层面上完成的,而且只专注于四个国家——比利时、荷兰、西班牙和英国。

在需求端,分析中使用了嵌套罗吉特模型的两个不同变形,其中一种设置了一个嵌套层,另一种设置了两个嵌套层。[150]

在供应端,该模型的假设以标准、静态的伯特兰德竞争为基础。该模拟预测本次交易导致的假定价格上涨范围为1% ~6%(准确的估值会根据国家和产品类型而有所不同)。根据预测的假定价格上涨和一系列其他指标,委员会认为合并双方在各种除臭剂市场中为相近的竞争者。基于其调查结果,委员会认为拟议交易将在比利时、荷兰、丹麦、英国、爱尔兰、西班牙和葡萄牙的市场中产生竞争关 230
注。为了消除这些关注,Unilever 提出剥离 Sara Lee's Sanex 品牌,使该合并最终获得了批准。[151]

委员会承认其模拟模型存在几个局限性,包括关于替代模式的假设,对没有市场进入的假设,以及对固定零售利润的假设。鉴于结果显示这种经济计量分析对强加条件和普遍较低的价格上涨十分敏感,我们可以预计委员会在决策中不会

147　然而,委员会在波兰和罗马尼亚的巧克力糖果市场中发现了竞争关注,其中 Kraft/Cadbury 在这些国家的合并市场份额特别高,而且其品牌之间的竞争也被视为更加激烈,特别是在片状巧克力市场中。为了消除这些关注,Kraft 承诺剥离 Cadbury 在波兰的糖果业务(以 Wedel 品牌销售)和 Cadbury 在罗马尼亚国内的巧克力糖果业务。

148　Case COMP/M. 5658-*Unilever/Sara Lee Body Care*, Commission decision of 17 November 2010.

149　Case COMP/M. 5644-*Kraft Foods/Cadbury*, Commission decision of 6 January 2010.

150　单层嵌套模型假设消费者认为与非男性除臭剂相比,男性除臭剂之间的竞争更加激烈(反之亦然);因此定义了两个嵌套层(男性除臭剂和非男性除臭剂)。双层嵌套模型被认为是对前者的细化,其中添加了一个额外的嵌套层,即亲肤性和非亲肤性除臭剂。

151　请注意,除了其他方面,Sanex 品牌在模拟中产生的假设价格上涨量是最高的。

太看重该模拟的结果。然而,委员会声称,建模行为——以及对其他可用的定性和定量证据的收集——显著提高了评估的总体可靠性。这不仅表明委员会可能会越来越愿意促成合并模拟分析的使用,还表明它愿意在将来更加重视模拟的结果。

有趣的是,正如上文已指出的,委员会(不同于英国等其他特定竞争主管机构)尚未采用定价压力测试(如 UPP 或 GUPPI)或者简化的合并模拟工具(如 IPR)。[152] 在将来的案件中,这些测试是否会成为委员会使用的工具之一,仍有待观察。

3.7 赢/输和投标分析

3.7.1 技术的描述

在公司对合同进行竞标的市场中,历史市场份额通常无法准确判断未来的市场力量。在这种市场中,竞争有时采取"对市场"竞标的形式,而非"市场内"的竞争,因此实际市场份额对竞争程度没有太大影响。确实,如果合同价值较大且相
231 对罕见,则一个合同的得失完全能够改变市场份额的分布。[153] 即使是在特定市场中没有任何份额的企业,如果其对合同进行竞标,只要其竞标是可信的,则完全可以影响市场竞争的程度。[154] 然而,重要的不仅仅是可信投标的数量;在某些竞标市场内,即使只有极少的投标者,也可能出现激烈的竞争。

---

152 例如,英国竞争委员会在 *Somerfield Morrisons* (2005) 案中采用了 IPR 框架,在 *Zipcar/Streetcar* (2011) 案例中采用了 GUIPP 框架。OFT 在 *ASDA/Netto* (2011) 案中采用了 IPR,在 *Unilever/Alberto Culver* (2011) 案例中采用了 GUIPPI。

153 一般来说,项目的规模越大且数量越少,则委员会越有可能认为市场份额不足以代表市场力量。例如,在 *Siemens/VA Tech* 案中,委员会指出:

应当注意的是,市场上存在竞标这一事实本身不足以对预计竞争的激烈程度或者潜在市场力量指示器的市场份额显著性作出结论。单个案例中的竞标模式才是关键因素。例如,在一个竞标市场中,即使只有少量的可信投标人,如果较多的投标人获得了较少的、大型的交易,且各竞争者的产品及其成本结构大体相同,那么可以预见市场会出现特别激烈的竞争。在以上及类似案例中,就投标人可能的市场力量而言,市场份额实际上提供的信息非常有限。

[Case COMP/M. 3653-*Siemens/VA Tech*, Commission decision of 13 July 2005, para. 39.]

154 在某些特定情况下,市场份额可能反映一家企业进行可信赖投标的能力,因为它可以表明该企业拥有必要的经验和资源、规模经济或品牌来履行合同。

正如《横向合并指南》所承认的,在供应商之间的竞争采取对客户合同进行竞标的市场中,分析输赢数据可以很好地评估企业间是否存在重要的竞争约束。[155]

特别是,输赢数据能够为市场份额数据提供补充信息,这是因为它们有助于识别各现有竞争者对每个合并方施加的竞争约束强度。《横向合并指南》已经接受这种建议,并指出“在竞标市场内,有可能衡量一个合并方提交的历史投标是否为另一合并方存在所制约”。[156] 232

重要的是,无论此等约束是由合并双方产品之间的激烈竞争导致的,还是由其中一个合并方作为一股重要竞争力量导致的,这都会使得有关公司成为另一方在大部分合同中胜出的竞标人和/或“亚军”竞标人。[157] 特别是:

- 如果企业 B 的产品与产品 A 是特别相近的替代品,则人们可以预计,在大部分企业 A 赢得的合同中,顾客会把企业 B 视为最佳候选者,因此,他们会通过转向后者的可信威胁来迫使企业 A 提供可能的最佳价格。消除企业 B 可能使企业 A 在合并后提高其价格。

- 如果企业 B 采取高度激进的定价策略(它是一股潜在的重要竞争力量),则即使其产品并非产品 A 的特别相近的替代品,它也有可能在企业 A 赢得的大量合同中投标和/或被选为第二竞标人。但重要的是,只有当双方产品的差异化没有使得企业 A 认为客户转向企业 B 的威胁不可信时,这种情况才会发生。在这些情况下,客户最好依赖其他企业(企业 C 和/或 D)来获取企业 A 的竞争价格,

---

155 值得注意的是,现实中既存在以正式投标程序为特征的市场(如客户可能有义务组织投标人),也存在客户邀请几家供应商提交报价的市场。这两者之间没有明确的区分,且拥有较高价值产品或合同的大多数非消费者市场内也会出现一定程度的竞标。委员会并没有限制投标数据分析只能用于正式投标程序。

156 EC Horizontal Merger Guidelines, para. 29. 此外,在 *IBM/Telelogic* 案的决定中,委员会指出:

> 输赢数据描述了各方赢得新合同(例如,与目前尚不是客户的企业签订的合同,现有客户的新项目)以及各方输掉潜在合同的情况(例如,现有合同的续约、现有合同的延期、新的潜在商业机会)。这种定量分析的目的是协助评估每一方产品之间的可替代性程度,例如通过以下方式来评估:衡量顾客采购流程中各方产品“碰面”的频率,以及衡量每一方供给的存在是否对顾客采购流程有影响。

[Case COMP/M. 4747-*IBM/Telelogic*, Commission decision of 5 March 2008, para. 186.]

157 在许多情况下,实际上处于第二名的投标者是能够有效确定竞标比赛中的价格的。为了赢得合同,企业原则上必须设定一个比第二名候选者稍高的价格——如果更高价格也足以赢得这笔交易,则胜出企业没有动力设定一个其边际成本允许的绝对最低价格。

233 且企业 A 和企业 B 之间的合并不会被视为消除了重要的竞争力量。

为了评估拟议合并是否包含了满足任何客户要求的最佳竞买人，以及评估合并对竞标者间竞标激烈程度的影响，原则上可以着手进行一系列分析，其具体类型根据要求的数据和可用的信息而有所不同。理想情况下，一般会采用过去三/五年时间里每个合并方赢得和输掉的每次竞标竞赛中的下列信息：[158]

- 投标日期；
- 客户名称和客户位置；
- 关键产品要求；
- 合同期限和每个产品的预期年销量；
- 每个合并方为每个产品提供的标价和净价；
- 现任供应商；[159]
- 胜出的供应商；
- 其他投标人（如果适用/已知）；
- 主要竞争者/第二名（如果适用/已知）。[160]

根据合并双方对每次投标收集的数据和信息数量，可采取以下一种或多种分析形式：

- *参与情况分析*。参与情况分析是最简单可行的竞标分析类型。这需要确
234 认每次投标中参与竞赛的投标人信息。就双方为特别相近的竞争者而言，它们之间的投标竞争通常比其他供应商更为激烈。如果观察发现，合并双方没有经常参与相同投标，则表明它们没有为相同客户的业务进行竞争，因此它们并非相近的竞争者。
- *第二名分析*。第二名分析能够用来着手对投标人名称和失败投标人排名

158 在可能的情况下，合并双方应当检查委员会在过去的投标数据分析中对相同行业要求的信息（许多决定列出了投标数据请求中包含的准确变量），或与委员会约定需要提供的信息列表。同样值得注意的是，与其输掉的合同相比，各企业对赢得的合同拥有的信息通常更多。为此，尽管通常要求合并双方提供其所有（包括赢得的和输掉的）项目的数据，但赢得项目的数据通常更加可靠和全面。

159 通常需要现任者的身份信息来评估行业中转换成本的重要性，以及合并双方对新业务的竞争比其他竞争对手更激烈的程度。

160 请注意，如果关于投标人和亚军身份的信息由合并双方在正常业务流程中收集，则通常更加可靠。如果合并双方并未在正常业务流程中收集此等信息，则它们可能需要依赖其本地销售经理，来重构它们在每次投标中面临的主要竞争来源。

情况下的分析。重要的是,每次竞标竞赛中的第二名投标人通常视为能够对该特殊竞赛冠军施加最强竞争约束的选手。因此,如果数据显示其中一个合并方的排名经常紧随另一合并方之后,则这可能表明这两家公司是对方最相近的竞争者,且它们的合并将消除重要的竞争约束,从而可能促使合并后的实体提高价格。

• *价格和亚军/投标人身份之间的关系分析。* 如果可以获得合并双方在每次投标中提供的价格和折扣数据,那么或许可以评估亚军身份或投标过程中其他企业的存在与否对投标胜出价格的影响程度。[161] 如果发现一个合并方在另一合并方也参与投标情况时提供的价格低于该另一合并方未参与投标时的价格,那么这就表明拟议合并可能会消除重要的竞争约束,合并后的实体因此可能单边提高价格。或者,如果每个合并方提供的价格不受另一合并方存在与否的影响(考虑所有其他相关因素,如合同大小和投标人数量),则这就表明合并双方彼此并未施加任何独特的竞争约束,因此拟议合并不可能产生单边效应。

• *价格和投标人数量之间的关系分析。* 在可以获得价格和/或折扣数据时,且通常对合同竞标的供应商数量上存在显著差异时,这或许有可能测试价格(折扣)和投标人数量间关系的存在。在某处程度上,价格往往会随着投标人数量的 235
增加而系统性降低,这表明两个投标人之间的合并可能会产生单边效应,即使该合并双方并不被视为特别相近的竞争者。

3.7.2　实例

假设一个竞标市场存在五家供应商提供一种特定产品,分别以 A、B、C、D 和 E 表示。该产品仅在英国、德国和意大利三个国家出售。尽管只要供应商愿意,它们可以在任何国家参与投标,然而如果它们在客户所在国家缺乏重要的分销基础设施,则客户可能不会将它们视为可信的投标人。拟议合并涉及在上述每一个国家都拥有实体存在的企业 A,以及仅在英国和德国拥有本地基础设施的企业 B。其他三个企业中,只有企业 D 在所有国家都有实体存在,而企业 E 在英国无实体存在,企业 C 在意大利无实体存在。

在拟议交易背景下,企业 A 收集了它在过去 5 年时间里竞标胜出的有关信息,如表 3.16 所示。

接下来,我们将展示分析类型的几个简单实例,这些分析可用于根据上面阐

---

[161] See S. Bishop and A. Lofaro, ‘Assessing Unilateral Effects in Practice: Lessons from *GE/Instrumentarium*’ (2005) 26(4) *European Competition Law Review* 205-208.

述的数据评估合并前企业 B 对企业 A 施加的竞争约束。在实践中,有必要获取其他因素的相关信息(如每次投标的规模),以及使用经济计量技术来控制这些因素的影响。

3.7.2.1　参与情况分析

表 3.17 显示了在英国、德国和法国市场上,企业 A 赢得竞标竞赛时每家供应商参与投标的频率。

分析结果显示,企业 A 在英国面临的竞争对手主要是企业 C(10 次投标),随后是企业 D(9 次投标)。企业 B 参与投标的频率稍低(7 次投标),而企业 E 仅参与两次投标,最有可能的原因是它在该国没有任何基础设施。德国的情况则有所不同。尽管企业 C 和 D 几乎参与了所有投标(9 次),但企业 E 仅参与了 7 个案例的投标,企业 B 则只参加了两个。最后在意大利,企业 D 和 E 似乎代表了企业 A
236 的典型竞争对手,企业 B 和 C 只出现了两次,仍然可能是因为在该国没有实体存在。

表 3.16　企业 A 在英国、德国和意大利的投标数据

投标	国家	企业 A 的折扣	其他投标人				亚军
			企业 B	企业 C	企业 D	企业 E	
投标 1	英国	25%	×	×	×		企业 C
投标 2	英国	18%	×	×	×		企业 D
投标 3	英国	15%	×	×	×	×	企业 B
投标 4	英国	24%	×	×	×		企业 C
投标 5	英国	20%		×	×	×	企业 C
投标 6	英国	18%	×	×	×		企业 D
投标 7	英国	18%		×	×		企业 C
投标 8	英国	26%	×	×	×		企业 C
投标 9	英国	18%	×	×			企业 C
投标 10	英国	15%		×	×		企业 B
投标 11	德国	24%	×	×	×	×	企业 C
投标 12	德国	10%			×		企业 D
投标 13	德国	20%	×	×	×	×	企业 E
投标 14	德国	16%		×	×	×	企业 B

续表

投标	国家	企业 A 的折扣	其他投标人				亚军	
			企业 B	企业 C	企业 D	企业 E		
投标 15	德国	16%	×	×	×	×	企业 B	
投标 16	德国	25%		×	×	×	企业 C	
投标 17	德国	24%		×	×	×	企业 E	
投标 18	德国	25%		×	×		企业 C	
投标 19	德国	24%	×	×	×		企业 C	
投标 20	德国	15%	×	×		×	企业 E	
投标 21	意大利	9%			×		企业 D	237
投标 22	意大利	10%				×	企业 E	
投标 23	意大利	14%	×		×	×	企业 E	
投标 24	意大利	5%			×		企业 D	
投标 25	意大利	13%		×	×	×	企业 E	
投标 26	意大利	5%				×	企业 E	
投标 27	意大利	12%		×	×	×	企业 D	
投标 28	意大利	4%				×	企业 E	
投标 29	意大利	15%	×		×	×	企业 D	
投标 30	意大利	85				×	企业 E	238

表 3.17　竞争对手对企业 A 在英国、德国和意大利赢得投标的参与情况

	企业 B	企业 C	企业 D	企业 E
英国	7	10	9	2
德国	5	9	9	7
意大利	2	2	6	8

3.7.2.2　第二名分析

第二名分析进一步阐释了企业 A 和其他供应商之间的竞争密切程度。表 3.18 显示了每家供应商被确定为企业 A 主要竞争者的实例。

此进一步分析表明，企业 C 在英国和德国都是企业 A 最相近的竞争者，这是因为它分别在这两个国家的 6 个和 4 个竞标案例中成为投标亚军。在这两个国家里,另一个合并方企业 B 并非企业 A 特别相近的竞争者,它只在 10 个案例中的两个里成为投标亚军。这一结论在意大利则更加明显,企业 B 从未被确定为主要竞争者,而企业 D 和企业 E 在所有实例中都是主要竞争者。

3.7.2.3　价格和亚军身份之间的关系分析

由于企业 A 在每次竞标竞赛中提供的定价折扣数据都可以获得,因此我们有可能对折扣和主要竞争者身份之间的关系进行评估。如上所释,就企业对竞争对手施加特别重要的竞争约束而言,可以预期,在前者被选为亚军的实例中,后者通常会提供较高的折扣。表 3.19 显示了企业 A 在各竞争对手成为亚军的所有投标中提供的平均折扣。

表 3.18　竞争对手在企业 A 赢得投标时确定为主要竞争者

	企业 B	企业 C	企业 D	企业 E
英国	2	6	2	0
德国	2	4	1	3
意大利	0	0	4	6

表 3.19　面对单独竞争对手作为主要竞争者时企业 A 提供的平均折扣

	企业 B	企业 C	企业 D	企业 E
英国	15%	22%	18%	—
德国	16%	25%	10%	20%
意大利	—	—	10%	9%

该表印证了第二名分析的结果。在英国,当企业 C 为亚军时,企业 A 提供的
239 平均折扣为 22%,远远高于当其他企业,特别是另一合并方企业 B 为主要竞争者时提供的平均折扣(仅 15%)。同样,在德国,企业 C 作为主要竞争者的存在导致企业 A 提供 25% 的平均折扣,远远高于当企业 B 为亚军时提供的折扣 16%。在意大利,似乎企业 A 通常会提供大致类似的折扣(大约 10%),无论主要竞争者为企业 D 还是企业 E,尽管这与对企业 A 和企业 B 拟议合并的评估并无直接关联,但需要指出后者并非前者在意大利的投标亚军。

3.7.2.4　价格和投标人数量之间的关系分析

最后,可以获得的数据还可以用来评估:无论企业 A 和其他企业之间的竞争密切程度如何,竞争关注是否由拟议合并引起的投标人数量减少直接产生。如上

所述,由于价格通常会随着投标人数量的增加而降低(折扣通常会提高),因此在某种程度上这可能是一个值得关注的问题。

就此而言,值得注意的是 B 和 C 在意大利几乎没有实体存在,而竞争通常只在两个投标人之间产生,且往往显著低于其他两个国家。表 3.20 对此进行了解释,该表显示意大利的平均折扣为 10%,刚好是英国和德国平均折扣的一半。 240

表 3.20　企业 A 在英国、德国和意大利提供的平均折扣

英国	德国	意大利
20%	20%	10%

然而重要的是,在所有 5 家企业定期对合同进行竞标的德国,其平均折扣与只有企业 E 少量存在的英国的平均折扣相同,这一事实表明,当参与竞标竞赛的投标人少于 5 家时,也可以实现竞争效果。

为了更加详细地探讨这一问题,可考虑发生在任何国家的所有竞标竞赛,并审视平均折扣和投标人数量之间的关系。图 3.8 勾勒出这种关系。

该图表显示,当只有两家供应商参与竞赛时,平均折扣往往较低(7%),但出现 3 个投标人时,却急剧增加至约 19%,而之后增加的投标人对折扣没有更多影响。该结果表明 3 个投标人之间的竞争足以产生竞争结果。

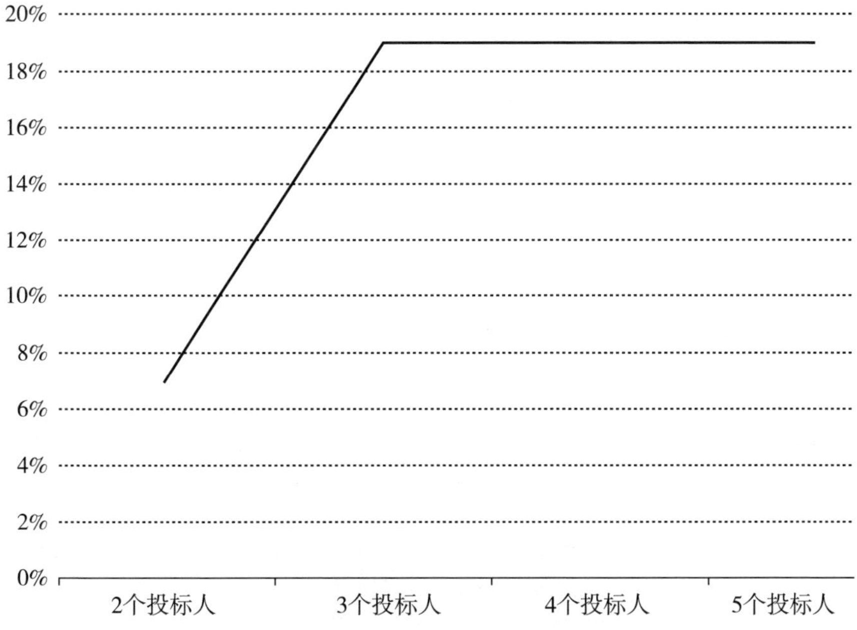

图 3.8　平均折扣和投标人数量之间的关系

由于企业 B 在意大利基本不存在，并且数据表明至少有三个可信的投标人会存在于德国（合并后实体和企业 C、企业 D 和企业 E）和英国（合并后实体和企业 C 及企业 D），这样似乎就可以合理得出结论，简单由于拟议合并造成的投标人数量减少是不可能产生单边效应的。

3.7.3 欧盟合并控制中的应用

在引入《横向合并指南》前，详细的投标数据分析已经成为合并案例中的一个
241 显著特征。2004 年前引人注目的案例有 *Bombardier/ADtran*、[162] *Philips/Agilent Health Care Solutions*[163] 和 *GE/Instrumentarium*[164]。该技术也被用于 *Oracle/PeopleSoft* 案[165]，该案对投标数据的经济计量分析表明，竞争者身份或数量和合并后实体的竞标行为间不存在任何联系。

与其他形式的竞标研究相比，委员会似乎更为频繁地依赖了参与情况分析。既然供应商常会注意投标中面临的竞争对手身份，因此，参与情况分析在易于上手方面具有相当多的优势，即使它们有时候并不知道第二名投标者的身份。[166]

在 *Syniverse/BSG* 案[167]中，委员会批准了该合并，使投标人数量从三个减为两
242 个，且这两个投标人拥有大致相等的供应份额，理由是这两个投标人在合并后仍然足以确保有效的竞争。特别是，委员会依赖了一项竞标研究，最终认为剩余的竞争对手 Mach 将会继续对合并后实体施加重要的竞争限制：[168]

> 通过分析市场调查收集的竞标数据显示，BSG 和 Syniverse 从来都

---

162 Case COMP/M. 2139-*Bombardier/ADtranz*, Commission decision of 3 April 2001.

163 Case COMP/M. 2256-*Philips/Agilent Health Care Solutions*, Commission decision of 2 March 2001.

164 Case COMP/M. 3083-*GE/Instrumentarium*, Commission decision of 2 September 2003.

165 Case COMP/M. 3216-*Oracle/Peoplesoft*, Commission decision of 26 October 2004.

166 然而，在某些情况下，竞争主管机构或许可以从客户处获取有关投标排名的信息。

167 Case COMP/M. 4662-*Syniverse/BSG*, Commission decision of 4 December 2007.

168 Case COMP/M. 4662-*Syniverse/BSG*, Commission decision of 4 December 2007, para. 74. 欧盟也存在有冲突的案例。委员会在案例中认为，投标人数量从三个减为两个有可能产生反竞争效应。例见 Case COMP/M. 3314-*Air Liquide/Messer Targets*, Commission decision of 15 March 2004, and Case COMP/M. 3512-*VNU/WPP/JV*, Commission decision of 15 September 2004 (para. 29)：可信竞争者的数量从 3 个减少到 2 个将可能引起较强的竞争关注，这是因为顾客偏赖于选择新供应商时市场内仅留下了 1 个替代投标者。在这些案例中，委员会似乎不愿意接受两个可信投标人足以确保有效竞争的结论。实践中，不同于 *Syniverse/BSG*，方法的差异可能源于这些案件是在第一阶段审查期间解决的。

> 不是一次投标中唯一的两个投标人。事实上，在只有两个结算公司参与的投标中，它们要么是 BSG 和 Mach，要么是 Mach 和 Syniverse。这就意味着在几乎一半的案例中，［客户］决定了两个投标人参与投标的过程就可产生足够的竞争，即 Mach 和 BSG 或 Mach 和 Syniverse。

除了观察到合并双方很少直接相互竞争以外，在委员会的论证中，尽管在合并前有其他三家潜在供应商，然而客户对仅邀请两家企业参与投标感到满意这一点似乎也非常重要。因此，即使在合并后只剩下两个投标人，在以下两个相互关联条件得到满足时，委员会也可能不会认定存在竞争关注：(a) 客户认为少量投标人足以确保竞争结果；且 (b) 合并企业不被考虑为相近的竞争者，并且通常与另一家供应商进行竞标时，该供应商仍然会成为合并后一个有效的限制（在 *Syniverse/BSG* 案[169]中，除了一次投标外，Mach 显然是所有其他投标中的第二名竞标者）。

正如 *IBM/Telelogic* 案[170]中所指出的，只专注于最后一轮投标时企业的参与，而忽视之前几轮投标的参与，可能无法展现企业竞争环境的全部面貌。特别是，委员会注意到： 243

> 深入的第二阶段市场调查显示，参与第一轮投标的公司平均数量为五个。第一阶段市场调查显示，最后一轮剩下的竞争者平均数量为三个。因此，只关注最后一轮中的投标人数量，无法反映实际的竞争状况，这是因为它并未考虑潜在的竞争者。[171]

尽管参与情况分析更容易上手，但它们揭示的竞争互动可能比第二名分析更少。后一种技术能够获得供应商之间的竞争密切程度，而参与情况研究只能识别在同一活动领域中活跃竞争对手的范围。因此，参与情况分析可被视为在一定程度上与市场定义方法类似，但不同于第二名分析，因为后者试图直接衡量竞争密切程度，从而衡量出单边效应的可能性。因此，参与情况研究可能低估或高估合并双方之间的竞争密切程度。

委员会已在多个决定中表明，参与情况分析基于的假设前提是，公司仅参与

---

169 Case COMP/M.4662-*Syniverse/BSG*, Commission decision of 4 December 2007.

170 Case COMP/M.4747-*IBM/Telelogic*, Commission decision of 5 March 2008.

171 Case COMP/M.4747-*IBM/Telelogic*, Commission decision of 5 March 2008, para. 66.

它们认为有机会胜出的投标。当参与投标涉及较高成本时，这种假设不是不合情理的。然而，如果不是这种情况，且一个行业中的大多数（即便不是全部）企业参与绝大多数投标时，参与情况分析可能会高估竞争力较弱企业的重要性。确实，正如委员会在 *IBM/Telelogic* 案[172]中所表明的，客户邀请一系列供应商提交投标这一事实，并不意味着所有供应商都有能力提交可信的投标：[173]

> 鉴于单个工具存在较高的差异性，特别是在评估过程开始时，客户对工具特点和实际性能掌握的知识十分有限，因此，依据提名列表（甚至入选列表）所提到的特定工具这一简单事实得出结论时必须格外谨慎。正如关于采购流程章节所阐明的，客户通常只会知道提名甚至入选的产
> 244 品是否为采购流程结束时最终选择工具的真实替代品。

在这些情况下，当评估消除重要竞争约束的交易范围时，采用第二名分析法要优于简单的参与情况分析。

对定价和投标行为之间关系的分析往往比参与情况分析或第二名分析法更为复杂，但正如上文所释，在可以取得所要求的数据时，该分析提供的信息是极为翔实的。

在 *Oracle/PeopleSoft* 案[174]中，委员会对 Oracle 和 PeopleSoft 提供的投标数据使用了经济计量分析。其目标是调查特定投标的竞争状况（通过最后一轮投标人的数量和身份进行衡量）对争议卖方提供折扣产生影响的范围。[175] 委员会发现，一旦在分析中考虑交易规模，则最终投标人的数量无法再为折扣提供任何额外的解释信息，且没有出现过存在促成折扣特别高的特定竞争者的一般性模式。[176] 尽管委员会承认，基于投标数据，不存在构成合并具有反竞争效果的证据，然而它还是更为一般地指出：价格和投标人数量/身份之间在统计分析中缺乏显著性关系并不意味着合并没有损害性影响，例如，可能是因为数据质量差，或者因为最终一轮的投标人身份无法完整展现真实竞争过程的全貌。[177] 不管怎样，委员会的结论是

---

172 Case COMP/M. 4747-*IBM/Telelogic*, Commission decision of 5 March 2008.

173 Case COMP/M. 4747-*IBM/Telelogic*, Commission decision of 5 March 2008, para. 154.

174 Case COMP/M. 3216-*Oracle/Peoplesoft*, Commission decision of 26 October 2004.

175 Case COMP/M. 3216-*Oracle/Peoplesoft*, Commission decision of 26 October 2004, para. 199.

176 Case COMP/M. 3216-*Oracle/Peoplesoft*, Commission decision of 26 October 2004, para. 201.

177 Case COMP/M. 3216-*Oracle/Peoplesoft*, Commission decision of 26 October 2004, paras. 202–203.

合并后市场内存在的投标人还是会多于买家通常邀请参与到最后一轮投标的供应商,且SAP(最大供应商)仍然是一个非常强大的竞争者。

在*Syniverse/BSG*案[178]中,定价分析补充了基于参与情况分析(上文讨论的)的证据,即合并双方并非特别相近的竞争者。在评估BSG对数据清算业务的报价是否根据Syniverse是否参与竞标而变化时,委员会使用了经济计量分析来控 245
制其他因素。委员会发现:

> ……BSG提供的价格不受Syniverse是否参与投标的影响,这意味着Syniverse并未对BSG价格产生强大竞争压力。因此,拟议交易不会消除对BSG的重要竞争约束,且合并后实体不会因拟议交易而有能力单边提高价格。[179]

分析投标数据的结果时,应当考虑合并企业是否为特定可辨认的细分市场或特殊市场中的相近投标人。如果是,可认为这种细分市场代表了一个单独的相关市场。委员会在*Oracle/PeopleSoft*案中采纳了这种方法,[180]其中投标数据构成了一部分证据,用来界定一个超过特定规模的高端客户的单独市场。[181]

在*AEE/Lentjes*案[182]中,委员会同样考虑了这一点,但其发现:

> 详细分析不同竞争者赢得的项目进一步表明,这些项目没有任何特点,比如可能表明各企业专门参与某些特定类型的投标。尽管每个企业都拥有某些优势,例如在燃烧技术领域中,投标人原则上是按照功能进行组织分类的……这意味着所有知名竞争者都有能力完成重大项目。特别是,无法确定在哪些项目中合并双方拥有绝对优势或者其竞争对手无法参与。[183]

委员会在*IBM/Telelogic*案[184]中得出了类似的结论,在该案中,委员会指出:"按照项目规模、行业或客户地域进行划分,似乎并未展现出合并双方之间比

---

178 Case COMP/M.4662-*Syniverse/BSG*, Commission decision of 4 December 2007.

179 Case COMP/M.4662-*Syniverse/BSG*, Commission decision of 4 December 2007, para.78.

180 Case COMP/M.3216-*Oracle/PeopleSoft*, Commission decision of 26 October 2004.

181 Case COMP/M.3216-*Oracle/PeopleSoft*, Commission decision of 26 October 2004, paras.128–135.

182 Case COMP/M.4647-*AEE/Lentjes*, Commission decision of 5 December 2007.

183 Case COMP/M.4647-*AEE/Lentjes*, Commission decision of 5 December 2007, para.69.

184 Case COMP/M.4747-*IBM/Telelogic*, Commission decision of 5 March 2008.

Telelogic 与其主要竞争对手之间的互动程度更高。"[185]

246 上述发现也意味着投标数据样本需要广泛的,且代表所有不同的细分市场。如果细分市场(其中合并企业为特别相近或遥远的竞争对手)未在样本中得到恰当的体现,则样本偏差就可能会出现。在 *Oracle/Sun Microsystems* 案[186]中,委员会与合并双方详细争论了用于参与情况分析的两个数据集的可靠性,即 HQ Apps (Oracle 的一个数据集,包含销售代表提出的超过特定门槛的折扣请求)和 CRM (对数据库销售机会的概述)。合并双方声称 HQ Apps 并不可靠,因为当销售代表请求额外特殊折扣时,可能会有夸大竞争的倾向。委员会驳回了这一批评,指出即使存在这种倾向,"但并不意味着聚合数据会使基准测试结果偏向任何特定方向"。[187] 此外,委员会并未考虑合并双方提出的 CRM 分析,该分析显示,SunMicrosystems 只是一个微不足道的竞争者,源于某些可能存在的偏见,欧委会认为这一结论不具备充分的代表性。委员会还辩称,这些证据并不优于从其他来源获得的证据(HQ Apps、委员会自己的市场调查、现有客户调查),并且在 MySQL 和 Oracle 相互竞争的综合数据库细分市场中,MySQL 有可能对 Oracle 施加重要的竞争约束。然而,委员会还承认,尽管 MySQL 和 Oracle 在某些特定数据库市场中相互竞争,但它们在其他市场部分如高端细分市场并非是相近的竞争者。这一点再加上 MySQL 的开源性质暗示 Oracle 没有能力消除 MySQL 这一事实,以及另一开源数据库 PostgreSQL 被众多数据库用户视为 MySQL 的可靠替代者,使得委员会认为拟议交易不会显著阻碍有效竞争。

在更近的 *Caterpillar/MWM* 案[188]中,对发电机组的投标分析使委员会可以确定合并双方与其他企业之间的竞争密切程度,并最终得出结论:合并双方并非彼
247 此最相近的竞争对手。具体来说,就 Caterpillar 的投标数据而言,委员会声称:

> 通过 CAT 的投标数据可以得出结论,合并双方并非燃气发电机组整体市场中的相近竞争者,且 GE 目前是合并后实体最重要的竞争对手。此外,市场还存在其他相关竞争者,比如 Tognum、Cummins 和 Guascor 等,它们与 CAT 的竞争比 MWM 更激烈。即使在 CAT 相对更强的功率

---

[185] Case COMP/M. 4747-*IBM/Telelogic*, Commission decision of 5 March 2008, para. 195.

[186] Case COMP/M. 5529-*Oracle/Sun Microsystems*, Commission decision of 21 January 2010.

[187] Case COMP/M. 5529-*Oracle/Sun Microsystems*, Commission decision of 21 January 2010, para. 279.

[188] Case COMP/M. 6106-*Caterpillar/MWM*, Commission decision of 19 October 2011.

范围内(1.5~2MW),投标数据也揭示 MWM 和 CAT 并非相近的竞争者。[189]

委员会还从 MWM 的角度进行了分析,并得出了类似的结论:“从 MWM 的投标数据可以得出,合并双方并非相近的竞争者。MWM 与 GE 之间的竞争密切程度高于 MWM 和 CAT 之间;且 Tognum 和 Cummins 对 MWM 施加的竞争约束强于 CAT。”[190]

此外,投标分析对界定市场也是至关重要的,这是因为它清楚地表明,拟议交易不应如最初建议的那样被视为是一个“从三家减为两家”的合并:“根据对合并双方提交的投标数据进行定量分析,没有理由对任何一个所建议产品市场中将拟议集中描绘成一次“由 3 家减至 2 家”的交易。[191]

3.7.4 案例研究:*Pirelli/BICC*

委员会批准 *Pirelli/BICC*[192]合并的决定很好地展示了投标市场中与合并具体相关的某些问题。[193] 在该案中,Pirelli 和 BICC 都活跃在生产和销售电力电缆到能源公用事业的市场中。尽管它们在英国和意大利的合并市场份额将达到 75%~95%,但委员会认为即使合并后也有足够可信的投标人存在,这意味着合并不会产生或加强任何支配地位。合并双方在该案中采用的经济分析包含两个关键要素,它们共同推翻了委员会因较高市场份额而反对合并的最初假想。这些要素是行业所处的过渡阶段,以及竞争的投标性质。 248

3.7.4.1 行业的过渡阶段

在其决定中,委员会发现,因为客户更加偏爱国内供应商,且不同国家的产品规格不一样(不同电源电压和频率等),所以电力电缆市场曾经主要由国内供应商占据主导地位。这些因素使得电力电缆公司难以在其“本国”之外的地域供应产品,并且导致每个国家的需求主要由国内企业满足。正如上文指出的,在单个国家的基础上,两个合并方在意大利和英国的合并市场份额都特别高。然而,某些变化随着时间的推移彻底改变了竞争性质。

---

189 Case COMP/M.6106-*Caterpillar/MWM*, Commission decision of 19 October 2011, para.106.

190 Case COMP/M.6106-*Caterpillar/MWM*, Commission decision of 19 October 2011, para.113.

191 Case COMP/M.6106-*Caterpillar/MWM*, Commission decision of 19 October 2011, para.112.

192 Case COMP/M.1882-*Pirelli/BICC*, Commission decision of 19 July 2000.

193 该案例研究引用了 A. Lofaro and S. Bishop, ‘Disregarding History:The role of econometrics in Statoil/JET’ (2001) 22 (7) *European Competition Law Review* 288-291。

这些包括从国有到民营商业组织的转变。民营化随着政府消除对公司运营的政治管控而出现,国内市场的自由化进而成为可能。这些变化的一个重要影响就是:这些更加商业化的买方更关注于降低成本。委员会承认了这一事实,并指出:

> 解除管制规定后,公用事业有动力更加积极地与其电缆供应商讨价还价。大多数国家要么已有要么正在规划推出监管系统,使得公用事业得以积累了高于某特定水平的效率提升。例如,在英国,每5年重新评估一次的 RPI-X 价格控制系统确保了传递给消费者的最低效率增进水平,同时为公用事业履行其义务提供强有力的激励。[194]

特别是,自由化过程促使私营公用事业公司不只是从国内电力电缆供应商处寻求投标,从而能够以最具吸引力的条件获取电力电缆。欧盟关于公开投标和公开采购指令的推出,以及技术规格标准化程度的提高,也使国外电力电缆生产商的竞争力进一步增强。

鉴于这些原因,委员会认为,位于意大利和英国境外的生产商对国内供应商施加的竞争约束目前已十分显著。在展现出这种动态特征的市场中,委员会作出
249 结论:仅根据历史市场份额信息而对合并进行竞争性评估是不恰当的。相反,采用一种前瞻性的方法从整个欧洲来考虑对拟议合并的影响是必要的。

3.7.4.2 投标竞争

然而,在此市场中需要解释一个难题。尽管电力电缆的外国供应商施加的竞争压力越来越高,在委员会调查合并时,自由化以及上述其他变化仍尚未导致电力供应生产商在其母国以外赢得大量业务份额。相反,在大多数国家,现有供应商会设法维持较高的市场份额。

然而,电力电缆市场的竞争采取合同投标的形式,其中参与投标的大型客户相对较少。正如上文所指出的,当竞争采取这种形式时,市场份额并不一定会为未来竞争的强度提供良好指示。特别是,在这种市场中没有任何历史销量的企业,可以显著影响由客户支付的价格。

确实,由合并双方提交给委员会的经济分析证明,尽管维持了较高的国内业务份额,但国内电力电缆生产商在面对来自外国投标人的激烈竞争时,必须大大

---

194 Case COMP/M. 1882-*Pirelli/BICC*, Commission decision of 19 July 2000, para. 54.

降低价格才有可能继续维持其份额。也就是说,证据显示,尽管电力电缆公司在国外投标时成功率仍然较低,但施加的竞争压力越来越大,最终影响了那些国家国内现有公司赢得项目所提供的价格。换句话说,只需适度水平的国际贸易,即可使欧洲市场出现竞争效益。正如委员会在决定中指出的,“产能过剩加上输给外国竞争者的威胁,使得当前的电力公用事业可从它们现有的国内供应商获取高度竞争性的投标。[195]

此外,决定指出“电缆供应商发现,它们在过去3年时间里的价格正在迅速下降(高达60%),且利润正在减少”。[196] 250

3.7.4.3 对可信投标人的分析

然而,无论供应端的结构如何,仅存在竞标市场本身并不能确保维持有效的竞争。[197] 相反,由于企业竞争力的关键决定因素是其提交可信报价的能力,因此,如果它们认为现有投标人的竞争程度不够高时,分析这些市场就必须考虑客户邀请参与投标的投标人的可信度。

委员会对剩余电力电缆供应商可信度的调查结果显示:

> 除了合并双方,欧洲还存在一系列大型电缆供应商,如ABB、Alcatel、NKT、Brugg(可能还包括Sagem和BICC General),它们拥有足够的技术能力、生产能力和品质证书,可以为欧洲的主要公用事业提供大量知识密集型的HV/EHV(高压和超高压)电缆。因此,它们可以成为欧洲HV/EHV电力电缆市场上任何重要投标的可信投标人。[198]

由于即使合并后仍然存在足够多的可信投标人,委员会认为,Pirelli和BICC之间的合并不会产生反竞争效果。因此,接受第二阶段调查的该交易被无条件批准了,无须进行异议声明或口头听证。

---

195 Case COMP/M.1882-*Pirelli/BICC*, Commission decision of 19 July 2000, para. 47.

196 Case COMP/M.1882-*Pirelli/BICC*, Commission decision of 19 July 2000, para. 47, para. 61.

197 委员会在上述引用案例第79段中也对这一点进行了明确认可。

198 Case COMP/M.1882-*Pirelli/BICC*, Commission decision of 19 July 2000, para. 47, para. 73.

4. 与评估单边效应有关的更多问题

4.1 简介

本节阐述了可能与评估单边效应关注有关的某些其他问题。本节组织结构如下。第 4.2 节解释了尽管单边效应关注通常在合并双方作为实际竞争者时出现,但这种关注也可能由于合并可能会消除潜在竞争而产生。第 4.3 节描述了更进一步的关注,特别是存在相对同质化产品时可能出现这种关注。当市场行情使竞争对手在价格上涨时不可能大幅增加其供应量时,它们施加竞争效应的能力可
251 能会受到限制,使合并企业有可能降低产出,从而提高价格。随后,第 4.4 节接着分析了转换成本在竞争评估中可能发挥的作用。重要的是,《横向合并指南》中明确提到了转换成本,并将其作为一种可能影响合并是否会导致显著单边效应的因素。最后,在第 4.5 节中,我们描述了在何种条件下,竞争企业之间缺乏法律控制的股权分持有可能降低企业相互竞争的动机。

4.2 潜在竞争的消除

4.2.1 《横向合并指南》以及 EU 先例中潜在竞争的消除

当合并双方为实际竞争对手,且其在一个或多个相关市场中的活动产生重叠时,通常会产生单边效应。在此情况下,引起关注的是合并会消除两个合并方对彼此施加重要的竞争约束,其消除可能允许新的实体提高价格。然而,当合并双方并未在任何相关市场相互竞争时,合并也可能产生单边效应。正如《横向合并指南》中所阐述的,满足两个条件时会产生这种关注。

第一,一方威胁进入另一方服务市场可对市场结果产生重大影响。因此,如果企业 A 在定价时考虑到源于价格上涨而导致企业 B 进入市场的威胁,那么 A

和B之间的合并预计会削弱决定A合并前出价条件的竞争约束。[199] 或者,如果一个潜在竞争者尚未影响该市场中的条件,则很有可能它会进入该市场并成长为一股有效的竞争力量。就这一点而言,《横向合并指南》声称"一个潜在竞争者计划以重要方式进入一个市场的证据,可帮助委员会得出这样一种结论"。[200] 252

第二,应该不会有"足够数量的其他潜在竞争者可在合并后维持足够的竞争压力"。[201] 这种条件特别强调了以下情况中的竞争问题:合并中的一方是唯一能够(或拥有独特的能力)进入对方市场的企业。

值得注意的是,在大多数情况下,潜在竞争对实际竞争的重要性是第二位的。在实际有效竞争的市场中,与一个潜在竞争者的合并,通常被视为会消除一个程度更低的竞争约束。因此,不存在既有竞争通常是潜在竞争单边效应理论的一个先决条件,因此只有在特殊的情况下会出现单边效应。

在2004年开始的若干第二阶段案件中,委员会评估了单边效应因消除潜在竞争而产生的风险。

在*STX/Aker Yards*案[202]中,委员会最初担心,拟议合并会消除STX作为一个潜在的新进入者进入高度集中的邮轮建造市场。委员会最终排除了这种担心,理由是STX既不是唯一的(市场调查确认,来自日本的三菱和韩国的三星及大宇等其他远东造船公司至少和STX一样可能成为邮轮市场的潜在进入者[203])也不是可能的市场进入者。有趣的是,尽管《横向合并指南》中没有明确提及市场进入的及时性,但委员提到了排除该案例中潜在竞争关注的要点,其指出:"在市场调查中,没有计划或具体证据可以表明ST将以显著的方式及时进入市场。"[204]

在*ENI/EDP/GDP*案[205]中,委员会作出决定,认为葡萄牙现有的电力(EDP)和燃气(GDP)供应商之间的合并会通过消除潜在的市场进入者而加强准垄断的

---

199 市场进入的威胁可能对现有企业的价格施加限制这一概念与William J. Baumol有关,他介绍了"可竞争市场"的概念:请参见W. J. Baumol, J. C. Panzar, and R. D. Willig, *Contestable Markets and the Theory of Industry Structure* (San Diego:Harcourt Brace Jovanovich, 1982)。

200 EC Horizontal Merger Guidelines, para. 60.

201 EC Horizontal Merger Guidelines, paras. 59–60.

202 Case COMP/M. 4956-*STX/Aker Yards*, Commission decision of 5 May 2008.

203 Case COMP/M. 4956-*STX/Aker Yards*, Commission decision of 5 May 2008, para. 56.

204 Case COMP/M. 4956-*STX/Aker Yards*, Commission decision of 5 May 2008, para. 55.

205 Case COMP/M. 3440-*ENI/EDP/GDP*, Commission decision of 9 December 2004.

地位。GDP 作为一家现有天然气供应商,被视为在进入葡萄牙电力市场方面拥有
253 独特的有利位置,这是因为它相对于其他潜在进入者具备几个特定优势,如拥有燃气来源(是电力生产的重要原料)、本地品牌和成熟的分销网络。同样,因其拥有的批发电力业务,EDP 燃气是主要的采购方,且被视为是进入批发燃气供应市场(GDP 为当前的供应商)最可信的潜在进入者之一。

DONG/Elsam/Energi E2 案[206]涉及丹麦当前国有企业 DONG 对丹麦当前地区电力生产商 Elsam 和 Energi E2(E2) 以及丹麦电力供应商 Københavns Energi Holding (KE) 和 Frederiksberg Elnet (FE) 的收购。在第二阶段调查后,委员会作出结论,认为该交易会加强 DONG 的市场支配地位,原因在于:(i) 消除了来自 E2、Elsam、NESA 和 KE 的实际及潜在的竞争,以及 (ii) 合并后实体有能力通过实施客户市场封锁削弱其现有竞争对手。[207] 有趣的是,尽管没有明显证据可以证明 E2 和 Elsam 有具体的市场进入规划,但委员会认为这种证据在此案中并不是必要的,其指出"Elsam 的内部文件并未明确提及它有进入市场的强烈意图,这一事实尽管明显是相关证据但并未消除 Elsam 可能存在的商业动机"。[208]

在 *Omya/Huber PCC* 案[209]中,委员会得出结论认为,Omya 对 Huber 的现场沉淀碳酸钙(造纸行业中使用的一种矿物)业务的拟议收购将会产生单边效应,这是因为它会消除一个有能力向芬兰南部造纸行业的腹地提供原料的潜在进入者。委员会发现的证据表明 Huber 拥有进入 Omya 占准垄断地位市场的明确计划,且认为 Huber 有足够的经验和能力参与该市场的有效竞争。[210] 委员会还认为"在该
254 合并发生后,市场内极不可能再有其他潜在竞争者带来或维持足够的竞争压力"。[211]

在 *Johnson&Johnson/Guidant* 案[212]中,合并双方都是开发、生产和销售血管医疗器械的积极参与者,且委员会担心如果消除了作为冠脉支架市场潜在竞争者的

---

[206] Case COMP/M. 3868-*DONG/Elsam/Energi E2*, Commission decision of 14 March 2006.

[207] Case COMP/M. 3868-*DONG/Elsam/Energi E2*, Commission decision of 14 March 2006, para. 455. 该案提出的封锁关注将在第五章予以讨论。

[208] Case COMP/M. 3868-*DONG/Elsam/Energi E2*, Commission decision of 14 March 2006, para. 461.

[209] Case COMP/M. 3796-*Omya/Huber PCC*, Commission decision of 19 July 2006.

[210] Case COMP/M. 3796-*Omya/Huber PCC*, Commission decision of 19 July 2006, paras. 339 et seq.

[211] Case COMP/M. 3796-*Omya/Huber PCC*, Commission decision of 19 July 2006, para. 429.

[212] Case COMP/M. 3687-*Johnson&Johnson/Guidant*, Commission decision of 25 August 2005.

Guidant,则该合并可能会产生单边效应。但是,在第二阶段调查后,委员会认为,尽管 Guidant 可能成为该市场上的其中一个重要竞争者,但 Medtronic 和 Abbott 等其他新进入者也有可能施加重要的竞争约束,从而弥补拟议合并带来的竞争缺失。[213] 因此,该交易未满足潜在竞争关注的第二个条件,即缺乏其他潜在进入者。

4.2.2　案例研究:英国 Svitzer/Adsteam 案中关于潜在市场进入的分析[214]

接下来,我们通过参考英国竞争委员会(CC)于 2006 年对 SvitzerWijsmuller A/S (Svitzer)收购 Adsteam Marine Ltd (Adsteam) 一案进行的调查,来举例说明如何在实践中解决潜在竞争的问题。[215] 英国竞争委员会认为,尽管该交易使英国的主要港口拖船运营商从两家减少为一家,但合并后不会严重减少竞争。这是因为,尽管合并双方分别是许多英国港口的唯一运营商,但它们并未相互施加任何明显的竞争约束。此外,任何一方都没有足够的优势成为另一方运营港口的潜在进入者。因此,Adsteam 剥离了合并前唯一存在合并双方同时运营的英国港口利物浦港后,该交易获得了批准。

由于拟议合并将把英国两个港口拖船首要运营商合二为一,其中合并后的实体将提供英国国内 90% 的港口拖船服务,因此如果交易要获得批准,则英国竞争委员会必须证明在不同英国港口提供的拖船服务不会对彼此施加重要的竞争约束。尽管 OFT 担心客户在协商其托运资费时,可以威胁转向其他港口,但英国竞 255
争委员会却认为,由于需求端的替代性[216]和供应端的替代性[217]程度不足,港口之间不存在这种竞争约束。

213　Case COMP/M. 3687-*Johnson&Johnson/Guidant*, Commission decision of 25 August 2005, paras. 115 and 116.

214　请参见 www. competition-commission. org. uk/rep_pub/reports/2007/fulltext/523. pdf,英国竞争委员会于 2007 年 2 月 9 日发布了最终报告。

215　该案例研究引用了 S. Lewis and A. Lofaro, '*Svitzer/Adsteam*:Assessing unilateral effects when monopolists merge' (2008) 29(2) *European Competition Law Review* 135-138。

216　观察到在利物浦港内发生的客户转换运营商的少数几个实例,合并双方在利物浦港内存在港口拖船业务竞争。

217　尽管技术上来讲有可能将拖船从一个港口移至另一个港口,然而商业上的考量表明,港口拖船市场内几乎不存在供应端方面的替代性。这是因为,合并双方在每个港口提供的拖船数量是港务局要求其满足峰值需求的最低数量。这就限制了它们战略性地重新部署拖船到竞争对手港口的能力。实际上,在相对价格发生变化后,拖船从未被重新部署到竞争对手的港口内。

港口之间缺少重要竞争约束的事实表明，除了合并双方都作为实际竞争者存在的利物浦港口以外，拟议交易并未改变其他港口拖船服务市场的结构。因此，只有当一方在某种程度上是另一方所在服务港口的潜在进入者，且会对该港口当前运营商的行为施加重要约束时，消除竞争约束的关注才可能会出现。这就要求：

1. 另一合并方发现以当前价格进入该港口可获得利润；且

2. 没有能够以当前价格进入市场并获利的其他运营商，这使价格在合并后限制在当前水平。

在评估市场进入的可行性时，考虑港口拖船业务存在较高固定成本的这一特性尤为重要。这种高成本表明，任何市场进入策略要发挥作用，则必须保证有足够多的客户，以便从规模经济中获益。要实现这一点，需要完全替代现有运营商，或者“挑选”特定客户。英国竞争委员会承认，任何一种策略都可能涉及由一组客户赞助的市场进入，因为在其客户问卷调查中，许多受访者声称赞助式进入的威
256 胁是议价能力的一个重要来源。[218] 这种赞助式市场进入最可能采取的形式是，客户以保证价格提供业务给新进入者。

为了确定涨价后出现的客户赞助式进入的威胁是否可信，合并双方着手深入调查了它们运营每个港口市场进入的可行性。着手进行的调查既包括从与每个港口当前运营商（Svitzer 或 Adsteam）类似成本的市场进入者角度，也包括从雇佣非工会成员来降低成本的市场进入者角度。[219] 提交给英国竞争委员会的市场进入模型整合了对以下内容的详细分析：

1. 每个港口现有运营商的成本结构，该结构可限定在任何供应水平内产生的固定和可变成本，其中考虑了合并双方认为以任何特定供应水平经营所必需的最少拖船数量；以及

2. 每个港口的客户概况，其中考虑了每位客户每年需要的拖船业务量、每位客户为其船舶要求的拖船数量以及每位客户从现有供应商取得的平均净价。

该模型可以计算出市场进入者为了实现收支平衡，通过定位单个客户所必须获得的市场份额，其中还考虑了不同客户在一个港口取得净价有所不同的事实。

---

218 CC′s final decision, para. 8. 30.

219 Svitzer 认为，进入其运营港口的国际进入者，可避免产生与工会工资相关的传统成本以及相应的退休金成本，从而以更低的成本经营业务。

该模型还显示,当出现“挑选”型的市场进入时,由于无法达到规模经济,现有运营商的平均单位成本将会显著增加,使其业务无法获得利润。

这一点显著表明,即使是失去一小部分业务的威胁,也可能会对现有运营商的行为施加有效的限制。事实上,此结果与取得的证据基本一致,即英国港口拖船服务的盈利能力普遍较低,这是因为市场进入的威胁施加了有效的竞争限制。

这种分析以及合并双方提交的其他证据,为英国竞争委员会对每个港口市场进入可行性作出结论提供了有用信息。英国竞争委员会认为,不能将 Adsteam 视
为 Svitzer 所在港口的潜在进入者,但可将 Svitzer 视为 Adsteam 所在港口的潜在 257
进入者。但是,Svitzer 在这方面的优势绝不是唯一的。目前存在一系列知名的国际拖船运营商,它们与 Adsteam 的客户当前保持了业务关系,并且在提供港口拖船服务方面拥有大量的专业知识,也可被视为相关港口的潜在进入者。这些运营商的市场进入威胁将继续对合并后实体的价格和服务质量施加压力。

总而言之,英国竞争委员会承认无论 Svitzer 还是 Adsteam 都未享有超过其他可信潜在进入者的独特优势。因此,不可认为拟议合并会削弱每个英国“垄断”港口在合并前受到的竞争约束。

4.3 竞争对手增加供应的能力

4.3.1 《横向合并指南》中的竞争对手产能

在其第 32 段中,《横向合并指南》阐述了存在相对同质化产品时尤其有可能产生的关注,即当合并企业的竞争对手没有足够产能代替新实体可能削减的产出时,更有可能产生单边效应。如果一家企业的竞争对手无法对产能削减提供补偿,则这种削减将会对市场容量以及价格产生更大的影响,因此使得产能削减更有可能获利。相反,当一家企业预计其竞争对手将会扩大产出来补偿其容量的削减时,该企业会认识到,这种削减是无利可图的,这是因为该企业将会损失一部分销量但又无法享受价格上涨的好处。

《横向合并指南》明确指出:

> 当市场条件使得合并两方的竞争对手在价格上涨时不可能大量增加供应时,合并企业可能会有动力使其产出削减至低于合并前的总水平之下,从而提高市场价格。这是由于合并使得合并后的企业有更大的销量基数,从而可以在产出减少导致的价格上涨中享受更高的利润,因此

258 合并会增加削减产出的动力。[220]

另一方面,当市场条件使得竞争企业有足够产能并且发现扩大产出有利可图时,委员会认为拟议合并不太可能产生单边效应。特别是,《横向合并指南》解释道,为了证明竞争对手能够挫败合并后实体提高价格或削减产出的企图,必须证明出以下条件:[221]

- 首先,竞争对手没有面临产能限制,或者它们可以相对容易且便宜地扩大其现有产能;以及
- 其次,现有的闲置产能投入运营所需的成本并未高于当前使用中的产能。

也就是说,如果竞争对手不存在远远弱于合并后实体的成本劣势,则不可能产生单边效应。

4.3.2 实例

在以下实例中,我们展示了竞争对手中存在的成本劣势和/或产能限制是如何产生合理的单边效应关注的。

假设有四个潜在的投标人 A 至 D,全都在对某个一次性项目进行投标。不存在固定成本,且边际成本不会随产出而有所不同,但投标人的边际成本存在如表 3.21 所示的差异。

如果所有投标人都完整、准确地了解对方的成本信息,则均衡价格将为 110。如果企业 A 的最相近竞争对手 B 无法降低价格,则这是企业 A 可以投标的最高价格。该类型竞争性拍卖的普遍原则是,竞争价格是由出价第二高的投标人其成本确定的。即使 A 的成本为 50,远远低于 B 的成本,它也必须出价达到 110 或以上才能赢得合同。[222]

---

[220] EC Horizontal Merger Guidelines, paragraph 32.

[221] EC Horizontal Merger Guidelines, paragraph 32, para. 34.

[222] 当然,这个简单模型的假设是高度简化且不切实际的。特别是,各企业提供的产品某种程度上是存在差异化的,合并前企业 A 可能只需 112 的价格就可以赢得投标。同样,如果投标人不知道竞争对手的成本,则它们可能会严格地以低于赢得投标所必要的价格进行投标。例如,企业 A 可能误以为 B 的成本为 109,它在此情况下可能会选择以 109 而非 110 的价格来投标。此外,当存在较高的固定成本时,企业一般来说需要以能够涵盖其平均总成本的价格进行投标,导致每个单位的投标价格超过了边际成本。

表 3.21　不同成本企业之间的投标竞争

企业	成本
A	100
B	110
C	115
D	120

在该背景下评估单边效应十分简单。投标人 A 和 C 之间的合并对竞争价格水平不会产生任何影响，因为合并后实体企业 A+C 仍然需要出价高于 B 才能赢 259
得合同。只有 A 和 B 之间的合并在竞争上具有显著意义，这是因为在这种情况下，合并后的实体企业 A+B 只需要击败成本为 115 的投标人 C；因此价格可提高到 115。

这一简单实例中有两个要点，分别是：

• 合并前，成本最高的两家企业 C 和 D 在该背景下并未发挥重要的竞争作用，且如果这两个供应商在该过程中消失，竞争压力也不会降低；以及

• 两个最低成本的供应商（A 和 B）合并后，任何价格上涨的程度将由效率第二和第三高的企业（B 和 C）的成本相似性来确定。后者承受的成本劣势越大，则合并产生单边效应的显著性越高。

现在让我们考虑一个稍作修改的之前实例，我们由此假设供应商受到产能限制。特别是，在表 3.22 修改后的实例中，我们假设企业 A 和 C 都拥有 50 个单位的产能，效率第二高的企业 B 只有 20 个单位的产能，而效率最低的企业可以生产多达 30 个单位。进一步假设客户的要求等于 40 个单位。

在修改后的背景下，合并前的价格为 110，其中企业 A 供应了客户的全部需求。A 和 B（两个成本最低的公司）之间的合并将再次导致价格上涨；与之前的实例一样，合并后实体现在能够对所有 40 个单位收取高达 115 的价格。

另一方面，企业 A 和 C（两个产能最大的公司）之间的合并效应将取决于企业 C 和 D 之间的成本差异。合并后，企业 A+C 的选择包括：（i）对所有 40 个单位收 260
取 110 的价格，获取 400 的利润；或（ii）对 20 个单位收取 120 的价格，并允许 B 降价以销售剩余的 20 个单位，使合并后企业的利润达到 400。

表 3.22　具有不同成本和产能限制的企业之间的投标竞争

企业	成本	产能
A	100	50
B	110	20
C	115	50
D	120	30

在该实例中，企业 A+C 将价格提高至 120（并满足一半的客户需求）和设定 110 的价格（满足全部客户需求）所获得的利润是相同的。然而，如果 D 的成本为 119 而非 120，则合并后的企业将受到限制，无法收取高于 119 的价格来销售 20 个单位，使其利润为 380，低于合并前 110 的价格所获得的利润。

总之，存在成本非对称和产能限制的供应商之间的合并，其产生的效应可能非常复杂，且将取决于合并双方相对于竞争对手供应商的成本，以及每家企业可以利用的产能。

4.3.3　欧盟的案例

当评估涉及同质化产品的合并时，委员会通常会评估竞争对手的产能。从委员会的判例法中明显看出，为了减轻在这些行业中的单边效应关注，竞争对手既需要**能力**也需要有**动力**来扩大产出，以应对假设的价格上涨。

对竞争对手扩大生产的能力进行评估时，通常需要分析这些竞争对手是否共同拥有足够的闲置产能（总产能减去实际生产量）来保持竞争力和挫败价格上涨的企图。请注意，竞争对手不必供应由合并企业满足的所有需求。相关的问题是，竞争对手（单独或合并）是否可以供应假设的损失容量，从而使得合并企业无
261 法从特定价格上涨中获益。正如委员会在 *Ineos/BP Dormagen* 合并案[223]中指出的，着手进行前瞻性分析是重要的，这是因为预期的产能或需求变化使得合并前的产能状况无法呈现合并后的状况。除了考虑企业的实际生产能力外（如机械和设备的当前库存），可能还需要考虑以下额外因素，这些因素可能影响竞争对手在短期内扩大产出的能力：

• *原材料的可获得性*。在采购方面，原材料等投入可能由于短缺、独家合同或垂直整合而无法立即取得。例如，其中一家合并企业可能已经通过独家供应合

---

223 Case COMP/M. 4094-*Ineos/BP Dormagen*, Commission decision of 10 August 2006.

同或垂直整合锁定了相当比例的可用投入。

• *销售和分销能力*。在销售端,扩大销量可能需要额外的人员。当竞争对手与合并企业并未关注相同的客户或地理区域时,或者当包括售后服务在内的销售要求在本地进行大量投资时,这是特别值得关注的问题。

• *易于增加产能*。即使闲置产能有限,也可能存在证据表明可以轻易地不断扩大产能,例如通过为现有生产线增加机器来实现。

例如,在 *Glatfelter/Crompton Assets* 案[224]中,委员会承认"Glatfelter 显著提高了价格,从而可能使 Ahlstrom 对过滤茶和咖啡的湿法纤维材料的盈利能力提高,Ahlstrom 可以转移产能,或者通过转换现有机器或购买并转换二手机器来增加产能"。[225]此外,在 *AEE/Lentjes* 案[226]中,委员会指出:

> 因此,每个竞争者似乎会根据不同项目来规划其中期和长期产能:公司内部根据自身设立的标准对项目进行排名,并为各项目分配合适的产能。根据这种规划流程及其时间表,有较高成功率的项目可能会引起 262
> 许多竞争对手的兴趣。如有必要——如市场调查所显示的——新产能在短时间内能够进行投入。某个竞争者提到,在必要时,可以临时使产能增加高达 50%。[227]

委员会已在多个案例中对可能缺乏闲置产能引起的关注进行了评估。其中包括如下实例。

在 *Kronospan/Constantia* 案[228]中,涉及 Kronospan 对 Constantia 的原始和涂层刨花板业务的部分收购,委员会主张竞争对手没有足够的闲置产能来防止多个国家的单边效应,包括奥地利、捷克、匈牙利、斯洛伐克和斯洛文尼亚。[229]合并双方在这些国家对原始刨花板生产占有的总份额为 60% ~80%。委员会还指出了以往

---

[224] Case COMP/M.4215-*Glatfelter/Crompton Assets*, Commission decision of 20 December 2006.

[225] Case COMP/M.4215-*Glatfelter/Crompton Assets*, Commission decision of 20 December 2006, para.98.

[226] Case COMP/M.4647-*AEE/Lentjes*, Commission decision of 5 December 2007.

[227] Case COMP/M.4647-*AEE/Lentjes*, Commission decision of 5 December 2007, para.97.

[228] Case COMP/M.4525-*Kronospan/Constantia*, Commission decision of 19 September 2007.

[229] Case COMP/M.4525-*Kronospan/Constantia*, Commission decision of 19 September 2007, paras.59 et seq.

产能短缺导致价格上涨的实例。此外,产能扩大需要大量的投资和交货时间(至少两年)。尽管预计某些新的产能会在受影响地区出现,但委员会认为,由于原始刨花板不断增长的需求,这不足以挫败合并后实体提高价格的动机。从受影响地区以外进口是可行的,但根据委员会的看法,进口只会使合并双方的价格限制在高于合并前的水平;也就是说,合并双方之间存在的竞争使价格保持在特定水平之下,而只有达到此特定水平进口才会在经济上变得可行。

在对 *Inco/Falconbridge* 合并案[230]的评估中,委员会得出结论,认为合并双方最重要的竞争对手没有足够的产能(仅占据总市场的 20%)来施加竞争限制。此外,委员会发现,这一关键竞争对手之所以无法增加产出,也因为它没有足够的相关投入。其他更小的竞争对手没有额外的产能,并存在一系列的竞争劣势,使其
263 更加难以成为合格的供应商。因此,在高纯镍供应市场上占有 75% ~90% 总份额的合并双方在合并后不会受到限制。

在 *Arjowiggins/M-real Zanders Reflex* 案[231]中,无碳纸市场没有出现明显的闲置产能,尽管需求持续在下降。相反,委员会发现,“没有迹象表明需求冲击使任何主要竞争对手出现严重的产能过剩,迫使它们廉价销售从而破坏市场价格。相反,制造商似乎清楚地意识到,生产过剩将会压低价格,因此他们的产能与需求保持了高度一致”。[232] 相应地,一般认为竞争者没有很多闲置产能,并且不可能将产能转移到其他产品的生产中,或者进行出口以便为欧洲经济区市场供应无碳纸。因此,委员会得出结论,竞争对手不会阻碍无碳纸市场在合并后出现的单边效应。竞争对手在应对合并后假设的价格上涨时有能力增加产出的这一发现,在某些案例中足以消除关注,而无须分析此等竞争对手如此行为的动力。例如,在已提到的 *Glatfelter/Crompton Assets* 案[233]中,委员会认为,合并后实体尽管将在工业纤维材料市场中占有 60% ~70% 的总份额,但仍然会受到几个竞争者的限制,因为它们有足够的闲置产能以及必要时快速提高产能的对策。委员会似乎并未明确分析,这种产能扩大是否需要任何成本,从而降低面临价格上涨时增加产出的动力。

---

230 Case COMP/M. 4000-*Inco/Falconbridge*, Commission decision of 4 July 2006.

231 See Case COMP/M. 4513-*Arjowiggins/M – real Zanders Reflex*, Commission decision of 4 June 2008.

232 See Case COMP/M. 4513-*Arjowiggins/M – real Zanders Reflex*, Commission decision of 4 June 2008, para. 393.

233 See Case COMP/M. 4215-*Glatfelter/Crompton Assets*, Commission decision of 20 December 2006.

然而在其他案例中,委员会主张,竞争企业扩大产出的能力不足以消除关注,但它们这样行为的动力必须要确立。这些案例表明,有必要仔细考虑竞争对手增加产出的成本(如额外的劳工或辅助设备的投资)。此外,当主张企业可以从其他产品的生产转移产能时,有必要考虑放弃销售该等其他产品所产生的机会成本。 264

在 *JCI/VB/FIAMM* 案[234]中,委员会发现竞争对手似乎拥有约10% 的闲置产能。然而,它指出并无证据表明它们会使用闲置产能来增加产出以应对价格上涨。产能利用率的提高,例如通过包括增加周末班次等班次的增加来实现,可能会带来显著的成本。此外,委员会发现,尽管从 IAM 电池转向 OE 电池的生产在技术上是可行的,但 IAM 电池可赚取的较高利润对这种供应端的替代产生了抑制因素,除非 OE 电池的价格可以显著提高。在此背景下,委员会的决定指出:[235]

> ……合并后实体单边提高价格的盈利能力在很大程度上取决于替代供应商扩大供应是否可以盈利,也就是说,替代供应商不仅要有能力也要有经济上的动力,来服务那些声称在合并后实体单边提高价格后会转移的 OE 客户。

委员会最终的结论是,尽管合并双方已经证明了竞争对手扩大产出的技术能力,但考虑到扩大产出的额外成本以及无法利用闲置产能生产其他产品而放弃的利润,没有证据表明它们有动力这样做。

在 *Bertelsmann/Springer/JV* 案[236]中,委员会考虑了竞争对手是否有能力限制合营企业(该企业将控制德国安装型凹版杂志印刷产能的45% ~50%的份额)。委员会考虑了竞争对手产能的三个方面:德国现有的闲置凹版杂志印刷产能的程度;在出现相对价格上涨后,将过去用于广告和目录手册的印刷设备转为印刷杂志的可能性;以及凹版杂志印刷产能计划增加的程度。[237] 总的说来,委员会发现,通过这三种产能形式,竞争对手可能获得的产能将超过合并双方的总产能,从而可以缓和单边效应关注。[238] 特别是,委员会指出,在价格上涨的情况下印刷厂可以 265
转换大量设备用于印刷杂志。作为分析的一部分,委员会还计算了产品的平均利

---

234 Case COMP/M. 4381-*JCI/VB/FIAMM*, Commission decision of 10 May 2007.

235 Case COMP/M. 4381-*JCI/VB/FIAMM*, Commission decision of 10 May 2007, para. 360.

236 Case COMP/M. 3178-*Bertelsmann/Springer/JV*, Commission decision of 3 May 2005.

237 Case COMP/M. 3178-*Bertelsmann/Springer/JV*, Commission decision of 3 May 2005, paras. 104 et seq.

238 Case COMP/M. 3178-*Bertelsmann/Springer/JV*, Commission decision of 3 May 2005, para. 138.

润贡献量,发现在印刷杂志上赚取的利润足以弥补在其他产品上损失的利润。

在 *Arjowiggins/M-real Zanders Reflex* 案[239]中,委员会认为,考虑到巨大的机会成本,当合并双方在无碳纸领域占据市场支配份额时,竞争对手没有动力将热敏纸的产能转换到无碳纸的生产中。这一结果也为合并双方自己提交的意见所证实:“只有当无碳纸提价 5% ~8% 时,热敏纸产能才会限制无碳纸的价格。”[240]对相对利润的分析也表明,尽管无碳纸和热敏纸之间的相对利润发生了显著变化,但没有明显的转移发生。关于这一点,委员会指出:

> 历史上也存在某些时期,从热敏纸转向无碳纸的一些制造商实现了盈利。然而,这种转换并未大规模发生。这表明,当制造商决定对热敏纸或无碳纸的生产进行分配时,它们无法或者不愿意快速地应对相对利润的变化。因此,没有迹象表明,竞争者在合并后会比现在更有可能转向无碳纸生产,在某种程度上超过控制无碳纸市场份额 50% 的具有支配地位的供应商所削减的产能。[241]

在特定情况下,开展自然实验以测试竞争对手是否既有能力又用动机来增加产出以应对假设的供应削减或价格上涨是有可能的。正如第 3.5 节已讨论过的 *Ineos/BP Dormagen*[242]和 *Inco/Falconbridge*[243] 案均使用了自然实验。

在 *Ineos/BP Dormagen* 案[244]中,委员会进行了详细的分析,以评估竞争对手如何应对总市场份额为 50% ~60% 的一家合并企业以往所出现的产能中断的问题。虽然不是决定性的,但该自然实验与其他证据一起共同作用得出了这样的结论:
266 竞争对手既有能力也有动机来通过增加产出以作出应对。[245]

在 *Inco/Falconbridge* 案[246]中,观察到在 Inco 的一家工厂出现罢工后,客户转

---

239 Case COMP/M. 4513-*Arjowiggins/M-real Zanders Reflex*, Commission decision of 4 June 2008.

240 Case COMP/M. 4513-*Arjowiggins/M-real Zanders Reflex*, Commission decision of 4 June 2008, para. 401.

241 Case COMP/M. 4513-*Arjowiggins/M-real Zanders Reflex*, Commission decision of 4 June 2008, para. 404.

242 Case COMP/M. 4094-*Ineos/BP Dormagen*, Commission decision of 10 August 2006.

243 Case COMP/M. 4000-*Inco/Falconbridge*, Commission decision of 4 July 2006.

244 Case COMP/M. 4094-*Ineos/BP Dormagen*, Commission decision of 10 August 2006.

245 Case COMP/M. 4094-*Ineos/BP Dormagen*, Commission decision of 10 August 2006, para. 97.

246 Case COMP/M. 4000-*Inco/Falconbridge*, Commission decision of 4 July 2006.

向 Falconbridge 而非其他竞争对手,进而导致了价格的暂时上涨,因此,委员会认为合并双方在合并后不会受到制约。[247]

4.3.4　评估电力市场内的合并

发生在电力市场内的合并,很好地展示了评估同质产品供应商之间的集中时所需要考虑的问题,这些供应商的生产设备具有生产成本不对称和产能限制等特点。接下来,我们将描述这些合并中通常出现的单边效应关注类型,以及能够用于评估这些关注的经验技术。

在过去十年里,欧洲市场上在这行业中出现了一系列重要的合并企图。[248] 例如,在 2004 年,欧委会经过详细的第二阶段调查,决定禁止葡萄牙现有电力公司 Energias de Portugal(EDP)和意大利能源公司 ENI 对葡萄牙现有燃气公司 Gás de Portugal(GDP)共同发起的拟议收购。委员会分析了拟议交易对葡萄牙电力供应市场可能产生的影响,得出结论认为该交易将会加强 EDP 在葡萄牙电力批发和零售市场上的支配地位。

在 2008 年,委员会经过深入调查后附条件批准了 Gaz de France (GDF)和 Suez 集团[249]的合并,合并双方需要"采取全面且广泛的补救措施",[250]委员会认为只有通过这些措施才可以解决其最初调查发现的问题,即该交易将会对比利时燃气和电力批发及零售市场以及法国燃气市场产生反竞争效果。[251] 委员会的关注主要 267
在于,合并消除了 GDF 和 Suez 在比利时和法国市场彼此施加给对方的不断增强的竞争压力。根据委员会的看法,鉴于市场上的条件,包括市场进入的较高壁垒,它们各自的支配地位将会在合并后显著增强。在 2009 年,委员会要求 EDF 作出重要承诺,以便批准其对比利时的第二大电力运营商 SPE 大部分股权的拟议收购。[252] 合并双方在比利时电力批发市场的合计份额仅为 10% ~20% ,远远低于市场领导者 GDF Suez (Electrabel)约 70% 的份额。然而,委员会发现,由于合并后

247　Case COMP/M.4000-*Inco/Falconbridge*, Commission decision of 4 July 2006, para.373.

248　关于欧洲能源行业合并控制应用现状的调查,请参见 G. Federico, 'The economic analysis of energy mergers in Europe and Spain' (2011) 7(3) *Journal of Competition Law & Economics* 603–629.

249　Case COMP/M.4180-*Gaz de France/Suez*, Commission decision of 14 November 2006.

250　See http://europa.eu/rapid/pressReleasesAction.do? reference = MEMO/06/424&format = HTML&aged = 0&language = EN&guiLanguage = fr.

251　请参见委员会的新闻稿(见 IP/06/802 和 IP/06/1109)。

252　Case COMP/M.5549-*EDF/Segebel*, Commission decision of 12 November 2009.

的实体降低了投资新产能的动机，因此，拟议交易很可能会引起单边效应。

在 2005 年 9 月，西班牙主要燃气运营商 Gas Natural 对西班牙目前最大的电力运营商 Endesa 发起了价值达 225 亿欧元的恶意收购。如果收购成功，则合并公司将会成为西班牙和拉丁美洲最大的燃气和电力运营商，为 1600 万欧洲客户以及 3000 万全球客户提供服务。*GasNatural/Endesa*[253] 案非常有意思，这是因为得益于西班牙电力市场的运营商 OMEL 每日发布的极为详细的市场数据，由此可以进行极其详细的竞争评估。

本节剩余部分简要介绍了电力批发市场的主要特点，这与评估该行业中合并的竞争效果有关。然后，我们阐述了这些集中通常带来的关注问题，并且简要概括了如何参考 *Gas Natural/Endesa* 案来评估这些关注。

4.3.4.1 市场特点

268 与评估电力批发市场内合并竞争影响有关的主要特点如下。[254]

• *电力需求随时间波动明显。*特别是，电力消费在清晨特别低，并且通常有两个高峰期：一个在中午，一个在傍晚时分。此外，日均消费在周末会显著降低。

• *需求弹性相对较低。*正如 Hope 指出的，[255]由于过去在能源设备方面的投资决策，当消费者转向其他能源形式的灵活性非常有限时，短期内的总市场需求弹性特别低。即使长期看来，经验研究也表明了较低的需求弹性，通常家庭需求在 -0.15 至 -0.25 范围内。

• *电力是无法储存的。*电力是无法储存的，因此有必要在每个特定时间点生产的全部电量和需求相匹配。供应和需求始终保持平衡的要求需要发电和输电间极其谨慎的协调。正如 Armstrong 等人所指出的，[256]这正是两种活动在传统上被垂直整合的主要原因。

• *不同的发电技术面临不同的成本条件。*在供应端，电力生产的特点是存在

---

253 See Tribunal de la Defensa de la Competencia, Expediente de Concentración Económica C94/05 Gas Natural/Endesa, 5 January 2006.

254 这里的讨论延续自 RBB Brief 17, 'The Need for Reality Checks: An example from the Netherlands', August 2005。

255 See E. Hope, 'Market Dominance and Market Power in Electricity Power Markets' (ISSN-nr 1652-8069, Konkurrensverket, Stockholm, 2005).

256 See M. Armstrong, S. Cowan and J. Vickers, *Regulatory Reform-Economic Analysis and British Experience* (MIT Press, 1994).

多种不同类型的发电机组[如燃煤、燃气、水力、联合循环燃气轮机（CCGT）或核能]。由于每种发电机组不同的技术特点和投入成本,每台发电机的边际成本存在显著不同。例如,核电站需要高昂的固定成本但相对较低的边际成本,且不能在短时间内打开或关闭。其他类型的发电厂需要相当高的边际成本,但更加灵活。这些不同特点使发电厂之间存在"价值次序",其中低边际成本的发电机组提供基本负荷的电力生产,而需要较高成本的发电机组则只在高峰时需求增加的情况下才开启。图 3.9 以图形方式展现了一个假设的价值次序,[257]表明核电站和水力发电厂是可变成本最低的发电技术,而燃气发电厂的可变成本最高。[258] 269

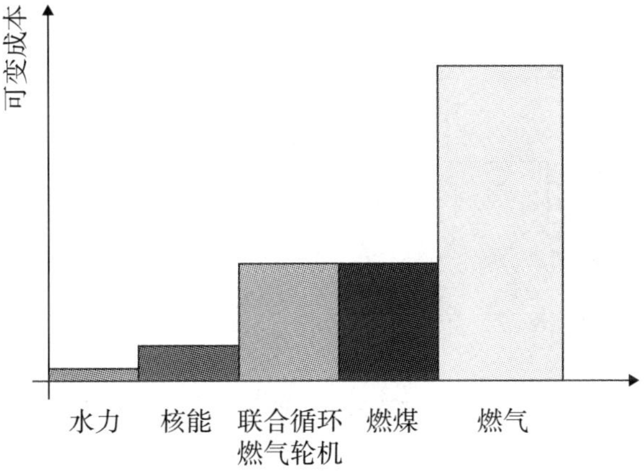

图 3.9　发电站假设的价值次序

• *电力批发市场一般为投标市场*,其中由运营商提交投标,以每小时特定价格提供第二天的特定电量。在每个时间段,市场需求以单一价格所明确,单一价格是由该时间段内满足需求所需的最高报价的发电机组确定。这样的市场价格使边际成本更低的发电厂能获得超过这些成本的利润。

4.3.4.2　单边效应关注

在电力批发市场,单边效应关注可能以下列方式之一出现。

---

[257] 现实中,价值次序可能会比这更加复杂。风力发电的边际成本很低,所以通常出现在供应曲线的底部,但其可用性取决于天气。价值次序还受到关于碳排放税收体制的影响,这可能会让原本廉价的(但高排放的)技术产生可变成本高于原本价格昂贵的(但低排放的)技术。

[258] 需要注意的是,尽管为水力发电会计计算的边际成本接近于零,但水力发电的真实边际成本是在另一时间发电的机会成本。是否愿意供应水电取决于如降水量和水储备量等因素。

第一,如果拟议交易会整合几个之前由单独一方持有的“边际”发电机组(通
270 常是最后被使用的机组,因此这些机组的投标价格确定了市场价格),则合并后实体可能有动力提高价格。由于合并会缓和这些边际机组相互施加的竞争约束,因此可能导致合并后实体对这些发电厂的投标价格提高,并由此导致更高的市场价格。图 3.10 通过图例展现了这种关注。

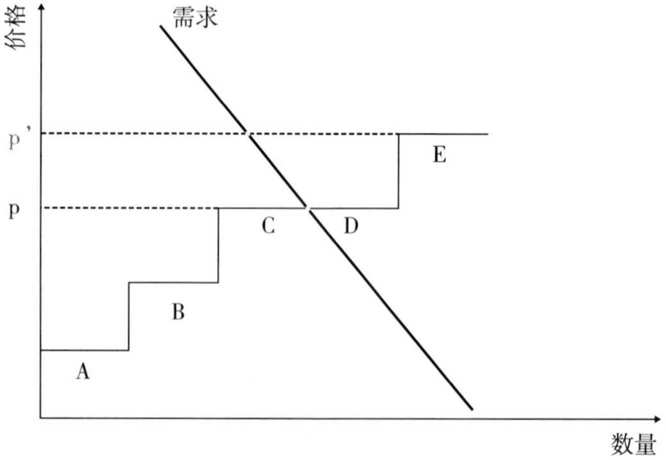

图 3.10　消除边际发电机组间竞争产生的单边效应

该图显示了五家发电厂 A 至 E,其排名以发电的边际成本为准。发电厂 C 和 D 的发电成本完全相同,粗线表示在不同价格水平下的需求。在此实例中,需求曲线在发电厂 C 和 D 之间的竞争确定价格时与供应曲线出现交叉。也就是说,发电厂 C 和 D 代表了边际发电机组,且这两家发电厂之间的竞争使合并前的价格为 p,其中假设 p 等于发电厂 C 和发电厂 D 的边际成本。C 和 D 之间的假设合并将会消除这两家发电厂彼此施加的竞争限制,并且会使新实体将涨价至 p'(即略低于发电厂 E 的边际成本)。

第二,在拟议交易整合了几个“超边际”发电机组(发电边际成本较低且可从较高价格中获益的发电机组)的情况下,单边效应也会在某种程度上产生,因为这会增加合并后实体提高某些边际机组投标价格(甚至撤回与这些机组有关投标)的动力。这种策略可能会导致较高的市场价格,要么因为这些机组中的一个是设定价格的机组,要么因为该策略可能会使设定价格的机组变成以更高价格投标的
271 竞争对手。即使合并后实体可能会失去在高价投标机组上获得的收入(因为它可能因为价格过高而无销量),这种损失可能从其他发电机组赚取的更高市场价格

而得到大大抵消。直观地说，合并整合的超边际发电厂数量越多，则合并后实体越有动机提高边际机组的投标价格。图 3.11 通过图例展现了这种关注。

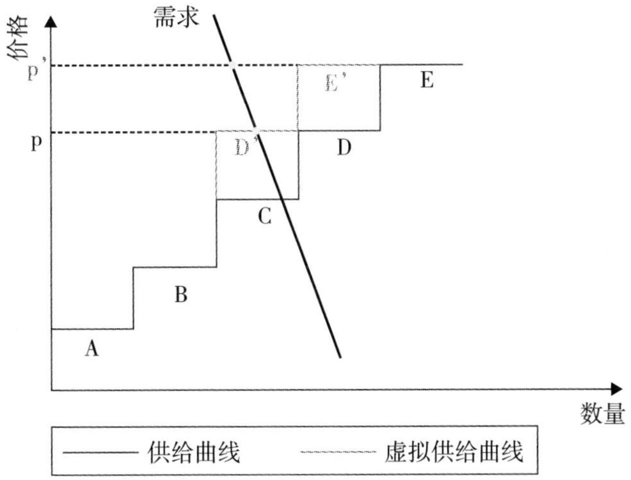

图 3.11　取消边际发电机组后产生的单边效应

该图显示了五家发电厂 A 至 E，其排名仍然以发电的边际成本为准。在此实例中，需求曲线在发电厂 C 决定价格时与供应曲线出现交叉。由于发电厂 C 并未与拥有相同发电边际成本的对手竞争，因此它会收取等于 p 的价格（略低于发电厂 D 的边际成本）。假设现在发电厂 A 和发电厂 D 希望合并。请注意，与前面的实例不同，合并后并没有立即出现预测的价格上涨。这是因为迫使发电厂 C 在合并前以 p 价格投标的发电厂 D 将会在合并后继续限制企业（A+C）的行为。

然而，由于新实体（A+C）可能有动力提高发电厂 C 的投标价格，使其高于发电厂 D 和 E 的投标价格水平，甚至完全取消该发电厂，因此不排除会出现价格上涨。如果合并后实体选择这么做，供应曲线将会因为发电厂 C 的消失而向左移动（请参见图 3.11 中以灰色突出强调的虚拟供给曲线）。在合并后的情况下，（由于 272
更高的边际成本、在合并前并未发电的）发电厂 D 成为了新的边际发电机组，并且它会以等于 p' 的价格进行投标（略低于发电厂 E 的边际成本）。重要的是，这种结果并非不可避免，因为只要以更高价格 p'从发电厂 A 赚取更大利润能够大幅弥补在发电厂 C 上损失的利润，那么合并后实体就会有动力执行假设的撤销战略。

接下来，我们简单总结了这些关注在 *Gas Natural/Endesa* 案中是如何进行评估的。

4.3.4.3 案例研究:*Gas Natural/Endesa*

拟议交易将会合并当时在电力市场占有约40%市场份额的Endesa和电力市场份额不到5%的Gas Natural。尽管Gas Natural在总批发市场的份额有限,但Gas Natural是CCGT领域中的一个重要竞争者,在不久将来其发电能力预计将从小于2GW增加到4~5GW。再加上Endesa拥有大量煤电厂,其面临与CCGT发电厂类似的成本(见图3.11),意味着必须仔细分析上述两个单边效应问题。

关注1:如果交易合并了许多"边际"CCGT/燃煤发电机组,新实体是否有动力提高价格? 新实体在CCGT/燃煤领域享有的有利地位是否有可能使其提高价格取决于两个条件。

*条件1:*CCGT和燃煤电厂通常应当代表边际发电厂,也就是说,它们通常应当是设定价格的发电厂。如果情况不是这样,则拟议交易引起CCGT/燃煤行业集中度的增加就不可能对价格产生直接影响。

*条件2:*无论何时,当CCGT或燃煤发电厂为边际发电厂时,它应当大部分时候都是和其他CCGT和燃煤发电厂进行投标竞争,而非与其他发电技术(如核能和燃料)竞争。如果情况不是这样,那么CCGT/燃煤行业内较高的市场份额不会使合并后实体能够提高价格,因为Gas Natural仍将受制于采用其他技术的发电
273 厂。

为了评估条件1和2是否可能得到满足,Endesa的经济学家依靠一个非常广泛的数据库,其中包含了西班牙在2004年1月至2005年5月每小时的上网电价,以及在此相同期间,每台西班牙发电机对各单独发电厂提交全部胜出和失败的投标记录。在评估该交易时,所有这些数据都可从OMEL公开获取。这些数据表明,在此期间的一半时间里,CCGT和燃煤是设定边际价格的技术。这表明,合并实体控制的技术往往是价格的决定因素,因此条件1可能得到满足。

此外,为了评估在何种程度上CCGT和燃煤发电厂主要进行相互竞争而非与其他发电技术竞争(测试条件2),Endesa的经济学家分析了对于上述相同期间的每个小时,哪些是超边际投标(低于每小时均衡价格的投标)以及哪些是非边际投标(高于每小时均衡价格的投标)。这种分析发现,每当CCGT或燃煤为设定价格的技术时,处于均衡价格1%范围内的绝大多数投标都是由其他CCGT和燃煤发电厂提交的。这种调查表明,燃煤/CCGT领域不可能受到其他发电技术的有效制约,因此,该行业集中度的显著提高有可能产生反竞争效果。

关注2:新实体是否有动力撤销某些边际发电厂以提高价格? Endesa的经济

学家使用了 OMEL 的价格和投标数据，以分析合并后实体撤销某些发电厂（或与这些发电厂部分发电产能有关的投标）以提高价格的动力和能力。经济学家在着手分析时，修改了所有市场参与者在投标时隐含的实际小时供应曲线，以反映合并后实体的投标将逐步取消的假设，从而生成一系列反事实供应曲线。如图 3.11 所示，撤销投标导致供应曲线和反事实供应曲线左移，并使其变得越来越陡。接着，比较这些每小时反事实供应曲线与实际需求曲线，评估每个假设的撤销投标对均衡价格的影响。通过计算每个投标撤销对合并后实体利润的影响结果，可以确定合并后实体每小时的最佳投标策略。 274

值得注意的是，这种类型的分析表明合并后实体有动力撤销部分发电厂，在某种程度上只是局部的，这是因为它不会试图去模仿竞争对手对产能撤销策略的反应。直观来说，供应端的反应要么会增强任何预期的交易的反竞争效果（如面对合并后实体提高价格的企图，竞争对手可能发现采取类似策略可以盈利），要么会减轻它（如竞争对手可通过投标更多容量来替代合并后实体撤销的部分或全部投标）。

然而，尽管有其局限性，但这种分析可以很好地指出合并双方彼此施加的竞争约束强度，因此，也可以表明交易可能产生单边效应的风险。部分基于这种类型的分析和考虑，西班牙竞争法庭在考虑了合并可能产生的反竞争效果后于 2006 年 1 月建议阻止该合并。西班牙政府随后于 2006 年 2 月决定推翻法庭的判决，批准了该交易，虽然也采取了重要的补救措施，[259]包括剥离超过 Gas Natural 当时投资组合的发电产能。[260]

4.4　转换成本

在本节中，我们将描述转换成本在评估单边效应中发挥的作用。转换成本的存在有时候成为在市场集中度低于合理程度时反对合并的原因。《横向合并指

259　最高法院最终否决了政府，暂时中止了这一决定。

260　但是，这并非故事结局。在德国 E. ON 于 2007 年 2 月向 Endesa 发出要约后，Acciona 和 Enel 于 2007 年 10 月以 425 亿欧元的估价成功收购了 Endesa 超过 92% 的股份。Acciona 和 Enel 最初通过一个由 Acciona 控制的控股公司共同管理 Endesa，但在 2009 年 2 月，Enel 同意收购 Acciona 的全部股权。

南》中明确将转换成本视为影响合并是否可能产生显著单边效应的其中一个因
275 素:[261]

> 合并双方的客户可能会因为替代供应商太少或者需承担大量转换成本而难以转向其他供应商。这种客户非常容易受到涨价的损害。

我们的讨论组织结构如下。我们首先解释了转换成本对竞争的影响,然后通过参照英国的两个备受瞩目的银行合并决定,来考虑合并评估的启示:*Lloyds/Abbey* 和 *Lloyds/HBOS*。[262]

4.4.1 转换成本对竞争的影响

当从一家供应商采购产品的客户遇到了真实的或可察觉的障碍,阻碍其转向购买竞争对手的产品时,即使这两家企业的产品在功能上完全一样,转换成本就会出现。转换成本本身就可能会降低现有客户的转换发生率。转换成本在拥有较高信息收集成本或者交易成本的市场内可能较高,并且在这些成本涉及长期关系和重复交易时将达到最高值。一般认为,在公用事业、保险和银行业等服务行业中,这种关系非常重要。[263]

经济研究已经探讨了转换成本对定价和竞争的影响。该领域中的一篇关键论文描述了这样一种模型,其中每家企业必须在每个阶段实现两种动机之间的平衡:收取更高价格以剥削其锁定客户,或者设定更低价格以吸引新客户并建立企业当前的销量,从而增加未来的利润。[264] 在该模型中,剥削现有客户的动机通常高于争取新客户的动机,这是因为相对于未来的利润,企业更看重当前的利润,因此吸引新客户的优先级通常低于剥削现有客户。这种发现引出的预测是:在其他条
276 件保持恒定情况下,当存在转换成本时,企业的价格会更高。

该文献显示的第二个有趣结果是,当存在转换成本时,市场份额低的企业通常有动机比市场份额高的企业采取更为激进地定价。在争取新客户的竞争过程

---

[261] EC Horizontal Merger Guidelines, para. 31.

[262] 本节引用了 A. Lofaro and D. Ridyard, 'Switching Costs and Merger Assessment-Don't Move the Goalposts' (2003) 24(6) *European Competition Law Review* 268–271。

[263] See, e. g., S. Sharpe, 'The Effect of Consumer Switching Costs on Prices: A theory and its application to the bank deposit market' (1997) 12(1) *Review of Industrial Organization* 79–94.

[264] See P. Klemperer, 'Competition When Consumers Have Switching Costs: An overview with applications to industrial organization, macroeconomics, and international trade' (1995) 62(4) *Review of Economic Studies* 515–539.

中,小型企业通常无须担心大量的超边际客户,因此,能够采取比主要企业更加激进的定价策略。[265]

然而,不能简单地依赖这种结果来证明一般性推断是合理的,即客户面临转换成本的市场更缺乏竞争力。事实上,在动态环境下,争取向锁定客户提供产品的竞赛可能更加激烈,这是因为这些转换成本为供应商带来了好处。换句话说,存在转换成本的竞争程度通常是不同的,但不一定比没有这种成本的市场更缺乏效率。

4.4.2　转换成本对竞争评估的启示

在任何横向合并分析中,基本目标是评估拟议交易消除重要竞争约束从而使合并后实体能够提价的程度。正如第 2 节所释,合并双方产品间的竞争密切程度较高时更有可能产生单边效应。鉴于横向合并分析的这一基本原则,当评估一个行业的合并如银行业合并时,其中客户面临较高的真实或可察觉的转换成本,存在哪些含义呢?

为了回答这一问题,可以首先考虑一种极端情况,其中由于所有消费者都以为转换成本非常高,他们会认为自己完全为现有银行“锁定”或捕获。在此场景下,合并导致银行数量的减少不会产生反竞争效果,这是因为每家银行对客户收取的价格没在有受到其他银行存在与否的任何限制。这种情况类似于,合并双方提供的产品足够差异化,以至于处在不同的相关市场中。 277

实践中,银行之间会相互竞争,以争取对价格敏感且未“锁定”至某一家银行的客户(或某些方面的需求)。因此,相对于这些客户来说,必须确保合并不会减少客户的选择而允许剩余银行提高价格。为了评估合并导致所有权结构变化将会释放竞争压力的程度,这就意味着需要侧重于两家银行的边际业务,并且相对于其他供应商,评估该业务在两家合并银行之间转换的可能性。

客户的“锁定”程度通常难以评估,因为导致惯性的转换成本取决于单独客户的情况以及产品的性质。然而,同样的原则也适用——竞争活动侧重于可进行竞争的业务,且合并的影响应当由其对该业务竞争的影响(若有的话)进行判断。因此,即使存在转换成本,也需要采取和“传统”行业相同的措施,即确认每个合并方最相近的竞争者。但是,转换成本的存在是否对识别主要竞争制约有任何影响?

265　该现象的前提假设是,企业无法对新老客户采取明显的歧视性定价。如果企业可以歧视,则原则上它们可以对新客户收取更低的价格,而对客户收取更高的价格。

如上所释,转换成本表明不同规模的企业将会存在不同的动力,其中较小的企业在定价上比规模更大的竞争对手更为激进。这反过来又表明,与一家大银行收购一个小型竞争对手的合并相比,两个拥有相对较高市场份额的企业合并对竞争的影响可能更小。因此,关于市场份额和市场结构变化的标准假设可能不再适用。

4.4.2.1 *Lloyds/Abbey National*

在2001年7月,英国竞争委员会(CC)发布了阻止 Lloyds TSB Group 对 Abbey National 进行敌意收购的建议。[266] 尽管 Abbey National 只占据了个人银行业务的5%市场份额,但它被视为一家“特立独行”的企业,没有它的存在将会消除施加给英国主要银行(巴克莱、汇丰银行和苏格兰皇家银行)的重要竞争力量。为了证明其决定的合理性,CC 强调了这样一个事实:客户认为在银行之间转换是一
278 个艰难的过程,而且实际转换率非常低。

重要的是,上述源自经济理论的预测,即小型企业对存在转换成本的市场施加了最强的竞争约束,通过 Abbey 提供给 CC 质询的证据突显了出来。CC 将该情况总结如下:[267]

> Abbey National 主张,存在转换成本的市场中,市场份额较低的企业倾向于通过积极竞争和价格优势来扩大(或称为“播种”)其市场份额,而较高市场份额的企业则倾向于通过保持或提高现有客户群的利润来剥削(或称为收获)他们。它认为,合并将会使一个收获阶段的企业代替处于播种阶段的企业,从而损害消费者的利益并减少竞争。

Lloyds/Abbey 案还展示了转换成本以其他方式对分析产生的影响。尽管更小的银行可能会有更大的动力通过优惠价格来竞争,但 CC 还相信,一家银行需要达到特定的临界规模,才能为主要供应商提供一个可行的替代选择。通过减少新兴供应商的新业务机会,CC 辩称转换成本代表了企业成长的一个障碍,并且使另一银行更加难以复制 Abbey National 已经获得的竞争能力。CC 指出:“对转换的障碍使得新进入者难以快速获得客户,并且加剧了新进入者相对于现有银行在支行网络、营销和其他成本方面的非规模经济之问题。”[268]

---

266 Competition Commission, ‘Lloyds TSB Group plc and Abbey National plc-A report on the proposed merger’, July 2001.

267 Lloyds/Abbey National, para. 2.79.

268 Lloyds/Abbey National, para. 2.111.

因此,转换成本对行为的影响使消除一家企业的合并不仅对竞争的重要影响超过了其市场份额所表明的情况,而且这些相同的转换成本还会使其他银行在合并后难以发展并达到 Abbey National 已经确立的支配地位。转换成本的双重影响使该种交易事实存在严重问题。[269] 279

4.4.2.2 *Lloyds/HBOS*

尽管公平交易局(OFT)已经得出结论认为,Lloyds/HBOS 的合并会产生明显的竞争关注,英国政府还是于 2008 年 10 月批准了该合并。[270] 英国政府的决定主要是由公共利益问题所促成,特别是某种确保英国金融体系稳定性的感知需要。

OFT 的结论是,合并会使新实体在英国的综合市场份额达到 30% ~40%(增量为 10% ~20%),从而可能产生单边效应,其结论在很大程度上是基于评估转换成本和客户惯性对合并后企业定价行为的影响。特别是,OFT 主张:

- 通过增加 Lloyds 的客户群,合并会鼓励新实体更多地重视提高利润,而非增加市场份额。换句话说,Lloyds 在合并后会成为不那么激进的竞争者,即使它承认在一定程度上自己必须竞争才能维持其市场份额水平。[271]
- 更重要的是,由于 HBOS 被视为竞争边缘的一个领导者,且不同于 Grupo Santander(它于 2004 年收购了 Abbey National),就分行数量而言,它是唯一接近主要英国银行的一家银行,因此,消除作为重要银行"主要挑战者"的 HBOS 将使真实和潜在的竞争水平受到损害。[272]

OFT 的整体结论概括如下:[273]

> Lloyds 市场份额的急剧增加以及一个重要挑战者的消除所带来的共同效果就是阻碍了市场内的竞争条件,并且会产生单边效应。因此,

269 这并不意味着禁止合并的决定没有争议。例如,CC 依赖共同支配地位的关注,并主张主要银行非激进的定价行为表明了一种合作的倾向。然而,通过转换成本来解释这种行为在于单边动力,而非协调或共谋,因此可以说 CC 对 *Lloyds/Abbey* 案例推理的主要观点是有瑕疵的。

270 Office of Fair Trading, 'Anticipated acquisition by Lloyds TSB plc of HBOS plc-Report to the Secretary of State for Business Enterprise and Regulatory Reform', 24 October 2008. 下文简称为 OFT 决定。

271 OFT decision, para. 124.

272 OFT decision, para. 129. 特别是,决定指出"向 OFT 作出回应的几个竞争者确认,它们失去的大多数 PCA 客户最可能转向 HBOS"。

273 OFT decision, para. 133.

280 > PCA 提案的金钱价值预计不仅会损害合并后实体,还会对整个行业带来不利影响,这是因为合并通过损害处于平衡状态的金钱价值,会改变市场中所有企业的竞争动机。

鉴于这种分析,推测 OFT 可能会如何评估英国四大清算银行中两家间的合并——如 Lloyds 和 HSBC 间的合并——将非常有趣。单就市场份额而言,这种合并看起来会问题很多,但转换成本主张的逻辑实际上使这种合并的竞争关注更低。认为两大主要银行之间的合并将会消除任何一家银行的主要限制是不合实际的, OFT 分析两家银行各自均满足于"收获"现有客户的储备,而非寻求获取竞争对手的份额。就任何一家银行的客户选择转移账户而言,他们更有可能转向较小的挑战性银行,而非转向其他大型银行。[274]

4.4.3 结论

在经济文献中被广泛认可的观点是,转换成本的存在会影响竞争进行的方式。这一点解释了,有时可能是证明了为何竞争和监管机构会努力进行干预,以降低银行和公用事业等行业中的转换成本。当涉及合并评估时,有时会出现一种倾向,可以从此推断出转换成本的存在可以自动为更多的干预提供理由。

但是,事实并非如此。对于有着转换成本特征的市场,评估其中的拟议合并时,需要分析每个合并方在提高价格超过其当前水平后其(价格敏感型)客户转向哪些竞争对手。这与评估"传统"市场内评估合并所应解决的问题类型并无不同。欧盟《横向合并指南》似乎同意这种原则,并指出对于"将两家合并企业作为双重供应来源以获取竞争性价格的客户"来说,有着转换成本特点的市场更有可能在
281 合并后出现价格上涨。[275] 换句话说,如果客户在合并双方之间转换购买比转向竞争对手供应商的成本更低,则合并后更有可能出现单边效应。

此外,转换成本的经济理论可对合并评估产生重要且与正常预期相反的启示。转换成本表明,小型企业通常会采取比大型企业更为激进的定价策略,因为

---

274 SEB/FSB 合并 (Case COMP/ M. 2380, Commission decision of 19 September 2001) 中确实出现了类似的场景,该合并案涉及瑞典四家大型国内银行中的两家银行的拟议合并。该合并曾在 2001 年 7 月进行了第二阶段调查,但合并双方在质询完成之前放弃了该拟议合并。

275 EC Horizontal Merger Guidelines, para. 31.

它们通过削弱大型企业获益更多而损失更少。[276] 因此,有着较高市场份额的两家企业间的合并对竞争产生的影响可能比消除小型竞争对手的合并更小。

4.5 部分所有权

竞争法通常只关注控制或实际控制。为此,当其中一方收购了另一方的股权但并无能力施加控制时,人们传统上不会特别关注这种交易对竞争产生的影响。[277] 在此背景下,值得注意的是如果没有控制,少数股权甚至不属于合并控制条例的管辖范围,而只能根据《欧盟运行条约》(TFEU)第 101 条和第 102 条进行调查。[278]

然而,部分所有权在竞争案件中变得越来越重要。例如,在 2010 年 10 月,英国 OFT 对 Ryanair 收购 Aer Lingus 29.8% 的少数股权启动了调查。2012 年 6 月,OFT 决定将该收购案交给 CC 决定,理由是其中的股权"已经导致或将会导致严重减少英国和爱尔兰之间若干 Ryanair 和/或 Aer Lingus 航线上的竞争"。[279]

OFT 经常提出的关注之一是,由于 Ryanair 对 Aer Lingus 的持股,使得它与后者进行竞争的动力可能会降低,既然它知道当一些乘客转向 Aer Lingus 而使其受到利润受损时,它可以通过在 Aer Lingus 持有的股份而重新获取这些利润,那么它就能够提高价格。[280] 282

接下来,我们将展示某些经济学直觉,以解释少数股权为何以及如何在原则上对 OFT 预测的竞争行为以及市场结果产生影响的。尽管这些直觉基于行业组

276 与拥有更大客户群的企业相比,较低供应份额的移动运营商有动力更为积极地参与竞争,委员会在以下案例中考虑了该事实:COMP/M.3916-*T-Mobile Austria/Tele.ring*, Commission deci- sion of 26 April 2006, paras. 74-81。

277 实践中,有关企业收购部分所有权是否取得控制的问题可能并不简单。我们在本节中会考虑不会授予影响目标企业决策能力的部分所有权。

278 See O. Koch, 'Yes, We Can (Prohibit)-The *Ryanair/Aer Lingus* merger before the Court' (2010) 3 *Competition Policy Newsletter* 41-45.

279 'OFT refers Ryanair's minority stake in Aer Lingus to Competition Commission', press release 47/12, 15 June 2012, available at www.oft.gov.uk/news-and-updates/ press/2012/47-12. 新闻稿指出其调查暂停了两次:一次是由 OFT 自己暂停的,因为它没有足够的信息继续执行调查;另一次是由于 Ryanair 提出了法律诉讼,并于 2012 年 5 月上诉法院驳回了该诉讼请求。

280 在其新闻稿中,OFT 还提出了某些关注:少数股权使得 Ryanair 有能力在 Aer Lingus 股东大会上通过使用投票权来削弱 Aer Lingus 作为竞争对手的实力;它可能限制 Aer Lingus 选择从其他航空公司的投资中获益,久而久之就削弱了 Aer Lingus 的竞争地位。

织文献中的竞争行为形式化模型，但为了更好地说明问题，我们将通过一个简单的实例来展示这些结果。[281] 考虑一个行业中存在三家企业，分别以 A、B 和 C 表示，并假设如下：

- 企业 A 占有 20% 市场份额，企业 B 占 20% 而企业 C 占 60%。
- 如果企业 A 单方面提高价格 10%，随着消费者将消费单位转向其他供应商，它将失去 20 个单位的销量。
- 转移率与市场份额成比例。

我们可以推断，即使 10% 的价格上涨也会使企业 A 可在仍然保留的单位上获得更高的单位利润，但这种价格上涨在合并前不会使其盈利，因为它会失去 20 个单位的销量。如果可以盈利的话，企业 A 早就已经提高了价格。

现在假设企业 A 获得企业 B 的 20% 股份，但这部分股权不会提供对企业 B 任何形式的控制。

我们需要提出的问题是：企业 A 持有企业 B 部分所有权会产生什么单边效应？要回答这个问题，有必要分析对企业 B 存在部分所有权如何影响企业 A 涨价
283 的动力。企业 A 可能有动机涨价，因为它知道涨价后，它将会在自己的销量中获得更高的利润，同时还可以通过从企业 A 转向企业 B 的任何销量中获得某些收益。显然，当企业 A 提高价格后，转向企业 B 的客户比例越高，则企业 A 提高价格的动力越大。

从以上假设，我们可以估计，10% 的价格上涨导致企业 A 损失的 20 个单位将根据竞争企业在市场中的份额按比例进行分配。由于企业 B 的份额是企业 C 的三分之一，这就意味着：

- 5 个单位将转向企业 B；且
- 15 个单位将转向企业 C。

由于企业 A 持有企业 B20% 的股份，丢失给企业 B 的 5 个单位现在实际上为企业 A 通过其股权重新获取。现在的问题变成，这种额外因素可以在何种程度

---

[281] 经济文献中的许多理论模型均分析了部分所有权的竞争效应。开创性的贡献来自于 T. F. Bresnahan and S. C. Salop, ‘Quantifying the Competitive Effects of Production Joint Ventures’ (1986) 4 (2) *International Journal of Industrial Organization* 155–175. 另请参见 D. P. O‘Brien and S. C. Salop, ’Competitive Effects of Partial Ownership: Financial and corporate control´ (2000) 67 *Antitrust Law Journal* 559–614。

上——5个单位中20%股份(只对应于1个单位)所增加的利润——缓解假设价格上涨的影响并使企业A更倾向于提高价格。

与同等重要企业间的完全合并相比,两个稀释因素可以降低部分所有权交易产生单边效应的范围:

- 企业B从企业A获得销量所产生的经济效益只有一部分归于企业A。
- 不同于标准的单边效应,涨价动机是不对称的;然而,在企业A和企业B完全合并的情况下,两家企业预计都将通过涨价对需求转移作出回应,在这种部分所有权的场景下,只有企业A有动机涨价。原因在于企业B无法从转向企业A的销量中获益。

这些因素表明,由少数所有权引起的单边效应范围将明显低于完全合并时的情况。[282] 尽管如此,如果收购者和目标企业占有特别高的市场份额,和/或它们的产品为非常相近的替代品,则可能会产生显著的单边效应。同样,单边效应的风 284
险也会随着少数股权的增加而增加。

文献中已经提出了一种改进的HHI,可用于考虑少数股权所带来的动机变化。[283]《横向合并指南》中提到了改进的HHI,并指出“在有着交叉持股或合营企业的市场内,委员会可能使用一种考虑了这种股权的改进型HHI(例见Case IV/M.1383-Exxon/Mobil, point 256)”。[284] 回想一下,标准HHI界定为每家企业份额的标准平方和(请参见第2.1.1.1节)。改进的合并后HHI通过添加一个附加项

---

[282] 注意到,任何横向合并——即使是发生在两家市场份额均为5%的企业间的合并——预计合并后的提高价格后也将会产生单边效应。但合并政策只会禁止合并后影响很大的极端情况。

[283] See T. Bresnahan and S. Salop, ‘Quantifying the Competitive Effects of Production Joint Ventures’ (1986) 4(2) *International Journal of Industrial Organization* 155–75; R. J. Reynolds and B. R. Snapp, ‘The Competitive Effects of Partial Equity Interests and Joint Ventures’ (1986) 4(2) *International Journal of Industrial Organization* 141–153.

注意到,这些单边效应模型只考虑了抓住持有竞争对手股权所产生的直接动机效应。它们并未衡量联合股权利益的分离现象,而这种现象可以产生连接点从而促进协调行为。See, e. g., D. Malueg, ‘Collusive Behavior and Partial Ownership of Rivals’ (1992) 10(1) *International Journal of Industrial Organization* 27–34.

[284] EC Horizontal Merger Guidelines, footnote 25.

到合并前的标准 HHI 中进行计算,如下所示:[285]

改进的 HHI = 标准 HHI+[股权×收购者的市场份额×目标企业的市场份额]

在我们包含三家企业的实例中,企业 A 收购了企业 B 的 20% 股权,这相当于:

改进的 HHI = 标准 HHI+[0.20×企业 A 的市场份额×企业 B 的市场份额]

$$=20^2+20^2+60^2+[0.20\times20\times20]$$

$$=4400+[80]=4480$$

改进的 HHI 代表合并后的集中程度,而集中度的变化(delta)就是合并后改
285 进的 HHI 和合并前标准 HHI 之间的差异。

这些改进的 HHI 已经应用于多个合并案例中,包括 *Exxon/Mobil*[286]和 *Alcan/Pechiney*,[287]其中合并双方及其竞争者之间的一系列交叉持股影响了竞争分析。[288]然而,它们的相关性不应夸大。特别是,只有在标准 HHI 被视为可靠的单边效应指南时,改进的 HHI 才有助于评估少数股权的影响。然而如上所述,HHI 没有考虑产品的差异化,这在大多数市场中将是至关重要的问题。正是基于这种原因,《横向合并指南》认识到"HHI 水平……不会产生关于存在或缺乏[竞争]关注的推定"。[289] 事实上,HHI 较高(以及 HHI 显著增加)的合并在过去已被无条件批准。由于标准 HHI 的价值在某种程度上是有限的,因此同样的考虑也应适用于改进的 HHI。

后一点正是 2008 年 OECD 政策圆桌会议文件关于少数股权达成的结论,其

---

285 注意到,该公式假设企业 A 取得了企业 B 的一份股份,但没有能力控制企业 B。在收购股份较高的情况下,这种假设显然是不合理的。关于部分所有权对控制影响的不同假设,包括"无声的经济利益"(我们在这里考虑的情况)、"比例控制"和"单向控制",O´Brien 和 Salop(2000)提出了改进的 HHI 公式变形。See D. P. O´Brien and S. C. Salop, 'Competitive Effects of Partial Ownership: Financial and corporate control' (2000) 67 *Antitrust Law Journal* 559-614.

286 Case COMP/M.1383-*Exxon/Mobil*, Commission decision of 29 September 1999.

287 Case COMP/M.1715-*Alcan/Pechiney*, withdrawn on 14 March 2000.

288 类似考虑也是委员会分析 *E.ON/MOL* 案必不可少的部分,其关注的是匈牙利燃气供应市场中的垂直整合,其中 MOL 是一家主要活跃在匈牙利天然气、石油、燃料和化学品市场的综合油气集团,在合并后仍然保留了 25% 的少数股权(外加 1 股)。See Case COMP/M.3696-*E.ON/MOL*, Commission decision of 21 December 2005.

289 EC Horizontal Merger Guidelines, para. 21.

指出：[290]

> 在特定市场结构和企业结构的条件下，对［改进的 HHI］指数在交易前和交易后的变化进行分析，可以对收购部分所有权是否会给企业竞争的动力产生影响提供某些指导。然而，这种方法本质上是预测性的，不能依靠它来断言某项交易必然会导致严重减少竞争。因此，就像标准 HHI 指数，改进的 HHI 指数仅仅是一个筛选工具。

正如本章第 3.6 节所讨论的，近年来人们提出了各种指数，试图了解合并对销售差异化产品的企业单边定价动机的影响。“总价格上涨压力指数”或 GUPPI 能够修改用于部分所有权的情况。[291] 在生产单个产品的两家企业 A 和 B 的完全 286
合并中，当企业 B 施加的限制减轻后，A 企业产品受到的绝对总向上压力表示如下：

$$G_A = DR_{AB} \times M_B$$

其中 DR_{AB}是从产品 A 转向产品 B 的转移率，M_B是产品 B 的绝对毛利润总额（B 的价格减去其边际成本）。如上所释，乘积 $DR_{AB} \times M_B$可被视为是由合并导致的企业 A 的名义边际成本增加量。[292]

O’Brien 和 Salop 一直认为这种直观认识可以扩展到涉及部分所有权收购的合并中。[293] 在其他条件恒定的情况下，企业 A 收购企业 B 的股权越多，则企业 A 能够从转向企业 B 的销量中获取的利润就越高，企业 A 因此提高价格降低机会成本的幅度也就越大。因此，当企业 A 仅收购企业 B 股权的 S 比例时，修改后的总向上定价压力表示为

$$G_A = DR_{AB} \times M_B \times S$$

直观来看，企业 A 仅恢复了每笔转移销量上赚取利润的 S 比例，因此，从 A 的角度看，恢复的有效总利润按此比例有所降低的。

290　‘Minority Shareholdings’, OECD Policy Roundtables, 2008, available at www.oecd.org/dataoecd/40/38/41774055.pdf.

291　S. C. Salop and S. Moresi, ‘Updating the Merger Guidelines：Comments’（2009），可访问 www.ftc.gov/os/comments/horizontalmergerguides/545095-00032.pdf 获取。

292　如果关于成本变化向价格变化的传递率信息 ρ 已知，则 A 价格的变化等于 A 边际成本的名义变化量乘以传递率：$DR_{AB} \times M_B \times \rho$。该表达式在除以 A 的价格后，可得到 A 价格上涨百分比的预测值。

293　See D. P. O′Brien and S. C. Salop, ‘Competitive Effects of Partial Ownership：Financial and corporate control’（2000）67 *Antitrust Law Journal* 559-614.

如前所述，基于转移率和利润的简单衡量方法没有解释一系列重要的因素，如供应端的响应（如市场进入和产品再定位）、多产品定价、竞争对手的定价响应以及某些需求相关的因素，因此，它们只能构成总体评估单边效应的一部
287 分。

5. 抵 消 因 素

5.1 简介

正如第 2 节所讨论的，大多数关于企业行为的理论模型都预测，市场集中度的增加将缓解供应商间的竞争限制，从而产生更高的价格。然而，为了得出拟议交易可能产生显著单边效应的结论，有必要考虑可以影响市场结果的其他因素。《横向合并指南》明确阐述了该项原则，指南确立了合并审查需要考虑的因素：[294]

- 合并导致的市场力量增加时买方力量充当抵消因素的可能性。
- 市场进入使相关市场维持有效竞争的可能性。
- 效率作为合并对竞争产生有害影响抵消因素的可能性。
- 破产企业抗辩的条件。

本节解释了在何种条件下，这些抵消因素可能显著降低合并后价格上涨的风险，甚至在发现合并前合并双方有可能彼此施加重要竞争约束的时候。我们依次讨论了大型买家采取步骤对抗合并后实体市场力量的能力（第 5.2 节）；竞争对手重新定位产品的能力和新的市场进入的可能性（第 5.3 节），效率增进（第 5.4 节）和破产企业抗辩（第 5.5 节）。对于每种因素，我们简单总结了《横向合并指南》中阐述的关键原则，并提供一个实例或案例研究来展示如何在实践中评估其关联性，以及简要介绍了以前成功援引每种抵消因素的合并案例。

---

[294] EC Horizontal Merger Guidelines, para. 11.

5.2　买方力量

5.2.1　《横向合并指南》中关于买方力量的描述

单边效应关注的是供应商行使定价权，这种权力可能源于缺乏合适的替代品和竞争对手。买方力量是指当市场内缺乏足够客户时，购买者所具有的、与卖方相当的谈判力量和措施。买方力量的存在可以对抗供应商行使定价权，从而缓和 288
合并后可能发生的单边涨价。《横向合并指南》明确认识到了这一点，指南指出："供应商的竞争压力不仅来自竞争对手，也可以来自其客户。即使是市场份额非常高的企业，在合并后也可能不会严重阻碍有效竞争，特别是如果后者拥有具备抵消作用的买方力量，则这些企业在很大程度上独立于他们的客户。[295]

在《横向合并指南》中，具有抵消作用的买方力量界定为买方在商业谈判上压制卖方的议价能力，该势力源自买方的规模、它对卖方的商业重要性及其转向替代供应商的能力。[296]

正如本章第5.2.3节中的案例研究所详细展示的，享有买方力量的客户可以采取多种不同策略来防止现有供应商提高价格，如资助新进入者、促成品牌重新定位、[297]威胁将大量需求转向竞争者或自己进入市场。

要使买方力量有效，买方通常必须有相当大的规模。然而需要注意的是，规模不是唯一重要的因素；在争辩合并不会产生单边效应时，简单注意到合并双方客户规模庞大是不够的。必须证明当前存在替代或潜在的替代供应商，使买方能可靠地威胁转移其购买来源，并且当销量转向这些替代者时会对供应商盈利能力产生重大影响。

还应当注意的是，与抵消市场力量形成一样，买方力量也可能由合并而形成。这代表了一种效率增进，因为它允许合并后实体与其供应商协商更低的价格，从而通过更低的最终产品价格，至少将部分成本节约传递给最终消费者。此外，《横向合并指南》指出，合并有可能通过在上游市场建立买方力量而实际上损害下游

295　EC Horizontal Merger Guidelines, para. 64.

296　EC Horizontal Merger Guidelines, para. 64.

297　对零售商来说，这可以采取委托自有品牌产品的形式，或者为替代品牌商品促销或者包销。

289 的竞争,使合并后实体有动机减少其采购量进而减少下游的产出。[298]

5.2.2 欧盟案例中的关联性

在最近进入第二阶段的案件中,委员会将买方力量视为抵消因素的案例有以下几个。

在 *Cargill/Degussa Food Ingredients* 案[299]中,有证据表明,更大型的客户(食品制造商)和经销商实际上鼓励新的市场进入,因此可确定不存在竞争关注。

在 *Friesland Foods/Campina* 案[300]中,尽管委员会承认某些零售商(荷兰最大的连锁超市)可行使抵消力量,但它主张较小的零售店以及"户外"批发商并没有这种势力。委员会进一步指出,只要买方能有效地威胁转向竞争对手或者停止从合并后实体购买产品时,那么买方力量就是存在的。[301] 如果不存在这种替代者,或者它们的可信度将为拟议交易显著减少,则买方在合并后无法拥有抵消力量。委员会在第 967 段强调了这一点,该段写道:

> 此外,即使在合并前存在买方力量,它在合并后也必须存在且有效。这是因为,如果两家供应商的合并消除了一个可靠的替代者,则其可能削弱买方力量。

同样,在 *Syngenta/Monsantos´ Sunflower Seed Business* 案[302]中,委员会拒绝了客户拥有议价能力的主张,这是因为在某些细分市场内,除了 Pioneer 之外,不存在 Syngenta 和 Monsanto 的重要替代者,这就解释了为何市场调查中不同客户表
290 示新实体能够提高在西班牙的价格。[303]

最近,在 *Western Digital Ireland/Viviti Technologies* 案[304]中,委员会审查了 3.5

---

[298] EC Horizontal Merger Guidelines, para. 61.

[299] Case COMP/M. 3975-*Cargill/Degussa Food Ingredients*, Commission decision of 29 March 2006.

[300] Case COMP/M. 5046-*Friesland Foods/Campina*, Commission decision of 17 December 2008.

[301] Case COMP/M. 5046-*Friesland Foods/Campina*, Commission decision of 17 December 2008, paras. 761, 762 and 967.

[302] Case COMP/M. 5675-*Syngenta/Monsanto´s Sunflower Seed Business*, Commission decision of 17 November 2010.

[303] Case COMP/M. 5675-*Syngenta/Monsanto´s Sunflower Seed Business*, Commission decision of 17 November 2010, para. 256.

[304] Case COMP/M. 6203-*Western Digital Ireland/Viviti Technologies*, Commission decision of 23 November 2011.

英寸硬盘驱动器(HDD)市场中的一次“3 至 2”合并,因为拟 议交易是在 *Seagate/Samsung* 的硬盘业务[305]合并已经发生的基础上进行评估的。在 HDD 行业的以往案件中,委员会考虑了买方通过所谓的“康纳效应”(Conner effect)施加的抵消限制。[306] 特别是,委员会接受了这样的主张:合并市场份额可能会低于合并双方市场份额的简单相加,因为客户采取了多来源策略,以及众多从两家公司采购的客户十有八九会增加新的供应商来保持稳定的竞争供应商数量。然而,在 *Western Digital Ireland/Viviti Technologies* 案[307]中,委员会未发现产生抵消性买方力量的任何证据,特别是,它认为市场调查显示,客户通常不愿意更改他们的采购策略,将比例非常高的销量分配给任何单独供应商,或转向单独采购来源。基于此,委员会认为,合并会损害买方有效寻找多采购来源的能力。

重要的是,尽管大型客户可以行使必要的抵消力量来对抗合并后的价格上涨,但小型客户可能缺乏这种势力,从而变得更加脆弱。[308] 如果无法对这些小型客户实行歧视性定价,则后者可能受到大型客户的保护。然而,众多中间产品市场一般都存在某种程度的价格歧视或差异,这表明小型客户获得的条款和条件将不同于大型客户。 291

基于这种原因,在 *Friesland Foods/Campina* 案[309]中,委员会认为小型零售商并未得到保护,尽管大型零售商拥有相当大的买方力量:[310]

> 即使一家大型零售商将通过其大规模或复杂的采购策略获得某种程度的议价能力,但这不足确保其他零售商也会受到积极影响。合并后实体不必向小型买家提供与大型买家类似的折扣,以防止它们转换采购

---

305 Case COMP/M. 6214-*Seagate/HDD Business of Samsung*, Commission decision of 19 October 2011.

306 See, e. g. , Case COMP/ M. 5483-*Toshiba/Fujitsu HDD Business*, Commission decision of 11 May 2009, para. 33 and footnote 6; and Case COMP/M. 6214-*Seagate/HDD Business of Samsung*, Commission decision of 19 October 2011, para. 434.

307 Case COMP/M. 6203-*Western Digital Ireland/Viviti Technologies*, Commission decision of 23 November 2011.

308 这并不意味着这些小型客户无法在合并后转换供应商。事实上,凭借更少的采购量,小型客户甚至可能更加容易转换,或者可能存在更多的替代供应商来满足其需求。然而,当存在转换供应商的固定成本时,(每个单位产量)的平均转换成本对于小型客户来说会成比例地增加。

309 Case COMP/M. 5046-*Friesland Foods/Campina*, Commission decision of 17 December 2008.

310 Case COMP/M. 5046-*Friesland Foods/Campina*, Commission decision of 17 December 2008, paras. 275-276.

> 来源。事实上,市场调查表明,新鲜牛奶零售市场的竞争程度相对较高。这种竞争只会导致大型零售商采取措施来保护自己(如果存在这样的可能性),并减少供应商之间的竞争,因为这些企业可能从合并后竞争对手的成本增加中获利。

包括《横向合并指南》在内经常被援引的一个案例就是 *Enso/Stora*[311],它涉及欧洲两家主要纸浆、纸张和包装纸板制造商的合并。接下来,我们将详细讨论该案例。

5.2.3 案例研究:Enso/Stora 决定[312]

Enso 和 Stora 间的合并创造了全球最大的纸张和纸板制造公司。[313] 受该交易影响的主要市场是新闻纸、杂志纸以及(受影响更大的是)液体包装纸板(Liquid Packaging Board ,LPB),合并企业在该市场中的份额约为 60% 。[314]

在 LPB 市场内,仅有的其他两家企业 Korsnas 和 Assidoman 在欧洲经济区分别占有 10% ~20% 的份额。此外,除了合并后非常高的市场份额以外,对该合并担忧的增强还涉及明显较高的市场进入壁垒、非常缓慢的需求增长,以及缺乏来
292 自欧洲经济区其他纸板产品制造商(如 MoDo 和 Metsa-Serla)以及非欧洲经济区制造商的有效潜在竞争。[315] 简言之,如果根据对市场结构的形式化分析,则该合并毫无疑问将会被禁止。

然而,委员会认识到该市场的需求端也非常集中。特别是,Tetra Pak 占据了 60% ~80% 的总需求,剩余部分则由 Elopak 和 SIG Combibloc 所采购,分别占据 10% ~20% 的需求。认识到客户群的集中程度,委员会对分析进行了扩展,以探索买方是否能够对合并后实体施加抵消性买方力量。

只要需求端非常集中,就会经常使用“买方力量”这一术语。然而如上所述,它不仅仅与规模或集中程度本身相关,而是买方采取行动削弱供应商企图涨价的能力。尤其是,这可以通过诱导或威胁诱导市场结构在中期内发生变化来实现。

---

311 Case COMP/M. 1225-*Enso/Stora*, Commission decision of 25 November 1998.

312 Case COMP/M. 1225-*Enso/Stora*, Commission decision of 25 November 1998.

313 该案例研究引用了 A. Lofaro and S. Baker, ‘Buyer Power and the *Enso/Stora* Decision’(2000) 21 *European Competition Law Review* 187-190。

314 LPB 是通常用于包装液体商品(如牛奶和果汁)的纸板。该决定声称合并后的市场份额为 50% ~70% 。

315 委员会在第 77 段指出,过去 10 年时间里没有任何企业进入液体包装纸板这一领域。

在 *Enso/Stora* 案[316]中,委员会的分析显示,买方至少有两种策略可以用来挫败合并后企业涨价的企图。

5.2.3.1　少量销售损失对供应商的平均成本存在显著影响

第一种策略是买方威胁将其需求或部分需求转向其他供应商。委员会认可了这种威胁的有效性:[317]

> 液体包装纸板的生产是一个固定成本很高的行业,必须有高水平的产能利用率才能达到令人满意的盈利率。因此,失去了 Tetra Pak 的大量采购,意味着合并双方必须寻找其他客户来填补产能。在短期内,这在短期内不是一个轻松的任务。

重要的是由于 LPB 供应商的成本对产能利用率水平十分敏感,买方惩戒供应商的能力并不需要转移所有需求。相反,即使小型买家存在从现有供应商转移部 293
分容量的能力也能够施加重要的竞争限制。该决定指出:"如果合并双方试图行使市场势力,买方将大批采购转移给原则上能够将 WTL[另一纸板类型]产能转向生产液体包装纸板的替代供应商如 AssiDoman 和 Korsnas 等,就能够对 Stora Enso 产生严重损害。"[318]

表 3.23　企业对每位客户的销量

	企业 A	企业 B	企业 C	企业 D	总计
客户 1	70	10	15	5	100
客户 2	50	50	0	0	100
客户 3	0	0	45	55	100
销售总额	*120*	*60*	*60*	*60*	*300*
市场份额(%)	*40*	*20*	*20*	*20*	*100*

由于单位成本受到产能利用率下降的不利影响,即使只损失其主要客户的部分业务,也将对合并后实体产生显著影响。

为了证明这一点,考虑表 3.23 中所示的数值化实例,其中有四家供应商 A、B、C 和 D,且只有三个买家。为简单起见,我们假设三位客户的规模和采购量都

316　Case COMP/M.1225-*Enso/Stora*, Commission decision of 25 November 1998.

317　Case COMP/M.1225-*Enso/Stora*, Commission decision of 25 November 1998, para. 90. 此外,在第 94 段中,委员会评估 Elopak 和 SIG Combibloc 的销量损失对 Stora Enso 盈利能力的影响时,也得出了类似观点。

318　Case COMP/M.1225-*Enso/Stora*, Commission decision of 25 November 1998, para. 94.

相同，如表中所示。

四家供应商在规模完全一致的工厂中进行生产，每家工厂的最大产能为 75 个单位，固定成本为 50 欧元，每个单位的可变成本为 1 欧元。这就使产出和平均单位成本之间的关系如表 3.24 所示。

假设企业 A 拥有两家这样的工厂，而企业 B、企业 C 和企业 D 分别拥有一家。图 3.12 显示了由于固定成本的相对重要性降低，平均单位生产成本如何随总产量的增加而降低。图中的方形代表每家工厂目前的生产水平（60 个单位），水平线代表合并前的价格，假设其等于 2 欧元。在这种生产和价格水平之下，每
294 家工厂净利润率为每单位 0.17 欧元（等于 2 欧元减去平均单位成本 1.83 欧元）。

表 3.24　不同产出水平下每家工厂的平均单位成本

生产的单位量	固定成本（欧元）	可变成本（欧元）	总成本（欧元）	平均单位成本（欧元）
15	50	15	65	4.33
30	50	30	80	2.67
45	50	45	95	2.11
60	50	60	110	1.83
75	50	75	125	1.67

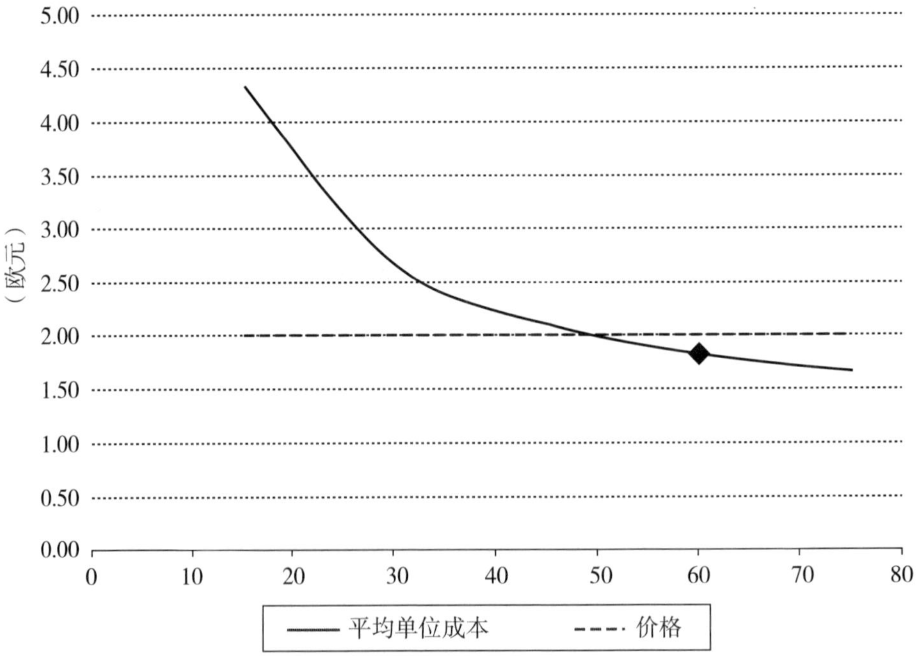

图 3.12　平均单位生产成本

假设拟议交易涉及企业 A 和企业 B。新实体将拥有 60% 的市场份额，类似于 *Enso/Stora* 一案。然而，既然客户可以将采购量转向新实体的一个或多个竞争对手，从而挫败新实体涨价的企图，那么合并后就不可能产生单边效应。例如，客户 1 能够通过威胁将 15 个单位的采购量从任何一家合并企业的工厂转向企业 C 或企业 D，从而防止合并企业提高价格 5%（至 2.10 欧元）。如图 3.13 所示，这些单位的损失将会使工厂的平均单位成本增加至 2.11 欧元，从而使工厂即使在假设情况中的更高合并后价格水平也会出现亏损。 295

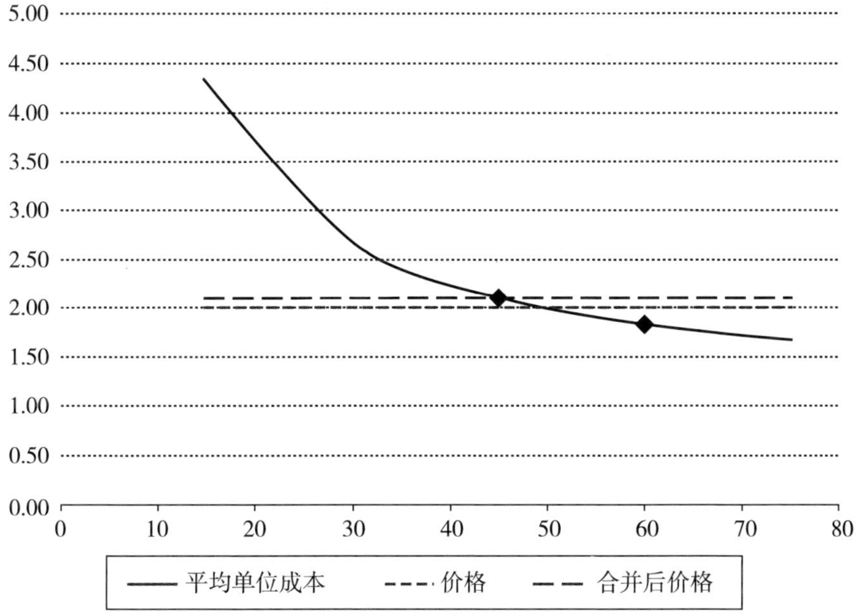

图 3.13　合并后涨价情况下的平均单位生产成本

5.2.3.2　资助新实体

委员会在 *Enso/Stora* 案[319]中确认的第二种策略与 Tetra Pak 有关，它主张，“假如合并方企图行使市场势力，购买如此众多的液体包装纸板，则可以选择与其他现有或新的供应商开发新产能”。[320]

因此，即使 LPB 供应商可能需要扩大或建立全新产能才能供应大量的 LPB，但 Tetra Pak 等客户通过承诺订单来认购这种产能扩张的能力可以显著降低投资

319　Case COMP/M. 1225-*Enso/Stora*, Commission decision of 25 November 1998.

320　Case COMP/M. 1225-*Enso/Stora*, Commission decision of 25 November 1998, para. 91.

风险。当供应商面临零碎需求时,不能收回的投资或沉没成本会带来重大风险,但如果它们能够与大客户进行有效协作,则这种风险可明显降低。

回到我们假设的实例中,假如合并后实体试图提高价格,则客户 1 和客户 2 可以单独支付现有或新供应商对新建工厂的投资费用,例如通过签订长期供货合
296 同来实现。只要客户能保证以合并前价格水平(2 欧元)从新工厂至少采购 50 个单位,则新进入者可以实现总费用的收支平衡。[321] 企业 A 和企业 B 的客户(客户 1 和客户 2)都有足够的采购量,从而能够令人信服地威胁将资助市场进入(从市场新进入者的角度证明对产能扩张的投资是合理的)。

5.2.4 结论

Enso/Stora 案[322]通常被称为一项重要决定并为欧盟《横向合并指南》明确提及的原因有很多。

第一,委员会也许是第一次承认,当客户并非小型客户而在本质上是供应商“接受或者拒绝”要约的被动接受者时,单纯的供给侧方法是无效的。当客户本身可以对市场供给侧结构发挥积极作用时,委员会需要对市场的需求端进行更为谨慎的分析。

第二,该决定认识到,某些情况下即使合并引起了较高的市场份额,且该市场传统上被视为存在实质性市场进入壁垒,合并也不一定会产生竞争关注。

第三,该决定承认,买方力量不仅仅等同于市场内需求端存在较高水平的集中度。在任何情况下,当“买方力量”的主张被提出作为市场势力的平衡因素时,需要提出的问题是“这种力量可以做什么?”这就要求确定是哪种机制允许买方对现有供应商造成(或威胁造成)明显损害。在其决定中,委员会确定了两个这样的机制:部分采购从一家供应商战略性转换至另一家,以及对成本过高或风险过大
297 的新进入者提供包销。[323]

---

321 理解新工厂以 2 欧元价格销售 50 个单位将达到盈亏平衡,注意总成本(50 欧元固定成本+50 欧元可变成本)在此产出和价格水平下将会等于收入(50×2 欧元)。

322 Case COMP/M. 1225-*Enso/Stora*, Commission decision of 25 November 1998.

323 重要的是,委员会在最近的 *Korsnäs/AD Cartonboard* 案(进一步使液体包装纸板的生产商数量从三家减为两家)中遵循了相同的推理。See Case COMP/M. 4057-*Korsnäs/AD Cartonboard*, Commission decision of 12 May 2006.

5.3　产品再定位和新的市场进入

5.3.1　《横向合并指南》中的产品再定位和新的市场进入

如果合并整合了客户视为特别紧密替代品的两种产品，且竞争对手的产品被认为是更为遥远的替代品，则合并最有可能产生单边效应。评估合并实体和竞争对手品牌间的差异通常是以企业合并前的产品组合为基础的，并隐含地假设，合并前的情况将反映合并后可以获得的品牌范围。但是在某些情况下，这种方法对市场的观察过于静态。在合并之后，现有的非合并竞争者有可能重新定位它们的品牌，以吸引合并后实体的客户。如果非合并企业重新定位其品牌，使它成为与合并企业品牌更相近的替代者，则施加在合并企业身上的竞争限制将会增加，而根据合并前转移率的任何评估都将会夸大合并产生单边效应的范围。此外，非合并企业有明显的动力重新定位其品牌，使其与合并双方的品牌更为靠近，如果这些企业在合并后有提高价格的任何可能，则这将增加寻求与合并后实体品牌有类似替代品的客户数量，由此增加竞争对手提供类似品牌的潜在销量。

因此，产品再定位的范围可以降低单边价格上涨的动力。值得注目的是，供给侧动态无法为理论性单边效应模型或者基于历史市场数据的模拟所预见。

《横向合并指南》承认了产品再定位能够作为合并导致市场势力增强的有效抵消因素的可能性，其指出：

> 在某些市场中，活跃企业重新定位其产品或扩大其产品组合可能相对简单且不会太贵。特别是，委员会审查了竞争者或合并双方重新定位或产品线延伸的可能性是否会影响合并后实体提高价格的动力。[324] 298

例如，考虑这样一个场景，其中两家供应“豪华”产品系列的公司面临“经济型”产品供应商的合并，且一个静态竞争模型预测合并后会出现两种品牌提高价格的单边动机。尽管拟议交易会消除重要的竞争约束，但如果有真实的预期表明，现有经济型品牌能够重新定位到高端市场或发布新的奢侈型品牌，那么最终不可能产生反竞争效果。事实上，这种重新定位将使得竞争对手成为合并双方产品的相近替代者，因此假若合并企业提高价格，则它将会增加损失。这将降低合

---

[324] EC Horizontal Merger Guidelines, para. 30.

并后企业提高价格的动力,而这种效果是无法通过需求转换的历史模式来衡量的,这是因为合并前并不存在假设的品牌重新定位的问题。

品牌重新定位涉及基本产品特征的改变,或者商品营销方式的改变。无论哪种方式,这将在多大程度上抑制单边价格上涨取决于重新定位的速度和成本。大型客户如杂货零售商可以通过接受和推广新品牌促进品牌重新定位。

如果新的市场进入存在可能性,则关于单边价格上涨的关注同样可能会降低。与重新定位一样,合并后实体实施单边价格上涨的企图,可能会增加市场外部企业进入该市场的动力,从而对价格施加向下的压力。就此而言,欧盟《横向合并指南》指出:“委员会审查了市场进入或潜在的市场进入是否可能在合并后限制当前企业的行为。如果要使市场进入成为可能,在考虑到将额外产出投入到市场所产生的价格效应,以及当前企业潜在反应的同时,它必须有足够盈利的空间。”[325]

为理解合并后实体可能面临的竞争约束,竞争主管机构与合并双方之间有时候对价格基准会存在分歧,这里的价格基准与市场进入的可行性评估是相关的。例如,在上文提到的 *Svitzer/Adsteam* 案[326]中,英国 CC 主张,只有当一个新进入者
299 在低于当前价格 10% 的基础上(甚至更低)仍然能够盈利时,资助市场进入的威胁才能对现有拖船运营商的行为产生限制。这是因为,它考虑了市场进入发生后,竞争程度的增加会迫使价格降至低于当前水平的 10%。因此,CC 作出结论,考虑进入垄断港口的拖船运营商会是不可能进入的,除非它能以低于目前水平 10% 的价格盈利。

然而,在评估横向合并产生反竞争效应的潜在可能时,如果新进入者能够签订相对长期的合同,以保证新供应商的业务维持在特定的价格,则这种推理是有缺陷的。评估横向合并的相关基准是现行价格水平:问题在于消除竞争对手(或潜在的竞争对手)是否允许合并后实体将价格提高到基准之上。

如上所述,在 *Svitzer/Adsteam* 案中,CC 同意每个垄断港口的主要竞争制约是来自潜在市场进入的威胁,目前来说,将价格提高到现行水平之上的任何企图都无法盈利(从概念上讲)。为了评估合并可能产生的竞争效果,有必要了解其他企业将如何应对价格提高到现行水平之上的任何企图。要使合并后实体在合并后受到有效的竞争限制,只需要一定数量的客户能够资助新进入者,资助的方法是

---

[325] EC Horizontal Merger Guidelines, para. 69.

[326] 参见第 4.2.2 节。

确保替代拖船运营商在当前价格有足够的业务,并且这些运营商能够以当前的供给价格盈利。

例如,如果Svitzer试图在任何港口将价格从100提高至110,只要一组客户能够将其业务以100的价格提供给另一拖船运营商,并且进入该港口的"挑选"策略以及以100的价格为该组客户提供服务对该拖船运营商来说是可行的,则Svitzer将无法盈利。与CC的理由相反,新的市场进入者不需要在合并前价格的基础上提供大幅折扣,也可以让客户在通过资助新的市场进入来应对合并后的价格上涨中获益。

与产品再定位一样,如果新的市场进入可以相对快速和便宜地进行,则会更加有效。关于这一点,《横向合并指南》表明:"为了使市场进入视为能够对合并双方施加足够的竞争限制,必须证明阻止或挫败合并产生的任何潜在反竞争效应是可能的、及时的和充分的。"[327] 300

该要求的基本原理是,如果作出市场进入的决定和开始实施之间存在任何明显的延滞,则现有企业将会有更多时间来对市场进入做出反应,以及更多的时间来获取价格上涨的好处。《横向合并指南》明确指出,委员会通常会将两年内完成的市场进入视为是及时的。[328]《横向合并指南》还强调,如果行业内存在较高的沉没成本,则市场进入的有效性可能受到影响:[329]

> 如果现有企业能够保护它们的市场份额,为新进入者试图争取的客户提供长期合同或有针对性地提前降低价格,则市场进入可能更为困难。此外,市场进入失败的高风险和高成本也许会使市场进入的可能性降低。市场进入失败的成本越高,则与市场进入有关的沉没成本也就越高。

然而,当市场进入只能以潜在明显迟延的方式或者显著沉没成本的条件下发生时,我们简单地认为市场进入缺乏可信度是不合适的。特别是,在某些市场中,尤其是在有着大型买家和巨大沉没成本特征的那些市场内,评估回应的合适时间可能与其他市场中常规采用的尺度显然不同。事实上,在这些市场内,尽管调试

---

327 EC Horizontal Merger Guidelines, para. 69.

328 EC Horizontal Merger Guidelines, para. 74.

329 EC Horizontal Merger Guidelines, para. 69.

新产能和启动生产之间存在延滞,但这样做的威胁可能对定价产生直接的限制效果。

若要理解其中的原因,我们需要从买方和合并双方的角度来考虑风险。特别是,合并双方在计划对市场进行长期供应时,通常会对其产能进行相当规模的沉没投资。在大客户包销和协助他人进行产品开发或市场进入的时候,一旦发生市场进入,合并后一两年内赚取超额利润的预期经常不可能超过市场进入随后给其销量造成的长期损害。在这些情况下,合并后实体会知道,新进入者的投资也会
301 沉没,因此会致力于未来长期供应市场。简言之,投资市场进入所需要的规模和时间,都将为随后产能与合并后实体相互竞争的持续时间所抵消。

了解客户有能力在采购量上进行战略性转移或诱导市场进入,以及这种行为对合并后实体产生的中长期损害,就足以劝阻合并双方不要行使自认为具有的短期市场势力。即使它能够花费时间来实施,但只要存在行使买方力量的威胁就能够对合并后的价格施加充分的限制。

最后,在下列情况下,市场进入的威胁可能更具有可信度,从而挫败合并后实体提高价格的任何企图:[330]

- 客户在转换供应商时不会产生显著成本;
- 相对于现有企业而言,潜在新进入者并未面临供给或需求劣势,如专利取得或其他稀缺投入;
- 不存在显著的网络效应限制小型企业有效竞争的可能性;以及
- 市场预计在未来会出现增长。

5.3.2 欧盟案例中的关联性

通常在以下情况下会提出供给侧回应的主张:有证据表明,拟议交易将会使合并后实体具有非常高的市场份额,或者有可能消除特别相近的限制,使合并双方需要确立抵消因素以减轻单边效应关注。正如以下案例审查所表明的,对供给侧回应的评估通常侧重于市场进入的可能性而非重新定位。

在 *Cargill/Degussa Food Ingredients* 案[331]中,委员会认为欧洲经济区的非转基因流体卵磷脂市场的进入壁垒相对较低,其中合并后实体的合计市场份额为

[330] EC Horizontal Merger Guidelines, para. 72.

[331] Case COMP/M. 3975-*Cargill/Degussa Food Ingredients*, Commission decision of 29 March 2006.

30% ~50%。[332]特别是，有证据表明，大客户在过去成功资助了市场进入，且欧洲市场上出现了越来越多的巴西和亚洲供应商。因此，委员会认为尽管合并后实体在欧洲经济区占有较高的市场份额，然而单边效应不可能出现。 302

在 *Syngenta/Monsanto's Sunflower Seed Business*[333] 中，委员会的市场调查确认，在欧盟以外占有强势地位的各供应商都有计划进入欧洲的葵花籽市场，包括已经确认存在单边效应关注的那些国家市场。但是，委员会指出"这些葵花籽生产商不太可能在中短期内获得显著的市场份额，从而对其他相关企业施加竞争约束"。[334] 该结论是基于之前的市场进入并未产生超过5%的市场份额的观察。[335]

两个 *Ryanair/Aer Lingus* 案[336]对市场进入壁垒都进行了详细分析。合并双方认为，航空领域内市场进入是很常见的，这可以通过之前在英国（*BA Connect/Fly BE*）和德国（*Air Berlin/LTU*）的合并调查以及 Ryanair 服务航线中有超过六十个市场进入的实例进行佐证。据认为市场进入相对简单的原因在于，航空公司可以在其现有组织内重新配置飞机资源，而无须重大投资。然而，委员会认为合并后实体在爱尔兰机场的地位受到了某种程度的保护，因为它们比基地位于别处的其他潜在竞争对手享有更多的规模经济和灵活性。Ryanair 的回应是，它享有的任何成本优势主要与网络而非机场层面的规模经济有关（如注意到它在科克郡的运营成本并未高于都柏林，尽管它在都柏林基地有十九架飞机而在科克郡只有一架），而营销经济是无关紧要的，其中大多数销售和推广都通过互联网完成。最后，虽然在市场调查过程中接触的某些航空公司并未排除市场进入的可能性，但是委员会并未将它们视为可信的市场进入者，这是因为它们缺乏上述机场基地优势。委员会还将机场拥塞和机位限制当作市场进入的壁垒，其可能会在合并后阻碍竞争对手在爱尔兰机场对新实体施加压力。

---

[332] Case COMP/M. 3975-*Cargill/Degussa Food Ingredients*, Commission decision of 29 March 2006, paras. 101–109.

[333] Case COMP/M. 5675-*Syngenta/Monsanto's Sunflower Seed Business*, Commission decision of 17 November 2010.

[334] Case COMP/M. 5675-*Syngenta/Monsanto's Sunflower Seed Business*, Commission decision of 17 November 2010, para. 260.

[335] Case COMP/M. 5675-*Syngenta/Monsanto's Sunflower Seed Business*, Commission decision of 17 November 2010, para. 263.

[336] Case COMP/M. 4439-*Ryanair/Aer Lingus*, Commission decision of 27 June 2007; Case COMP/M. 5434-Ryanair/Aer Lingus II, Commission decision of 23 January 2009. 303

在 *Western Digital Ireland/Viviti Technologies* 案[337]中,委员会发现,东芝作为3.5 英寸商用关键型 HDD 的最近进入者,有技术能力进入受到关注的 3.5 英寸领域(如桌面和消费类电子产品),但不太可能及时地进入。此外,委员会表明即使市场进入能够在合理时间范围内发生,但客户至少在短期内无法以令人信服地方式威胁将大量采购需求转向东芝。因此,委员会作出结论,东芝在进入市场后施加的假想限制不足以替代 Viviti 在合并前发挥的作用。

最后,在 *Johnson&Johnson/Synthes* 案[338]中,委员会发现,由外科医生领导的瑞士知名组织 AO Foundation 与 Synthes 之间的排他性合作关系,导致外科医生通常不愿意转向其他创伤器械供应商。这种转换障碍被认为使市场进入不具有吸引力,从而降低了市场进入的可能性。

总之,只有在特殊情况下,委员会才会将较低的市场进入壁垒或市场进入威胁视为单边效应关注的充分抵消因素。

仅仅存在市场进入的可能性,通常无法满足相关门槛,即市场进入是可能的、及时的和充分的,除非有真实的重要市场进入实例可以证明相关市场是真正具有可竞争性的。除了确定市场进入的情况,合并双方还有必要证明,这种进入对市场结果会产生影响,这可能需要对市场进入效果进行类似于第 3.4 节所讨论的那种分析。

5.4 效率分析

5.4.1 《横向合并指南》中的效率分析

正常的利润最大化意味着,企业将会通过更低的产品价格将一部分可变成本降低的效益传递给客户。[339] 因此,如果某项合并导致合并企业的可变成本降低,则
304 这将会使其产生降低价格的动机,从而可能部分或完全地抵消由于削弱合并前存在的竞争约束而导致的涨价动机。如果合并的同时,可变成本也降低了,则本来

---

337 Case COMP/M. 6203-*Western Digital Ireland/Viviti Technologies*, Commission decision of 23 November 2011.

338 Case COMP/M. 6266-*Johnson&Johnson/Synthes*, Commission decision of 18 April 2012.

339 See J. Stennek and F. Verboven, 'Merger Control and Enterprise Competitiveness:Empirical analysis and policy recommendations' (2001) 5 *European Economy* 130-194, for a detailed description of factors that impact upon the extent to which cost savings will be passed on to consumers.

可能导致价格上涨的合并或许不会对消费者造成不利的影响。然而，正如欧盟《横向合并指南》中所描述的，在将该理论转换为强有力的效率抗辩时，一系列实践问题就出现了。特别是，欧盟《横向合并指南》指出，为了维持有效的抗辩，必须证明满足以下每种条件：[340]

- 合并特殊性
- 消费者利益
- 可验证性

我们将在下文依次讨论这三点。

第一，为了使成本降低被视为一种抵消效率，必须证明它是合并所特有的；也就是说，必须证明如果没有合并则不会获得这种效率。如果所主张的效率实际上无须减少与集中相关的竞争就能够实现，那么委员会将认为合并的相关反事实也包含了无须减少竞争的相同效率，其中后者代表了合并的净影响。[341]

第二，委员会将确定所主张的成本降低是否确实会影响合并企业的定价决策，由此使消费者受益。定价行为的最简单经济模型区分了固定和可变成本（见第一章）。在这种模型中，固定成本的降低（如通过合并后消除总部办公建筑和人员来实现）不会对定价产生任何影响，而降低单位生产成本的效率将会使利润增加，从而为企业提供降低价格、增加额外销量的动力。[342] 因此，欧盟《横向合并指南》指出： 305

> 根据确定效率是否会给消费者带来净效益的需要，与固定成本的降低相比，导致可变或边际成本降低的成本效率更有可能与效率的评估有关；原则上，前者更有可能为消费者带来更低的价格。[343]

然而在实践中，区别影响定价和不影响定价的成本更为复杂，通常某些在会

340　EC Horizontal Merger Guidelines, paras. 78–88.

341　See, e. g., EC Horizontal Merger Guidelines, para. 85.

342　这里的直观认识很容易理解。考虑这样一种情况，在合并引起边际成本减少后，合并前 30% 的利润将翻倍至 60%。同样假设，如果该企业降价 5%，则其有机会增加 10% 的销量。在合并前 30% 的利润机会并不吸引人，这是因为 5% 的降价将有效减少超过 12% 的单位利润率（从 30% 减为约 26%）。通过更高销量赚取的利润不足以弥补总利润的减少。但是在合并之后，计算方式发生了变化，这是因为现在 5% 的降价会使总利润仅降低约 4%，而预期 10% 的销量收益完全可提供更多补偿。

343　EC Horizontal Merger Guidelines, para. 80.

计方面视为"固定"的成本却可以影响定价决策。例如,假设某项合并使新实体能够改进技术知识,并允许其以低于任何合并一方事先的资金成本建造一家新的生产工厂。即使新实体的资金成本通常被归为"固定"类型,该成本要素的更高效率也能使合并后企业从事产能投资并扩大产出,而这在之前是根本无望实现的,因此,为了评估企业的定价和产出行为决策,成本降低量确实应当属于"边际"类型。

即使确定了边际成本降低量,合并双方仍然需要向委员会证明,合并后效率的确存在且将会导致价格的降低远远超过竞争程度的降低。鉴于合并双方有主张效率的动机,且合并双方与委员会之间的信息不对称,因此,这必然是一项复杂的实证任务且永远不会那么简单。从某种意义上说,《横向合并指南》指出:

> 如果不能取得必要的数据来进行精确的定量分析,则必须能够预见到对消费者产生清晰可辨的积极影响,而非边际影响。一般来说,效率
> 306 在未来展现的时间越长,委员会认可确实已经带来效率的可能性越小。[344]

与证实效率是否存在一样,委员会还将试图确认所主张的效率在规模上足以抵消已确定的竞争减少程度。因此,在其他条件恒定情况下,成功进行效率抗辩的范围将会随着合并对竞争的影响而降低。《横向合并指南》指出:"当某项合并导致市场地位接近垄断,或导致类似水平的市场势力时,委员会不太可能因为效率增进足以抵消合并的潜在反竞争效果而宣布,某项导致市场地位接近垄断或导致类似水平的市场势力的合并与共同体市场相协调。"[345]

在合并产生或增强市场领导地位的情况下,市场领导者的效率增加能够使该企业领先其竞争对手,进而使竞争的长期活力遭受危险。[346] 这种论证可以在某些判例决定中找到,如 *Aerospatiale-Alenia/de Havilland* 案[347],该案是第一个根据《合并条例》被禁止的合并,其中合并后效率的主张似乎加剧了委员会的担忧。委员会的批评者常常认为,这相当于欧盟合并控制下的"效率过错",而委员会在该案

---

344 EC Horizontal Merger Guidelines, para. 86.

345 EC Horizontal Merger Guidelines, para. 84.

346 基于规模优势的效率也能够影响有关市场进入便利性的论证。关于合并企业需要取得相当大的市场规模才能进行有效竞争的论点,通常会削弱市场进入代表了某种令人信服的竞争约束的观点,除非新进入者能够在某个邻近市场或产品领域达到所需的规模。

347 Case COMP/M. 053-*Aerospatiale-Alenia/de Havilland*, Commission decision of 2 October 1991.

例中的意图构成了对竞争者的保护，而非竞争本身。[348] 然而，尽管过去曾经引起过担忧，但从《横向合并指南》对效率的讨论可以明显看出，效率不可能被视为任何横向合并的负面因素。[349] 307

5.4.2　欧盟案例中的关联性

鉴于合并双方在提出效率抗辩时面临的较高门槛，在几乎最异常的情况下，效率是否能根据《合并条例》对决定发挥重要作用是值得怀疑的。事实上，回顾2004年以来进入第二阶段合并审查的案件可以发现，一旦委员会认为拟议交易将消除重要的竞争限制，那么委员会就总是会拒绝合并双方提出的效率抗辩。其中包括如下实例。

在 *Ryanair/Aer Lingus* 案[350]中，委员会指出，即使满足了效率抗辩的标准，但“所宣称的效率增进多半不足以扭转已确定的反竞争效果”。[351]

在 *Arjowiggins/M-real Zanders Reflex* 案[352]中，委员会指出，“来自‘研发、销售和其他企业职能’的宣称效率并未详细说明，且无论如何都有可能是固定成本的节约，其不可能为消费者带来利益”。[353] 这证实了委员会不愿强调固定成本节省，这是因为不确定这种节省是否将会传递给消费者。该案也说明很难说服委员会接受源自产能减少或通过如关闭工厂等实现合理化的成本节约。关于这一点，委员会在其决定写道：[354]

> 除非为合并特殊性提供令人信服的理由，否则合并必然会有效地配置产能的现象并不明显。在一个竞争性市场内，一旦效率最低的机器其边际生产成本超过了市场价格，则可以预计它将会退出该市场。尤其

348　注意到效率过错的考量还能够在排他效应的背景下出现（见第五章）。See A. Papanikolaou and M. Rosenthal, ‘Merger Efficiencies and Remedies’, published in *The European Antitrust Review* 2012, Global Competition Review.

349　不管怎样，在面对任何有关效率对竞争产生负面影响的关注时，监管者有职责去证明竞争怎样可能受到危害，以及消费者的长期福利如何会减少。

350　Case COMP/M.4439-*Ryanair/Aer Lingus*, Commission decision of 27 June 2007.

351　Case COMP/M.4439-*Ryanair/Aer Lingus*, Commission decision of 27 June 2007, para. 626.

352　Case COMP/M.4513-*Arjowiggins/M-real Zanders Reflex*, Commission decision of 4 June 2008.

353　Case COMP/M.4513-*Arjowiggins/M-real Zanders Reflex*, Commission decision of 4 June 2008, para. 445.

354　Case COMP/M.4513-*Arjowiggins/M-real Zanders Reflex*, Commission decision of 4 June 2008, para. 447.

是，如果产能的合理化是由于反竞争的产出减少所导致的，则合并会降低（而非提高）分配效率。同样，公司没必要通过合并来达到有效规模；
308 相反，如果市场竞争越激烈，企业达到有效规模的动机通常也就越大。

在 *Lufthansa/SN Airholding* 案[355]中，合并双方主张，航线的固定成本越低，市场进入实现盈利所需的产出水平就越低，从而可以提高潜在的竞争程度。然而，委员会表示，由现有航线频率或新航线服务的增加所带来的效益"不会立即产生，而是以一系列事件为基础，因此其确定性大大低于边际成本降低的价格效应（它会立即产生降低价格的动力）"。[356] 委员会还认为，通过"航空公司之间极低水平的合作，甚至不要求航空公司是来自同一联盟的成员"，合并双方能够且很有可能实现预计的成本节省。[357] 这再一次表明很难使委员会相信所主张的效率是合并所特有的，且无法单方面或通过限制更少的措施来实现，比如部分合营或合作安排。

在 *T-Mobile Austria/Tele. ring* 案[358]中，合并双方试图主张，合并将会允许提高移动网络之间的产能利用率，从而降低每位客户的平均固定成本。但是，委员会否决了该主张，指出"不能假设这种（固定）成本节约会被传递给消费者"。[359]

在 *UPM/Myllykoski and Rhein Papier* 案[360]中，委员会承认了合并双方为了证明交易带来的效率作出了重大努力，尤其是用来证明预期可变成本降低的证据。然而，尽管委员会发现缺乏竞争关注意味着没必要评估潜在效率，然而除了注意到可变成本的节省将会产生相当大比例的协调效应，委员会还是批评合并双方没
309 有尝试证明有多大百分比的协调效应会被传递给消费者。

在 *Deutsche Börse/NYSE Euronext* 案[361]中，合并双方提交了详细的效率抗辩。[362]

---

355 Case COMP/M. 5335-*Lufthansa/SN Airholding*, Commission decision of 22 June 2009.

356 Case COMP/M. 5335-*Lufthansa/SN Airholding*, Commission decision of 22 June 2009, para. 426.

357 Case COMP/M. 5335-*Lufthansa/SN Airholding*, Commission decision of 22 June 2009, para. 417.

358 Case COMP/M. 3916-*T-Mobile Austria/Tele. ring*, Commission decision of 26 April 2006.

359 Case COMP/M. 3916-*T-Mobile Austria/Tele. ring*, Commission decision of 26 April 2006, para. 47.

360 Case COMP/M. 6101-*UPM/Myllykoski and Rhein Papier*, Commission decision of 13 July 2011.

361 Case COMP/M. 6166-*Deutsche Börse/NYSE Euronext*, Commission decision of 1 February 2012.

362 Case COMP/M. 6166-*Deutsche Börse/NYSE Euronext*, Commission press release 'Mergers: Commission blocks proposed merger between Deutsche Börse and NYSE Euronext' of 1 February 2012. See also Mlex article, 'Commission Prohibits Proposed Merger between Deutsche Börse and NYSE Euronext-frequently asked questions' of 1 February 2012.

它们的一个主要主张是合并会通过更高的流动性使消费者受益。委员会对各种学术研究进行了详细分析，通过认定竞争产生流动性增益的潜力远远大于整合，最终拒绝了合并双方的主张。合并双方提出的另一个主要效率主张是，Eurex（Deutsche Börse 持有）和 Liffe（NYSE Euronext 持有）合并后，客户因为证券提供的担保减少而从中受益。委员会的分析证明，由于跨市场保证金机会的增加，拟议交易有可能使客户节约担保金。然而，委员会表明，潜在的节约远远低于合并双方所估计的——特别是，节省费用大约为数千万欧元而非 31 亿欧元。此外，委员会还发现，其中的某些效益并不是合并所特有的，且合并后实体有可能取得这些节约资金的相当一部分，从而降低消费者从争议效率获益的程度。委员会最终认定，所主张的效率在任何情况下都不足以抵消合并对消费者造成的损害。

5.5 破产企业抗辩

5.5.1 《横向合并指南》中的破产企业抗辩

原则上，委员会合并评估框架认可了所谓的"破产企业抗辩"，因此当交易涉及一家本来非常有可能退出市场的企业时，该项原本可能被禁止的交易有可能获得批准。《横向合并指南》指出： 310

> 委员会可以决定，如果合并一方为破产企业，则本来有问题的合并可以与共同市场相协调。其基本要求是，合并不能造成合并后竞争结构的恶化。如果即使没有合并，市场的竞争结构也会出现相同程度的恶化，则可以主张破产企业抗辩。[363]

因此，破产企业抗辩可视为竞争评估所涉及的一般性相关反事实问题的特例。当某项交易涉及一家破产企业时，对合并的反事实假设并非合并双方仍然为竞争者，而是合并双方之间的任何现有竞争都被消除。如果可以证明，对合并的恰当反事实假设涉及合并双方之间由于其中一方退出市场而消除了竞争，那么结论是，合并不会减少没有合并情况下的竞争。[364]

但是在实践中，委员会已经为破产企业抗辩设立了一个极高的门槛，因此抗

363 EC Horizontal Merger Guidelines, para. 89.

364 See EC Horizontal Merger Guidelines, para. 9.

辩成功的概率非常低。欧盟《横向合并指南》阐述了使用破产企业抗辩的以下三个条件：[365]

- 所主张的破产企业如果没有为另一企业接管，则其在不久将来会因为财务困难而被迫退出市场；
- 除了已申报的合并，不存在反竞争程度更低的替代收购；
- 如果没有合并，破产企业的资产将不可避免地退出市场。

其中第一个条件要求合并双方证明，问题业务按照目前运营状态在经济上是不可行的。委员会并未就如何充分满足这种要求提供指导，但曾经提到过是持续311 亏损，且认可进入破产管理或破产程序的企业可视为破产企业。

第二和第三个条件之间存在某些重叠，它们均关注是否存在其他不必让破产企业完全退出市场的反事实解决途径。第二个是事实性条件，要求合并双方证明不存在竞争关注更低的替代交易。在实践中，委员会在评估这个条件时，还考虑了合并双方寻找替代买方所作出的努力，并且似乎要求有证据表明，合并双方已经非常努力地寻找替代买方，然后才继续进行破产企业抗辩的交易。

这两个条件常常将得到满足；出现财务困难的企业被出售的情况并不罕见，且经常只有单独一方试图收购它。然而，破产企业抗辩所需的第三个条件是最麻烦的。第三个条件要求，除了拟议收购者之外，不可能有任何其他企业愿意收购和运营有问题的破产企业（或其资产）。也就是说，它必须证明破产企业及其资产的财务状况使得没有任何投资者愿意以任何价格收购这些资产（使用而非处置）。如果金融投资者愿意以票面（甚至零）价值收购并运营破产企业，则破产企业抗辩的第三个要件将无法得到满足。取而代之的是，委员会将评估该交易的反事实情况，即作为该市场内独立竞争来源的第三方愿意运营破产企业和/或其资产。

这些测试的目的是确保允许破产企业抗辩，不仅在于某个竞争者代表了最愿意收购财务困难企业的买家，还在于它体现了这是破产企业资产仍将继续活跃在市场内的唯一方式。因此，破产企业抗辩将适用于这样的情况：其中一家企业处于困境中，使之前未在该行业内开展业务的投资者不会未经考虑就选择购买并运营该企业，但该破产企业却会吸引竞争对手，这是因为它可能与竞争对手的现有业务实现协调效应。这种情况是非常罕见的，其结果是破产企业抗辩只会在特殊情况下才会被接受。

---

365 See EC Horizontal Merger Guidelines, para. 90.

5.5.2　欧盟案例中的关联性

如上所述，由于委员会设立的苛刻条件，破产企业抗辩在欧盟合并申报案件中只有很少的机会被接受。[366] 事实上，委员会基于该理由只批准了两项合并：1993年的 *Kali+Salz/MdK/Treuhand*[367]和 2001 年的 *BASF/Eurodiol/Pantochim*[368]。这两 312
个案例为《横向合并指南》阐明的破产企业抗辩的三个标准提供了基础。

第一个案例 *Kali+Salz/MdK/Treuhand*[369]整合了 Kali+Salz 和 MdK 的盐和钾肥业务，其中 MdK 是一家由前德意志民主共和国持有并由一家国有受托机构 Treu-hand 控制的公司。该合并将在钾肥行业中形成垄断，该市场的特点是存在显著的市场进入壁垒。但该交易却获得了批准，理由是它是一次“援救型合并”，即 MdK 是一家破产企业。

为了得出这一结论，委员会指出了以下三点。第一，委员会承认，MdK 正在亏损且国有受托机构不可能愿意继续为其业务注入更多资金。[370] 第二，合并双方能够证明，尽管该企业作出了重大努力来剥离业务，但没有第三方公司对其出价。[371] 钾肥市场正处于产能过剩状态，且除了 Kali+Salz 以外，破产企业为其他公司带来效率的可能性十分有限甚至完全没有。第三，委员会认为可以合理地预计，即使没有拟议合并，MdK 的市场份额在其退出市场后最终也会转移给 Kali+Salz。[372]

BASF/Eurodiol/Pantochim 合并案[373]涉及 BASF 对 SISAS 集团两家子公司 Eurodiol 和 Patoch 的收购，它们都在不同专用化学品生产行业从事业务活动。委

366　有趣的是，尽管英国竞争监管机构使用的破产企业抗辩条件与指南阐述的相类似，然而自从最近经济衰退开始以来，它已经根据破产企业抗辩批准了多项合并。See *Long Clawson Dairy Limited/Millway merger inquiry*, Competition Commission, 14 January 2009; *Anticipated acquisition by HMV of* 15 *Zavvi stores*, Office of Fair Trading, 14 May 2009; *Anticipated acquisition by Kingfisher plc of* 30 *stores from Focus*, Office of Fair Trading, 24 August 2011.

367　Case COMP/M. 308-*Kali+Salz/MDK/Treuhand*, Commission decision of 14 December 1993.

368　Case COMP/M. 2314-*BASF/Eurodiol/Pantochim*, Commission decision of 11 July 2001.

369　Case COMP/M. 308-*Kali+Salz/MDK/Treuhand*, Commission decision of 14 December 1993.

370　Case COMP/M. 308-*Kali+Salz/MDK/Treuhand*, Commission decision of 14 December 1993, paras. 73 et seq.

371　Case COMP/M. 308-*Kali+Salz/MDK/Treuhand*, Commission decision of 14 December 1993, paras. 80 et seq.

372　Case COMP/M. 308-*Kali+Salz/MDK/Treuhand*, Commission decision of 14 December 1993, paras. 78 et seq.

373　Case COMP/M. 2314-*BASF/Eurodiol/Pantochim*, Commission decision of 11 July 2001.

员会发现，该合并会使合并后的合计市场份额超过 40%，且存在较高的市场进入
313 壁垒，同时竞争对手受到产能限制。至于破产企业抗辩，委员会发现 SISAS 集团陷入了财务困难，而目标企业已经在比利时进入了破产前程序。[374] 委员会还发现，由于除了 BASF 没有其他公司愿意对破产企业出价，因此这里不存在反竞争程度更低的解决方案。[375]

至于 *Kali+Salz/MdK/Treuhand* 案[376]分析中的第三个要素，委员会指出，与该案例不同，BASF、Eurodiol 和 Pantochim 并非市场中的唯一企业，因此在 Eurodiol 和 Pantochim 退出市场后，部分市场份额可能转向第三方。[377] 尽管如此，委员会承认这种退出将“最有可能导致市场条件严重恶化，从而为消费者带来不利”。[378] 因此，委员会设立了相应的条件——现在已反映在《横向合并指南》中——即为了行使破产企业抗辩，必须证明合并不进行的情况下，目标企业的产能将会退出市场。[379]

由于目标企业的工厂和比利时破产程序的特殊条件，委员会发现，其他买家不可能接管破产后的资产。[380] 委员会指出，目标企业的工厂存在高成本运营和频繁中断生产等特点，存在与生产流程有关的重大环境风险，且一部分工厂运行所需的合格劳动力已经离开该企业。委员会还认识到，在破产后六个月内收购资产的买家有义务接管全部劳动力，而在破产六个月之后再重新开始生产则存在自身的技术难题。

最后，委员会将合并的市场条件与目标企业退出的情况进行了比较。[381] 它指
314 出，合并双方的竞争对手面临严重的产能限制，且不可能扩大供应以抵消市场中 Eurodiol 和 Pantochim 产能的消除，同时目标企业的较高固定成本意味着 BASF

---

[374] Case COMP/M. 2314-*BASF/Eurodiol/Pantochim*, Commission decision of 11 July 2001, paras. 144 et seq.

[375] Case COMP/M. 2314-*BASF/Eurodiol/Pantochim*, Commission decision of 11 July 2001, paras. 146 et seq.

[376] Case COMP/M. 308-*Kali+Salz/MDK/Treuhand*, Commission decision of 14 December 1993.

[377] Case COMP/M. 2314-*BASF/Eurodiol/Pantochim*, Commission decision of 11 July 2001, para. 150.

[378] Case COMP/M. 2314-*BASF/Eurodiol/Pantochim*, Commission decision of 11 July 2001, para. 151.

[379] Case COMP/M. 2314-*BASF/Eurodiol/Pantochim*, Commission decision of 11 July 2001, para. 152.

[380] Case COMP/M. 2314-*BASF/Eurodiol/Pantochim*, Commission decision of 11 July 2001, paras. 152 et seq.

[381] Case COMP/M. 2314-*BASF/Eurodiol/Pantochim*, Commission decision of 11 July 2001, paras. 157 et seq.

需要以接近最高峰值的产能来运营这些工厂才能实现盈利。因此,它认为与目标企业退出市场相比,合并带来的市场条件预计会使客户更加受益。

因此,经过对破产企业主张的详细审查,委员会发现“在这个特定的时刻,在该案例的特定和特殊情况下……申报合并带来的竞争结构恶化将显著低于没有合并的情形”。[382]

委员会在一系列近期调查中都考虑了破产企业抗辩,但最终都拒绝了这种主张。合并双方在 *JCI/VB/FIAMM* 合并案[383]中试图引用破产企业抗辩。该交易(最终在提供救济措施情况下获得了批准)将使 JCI 的 VB Auto-batterie 业务在汽车和卡车电池市场上占据支配性的市场供应份额。合并双方试图主张,如果没有该交易,则 FIAMM 糟糕的财务状况将会迫使其退出市场。[384] 合并双方成功地证明了公司处于财务困境之中,且不存在其他反竞争效应更低的解决方案,因此该清算可能发生。[385] 然而,至于《横向合并指南》阐述的第三条标准,委员会无法作出结论:如果没有合并,“FIAMM SBB 的全部资产将不可避免地退出市场”,这是因为第三方有可能在清算之后收购 FIAMM 的资产。[386]

委员会继续对破产清算的反事实进行了详细的审查,以评估相对于“破产企业场景”,“合并场景”是否以及在什么程度上有可能造成减少竞争。最后,委员会发现,清算场景会导致出现“产能缺口”,从而鼓励未来的市场进入,而“合并场景”将阻止竞争对手的进入和扩张,并且在清算的情况下,FIAMM 品牌不一定会为有着市场支配地位的企业 JCI 收购。[387] 因此,委员会最终认为“合并的效果有可 315
能明显比非合并场景(清算)的效果更加糟糕”,并拒绝了破产企业抗辩。[388]

委员会还在 *Olympic/Aegean Airlines* 案[389]的禁止决定中详细评估了破产企业抗辩,认定**该交易未能满足《横向合并指南》所阐述的任何一条标准**。对于第一个条件,委员会不仅认为合并双方无法证明 Olympic Air 的财务状况不会必然导致

---

382 Case COMP/M.2314-*BASF/Eurodiol/Pantochim*, Commission decision of 11 July 2001, para.163.

383 Case COMP/M.4381-*JCI/VB/FIAMM*, Commission decision of 10 May 2007.

384 Case COMP/M.4381-*JCI/VB/FIAMM*, Commission decision of 10 May 2007, para.238.

385 Case COMP/M.4381-*JCI/VB/FIAMM*, Commission decision of 10 May 2007, paras.712-736.

386 Case COMP/M.4381-*JCI/VB/FIAMM*, Commission decision of 10 May 2007, para.750(原文强调).

387 Case COMP/M.4381-*JCI/VB/FIAMM*, Commission decision of 10 May 2007, paras.795 and 814.

388 Case COMP/M.4381-*JCI/VB/FIAMM*, Commission decision of 10 May 2007, para.815.

389 Case COMP/M.5830-*Olympic/Aegean Airlines*, Commission decision of 26 January 2011.

其破产，还认定存在一系列潜在的重组选项，包括转向中低成本的航空业务模式或者加入一个全球航空联盟，从而改善财务状况。[390]

委员会无法排除可能存在反竞争效果更低的交易替代方案，它发现有数个投标人对 Olympic 的资产感兴趣，并且认为内部电子邮件可以证明合并双方并没有认真考虑其他替代买方。[391]

最后，委员会发现 Olympic 的资产在破产情况下也不会退出市场。它的品牌和商标及其航线/交通权将归还给希腊政府，而政府预计将会把这些资产分配给其他航空公司，而 Olympic 的租赁飞机特别适合在希腊运营，未来预计将会被其他希腊航空运营商所接管。[392]

委员会在多个决定中考虑了一个名为“破产部门”的概念，即一个更大企业的某个特定部门在未被收购的情况下将会退出市场。委员会已经在一系列案例中考虑了该种主张，尽管它同意存在批准问题交易所涉破产部门的可能，但实际上每次都否决了该项主张。[393] 在 *Newscorp/Telepiù* 案[394]中，委员会对该问题阐述了其
316 想法，表明在破产部门主张的情况下：

> 证明该抗辩……是有效的举证负担肯定很重。否则，涉及出售据称无法盈利部门的任何合并都能够在合并控制法下提供合理证明，只要卖方宣称该部门不进行合并就会停业。[395]

因此，总之，委员会对破产企业抗辩所使用的方法可以证明，它只有在特殊情况下才会接受这种理由，并且需要关于问题业务和资产特定情况的详细真实证
317 据，以证明合并是破产企业资产在市场中得以保存的唯一方法。

---

390 Case COMP/M. 5830-*Olympic/Aegean Airlines*, Commission decision of 26 January 2011, paras. 1991-2070.

391 Case COMP/M. 5830-*Olympic/Aegean Airlines*, Commission decision of 26 January 2011, paras. 2071-2087.

392 Case COMP/M. 5830-*Olympic/Aegean Airlines*, Commission decision of 26 January 2011, paras. 2088-2119.

393 See Case COMP/M. 993-*Bertelsmann/Kirch/Premiere*, Commission decision of 27 May 1998; Case COMP/M. 1221-*Rewe/Meinl*, Commission decision of 3 February 1999; and Case COMP/M. 2876-*Newscorp/Telepiù*, Commission decision of 2 April 2003.

394 Case COMP/M. 2876-*Newscorp/Telepiù*, Commission decision of 2 April 2003.

395 Case COMP/M. 2876-*Newscorp/Telepiù*, Commission decision of 2 April 2003, para. 212.

第四章 横向合并Ⅱ:协调效应

1. 导　言

当合并创造了条件使默示协调(或默示合谋)更有可能达成或效果更显著时,便产生了协调效应。[1] 默示合谋指企业的价格高于竞争基准(competitive benchmark)的情形。[2] 由于在默示合谋的情况下,行业的总利润会高于处于竞争状态下的情形,企业在参与默示合谋时所获得的总收益较其相互竞争时更高。但是,在默示合谋的环境下,每个企业都会受到"背叛"合谋合意的诱惑:通过设定更低的价格实现更高的销售。通过这种背叛行为,个别企业可以牺牲那些遵循合谋合意的其他企业的利益来增加自己的利益。

默示合谋中包含的这种诱惑意味着,若想实现默示合谋并且使之持续下去,必须满足以下几个前提条件:

- 各企业必须能够就其与竞争有关的变量(如价格或销量)决策实现协同;
- 背离合意行为的发生时,各企业必须能够及时发现;
- 各企业必须能够在背离发生后的一段时期内,通过增加产出或降低价格的方式惩罚背叛者,从而压制背离企业的利润,使背离行为得不偿失,失去吸引力; 318

如果这些必要条件均被满足,各企业则有能力实现*内部稳定*的合谋合意,也就是说,协同的企业有遵循合谋合意的动力。

另外,协同还必须达到**外部稳定**,也就是说,协同的企业履行共同市场力量必

---

1 "合谋""合谋合意"和"协同"等词语的指代含义较为宽泛,包括了企业间基于默示共识而实施的行为。这些词语不应被理解为"不法合谋协议"(illegal collusive agreement)(为《里斯本条约》竞争规则第101条所禁止)的同义词。从经济学的角度,"合谋"和"协同"是同义词。同理,"合谋合意"和"合谋共识"在使用时可互相替代。

2 在经济学术语上,基准通常是指在企业仅在市场见面一次的博弈中的均衡价格。

须不受到现有外缘竞争者或潜在竞争者的阻碍因素的限制。

在其他条件相同时，集中度更高的市场内的合谋被认为更有可能达成并持续。首先在现实中，数量较少的参与方之间达成并监督协同行为通常更为容易。其次，当企业数量较多且每家企业市场份额较小时，背离更有可能发生。在分散的市场中，合谋合意的各方只能分得合谋利益中的一小部分，但通过背离却有可能使市场份额得到巨大的提升。因而从另一方面看，占据巨大市场份额的企业通过背离可以获得的相对收益较少。

因此，在特定条件下，一项减少了市场参与者数量从而加剧市场集中程度的集中，可能将增加出现可持续默示合谋的风险，或者会使已经存在的默示合谋更为稳固。默示合谋这一经济学概念可等同于法律概念中的共同支配地位，欧盟《横向合并指南》指出：

> 集中度高的市场中的合并可能通过创造或者加强共同支配地位的方式极大地阻碍有效竞争，原因在于，即使企业没有达成协议或者实施罗马条约第 81 条中的协同行为，合并也使其更有可能通过这种方式在其间实现协同并提升价格。对于在合并前已经实施协同行为的企业，通过让协同变得更稳固或使企业得以在更高的价格上实现协同，合并也可能使得已经存在的协同的实施更加容易、稳定或有效。[3]

市场转变为合谋状态后价格上涨的现象被称为“协调效应”，因为其不是通过合并企业的单独行为实现，而是在市场环境更有助于达成默示合谋合意的情形下，由市场中的主要企业共同实现的。重要的是，协调效应需要其他企业与合并
319 企业在合并后调整其行为。协调效应也因此区别于第三章中的单边效应，单边效应下合并企业在企图提高价格时无须市场中的其他企业做出回应。此外，在单边效应下，合并后价格的上涨是合并后企业短期利润最大化策略的结果，也就是说，在短期内，企业无法像在协调效应的环境下那样牺牲其竞争对手利益，通过降低价格来提升市场份额以获取更大的利益。这一区别意味着，欧委会评估协调效应

3 欧盟《横向合并指南》，第 39 段。

的框架与评估单边效应的框架有着不同的属性。[4]

本章其余部分讨论了默示合谋背后的经济学理论,以及在实践中如何评估一个横向合并通过协调效应带来消费者利益损害的可能性。第二节展示了为欧委会评估协调效应的政策铺设基础的理论背景。首先,我们展示了默示合谋的"标准"经济学模型,并对临界折现系数这一重要概念进行解释。然后,我们讨论了根据经济学理论会影响临界折现系数并因此影响企业维持默示合谋的可能性的诸多因素。

第三节讨论了经济学理论的观点是如何运用于评估协调效应的实用框架的。我们简单介绍了传统的"清单"方法及其缺点,并在其后介绍了评估协调效应的主流框架,该框架与欧盟《横向合并指南》中的规定一致并且着重考虑了以下三个问题: 320

- 合并后的实体及其他竞争者能否达成默示共识?
- 市场特征是否使得任何默示共识有可能维持下去?
- 合并交易是否极大地提升了达成默示合谋的可能性,或者使得默示合谋更为有效?

我们对回答每个问题所必须考虑的因素进行了探讨,并分析欧委会在之前的案例中是如何处理它们的。

2. 经济学概念

2.1　标准默示合谋

非合作博弈论,尤其是重复博弈理论,提供了默示合谋的理论背景。[5]

4　需要注意,一个因消除了合并参与方之间的竞争而导致价格上升的合并,可能也会同时减轻其他对手受到的竞争约束而使得这些对手得以提高价格。但是,竞争对手的这种反应并不代表该合并引发了协调效应。虽然合并企业和竞争对手在合并后都提高了价格,但他们的决策并不是建立在任何形式的默示合谋之上的。合并企业提高价格的决策是直接竞争约束消除后的最佳选择。而各竞争者在合并后提高价格也只是对合并企业提高价格的决策的最优回应。

5　博弈论是数学的分支,其对行为者间的互动模式进行总结。对寡头市场中企业行为的分析主要依赖于博弈论,尤其是非合作博弈论。在非合作博弈的假设语境下,行为者独立行动并以实现成果(对于企业则指利润)最大化为目的,且不能在彼此之间达成具有约束力的承诺。在非合作博弈中出现的合谋,必须是每家企业基于其他企业的行为,为了自己的利益而做出的合谋。

在下文中,我们将以两个独立寻求利润最大化的特定产品制造商为例,解释说明协同的“标准”模型。[6] 虽然在例子中,我们假设两个企业是通过设定“较高”的价格来达成协同,此处讨论的模型可以适当改变来考虑企业通过协同设定“较低”的销量或产能的类推场景。

假设有两个特定产品制造商企业 A 和企业 B,其可设定较高的价格 H,或是较低的价格 L——企业只有一次机会确定价格,价格一旦确定则不能更改。我们假设,如果两个企业都设定了高价 H 则每个制造商获利 30,如果都设定低价 L 则每个制造商获利 20。但是如果一家企业选择了 H 而另一家选择了 L,则选择了 L
321 的企业能够获利 40,另一家的获利为零。图 4.1 总结了以上信息。

企业A的价格 \ 企业B的价格	H	L
H	合谋 30 , 30	背离 0 , 40
L	背离 40 , 0	竞争 20 , 20

图 4.1　不同策略产生的收益

图表中的每一格代表了企业 A 和企业 B 的选择组合及其后果。比如,右上角的方格代表了企业 A 选择较高的价格 H 而企业 B 选择较低价格 L 的情形。每个方格中两个数字中的第一个代表了在这种价格选择组合中企业 A 获得的利润,第二个数字代表了在这种价格选择组合中企业 B 获得的利润。

显然,每家企业都选择 H 时所获得的收益(左上方格)比都选择 L 时获得的利益(右下方格)更高。假设在定价前各企业有一次机会与对方见面商谈,企业虽然可以提议定价于 H,但无法作出具有拘束力的承诺。博弈论的一个重要的观点是我们不应当认为在这种情况下的商谈会使各企业必定定价于 H。其原因在于,

6　标准模型遵循了弗里德曼(Friedman)在 1971 年的观点,他提出了在重复博弈中使用简单策略的参与者达成均衡的研究中的早期例子。See J. Friedman, ‘A Non-cooperative Equilibrium for Supergames’ (1971) 38 *Review of Economic Studies* 1-12.

虽然企业同时定价于H时相比同时定价于L时获利更多,但各企业还能够通过设定价格L来背离(或背叛)定价于H的合意而获得更高的利润。事实上,无论另一家企业作何选择,企业都可以通过选择较低的价格来增加其收益。考虑一下企业B所面临的情形:如果企业A定价于H(表格的上面一行),企业B可以通过选择价格L达到最大的收益,因为可以获得40的利润而不是30。从另一个角度来说,如果企业A选择了价格L(表格的下面一行),对企业B更好的选择仍然是价格L,因为其可以获得20的利润而不是0。因此,即使不知道企业A会如何选择, 322
企业B总是倾向于定价于L。

由于企业A面临的情形实质上和B相对称,尽管定价于H可能得到更高的利润,两家企业最终都会选择价格L并分别得到20的利润。专业术语上,每家企业均选择价格H不构成纳什均衡。[7] 很显然,如果这些企业只在市场中相遇一次,他们将无法达成有效的合谋合意:违背定价H的诱惑太大,以至于合意无法在框架中稳定地持续。

不过,在适当调整定价互动的标准模型之后,默示合谋就可能产生了。如果企业之间互动是多次往复的而不是仅仅一次,那么协同就可能会构成纳什均衡。假设特定产品生产商每月设定一次价格,并且这一模式会不断持续下去。每个月的利润取决于他们对图4.1所列出价格的选择。重要的是,每家企业对在未来的一个时间单位内所获利润会用折现系数d(小于1的正数)来进行折算。例如,在未来的下一个时间单位所获为10的利润,在现在的价值为$10\times d$(小于10)。[8] 在未来的第二个时间单位所获为10的利润,在未来第一个单位时间的价值为$10\times d$,因而折算到现在的价值为$(10\times d)\times d$(等于$10d^2$)。假设在这一情形下企业达成如下共识:如果其他企业在各个单位时间的前一个单位时间的定价为H,则各企业在每个单位时间内将定价为H,否则将定价为L。这样的协议会使得企业每个单位时间在H实现合谋吗?

考虑一下企业A在这一情况下的定价决策。我们不难发现,遵循协同(定价

7　见第三章(单边效应)第2.1.3节中对纳什均衡的简单介绍。

8　举例说明,0.9的折现系数说明在下一个单位时间挣得价值为10的利润,在今天的价值仅为9。折现系数0.9产生条件为,企业能够在今天以11.11%的有效单位时间收益率对利润进行投资。原因在于,如果价值为9的利润在今天挣得并且以在该收益率进行投资,那么在下一个单位时间该投资的价值将为10[$9+(0.1111\times 9)$]。因此在企业看来今天价值为9的利润和在下一个单位时间内价值为10的利润是相等价的。

于 H)和背离协同(定价于 L)何者利润更多,取决于其折现系数 d 的大小。如果企业 A 决定遵循协同,其所得总利润在当前的价值等于各单位时间的合谋利润乘以相
323 应的折现系数(反映利润是在未来的什么时间获得)所得之和:($30+30d+30d^2+30d^3+\cdots\cdots$)。这串无限顺次相加的(持续减小的)利润数值等于 $30/(1-d)$。[9]

如果企业 A 决定背离协同,其将在第一个单位时间内获得价值为 40 的“背离”利润,由于协同因此被瓦解,在接下来的每个单位时间内将获得价值为 20 的竞争利润。这说明通过背离获得总利润在当前的价值等于($40+20d+20d^2+20d^3+\cdots\cdots$),可表示为 $40+20d/(1-d)$。

通过寻求使遵循协同获得总利润在当前的价值[$30/(1-d)$]和背离获得总利润在当前的价值[$40+20d/(1-d)$]相等的 d 值,有可能找出使企业对于合谋和背离并无偏好的临界折现系数——d^*。而相应的结论是,对于任何大于临界折现系数 d^* 的 d 值,企业将有动力在每一个单位时间内将价格维持在 H,协同也因此而可持续。

在上述的例子中,临界折现系数是 0.5。[10] 验算可得,如果企业 A 的折现系数处于该临界值,其遵循合谋所得总利润在当前的价值为 60[$30/(1-0.5)$],其背离合谋所得总利润在当前的价值也是 60[$40+(20\times0.5)/(1-0.5)$]。也就是说,如果企业的折现系数为 0.5,其对于遵循和背离合谋并无偏好。但是,如果企业 A 的折现系数低于临界水平,其从背离合谋中获得的利润将高于遵循合谋所获得的利润。例如,如果企业 A 的折现系数等于 0.4,那么遵循合谋得到的利润变为 50[$30/(1-0.4)$],背离获得的利润则变为 53.33[$40+(20\times0.4)/(1-0.4)$]。

对标准模型的观察说明,如果企业因为相当重视未来获得的利润而足够“耐心”(折现系数非常高),则协同更有可能持续。这也意味着任何降低了企业维持协同需要的“耐心”水平的(下调了临界折现系数)因素,在某种意义上也使得协
324 同“更容易”持续。经济学原理已经发现了一系列影响临界折现系数的因素。这一部分的理论因此为分析企业**维持**协同的可能性提供了思路,并且构成了欧委会评估协调效应的政策基础。在本章的第 2.2 节,我们讨论了一系列影响临界折现系数的因素。

9 如果 d 小于 1,无限等比数列 $a+ad+ad^2+\cdots\cdots$ 之和等于 $a/(1-d)$。

10 这个例子中的临界折现系数可通过以下方式计算得出:(背离利润-合谋利润)/(背离利润-竞争利润),即 $(40-30)/(40-20)=0.5$。

有人也许会发现,上文中的例子主要关注于企业能否**维持**协同这一问题,但没有讨论企业如何**达成**协同的合意。此处我们直接粗略假设企业能够了解各企业所采用的特定价格策略(如果竞争对手在之前的单位时间维持合谋则选择价格H,反之则选择价格L),但并未解释企业是如何了解到这一点的。这恰恰是有关协同的经济学理论的共同症结所在。经济学对默示合谋存在一个较有局限性的假设,那就是企业在他们的相机策略(contingent strategies)上很容易达成协同,因而仅将协同的可持续性视为唯一待检验的问题。虽然在假定各企业已知所有其他企业定价策略的前提下,经济学理论在研究何种条件下合谋可被维持在均衡状态上投放了大量关注,对于企业在现实当中如何获知这些定价策略却解释寥寥(尤其是该信息的获知是必须通过交流实现,还是也可以通过观察市场的结果推算而得)。[11] 从本质上说,这说明了重复博弈论在企业如何**达成**合谋合意的问题上
未能提供解答。[12] 这使得一些人认为合谋的经济学理论其实是显性合谋(企业能 325
够相互交流其策略)而不是隐性合谋(企业无法交流策略)的理论;或认为经济学理论仅提供了"半个"隐性协同理论。[13]

值得注意的是,有关合并控制中协调效应的理论遭受批评的另外一点在于,

11　实验经济学中有许多证据证明参与者间的交流提升了合谋的可能性。See, e. g. , C. Holt and D. Douglas, 'The Effects of Non-binding Price Announcements on Posted Offer Markets' (1990) 34 *Economics Letters* 307-310. D. J. Cooper 和 K. U. Kuhn 最近的论文通过一系列采用不同沟通形式的实验,探索了对沟通促成协同的不同解释。他们认为协同的持久性很大程度上取决于参与方之间能交流的信息空间有多大:见 D. J. Cooper 和 K. U. Kuhn, 'Communication, Renegotiation and the Scope for Collusion' (Florida State University, Working Paper, 2010)。

12　这种忽视是成问题的,因为默示合谋中的一个常见问题便是在多重均衡间的选择。较为典型的是,在不断重复的一次性博弈中的纳什均衡总是一个重复博弈中的(子博弈精炼)纳什均衡。也就是说,即便在重复博弈中实现的是合谋均衡,其中一个双方背离的一次性博弈实现的纳什均衡是依然成立的。

也就是说,除了在重复博弈中有效任何合谋均衡状态,在各方背离的单一博弈中的纳什均衡也将保持有效。

13　例如,在英国"公平贸易办公室和竞争委员对实质性合并指南的联合评论圆桌会议"上在讨论折现系数时,Kai-Uwe Kuhn 教授提出:"……如果很严谨地从理论出发的话,每个参与博弈并在维持均衡的参与者都是明确知道其他参与者的策略的。在这种意义上,这其实是显性合谋的理论。这不是默示合谋的理论,因为在默示合谋中我们认为参与者是不会交流的。"他还指出:"我认为一些研究……说明,就判断是否能达成合谋而言,达成协同合意的难度与我们现有理论中对激励相容约束的满足是同等重要的。" See transcript of 'Coordinated Effects: What is the right analytical threshold?' at the UK competition Commission, Thursday 2 October 2008.

其未能提供一个清晰的框架,以辨别合并对市场结构的影响在达到何种程度时会成为企业的行为性质从竞争走向合谋的转折点。这与单边效应理论形成了鲜明对比,对于后者经济学家们在应当运用于分析的框架上存在广泛共识。[14] 单边效应分析关注的是在企业间互动模式并未发生变化的情况下行业结构的变化,而协调效应理论下则推测互动形式的本质也发生了改变。然而,经济学理论无法寻找到可以明确判断何种条件下行业结构的变化导致企业间从竞争互动转向合谋互动的确定性机制。

2.2 影响临界折现系数的因素

正如上文中指出的,经济学理论对评估协同是否可能产生的主要贡献在于对影响临界折现系数的因素的研究——以及进一步延伸的对合谋均衡的**存在**的探讨。在本节中,我们讨论了一系列影响临界折现系数的因素。[15] 由于在低于临界
326 折现系数时企业间无法维持协同,故而任何提升临界折现系数的因素都提升了维持协同需要的“耐心”的最低限度,从而使协同更难持续。

在其他条件相同的情况下,以下任何情况都将提升临界折现系数:[16]

- 增加背离合谋可获得的利润;
- 减少遵循合谋可获得的利润;或
- 增加在其他企业惩罚背离行为后可以获得的利润(使得惩罚更轻)。

对于下文列出的每种市场特征,我们在小标题中通过(+)代表在这种市场特征下临界折现系数会上升,通过(-)代表在这种特征下临界折现系数会下降。[17] 理论已经向我们说明,特定的因素可能影响临界折现系数并因此影响协同的**可持续性**,此外,其中的一些因素还有可能影响企业**达成**协同条款的能力。企业达成

---

14 See A. Lofaro and D. Ridyard, ‘The Economics Analysis of Joint Dominance under the EU Merger Reguation’(2002)1 *European Business Organization Law Review* 539-559.

15 对合谋的相关因素的进一步讨论,见 M. Ivaldi、B. Jullien、P. Rey、P. Seabright 及 J. Tirole, ‘The Economics of Tacit Collusion’(Report for DG Competition, European Commission, 2003)。

16 这些观点可以通过上文的简单博弈中的临界折现系数公式进行验证:(背离利润-合谋利润)/(背离利润-竞争利润)。

17 正如下文中将讨论的,这些正面因素和负面因素之间无法通过相互抵消来判断整体上协同的可能性。

协同条款的能力在第 3.1 节中进行了详细的讨论。更重要的是，下列讨论的部分因素（尤其是竞争者的数量、不对称性和多市场接触）可被合并改变，这也说明了合并会影响协同持续的可能性。

2.2.1　竞争者的数量（+）

在其他条件相同的情况下，市场中竞争者的数量越多，临界折现系数越高。原因在于当市场中企业数量很多而每个企业的市场份额很小时，背离获得的相对收益很可能比遵循合谋合意时更高。在一个分散的市场中，合谋协议各方所获的合谋利润份额很小，却可能通过背叛而使市场份额显著增加。[18] 327

为了解释这一点，我们假设一个行业的垄断者可以获得的最高利润是 100 欧元。如果在市场中不是只有一家垄断企业而是有两家完全相同的企业，他们在完全协同的情况下可以获得的最高利润是垄断利润的一半（50 欧元），而在短期内通过背离可以获得的收益为 100 欧元。[19] 随着同类企业数量的增加，每家企业的最高合谋利润在下降（有三家企业时为 33.3 欧元，四家企业时为 25 欧元，以此类推），但对各企业而言通过单方背离获得的短期利润仍然是 100 欧元。因此，企业数量的增加给了每家企业更大的动力去背离合谋，从而以对手的利益为代价获取市场份额。

2.2.2　进入市场的容易程度（+）

在其他条件不变的情况下，进入市场越容易，临界折现系数越高，协同更难以持续。这是因为对市场进入者的预期降低了对未来合谋利润的期待，而使背离更具吸引力。[20] 类似的，市场进入的威胁可能会约束当前可通过协同获得的利润。

2.2.3　交流/价格调整的频率（-）

企业之间的交流或价格调整越频繁，临界折现系数将越低。原因在于背离企业在被竞争对手惩罚前享受较高的背离利润的时间更短。从另一个角度说，如果企业在受到惩罚前享受背离利润的时间很长（比如，消费者仅会每若干年进行一次招标），那么临界折现系数很可能较高，使得协同在其他条件不变的情况下更难以持续。

18　相对应的是，市场份额较大的企业通过背离获得的相对收益可能较低。

19　在实践中，通过背离获得的利润通常比垄断者利益稍低，因为定价需要略低于垄断水平以夺取竞争企业的市场份额。

20　即使所有企业都遵循协同，协同最终也会被市场新进入者打击。

2.2.4 透明度(－)

企业协同事项的透明度越高,临界折现系数越小。透明使得背离行为更可能被发现以使协同企业施加惩罚。尤其是,更高的透明度帮助企业分辨自身面对需
328 求的减少到底是由总市场需求的下降还是竞争对手的背离造成的。由于在更高的透明度下,企业的背离行为被误认为是整个市场需求遭受冲击、并因而免受惩罚的可能性更小,背离的动力也就更低。[21]

2.2.5 需求增长(－)

同等条件下,需求增长将会降低临界折现系数而使得协同更有可能持续。原因在于,相较于在现有销量下通过背离可以获得利润的价值,需求增长提升了未来的预期销量,从而提升了在未来协同所得利润的价值。但需要注意的是,市场需求快速增长的行业通常会在未来吸引新的市场进入者,如上文所述,新市场进入者的预期可能会削弱协同。

2.2.6 需求的波动/需求的批量性与合谋(+)

同等条件下,如果市场需求随着时间而波动,临界折现系数将提升而使协同更难具有持续性。在任何时间点,当企业[22]发现自己面临的市场需求高于平均值时,为了尽可能多地获得较大份额的短暂需求,他们背离协同的短期激励将增加。
329 因此,当市场的需求波动大时,在需求较高的时期内维持协同对企业来说是尤其艰难的。

类似的,当某个需求占据市场总需求相当比例的买方邀请协同企业为其业务竞标时,会出现同样的效果。可以直观看到,由于获得这一大客户的业务收益会多于遵循协同合意的收益,背离合谋的动力是巨大的。鉴于这个原因,大型买家

---

21 经济学理论的一个重要结论是,透明度的缺乏不必然排除合谋的产生,虽然在这种情况下企业必须要满足于不那么有诱惑力的合谋结果,以消除背离默示合意的动力。Green 和 Porter 最先对在缺乏透明度情况下的合谋稳定性进行了正式的分析:见 E. J. Green 和 R. Porter, 'Noncooperativen Collusion Under Imperfect Price Information' (1984) 52 (1) *Econometrica* 87－100。在他们的模型中, Green 和 Porter 假设每一单位时间内的需求随机波动。企业仅能观察到市场价格,但是对于竞争对手的产量仅掌握不完整的信息。因此当出现价格下降时,造成原因既可能是因为负面的需求冲击,也可能是因为有参与者背叛合谋生产了比默示约定产量更多的产品。在这些假设下,均衡价格低于垄断价格,且随着需求冲击趋向于零而无限接近垄断价格。Green 和 Porter 的模型的一个重要特征是,尽管没有企业有动力背离均衡状态下的合谋策略,当负面需求冲击导致价格下降时,会出现短暂的价格战。

22 See J. Rotemberg and G. Saloner, 'A Supergame－theoretic Model of Business Cycle and Price Wars during Booms' (1976) 76 *American Economic Review* 390－407.

在原则上可以通过采购行为动摇企业合谋的意图。

2.2.7　不对称性(+)

企业间的不对称性有多种形式。例如，企业间的不对称可能是体现在其销售的产品范围、产能水平或是生产成本。许多不同的经济学模型说明了不对称企业间的合谋更难持续。若企业间的差异导致其具有不同的临界折现系数（可能因为在背离、遵循合谋和/或受到惩罚时所获利益的差异），这些差异会使合谋更难持续。

这是因为，当各企业有着不同的临界折现系数时，应以所有企业的临界折现系数中**最高**的一个作为理解这些企业间合谋的可持续性的相关临界折现系数。协同的可持续性要求企业的实际折现系数高于其临界折现系数（参与合谋的所有企业必须能通过遵循合谋长期获利）。[23] 如果不对称性使得某一企业的临界折现系数很高（接近1），这些企业间的协同能否持续可能取决于这一家企业的折现系数是否高于其（很高的）临界折现系数。

一系列不同形式的不对称性可能使得合谋更难持续，并且对于每一种类的不对称性，经济学理论深入探究了会使企业合谋的动力相对较低的企业特征。 330

- 在成本不对称的情形下，低成本企业通常有着较高的临界折现系数，因而相较于成本较高的对手，它们更不倾向于参与协同。由于低成本企业能从因降价而增加的销量中获取更高的利润，低成本企业通过背离所得收益比高成本企业更多。同时，如果有效的惩罚措施要求高成本企业将价格降至成本之下，这些企业将很难惩罚低成本企业的背离行为。[24]
- 在企业销售的替代性产品种类的数量不对称的情形下，"小型"企业（指产品种类较少）的临界折现系数比"大型"（指产品种类较多）企业的临界折现系数

---

[23] 但是有着不同折现系数的企业之间在原则上是可能通过复杂的方式达成合谋的：通过分配不对称的产出限额，以让折现系数较低的企业拥有不成比例的市场需求份额以确保其不背离合谋。See J. Harrington, 'Collusion Among Asymmetric Firms: The case of different discount factors' (1989) *International Journal of Industrial Organization* 289-307.

[24] 但是请注意，在Vasconcelos(2005)中，最难达成协同的是较小的高成本企业。在这种设定中，高成本企业在合谋中分配的市场份额较小，因而提供适合这类企业的协同动力的难度更大（在不存在额外支付的条件下）。See H. Vasconcelos, 'Tacit Collusion, Cost Asymmetries, and Mergers' (2005) 36 *RAND Journal of Economics* 39-62.

高,因此不倾向于参与合谋。[25] 较小企业通过降低价格背叛合谋合意的意愿可能会更强烈,因为其获得的合谋利润的份额较小且由背离带来的销量的增加将大部分来自于较大企业的产品销量的转移。另外,“大型”企业对较小企业进行惩罚的动力较小,因为这样做会损害其整个系列产品的盈利性。这意味着市场份额较小的企业背叛的意愿更强烈。较小企业遵循合谋所获得的较少而背离所获利润比较大企业要多。

• 在产能不对称的情形下,“大型”(指产能较高)企业的临界折现系数较高,故而相较于“小型”企业不倾向于参与合谋。[26] 产能较高的企业可从背叛中获利
331 的原因在于其将有能力极大地增加产出。同时,在背离发生时产能较小的企业并不具备显著的报复威胁。另外,产能较小的企业从背离中获利较少,因为较合谋时产量水平的潜在增长更小。

需要注意的是,企业有可能在一些方面(包括市场份额)呈现对称状态的同时,由于在某个重要方面的不对称仍然导致协同很难持续。

2.2.8 多市场接触(-)

如果企业在一系列不同的地域和产品市场中互动,那么在特定条件下,其将会降低临界折现系数而使协同更加稳固。[27]

正如上文中指出的,如果在某一产品的地域市场上的企业间有显著的不对称性,这将降低他们在该市场中维持协同的能力。但是,如果各企业在许多市场中进行互动,这将可能抵消企业在各个市场中的不对称性,使协同在所有市场中得以持续。例如,如果企业 1 在地域市场 A 中的成本很低,但企业 2 在该市场中的成本较高,企业 1 将很难遵循协同。但是,如果两家企业同时也在地域市场 B 中进行互动,在其中企业 2 的成本较低而企业 1 的成本较高,那么就有可能在**两个**市场同时维持协同。企业 1 会担心如果其在市场 A 中降低了价格,企业 2 会在市

---

25 此观点基于 K. U. Kuhn,‘The Coordinated Effects of Mergers in Differentiated Products Markets’(CEPR Discussion Paper No. 4769)。

26 此观点基于 O. Compte、F. Jenny 和 P. Rey,‘Capacity Constraints, Mergers and Collusion’,2002 46 *European Economic Review* 1-29。该文章的一个观点是,合谋的主要问题是防止大型企业的背离。当大型企业的产能下降(减少了背离的动力)而小型企业的产能上升(加强了报复的能力)时,合谋更易持续。

27 B. D. Bernheim 和 M. D. Whinston 最先研究了多市场接触对合谋的影响,见‘Multimarket Contact and Collusive Behavior’(1990) 21 *RAND Journal of* Economics 1-26。

场B中加以报复；同样，企业2会担心如果其在市场B中降低了价格，企业1会在市场A中加以报复。此外，多市场接触还能增加企业间互动的频率，而这将缩短在报复行为发生前享受背离利润的时间。

2.2.9　创新（+）

当创新在企业间的竞争中发挥重要作用时，临界折现系数可能趋向于升高而使协同更难以持续。创新可能使一家企业较其竞争者具有显著优势（例如生产边际成本或产品质量）。如果企业认为一项创新实质上可能会使未来企业间出现极 332
大的不对称，那么基于上文成本不对称性的影响中讨论的原因，他们会认为协同在未来的某一时间将无法持续。未来协同可能获得利益的下降将削减当前遵循而非背离合谋的吸引力，这也恰恰说明，只有在企业认为未来利润更加重要的情况下，协同才有可能持续。

2.2.10　可替代性的程度（?）

各企业产品间的可替代性程度对其临界折现系数的影响通常是模糊的。企业间产品的差异程度巨大意味着各企业面对的需求对其他企业价格变化的敏感程度要比相似产品的情况低。这既影响了背离协同可以获得的利润，也影响了企业能否对背离企业施加严厉惩罚的可能性。一方面，产品的差异化将减少背离企业增加销量获得的收益，因为相对价格的变化不会影响许多消费者将继续偏好其它产品。这将限制背叛合谋合意的动力。另一方面，由于每家企业的需求对其他企业设定的价格相对不敏感，这也将限制合谋企业实施惩罚的能力，因而降低了背离的潜在成本。[28]

2.2.11　行业过剩产能（?）

上文中曾提出，产能的不对称可使协同更难持续。然而在没有不对称的条件下，一个行业的过剩产能对该行业企业的临界折现系数的影响通常是模糊的。一方面，过剩产能提升了背离可以获得的利润，因为企业能够更好满足降价带来的需求增加。另一方面，企业将能够利用过剩产能更严厉且更快速地惩罚背离行为。 333

2.2.12　市场需求弹性（?）

市场需求弹性有可能会同时影响到遵守和背离协同的利润，且对临界折现系数的影响并不明确。具体来说，越不具弹性的市场需求将倾向于增加遵循合谋可

28　尽管产品差异化对维持合谋的能力的影响是模糊的，有一种可能情况是产品差异化通过增加达成合谋的难度而降低了合谋的可行性。这一问题在第3.1节中有进一步讨论。

获得的利润(因为合谋价格不会导致销量的骤减),但也将增加背离协同所获得的利润。

为解释这种现象,假设两家销售完全可替代产品的企业达成合谋,设定垄断价格且各分享一半的垄断利润。[29] 因为具有完全可替代性,一家企业仅需稍微降低垄断价格便可以获得所有的市场需求且因此获得(稍低于)垄断利润的全部份额。随着市场需求弹性的降低,垄断者的利润最大化价格和可以获得的利润都会上升。因此,在上述的简单例子中,协同的利润(垄断利润的一半)和背离的利润(稍低于垄断利润全部份额的利润)都会随着市场需求弹性的下降而上升。而这对遵循协同的吸引力的总体效果是模糊的。[30] 但是,市场需求弹性越低,合谋情况下的利润最大化价格相比于竞争价格越高。这说明了,从消费者福利的角度,在需求弹性较低的市场合谋是更应关注的问题,不过需要指出的是,当市场需求缺乏弹性时,一个给定的价格上升带来的需求量下降是较小的,而这减轻了对整体
334 总福利的负面影响。

3. 评估协调效应的框架

正如本章导言中所述,当一项合并将使合并后的企业和至少一家竞争对手更易达成和维持协同协议,且该协同协议将导致消费者受损时,即可认为出现了协调效应。本章前文已经在经济学理论基础上介绍了关于默示合谋可持续性的一些核心观点。经济学上关注协调效应的根本动因在于,一起合并能够影响**临界**折现系数,并因此在给定企业**真实**折现系数的情况下潜在地影响合谋均衡的存在。在本节我们将讨论经济学理论中的观点如何被整合为一个体系明晰的协调效应评估框架中,并讨论一些关注了协调效应的案件。

---

29 假设在一家企业被发现背离后,两家企业在每个背离后的单位时间均采用了竞争价格。在这种情况下,因为产品是完全可替代的,竞争意味着利润为零。

30 在这一简单例子中,这两种影响事实上刚好相互抵消。结合前文论述,这一简单例子中的临界折现系数可以被计算为(背离利润-合谋利润)/(背离利润-竞争利润)。背离利润等于全部的垄断利润 πm,合谋利润等于垄断利润的一半,$\pi m/2$,竞争利润则因为是具有完全可替代性的伯川德竞争而为0。因此临界折现系数等于$(\pi m-\pi m/2)/\ \pi m$,在 πm 为任何值的情况下均为0.5。也就是说,影响 πm 的市场需求弹性,在本例子中对临界折现系数没有影响。

在涉及评估共同支配地位的早期案件中,欧委会评估协调效应时采用的传统方法常常被称为“清单方法”[31]。

“清单方法”的应用在于考虑受调查行业是否呈现出很可能导致默示合谋的特征,如合并后的企业之间具有对称性、买家难以影响竞争过程和存在市场进入门槛等。然而,机械地依次考虑每一个“清单”因素,并试图在倾向于使协同更易发生的和更不易发生的因素之间进行权衡的做法是难以令人满意的。对于同时具备(在其他条件不变情况下)有利于和不利于协同的因素的行业,“清单”本身并不能为之提供评估基础。许多行业均具有“清单”中列明的部分特征,但极少行业具有“清单”中列明的全部特征。此外,即便某个行业具备许多有利于协同的因素(如缺乏创新、买家规模小、市场需求透明且稳定),一个单一的抵消因素(如市场进入门槛低)就可能导致协同无法形成。 335

在欧洲一审法院(CFI)的 *Airtours* 案判决书中,欧委会将“清单方法”机械适用于 *Airtours/First Choice* 案的做法受到了批评。[32] 随后,欧委会在其《横向合并指南》中提出了一种更为系统的协调效应评估方法。[33]

本质上,对协调效应的评估需要考虑三个问题,而只有对三个问题中的每一个问题都作出肯定性回答才会导致协调效应关注的产生。[34] 这些问题是:

- 合并后的实体和其余竞争对手是否能够就协同达成默示共识?
- 市场特征是否致使协同的默示共识很可能被维持?
- 拟议交易是否致使默示合谋明显更易发生或使默示合谋明显更为有效?[35]

31　该方法首次应用于 Case COMP/M. 190-*Nestlé/Perrier*, Commission decision of 22 July 1992;此后被应用于 Case COMP/M. 619-*Gencor/Lonrho*, Commission decision of 24 April 1996。

32　欧委会于 1999 年 7 月作出决定,禁止 Airtours 拟收购 First Choice 的并购案(Case COMP/M. 1524-*Airtours/First Choice*, Commission decision of 22 September 1999),其理由是该合并将使英国提供短途旅游套餐最大的三家供应商之间形成共同构成支配地位。欧洲一审法院(CFI)在其 2002 年 6 月的判决中废除了欧委会的这一决定。

33　《横向合并指南》,第 39 段及以下。

34　《横向合并指南》,第 42 段。

35　根据 Case COMP/M. 4980-ABF/GBI *Business*, Commission decision of 23 September 2008,欧委会遵循了一种类似的方法,尽管其评估方法的结构与这三个问题有些重叠。在该案件中,欧委会将其评估分为三个部分:对诱导默示合谋产生的现有市场条件的评估;可能存在的默示合谋机制的认定(包含达成和维持默示合谋两方面的机制)和在未发生合并情况下预期会产生的默示合谋程度的认定;以及合并在促使协同更容易、更稳定或更高效方面的效应评估。

要就第一个问题作出肯定性回答,必须找出企业间为达成协同条款很可能采用的可行机制。

要就第二个问题作出肯定性回答,必须进一步满足三个子条件,且这些子条
件本身是须同时满足的。[36] 首先,企业必须能够监控背离合谋共识的行为。其次,
企业必须能够通过可信的惩罚机制阻止背离行为。上述两项条件常被称为保障
协同的“内部稳定性”。最后,合谋以外的市场主体不能具备破坏协同稳定性的能
336 力或动力。破坏协同稳定性的潜在外部影响因素可能包括业已活跃于市场中的
较小规模企业(竞争边缘)的扩张、潜在竞争者进入市场以及大客户施加买方力量
的影响。最后一个条件作用于保障协同组织的“外部稳定性”。

要就第三个问题作出肯定性回答,必须指出一个**具体来自于**合并本身的特定变化,且这一变化必须增加了默示合谋的发生可能性或有效性。

以下各节将依次考察上述提出的三个问题。

在具体分析前需要注意的是,《横向合并指南》指出,欧委会将会把过去的协同的证据纳入考量范围内。[37] 对于上述三个问题中的任意一个,合并前的协同行为都有着重要的指示意义。特别是如果欧委会能够指出合并前存在协同行为,则其损害原理仅需说明合并使得此前存在的协同行为变得更加稳健或更为有效。在这种情况下,证明一项合并通过协调效应损害了竞争所需要达到的标准,通常被认为将低于损害理论涉及证明某行业从竞争业态“转换”到合谋互动时的标准。这一观点也符合下述现状,即经济学理论尚无法提供一个清晰的分析框架,用以指明究竟在何种情形下市场结构的变化将可预料地导致其余市场参与者朝向协同行为发展。在 *ABF/GBI Business* 案中,论证合并前存在协同行为正是具有关键性意义的问题,而该论证涉及的各个要素将在接下来的各节中具体讨论。

3.1 合并实体和其余竞争者是否能够达成协同的默示共识?

为了达成默示合谋,企业必须能够就协同的条款达成共识。《横向合并指南》
337 论述了企业最有可能愿意协同的事项,包括:[38]

---

[36] 《横向合并指南》第 41 段。这三项条件反映了 CFI 在 2002 年 Airtours 案判决中的分析。

[37] 《横向合并指南》第 43 段。指南同时指出,欧委会将考虑相似市场中协同行为的证据。

[38] 《横向合并指南》第 40 段。

• **在价格事项上的协同。**当企业希望调整其竞争行为以将价格提升至有效竞争情形的价格水平之上时，调整其定价策略是最为直接的方式。如果企业间可以协同各自的定价策略，则竞争的激烈程度将被削弱。

• **在非价格竞争事项上的协同。**当前期战略决策（如对产能的投资水平）能够影响价格竞争结果时，在非价格竞争事项上的协同空间将会出现。在这种情况下，企业不必为了削弱竞争有效性而协同所有战略决策。特别是通过限制产能，即便企业继续在价格上激烈竞争，整体价格水平上涨也会成为预料之中。

• **客户/市场分割。**如果企业能够默示同意不去争夺彼此的客户，那么竞争的有效性会被削弱。通过在参与协同的不同企业间高效地分配客户，每一个企业都将能够使对其客户的定价高于竞争价格。与之类似，企业可以默示合意划分市场（如地域市场或客户种类上的划分），并同意不进入竞争对手的"主场"或在其中进行扩张。借助将市场分割为不同企业各自的势力范围，每家企业将能够使其定价高于竞争价格，并能够通过威胁将在潜在市场进入者的"主场"市场中进行报复，进而控制潜在市场进入者进入自己"主场"的风险。

《横向合并指南》提到，企业达成协同条款的能力受到一系列因素的影响。[39]

当参与者数量更少时，通常认为协同更容易形成。[40] 这是因为随着市场中企业数量的上升，企业间相互关系的数量也会激增。例如，当市场中存在两家企业时，竞争者之间仅存在一种相互关系，因此仅有一份"协议"需要达成。然而，当市场中存在三家企业时，竞争者之间将存在三种相互关系，因此将有三份潜在的默示"协议"需要达成。如果存在四家企业，则竞争者之间将出现六种相互关系，如果存在五家企业则是十种相互关系。

《横向合并指南》也提到，市场的复杂程度同样将影响企业形成协同条款的能力。影响复杂程度的因素包括协同所涉产品的数量和异质化程度、需求和生产成本的波动性以及创新的重要程度。具体而言，《横向合并指南》指出，与存在许多 338
差异化产品及成百上千种不同价格的市场相比，基于同质化产品及其单一价格的协同更容易维持。[41] 产品差异化会导致协同条款达成一致的难度更大，原因在于

39 《横向合并指南》第 44 段。

40 《横向合并指南》第 45 段。

41 《横向合并指南》第 45 段。

这可能需要企业就合谋中的价格差异达成共识,而不仅仅是就单一的合谋价格达成一致。

此外,《横向合并指南》认为,当供给和需求情况相对稳定而不是持续变化时,协同更容易形成[42]。在需求或成本持续波动的市场条件下,企业为达成协同条款,可能需要频繁就何为遵循协同的价格(或产量)水平或何为应受惩罚的背离行为达成新的(默示)协议。例如,在波及所有企业的显著成本或需求上涨发生后,如果一家企业稍微提升其价格,其行为是否应当因背离了协同而受到惩罚可能是不明晰的。

《横向合并指南》更进一步提到,如果企业在市场份额、产能水平和纵向一体化方面相对具有对称性,或是基于交叉持股抑或共同参与合资企业而相互联系,则默示合谋的共识更容易形成。[43] 企业间的非对称性可能会导致协同条款的形成显得异常困难,因为每家企业希望借由协同而形成的价格增长(或产量下降)可能并不相同。

欧委会还会考虑可能有利于实现协同的市场制度特征,如发布销量并/或价格信息的行业组织、在成员间共享信息的行业协会(包括交叉持股和合资公司)。[44]

重要的是,《横向合并指南》提出,即使在复杂的市场环境中,企业间也可能达成协同条款。[45] 指南特别指出,当生产大量产品时,企业有可能借助实施简单的定价规则来简化协同的复杂程度,如订立少量定价基点或在特定基准价格与许多其
339 他价格间建立固定关系。这表明在多元差异化产品上竞争的企业仍然可能就其整体价格组合达成协同条款。举一典型案例,设想存在两家提供快递服务的企业。对每对连接任一起点和任一终点的组合而言,其间的快递运输都构成具有不同价格的不同服务。可能出现的是,企业间难以就如何为他们提供的成千个起点——终点组合中的每一个快递服务制定协同价格达成共识。尽管如此,为了有效地对其整个"产品"组合进行价格协同,企业仅就两个定价元素——固定费用和每公里费率——形成合意或许就已足够。但是,如果企业的产品组合在许多维度

42 《横向合并指南》第 45 段。

43 《横向合并指南》第 48 段。

44 《横向合并指南》第 47 段。

45 《横向合并指南》第 47 段。

上均构成差异化，特别是如果在相对不易量化的维度上（如质量上或品牌上）形成差异，那么企业可能无法以这种方式简化其定价机制的复杂程度。

尽管市场的复杂程度将使得价格上的协同不具可行性，企业仍然可能通过协同非价格变量来实现对竞争有效性的削弱。尤其是当在先战略决策（如产能水平）设定的非价格变量将影响价格竞争结果时，企业或许可以就非价格变量达成协同条款，以提升一系列产品的价格。例如，与其试图就每一个起点——终点组合的价格进行协同，上述两家企业更可能就彼此的快递运输规模达成协同。相较于不存在协同下的企业决策，此时两家企业将在一个总体而言更低的产能水平上彼此竞争，因而该协同将会带来更高的价格。[46]

通过合意形成划分市场或划分客户的简单规则，企业或许可以消除其在复杂市场中达成价格协同条款的需要。举例而言，快递公司可以达成默示合谋协议，要求各个企业均避免向其竞争对手的客户提供更低的价格，使各企业均可向其客户群提价。换个角度而言，各个企业也可以默示同意避免侵犯其竞争对手所在的地域市场，使得各企业能够在其"主场"领域内收取更高价格。《横向合并指南》 340
认为，如果客户在地理分布或客户类型方面的特征简单明确且每个客户的供应商均容易识别，那么市场分割的协同条款就容易被实现。[47]

《横向合并指南》认为，如果在一个市场中创新要素十分重要，则协同可能会更难实现。[48] 尤其是创新可以改变企业的相对生产成本或产品质量，由此导致企业间需要时常就协同条款重新进行（默示）谈判。理论上，创新本身有可能成为默示合谋协议中的一部分。这样的合谋协议可能涉及到企业合谋削减研发投入或以其他方式阻碍产品改进。然而这种情况通常不太可能发生，原因在于进行研发通常需要一定时间段、研发可以隐蔽地进行、成功的研究可能带来潜在的高收益和难以惩罚成功创新的企业。

当基础市场条件较为复杂或不透明时，清楚地说明某一默示合谋理论中构成协同基础的假定因素，并说明在所涉市场条件下被指控达成协议的途径切实可行，这一点具有决定性意义。

---

46 在 Case COMP/M. 1524-*Airtours/First Choice*, Commission decision of 22 September 1999 中也提出了这一类型的关注。

47 《横向合并指南》第 46 段。

48 《横向合并指南》第 45 段。

在过去的案例中,欧委会并不总是清楚地指出究竟是哪个定价因素可能构成了假定默示共识的基础,或是明确指出企业如何被认定为能够在那些条款上达成协议。[49]

但近期欧委会已经强调,应当清楚地提出一个前后连贯统一的协同理论,并用可得证据对之加以检验。欧委会在其就 *Sony/BMG* 合并案的第二个决定(2007年)中,详细讨论了这一问题。相关内容如下所示。

3.1.1 *Sony/BMG* 案件中的协同理论

Sony BMG Music Entertainment 合资公司将录制音乐企业 Sony Music 和 Bertelsmann Music Group 带到了一起。2004 年,这一合并案在经过了第二阶段调查
341 后被放行,而在第二阶段调查过程中,欧委会曾发布了一份异议声明(声明)。[50] 然而,在独立音乐企业协会(Independent Music Companies Association,亦称 IMPALA)向欧洲一审法院上诉后,欧委会的审查批准决定于 2006 年被宣告无效。[51] 各方将欧洲一审法院的决定上诉至欧洲法院(ECJ),[52]此时欧委会启动了第二次针对合资公司的第二阶段调查,并于 2007 年作出了不附条件批准决定。[53]

Sony/BMG 合并案导致欧洲经济区(EEA)中主要唱片公司(主要公司)的数量从五家减少为四家。[54] 在第一次合并调查(2004 年)和第二次合并调查(2007年)中,欧委会考虑的主要损害理论均为这一合并会产生协调效应。[55] 在讨论欧委会提出的协同理论之前,有必要说明录制音乐定价的显著特征。CD 的净批发价(唱片公司将音乐专辑销售给零售商的净价)取决于两个主要因素:(i)经销商公

---

49 参见如下对 *Sony/BMG* (2004 年)决定的讨论。

50 Case COMP/M. 3333-*Sony/BMG*, Commission decision of 19 July 2004(*Sony/BMG* 2004 决定).

51 See Case T-464/04 *Impala v. Commission* [2006] ECR II-2289.

52 See C-413/06P *Bertelsmann and Sony Corporation of America v. Impala* [2008] ECR II-4951.

53 See Case COMP/M. 3333-*Sony/BMG*, Commission decision of 3 October 2007(*Sony/BMG* 2007 决定).

54 欧委会将物理性录制音乐市场定义为涵盖全部物理性 CD 专辑的市场,不区分专辑类型或其属于合集还是单人专辑,但区别于数字化市场。同时欧委会得出结论,物理性和电子化录制音乐的相关地域市场是全国市场,但未来电子化音乐的授权许可可能发展成为跨区域的市场。参见 *Sony/BMG* 2004 决定,第 17、27、37、41 段。

55 由于欧委会的第二次调查是与一个业已完成的合并相关,欧委会因此在本案中能够并不常见地基于已经观测到的市场表现评估该合并的影响。

开价格(也被称为目录价格);和(ii)针对经销商公开价格给予的折扣。[56] 每张专辑都会被设定一个经销商公开价格,并适用于所有客户。与之相反,客户与客户之间所获得的折扣并不相同。[57] 欧委会发现,唱片公司使用了多种不同的折扣方式,且其均为与每一客户分别谈判形成。折扣方式根据适用于的专辑不同和适用的时间不同而存在差异。[58] 342

在2004年的调查中,欧委会提出的损害理论聚焦于是否存在合并前协同的证据,这也是欧委会发布异议声明的基础。特别的是,欧委会考察了平均净批发价(目录价格减去折扣)是否呈现出高度平行关系、目录价格是否保持一致以及平均净售价和平均目录价格之间是否存在紧密相关性。但关键在于,欧委会并没有清楚地指出这一假定的协同是否涉及到适用于专辑层面的折扣(在这一层面显示出了很大的差异化),且没有指出如果涉及到专辑层面,企业究竟如何就每张专辑的合适的折扣达成一致。此外,欧委会没有解释企业如何在给每张专辑分配不同的目录价格基点这一问题上达成共识。就此而言,这一损害理论未能阐明对围绕着协同的实际运作的许多重要问题。

在2007年的调查中,欧委会详细考察了主要公司之间是如何就唱片音乐价格达成默示合谋共识。它提出了一系列默示合谋理论,并基于市场事实对其进行了评估。[59]

在这一过程中,由于合并各方在2004年获得放行决定后已经实施了交易,欧委会的竞争分析可以和未发生交易的假设情境进行对比。

欧委会的评估主要关注的损害理论认为,基于价格的默示合谋会在专辑发行

56　这一净批发价自身最终将影响终端消费者所面对的零售价格。

57　参见 *Sony/BMG* 2007 决定,第457段。

58　例如,综合折扣(file discounts)是每年度进行谈判的统一折扣,尽管其根据不同专辑种类可能有所差异,影响销售给特定客户的全部专辑;活动折扣(campaign discounts)适用于特定的促销活动,需要单独特别协商,并仅适用于较短时间段内;回馈折扣(retrospective discounts)主要为年终补贴,折扣额需要基于相应条件(如上一年度营业额)与客户协商确定。参见 *Sony/BMG* 2007 决定,第471段。

59　在前次审查中,欧委会仅收集了涉及各个主要企业前100位的销售数据,并将其注意力聚焦于平均净售价和总价格之间的对应合谋情况。在2007年审查中,欧委会所分析的数据范围显著扩大。在 *Sony/BMG* 2007 决定中,欧委会分析了其交易数据,这也是可得信息中最为细化的数据。

343 日当天或之后很短时间内发生。[60]

首先,欧委会注意到,音乐专辑销量大约占 Sony BMG 公司于欧洲经济区销售总额的 60% ~70%,而且大部分音乐专辑交易均发生于专辑发行后的 20 周内。[61] 因此,在专辑发行后的前期,主要企业间就音乐专辑价格进行的协同将占据主要企业经营活动和收益中的重要部分。但在深入调查后,欧委会基于一系列原因放弃了该理论。

具体而言,欧委会考察了各个主要企业向零售商收取的净批发价是否遵循某些普遍认可的规则。欧委会根据其认为行业参与者可以观测到的信息,如产品销售的国家、销售专辑的主要企业、购买专辑的零售商、交易发生时 CD 是否进入排行榜、是否为 CD 交易首周以及交易发生时其经销商公开价格等,对单片装 CD(single-pocket CD)交易进行了分组。[62] 例如,所有于交易首周在德国境内由 Sony 以特定经销商公开价格销售给 MediaMarkt,且交易当下专辑位于排行榜上的单片装 CD 交易,构成一个单独的组别[63]。对于每一个组别,欧委会均测量其总折扣水平的差异化,并以销售量进行加权计算。欧委会认为,如果某一特定组别的差异化较小,则可能说明该组别适用了某种通用的折扣政策。[64]

对于每一个国家,欧委会均考察了各个主要企业销售的产品中,属于总折扣水平差异化较"小"组别的产品所占比例和属于总折扣水平差异化较"大"组别的产品所占比例,并考察了这些比例在合并后是否发生改变。[65]

---

60 欧委会相对很快地放弃了其他三个基于价格的默示合谋理论,即唱片公司为预测销量、价格、折扣和成本与利润,而在专辑/项目或国家层面上就设定预算进行的合谋;就各产品价格进行的合谋;就总体"定价政策"进行的合谋。欧委会也放弃了涉及零售商货架空间可得性、电台广播可得性、对排行榜规则的影响力、发行日安排的合谋或发行录制活动方面的协同的非价格默示合谋理论。

61 参见 Sony/BMG 2007 决定,第 563 段。

62 这一分析假设经销商公开价格可以完全观测得知。这其实是一种保守的估计,因为如下所言,欧委会发现经销商公开价格仅仅部分公开透明。

63 参见 *Sony/BMG* 2007 决定,第 575 段。

64 参见 *Sony/BMG* 2007 决定,第 577 段。

65 欧委会用分界数值 2 去衡量以交易规模加权后的标准差,以判断围绕着均值分布的折扣离散程度是大是小。如果一组交易的平均折扣为 10%,且其围绕这一均值的加权标准差为 1.5 个百分点,则可以认为这一组别的交易之间足够接近,说明该组别呈现出普遍适用于全部交易的稳定折扣政策。与之相反,如果加权标准差为 3 个百分点,那么这一组别交易所涉及的折扣水平则差异过大,不能认为该组别普遍使用相同的折扣规则。See Case COMP/M. 3333-*Sony/BMG*, Commission decision of 3 October 2007, para. 578.

欧委会发现,在绝大多数国家中,不到60%的交易对五家主要企业中的三家而言均属于差异化程度较“小”的组别。[66] 欧委会还发现,整体而言该合并对上述数据的影响十分有限。欧委会据此得出结论,欧委会对交易细分的研究中,并未发现充分证据证明在专辑发行早期存在周期性折扣模式,以支持存在协同的结论。[67] 344

欧委会进一步考察了该交易细分所依据的事项的透明度。其得出结论,在大多数国家中经销商公开价格不能被视作证成协同理论的可靠焦点,而折扣由于其是各主要企业与其各个客户在双边谈判基础上私下协商形成的,其透明度也被否定。[68]

欧委会还考察了CD专辑的净批发价能否在零售价格基础上,通过逆向工程方法反向推算得出。直觉上,如果一段时间内批发价和净售价之间存在固定且已知的对应关系(批发价降低总会导致零售价降低),那么某一企业是否遵循协同共识原则上可以通过监控其零售价表现加以验证。但是,欧委会和各方的分析均表明,就音乐专辑总体而言,利用逆向工程方法从其零售价反向推演算其批发价是非常困难的。后文第3.2.1.1章将对这一问题进行进一步讨论。

综上所述,欧委会没有在企业选定目录价格这一层面上发现协同。即使保守假设经销商公开价格完全透明,相当数量的销售交易也并不遵循任何一种简单且稳定的折扣模式,而能够使掌握丰富信息和经验的市场参与者能从公开信息中将其推断出来。更进一步来说,经销商公开价格信息仅有部分是透明公开的。最后,正如3.2.1.1节中对监控的具体讨论所言,试图利用逆向工程方法从零售价足够确定地反向推演出净批发价被认为是不可能的。因此,欧委会得以排除企业会于发行日及其后短时间内对单片装音乐专辑价格进行默示合谋的理论。[69] 345

3.1.2 *ABF/GBI Business* 案中的协调理论

2008年9月,针对英国联合食品公司(ABF)收购吉尔德公司(Gilde)旗下涉足酵母行业的几家子公司和资产(以下简称GBI Business或GBI)的合并案,欧委

66 Case COMP/M.3333-*Sony/BMG*, Commission decision of 3 October 2007, para. 581.

67 Case COMP/M.3333-*Sony/BMG*, Commission decision of 3 October 2007, para. 587.

68 Case COMP/M.3333-*Sony/BMG*, Commission decision of 3 October 2007, para. 594.

69 *Sony/BMG* 2007决定,第594段。

会作出了其决定。[70] 该决定的重要意义在于，其在欧盟法院作出 *Sony/BMG* v. *IMPALA* 案[71]判决后不久即作出，说明欧委会仍愿意基于协调效应驳回并购案。本案中，主要的损害理论在于该合并可能加强现有的默示合谋。尽管该决定或许可以表明欧委会已适用了欧盟《横向合并指南》中提出的经济学方法，它仍并未就一些重要问题给出结论，即在哪些情况下欧委会可能认为存在合并前协同的证据，以及在哪些情况下欧委会将得出结论认为一起合并案将导致协调效应（于第3.3节进一步讨论）。

欧委会的分析主要关注于西班牙和葡萄牙的压缩酵母市场。[72] 在评估拟议合并对每个地域市场可能造成的竞争效应前，该决定首先就法国、葡萄牙和西班牙共有的供给、需求情况提供了一个总体的背景介绍。决定强调，压缩酵母需求较为稳定，或者说仅稍许下降；同时该决定还指出，由于当地温和的气候特征，该需求很大程度上取决于随时间改变缓慢的因素（如人口数量）。[73] 欧委会发现，在许
346 多成员国中，合并后最大的两家生产商（合并实体及其最大的竞争对手 Lesaffre）将共同占据市场 90%～100% 的份额。[74] 特别是欧委会发现，合并实体将占据葡萄牙 70%～80% 的市场份额，同时 Lesaffre 将占有葡萄牙 20%～30% 的市场份额，而在西班牙合并实体和 Lesaffre 均将持有 40%～50% 的市场份额。在法国，合并实体将成为第二大生产商并保有 30%～40% 的市场份额，与之相对 Lesaffre 将占有 60%～70% 的市场。在技术创新方面，欧委会提出，虽然可能存在渐进式创新的空

70 Case COMP/M. 4980-*ABF/GBI Business*, Commission decision of 23 September 2008。卖方拥有的欧洲酵母生意中的其余部分由法国公司 Lesaffre 收购。See Case COMP/M. 5020-*Lesaffre/GBI UK*, Commission decision of 11 July 2008. 本合并案在第一阶段调查后，基于参与人作出的承诺而被放行。

71 Case C-413/06P *Bertelsmann and Sony Corporation of America v. Impala* [2008] ECR II-4951. 72.

72 压缩酵母是欧委会所定义的三类产品市场的其中之一（另外两类是干酵母和液体酵母）。欧委会调查发现，当压缩酵母发生小但显著的涨价时，客户不太可能因此转而使用其他类型的酵母，同时，尽管在不同形式的酵母间存在一定程度的供给替代性，欧委会认为这一点不足以证成存在一个广泛的市场。基于国家间需求和分销系统的显著不同、本地销售与分销系统的重要性、本地品牌以及价格水平与价格波动的差异，压缩酵母各自独立的地域市场被定义为法国、葡萄牙、西班牙。See Case COMP/M. 4980-*ABF/GBI Business*, Commission decision of 23 September 2008, paras. 31, 40 and 84.

73 Case COMP/M. 4980-*ABF/GBI Business*, Commission decision of 23 September 2008, paras. 114-117.

74 See Case COMP/M. 4980-*ABF/GBI Business*, Commission decision of 23 September 2008, para. 119.

间,但也无法期待技术的跨越式创新足以威胁到现有的大生产商。[75]

欧委会的竞争分析认为经销商扮演了重要角色,其使得酵母生产商能够接触到手工面包房。这些客户寻求定期少量的配送,且调查发现其看重与经销商的私下联系和稳定关系。[76] 欧委会进一步注意到了许多葡萄牙和西班牙的特有市场特征。其发现,一方面酵母生产商与经销商间的关系与另一方面经销商和手工面包房间的关系均趋向于长期,同时经销商极少在生产商间进行转换。[77] 此外,在葡萄牙,所有分销协议均被发现为排他性协议,其中明确约定经销商不能分销其他竞争对手的酵母产品,且仅能于特定地域范围内从事分销活动。[78] 在西班牙,欧委会发现了事实上的排他性,经销商仅能从唯一供应商处获得酵母的规则下,仅有极少的例外。[79] 另外,欧委会发现手工面包房倾向于根据此前经验、经证实的可靠性、持续的直接联系、对面包房要求的了解和供应其他产品的能力,而与某一个经销商发展长期关系。[80]

欧委会明确地提出了许多压缩酵母市场的特征,这些特征在其看来容易导致默示合谋且与对企业就协同条款达成共识的能力的分析相关。除了强调供应商高度集中,欧委会还指出该市场具有产品高度同质化(尽管考虑到品牌对识别质量而言仍显重要)和竞争者最终价格、产量和产能高度透明化的特征。[81] 347

在分析了西班牙压缩酵母市场特征之后,欧委会考察了酵母生产商就协同条款达成共识的能力。[82] 具有关键意义的是,欧委会主张西班牙的压缩酵母市场已经呈现了一定程度的默示合谋。[83] 欧委会强调了在价格、销量和产能水平事项上的透明度,并得出结论,认为价格上的透明度因下述事项而被增强:产品的同质性、客户向经销商报告竞争者价格的行为和经销商本身的作用。其发现,通过在

75　See Case COMP/M. 4980-*ABF/GBI Business*, Commission decision of 23 September 2008, para. 121.

76　See Case COMP/M. 4980-*ABF/GBI Business*, Commission decision of 23 September 2008, para. 123.

77　See Case COMP/M. 4980-*ABF/GBI Business*, Commission decision of 23 September 2008, paras. 126, 127.

78　See Case COMP/M. 4980-*ABF/GBI Business*, Commission decision of 23 September 2008, para. 128.

79　See Case COMP/M. 4980-*ABF/GBI Business*, Commission decision of 23 September 2008, para. 129.

80　See Case COMP/M. 4980-*ABF/GBI Business*, Commission decision of 23 September 2008, para. 134.

81　See Case COMP/M. 4980-*ABF/GBI Business*, Commission decision of 23 September 2008, paras. 191, 193.

82　欧委会对葡萄牙市场的分析遵循了类似的方法。

83　COMP/M. 4980-*ABF/GBI Business*, Commission decision of 23 September 2008, para. 206.

经销商各自分配的市场范围外减少其间的竞争、在不同供应商的经销商间减少竞争和以确保在每个区域内各供应商均有一个经销商的方式来增加透明度,排他性的市场范围将促进协同条款共识形成。[84]

为支撑市场已经表现出默示合谋的观点,欧委会引用数据说明,2006 年以前的年份中,其价格一直保持稳定,但此后三家主要竞争者的价格均一直处于上涨中。[85] 欧委会注意到,自 2005 年以来投入成本持续增加,虽然投入成本的变化有时能够干扰默示合谋,但在本案中三家主要竞争者使用的通用技术表明每一家都受到的影响是相近的。[86]

欧委会将这些价格上涨解读为合并前默示合谋的证据,该解读或应受到批判。如果这三家企业呈现出非协同寡占形态,那么亦可预期对三家企业产生同等影响的成本增加同样将导致每家企业提升其价格。而缺乏清晰论述之处在于,欧委会是如何在识别出与已知价格上涨相符的总体成本上涨后,将企业事实上的定价行为区分于不存在默示合谋时可预期的定价行为的。[87] 一般而言,一家企业的
348 价格与另一家价格同步变动的现象,和这些企业间处于彼此竞争的状态是相容的;事实上,正如第二章所述,缺乏价格的同步变化往往被视为企业并不在同一个相关市场中竞争的证据。在一个特定案例中,如果价格同步增长的原因被识别为是总体成本上涨,将这些价格上涨视为默示合谋证据的做法就显得格外危险。[88]

如本章 3.3 节所讨论,对其合并**效应**分析而言,欧委会就**当前**默示合谋程度所选择的立场具有重要影响。

---

84 COMP/M.4980-*ABF/GBI Business*, Commission decision of 23 September 2008, para. 221.

85 COMP/M.4980-*ABF/GBI Business*, Commission decision of 23 September 2008, para. 223.

86 COMP/M.4980-*ABF/GBI Business*, Commission decision of 23 September 2008, para. 224.

87 特别的是,法国市场中是否存在类似的定价行为并不清楚,而欧委会认为,由于缺乏葡萄牙和西班牙所具备的(事实上的)排他性分销体系,法国市场存在更低的市场透明度、更低的市场进入门槛和更大的卖方力量,而对法国市场默示合谋的关注也因此应被降低。

88 在竞争状态和合作状态下,均可能存在企业为了回应其成本的上涨(或下降),而减少(或相应的,增加)其产出并因此提升(相应的,降低)其市场价格。在对全部需求和成本事项缺乏了解的情况下,就已知的价格模式是否源于合谋而非竞争行为作出结论,是不现实的。换言之,如果部分因素未知,合谋均衡和竞争均衡是无法辨别的。

3.2　市场特征是否致使默示合谋共识很可能被维持？

针对企业是否可能寻找到一种互惠性质的合谋行为的分析，此前章节已经讨论了与之相关的因素。在分析协调效应时，需要讨论的下一个因素在于企业是否有能力和动机维持这种行为。

要使协同可持续，需要满足许多条件。第一，形成合谋集体的企业自身必须存在寻求协同的动机。这一条件常常被称为内部稳定性条件，它要求企业有能力监控对协同的背离，并有能力和动机惩罚背离的企业。第二，合谋集体外的企业必须不具备削弱协同可持续性的能力和动机。这一条件常常被称为外部稳定性条件，它要求小企业的扩张、潜在竞争者进入并且/或大客户施加买方力量并不能 349
削弱协同。

以下部分将详细讨论影响协同内部和外部稳定性的因素。

3.2.1　内部稳定性

3.2.1.1　监控背离行为

《横向合并指南》提出，为使协同可以被维持，所涉市场需要足够透明，使得协同的企业能够监控其他企业是否背离。[89]

在分析一个市场的透明程度时，核心要素是企业在多大程度上能够根据他们可以获得的信息，推断出竞争对手的行为。[90] 企业即便不能直接观察竞争对手的行为，也可能从其他可得信息中间接推断出其行为。例如，如果市场需求条件较为稳定，一个企业则可能推断出其自身面对的需求下降是来源于其竞争对手价格的下降。在这种情况下，该企业无须直接观测其竞争对手的价格，即可以确定其竞争对手已经通过降价行为背离了协同。

《横向合并指南》认为，当市场中活跃的企业更少时，市场透明度可能更高。[91] 竞争对手的数量会同时影响直接监控和间接监控两者的范围。就直接监控而言，可以合理预期的是，追踪较少竞争对手的行为比追踪较多竞争者的行为更为容易。就间接监控而言，当活跃企业更少时，推断竞争对手的行为更加容易，因为单

89　《横向合并指南》，第 49 段。

90　《横向合并指南》，第 50 段。

91　《横向合并指南》，第 50 段。

个供应商的行为将对市场产出造成更大影响。例如,当市场中存在两家企业,则任一企业均会意识到,它自身所实施的任何降价行为都将对其竞争对手所面对需求产生很大影响,并因此被相对容易地发现。然而,如果存在大量活跃企业,则任一企业均会认识到,其降价行为对其任一竞争对手所面对的需求产生影响相对较小,因此可能不被发现。

透明度会受到市场中交易发生方式的影响。当交易由买方和卖方在双边基
350 础上秘密协商形成时,市场透明度可能会比较低。[92]

在任何对市场透明程度的分析中,均必须小心考察每个企业就其竞争对手商业决策所掌握的信息。例如,可能发生的是,企业能够根据一些行业特征判断彼此的价格,如信息交换、与客户的合同内容[特别是符合竞争(meet-the-competition)条款和最惠待遇客户(most-favoured-customer)条款],或是通过经销商或零售商的行为来判断。[93] 以产能足以代表企业协同之事项的程度为限,市场透明度的程度或许能够通过参考公开可得的工厂产能信息或是宣布的产能扩张项目而加以判断。类似的,如果假定客户分割即代表了协同的机制,那么考察供应商——客户关系信息在行业参与者中总体上是否属于共有知识,就具有指导意义。欧委会可能还会考察各方的内部文件在多大程度上暗示了他们有能力判断其竞争对手的产量或是辨识竞争对手的客户(和/或其供应数量)。

在 *ABF/GBI Business* 案[94]决定中,欧委会设想对背离的监控机制十分直截了当,并涉及供应商直接观测其他各方的价格、客户和产能。然而,欧委会彼时也必须考察企业如何在远复杂于此的环境中监控背离行为。特别的是,此前欧委会曾考察企业是否有能力通过监控零售端价格,推演出(协同应当发生于的)批发端收取的价格。这一形式的监控在 *Sony/BMG(2007)* 案中被考察。在 *ABF/GBI Business* 决定和 *Sony/BMG(2007)* 决定中对监控的分析将在下文中依次讨论。

• *ABF/GBI Business* 案中的监控

ABF/GBI Business 案[95]阐明了在分析企业监控背离行为能力的过程中,欧委会将如何考察企业就其竞争对手决策所掌握的信息及该信息是如何被收集的。

---

92 《横向合并指南》,第 50 段。

93 在 *ABF/GBI Business* 案中,经销商在监控分析方面扮演了重要的角色,这一点在以下部分会讨论。

94 Case COMP/M.4980-*ABF/GBI Business*, Commission decision of 23 September 2008.

95 Case COMP/M.4980-*ABF/GBI Business*, Commission decision of 23 September 2008.

在分析企业背离默示合谋的动机时,欧委会强调了压缩酵母市场的高度透明。正 351
如此前第 3.1.2 章所指出,欧委会发现就竞争者的价格而言,压缩酵母市场可被认为是相对透明的。[96] 欧委会也注意到,就竞争者的产能而言,亦存在高度的透明度,同时它特别提到了各方提交的竞争对手产能估计的准确度和详细程度。[97] 欧委会还发现就此而言重要的是,只需不到两个月时间,就能发现客户转投的竞争者并识别在这一层面上很重要的经销商的报告行为。[98] 欧委会指出,当市场需求稳定时,企业根据其自身面对的需求下降即可轻易推断出对合谋行为的背离。[99] 此外,欧委会认为,鉴于经销商在促进信息流通中起到的作用,酵母生产商也能够监控竞争对手在价格上的背离。由于配送是每周进行的,探测背离行为产生的时滞被认为很短。[100]

• *Sony/BMG*(2007)案中的监控

在 *Sony/BMG*(2007)案[101]中,欧委会考虑了主要企业是否可能通过监控向客户设定的零售价,来监控协同条款项下向客户收取的净售价。其理论在于,如果零售价和净售价之间存在一个固定或可以预见的关系,则净售价能够从零售价上推断得出。

为了回应这一理论,各方提交了一份调查报告,用以展现在不同国家内不同时点上,其前十名客户面对的零售价。[102] 由于 Sony BMG 自身并未收集其零售价,这些数据是由一家独立研究咨询机构收集形成的。六轮数据采集于欧洲前五大录制音乐市场首都所在城市中前十名录制音乐零售商,且每两周采集一次,最终每个国家生成了超过 1000 个观测值。每一零售价观测值均与 Sony BMG 就同一专辑向同一零售商收取的上一发票价格相匹配。对于这些数据的分析表明,零售 352
价和发票价格之间并没有稳定的关系。

---

96 Case COMP/M.4980-*ABF/GBI Business*, Commission decision of 23 September 2008, para. 193.

97 Case COMP/M.4980-*ABF/GBI Business*, Commission decision of 23 September 2008, para. 194.

98 Case COMP/M.4980-*ABF/GBI Business*, Commission decision of 23 September 2008, para. 197.

99 Case COMP/M.4980-*ABF/GBI Business*, Commission decision of 23 September 2008, para. 231.

100 Case COMP/M.4980-*ABF/GBI Business*, Commission decision of 23 September 2008, para. 236.

101 Case COMP/M.3333-*Sony/BMG*, Commission decision of 3 October 2007.

102 该报告囊括了截至每次数据收集前一周,列明于官方专辑图表上的全部 Sony BMG 专辑。

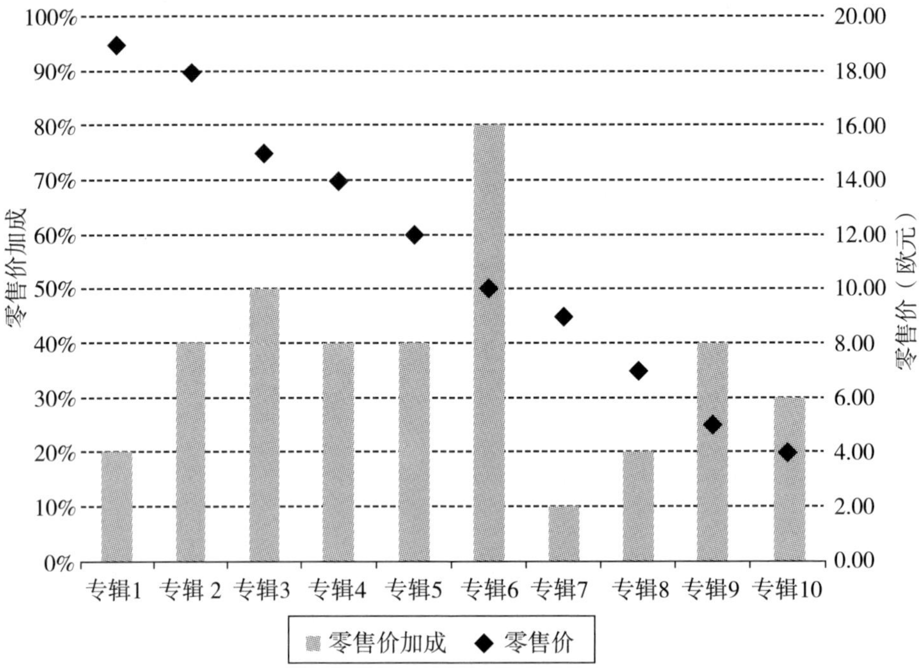

图 4.2　零售价和零售价加成，零售商 A，10 张专辑

第一，没有证据表明单个零售商使用了某种标准的价格加成。作为说明性的示例，图 4.2 展示了在第一轮调查期间，对单个国家中的单个零售商（零售商 A）而言，其 10 张专辑的零售价及其净批发价上的零售价加成（按照零售价大小排序）。

该图表明，在零售商 A 对单张专辑的定价和其对所涉专辑批发价上的价格加成之间，并不存在任何关系。这排除了零售价能够揭露企业对零售商的批发价并作为一种监控手段的可能性。

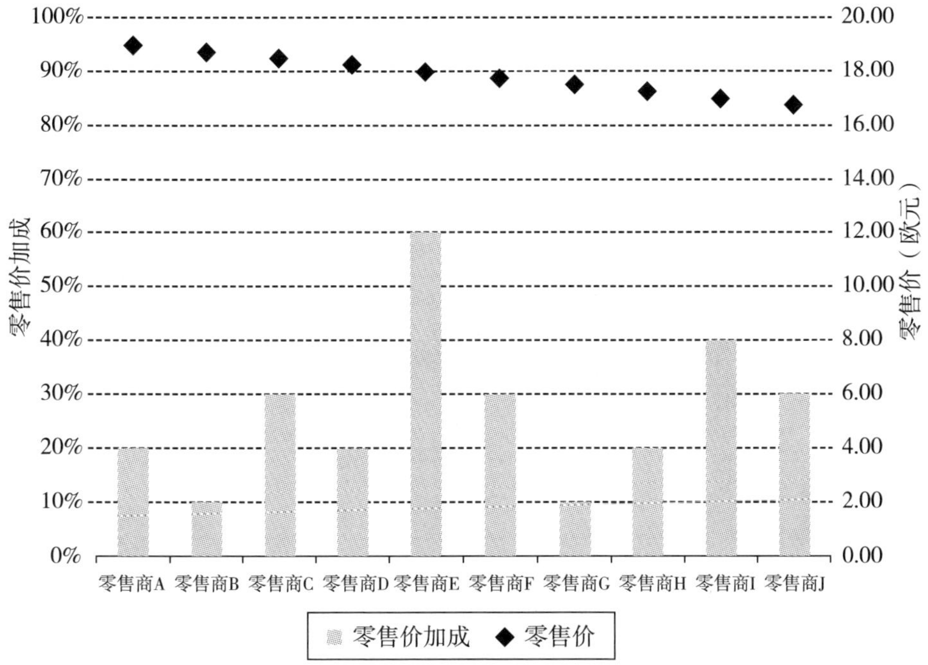

图4.3　零售价和零售价加成,专辑1

第二,没有证据表明零售商间就同一专辑存在某种标准的价格加成。图4.3展示了第一轮数据采集中,单个国家中10家零售商就单张专辑(专辑1)所呈现的零售价和零售价加成,按零售价按降序排列。

同样,在每家零售商的零售价和价格加成间,不存在足以使后者能从前者的观测值中推断出来的关系。

第三,一段时间内零售价的变动与发票价的变动并不呈现系统性相关。图4.4展示了在六轮调查中,每次同一零售商(零售商A)就专辑1呈现的零售价和发票价。在第一轮调查中可以发现,该专辑的发票价为15.83欧元,而被零售商A以 353
19欧元的价格销售(就此前两个图标强调的价格加成而言,这相当于20%的价格加成)。在第二轮调查中,发票价并未发生变化,但零售商将其零售价提高了5欧元,升至24欧元。最后,在第六轮调查中,发票价进一步下降至8欧元,但并未导致零售价的下降。

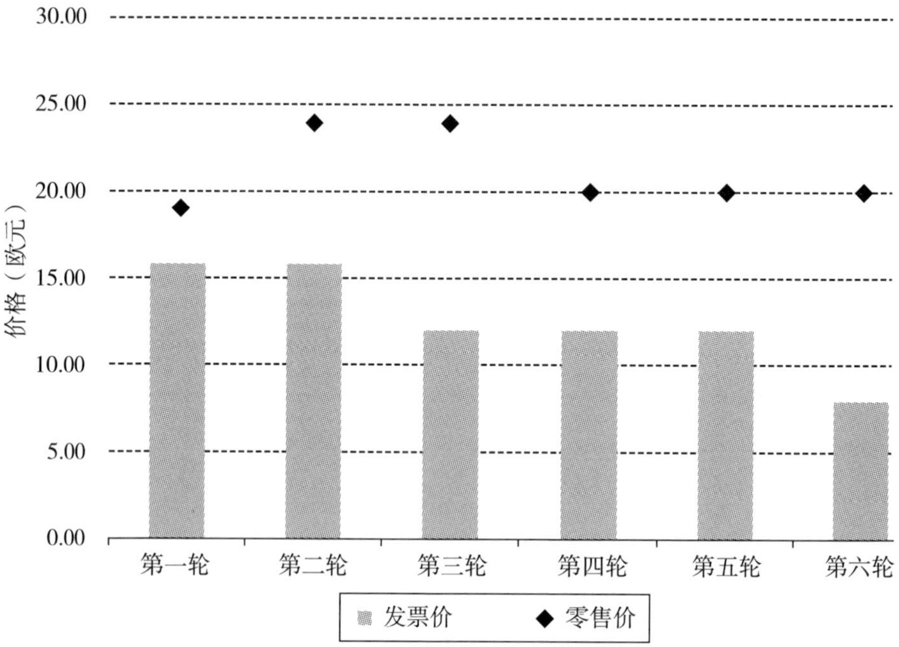

354 **图 4.4　零售价和发票价，专辑 1，零售商 A，德国，第一轮至第六轮**

总体而言，对调查数据的分析发现，每一零售商均对 Sony BMG 音乐专辑适用了非标准化的价格加成，对任一给定的 Sony BMG 音乐专辑零售商均适用了不同的价格加成，且价格加成随时间不同而发生变化。这意味着专辑批发层面的复杂定价也对应地呈现于零售层面。上述分析因此表明，在录制音乐产业中从零售价出发推断批发价将显得十分困难，由此零售价不能被作为监控机制加以使用。尽管针对各方零售价的这一调查，各当事方和欧委会间存在意见分歧，但市场调查证实了对音乐专辑而言，凭借零售价进行批发价的监控总体而言十分困难。[103] 欧委会进一步指出，甚至在仅考察发行后第一周，即当零售商适用的价格加成更加一致时，其透明度水平亦不足以使得竞争者的专辑净批发价能在相当程度上被准确地推算出来。[104] 最后，欧委会指出，它并未发现任何证据足以证明主要唱片公司涉嫌对竞争者零售价进行系统性监控。[105]

---

[103] Case COMP/M. 3333-*Sony/BMG*, Commission decision of 3 October 2007, para. 599.

[104] Case COMP/M. 3333-*Sony/BMG*, Commission decision of 3 October 2007, para. 600.

[105] Case COMP/M. 3333-*Sony/BMG*, Commission decision of 3 October 2007, para. 600.

3.2.1.2　报复

《横向合并指南》认为，协同需要为未来报复的威胁所维持。[106] 证成企业存在可能惩罚背离者的重要意义，在欧洲一审法院对 *Airtours/First Choice* 案[107]欧委会决定的分析中清晰可见。欧洲一审法院提出，欧委会必须证成存在"威慑使得支配地位寡头中的任意成员均不值得去背离共同的协同行为"。[108] 355

为了维持协同，报复必须同时**有效**且**可信**。在接下来的章节中我们将讨论这两个相互关联的概念。

有效的惩罚不一定可信。原则上，报复越严苛，它在确保协同稳定性上可能越发**有效**。假设来说，一个非常严苛（因此也非常**有效**）的报复策略可能包括当其竞争对手背离一项合谋协议时，该企业将开始免费分发其产品。然而，该报复策略在毫无疑问将损害其竞争对手的同时，也将增加实施报复之企业自身的实质损失。因此，通过零定价威胁惩罚背离行为可能并不**可信**，这是考虑到一旦某个竞争对手发生了背离，其他竞争对手并不存在实施惩罚的动机。《横向合并指南》承认了考虑企业报复动机的重要性，并认为惩罚可能会为实施报复的企业引入短期损失。[109] 欧委会曾基于惩罚背离行为的威胁缺乏可信度而放弃了其对并购案中的协同关注。两个知名案例包括 *Norske Skog/Parenco/Walsum* 案和 *UPM-Kymmene/Haindl* 案，将在下文中讨论。

• 对 *Norske Skog/Parenco/Walsum* 案和 *UPM-Kymmene/Haindl* 案中惩罚可信度的分析

在涉及新闻用纸和杂志用纸生产商的 *Norske Skog/Parenco/Walsum* 案[110]和 *UPM-Kymmene/Haindl* 案[111]中，在考虑了惩罚的可信度后，欧委会放弃了一个针对新产能上投资的协同理论。欧委会于这两个案件的异议声明中所提出的其中一个损害理论认为，合并发生后，企业将抑制其用于生产厂房的新投资，以在长期限

---

106 《横向合并指南》，第 52 段。

107 See Case T-342/99, *Airtours plc v. Commission of the European Communities*, 6 June 2002.

108 See Case T-342/99, *Airtours plc v. Commission of the European Communities*, 6 June 2002, paras. 194, 195.

109 《横向合并指南》，第 54 段。

110 Case COMP/M. 2499-*Norske Skog/Parenco/Walsum*, Commission decision of 21 November 2001.

111 Case COMP/M. 2498-*UPM-Kymmene/Haindl*, Commission decision of 21 November 2001. 356

制产量并提高价格。[112] 欧委会认为，协同将会被这样的威胁所维持，即当发生背离时，企业将参与一种会导致产能过剩的“投资竞赛”，导致更低的价格和下降的盈利率。[113] 然而，在审查了各方的主张后，欧委会认为企业间不太可能有能力维持基于新投资的协同。

欧委会指出，为了防止任意企业投资过大或过快，协同企业需要有能力发现任何潜在的背离，并通过某些可信的惩罚威胁来约束这种背离。然而，一旦一家企业实施了投资，任何基于进一步投资的惩罚威胁都将失去其可信度，因为采取这种做法将过于昂贵。

换言之，欧委会认为在背离行为事实上发生后，放弃昂贵的惩罚将对背离企业的竞争者们更有利。[114] 意识到这一点后，企业就投资新产能发生的背离行为，在一开始就不会受到抑制。

可信的惩罚不一定有效。如同本章第 2.1 节中理论案例所述，报复可能将仅仅采取返回“正常”竞争行为的形式。[115] 尽管返回至竞争性行为的威胁是**可信**的，这并不能保证该威胁将足够严厉从而足以阻止背离。[116] 如同第 2.1 节所解释说明
357 的，报复在维持协同方面是否有效，不仅取决于受惩罚的背离者所获的利润，也取决于维持协同可获得的利润、受惩罚前背离行为可获得的利润和企业以何种比率

---

[112] Case COMP/M. 2499-*Norske Skog/Parenco/Walsum*, Commission decision of 21 November 2001, para. 129. 欧委会考虑的另一个损害理论涉及低需求时期的生产停工期协同。正如下文进一步所讨论，由于该协同很可能因竞争外缘竞争者的行为而受到削弱，这一理论最终被放弃。

[113] Case COMP/M. 2499-*Norske Skog/Parenco/Walsum*, Commission decision of 21 November 2001, para. 131.

[114] 欧委会发现，在所涉投资变得不可逆转前，企业不太可能发现某个背离企业的投资项目。在这种情况下，任何投资的报复性宣告都无法成功阻止不受欢迎的投资行为。缺乏可见度表明一旦竞争对手业已做出投资承诺，对该承诺的回应就无法成为可信的一步。See Case COMP/M. 2499-*Norske Skog/Parenco/Walsum*, Commission decision of 21 November 2001, para. 135.

[115] 技术上而言，这里“正常”竞争行为的概念相当于与单次博弈中纳什均衡情况相一致的行为，此时企业在市场中仅进行一次博弈。

[116] 理论上，可能存在更极端的惩罚形式且仍是可信的（或者用专业术语来说，即构成子博弈精炼纳什均衡的一部分）。如果只有在全部企业均参与昂贵惩罚机制的情况下，企业才同意回归合谋状态，而当一家或数家企业通过不参与惩罚机制加以“背离”的情况下，企业即不同意回归合谋状态时，上述论断可能成立。企业此后必将足够耐心以度过痛苦的惩罚阶段，并获得未来的合谋利益。规范的表述呈现于 D. Abreu, ‘Extremal Equilibria of Oligopolistic Supergames’ (1986) 39(1) Journal of Economic Theory 191-225。

贴现其未来收益。当其他条件保持一致时，如果从背离行为中可获得的收益高，则为了使得背离不受欢迎，将需要一个更为严苛的惩罚措施。与之类似，当其他条件不变时，如果维持协同可获得的利润高（例如，由于可以预料行业内存在显著需求增长），则一个更不严厉的惩罚措施可能就足以阻止背离行为。

下文中，我们探讨了许多对分析报复有效性而言相关的其他因素。

报复的时机　报复发生的时滞是分析对背离之威慑的重要部分。欧盟《横向合并指南》指出，在显著的时滞后才显露的报复，或是并不确定会被启动的报复，都更不可能足以抵消背离带来的收益。[117]

这一时滞可能与市场中的透明度相关。例如，如果假设的监控机制依赖于一个产业主体就企业过去的价格或销量交换信息，那么在分析报复时效性时就有必要考察信息被交换的及时程度。如果可得信息对应着一段时间以前设定的价格或销售的数量，那么企业可能会将他们在面对竞争对手报复前、在这段显著时间内享受背离带来的收益这一事实也考虑在内。

时滞还可能与市场中竞争的特性相关。如果在就大订单的竞争中企业彼此间互动相对不频繁，则对于处罚背离而言，即便这一背离能够立即被侦测出来，其惩罚机制可能会不够及时。

欧委会在许多案件中均考虑了报复的时效性。在 *ABF/GBI Business* 案[118]中，欧委会发现压缩酵母市场以高频互动为特征，这是因为三家竞争者均定期向客户或经销商供货，同时经销商每周或每两周向手工面包房供货（并向其供货商报告反馈）。[119] 在其对威慑严厉性的讨论中，欧委会指出，由于酵母市场中交易频繁，其 358
报复将是及时的，且迅速识别出背离企业身份也将成为可能。[120]

报复滞后是导致欧洲一审法院推翻欧委会禁止 Airtours/First Choice 合并决定的其中一个考虑因素。[121] 欧委会认为，在下个假日季中增加产能的可能性将使得企业有能力在其竞争对手为当期假日季选择产能水平时，阻止其竞争对手选择背离。[122] 在分析这一报复机制时，欧洲一审法院首先指出，在缺乏透明度的情况

117 《横向合并指南》，第 53 段。

118 Case COMPM. 4980-*ABF/GBI Business*, Commission decision of 23 September 2008.

119 Case COMPM. 4980-*ABF/GBI Business*, Commission decision of 23 September 2008, para. 155.

120 Case COMPM. 4980-*ABF/GBI Business*, Commission decision of 23 September 2008, para. 243.

121 Case COMP/M. 1524-*Airtours/First Choice*, Commission decision of 22 September 1999.

122 Case COMP/M. 1524-*Airtours/First Choice*, Commission decision of 22 September 1999, para. 152.

下,任一竞争对手都将难以在产能计划阶段侦测出任意背离行为。[123] 其进一步提出,该相关市场的特征及其运作方式使得报复性举措难以实施得“足够迅速和有效,使之足以形成充分的威慑”。[124] 特别的是,它否定了下一季度增加产能足以对当季的背离行为构成有效威慑。[125] 至于欧委会考虑的其他威慑机制,欧洲一审法院指出,欧委会错误地认为单凭恢复到过度供给的情形的威胁便能构成一个有效的威慑,或是在销售季期间增加产能亦或不再展示竞争对手的宣传册即足够形成威慑。[126]

多市场接触 报复不需要局限于背离发生的市场。当企业在多个市场中接触时,惩罚措施可以延伸至企业互动的全部市场中,因而提升惩罚的总体严厉程
359 度。然而重要的是应当注意,多市场接触自身并不必然增加协同被维持的可能性。特别是如果两家企业无法在某一特定市场中维持协同,那么当每个市场均为第一个市场条件的写照时,企业也不可能在多个市场中维持协同。尽管在多市场中具备**惩罚**能力倾向于降低其临界折现系数(使协同更容易维持),但与此同时在多市场中具备**背离**能力将倾向于增加临界折现系数(使协同更难以维持)。当企业接触的多个市场仅仅是彼此互为复刻时,这两种效应将互相抵消。[127]

要使多市场接触足以增强协同的稳定性,所涉情形必须满足在每个单独的市场中均存在某些非对称性,或该多市场接触能够提供更及时的报复。特别的,如果企业在多个产品市场或多个地域市场上彼此互动,那么即便企业间并不在任一市场中频繁互动或尽管在发生背离的市场中扩大生产将引入高额成本,一家企业可能得以及时惩罚某一背离者。

欧委会在许多案件中均考察了多市场接触的影响,包括 *Air Liquide/BOC* 案[128]和 *Solvay/Montedison-Ausimont* 案[129]。在前案中,欧委会主张该交易将导致英国、

---

[123] *Airtours plc v. Commission of the European Communities*, 6 June 2002, para. 198.

[124] *Airtours plc v. Commission of the European Communities*, 6 June 2002, para. 197.

[125] 具体而言,它主张,“可以恰当的认为,考虑到从本年度至下一年度需求发展变化的不可预测和实施这一举措所需要的时间,以这种方式增加产能不太可能成为有效的报复性举措”。See *Airtours plc v. Commission of the European Communities*, 6 June 2002, para. 205.

[126] *Airtours plc v. Commission of the European Communities*, 6 June 2002, paras. 200–206.

[127] 这一结果陈述于 B. D. Bernheim and M. D. Whinston, ‘Multimarket Contact and Collusive Behavior’ (1990) 21 RAND Journal of Economics 1–26。

[128] Case COMP/M. 1630-*Air Liquide/BOC*, Commission decision of 18 January 2000, para. 102.

[129] Case COMP/M. 2690-*Solvay/Montedison-Ausimont*, Commission decision of 9 April 2002, para. 53.

爱尔兰、法国大宗气体和瓶装气体市场中业已存在的支配地位得到加强。由于两方间互相施加潜在竞争的消除和在其他生产商主场市场(home market)中报复范围的扩大,这些支配地位据称将得到加强。就第二点关注,欧委会指出:

> 在分析Linde/AGA将行使的竞争力量时,应考虑Linde/AGA具有一定地区性优势的这一事实。与Air Liquide/BOC类似,尽管范围更小,但Linde/AGA将在其特定"主场"范围(奥地利、斯堪的纳维亚和德国境内的特定区域)中获得强势地位。因此存在一种风险,即Linde/AGA将在这些它能享有特定竞争优势和更低风险的区域内集中,从而降低竞争的总体水平。[130] 360

该决定通过对比合并前后供应商报复的可能性,进一步描述了拟议交易将如何影响其战略行为。在合并前,一家生产商如果意图在英国(BOC传统的"主场"范围)实施激进扩张战略,则很可能仅会在英国境内面临BOC的对抗回击;而在其主场市场以外,BOC进行可信威胁的能力被认为十分有限,因为它在许多欧陆市场中缺乏合适的生产与分销基础设施。[131]

合并后,合并起来的Air Liquide/BOC将在英国和法国拥有非常强势的地位。在欧委会看来,这意味着由于报复的威胁不仅存在于英国境内,还存在于法国,企业在英国境内激烈竞争的主动性可能将因此受到打击。此外,合并后,借助Air Liquide的强势地位和其跨越欧洲大陆的已建基础设施,这一新实体亦将可能在任一市场进入者的主场市场中实施报复。例如,依照欧委会意见,Air Liquide/BOC的地位将使之能够利用其在德国的势力,阻止最近刚刚进入英国市场的Linde和Messer在英国市场中与之激烈竞争。

由于欧委会强调多市场接触在增加报复性力量上的效应,而未更详细地考量其对背离动机产生的影响,本案中的分析可能遭受批评。特别是合并后,尽管一家在英国市场削价的德国供应商可能确实能够在英国市场和法国市场同时受到惩罚,与之相同的是,同一家供应商在意识到这一点后,可能在一开始就在两个国家中同时降价。而这种情形对协同稳定性产生的最终效应并不能先验地获知,且这将需要欧委会进行特定和详细的分析。然而,这一分析并未出现在

130　Case COMP/M.1630-*Air Liquide/BOC*, Commission decision of 18 January 2000, para. 112.

131　Case COMP/M.1630-*Air Liquide/BOC*, Commission decision of 18 January 2000, para. 193. 361

该决定中。[132]

最后，欧委会在 *ABF/GBI Business* 案中强调，多市场接触是一个能够增加威慑可信度的因素。[133] 它指出，除了葡萄牙和西班牙的压缩酵母市场，ABF、GBI 和 Lesaffre 还在许多市场上互动，并在欧洲内外的许多其他地域市场中就一系列不同烘焙产品的供给发生接触。它进一步提到，讨论中的资产销售会导致 ABF 和 Lesaffre 在世界范围内呈现更加对称的地位。[134]

过剩的产能 当企业拥有显著过剩的产能时，报复可能将更加严厉。如果企业的产能受限，那么他们将无法通过扩大产出来惩罚背离者。然而，如同此前第 2.2 章所述，企业为了从背离中获益则必须拥有过剩产能，因此在行业所拥有的产能过剩水平和默示合谋的可持续性之间，总体而言并不存在明确的关系。

在 *ABF/GBI Business* 案[135]中，欧委会认为，回到完全竞争互动状态将表现为一种有效的威慑机制，这是因为任何产出增加都将导致对价格的显著影响（这是由于需求弹性低），且三家主要竞争者中的任何一家均拥有显著的过剩产能。[136] 因此在本案中所呈现出的是，过剩产能通过恶化返回竞争状态的结果而被认为是用于提升协调可持续性的一个因素。

3.2.2 外部稳定性

《横向合并指南》指出，可维持的协同要求共谋企业的行为不被其他行为的破坏或阻挠，无论是行为实施者是其非协同的竞争对手、潜在竞争者还是客
362 户。[137]

对买方力量和潜在竞争约束市场力量进行评估的重要性，在涉及单边效应分析时得到了进一步讨论。[138] 然而，重要的是应当意识到在分析协调效应时，买方力量和潜在竞争甚至更有可能减少竞争关注。

---

132 对于本案更详细的讨论，参见 A. Lofaro and S. Bishop, 'A Legal and Economic Consensus? The theory and practice of coordinated effects in EC merger control' (2004) *The Antitrust Bulletin*, Spring/Summer, 195-242。

133 Case COMP/M. 4980-*ABF/GBI Business*, Commission decision of 23 September 2008, para. 244.

134 Case COMP/M. 4980-*ABF/GBI Business*, Commission decision of 23 September 2008, para. 203.

135 Case COMP/M. 4980-*ABF/GBI Business*, Commission decision of 23 September 2008.

136 Case COMP/M. 4980-*ABF/GBI Business*, Commission decision of 23 September 2008, paras. 240-242.

137 《横向合并指南》，第 56 段。

138 参见第三章(单边效应)第 5 节对抵消因素的讨论。

这不仅是因为企业作为统一合谋集体行动时,其运用其市场力量的程度将受到买方力量和潜在竞争约束,更是源于这两者对合谋集体自身的凝聚力可能产生显著影响。

在接下来的部分,我们将讨论在分析合并中的协调效应时,非合谋的竞争者(包括现有的和潜在的)和买方力量所扮演的角色。

3.2.2.1　非合谋的竞争者

未参与合谋协议的现有供应商(常常被称为“竞争外缘”或“外缘”)进行扩张的可能性和/或协同带来的价格提升引发的市场进入者的范畴,可以对合谋企业造成约束。

对外缘企业进入市场或扩展的预期将降低企业对未来合谋利润的预测,并因此降低当前遵守协同所获利润的现值。如果企业认为存在显著前景,表明协同未来将由于市场进入或扩张而破裂的,那么他们将以一种更加短视的方式行动,即作出最大化短期而非长期利润的商业决定。如果企业更少考虑未来,那么从其放弃的未来利益的角度而言,这将降低背离的潜在成本。因此,外缘竞争者进入市场或扩张的威胁对协同可持续性具有重大影响。

- *分析Airtours/First Choice 案中竞争外缘扮演的角色*

在 *Airtours/First Choice* 案[139]中,欧洲一审法院对欧委会决定的推翻表明了在分析协调效应时考虑外缘竞争者影响的重要性。欧委会的意见是,市场进入壁垒和超越一定规模后的增长壁垒将阻碍小型经营者提供足够的额外产能,以补充大 363
竞争者间协同导致的产能下降。欧洲一审法院借由考察更小型的旅游行业经营者和潜在竞争者,对欧委会的决定进行了探讨。它发现,欧委会过低估计了这些竞争者的反应。[140]

欧洲一审法院注意到,应当考察的相关问题不在于单个小型旅游竞争者能否达到必要的规模,以与综合旅游经营者有效竞争,而在于这数百家小型经营者作为一个整体能否有效回应假设的产能减少。[141] 它通过一些细节考察了小型旅游经营者增加额外产能的能力,并举例说明了一些为回应供给短缺而在过去进行了扩

---

139 Case COMP/M.1524-*Airtours/First Choice*, Commission decision of 22 September 1999.

140 Case T-342/99, *Airtours plc v. Commission of the European Communities*, 6 June 2002, para. 277.

141 Case T-342/99, *Airtours plc v. Commission of the European Communities*, 6 June 2002, para. 213.

张的小型旅游经营者和已表达未来扩张意愿的竞争者。[142]

欧委会还考察了小经营者扩大产能的能力是否会因其无法充分获得航班座位和接触旅行社而受到削弱。

就航班座位而言，欧洲一审法院认定小型旅游经营者对航班座位的要求将继续被独立于大型旅游经营者的其他竞争者所满足。[143] 特别的，欧洲一审法院批评了欧委会未能考虑到当大型旅游经营者减少使用第三方航空运力时，这将同时增加小型经营者可获得的航空运力。[144] 欧洲一审法院发现，与欧委会的观点相反，航空运力的替代性资源是存在的，它包括位于目的地机场的海外航空公司、固定航线、廉价航空和英国的独立包机。

就分销而言，欧洲一审法院认定欧委会错误地认为，小型旅游经营者无法获得某种渠道，使之能以足够有利的条件分销其产品并进而扩大其产能。欧洲一审法院特别指出，通过旅行社销售的外国团体旅游中，接近40%的份额均由独立旅行社售出，同时其他分销方式也存在，并占据团体旅游销售中的实质性份额，如通
364 过电话销售或通过网络直接销售。[145]

• *分析Norske Skog/Parenco/Walsum案和UPM-Kymmene/Haindl案中的竞争外缘*

在*Norske Skog/Parenco/Walsum*案[146]和*UPM-Kymmene/Haindl*案[147]中，在考虑了小型外缘竞争者的作用后，欧委会放弃了企业间为在低需求期支持价格而就“停工期”——即暂时关闭造纸机——进行协同的理论。在其异议声明中，欧委会暗示，企业或许可以通过公开的宣告协同停工期，且借由其他企业以低价夺取背离者客户的这一简单报复机制，上述协同将得以维持。[148]

然而，欧委会发现，通过这一机制形成的默示合谋很可能被外缘竞争者的行

---

142 Case T-342/99, *Airtours plc v. Commission of the European Communities*, 6 June 2002, paras. 217-227.

143 Case T-342/99, *Airtours plc v. Commission of the European Communities*, 6 June 2002, para. 231.

144 Case T-342/99, *Airtours plc v. Commission of the European Communities*, 6 June 2002, para. 232.

145 Case T-342/99, *Airtours plc v. Commission of the European Communities*, 6 June 2002, para. 257.

146 Case COMP/M. 2499-*Norske Skog/Parenco/Walsum*, Commission decision of 21 November 2001.

147 Case COMP/M. 2498-*UPM-Kymmene/Haindl*, Commission decision of 21 November 2001.

148 See Case COMP/M. 2499-*Norske Skog/Parenco/Walsum*, Commission decision of 21 November 2001, para. 132.

动破坏。[149]

欧委会发现,Norske Skog 自身即为例证,其足以说明相对规模较小的造纸商如何提升其市场份额并成为世界范围内的龙头企业。[150] 同样,它认为如果就生产停工期形成协同,则剩余的外缘竞争者(新闻用纸市场中的 SCA、Myllykoski、Palm 及 Abitibi/Bridgewater 和含磨木浆杂志用纸市场中的 Norske Skog、Burgo 和 SCA)也有能力增加其产量,使得上述协同不可持续。[151]

欧委会基于现有产能信息和历史上低需求时期利用率数据,估算出在低需求时期,相当数量的闲置产能将处于外缘竞争者手中。[152] 欧委会发现,给定其对行业需求弹性的估计,通过限制产出大幅提升价格是不可能的,这是考虑到存在竞争外缘几乎立即通过增加产能利用率进而增加产量的可能性。欧委会发现,在一个更长的期间内,竞争外缘同样可以增加其产能。[153] 365

应当注意的是,在该案中,欧委会能够说服自己,竞争外缘足以抵消大型企业作为聚合集体一致行为时减少产出、进而提升价格所带来的影响。然而,欧委会并未明确说明,竞争外缘的存在将在多大程度上可能影响合谋企业最初作为聚合集体一致行动的能力。特别是它并未考虑到,竞争外缘扩大产出的能力或许已经降低了遵守协同而非扩大产出、自己背离对协同企业而言的吸引力。在这一基础上,即便外缘企业不能弥补欧委会假设协同企业减少的全部产出,外缘企业在减轻竞争关注方面也可能已经有效。换言之,尽管欧委会已经说服自己竞争外缘足以抵消任何协调效应的效果,欧委会对竞争外缘如何影响合并后默示合谋的可持续性的考虑是并不必要的。

---

149 See Case COMP/M. 2499-*Norske Skog/Parenco/Walsum*, Commission decision of 21 November 2001, para. 139.

150 See Case COMP/M. 2499-*Norske Skog/Parenco/Walsum*, Commission decision of 21 November 2001, para. 141.

151 See Case COMP/M. 2499-*Norske Skog/Parenco/Walsum*, Commission decision of 21 November 2001, para. 142.

152 See Case COMP/M. 2499-*Norske Skog/Parenco/Walsum*, Commission decision of 21 November 2001, para. 147.

153 See Case COMP/M. 2499-*Norske Skog/Parenco/Walsum*, Commission decision of 21 November 2001, para. 147.

• *分析ABF/GBI Business 案中竞争外缘的作用*

在 *ABF/GBI Business* 案[154]中,欧委会认为合谋协议"局外人"(outsider)的回应不足以缓解其对默示合谋的关注。欧委会提出,酵母生产的进入和扩张壁垒十分显著,这是因为本行业中品牌的重要性、拥有本地销售力量的需求以及当面对经销商与现有供货商间事实上或正式订立的排他性关系时发展自身经销商网络的需要。[155] 其认为,难以在可预见的将来期待出现重新进入市场的行为,且相邻市场中现有或潜在竞争者扩大产能以供给西班牙或葡萄牙市场的能力也十分有限。尤其是欧委会发现,成功的市场进入或扩张需要一套本地分销系统、本地销售人员、受认可的品牌和在质量与供给连续性上建立起的声誉。[156] 其发现,这些因素表明存在显著的市场进入壁垒,且将影响当前边际竞争者如 Lallemand 及 Zeus 和可能的新进入者如土耳其酵母生产商破坏默示合谋的能力和动力。[157]

欧委会也注意到了主要竞争者当前拥有的闲置产能在阻碍新的市场进入方面的作用。它指出,新市场进入者可能会预期市场进入一旦被发现后,现有主要
366 竞争者将进行激进的和以其为目标的定价行为,并由此被这种预期劝退。某些潜在市场进入者也可能考虑谨防进入西班牙市场后,该市场进入可能导致在其他地域市场报复行为的产生作为回应。[158]

3.2.2.2　买方力量

在某些情况下,买方通过采取措施动摇协同或限制合谋企业所维持的价格,能够保护自己免受价格上升的伤害。

正如第 2.2 节所述,竞争企业间彼此互动的频率及需求的批量性均会影响临界折现系数,并因此影响协同的可持续性。老练的买方或许有能力通过将其需求集中于更少订单中,进而影响市场的上述两个特征。[159]

凭借大批量采购,买家提高了其单笔交易的价值,同时使得交易更少进行。扩大订单规模意味着短期内企业通过削价获得订单所得到的利益将增加。降低

---

[154] Case COMP/M. 4980-*ABF/GBI Business*, Commission decision of 23 September 2008.

[155] Case COMP/M. 4980-*ABF/GBI Business*, Commission decision of 23 September 2008, para. 166.

[156] Case COMP/M. 4980-*ABF/GBI Business*, Commission decision of 23 September 2008, para. 248.

[157] Case COMP/M. 4980-*ABF/GBI Business*, Commission decision of 23 September 2008, para. 255.

[158] Case COMP/M. 4980-*ABF/GBI Business*, Commission decision of 23 September 2008, para. 262.

[159] 就买方力量在削弱协同程度中扮演角色的正式论述,参见 C. Snyder, 'A Dynamic Theory of Countervailing Power' (1996) 27 RAND *Journal of Economics* 747-769。

互动频率意味着报复将更慢发生。这两个因素通过增加供应商背叛合谋共识的动力,意图降低协同的稳定性。

此外,重要的买方威胁将赞助新市场进入者或赞助小规模竞争者的行为,可能将潜在削弱供应商协同的稳定性。如上所述,市场进入或竞争外缘扩张的威胁不仅可能降低作为合谋集体的供应商所能行使的市场力量,还可能降低供应商遵守协同的动力。

- *在Pirelli/BICC 案中的买方角色分析*

在 *Pirelli/BICC* 案[160]中,针对围绕着用于电力输送的超高压电缆(EHV)和高压电缆(HV)市场的协同,欧委会在考虑了其市场竞争的招投标结构和买方势力后放弃了其关注。欧委会发现在 HV/EHV 市场中,两家主要企业,即 Pirelli/BICC 和 Alcatel,共同占据了 55% ~65% 的市场份额,此外欧委会还考察了这些企业是 367
否有能力通过与竞争状态相比更不激烈地竞标或默示分割地域市场(例如,借助避免进入对方传统的主场市场)来维持协同。[161]

欧委会注意到在 HV/EHV 市场中,招投标交易发生并不频繁,每年每个国家仅有少量高价值的合同签署。它发现,这些大额合同竞争上的“胜者全得”的特征带给企业在每个合同上激进出价竞争的强烈动力,因此破坏了协同的可持续性。[162] 此外,它发现 HV/EHV 电缆的主要客户通常进行大批量采购,并因此有可能凭借在选定电缆生产商间战略性的订单分配主动发展新的供货源。[163]

而在另一个不同的低压(LV)和中压(MV)市场上,欧委会发现与 HV/EHV 市场相比,LV/MV 交易倾向于更频繁发生(价值也更低)。这间接表明单个供应商可能更倾向于放弃激烈投标竞争。然而,欧委会认识到,为了有利于买方自身,老练买方的出现能够通过改变供应商间互动以削弱协同。特别的是,欧委会注意到,买方可以加总其一段时间内的全部需求(总期间可长达两年),并因此创造出更不频繁和更高价值的交易,以增强投标方激烈竞争的动力。[164] 欧委会也发现,通过提出向小竞争者(第二梯队竞争者)提供更高比例份额并因此降低现有供应商

[160] Case COMP/M.1882-*Pirelli/BICC*, Commission decision of 19 July 2000.

[161] Case COMP/M.1882-*Pirelli/BICC*, Commission decision of 19 July 2000, para. 81.

[162] Case COMP/M.1882-*Pirelli/BICC*, Commission decision of 19 July 2000, para. 82.

[163] Case COMP/M.1882-*Pirelli/BICC*, Commission decision of 19 July 2000, para. 84.

[164] Case COMP/M.1882-*Pirelli/BICC*, Commission decision of 19 July 2000, para. 90.

提供的数额，买家可以凭借一笔显著的固定成本向供应商施加压力，同时其还发现这种策略事实上被大量大型公用事业客户所使用。[165]

3.3 拟议交易是否致使默示合谋显著更可能发生或使默示合谋明显更为有效？

如果一起合并案将给市场带来某些结构性变化，并致使协同更易发生或默示合谋更为有效，则协调效应也将产生。分析一起合并案导致的特定产业变化因此
368 成为任何协调效应分析中的重要一环，尽管这一环可能并未总是得到足够重视。[166]
《横向合并指南》注意到，协调效应的关注既可能产生于一起合并案将提高企业协同行为的可能性及由此提升价格的可能性时，也可能发生于一起合并案“通过促使协同更稳健或允许企业在更高价格上协同，使得合并前业已形成的企业协同对其而言更容易、更稳定或更有效”时。[167]

正如第二章所述，默示合谋的经济学理论很大程度上聚焦于是否存在合谋的均衡状态，而这一点与可持续性问题紧密相连。这一理论的核心见解在于，通过提升协同带来的利润、减少背离带来的利润或降低受惩罚的企业能够获得的利润，一起合并案可能会带来足以降低临界折现系数的改变。一项降低**临界**折现系数的改变将反过来提高合谋均衡存在时**实际**折现系数的范围，因此在某种程度上这将使得协同更容易被维持。

然而，重要的是需要强调，默示合谋的标准经济学理论对于企业在均衡之间如何选择的问题上最终实质上保持了沉默。这意味着该理论难以说明何种情形下，一起合并案降低了维持协同所需的企业耐心程度，并事实上将导致企业间互动模式从竞争转向合谋的情形。因此，预测一起给定的合并案在何种条件下会产
369 生这种企业行为的转变将十分困难。

由于上述难题，试图证明一个处于竞争状态的市场将在一起合并后变为合谋

---

165 Case COMP/M. 1882-*Pirelli/BICC*, Commission decision of 19 July 2000.

166 例如，在 Sony/BMG(2004 年决定)中，合资企业可能对协同造成的影响问题令人惊讶地仅受到极少关注。欧委会相对简略地抛弃了其预期，即认为该交易将导致竞争模式从竞争转向合谋互动。See Case COMP/M. 3333-*Sony/BMG*, Commission decision of 19 July 2004. paras. 155–158.

167 欧盟《横向合并指南》，第 39 段。

状态是非常困难的。这也意味着,欧委会如果要确立一起合并案会产生协调效应,其更可能采纳的理由会是该合并将使既有的默示合谋更加容易实现、势力扩大或者程度加剧,而不是该合并会使市场状态从竞争转变为合谋。

有些令人惊讶的是,《横向合并指南》并未单独讨论应当如何分析合并会对协同造成的影响。然而可以看出的是,讨论达成默示合谋、监控竞争对手和威慑背离等问题时,合并导致的结构性市场特征变化(特别是企业的数量和对称性)将进入《横向合并指南》的考虑范围。[168] 照此,随之而来的即是欧委会将考察合并带来的市场结构变化是否会影响企业能够达成和维持协同的程度。

3.3.1　影响默示合谋可能性和有效性的合并特定因素

一起合并案可以以许多方式影响市场参与者达成和维持协同的程度。特别的是,它能通过减少市场参与者的数量、增加对称性、排除"搅局者"或增加市场分割和报复可能性,以实现这一影响。我们将在下文中依次讨论每种方式。

3.3.1.1 减少市场参与者的数量

一起合并案影响企业达成和维持默示合谋最为明显的方式即是减少市场中竞争者的数量。出于许多原因,市场中竞争者数量的减少可以促使默示合谋更易达成和维持。

第一,如同第 2.2 节所述,市场中竞争者数量的减少将降低临界折现系数。当企业数量更少、每家企业市场份额更大时,源于背离的收益(相较于协同中的收益)可能将更小。

第二,市场中竞争者数量的减少将使协同条款共识的达成更加容易。第 3.1 节已经说明,企业间相互联系的数量并不与市场中供应商数量同比例增加。一起将市场中企业数量从三家降至两家的合并,同时也将导致竞争者间相互关系的数量从三对减为一对,并实际上将需要达成的"协议"数量从三个减为一个。[169] 370

第三,监控背离可能会因为竞争者数量的下降而更为容易。当市场中的企业更少时,一家企业的背离可能会更易被发现,因为该背离对其竞争对手的影响(就

168　假设对上述讨论涉及的许多其他因素,例如产品特征和需求特点,于合并前和合并过后有效地"保持不变"。

169　当存在三家企业 A、B 和 C 时,竞争者间包含三对相互关系(A–B,A–C 和 B–C)。在 A 和 B 之间的合并发生后,竞争者间将仅存一对相互关系(AB–C)。类似的,欧委会在 Sony/BMG 案中注意到,企业数量从五家减为四家的结果将影响"双边竞争关系"的数量,使之从十对降至六对。See Case COMP/M.3333-*Sony/BMG*, Commission decision of 3 October 2007, para. 157.

损失的需求而言)可能将更严重,且更容易从市场需求的波动中被清晰地辨识出来。一旦认识到任何背离都将很容易被竞争对手发现,这将削弱合并后实体及其竞争对手选择背离的动力。

第四,竞争者数量的减少会使得企业更容易就谁来承担惩罚背离者(例如,通过更低价格)引发的成本达成协议。

对于上述因素的考察可能暗示了通过减少市场中竞争者的数量,横向合并总能(至少在一定程度上)提高达成和维持默示合谋的风险。然而,正如下述所讨论,如果它为剩余竞争者提供了分道扬镳的动力,那么企业数量的减少可能事实上将**降低**协同关注。

3.3.1.2　增加对称性

企业间的对称性将将使他们更容易达成共识,并在一段时间内维持这种共识。

首先,如第 2.2 节所述,成本、产品种类的数量上或产能上的不对称性可能意味着至少一家企业拥有高临界折现系数,同时因此也难以诱其协同。其次,企业间的对称性将使企业对有吸引力之合谋协议的定义趋于一致,有助于形成协同条款的进程。[170]

重要的是应当认识到,当一起合并案降低了对称性时,即便该合并降低了市场中企业的数量,它也可使默示合谋更难维持。在英国竞争欧委会近期的一篇工作论文中,Davis 和 Huse 呈现了一个差异化产品市场中协调效应合并的实证模拟
371 模型,并将这一分析框架适用于网络服务器市场。[171] 他们发现,Hewlett Packard (HP)和 Compaq 的合并反而导致协同的动机实际上**下降**了,同时他们主张,与惯常逻辑不同,当其他条件不变时合并后协同的动力常常会以这种形式下降。[172]

Davis 和 Huse 模型框架的一个有趣特征在于,尽管合并方可能会发现协同

170　《横向合并指南》,第 48 段。

171　See P. J. Davis and C. Huse, 'Estimating the Coordinated Effects of Mergers', UK Competition Commission working paper, 2010.

172　本书通过研究伯川德差异化产品延续了 Kühn(2004)的研究。See K. U. Kühn, 'The Coordinated Effects of Mergers in Differentiated Products Markets' (CEPR Discussion Paper No. 4769, 2004). 本书的一个发现在于,正如本章第 2.2 节所述,企业销售(可替代)产品种类数量中的非对称性可能意味着一个"小"企业(提供产品范围更小的企业)将比大企业更有意愿通过降价背叛合谋协议,因为小企业分享的合谋利润更少,且其背离产生的产品销量增加将很大程度上代表了从大企业产品中的分流(diversion)所得。

“更容易”维持，但合并后非合并方的临界折现系数却可能会因为合并而上升（他们将更不倾向于参与协同）。这一结果产生的原因在于，尽管非合并企业合谋和背离的收益并未发生变化，其在受惩罚时（在此作者假设惩罚为返回正常竞争状态）能获得的收益将因合并而增加。换言之，产生于合并的单边效应将使得合并后企业间“正常”竞争的前景对双方而言都更不具破坏性，并因此借由降低惩罚严苛程度使得背离合谋相对更具吸引力。然而在实践中并不全然清晰的是，主要竞争性价格的上涨是否能排除企业实施与合并前同等严苛的报复措施，例如适用低于合并后竞争性价格的水平。尽管如此，清楚的是合并有可能成为破坏性事件，并可能降低而非提升协同被维持的可能性。

3.3.1.3 排除“搅局者”（maverick）

常常可以发现，存在“搅局者”时协同更难维持。事实上，《横向合并指南》明确提到了“合并企业中一家企业为极有可能破坏协同行为的搅局者”这一情形，并指出该情形属于相对非集中市场中，合并中可能发现横向竞争关注的特殊案例类型之一。[173]

“搅局者”这一术语通常被理解为代指遵循合谋协议的动力低于其他企业，因而更可能成为协同中不稳定因素的企业。[174] 广泛地说，企业间动力的差异可能以两种形式出现： 372

- 一个搅局者可能是具有高**临界**折现系数的企业。正如第 2.2 节所讨论，企业间的不对称性（在成本、产能和产品组合方面）可以导致其临界折现系数的差异。例如，成本低于其他竞争者的一家企业或许将具有更高的临界折现系数，并因此可能更不具备遵循协同的耐心。
- 一个搅局者可能是具有低**实际**折现系数的企业（相较于当期利润而言，极少关注未来利润的企业）。这将意味着即便并不存在导致该企业临界折现系数高于其他任意企业的不对称性，与其他企业相比，该企业仍然将更不愿意遵循协同。一家企业的真实折现系数将低于其他企业的原因有很多。例如，一家企业的管理

173 《横向合并指南》，第 20 段。《横向合并指南》特别强调了排除搅局者这种情形，即当合并后 HHI 处于 1000 至 2000 之间且 delta 小于 250 时，或合并后 HHI 大于 2000 且 delta 小于 150 时，欧委会可能在该合并中识别横向竞争关注。

174 “搅局者”这一术语有时也用在单边效应分析中，用以指代市场中成为特别重要的竞争力量的企业。

层报酬可能建立在短期利润基础上,并可能因此对长期回报显得短视。

《横向合并指南》中搅局者的概念足够宽泛,使之能够包含上述两种形式。特别的是,当讨论到除减少市场中竞争者数量以外一起合并将如何影响协同的可能性或显著性时,《横向合并指南》提出:

举例而言,一起合并可能会涉及某家有阻止或破坏协同历史的“搅局者”,例如不跟随其竞争对手的价格上涨,或具备某些特征使之具有动机作出与协同竞争者不同的战略选择。如果合并企业将采用与其竞争者类似的战略,那么剩余企业
373 将发现协同会更加容易,且该合并将增加协同的可能性、稳定性和有效性。[175]

考虑到搅局者的概念相对模糊,总体而言在判断哪些企业应当被视为搅局者时,并不存在清晰的依据标准。此外,即便当一家企业因其管理者此前激进的行为或因其引入破坏性创新(disruptive innovation)的历史而被认为是搅局者时,在一起涉及该企业的合并中,应当认定这种搅局者“基因”会被移除抑或是认定这种搅局者的“基因”将被保留于合并实体,并非显而易见。[176]

此外,重要的是应当认识到,一起合并可能会带来足以**创造**出搅局者的改变。例如,一起合并可能带来足以降低合并企业边际成本的效率水平,这将在合并后的环境中降低协同得以达成和维持的程度。

3.3.1.4　增加市场分割和报复可能性

一起合并案可能改变企业参与竞争的产品市场与地域市场组合。当这种合并使企业能够进入更多的市场分割或增强企业互相报复的能力时,将可能会提高企业之间达成和维持协同的能力。

例如,当各企业默示同意不再于彼此主场市场中激烈竞争时,并据此在合并实体主要竞争对手的“主场”市场中给予合并实体少量市场份额,该合并可能将增强其市场分割协议的可持续性。这种少量份额的存在可以促成合并实体在其竞争对手主场市场中的进一步扩张,因此,倘若其竞争对手试图在合并实体的主场市场中扩张并背离默示协议,这种少量份额的存在能增强其惩罚的威慑力。

正如本章第2.2节和第3.2.1.2节所述,在某些情况下,多市场接触可以通过

---

175 《横向合并指南》,第42段。

176 在实践中,如果一家被认为具有“遵守者”管理层的大企业将收购一家被认为具有“搅局者”管理层的小企业,欧委会很可能会推定合并后实体的管理层将更近似于收购方大企业的管理层,除非有令人信服的相反理由。

平衡单个市场间的不对称性并因此允许默示合谋跨越所有市场得以维持,来提升默示合谋的稳定性。照此,能够提升多市场接触程度的一起合并案原则上可以提高协同的可持续性。然而,重要的是应当意识到,企业互动所涉市场数量上的增加并不能被认为必然会提升协同的可持续性。对于以更广泛多市场接触为基础 374
的协调效应而言,任何源于此的损害理论都必须被小心地加以表述,以明确在该特定案件中为何多市场接触可能会扩大协同的范围。

3.3.2 *ABF/GBI Business* 案中对合并影响的评估

在 *ABF/GBI Business* 案[177]中,欧委会特别强调了该合并是否和如何将致使默示合谋更容易、更稳定或更有效这一问题。就西班牙压缩酵母市场而言,欧委会起初注意到,存在证据证明该市场已经出现一定程度的默示合谋。[178] 因此,欧委会仅需说明该合并将加剧默示合谋,而不是说明该市场将从现有非协同的竞争状态"翻转"到了协同状态。

首先,欧委会讨论了竞争者数量从三家减为两家这一事实将对市场造成的影响。其指出该减少将致使默示合谋更容易产生的四个主要原因是:[179]

• 合并实体和 Lesaffre 将有更大动力协同,因为源于激烈竞争行为的短期收益将降低(合并实体能够吸引为新销售量的竞争对手客户基数更小),同时保持默示合谋的长期收益将升高(合并实体能够享受超竞争边际利润的客户基数更大)。

• 合并实体和 Lesaffre 更有能力就协同条款达成共识,因为该合并将减少需要成为默示协议当事方的竞争者数量。

• 尽管此前就已经可以实现,但监控将因竞争者数量的减少而得到加强。尤其是欧委会认为发现背离所必要的时滞将缩短,且背离企业的身份甚至将更加显而易见。 375

• 惩罚将更具可信度和有效性,因为不必在第三方间就哪家企业最适合实施对背离者的惩罚达成共识,在其他供应商实施惩罚时的"搭便车"问题也不会出现。

其次,欧委会讨论了移除 GBI 这一动摇协同的潜在力量的特定效果。移除

---

177 Case COMP/M. 4980-*ABF/GBI Business*, Commission decision of 23 September 2008.

178 Case COMP/M. 4980-*ABF/GBI Business*, Commission decision of 23 September 2008, para. 274.

179 Case COMP/M. 4980-*ABF/GBI Business*, Commission decision of 23 September 2008, paras. 285–289.

GBI 尤其能引发欧委会产生默示合谋关注的原因有很多：[180]

• GBI 厂房的规模和位置间接表明，它因未来不可预期的需求和供给冲击而受到的影响可能不同。特别的是，GBI 用来供给西班牙和葡萄牙市场的唯一一间厂房也被用来供给其他市场。因此，其他市场中需求情况的变化可以影响它供给西班牙和葡萄牙市场的动力。

• 合并实体在其不同厂房间合理化生产分配的能力被认为将提升合并实体和 Lesaffre 成本的对称性。

• 向 ABF 进行财产转移和移除作为独立竞争者的 GBI 将使余下两家企业保有相同的闲置产能和每家 40% ~50% 的对称市场份额。

• GBI 过去在研发中的投资带来了一些创新。欧委会也注意到合并中 Lesaffre 和 ABF 间形成了一份知识产权共享协议。欧委会认为，除了排除 GBI 作为可能动摇协同之创新的来源，该专利分享协议还将确使剩余两家企业中的任意一家均无法继承足以动摇协同的这些竞争优势。更进一步，它注意到知识产权的分享将加强剩余企业在产品特征上的透明度和同质性。

• GBI 并不供给西班牙的液体酵母市场，而在不存在合并时，这一事实将形成并非对称的动机。特别的是，与 ABF 和 Lesaffre 不同，在液体酵母市场上 GBI 本将免于任何尝试用报复惩罚背离行为的措施的影响。

• 由于它对工业客户仅有少量直接销售，GBI 有着某种意义上不同于另外两家竞争者的客户群体。欧委会注意到，合并后剩余企业将具有更加对称的客户
376 群。

总结而言，欧委会发现合并很可能会导致默示合谋比不存在合并时更为稳固。

尽管 *ABF/GBI Business* 案[181]的决定表明欧委会不仅会考虑促使行业倒向协同的因素，还会考察协同如何在实践中运行以及合并将如何改变协同的有效性或可持续性，该决定仍然未就一些重要问题作出回答。尚不清楚的是，欧委会在其决定中分别赋予了多种因素以何种权重，以及当某个导致协同关注的因素并未出现（如合并实体面对的竞争对手闲置产能有限，是否足以因其无力惩罚背离而推翻协同关注）时，欧委会将如何反应。此外，在该决定一方面强调合并后西班牙市

180 Case COMP/M.4980-*ABF/GBI Business*, Commission decision of 23 September 2008, paras. 290–303.

181 Case COMP/M.4980-*ABF/GBI Business*, Commission decision of 23 September 2008.

场中份额和闲置产能的对称性是产生竞争关注的一个来源的同时，还认为葡萄牙市场上显著更不对称的情形（合并实体将持有70%～80%的市场份额，而Lesaffre将持有20%～30%的份额）却并不足以消除在该市场中欧委会对协调效应的关注。对于用以支持欧委会在西班牙市场上结论的这种对称性，上述事实对其重要性提出了疑问。

重要的、可能也具有批判性的是，欧委会认为存在足够证据说明西班牙和葡萄牙的压缩酵母市场已经受制于默示合谋。[182] 因此，它仅需要考察该合并是否加剧了现有协同。但仍不清晰的是，如果损害理论要求存在合并导致存在从竞争向协同行为的"飞跃"，那么欧委会将如何分析其协调效应。 377

[182] 正如第3.1.2节所述，用于支持这一结论的价格上涨证据可能也符合非协同的寡头竞争行为。

第五章　非横向合并

1. 基 本 背 景

“非横向合并”（non-horizontal merger）一词是多种合并类型的总称，在这类合并中，交易各方处于不同的相关市场，相互之间并不存在直接的竞争约束关系。合并交易各方之间缺乏直接的竞争约束，这是非横向合并有别于横向合并的关键特征。[1]

非横向合并一般可以分为两类。一是纵向合并（vertical merger），交易各方在同一供应链的不同水平之上从事经营活动。生产商（上游企业）与其分销商（下游企业）之间的合并便是纵向合并的一个例证。这类合并中，上下游企业之间存在直接的商业关系，下游企业是上游企业的客户。

二是混合合并（conglomerate merger），交易各方既不是直接的横向竞争对手，也不在同一纵向供应链的不同水平上从事经营活动。原则上说，基于这一定义的混合合并所覆盖的案件范围非常之广。混合合并中，合并各方提供的商品可能是互补性的（一方产品的价格下降会导致另一方产品的需求提升），或者，也可能是关联性的（合并各方经同一分销渠道向同一消费者群体销售商品），或者，合并各方在供应与需求两方面都不存在任何关联性。

前述各类合并的共同特征是，由于合并交易各方的产品之间缺乏替代性，有
378 关横向合并导致反竞争效果的那种典型的竞争关注理论并不适用。实际上，在纵向合并或者涉及互补品性产品的混合合并中，由于合并可以提升各方实现共同利

1　实践中，评估一项非横向合并时，我们也可能需要考虑交易带来的横向方面的效应。比如，当合并一方当事人非常有可能进入另一方当事人所在的市场时，就需要考虑横向效应。有关对潜在竞争者之间合并的评估，请参见本书第三章第 4.2 节的内容。

润最大化的能力,这使合并后的企业有动机去降价,但在交易各方产品具有替代性的横向合并中,合并后企业则有动机去涨价。上述原因使得大家普遍认为,非横向合并比横向合并导致反竞争效果的可能性要低。

但是,大家一般也认为,一些案件中非横向合并也可能产生竞争损害。这类损害的产生可能是因为,合并会削弱一个供应链的特定层面上的竞争对手对合并后企业所能施加的竞争约束的强度,从而损害消费者利益。如果合并对消费者利益造成这类损害,这类合并就被称为导致了“反竞争封锁”(anti-competitive foreclosure)。

本章讨论实践中对非横向合并交易如何导致消费者损害的可能性进行评估。第2节介绍了与评估非横向合并相关的一些重要经济学概念。首先,该节讨论非横向合并相关的促进竞争的效应。其次,该节介绍了反竞争封锁的概念,这是非横向合并最为常见的竞争关注。最后,该节还简要介绍了一些其他的竞争关注。

第3节讨论了导致“原料封锁”(input foreclosure)的纵向合并。原料封锁是指,合并后的企业通过其在上游市场的力量提升其下游竞争对手获得某种重要原料的成本。合并后企业竞争对手成本的提升,可能降低合并后企业在下游面临的竞争压力。除非合并带来的效率增益超过其造成的负面影响,合并后企业在下游所面临的竞争压力的降低,可能使得合并后企业能够有利可图地对最终消费者实施提价。

第4节讨论那些导致“客户封锁”(customer foreclosure)的纵向合并。客户封锁是指,通过限制合并后企业的上游竞争对手接触相当比例的下游客户,合并限制了合并后企业的上游竞争对手的销售能力。当前述限制对合并后企业的上游竞争对手的竞争能力或动机的影响达到一定程度时,就可能导致下游竞争对手成本的上升,这转而又会降低合并后的企业在下游面临的竞争压力。与原料封锁一样,当缺乏抵消性效率增益时,这类竞争约束的降低可能导致最终消费者面临更高的价格。 379

第5节讨论那些可以让合并后的企业减少其面临的竞争约束,导致其具有单方面涨价动机从而损害消费者利益的混合合并。一般而言,这类交易往往涉及合并一方目前在某市场销售的产品与合并另一方在另一市场销售的产品存在关联。搭售与捆绑便是实现这种关联关系的典型方式。

第6节讨论一种被称为“对角合并”(diagonal merger)的特殊混合合并,这类合并中,合并一方是一家上游供应商,合并另一方是将该上游供应商的产品作为原料的下游企业的某个竞争对手。尽管对角合并涉及上游企业与下游企业，但这类交易有别于纵向合并，因为交易方之间缺乏直接的供应关系。一些对角合并可能产生一种单边的涨价激励，这类似于横向合并中可能产生的普通单边效应。

2. 经济学概念

2.1 促进竞争的效应

横向合并的主要特点是合并方提供的商品或服务（本章以下统称商品）彼此间具有替代性。第三章介绍了这些替代性商品经过横向合并被共同控制后，由于将交易前一方商品涨价给另一方商品需求带来的积极效应内部化，从而给合并后的企业带来单边的涨价动机。

与之相反，非横向合并一般涉及互补性而非替代性商品。当一种互补性商品价格下降时，另一种互补性商品的需求会上升，反之亦然。相应地，基于单边效应理论，涉及互补性商品的纵向合并或混合合并，即使合并没有降低任何边际成本，
380 交易对合并后的企业也可能产生降价的动机。[2]

提供替代性商品的企业之间的合并与提供互补性商品的企业之间的合并所产生的动机存在差异，我们可以通过一个假设案例说明这个道理：运营连接两座岛屿的两座收费桥（A 和 B）的两家企业之间的合并。案例 1 中，两座桥是平行关系，那些希望往来两座岛屿的顾客可以选择桥 A 或者桥 B。案例 2 中，两座桥是直接的连接关系，对那些希望穿梭两座岛屿的顾客而言，必须通过（见图 5.1）。在这两个案例中，合并前，每座桥的运营商都基于其短期利润最大化来设定其过桥费的价格，并不会考虑其定价决策对另一运营商利润的影响。合并后，企业则基于两个运营单位（合并没有改变两座桥的物理位置）共同利润的最大化来决定两座桥的过桥费价格。如图 5.1 所示，一项合并导致更高还是更低的过桥费，取决于两座桥的不同设置。

2　尽管如下所述，非横向合并也能带来这类供应方面的效率。

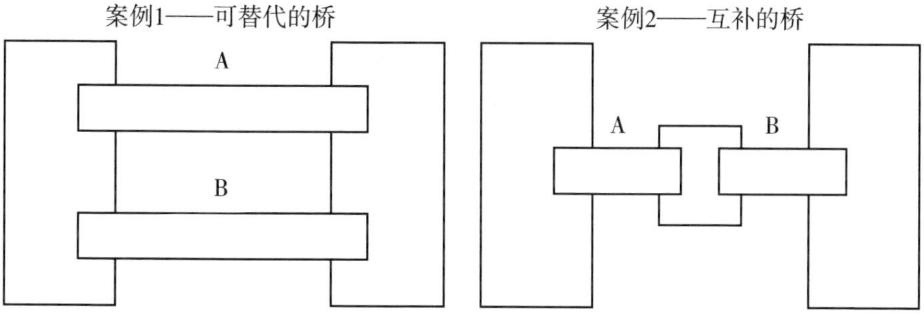

图 5.1　替代性和互补性图解

案例 1 中,桥 A 与桥 B 的运营商提供替代性商品。A 桥过桥费的小幅上涨会导致一些使用 A 桥的“边际客户”转而使用 B 桥。类似地,A 桥过桥费的小幅下降,会导致一些使用 B 桥的“边际客户”转而使用 A 桥。当两家企业各自独立设定过桥费价格时,桥 A 运营商将持续降低其价格,直到其通过降价从桥 B 运营商那里夺得的“边际客户”带来的效率提升可以抵消其降价导致的利润损失。桥 A 运营商并不会考虑其降价决策对桥 B 运营商利润的损害,反之亦然。这种情形下,两家运营商之间的合并使得降价导致的负面影响(对另一方利润的影响)被内部化。结果是,合并后的企业将选择对每座桥都收取较之两家企业分别定价时更 381
高的过桥费。[3]

案例 2 中,桥 A 与桥 B 的运营商提供互补性商品。桥 A 运营商的小幅涨价会导致一些“边际客户”不再往返于两座岛屿之间。因此,桥 A 运营商的小幅涨价同时造成桥 A 和桥 B 运营商服务需求的下降。当分别设定其价格时,桥 A 运营商将持续降低其价格,直到其通过降价吸引来的往返两座岛屿的“边际客户”带来的效率提升可以抵消其降价导致的利润损失。但是,桥 A 运营商不会进一步将其价格降低于某个价格,因为尽管该价格可以最大化其自身利润,但该价格在提升其自身服务需求的同时还可以提升桥 B 运营商的服务需求。这种情形下,两家运营商之间的合并使得降价导致的积极影响(对另一方利润的影响)被内化。结果是,合并后的企业将选择对每座桥都收取较之两家企业分别定价时更低的过桥费。

3　当然,如第三章详细描述的那样,要判断提供替代商品的企业之间的合并在实践中是否会导致涨价的激励,需要对合并企业相互之间带来的竞争约束,市场上其他供应商带来的竞争约束,以及潜在的抵消性效率改进进行具体的评估。

提供互补性商品的企业之间的合并产生降价激励的机制,经常被称为“双重边际化(也称双重加价)”(double marginalisation)的消除或者被称为“古诺效应”(Cournot effect)。[4] 该机制也可能产生合并后商品质量上升的激励。如果交易一方提供的商品质量上升对另一方的利润会产生积极效应,合并后企业在决定其商
382 品质量水平时就会考虑该效应。

除了合并各方的决定对另一方需求的影响被内部化的相关利益外,非横向合并经常还会产生供给方面的实质性效率。

特别是,非横向合并还可能消除“劫持”(hold-up)问题,使得一项对合并各方都有利的投资得以发生。比如,假定企业 A 生产的一种产品是企业 B 的一种投入要素。同时假定该投入要素具有通用性,即该投入要素可用于与企业 B 竞争的任何企业的生产流程。企业 A 和企业 B 一般通过短期合同确定企业 B 针对该投入要素所需支付的价格。现在假定,企业 A 对生产该投入要素的设备的特定部分进行改善性投资可以很大程度上提升企业 B 产品的质量,并可以提升企业 B 在下游所能赚取的利润。但是,投入要素改进所带来的利益只能被企业 B 所获得。换句话说,实施该项投资后,只有企业 B 使用的企业 A 生产的投入要素实现质量改进,其他企业实施的投入要素并不会实现质量改进。企业 B 鼓励企业 A 对该部分设备进行改进性投资,并提出如果企业 A 进行了投资,原投入要素价格将翻一倍。我们可以认为,在更高的价格上,企业 A 将从该生产设备的投资中获益,企业 B 也因为其产品质量的改进(以及质量改进对下游需求和利润产生的积极效应)而获益,因此企业 B 对投入要素承担更高的成本也是值得的。[5]

但是,企业 A 将会意识到,一旦其实施了该项投资,企业 B 也可能违背其就投

---

4 对于涉及互补性商品的纵向合并与混合合并,该机制具有相同的效果。所有情形中,合并后的企业实施定价决策时都会考虑一方产品价格的降低对另一方利润带来的积极效应,从而使得合并后企业设置更低的价格。当涉及纵向合并时,该效应被称为消除双重边际化或消除双重加价。当涉及混合合并时,则被称为古诺效应。一般认为,古诺是观察到提供互补性商品的垄断生产商之间协调定价会导致价格下降的第一个学者(1838 年)。特别是,古诺提供了一个有关互补性铜、锌产品的例证,该例证中铜和锌被混合用于生产黄铜。See A. Cournot, *Recherches sur les Principes Mathématiques de la Théorie des Richesses*(Paris, France: L. Hachette, 1838; English translation by N. T. Bacon in *Economic Classics*, New York, NY: Macmillan, 1897; reprinted by Augustus M. Kelly, 1960).

5 该投资代表了所谓的帕累托改进,即假定投资带来的利益在各方之间的适当分配能够使得各方的境况都得到进一步改善。

入要素支付双倍价格的承诺。假定该项投资带来的利益只由企业 B 获得,企业 A 知道在未来的合同谈判中,企业 B 将拥有明显的谈判优势,企业 B 可能试图占有该项投资产生的所有利益。因此,企业 A 可能最初就不情愿进行这一投资。企业 B 劝诱企业 A 实施这一投资的一种可能的方式是,签订确保企业 A 可以就投入要素收取高价的长期协议。但是,这类协议也可能不具有吸引力,比如,由于成本与需求条件的变化,交易方往往更倾向于采用进行普通价格协商的短期合同。企业 A 与企业 B 之间的合并将消除这一劫持问题,这意味着如果合并不发生,一项有 383
利的投资也就不会发生。[6]

此外,混合合并还可能产生可以降低合并一方或各方成本的范围经济效应,或者让合并方提供更高质量的商品。[7] 当独立的产品或服务在同一企业生产时,如果这些产品或服务的生产成本能够被分担,也会产生范围经济效应。[8] 范围经济可以源自多种渠道,如销售与分销效率(不同产品可以依赖同一基础性销售与分销基础设施)、共同的资产(不同产品能够由同一设备的单一部分所生产),或者专有技术(一种产品的生产工艺流程的功效可能被另一种类似产品的生产工艺流程的相关经验所改进)。

纵向合并可能产生供应链效率,比如有保障的供应或更好的供应链安排。合

6 这个例子类似于 GM 与 Fisher Body 的交易案,参见 B. Klein, R. G. Crawford and A. A. Alchian, 'VerticalIntegration, Appropriable Rents, and the Competitive Contracting Process' (1978) 21 *Journal of Law & Economics* 297。Fisher Body 为 GM 的汽车生产木质车身。当铁质车身替代木质车身时,Fisher Body 有必要就专门针对 GM 的产品进行投资。在 GM 与其在 1919 年签订 10 年的长期合同后,Fisher Body 对设备进行了投资。最终,由于双方关系的紧张(包括 GM 希望 Fisher Body 进行进一步的特定投资,比如将其工厂设置在 GM 工厂的隔壁等)导致 GM 与 Fisher Body 在 1924 年和 1926 年进行了合并。但是,有关该交易合理性的解释也存在争议。See R. Casadesus-Masanell and D. F. Spulber, 'The Fable of Fisher Body' (2000) 43 *Journal of Law & Economics* 67-104.

7 Teece 认为,如果范围经济是基于对财产性专有技术的共同与反复使用,或者基于对一项专有的、无法分割的物理资产的使用而产生,则经营多元商品的企业(多元化经营)是一种有效的经济活动组织方式。See D. J. Teece, 'Economies of Scope and the Scope of theEnterprise' (1980) 1(3) Journal of Economic Behavior & Organization 223-247.

8 "范围经济"(economies of scope)这一概念由 John Panzar 和 Robert Willlig 提出。他们将范围经济界定为这样一种状态,即将两条或多条生产线联合起来由一家企业生产的成本,比它们各自分开生产的成本要低。See J. C. Panzar and R. D. Willig, 'Economies of Scale in Multi-Output Production' (1977) 91(3) *Quarterly Journal of Economics* 481-493 and J. C. Panzar and R. D. Willig, 'Economies of Scope' (1981) 71(2) *American Economic Review* 268-272.

并可能实现采购、生产与分销方面更好的协调与计划，也可能让合并后的企业降
384 低成本（如通过降低商品库存量），并可能让合并后的企业对消费者需求的反应更为敏锐。[9]

综上，与横向合并不同，即使没有出现可以让合并后的企业以低于合并各方分别生产时的边际成本去生产产品的新的生产技术，非横向合并也可能产生促进竞争的效果。重要的是，交易在供应方面带来的效率可能为很多非横向合并提供合理性。

本章下述内容会提及，尽管非横向合并一般被假定是促进竞争的，特定情形下它们也会导致反竞争效果。

在考虑非横向合并的潜在反竞争效果前，我们应该认识到，产生效率是非横向合并的重要特征，不应将之视为潜在损害的源泉。一些案件中，有观点主张，如果长远来看低价使得合并后企业的竞争对手很难与之进行竞争，则非横向合并导致的降价可能是反竞争的。这种主张一般被称为"效率侵害"（efficiency offence）。

原则上来说，对竞争（与消费者）的长期损害可能源自合并效率带来的低价这一主张在实践中很难被接受，除非存在有力的证据去证明短期消费者利益很小，长期损害很大且相对确定。[10] 欧盟《非横向合并指南》明确指出，"合并所创造的效率可能损害竞争对手的利益，这一事实本身并不会产生竞争问题"。[11]

2.2 封锁与反竞争封锁

如上所述，一些情形下，非横向合并会导致反竞争效果。这类案件中，最为普
385 遍的竞争关注是，非横向合并被认为会导致"反竞争封锁"。

---

9 See D. Thomas and P. Griffin, 'Coordinated Supply Chain Management' (1996) 94, *European Journal of Operational Research* 1-15.

10 要对短期利益与长期损害进行比较，需要对长期损害基于适当的比例进行折现。如果由于合并带来的低价，消费者今天能够节省 1 欧元，假设消费者能以 4% 的年利率进行投资，这能补偿他们在 5 年时间里承受 1.2 欧元的价格所带来的损失。

11 See Guidelines on the assessment of non-horizontal mergers under the Council Regulation on the control of concentrations between undertakings ([2008] OJ C265/07) (the 'ECNon-horizontal Merger Guidelines'), para. 16.

《非横向合并指南》清晰区分了“封锁”与“反竞争封锁”这两个概念。封锁是指，“由于发生合并，实际或潜在的竞争对手获得原料供应或进入市场时受阻，或者完全无法获得供应或进入市场，进而损害这些企业进行竞争的能力或动机的情形”。[12] 因此，封锁这一概念很宽泛，其包括损害合并后企业的竞争对手的各种情形。如果宽泛的解释，减少竞争对手销售能力的任何降价行为，也符合上述封锁的定义。

但是，《非横向合并指南》中界定的封锁，并不需要对消费者造成损害。实际上，大部分促进竞争的行为（如降价、改进质量），由于会给竞争对手的销量或者利润带来压力，都会让竞争对手更难以竞争。重要的是，这类降价行为一般不会损害竞争，实际上是有利于客户的。尽管任何企业的降价总是具有增加竞争对手压力的效果，这样的竞争压力提升有时是受欢迎的，体现了竞争过程带来的有益影响以及非横向合并产生的典型效率。因此，封锁这一事实本身并不必然会导致法律上的竞争关注。

尽管如此，特定情形下，当合并导致竞争对手获得供应或进入市场受阻时，这可能让合并后的企业面临更低的竞争压力，从而使其对消费者收取更高的价格（或降低产品质量）。封锁导致的这种损害最终消费者的情形，则被称为“反竞争封锁”。

只有一项合并导致竞争对手目前带来的竞争约束被显著减少，这种情形下才能说出现了反竞争封锁。[13] 但是，那些会损害消费者的封锁，并不一定需要合并后 386
企业的竞争对手实际上离开市场。[14] 反竞争封锁的出现，只需要合并后企业的竞争对手不能再针对那些损害消费者的涨价行为，提供潜在的竞争约束。[15] 这种竞争约束的削弱可能给合并后的企业实施涨价，提供一定的空间。

12　See Non-horizontal Merger Guidelines, para. 18.

13　欧委会指出，大多数情况下，合并之时的市场竞争状况构成评估合并效果的参照点。然而，某些情形下，欧委会将考虑合理预见的未来市场变化。特别是，欧委会在考虑相关参照因素时，可能会将未发生合并时企业进入和退出市场的可能性纳入考虑范围。Non-horizontal Merger Guidelines, para. 20.

14　这点也被《非横向合并指南》指出：“即便竞争对手未被迫退出市场，封锁效果仍可以存在：只要竞争对手因此被置于不利地位，从而无法像以前那样有效地参与竞争即可。只要合并各方（同时也有可能包括其竞争对手）有可能通过提高其对消费者收取的价格而获取利润，这样的封锁即被视为是反竞争的。”Non-horizontal Merger Guidelines, para. 29.

15　如下所述，这种竞争约束的降低可能是竞争对手可变生产成本上涨带来的结果。

不同类型的合并,相关的潜在反竞争封锁的因果关系也会存在差异。

纵向合并可能导致的反竞争封锁,存在两种主要的形式:原料封锁(合并后的企业将上游的市场力量传导到下游市场)以及客户封锁(合并后的企业将下游的市场力量传导到上游市场)。通过这两种机制产生的反竞争封锁的范围,将在下面的第3部分和第4部分讨论。

另外,混合合并导致的反竞争封锁,典型的表现是某个市场的市场力量通过捆绑或搭售合并后企业的产品而传导到另一个市场。[16] 另一种竞争关注是,通过搭售或捆绑,合并后的企业能够保护市场力量(比如提升市场进入门槛)。[17] 混合
387 合并导致的反竞争封锁将在第5节详细介绍。

在一段时期内,主流观点特别是芝加哥学派认为,非横向合并不会在不同市场之间产生传导效应。

“单一垄断利润”(one monopoly profit)理论指出,如果合并后的企业在一个市场拥有垄断地位,在另一相关市场中却面临完全竞争,则该企业最合理的选择是在垄断市场中获得垄断租值,它可通过在垄断市场中设定垄断价格来实现这一目标。[18]

考虑一项纵向合并,该合并发生在上游市场的一家垄断企业与完全竞争的下游市场中的一家企业之间。合并前,上游企业通过向下游企业设置批发价来实现其利润最大化,而下游企业则向消费者设置最终售价。对消费者而言,这和一家纵向整合的垄断企业对其收取的价格是一样的。因为下游市场是竞争性的,下游利润为零,整个垄断利润都传回上游企业。合并后,如果下游企业在市场上持续竞争,企业将收取同样的下游价格,获得同样水平的利润。

---

16 如第5节所解释的那样,“纯粹捆绑”这一概念被用于描述一种状态,即产品以固定的比例与其他产品一起被出售,而不能单独出售。“混合捆绑”是指,产品以固定的比例与其他产品一起被出售,但也能够单独出售。“搭售”一般被用于描述一种状态,即客户购买一种特殊的产品(搭售品)时被要求同时购买另一种产品(被搭售品)。

17 《非横向合并指南》清晰讨论了捆绑与搭售,欧委会并没有排除发现其他类型的排他性行为导致的竞争关注的可能性。其他类型的排他性行为(包括交叉补贴以及掠夺定价),便在 *GE/Honeywell* 案中被提出(Case COMP/M. 2220-*GE/Honeywell* Commission decision of 3 July 2001)。在 *GE/Amersham* 案中(Case COMP/M. 3304-*GE/Amersham*, Commission decision of 21 January 2004),下面第5.5.2节会讨论,欧委会也测试了合并后的企业是否会获得竞争优势,因为其占据更好的地位去发展其医疗设备和造影剂产品的技术。

18 See R. H. Bork, *The Antitrust Paradox*, 2nd edn (New York: Free Press, 1993).

混合合并会出现类似的结果,一家在某种产品上拥有垄断力量的企业,并不能通过将其垄断性产品与竞争性市场上提供的产品捆绑出售来提升其利润。实际上,如果一些消费者只想购买垄断性产品,对于竞争性产品的供应没有兴趣,则捆绑行为只能降低企业的利润,因为如果只能作为捆绑产品的一部分来购买垄断性产品,一些消费者会放弃消费垄断性产品。

尽管单一垄断利润理论有助于提醒我们,将市场力量传导到竞争性市场并不一定是一种改进效率的策略。该理论分解出了一些时髦的理论框架,但并不适用于所有的情形。一些理论文献已经确认了很多单一垄断利润的例外情形。特别是,单一垄断利润理论基于一种假定,即下游市场是完全竞争的,下游市场的企业 388
都设置等于其边际成本的价格,因此所有可用利润都能被上游垄断企业成功获取。此外,关键是该理论没有考虑一种可能性,即合并后的企业能够通过其行为改变市场结构,例如,通过阻碍其竞争对手实现规模经济。在动态竞争环境下,这些行为能够降低企业长期面临的竞争约束,因此使得其可以涨价。[19] 现代经济理论显示,特定环境下,非横向合并能够被用于在市场之间传导市场力量。纵向合并与混合合并导致反竞争封锁的各种途径将在本章下述部分详细介绍。

2.3　其他反竞争效果

如上所述,反竞争封锁这种非协调效应,是非横向合并产生竞争关注最通常的原因。

但是,非横向合并也能导致与反竞争封锁存在不同属性的一些非协调效应,以及协调效应。[20]

2.3.1　其他非协调效应

非协调性涨价激励,可能源自非横向合并可以让一家企业获得某竞争对手的敏感性商业信息。[21] 特定环境下,敏感性商业信息可能使合并后的企业较之交易

19　对芝加哥学派这一主张的进一步解释,参见 B. Nalebuff,‘Bundling, Tying, and Portfolio Effects’(DTI Economics Paper No. 1, 2003)。

20　有关纵向与混合合并的经济学文献概况,可参见 J. Church,‘The Impact of Vertical and Conglomerate Mergers on Competition’Report for the Directorate General for Competition, Directorate B Merger TaskForce, European Commission, 2004)。

21　See Non-horizontal Merger Guidelines, para. 78.

前设置更高的价格(短期内损害消费者利益)。如果所涉案件不太可能存在形成
389 非协同性涨价动机的特定环境,我们就不用对这一问题进行具体的分析。

可能导致另一种形式的非协调效应的非横向合并被称为“对角合并”,在这种合并中,合并一方是一家上游供应商,另一方是将该上游供应商的产品作为某种原料的下游企业的某家竞争对手。[22] 原则上来说,对角合并能够导致的涨价动机,一定程度上类似于横向合并中出现的单边效应。[23] 这类动机的产生是基于一个事实,即上游供应商向合并另一方的竞争对手提价,这会提升这些竞争对手的成本,使得他们必须提升其产品价格。竞争对手的涨价会导致一些需求转向与这些竞争对手竞争的下游合并一方。对角合并将在第6节讨论。

2.3.2 协调效应

如第四章所述,当合并创造条件,使得默示共谋更可能发生或者更为有效时,就会出现协调效应。尽管在横向合并中出现协调效应的关注更为普遍,这类竞争关注也可能在非横向合并案件中出现。[24]

原则上来看,那些导致封锁,让市场中的竞争者数量下降的非横向合并,会让留存于市场中的竞争者更容易进行协调。[25] 如第四章所述,降低市场中竞争者的数量能让协同性结果更容易达成(如通过降低需要达成的默示协议的数量)与维
390 持(如通过降低那些行为需要被监督的企业的数量)。但是,典型的情形是,如果
一项非横向合并预期导致大量竞争者退出市场,更自然的是从剩下企业单边涨价动机的角度去评估市场退出带来的影响,而不是去评估剩下的企业实施默示共谋行为的可能性。

一些情形下,非横向合并可以在没有导致任何竞争对手退出市场或被边缘化的前提下,通过一些方式去提升市场透明度(使得达成与监督默示协议更为容易),从而便利协同行为。协同协议的外部稳定性(参见第四章第3.2.2节),也能

---

22 “对角合并”这一概念首次被Higgins使用,参见R. S. Higgins, ‘Diagonal Merger’(1997) 12 *Review of Industrial Organization* 609-623。

23 在*Google/DoubleClick*案中,欧委会在竞争评估中评估“横向效应”时,在“实际竞争”的副标题下讨论了基于Google与DoubleClick之间的对角关系而导致的潜在单边效应,参见Case COMP/M. 4731-*Google/DoubleClick*, Commission decision of 11 March 2008, para. 192。

24 对纵向合并中的协调效应进行建模在晚近的经济学文献中才出现,参见Nocke, Volker and L. White. ‘Do Vertical Mergers Facilitate Upstream Collusion?’(Penn University Working Paper, 2005)。

25 See Non-horizontal Merger Guidelines, para. 120.

够通过降低协议外其他主体有效竞争的能力,或者通过消除某个在瓦解协同行为方面发挥作用的买家而得到提升。

最后,原则上来看,一项非横向协议可以通过提升多个市场之间的联系,扩大协同行为的范围。[26] 如第四章第 2.2 节和第 3.2.1 节所述,如果企业之间通过多个(产品或地域)市场进行联系,在特定环境下,这会提升对协同条款背离行为的惩戒范围,使得协同行为更为有效。

非横向合并中协调效应的竞争关注没那么普遍,当一项非横向合并可能引发基于协调效应的损害理论时,需要考虑的问题与第四章讨论的问题是一样的,因此本章下述内容不会进一步讨论相关问题。

3. 纵向合并:原料封锁

原料封锁是指,一项合并导致合并后企业在下游的竞争对手获取某种重要的原材料的成本上涨。合并后企业的竞争对手的成本上涨,可能会降低合并后企业在下游面临的竞争压力。这种竞争约束的降低可能让合并后的企业有利可图地对最终消费者实施涨价行为。

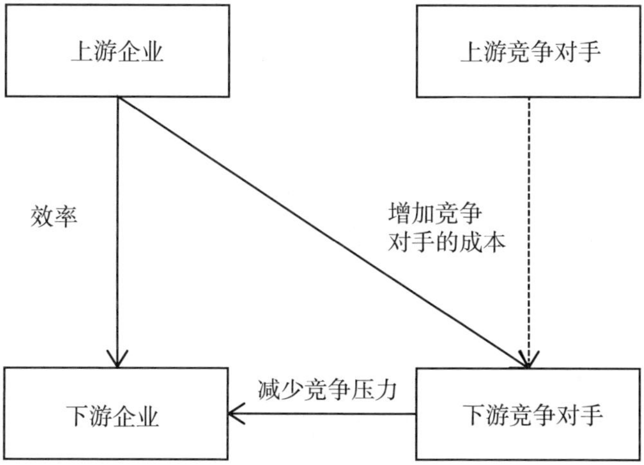

图 5.2　原料封锁竞争关注图解

26　See Non-horizontal Merger Guidelines, para. 121.

图5.2说明了原料封锁可能成为一种竞争关注的合并情形。该图显示了一
391 家上游企业(如一家制造商)与一家下游企业(如一家分销商)之间的一项合并。由于合并中的上游企业(及其在上游的竞争对手)是下游企业的竞争对手的潜在原料供应商,为了让下游企业受益,合并后的企业就可能提高下游竞争对手获得原料的成本。

在讨论原料封锁时,一般会进一步区分为完全封锁与部分封锁。当合并后的企业的上游业务部门停止向下游业务部门的实际或潜在竞争对手供应原料时,会出现完全封锁。完全封锁可以通过合并后的企业拒绝供应原料来实现,也可以通过合并后企业的上游业务部门将其产品转变为新的版本,使得它们不再与下游业务部门的竞争对手所使用的技术相匹配,从而达成完全封锁的效果。[27]

当合并后企业的上游业务部门采取一些尽管没有达到拒绝供应程度的行为,但结果导致下游业务部门的竞争对手的供应条件被恶化,这时就会出现部分封锁。实践中,企业可能采取多种方式实现部分封锁,采取何种方式取决于相关市
392 场的性质。比如,部分原料封锁可以通过以下方式实现:

(1)向部分或所有下游竞争对手收取更高的原料价格;

(2)向部分或所有下游竞争对手降低原料供应量;

(3)向部分或所有下游竞争对手降低原料质量;

(4)在针对部分或所有下游竞争对手的原料供应合同中提出更为苛刻的合同条款。

在合并评估中适用原料封锁理论的关键是,合并后企业是否事实上具有提升下游竞争对手成本的能力与动机,以及提升成本是否会对竞争造成负面影响。只有上述三个条件同时具备才能得出可能出现"反竞争封锁"的结论。

第3节的余下部分会针对这些条件进行分析。第3.1节分析合并后企业进行原料封锁的能力。第3.2节分析合并后企业进行原料封锁的动机。对封锁的能力与动机进行评估的相关问题会通过一些例证以及欧委会近年进行的一项合并调查评估,包括对欧委会有关*Nokia/Navteq*案[28]的决定书的具体评估来进行说明。最后,第3.3节讨论封锁策略可能损害消费者的市场环境。

---

27 See Non-horizontal Merger Guidelines, para. 33.

28 See Case COMP/M.4942-*Nokia/Navteq*, Commission decision of 2 July 2008.

3.1 实施原料封锁的能力

评价一项合并是否可能导致原料封锁的第一步,是考虑合并后的企业是否具有实施封锁的能力,即提升下游竞争对手获取一种重要原料的成本的能力。

只有当合并后的企业能够影响下游竞争对手购买原料的成本的交易条件(如价格或质量相关条件),实施封锁的能力才会产生。对于原料价格上涨,如果合并后企业的客户能够以适当条件便利地转向其他类似替代品供应商,则合并后企业 393
肯定不具有显著提升下游竞争对手成本的能力。此外,如果相关原料的成本仅占下游企业整个成本的一小部分,则即使合并后企业能够显著提升下游竞争对手获得原料的成本,这也不一定会对下游竞争对手的生产成本带来实质性影响。

上述因素成为存在实施原料封锁能力的若干必要条件。

第一,合并后的企业必须在上游市场拥有显著的市场力量。如果合并后的企业不拥有显著市场力量,则其无法影响下游竞争对手获得原料的条件。上游企业影响下游企业获得原料的能力大小,取决于上游市场的竞争程度,这需要类似评估单边效应那样去分析上游市场的竞争。特别是,往往有必要去考虑合并后企业在上游的业务部门与其上游竞争对手之间的竞争程度。类似地,是否有能力去约束或提升竞争对手的成本,这可能影响合并后企业通过涨价或限制原料获取来提升下游竞争对手成本的能力大小。

第二,合并后企业供应的原料必须一定程度上构成下游产品某种重要的生产要素。[29] 如果原料并非下游产品的某种要素,则原料供应条件的恶化并不会实质影响下游企业的竞争。原料的这种重要性可能基于原料成本占下游企业总生产成本的比例较高。或者,原料对于下游企业生产非常关键,如果不能获得该原料,下游产品就无法生产出来(尽管如果原料并非显著的成本因素,其关键属性只在完全封锁案件而非部分封锁案件中才符合构成"重要原料"的条件)。

只有上述所有条件都符合,才能确定存在封锁能力。重要的是,这意味着即使一家企业在向下游竞争对手供应原料的市场中拥有显著市场力量(甚至市场支配地位),也并不意味着其必然拥有封锁的能力。比如,即使一家上游企业有能力 394
显著提升下游竞争对手获取原料的成本,但如果该原料成本仅占下游企业生产成

---

[29] See Non-horizontal Merger Guidelines, para. 34.

本很小一部分,则我们并不能说上游企业有实施封锁的能力。

在对合并后企业实施原料封锁的能力进行评估时,有时还需要考虑第三方上游产品供应商会如何应对合并后企业的封锁策略。如果合并后的企业对其下游竞争对手就某种原料拒绝供应或者涨价,这对市场上的第三方原料供应商而言,其面临的竞争约束会更弱。这可能使得第三方供应商提高向下游独立企业收取的原料价格。这种效应的强弱程度取决于诸多因素。

首先,如果在上游,合并后的企业与其他原料供应商之间产品的差异化程度很低,这意味着合并后的企业以前对上游第三方供应商的定价存在很强的约束力。这种情形下,这一竞争约束的消除(完全封锁的结果)或者约束的减弱(部分封锁的结果),可能让上游的第三方竞争者能够大幅提升其产品价格。

其次,向未被整合的下游企业供应原料的上游第三方供应商之间的集中度越低,合并后企业通过封锁策略向下游企业收取的原料价格的涨幅也就越低。如果向未被整合的下游企业提供原料的上游供应商之间存在很强的竞争约束,即使合并后企业的上游业务部门不再供应原料(实施完全封锁),剩下的上游供应商面对未整合的下游企业也不能拥有很强的市场力量。

如本章第 3.2 节所讨论,评估原料封锁时的一个重要问题是,合并后的企业能否作出不实施封锁策略的承诺。尽管作出承诺可以被视为削弱合并后企业实施封锁的能力的一个因素,我们在讨论封锁动机时认为,该问题与合并后企业向
395 其下游竞争对手供应原料的动机相关。[30]

最后,值得注意的是,实践中合并后企业实施封锁的能力大小取决于个案不同情形中的多种因素。这些因素还涉及下游竞争对手的反击策略,包括资助新的企业进入市场,企业自己生产所需原料,或者向那些可以让它们更少依赖相关原料的替代性技术进行投资。

3.1.1 实施原料封锁的能力:假设案例

下面的案例说明原料供应商实施原料封锁的能力主要基于:(1)其与提供该种原料的第三方供应商之间的竞争;(2)该种原料在下游生产环节的重要性。

假定有三家企业,即 A、B、C,它们都生产某种原料,该种原料是下游企业 1 和企业 2 生产的某种器具必需使用的零件。假定该种零件对于下游器具的生产极

---

30 实际上,在 *Nokia/Navteq* 案中,欧委会在讨论合并后企业实施封锁的动机时分析了承诺问题。参见 Case COMP/M. 4942-*Nokia/Navteq*, Commission decision of 2 July 2008, para. 346.

为重要，并且假定其占下游器具边际生产成本的100%。企业A、B和C生产的该种零件具有同质性，且这几家企业都没有产能方面的约束。这三家上游供应商没有产生固定成本，但它们生产这种零件的边际成本存在差异（如表5.1所示）。

表5.1　供应商的边际成本

供应商	边际成本
A	10
B	20
C	30

这三家供应商为了向下游企业1和企业2供应原料，在投标环节进行竞争。假定不存在产能约束，企业A报价20便可以赢得投标，获得同时向企业1和企业2供应原料的机会（如图5.3所示）。[31] 该报价受企业B的约束，企业B愿意提供原料的最低价格是20。 396

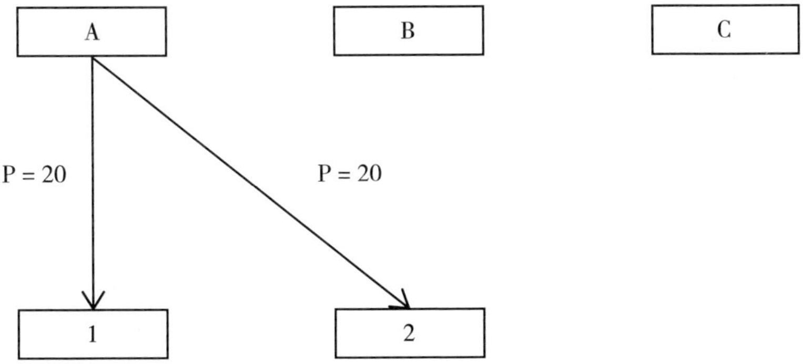

图5.3　合并前情形图解

现在假定企业A与下游企业1实现了纵向整合，产生企业A1。我们将整合后的新企业A1在上游的机构称为部门A，下游的机构称为部门1。部门A基于成本价向部门1提供原料，但拒绝向企业2提供原料。现在企业B能够基于30

31　值得注意的是，企业B也可以提出和企业A一样的报价（20），在该价格上，客户从企业A和企业B购买原料并不存在差异。但是，我们可以假定当大家的报价都是20时，企业A会赢得投标。尽管为了获得客户的偏爱，企业A的报价可能需要19.9999（企业B无法在可盈利基础上与其竞争的价格），我们仍假定企业A在20的价格上赢得竞标，因为让客户坚定选择企业A的投标价格实际上“非常接近”20。

的价格,赢得向企业 2 供应的投标(如图 5.4 所示)。[32]

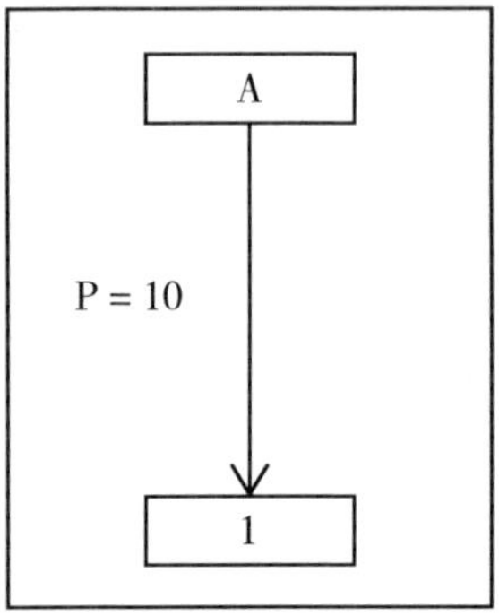

图 5.4　合并后实行原料封锁情形图解

企业 A1 拒绝向企业 2 供应原料导致的结果是,企业 2 获得原料的价格从 20 上涨到 30(增加了 50%)。[33] 假定该原料占企业 2 边际成本的 100%,则其获得原
397 料供应的整体边际成本就会上涨 50%。这种情形下,该例证说明企业 A1 具有实质性地影响企业 2 获得原料的条件的能力,从而也就具有实施封锁的能力。

现在我们对该假定案例的情形作两项调整,其中任何一项调整都可以消除企业 A1 封锁企业 B 的能力:

第一,企业 C 的边际成本是 20 而非 30。如果企业 C 的边际成本与企业 B 都是 20,则企业 A1 拒绝向企业 2 提供原料会导致企业 B 只需提出不高于 20 的报价就可以赢得企业 2 的业务。这种情形下,企业 A1 拒绝向企业 2 提供原料不再对企业 2 获得原料的价格产生影响,因为企业 B 的价格受到企业 C 的约束。结果是,企业 A1 不再具有通过拒绝供应去封锁企业 2 的能力。

第二,原料只是企业 1 和企业 2 所使用的若干零件中的一种,且这类零件成本仅占企业 1 和企业 2 的器具总边际生产成本的 10%。如果这种零件仅占企业 2 边际成本的 10%,则即使企业 A1 的拒绝供应行为导致特定零件价格上涨 50%,也仅仅导致企业 2 总边际成本上涨 5%。这种情形下,即使企业 A1 能够实质性地提升企业 2 购买该种零件的成本,也不表示其能够进一步对企业 2 获得原料供应的整体成本带来实质性影响。

32　其报价受企业 C 的约束,企业 C 愿意基于最低 30 的价格进行供应。

33　企业 A1 将其对企业 2 提供原料的价格从 20 涨到 30 这一部分封锁策略,也可以对企业 2 为原料支付的价格产生类似的效果。

上述例证说明,当我们分析合并后企业的封锁能力是否存在时,对上游市场的竞争态势进行充分评估(包括考虑第三方企业对合并的相关约束),以及对合并后企业供应的原料的重要性进行充分评估,是非常重要的。

3.1.2 实施原料封锁的能力:欧盟案例

本节将大致介绍前部分讨论的那些概念如何在欧盟案例中被适用。首先,我们讨论欧委会对上游市场力量以及原料对下游企业的重要性所进行的评估。其次,我们会讨论欧委会考虑的各种封锁策略,而不仅仅只是直接的拒绝供应。最后, 398
我们会介绍实践中可能影响合并后企业实施封锁的能力的其他因素。第3.1.3节会具体讨论这些概念如何在一个具体的案件(*Nokia/Navteq*)中被适用的。

3.1.2.1 市场力量

如上所述,在上游拥有显著市场力量是合并后企业有能力实施封锁的一个必要条件。从2004年以来欧委会审查过的那些涉及纵向问题的进入第二阶段的大部分案件来看,在上游缺乏显著市场力量的交易,欧委会都没有发现竞争关注。[34]

表5.2显示了2004年以来欧委会确认存在原料封锁竞争关注的案例。这些案件中,几乎所有合并后企业在上游的市场份额都超过50%。

在那些上游市场超过1家企业具有显著市场力量的案件中,欧委会将分析重要的竞争对手对于合并后企业提升下游竞争对手成本的策略是否会带来加剧或削弱的影响。进行这一分析时,欧委会将考虑这些上游的领头供应商之间的竞争程度。

例如,在 *Itema/Barcovision* 案[35]中,该交易发生在纺织机械生产商Itema和BarcoVision之间,后者生产传感器以及纺织行业使用的一些其他零件。欧委会认为,尽管合并后的企业以及其在上游的主要竞争对手Uster都拥有显著的市场力

[34] See Case COMP/M. 4734-*Ineos/Kerling*, Commission decision of 30 January 2008, paras. 205-207; Case COMP/M. 4781-*Norddeutsche Affinnerie/Cumerio*, Commission decision of 23 January 2008, para. 175; Case COMP/M. 4956-*STX/Aker Yards*, Commission decision of 5 May 2008, paras. 148 and 193; Case COMP/M. 4187-*Metso/AkerKvaerner*, Commission decision of 12 December 2006, paras. 120-123; Case COMP/M. 3975-*Cargill/Degussa Food Ingredients*, Commission decision of 29 March 2006, paras. 163-166; Case COMP/M. 3653-*Siemens/VA Tech*, Commission decision of 13 July 2005, para. 420; Case COMP/M. 3625-*Blackstone/Acetex*, Commission decision of 13 July 2005, paras. 144 and 151; Case COMP/M. 4513-*Arjowiggins/M-real Zanders Reflex*, Commission decision of 4 June 2008, para. 514.

[35] Case COMP/M. 4874-*Itema/Barcovision*, Commission decision of 4 August 2008, paras. 47-70.

量(尽管也面临更小竞争对手带来的价格下降以及其他方面的竞争压力),如果合并后的企业停止向下游竞争对手供应原料,Uster 实施其提升了的市场力量的动
399 机也是很有限的。特别是,欧委会认为,“尽管随着交易进行,Uster 的市场力量会提升,但预期的下游整合以及 Uster 将相应损失的大部分(如果不是全部)传感器销售额,这会限制 Uster 通过涨价实施市场力量的动机”。[36]

Nokia/Navteq 案[37]中(第 3.1.3 节会详细介绍),欧委会考虑了 Tele Atlas (以及 Garmin)是否会削弱 Navteq 通过上游市场力量去提升下游竞争对手成本的动机。[38]

表 5.2　2004 ~ 2011 年进入第二阶段审查的案件中,因上游市场份额引起原料封锁竞争关注的案例

案例	合并企业上游市场份额[1]	原料封锁竞争关注
DONG/Elsam/Energi E 2[2]	90% ~ 100% (燃气存储)[3]	交易被认为可能会让 DONG 有能力和动机通过增加在丹麦的燃气存储关税来提高竞争对手的成本。
E. ON/MOL[4]	>50% (燃气批发)[5] 90% ~ 100% (燃气储存)[6] 70% ~ 75% (批发和零售电力[7])	委员会认为合并后的企业有能力和动机在燃气批发市场对其燃气零售市场的竞争对手实施封锁,且在燃气存储方面对其竞争对手实施歧视待遇。批发和零售电力市场也被认为会出现封锁方面的竞争关注。
ENI/EDP/GDP[8]	>50% (燃气批发[9])	委员会认为合并后的企业可能有动机通过提高燃气供应价格(或降低质量)对其下游的竞争对手实施封锁。
Gaz de France/Suez[10]	80% ~ 100% (燃气的各类市场[11])	合并后的企业被认为更有机会和动机提升下游竞争对手在配套服务以及平衡力方面的成本。
SFR/Télé 2 France[12]	>50%[13]	尽管 Télé2 在付费电视分销市场的新增市场份额很小(<5%),委员会仍认为合并后的企业既有能力又有动机实施系列歧视性措施,从而让下游付费电视市场的竞争对手处于不利地位。

400

[36] Case COMP/M. 4874-*Itema/Barcovision*, Commission decision of 4 August 2008, para. 69.

[37] Case COMP/M. 4942-*Nokia/Navteq*, Commission decision of 2 July 2008.

[38] 类似问题在 *TomTom/Tele Atlas* 案中也被考虑。See Case COMP/M. 4854-*TomTom/Tele Atlas*, Commission decision of 14 May 2008.

续表

案例	合并企业上游市场份额	原料封锁竞争关注
Thomson Corporation/ Reuters Group[14]	60% ~70%[15]	合并后的企业被认为有能力和动机在后市场调研、收益评估、基础信息以及 TS/E 等市场封锁竞争对手。
Syngenta/Monsanto' s Sunflower Seed Business[16]	45% ~55%(基于 2000 ~2010 年商业化的杂交品种的累积份额[17])	合并将提升合并后企业大幅减少欧盟地区向日葵品种交易和许可的能力和动机,这将显著地减少创新,封锁向日葵种子商业化市场上的竞争者,并最终减少消费者对向日葵杂交种子的选择。

[1] 该表在一些案例中使用">50%",欧委会并未提供具体的测算,但是其使用的词语(如"明显主导""准垄断")或数据表明其市场份额远远超过 50%。如果主要竞争对手的市场份额可获悉并且相关,则会将其列明。

[2] COMP/M. 3868-*DONG/Elsam/Energi E2*, Commission decision of 14 March 2006.

[3] DONG 在丹麦燃气领域全面的主导地位部分是因为其在丹麦储存业务的垄断:See COMP/M. 3868-*DONG/Elsam/Energi E2*, Commission decision of 14 March 2006, para. 298。

[4] COMP/M. 3696-*E. ON/MOL*, Commission decision of 21 December 2005.

[5] MOL WMT 在匈牙利的燃气批发供应的所有市场都居于主导地位(燃气交易商和大型发电站),其主导地位在中短期内不会受到威胁。

[6] MOL Storage 是匈牙利唯一拥有燃气储存设备的公司,因此是唯一可以提供储存服务的公司。See COMP/M. 3696-*E. ON/MOL*, Commission decision of 21 December 2005, para. 479. 401

[7] See COMP/M. 3696- *E. ON/MOL*, Commission decision of 21 December 2005, paras. 629-630.

[8] COMP/M. 3440-*ENI/EDP/GDP*, Commission decision of 9 December 2004.

[9] 如果允许 EDP 获得发电所需的原料供应,那么就意味着其与葡萄牙天然气唯一供应商(GDP)整合上游市场,在不久的将来就会改变批发市场的竞争条件,强化 EDP 的主导地位。See COMP/M. 3440-*ENI/EDP/GDP*, Commission decision of 9 December 2004, para. 366.

[10] COMP/M. 4180-*Gaz de France/Suez*, Commission decision of 14 November 2006.

[11] COMP/M. 4180-*Gaz de France/Suez*, Commission decision of 14 November 2006, paras. 134, 139, 144, 145, 148, 157, 159 and 160.

[12] Case COMP/M. 4504-*SFR/Télé 2 France*, Commission decision of 18 July 2007.

[13] Vivendi 可以通过向 SFR/Télé 2 提供引人入胜或定制化的内容(频道或广播权),并利用自身在上游和中间市场的重要地位来大大增加 SFR/Télé 2 的专有服务包(proprietary package),而其他数据用户线路运营商则无法获得,或者只能获得并不占优势的内容。Case COMP/M. *4504-SFR/Télé* 2 France, Commission decision of 18 July 2007, para. 91.

[14] Case COMP/M. 4726-*Thomson Corporation/Reuters Group*, Commission decision of 19 February 2008.

[15] 委员会分别评估了四个领域的市场份额:基础信息(Fundamentals)、评估(Estimates)、经纪调研(Broker Research)和经济时间序列(Economic Time Series),但是委员会在决定书中还重点关注了上述几方面联合封锁的竞争问题。委员会指出,60% ~70% 的竞争对手转销从 Thomson 或者 Reuters 那里获得的这几个领域的内容。值得注意的是,除最大的竞争对手 Bloomberg 外,其他竞争对手均转销从申报方那里分得的一个或数个领域的内容。See Case COMP/M. 4726-*Thomson Corporation/Reuters Group*, Commission decision of 19 February 2008, para. 423.

[16] Case COMP/M. 5675-*Syngenta/Monsanto' s Sunflower Seed Business*, Commission decision of 17 November 2010.

[17] Case COMP/M. 5675-*Syngenta/Monsanto' s Sunflower Seed Business*, Commission decision of 17 November 2010, para. 164. 402

3.1.2.2　原料的重要性

如上所述,只有涉案原料对于下游相关产品的生产非常重要(因为原料占下游产品成本很大一部分,或者因为一定程度上原料对下游活动必不可少),反竞争性原料封锁才可能实现。

如果原料价格仅占下游产品总可变成本一小部分,即使原料价格实质性上涨,也不太可能对下游竞争对手的竞争力产生实质性影响。在 *Nokia/Navteq* 案[39]中,欧委会发现原料(可导航数字地图)对于其供应的不同下游市场的重要性是不同的(参见第3.1.3节的具体分析)。在 *Thomson Corporation/Reuters Group* 案[40]中,欧委会基于那些使用交易方提供的内容产品的下游竞争对手的桌面工作站的市场份额,评估了竞争对手对 Thomson/Reuters 的上游内容产品的依赖性。在一些市场,市场份额很高,这使得欧委会得出结论,即封锁策略在交易后具有可行性。

3.1.2.3　潜在的封锁策略

大部分案件中,欧委会的关注点在于定价策略,即合并后的企业对下游竞争对手收取更高的原料价格。尽管如此,原则上来说,纵向整合后的企业可能运用多种封锁策略,而不仅仅是通过简单的拒绝供应或者提升上游的价格,去削弱下
403 游的竞争。比如下面的这些策略。

第一,销量限制。*Arsenal/DSP* 案[41]中,欧委会认为合并后的企业能够提升价格,并可以限制向下游竞争对手供应的苯甲酸的数量,从而迫使下游竞争对手以更高的价格从分销商或者非欧洲经济区的生产商那里购买。

第二,降低质量。在 *Nokia/Navteq* 案[42]中,欧委会认为合并后的企业有能力不仅实施涨价,而且可以降低向下游竞争对手供应的地图的质量,拖延竞争对手获得新版地图的时间,或者为 Nokia 保留一些创新性的产品特点。[43] 类似地,在 *SFR/Télé 2 France* 案[44]中,欧委会的市场调查显示,合并后的企业能够通过向其下

---

[39] Case COMP/M. 4942-*Nokia/Navteq*, Commission decision of 2 July 2008.

[40] Case COMP/M. 4726-*Thomson Corporation/Reuters Group*, Commission decision of 19 February 2008.

[41] Case COMP/M. 5153-*Arsenal/DSP*, Commission decision of 9 January 2009, para. 283.

[42] Case COMP/M. 4942-*Nokia/Navteq*, Commission decision of 2 July 2008.

[43] Case COMP/M. 4942-*Nokia/Navteq*, Commission decision of 2 July 2008, para. 264.

[44] Case COMP/M. 4504-*SFR/Télé 2 France*, Commission decision of 18 July 2007.

游分销渠道提供排他性的或者优先性的广播权，弱化竞争对手在下游付费电视分销市场带来的竞争压力。[45] 在 *Nokia/Navteq* 案[46]中，欧委会也主张合并后的企业可能实施一些其他的策略，比如对报价或重要技术信息方面的请求故意迟延反应。这种方法说明，质量下降并不一定直接针对产品本身，也可能发生在相关产品或服务上，如针对售后服务、附加服务或者选择性服务等。

3.1.2.4　其他可能影响封锁能力的因素

除了考虑上游企业的市场力量以及原料的重要性，还可能存在一些个案的特殊因素会影响合并后的企业实施封锁策略的能力。

欧委会已经在一些案件中指出，至少在交易完成后的头几年内，长期合同义务的存在可能阻止合并后企业涨价或者修改其他交易条款或条件。尽管对合并后企业实施封锁策略的这种制约不会长久，但这给竞争对手提供了足够的时间去发现或开发可替代性原料供应。欧委会已经在若干案件中提及长期合同可以作为阻碍潜在原料封锁的一种途径。例如，在 *TomTom/Tele Atlas* 案[47]中，欧委会指 404
出，“Tele Atlas 封锁其下游竞争对手的能力，被 Garmin 与 NAVTEQ 之间签署的一项长期协议所制约，该项长期协议使得 Garmin 可以免遭涨价，并且确保价格逐年下降直至 2015 年”。[48]

尽管如此，欧委会一般也不会仅仅因为这类合同的存在，便认为原料封锁方面的竞争关注会被消解。[49] 相反，短期合同或者快要更新的合同的存在，可能会被视为提升合并后企业实施封锁能力的一种因素。在 *Thomson Corporation/Reuters-Group* 案[50]中，欧委会认为，“该案涉及的合同适用期限较短，且快要重新签订，因

45　Case COMP/M. 4504-*SFR/Télé 2 France*, Commission decision of 18 July 2007, para. 92.

46　Case COMP/M. 4942-*Nokia/Navteq*, Commission decision of 2 July 2008; see also Case COMP/M. 4403-*Thales/Finmeccanica/Alcatel Alenia Space & Telespazio*, Commission decision of 4 April 2007, para. 256，该案中欧委会讨论了一些拖延策略。

47　Case COMP/M. 4854-*TomTom/Tele Atlas*, Commission decision of 14 May 2008.

48　Case COMP/M. 4854-*TomTom/Tele Atlas*, Commission decision of 14 May 2008, para. 208.

49　See Case COMP/M. 5153-*Arsenal/DSP*, Commission decision of 9 January 2009, paras. 286–288; Case COMP/M. 4942-*Nokia/Navteq*, Commission decision of 2 July 2008, para. 329.

50　Case COMP/M. 4726-*Thomson Corporation/Reuters Group*, Commission decision of 19 February 2008.

此,申报方具有在该市场上封锁竞争对手的能力”。[51]

一家纵向整合的企业如果已经从经济上或者法律上承诺实现一定水平的产能,或者涉案的相关产品已经在开发过程中,则合并后的企业可能无法减少供应。在 *Thales/Finmeccanica/Alcatel Alenia Space & Telespazio* 案[52]中,欧委会在分析原料封锁时,重点对卫星和卫星子系统竞标的预评标阶段进行了考察,认为事后的原料封锁策略(实质性拖延 TWT 供应协议的履行)不太可能发生,因为这类策略很容易被发现(特别是客户可以基于合同权利派遣专家跟踪原料的生产过程),且
405 会触发事前确定的违约金条款。[53]

除了这些面向客户的合同义务外,合并后企业实施封锁策略的能力可能还会被其供应商或其合营企业的合作伙伴所削弱。在 *Thomson Corporation/Reuters Group* 案[54]中,交易方指出,那些为合并后的企业的提供必要内容的经纪公司,不会同意合并后的企业实施任何减少产量的封锁策略。[55] 但是,欧委会没有接受这一主张,理由是并不清楚经纪公司是否拥有必要的手段以及动机去反对合并后的企业实施封锁策略。

最后,对于合并后的企业实施原料封锁的能力,管制性干预也扮演着重要的角色。在 *E. ON/MOL* 案[56]中,欧委会认为能源管制部门设置的定价条件是决定合并后企业能否实施原料封锁行为的一项重要的因素。欧委会考虑了管制框架下预期的变化(预计于 2007 年 7 月废止被管制的价格),并认为这些因素会抑制合并后的企业实施封锁策略。[57]

---

51 Case COMP/M. 4726-*Thomson Corporation/Reuters Group*, Commission decision of 19 February 2008, para. 372.

52 Case COMP/M. 4403-*Thales/Finmeccanica/Alcatel Alenia Space & Telespazio*, Commission decision of 4 April 2007.

53 Case COMP/M. 4403-*Thales/Finmeccanica/Alcatel Alenia Space & Telespazio*, Commission decision of 4 April 2007, para. 255.

54 Case COMP/M. 4726- *Thomson Corporation/Reuters Group*, Commission decision of 19 February 2008.

55 Case COMP/M. 4726-*Thomson Corporation/Reuters* Group, Commission decision of 19 February 2008, paras. 224-225.

56 Case COMP/M. 3696-*E. ON/MOL*, Commission decision of 21 December 2005.

57 Case COMP/M. 3696-*E. ON/MOL*, Commission decision of 21 December 2005, para. 363.

3.1.3　案例研究：*Nokia/Navteq*——评估实施原料封锁的能力

在对 *Nokia/Navteq* 案[58]这一交易进行审查时，欧委会详细评估了合并后的企业是否有能力实施原料封锁。Navteq 供应用于个人导航设备（PNDs），特别是被用于那些提供导航服务的移动电话上的数字地图。欧委会考察了合并后的企业是否能够在向下游市场的那些竞争性移动电话设备制造商提供地图时，通过涨价或者降低地图质量，来实施封锁行为。[59]

欧委会考虑了合并后企业实施封锁行为必须拥有的三个必要条件。 406

第一，欧委会考察了在上游导航性数字地图市场，合并后的企业是否拥有很强的市场力量。在认定合并后的企业是否拥有很强的市场力量的过程中，欧委会强调了导航性数字地图市场的结构性特征。特别是，欧委会强调了 Navteq 拥有 50% 左右的市场份额，且只面临一个竞争对手 Tele Atlas，其导航性数字地图库具有类似的覆盖水平与质量水平。[60] 欧委会也强调了 Navteq 获得的高毛利润。尽管欧委会承认，在一个存在高固定成本与低边际成本的行业中，高毛利润并不必然表明价格超过竞争性水平，但欧委会指出，Navteq 远高于边际成本之上的定价能力是其拥有很强市场力量的一个表征。[61]

此外，欧委会还指出，对于下游的竞争对手而言，非导航性数字地图库只是导航性数字地图库的不完美替代品，这些服务也只是基于导航性地图的导航服务的非完美替代品。[62]

第二，欧委会考虑了原料对于下游竞争对手的重要性，值得注意的是，不论原料占下游成本的份额有多高，原料都可能是一种关键性的要素。欧委会发现，原料的重要性在导航性数字地图被运用的不同下游市场之间区别很大，因此分别考虑的每个相关的市场。

评估移动电话市场时，欧委会发现，数字地图仅占拥有导航功能的移动电话的生产成本的较小份额（0% ~15%）。但是，当特定手机设置导航服务时，数字地图便是一项关键的要素。[63] 假定导航服务只是决定客户选择手机的若干特征之一

58　Case COMP/M. 4942-*Nokia/Navteq*, Commission decision of 2 July 2008.

59　Case COMP/M. 4942-*Nokia/Navteq*, Commission decision of 2 July 2008, para. 270.

60　Case COMP/M. 4942-*Nokia/Navteq*, Commission decision of 2 July 2008, para. 273.

61　Case COMP/M. 4942-*Nokia/Navteq*, Commission decision of 2 July 2008, para. 275.

62　Case COMP/M. 4942-*Nokia/Navteq*, Commission decision of 2 July 2008, para. 295.

63　Case COMP/M. 4942-*Nokia/Navteq*, Commission decision of 2 July 2008, para. 285.

(其他特征比如设备的音乐或视频播放器),欧委会认为并不清楚对移动电话市场来说,导航性数字地图库是否是一种关键性原料。因为如前面的假设案例所述,如果一种原料仅占下游企业生产成本的10%,则即使原料价格上涨50%,也仅仅导致下游成本上涨5%。

评估适用于移动电话的导航应用程序市场时,欧委会则发现,数字地图占导
407 航软件供应商(出售给移动网络运营商或者自己直接对外出售)成本的很高比例,数字地图是一种关键性要素。[64]

第三,欧委会考虑了下游竞争对手能否实施及时、有效的对抗性策略。[65]

欧委会考虑的第一种对抗性策略是在提供导航性数字地图库的上游市场发生的市场进入。欧委会认为市场进入不太可能发生,没有将市场进入作为合并后企业实施封锁能力的潜在制约因素。[66]

欧委会还考虑了从 Tele Atlas 或者 Navteq 那里获得地图库以及导航软件许可的中间商对合并后企业实施封锁的能力的制约。[67] Garmin 是一家个人导航设备生产商与软件开发商,它便与 Navteq 签订了一份长期协议(2015 年到期,且 Garmin 有权延期到 2019 年)。基于该协议,Garmin 可以将 Navteq 的地图嵌入其个人导航设备,或者将 Navteq 的地图整合进那些出售给任何类型的用户的导航软件,包括用于移动电话的导航服务。[68] 欧委会认为,至少在短期内,Garmin 一定程度上可以被视为一家值得信赖的向移动电话制造商或者移动电话网络运营商提供导航性数字地图库的供应商。[69] 从第 3.1.1 节介绍的假设案例来看,Garmin 可以被视为扮演着类似企业 C 的角色。相应地,即使 Navteq 实施了完全封锁策略,如果 Garmin 提供的导航软件足以吸引竞争性移动电话生产商,这将会削弱 Tele Atlas 滥用其市场力量的能力。

此外,欧委会评估了移动电话网络运营商拥有的买方力量的程度,认为尽管其对 Nokia 具有一定的买方力量,但并不清楚它们是否能够对抗 Navteq 实施的意

---

64 Case COMP/M.4942-*Nokia/Navteq*, Commission decision of 2 July 2008, para. 290.

65 实践中,欧委会考虑的那些被称为对抗性策略的因素,也可能在评估 Navteq 在上游的市场力量时予以考虑。

66 Case COMP/M.4942-*Nokia/Navteq*, Commission decision of 2 July 2008, para. 300.

67 Case COMP/M.4942-*Nokia/Navteq*, Commission decision of 2 July 2008, para. 306.

68 Case COMP/M.4942-*Nokia/Navteq*, Commission decision of 2 July 2008, para. 306.

69 Case COMP/M.4942-*Nokia/Navteq*, Commission decision of 2 July 2008, para. 315.

在封锁 Nokia 的下游竞争对手的策略。[70]

第四,基于对封锁动机的考虑(第 3.2.3 节讨论),欧委会没有就合并后的企业是否具有封锁的能力作出定论。特别是,欧委会认为,如果不清楚导航性数字地图库是否是移动电话市场的一种关键原料,我们也不清楚是否存在及时有效的对抗策略(特别是 Garmin 可能扮演的角色),则我们便无法判断合并后的企业是否有能力实施原料封锁。[71] 408

有关合并后的企业是否可信地一定会实施封锁策略这一重要问题,欧委会在评估中也没有下定论。[72] 交易方主张 Navteq 无法确定其一定会去封锁 Nokia 的下游竞争对手,因为 Navteq 有动机在不影响下游销量的前提下,轻微地挤压 Tele Atlas,并实现有利可图的销售。因为 Tele Atlas 会意识到这种可能性,并且无法阻止这种情况发生,因此它将首先约束自身的价格上涨。[73] 有关承诺的问题,我们将在下面讨论原料封锁的动机评估时具体介绍。

3.2 实施原料封锁的动机

在前面一节中,我们分析了那些决定纵向整合后的企业是否有能力针对那些未被整合的下游竞争对手实施反竞争性封锁的各种因素。在本节,我们分析存在封锁能力时,在哪些条件下整合后的企业有动机去实施封锁策略。

一项纵向合并会改变合并后企业上游部门的动机,这是因为合并后它需要考虑其定价决定对下游部门的影响。这可能在某些情况下,产生让其实施原料封锁的动机,从而有利于合并后企业的下游部门,尽管这可能会给上游部门带来一定的成本。简言之,实施原料封锁的动机取决于假定的封锁策略给合并后的企业的利润带来何种整体上的影响。

因此,要评估一家企业实施封锁的动机,就需要分别评估封锁策略给该企业

70 Case COMP/M. 4942-*Nokia/Navteq*, Commission decision of 2 July 2008, para. 325.

71 Case COMP/M. 4942-*Nokia/Navteq*, Commission decision of 2 July 2008, para. 329.

72 Case COMP/M. 4942-*Nokia/Navteq*, Commission decision of 2 July 2008, para. 271.

73 Case COMP/M. 4942-*Nokia/Navteq*, Commission decision of 2 July 2008, para. 299.

409 的上游部门的利润带来的消极影响，以及给下游部门利润带来的积极影响。[74]

对上游利润的消极影响源于原料封锁要牺牲对下游竞争对手的部分销售量。[75] 对下游部门利润的积极影响源自封锁策略对下游竞争对手的产品价格的影响所带来的间接效果。由于下游竞争对手提高其产品的价格，这可能导致其部分销售额会转向合并后企业的下游部门，或者使得下游部门可以提高其对最终消费者收取的价格（或者两种效果同时发生）。

很多相互关联的因素决定了对下游部门利润的积极影响是否会超过对上游部门利润的消极影响，从而导致实施原料封锁的动机出现。

首先，这一权衡取决于将被放弃的上游部门的销售利润与从下游部门提升的销售中获得的利润的相对规模。如果上游部门的销售利润相对更高，则意味着放弃上游销量的机会成本相对更高。为了封锁策略能够有利可图，则需要下游销售有更大的提升，从而可以弥补上游销售的损失。相反，如果下游销售的利润相对较高，这意味着只需较少的下游销售提升就可以确保上游销售的牺牲是值得的。在下面的第 3.2.1 节设置的例证中，我们会进一步考虑，为了确保封锁策略有利可图，上游与下游销售利润的相对关系是如何影响下游部门所需的“临界需求增量”。

其次，如果上游利润与下游利润的相对规模是固定的，实施原料封锁的动机则
410 取决于封锁策略给下游部门带来的需求的增量。这将基于封锁策略对下游竞争对手的成本带来的影响（这转而取决于那些影响封锁能力的因素，如本章第 3.1 节所讨论的因素，如原料的重要性）；下游竞争对手以更高价格的形式转嫁成本上涨幅度给客户；下游客户转向合并后企业下游部门的幅度（合并后企业的产品与那些受封锁策略影响的企业产品之间的可替代性）。[76] 在下面的假设案例中，我们会进一步考虑在评估原料封锁给合并后企业的下游部门带来的实质性需求提升时，

74　参见《非横向合并指南》第 40 段，“实质上，合并后的企业需要权衡：一方面，减少其对（实际或潜在）竞争对手的原料销售会导致上游市场利润下降；另一方面，扩大其对下游市场的销售额或提高对消费者的销售价格（视情况而定），则或早或晚会增加利润”。

75　对未整合的竞争对手实施完全封锁是有损失的。在部分封锁的情况下，对未整合的竞争对手则是基于较高的价格进行较少的销售。但是，如果上游企业在合并前是利润最大化的，如果为了实施部分封锁策略上游部门提升其原料价格，则上游部门的整体利润（孤立地看）必定会降低。

76　这种策略的利润率也取决于下游部门是否拥有必要的多余产能去满足封锁策略带来的需求提升。

如何考量上述因素。

原则上来说,确保原料封锁策略有利可图的下游部门所需的临界需求增量,以及原料封锁策略导致的实际需求增量,取决于:(1)下游竞争对手的竞争约束的削弱所带来的下游利润的提升;(2)源于效率的下游利润的提升。我们在下面的例证中会考虑这些因素是如何影响对封锁动机的分析的。

最后,下面还会考虑一个重要问题,即合并后的企业是否可信地一定会去实施一项封锁策略。

3.2.1　实施原料封锁的动机:一个例证

在第 3.1.1 节,我们分析了一个假设的案例,上游的零件生产商(企业 A)和下游的器具生产商(企业 1)之间的合并使得合并后企业(企业 A1)有能力实施完全原料封锁。下面我们运用同一案例去说明,如何评估合并后的企业是否有动机实施这一策略。

我们假定有三家企业 A、B、C 生产一种原料,这种原料是两家下游企业 1 和企业 2 生产器具所需的一种零件,且这种零件占下游器具生产的边际成本的 100% 。[77] 和前面一样,三家上游供应商不存在固定成本,但各自生产零件的边际成本存在差异,如本章第 3.1.1 节的表 5.1 所示。 411

现在我们假设下游企业生产的器具是差异性产品,所以即使企业 2 的价格高于企业 1 的价格,一些客户仍可能偏好企业 2 的器具。(见图 5.5)

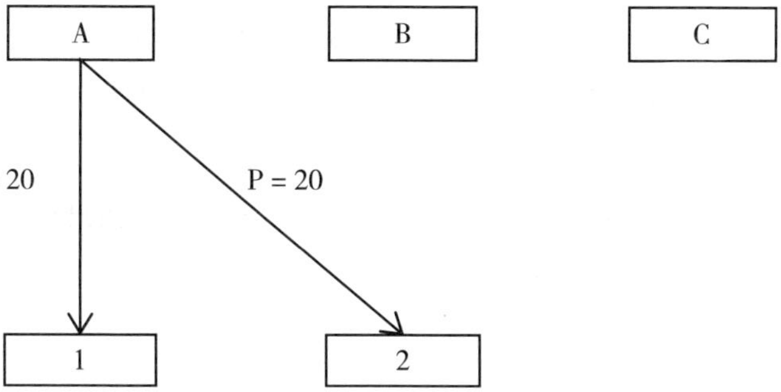

图 5.5　合并前情形图解

和前面的例证一样,合并前企业 A 能够以 20 的价格赢得企业 1 和企业 2 的

77　当两家企业没有整合时我们分别称企业 A 和企业 1。两家企业合并后,我们将它们分别称为合并后的企业 A1 的“部门 A”和“部门 1”。

供应业务。[78]

假设在该价格上，企业 A 向企业 1 出售 100 单位零件，向企业 2 也出售 100 单位零件。我们进一步假设企业 1 和企业 2 各自以每单位 40 的价格出售 100 件器具。

现在企业 A 和企业 1 都可能获得合并前的利润。企业 A 出售 200 个单位的零件，每个单位赚取 10 的利润（20 的价格与其边际成本 10 的差额），获得 2000 的总利润。企业 1 出售 100 个单位的器具，每个单位赚取 20 的利润（40 的价格与其边际成本 20 的差额），获得 2000 的总利润。

假定合并后的企业继续以 20 的价格向企业 2 供应零件，但现在向部门 1 供应的价格是 10（等于其边际成本），现在我们考虑这种情况下部门 A 和部门 1 的利润情况。这种情况通过图 5.6 进行说明。

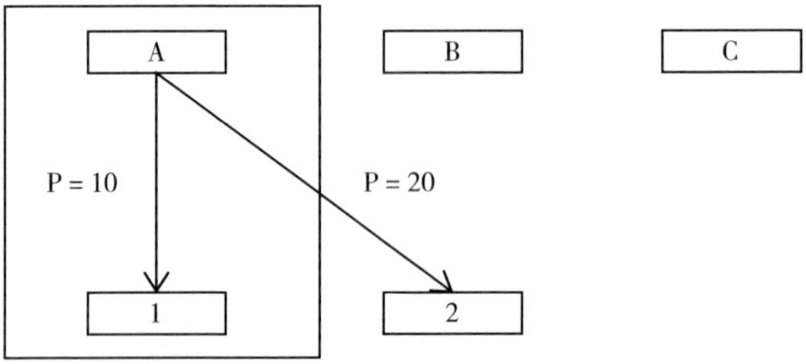

图 5.6　合并后未进行原料封锁情形图解

我们进一步假设部门 1 和企业 2 继续以 40 的价格出售器具。[79] 现在部门 A
412 以每单位 10 的利润向企业 2 出售 100 单位的零件，以零利润向下游的部门 1 出售 100 个单位零件，最终部门 A 的总利润是 1000。部门 1 现在出售 100 个单位的器具，每个单位赚取的利润是 30（40 的售价与其边际成本 10 的差额），获得的总利

78　该价格受到企业 B 的约束，企业 B 在价格至少是 20 时愿意供应原料。如上所述，我们假定企业 A 在 20 的价格上赢得业务，尽管企业 A 为了使其要约比企业 B 的要约更有吸引力，其必须提供一个比 20 稍低的价格。

79　值得注意的是，基于本章第 2.1 节对纵向合并促进竞争效果的分析，部门 1 边际成本的降低，会使得部门 1 有动机降低器具的价格，从而提升销量，但本阶段我们不考虑这种效果。这种效果我们在后面的部分再予以考虑。

润是3000。因此，合并后企业A1获得的总利润是4000。[80]

合并后的企业在不实施封锁时能获得上述利润，现在我们可以考察实施封锁时合并后企业的利润情况。如果合并后的企业实施封锁能够获得超过4000的利润，则合并后的企业就有动机实施封锁。

实施完全封锁后，部门A的利润会变为零。因为完全封锁后，合并后的企业不向企业2销售，且基于边际成本向部门1销售。而部门1赚取的利润还无法直接计算。

如第3.1.1节所述，完全封锁策略会让企业2的成本从20提升为30，30是企业B向企业2供应零件的价格。[81]

企业2边际成本的提升将导致其对消费者出售的器具价格一定程度上有所上升。假设（暂时）部门1的器具售价仍维持在40，企业2器具售价的上涨会导致企业2的一些老客户转而向部门1购买。图5.7说明了这种状态。 413

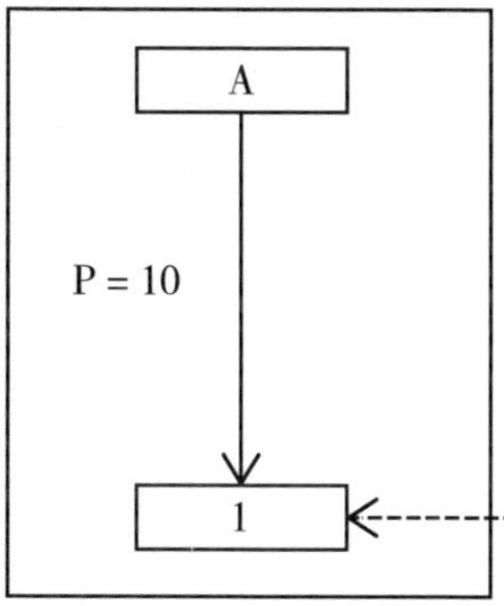

图5.7　合并后实施原料封锁情形图解

现在我们考虑，如果合并后的企业不实施封锁，为了确保企业A1的利润至少是4000，所需的部门1的临界需求增幅是多少。部门1出售每单位的器具能赚取的利润是30。为了确保整体利润达到4000，部门1的销量至少需要达到134单位（因为如果其销量只有133单位，其利润将等于3990，即133乘以30）。因此，部门

80　这等于合并前企业A和企业1的利润之和。将零件价格降到10，这被器具销售中的更高利润所抵消，使得不实施封锁时企业的整体利润没有变化。

81　现在企业B能够在30的价格上赢得企业2的业务竞标。企业B的价格受到企业C的约束，企业C愿意以最低30的价格供应原料。

1 销售的临界增幅等于 34 个单位。[82] 简言之，损失 1000 的上游利润，要求下游企业在每个单位利润是 30 的基础上提升 34 个单位的销量（因为 34 乘以 30 等于 1020）。

可以看出，部门 1 销售的临界增幅取决于，部门 A 所放弃的零件销售能赚取的利润与部门 1 基于增加的器具销量所能赚取的利润之间的比例关系。部门 A 能够在每个放弃的针对企业 2 的零件销售中赚取 10 的利润，但部门 1 在每个增加的器具销售中能赚取的利润是 30。因此，对合并后的企业来说，如果每新增销售 1 个器具，上游部门必须放弃销售的零件不超过 3 个，则整体利润就为正。假定该案例中，完全封锁意味着损失 100 个单位的零件销售，则封锁策略仍是有利可图的，因为新增销售的器具超过 33 个单位（约等于零件销售量 100 乘以上游利润 10 与下游利润 30 的比值）。如果放弃的零件销售利润越高，让封锁策略有利可图的
414 临界器具销售增幅也就会越高。

完全封锁策略是否能提升效率，取决于部门 1 销量的实际增幅是否高于临界价值。这将取决于：

第一，因为边际成本从 20 上涨到 30，企业 2 将这部分提升成本传递给器具最终用户的程度；

第二，器具用户面临企业 2 的涨价，转而购买企业 1 的器具的比例（企业 1 与企业 2 的器具之间的可替代性程度）。

如果零件上涨成本以更高器具价格的方式传递给消费者的比例越高，则部门 1 销量的实际增幅超过临界数量所需的下游企业器具之间的可替代性要求也就越低。

相反，下游产品之间的替代性越高，则实际需求增幅超过临界数量所需的企业 2 将上涨的成本转移给消费者的比例也就越低。[83]

在第 3.1.1 节，我们曾指出，实施完全封锁策略导致的企业 2 的成本上升幅度，取决于企业 2 面临的零件价格，以及零件在下游器具的整体边际生产成本中的占比。特别是，部门 A 拒绝供应后，企业 C 对企业 B 售价的制约越强，封锁策略带来的涨价幅度也就越低。零件所占下游器具边际成本的比例越低，零件的涨

---

[82] 如果可以生产器具的一部分，则可以通过出售 33 个单位，外加 1/3 个器具，从而获得刚好 4000 的利润。

[83] 值得注意的是，这些因素本身是相互关联的，企业 2 成本上涨的幅度将决定其涨价的幅度，但这也部分取决于企业 2 涨价后流向企业 A1 的销售额的损失程度。

价对下游器具边际成本的影响也就越小。如果原料封锁只将企业 2 的边际成本从 20 提升到 25(而非 30),则要让部门 1 的实际需求增量超过边际增量,就需要或者下游产品之间存在更高的替代性,或者转嫁给消费者的上涨成本的比例更高(或者两种因素的结合)。

3.2.1.1　下游价格上涨

我们假设合并后部门 1 的器具售价维持在 40。因此,实施原料封锁能获得的
利益,全来源于部门 1 的器具销量增幅。但是,因封锁策略导致的企业 2 的器具 415
价格的上涨,实际上可能也给企业 1 提供了涨价的激励,因为企业 2 带来的竞争约束被削弱了。当部门 1 能够提升器具销售的利润时,这会降低封锁策略有利可图所需的下游临界增幅的程度。

例如,假定因为企业 2 带来的竞争约束被削弱,合并后的企业发现将器具价格定在 50 仍然有利可图,且每个销售单位可以赚取 40 的利润。假定部门 A 所放弃的每个单位零件销售可赚取的利润是 10,上游部门损失的利润就是 1000。但是,即使部门 1 没有增加销售,因为下游利润率的提升,下游的利润也可达到 1000。这是因为 100 个单位的销售中,每个单位的利润提升了 10(从 30 到 40),从而整体利润提升了 1000,这恰好抵消了因为封锁策略导致的上游利润的损失。这意味着,如果原料封锁策略可以将合并后企业下游器具的价格从 40 上涨到 50,则确保封锁策略有利可图所需的下游部门的需求临界增量是零。

重要的是,尽管部门 1 的器具售价上涨会降低封锁有利可图所需的需求临界增量。但是,与价格不变的状态相比,任何这样的上涨也将降低实际需求增量。这是因为,一些企业 2 的器具客户可能没有因为企业 2 涨价而转向合并后的企业,因为合并后企业的器具价格也上涨了。

值得注意的是,该假设案例中需求方面的临界增量已经不止是零,这是因为我们已经假定合并后的企业下游的价格进行了实质上涨(上涨了 25%)。这说明一个原则,即确保原料封锁有利可图的下游需求方面的临界增量,取决于下游价格的上涨。但是,如下所述,评估需求方面的临界增量,往往需要基于合并前的利润来进行,这种情况下,临界增量就必须要大于零。

3.2.1.2　效率

到目前为止,假设的案例还没有考虑效率的角色。我们假定合并前,企业 1
面临的零件成本是 20,其器具的售价是 40。合并将部门 1 面临的成本降低到了 416
10(部门 A 基于边际成本向其供应)。部门 1 基于原料成本的降低,会部分降低其

下游器具的价格,部分提升其利润。这会带来两方面的影响,每一方面都有助于封锁动机的提升:首先,下游利润的提升将会降低原料封锁有利可图所需的下游需求临界增量(现在只需更少的器具销量就可以弥补上游零件销售的损失);其次,部门1更低的器具售价将提升从企业2转移过来的实际需求增量。

3.2.1.3　利用合并前的利润信息

如果考虑一项原料封锁策略以及效率如何互相作用去影响合并后企业下游的利润,这会大大提升对下游部门需求的临界增量与实际增量进行评估的复杂程度。

在 *Nokia/Navteq* 案[84]中(该案在第3.2.3节会进一步详细讨论),该案需要依据合并前的利润信息去评估下游部门的需求临界增量,并且在评估需求实际增量时,还需要假定下游部门产品的价格保持不变。

尽管假定合并后下游市场的利润维持不变,这可以大大简化对需求方面的临界增量与实际增量的评估,从而可以简化对封锁动机的评估,但这一假设是有代价的。这种方法源于竞争评估的最终目的:原料封锁对消费者最终承受的下游器具价格会带来何种影响?尽管如此,为了评估某个企业实施封锁的动机,通过这一假设,往往可以对一项假定的封锁策略的可营利性进行深入的分析。考虑合并前上下游市场的利润,并且评估相对价格变化导致的下游企业产品之间的转换程度,这种方法一般足以在很多案件中将实施封锁的动机给排除掉。[85] 比如,如果与上游利润相比下游利润很低,这可能意味着,基于对下游产品之间可替代性的合
417 理上限估计,合并后企业不值得为了下游销售增量而牺牲更有价值的上游销量。这种情形下,我们可能会得出结论,即使一定程度上可以成功提高下游价格,实施原料封锁仍是无利可图的。

如上所述,上游利润与下游利润的相对规模,可用于评估合并后的企业有利可图地实施原料封锁所需的下游需求临界增量。为了判断原料封锁是否有利可图,需要比较原料封锁导致的需求方面的实际增量。单纯通过比较上游利润与下游利润,一般不可能得出原料封锁有利可图的结论。实际上,如果下游企业生产的产品并非差异化产品,这可能意味着下游利润相对较低(因为激烈竞争),因此

84　Case COMP/M. 4942-*Nokia/Navteq*, Commission decision of 2 July 2008.

85　参见第三章有关评估可替代性的技术的讨论,这些技术包括调研分析、客户转换分析、需求计量评估等。

下游的需求临界增量相对较高。但是,基于下游产品之间的有限差异性,消费者可能对封锁策略导致的竞争性价格的小幅上涨更为敏感,这意味着一项既定的封锁策略所需的需求方面的实际增量也会相对较高。这意味着在上游和下游的相对利润规模与合并后企业实施原料封锁的动机之间,并不存在清晰的关系。[86]

3.2.1.4　承诺问题(commitment problem)

上面的案例考虑了纵向整合的企业是否存在动机通过完全封锁提升竞争对手的成本。但是,我们还没有考虑一个对于企业是否会实施完全封锁非常重要的问题。我们假定合并不会导致下游的利润发生变化(维持在每单位利润 30),部门 1 的需求临界增量是 34 个单位。再假定调查显示,企业 1 和企业 2 的器具之间存在很高程度的可替代性,基于此可以得出结论,即完全封锁导致的需求实际增量可能超过 34 个单位(大部分被调查者指出即使企业 2 的器具小幅涨价都会让他们转向购买部门 1 的器具)。进而,我们可以得出结论,完全封锁会带来较之不实施封锁时更高的利润。但是,合并后的企业能否可信地确保其一定不向企业 2 供货? 418

该案例中,企业 A 拒绝供应意味着企业 2 必须接受企业 B 提出的 30 的价格(该价格刚好确保企业 C 无法有利可图地提出比企业 B 更低的价格)。但是,如果企业 B 向企业 2 提出 30 的价格,企业 A 有动机提出 29 的价格去与企业 B 竞争。这种情况之所以可能出现是因为,企业 A 向企业 2 提出 29 的报价去与企业 B 竞争,这样做仅仅对完全封锁策略实施了很小幅度的削弱。实际上,与面临完全封锁的状态相比,企业 2 的原料价格从 30 降到了 29。这仅仅对企业 2 在下游承担的价格产生“很小”的影响,因此对合并后企业实施封锁策略能否提升下游部门 1 的利润从而使得封锁策略有效,只会产生“很小”的影响。但是,企业 A 通过这种方式与企业 B 竞价获得的“大幅”上涨的利润,等于企业 A 从每个零件销售所赚取的利润(19=29-10)乘以企业 2 愿意以 29 的价格购买的单位数。[87] 基于此,完全封锁策略不会形成纳什均衡(参见第三章第 2 节对纳什均衡的解释),因为在向企业 2 拒绝供应的策略中,存在提出比企业 B 稍低报价这一有利可图的背

86　See R. Inderst and T. Valletti, ‘Incentives for Input Foreclosure’ (2011) 55(6) *European Economic Review* 820-831. 该文分析了一家纵向合并后的企业封锁下游竞争对手的动机,该文指出,合并前上游市场和下游市场的利润,并不是判断合并后企业是否会实施封锁的好的预测工具。

87　该数量将低于 100,100 是以 20 的价格购买时的数量。

离行为。

但是,部门 A 以 29 的价格获得企业 2 的业务也无法形成纳什均衡。这是因为,企业 B 有动机通过向企业 2 提出 28 的价格(这也是在其边际成本之上销售)与企业 A 竞争。为了阻止企业 B 向企业 2 供货,这一竞价的过程将会一直持续下去,直到企业 A 被迫以 20 的价格(等于企业 B 的边际成本)向企业 2 供货。20 的价格正是合并前企业 A 提出的价格。结果是,这意味着,除非企业 A 能通过一些
419 可信的方式确保其肯定不会向企业 2 供货,否则企业 A 无法实施原料封锁。[88]

对这种主张的一种回应是,一家有远见的合并后企业会认识到,进行上述的价格竞争会降低那些没有被纵向整合的下游企业的原料价格,这转而又将导致更低的下游产品价格。[89] 但是,这种主张涉及这样一种推测,即静态框架下的承诺假定同样适用动态情形。[90]

企业 A 能够承诺其不向企业 2 供应的一种途径是,采取一些行动使得企业 A 的零件无法与企业 2 生产的器具相匹配。[91] 要让这种方式有效,这一策略要求合并后的企业作出的不兼容决定不太容易被颠覆(重建企业 A 的零件与企业 2 的器具之间的兼容性的成本很高)。

合并后的企业能否拥有可信地确保其不向下游竞争对手供货或者只以特定价格向他们供货的能力(某种意义上的"承诺"),这是理解原料封锁是否会出现非常重要的一个问题,经济学文献对该问题非常重视。

---

88 Ordover, Saloner 和 Salop 合作的一篇涉及合并后企业封锁动机的论文,与我们的假设案例设置的环境类似,该文被后续很多论文所批评,因为该文模型得出的结果是基于合并后的企业肯定不会进行供应这一假设。See J. Ordover, G. Saloner and S. C. Salop, 'Equilibrium Vertical Foreclosure' (1990) 80 American Economic Review 127-142. For a critique regarding commitment, see D. Reiffen, 'Equilibrium Vertical Foreclosure, Comment' (1992) 82 *American Economic Review* 694-697 and O. Hart and J. Tirole, 'Vertical Integration and Market Foreclosure', Brookings Papers on Economic Activity: Microeconomics (1990), 205-286. For discussion, see J. Church, 'The Impact of Vertical and Conglomerate Mergers on Competition' (Report for the Directorate General for Competition, Directorate B Merger Task Force, European Commission, 2004).

89 See J. Ordover, G. Saloner and S. C. Salop, 'Equilibrium Vertical Foreclosure, "Reply"' (1992) 82 *American Economic Review* 693-704.

90 See D. Reiffen and M. Vita, 'Comment: Is There New Thinking on Vertical Mergers?' (1995) 63 *Antitrust Law Journal* 917-941.

91 See J. Church and N. Gandal, 'Systems Competition, Vertical Merger and Foreclosure' (2000) 9 Journal of *Economics Management and Strategy* 25-51.

3.2.2　实施原料封锁的动机:欧盟案例

欧委会在很多案件中都对合并后的企业实施原料封锁策略的动机进行过详细的分析。具体分析往往是基于经济证据以及相关因素,在上游市场的利润损失与下游市场可获得的潜在利润之间进行权衡。*Nokia/Navteq* 案[92](参见下面的第 420
3.2.3 节)和 *TomTom/Tele Atlas* 案[93]中,欧委会运用了一种更为复杂的计量经济分析方法去评估原料封锁导致的下游实际需求转移率,从而将合并带来的整体效果予以量化。

欧委会重点是评估上游市场与下游市场中的相关产品的平均毛利润(价格减去可变成本)。如果上游产品的毛利润远高于下游产品的毛利润,上游的任何销售损失都需要更多的下游销售增量来弥补。

例如,在 *Itema/Barcovision* 案[94]中,欧委会指出,"与下游利润高于上游利润的情形相比,如果上游的利润远高于下游利润,在其他条件相同的情形下,通过下游销量的提升去增加收入,一般很难补偿上游的损失"。[95]

类似地,在 *Thales/Finmeccanica/Alcatel Alenia Space & Telespazio* 案[96]中,欧委会分析了交易方在每一个供应链层次的利润情况。欧委会发现,人造卫星的利润(下游)远低于人造卫星零件的利润(上游)。造成这种差异的主要原因是下游市场存在显著的竞争。基于此可以得出结论,即合并后的企业放弃上游的销售量去提升下游销售量的动机非常有限。[97]

如上所述,假设合并前的利润可以作为合并后利润合适的替代考量因素,则基于合并前的利润信息就有可能计算出弥补上游利润损失所需的下游销售的临界增量。这样的计算过程在 *Arsenal/DSP* 案[98]中便有体现,该案中欧委会指出: 421

> 因为 Velsicol/DSP 出售 1 吨的二苯甲酸酯增塑剂所获得的毛利润,

---

[92] Case COMP/M. 4942-*Nokia/Navteq*, Commission decision of 2 July 2008.

[93] Case COMP/M. 4854-*TomTom/Tele Atlas*, Commission decision of 14 May 2008.

[94] Case COMP/M. 4874-*Itema/Barcovision*, Commission decision of 4 August 2008.

[95] Case COMP/M. 4874-*Itema/Barcovision*, Commission decision of 4 August 2008, para. 267.

[96] Case COMP/M. 4403-*Thales/Finmeccanica/Alcatel Alenia Space & Telespazio*, Commission decision of 4 April 2007.

[97] Case COMP/M. 4403-*Thales/Finmeccanica/Alcatel Alenia Space & Telespazio*, Commission decision of 4 April 2007, para. 267.

[98] Case COMP/M. 5153-*Arsenal/DSP*, Commission decision of 9 January 2009.

> 最高可以超过出售1吨的二苯甲酸酯(制造二苯甲酸酯增塑剂所需的原料)的毛利润,因此如果Arsenal/DSP能够获得1家出售二苯甲酸酯增塑剂的竞争对手损失掉的销量的50%~60%,则封锁策略便是有利可图的。换句话说,交易后的企业能够承受向特定的生产二苯甲酸酯增塑剂的下游竞争对手的全部二苯甲酸酯销售损失,如果其在下游能够获得该竞争对手损失的二苯甲酸酯增塑剂销量的50%~60%。相反,如果Arsenal/DSP不能获得该竞争对手销量的50%~60%,则封锁策略不太可能有利可图。[99]

直觉上来看,合并后的企业将发现,如果通过封锁策略无法获得下游竞争性产品相当部分的销量,则实施原料封锁的成本会很高。在*Arsenal/DSP*案中,一家竞争对手(Caffaro)购买苯甲酸去生产酮和二苯甲酸酯增塑剂,其中超过50%的苯甲酸用于生产酮。合并后的企业在下游只生产二苯甲酸酯增塑剂,但不会在这两种用途间进行歧视性定价。基于此,同时也考虑到Caffaro在合并前没有给Arsenal带来多强的竞争约束,欧委会认为,合并后的企业没有多大的动机向该竞争对手提价或者限制其二苯甲酸酯增塑剂的销售。[100]

欧委会也会考虑每个市场对合并后的企业整体收入能分别作出多大的贡献。比如,*DONG/Elsam/Energi E2*案[101]中,欧委会最终认定合并后的企业拥有实施封锁动机的一个主要依据是,上游与下游部门对于企业整体销售的贡献比例。特别是,欧委会指出,"尽管DONG集团的EBITDA的储存业务仅贡献了全部收入的5%,但是其燃气贸易业务却贡献了39%"。[102]

假定合并后的企业能够提升下游竞争对手的成本,欧委会将分析多大程度的成本上涨会导致下游竞争对手产品涨价,进而导致其客户转向合并后的企业的下游部门。在欧委会处理的案件中,欧委会确定了前述分析相关的诸多因素,比如
422 通过涨价将成本转移给最终用户,合并后企业的最终需求弹性与交叉弹性,合并交易方的既存客户规模与效率等。

如上所述,原料对于最终产品越是不重要,越是需要更大程度的原料涨价才

99 Case COMP/M. 5153- *Arsenal/DSP*, Commission decision of 9 January 2009, para. 295.

100 Case COMP/M. 5153-*Arsenal/DSP*, Commission decision of 9 January 2009, paras. 301–306.

101 Case COMP/M. 3868-*DONG/Elsam/Energi E2*, Commission decision of 14 March2006.

102 Case COMP/M. 3868-*DONG/Elsam/Energi E2*, Commission decision of 14 March2006, para. 363.

能影响相关下游产品的价格。实际上，如果原料只占下游产品可变成本的很小一部分，即使原料价格大幅上涨，也不会对下游产品的可变成本造成明显影响。此外，下游竞争对手不太可能将所有上涨的成本全部转嫁给消费者，特别是当它们面临合并后的企业更强的竞争时（合并后的企业可能因为交易带来的效率而提出更低的价格）。*Itema/Barcovision* 案[103]中，欧委会指出：

> 的确，该案市场调研中大部分市场参与者都提出，该合并可能导致装配了 BarcoVision 传感器的 Itema 的络筒机价格下降。因此，为了继续与 Itema 在下游竞争，下游竞争对手不太可能将他们上涨的成本全部转嫁出去，这会进一步限制原料封锁对下游市场产生的影响。[104]

Nokia/Navteq 案[105]中，考虑到地图数据库仅占移动电话批发价格的很小份额，欧委会利用不同的原料价格增长率以及转嫁率进行了情景分析，分析显示，“在合并后企业的任何合理的自我价格弹性以及转移率基础上，小幅涨价都只会给合并后的企业带来很小的销量增幅”。[106] 类似地，在 *TomTom/Tele Atlas* 案[107]中，欧委会得出了同样的结论，欧委会指出：

> 由于地图数据图的成本占个人导航设备批发价的比例平均不到
> 10%，地图数据库的价格只有大幅上涨才会对下游个人导航设备市场的
> 价格产生实质影响，从而可以让合并后的企业获取下游市场中相当数量
> 的销售量。此外，封锁策略的影响还取决于 TomTom 的竞争对手会将地
> 图数据库成本上涨中的多大部分，转嫁给最终消费者。比如，如果地图 423
> 价格仅占个人导航设备价格的 10%，且个人导航设备制造商将其成本增
> 幅中的 50% 转嫁出去，则上游地图 10% 的涨价只会导致个人导航设备
> 价格 0.5% 的上涨。[108]

即使封锁策略使得下游所有竞争对手都涨价，如果消费者对于下游涨价的反

---

103 Case COMP/M. 4874-*Itema/Barcovision*, Commission decision of 4 August 2008.

104 Case COMP/M. 4874-*Itema/Barcovision*, Commission decision of 4 August 2008, para. 75.

105 Case COMP/M. 4942-*Nokia/Navteq*, Commission decision of 2 July 2008.

106 Case COMP/M. 4942-*Nokia/Navteq*, Commission decision of 2 July 2008, para. 336.

107 Case COMP/M. 4854-*TomTom/Tele Atlas*, Commission decision of 14 May 2008.

108 Case COMP/M. 4854-*TomTom/Tele Atlas*, Commission decision of 14 May 2008, para. 216.

应是转向其他可替代产品,则封锁可能仅带来合并后企业下游部门销售量的有限提升。在 *Arsenal/DSP* 案[109]中,欧委会认为,一项旨在针对下游单苯甲酸酯增塑剂生产商的原料封锁策略不太可能有利可图,因为大比例的消费者将用邻苯二甲酸酯增塑剂替代单苯甲酸酯增塑剂,而非测试包含二苯甲酸酯增塑剂的新公式。[110] 这意味着,合并后企业下游的二苯甲酸酯增塑剂业务,不太可能获得必要的新增销售量去弥补上游的损失。

E. ON/MOL 案[111]中,欧委会着重指出了合并后企业实施非价格性原料封锁(即降低服务质量)给上游带来的成本节省。[112] 欧委会还确认了提升合并后企业的封锁动机的规模经济。特别是,欧委会指出:

> 当下游燃气供应的边际成本上涨时,合并后的企业俘获其竞争对手的销售所需的成本也会上升。合并后的企业可能会发现实施一些非价格方面的歧视待遇,但又不将竞争对手的成本提升的太高从而迫使他们退出市场,这是有利可图的。发生这种情形的一种极端的形式是,合并后的企业有能力去限制其下游部门的生产。该案中,在向小规模行业或商业客户提供燃气方面似乎存在规模效应。这是因为建设销售网络产生的固定成本,可以吸引消费者由管制行业转向开放市场。[113]

424 此外,欧委会也指出,燃气零售供应方面的细微差别,也使得消费者愿意在下游转换供应商,这也提升了一项原料封锁策略成功的可能性。[114]

上游市场的低转换成本具有相反的效果。在 *TomTom/Tele Atlas* 案[115]中,欧委会发现,如果转换成本是可以克服的,当合并后企业提高原料价格时,上游的 Tele Atlas 将损失针对 Navteq 的大额销量,这将阻碍合并后的企业提升下游竞争对手的成本的能力,从而限制合并后的企业实施封锁策略的动机。[116] *Thales/Finmec-*

---

[109] Case COMP/M. 5153-*Arsenal/DSP*, Commission decision of 9 January 2009.

[110] Case COMP/M. 5153-*Arsenal/DSP*, Commission decision of 9 January 2009, paras. 297–300.

[111] Case COMP/M. 3696-*E. ON/MOL*, Commission decision of 21 December 2005.

[112] Case COMP/M. 3696- *E. ON/MOL*, Commission decision of 21 December 2005, para. 430.

[113] Case COMP/M. 3696-*E. ON/MOL*, Commission decision of 21 December 2005, para. 431.

[114] Case COMP/M. 3696-*E. ON/MOL*, Commission decision of 21 December 2005, para. 429.

[115] Case COMP/M. 4854-*TomTom/Tele Atlas*, Commission decision of 14 May 2008.

[116] Case COMP/M. 4854-*TomTom/Tele Atlas*, Commission decision of 14 May 2008, para. 219.

canica/Alcatel Alenia Space &Telespazio 案[117]中,实施 TWT(原料)封锁并不一定能提升合并后企业赢得下游市场卫星竞标的可能性,这一不确定性被认为削弱了合并后企业实施这一封锁策略的动机。[118]

3.2.3　案例研究:*Nokia/Navteq* 案——评估实施原料封锁的动机

作为对 *Nokia/Navteq* 案[119]合并交易进行评估的一部分,欧委会对合并后企业实施原料封锁的动机进行了详细的分析。特别是,欧委会还对上游数字地图市场由于原料销售的减少而损失掉的利润,与下游市场由于提升了竞争性移动电话生产商的成本而赚取的利润进行了比较。[120]

欧委会指出,移动电话销售的毛利润远高于地图数据库销售的毛利润。尽管利润本身是保密的,但欧委会的决定认为,向移动电话制造商销售的数字地图的 425
毛利润要比移动电话销售的毛利润少数倍。[121] 如前面假设案例中解释的那样,其他条件相同的情形下,这意味着使得原料封锁有利可图的移动电话市场所需的临界销售增量相对较低:在下游赢得一部移动电话的销量就足以弥补上游数个数字地图销量的损失。

Nokia/Navteq 案中,对于计算毛利润要考虑哪些成本,这点显然是没有争议的。但是,值得注意的是,特定案件中,评估因实施封锁策略而得以避免的上游成本,以及不论是否实施封锁都会发生的成本会更为复杂。一些案件中,有必要对企业的成本结构进行详细的分析,特别是关注上游企业销量减少时每类成本的节省幅度,以及下游企业销量增加时每类成本的上升幅度。

在认定 *Nokia/Navteq* 案中下游移动电话市场所需的临界销售增量可能相对较低后,欧委会重点分析了实施封锁策略后下游的实际增量是否太低以至于封锁策略无利可图。欧委会通过一系列的因素确定实际增幅的确会非常低。

首先,欧委会指出,因为地图数据库只占移动电话成本的一小部分,地图数据

117　Case COMP/M. 4403-*Thales/Finmeccanica/Alcatel Alenia Space & Telespazio*, Commission decision of 4 April 2007.

118　Case COMP/M. 4403-*Thales/Finmeccanica/Alcatel Alenia Space & Telespazio*, Commission decision of 4 April 2007, para. 307.

119　Case COMP/M. 4942-*Nokia/Navteq*, Commission decision of 2 July 2008.

120　欧委会主要评估针对移动电话制造市场而非移动电话导航应用程序市场的原料封锁动机,这样做部分是因为数据可获得性,部分是因为欧委会认为,由于 Nokia 在市场上的影响力有限,合并后的企业针对移动电话导航应用程序市场中的企业进行原料封锁的动机会很弱。

121　Case COMP/M. 4942-*Nokia/Navteq*, Commission decision of 2 July 2008, para. 334.

库的价格必须实质性上涨才会对移动电话的价格产生影响。假定地图数据库占
移动电话价格的10%(实际所占的比例是保密的),则地图数据库涨价10%才会
导致移动电话成本上涨1%。如果移动电话生产商将这部分成本增量的50%已
高价的方式转嫁给消费者,则下游产品价格的整体增幅才0.5%。欧委会认为,基
于对下游企业与Nokia之间“自价格弹性”以及“转移率”的合理假设,这样的小幅
426 涨价只会给合并后的企业带来很小的销售增量。[122]

其次,导航服务只是决定消费者选择何种移动电话的若干特性中的一种(其他特性比如电话的音乐或视频播放器)。面对数字地图的价格提升或质量下降,Nokia的竞争对手可以通过提升他们的移动电话的其他特性来赢得消费者。[123]

最后,欧委会考虑了Garmin在市场中扮演的角色,特别是Garmin与Samsung签订的有关提供移动电话导航服务的协议。欧委会认为,这一协议削弱了封锁策略的效果,限制了Nokia在下游市场的利润提升幅度。[124] 在前述假设案例中,如果下游存在一家企业(企业3)不受封锁策略的影响,这会降低下游部门1基于企业2的成本上涨而从企业2那里赢得的利益的比例。

欧委会也指出,其考虑的一系列因素都说明,如果Navteq提高地图数据库的价格或降低其质量,它也会损失针对Tele Atlas的大量销售额。欧委会在这方面所考虑的因素包括相对有限的转移成本,以及Tele Atlas将持续以非歧视的方式向所有移动电话生产商提供高质量的地图数据库的可能性。[125] 可以争议的是,欧委会在评估合并后的实体实施封锁的能力时,就应该考虑到这些因素。面对合并后企业提供的上游原料质量的降低,如果消费者能够便利地转向其他同等质量的替代品,这将削弱合并后企业影响下游竞争对手获得原料的条件(如质量)的能力。无论如何,欧委会评估合并后企业实施封锁的动机时考虑了这些因素,这在一定程度上模糊了原料封锁竞争评估中不同分析阶段的边界。

欧委会有关移动电话需求的计量经济评估,支持其有关合并后企业在移动电话市场销量的增幅的分析。这项计量经济分析评估了下游的价格弹性,结合上述其他因素,欧委会发现,合并后的企业如果对Nokia的竞争对手进行地图数据图

---

[122] Case COMP/M.4942-*Nokia/Navteq*, Commission decision of 2 July 2008, para. 336.

[123] Case COMP/M.4942-*Nokia/Navteq*, Commission decision of 2 July 2008, para. 337.

[124] Case COMP/M.4942-*Nokia/Navteq*, Commission decision of 2 July 2008, para. 338.

[125] Case COMP/M.4942-*Nokia/Navteq*, Commission decision of 2 July 2008, paras. 339 and 340.

涨价,合并后企业的下游销量只能获得小幅的上升。欧委会认为,由于地图数据库的价格只占移动电话成本的一小部分,基于对下游价格弹性的评估以及有关竞争对手的成本增幅转嫁幅度的合理假设,可以发现,除非 Tele Atlas 提升其上游的价格超过 200%(这一情形被认为是不可能发生的),合并后企业实施完全封锁策略是无利可图的。[126] 427

欧委会也对其前述分析进行了敏感性测试,考虑了移动电话的其他要素(如硬件)相对地图数据库的价格会下降,导致地图数据库日后上升的可能性。经过敏感性测试,欧委会发现其前述结论在这一假设情形下仍是可靠的。[127]

此外,欧委会在其评估中还考虑了承诺的问题。特别是,欧委会指出,跟随 Tele Atlas 的涨价,合并后的企业通过大幅涨价实施完全原料封锁策略是不可信的,因为对于 Tele Atlas 的任何高价,合并后的企业都有动机通过低价获得竞争优势。[128] 由于 Tele Atlas 能够预测到合并后企业的这种反应,所以 Tele Atlas 会首先抑制其价格的上涨。

就部分封锁而言,欧委会发现,任何对下游市场产生不可忽视的影响的涨价都会让合并后的企业无利可图,因为下游获得的利润不足以弥补上游的损失。在转嫁率、弹性以及地图数据库作为下游产品成本的重要性的不同假设情形下,这一结论都具有可靠性。

3.3 原料封锁的效果

只有在原料封锁导致市场竞争减少进而导致下游市场高价的情形下,原料封锁才会被视为是"反竞争性封锁"。 428

原料封锁导致的竞争对手成本上升到何种幅度才会导致下游产品的涨价,这主要取决于那些面临原料成本上涨的企业所占市场份额是否够大,以及这些企业是否共同代表着市场中的重要竞争力量。此外,如果那些面临封锁的下游企业之

---

[126] Case COMP/M. 4942-*Nokia/Navteq*, Commission decision of 2 July 2008, para. 346.

[127] Case COMP/M. 4942-*Nokia/Navteq*, Commission decision of 2 July 2008, para. 347.

[128] Case COMP/M. 4942-*Nokia/Navteq*, Commission decision of 2 July 2008, para. 346. 正如假设案例中所述,竞价动机的出现是因为,它可以通过低价在上游获得高额利润,且并不需要将其价格实质性地降低到下游竞争对手可以购买其原料的水平。

间的竞争很激烈,这也会提升合并后的实体的涨价范围。

另外,如果封锁只影响下游市场的一小部分(如特定下游企业对价格已经上涨的原料依赖程度不高),或者存在不受封锁策略影响的潜在市场进入者,这种情形下合并后的实体提升下游市场价格的可能性就不大。

对封锁效果的任何评估也应该考虑到,长远来看,上游价格的任何上涨都可能吸引那些没有被整合的企业进入上游市场,或者可能鼓励下游企业纵向整合上游企业。[129]

最后,如第 2.1 节所述,在评估纵向合并时,效率也扮演着重要的角色。一项纵向合并,通过消除双重加价,可能为合并后的下游部门带来降低其价格(低于合并前)的动机。即使合并可能带来提升竞争对手成本与价格的原料封锁,从而让竞争对手的部分销售流向合并后的企业,效率带来的前述影响仍可能发生。尽管竞争对手可能被封锁策略实质性损害,由于合并后企业也可能降价,交易对消费者的整体影响可能是积极的。

在对 *Nokia/Navteq* 案[130]封锁效果的讨论中,欧委会突出了不同评估阶段的重叠。欧委会指出,那些用于解释缺乏实施部分封锁动机的因素,也可以用来说明
429 任何假定的封锁不会对下游市场产生实质性影响。特别是,欧委会指出,“地图数据库在移动电话成本中所占比例很低,有限的转换成本,与 Tele Atlas 的竞争,这些因素都会限制 Navteq 对 Nokia 竞争对手实施涨价”。[131]

这一结论很有意思,尽管之前的评估环节欧委会并没有对合并后的实体是否具有实施封锁的能力给出定论(本章第 3.1.3 节的讨论),欧委会这里的结论实质上是认为合并后的实体没有实施部分封锁的能力。

欧委会没有认定封锁会导致反竞争效果,相反,认为该合并可能产生效率。

---

129 有人可能认为,那些挫败上游涨价意图的市场进入问题,应该在评估封锁能力的环节予以考虑。这反映了不同评估阶段之间存在的一定模糊性。那些影响合并后的实体短期内提升竞争对手成本的因素在评估封锁能力阶段会被考虑,但影响合并后的实体长期提升竞争对手成本的因素(如新的市场进入或者下游竞争对手实施的纵向整合)在评估封锁效果的阶段也会被考虑。

130 Case COMP/M. 4942-*Nokia/Navteq*, Commission decision of 2 July 2008.

131 Case COMP/M. 4942-*Nokia/Navteq*, Commission decision of 2 July 2008, para. 356. 欧委会也考虑了移动电话生产商以及移动电话网络运营商从 Garmin 那里获得原料供应的能力,Garmin 基于其与 Navteq 签订的长期合同,不受原料价格上涨的影响。See Case COMP/M. 4942-*Nokia/Navteq*, Commission decision of 2 July 2008, para. 361.

欧委会特别考虑了在地图数据库的毛利润很高的前提下，合并消除双重加价的可能性。欧委会假定合并后的实体面临的地图数据库的真实成本不是移动电话价格的0% ~15%，而是更低的比例。欧委会指出，如果假定节省的成本中的30% ~60%被传递给客户，Nokia 的移动电话价格会有小幅下降(不超过5%)。[132] 欧委会也发现，由于没有发现市场中存在消除双重加价的合同，双重加价的消除很大程度上是合并所特有的。[133]

4. 纵向合并：客户封锁

客户封锁是指，一项合并通过限制合并后企业的上游竞争对手接触下游相当数量的客户，从而降低这些上游竞争对手销售其产品的能力。这种限制可能影响上游竞争对手竞争的能力与动机，这可能导致下游竞争对手的成本提升，转而降低合并后企业在下游面临的竞争压力。和原料封锁一样，如果效率增益不够充分，合并后的企业面临竞争约束的降低，可能导致最终消费者承担更高的价格。 430
图 5.8 对这种效果进行了说明。

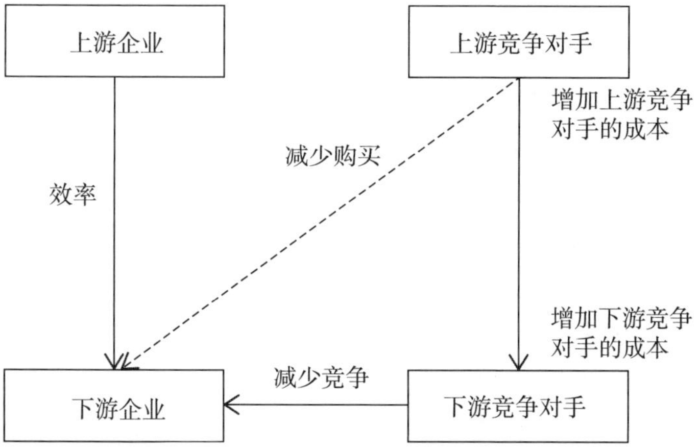

图 5.8 客户封锁竞争关注情形图解

132 Case COMP/M.4942-*Nokia/Navteq*, Commission decision of 2 July 2008, para. 366

133 Case COMP/M.4942-*Nokia/Navteq*, Commission decision of 2 July 2008, para. 368

此外,必须强调的是,只有封锁使得合并后的企业面临的竞争约束降低,导致最终损害消费者利益,“反竞争性封锁”才会出现。

重要的是,理论上来看,原料封锁与客户封锁之间存在紧密的联系。尽管机制存在差异,两种行为模式都意味着合并后的企业试图通过恶化未被整合的下游竞争对手获得原料的条件,从而减少下游的竞争。因此,客户封锁可以被视为合并后的企业实现原料封锁的一种间接方式:不是直接去恶化下游竞争对手获得原料的条件,客户封锁是合并后的企业利用下游的市场地位,去恶化独立的上游企业向下游竞争对手供应原料的条件。因此,评估原料封锁与客户封锁时的考虑因
431 素,存在高度的重叠。[134]

4.1 实施客户封锁的能力

对一项合并是否导致客户封锁进行评估的第一步,是分析合并后的企业是否有能力实施封锁。实施客户封锁的能力取决于作为上游竞争对手原料买家的合并后的企业下游业务部门的重要性。如果合并后的企业减少(或停止)向第三方供应商购买原料,能够限制这些企业进入市场,从而减少上游市场的竞争,则合并后的企业拥有实施客户封锁的能力。此外,与其他买家相比,如果合并后的企业并不是重要的原料买家,其不能影响上游部门竞争对手的竞争力,则合并后的企业不拥有实施客户封锁的能力。

实践中,客户封锁可能采取的方式包括:合并后企业的下游部门拒绝从上游竞争对手那里购买原料、减少从上游竞争对手那里的原料购买量,或者基于一些不利于上游竞争对手的交易条款购买原料。

评估合并后企业实施原料封锁的能力的一个关键问题是,合并后企业上游的竞争对手能否找到替代性的下游买家。如果合并后企业的下游部门在合并前从上游第三方供应商那里购买的数量占这些供应商总体销量的比例很小,则合并后企业即使完全拒绝购买上游竞争者的原料,也不太可能影响这些上游企业继续有效竞争的能力。此外,如果合并后企业的下游部门从上游竞争者那里购买的原料数量占这些供应商总体销量的比例很大,则合并后企业如果对其购买量予以压

134　但是,实践中,欧委会在合并评估中更为重视对原料封锁理论的评估。这可能反映了客户封锁理论存在一定的图谋属性,这使得在确立反竞争效果的逻辑链上需要增加一个分析步骤。

缩,则特定情形下就会影响上游竞争者的竞争能力。因此,如欧盟《非横向合并指南》指出的那样,下游市场的显著市场力量是产生客户封锁的必要条件。[135]

合并后企业的原料购买量要降低多大幅度才会影响上游竞争者的竞争力,从而影响下游未被整合的其他原料买家支付的价格,这主要取决于这些上游供应商的成本条件。销量的降低通过两种方式损害上游供应商的竞争力。首先,也是最 432 明显的,因为销量太低使其无法在市场上运营,上游竞争对手被迫退出市场。其次,当上游供应商的单位生产成本随着产出水平的提升而降低时,销量的降低会导致边际成本的增加,这会削弱企业价格竞争的能力。

因此,当合并后企业的需求对于上游第三方供应商愿意继续在市场中运营是个重要因素,[136]或者当无法为合并后的企业提供服务意味着下游竞争者只能以更高的成本获得原料供应时,意味着下游竞争者向合并后企业下游部门施加有效竞争约束的能力,被封锁策略给削弱了。[137] 这将导致合并后企业下游部门的竞争对手承受的原料价格上涨。

此外,如果客户封锁导致的营业额降低,足以阻碍上游竞争对手对那些可能降低其供应成本或者提升其产品质量的研发进行投资,与实施封锁策略前相比,这也可能对上游竞争对手的长远竞争力造成负面影响。

即使合并后的企业能够取消针对上游第三方供应商的大额购买量,如果第三方企业仍愿意继续留在市场中,或者这不会影响第三方企业向未被整合的下游竞争者增加销售的成本,则这也可能不会导致封锁。如果一些向合并后企业的下游部门提供服务所需发生的成本在相对较短期限内可以避免,产量下降后成本也会下降,则竞争对手继续留在市场中的动机就不会被削弱。类似地,如果可变成本与销量不相关,由于封锁不会导致市场退出,上游竞争对手的竞争力就不会受到 433

135 EC Non-horizontal Merger Guidelines, para. 61.

136 当合并后企业的需求是让上游市场的第三方潜在进入者实现规模经济的重要因素,从而确保他们有兴趣进入市场时,情况是一样的。

137 值得注意的是,合并后的企业可能是未被整合的上游供应商出售原料的特定市场中的重要买家,但在上游供应商实现规模经济所需的整个销量中,合并后的企业又只算较小的买家。比如,上游供应商所需的规模经济可能源自不同地域范围内的销售。即使合并后企业在这些市场中的某个市场具有重要地位,其购买量也不会成为上游企业供应成本的实质性决定因素。

影响。[138]

客户封锁要显著提升下游竞争对手的成本，上游企业供应的原料对下游竞争对手而言必须非常重要。如果客户封锁导致的相关原料成本的提升只占下游竞争对手成本的很小一部分，则合并后的企业很可能无法通过客户封锁去影响下游竞争对手的成本。[139]

一些特定案件中，合并后企业实施封锁的能力可能取决于具体案件的很多特定的因素。比如，可能存在一些因素使得合并后企业的下游部门很难立即从上游部门的竞争对手那里转换供应。如果存在大规模需求转换的障碍，这种情况就可能会发生。此外，如下面讨论的那样，合并后企业的上游竞争对手可能实施一些对抗性策略（或者甚至反对合并），从而可以削弱合并后企业实施客户封锁的能力。

4.1.1 实施客户封锁的能力：假设案例

下面的案例说明了一家企业与下游客户合并后，如何通过拒绝与上游的竞争对手交易去提升其在上游的市场力量，进而提升合并后企业下游部门的竞争对手获得原料的成本。该案例中，客户封锁的目的是通过阻碍一家国际性的潜在市场进入者进入市场，从而让交易后的企业在上游形成显著市场势力。

假设企业 A 和企业 B 是一种零件的生产商，这种零件是企业 1 和企业 2 生产的一种器具的原料。企业 A 相对低效，每单位的边际生产成本是 140。企业 B 则相对高效，每单位的边际生产成本只有 50。但是，重要的是，如果向企业 1 和企业 2
434 供应原料，企业 A 不发生固定成本，企业 B 却发生 10,000 的固定成本。这是因为，目前企业 B 为另一地域市场生产零件，该地域市场的器具与企业 1 和企业 2 生产的器具存在一些差异。如果向企业 1 和企业 2 供应原料，企业 B 发生的固定成本体现为，确保其零件能够匹配企业 1 和企业 2 生产的器具的一次性研发投资。我们假设进行这种研发投资后，企业 B 和企业 A 生产的零件是同质的。

假定下游器具市场的规模固定为 200 个单位，生产一个器具需要一个上游的零件。

为了理解企业 A 与企业 1 的合并如何导致客户封锁，从而导致合并后企业下

138 值得注意的是，源于较小销量基础的固定成本分摊带来的平均成本上涨，不会影响第三方竞争对手的定价动机。

139 实践中，原料成本对于下游竞争对手整体成本的重要性，可能在评估封锁能力的阶段进行评估（和评估原料封锁时一样）或者在后续的整体评估阶段进行分析。

游部门的竞争对手,即企业 2 会面临更高的原料价格,我们首先考虑不发生并购时市场的情况。

首先,如果企业 B 能进入市场且向整个下游市场(200 个单位)提供原料,我们计算下何种原料价格能够让企业 B 实现收支平衡。该价格需要确保企业 B 的收入等于其成本。进入市场以及向下游 200 个单位提供原料的总成本等于每个单位的成本(50)乘以供应的单位数(200)加上一次性固定成本(10,000),即总成本等于 20,000。假定向下游市场供应原料带来 200 单位的器具销售,让企业 B 收支平衡的价格是 100(因为 100×200 = 20,000)。重要的是,该价格低于企业 A 的边际成本。

如果不发生合并,我们可以预计企业 B 会以 140 的价格向整个下游市场提供原料。这一策略对企业 B 而言有利可图,因为该价格高于让其收支平衡的价格(100)。如果企业 A 的边际成本是 140(因此低于该价格其就无利可图),企业 1 和企业 2 接受企业 B 的报价便是最优选择。图 5.9 对上述情形进行了说明。

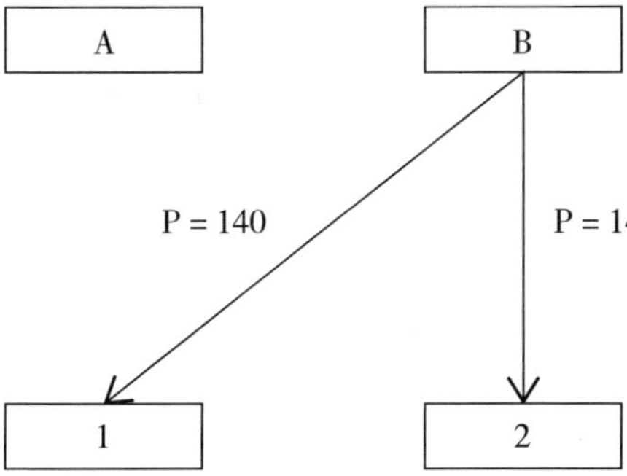

图 5.9　合并前情形图解

现在我们假设企业 A 与企业 1 合并成为企业 A1。[140] 我们假定部门 1 实施一项策略,即不论企业 B 的报价是多少,部门 1 都只从部门 A 那里获得原料(基于成本价)。这意味着企业 B 现在只能竞标企业 2 的业务,并且其必须基于向企业 2 供应原料的收入能够弥补其总成本(包括固定的研发成本 10,000)来决定是否进入上游市场。

假定(暂时的)企业 2 的需求数量占市场需求的一半(100 个零件)。现在我

140　和前文一样,我们将合并后企业(A1)的上游部门称为部门 A,下游部门称为部门 1。

们计算下如果企业B赢得企业2的业务，让企业B收支平衡的原料价格应该是多
435 少。

进入市场以及供应100个单位的零件的总成本等于每个单位的成本（50）乘以供应的单位数（100），加上一次性的固定成本（10,000），即15,000。让企业B弥补其向100个器具提供原料所发生的成本的价格是150（因为100×150=1500）。因此，企业B向企业2的原料报价如果低于150就会无利可图。

这使得部门A可以150的价格向企业2报价。这样做企业A有利可图，因为该价格高于其边际成本140。此外，假定企业B低于该价格向企业2供货将无利可图，企业2接受企业A的报价就是最优选择。图5.10对这种情形进行了说明。

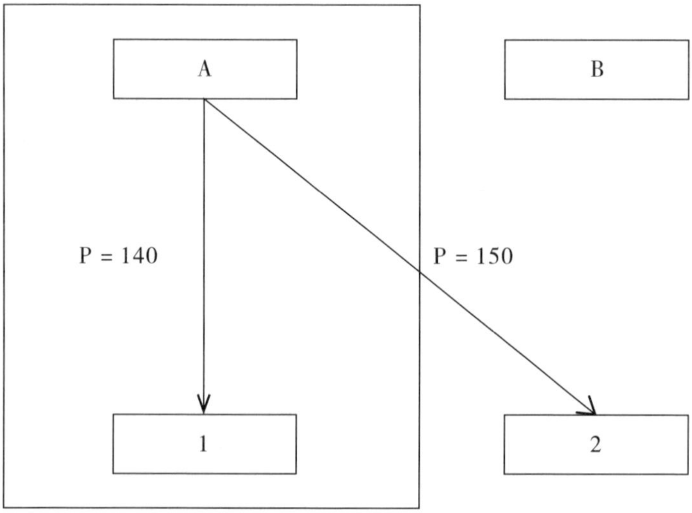

图5.10 合并后实施客户封锁情形图解

该案例中，通过部门1减少其对企业B的原料购买来实施的客户封锁，使得未被整合的下游企业获得零件的价格从140涨到了150。[141]

现在我们来分析部门1拒绝从企业B那里购买原料而形成的客户封锁导致

141 实际上基于更高的价格150，企业2对零件的需求量会低于100（因为由于企业2会将部分增加的成本以更高器具价格的方式转嫁出去，这会让企业2的部分器具销售额流失到企业1），因此，让企业B向企业2供货的收支平衡的价格可能比150稍高。比如，价格是150时，企业2的零件需求现在可能只有95个单位。企业B只有以155.26的价格供应95个零件才能有利可图，这让企业A会进一步提升其价格。

企业 2 成本上涨的一些相关因素。

首先,不受合并后企业拒绝购买原料行为影响的下游竞争性需求规模的大小,这是合并后的企业是否有能力实施客户封锁的一个关键性因素。如果企业 2 的需求量不是 100 而是 110 个单位,即使合并后的企业拒绝向企业 B 购买原料, 436
合并后的企业也不能向企业 2 提出远高于其边际成本(140)的价格。这是因为合并后企业提出的高价会促使企业 B 进入市场,且企业 B 能够以大约 141 的价格有利可图地向企业 2 供应原料。在 141 的价格上,企业 B 向企业 2 提供服务所能获得的收入是 15,510(等于 141×110 单位),这一收入高于其总成本 15,500(等于 50×110+10,000)。因此,合并后的企业向企业 2 提出 141 报价的企图,会因为企业 B 进入市场的可能性而得到削弱。

其次,企业 B 在市场进入方面面临的固定成本大小,是合并后企业是否有能力实施客户封锁的一项重要的决定因素。假定企业 2 的需求是 100 单位,如果企业 B 市场进入的固定成本是 9000,而非 10,000,这将让部门 A 不能超过其边际成本 140 向企业 2 提高原料价格。这是因为,如果企业 B 市场进入的固定成本只有 9000,这意味着企业 B 向企业 2 提供原料的收支平衡价格刚好是 140。如果企业 B 每单位原料售价是 140,则其收入(14,000 = 100×140)刚好足以弥补其成本(14,000 = 100×50+9000)。因此,如果企业 B 面临的固定成本是 9000,企业 A 将没有能力将其原料价格确定在其边际成本 140 之上。如果这样做,将会让企业 B 进入市场,并以更低的价格向企业 2 供应原料。 437

最后,原料价格上涨对下游企业成本的影响大小,取决于作为原料的零件对于下游产品总成本有多重要。如果原料占下游器具生产商边际成本的 100%,则客户封锁导致的零件价格上涨可能削弱企业 2 对合并后企业的约束力。如果零件只占企业 2 边际成本的 10%,则原料价格上涨 7%(从 140 涨到 150)也只会导致企业 2 生产器具的边际成本上涨 0.7%。[142]

值得注意的是,上述假设案例是高度简化的。相关结论的得出基于特定的假设条件,特别是由于市场进入面临的高额固定成本,潜在市场进入者的平均供应成本,很大程度上取决于其销售的数量。因此,是否进入市场,很大程度上取决于下游可竞争性需求的数量大小。

142　如上所述,原料成本占下游竞争对手总成本的重要性,可能在封锁能力评估阶段被考虑(因为一般案件属于原料封锁的情形),或者在后续的整体评估阶段被考虑。

上述案例一定程度上受限于企业 2 的需求是确定的这一假设。如果企业 2 能够通过设置更低的下游产品价格去大幅提升其销售额(通过从企业 1 那里夺得部分销售额,以及扩大市场去实现),则企业 B 就可以以更低的价格向企业 2 供应零件使得企业 2 扩大其销量,从而企业 B 也就可以对合并后企业的封锁策略作出反击。通过这种方式去扩大下游竞争性的需求基础,企业 B 可以将其有利可图地进入市场所需的最低价格降低。通过提供较低的原料价格帮助企业 2 扩大其销量,这对企业 B 是一种有利可图的反击策略。比如,如果企业 2 通过与企业 1 竞价能够实现 200 个单位的销量,则企业 B 向企业 2 供应原料所需的收支平衡价格只需 100。这一情形下,企业 B 向企业 2 收取每单位 100 的原料价格的反击策略,使得合并后的企业没有能力去实施原料封锁。作为其市场进入策略的一部分,企业 B 甚至可以与企业 2 合并,从而确保其在下游的价格更有竞争力,确保可以获
438 得充足的需求基础去弥补其研发投资的成本。[143]

4.2 实施客户封锁的动机

一项纵向合并会改变合并后企业下游部门的动机,因为下游部门会考虑其原料购买决定对其上游部门所带来的影响。这会导致合并后的企业存在实施客户封锁的动机。

一家企业是否存在实施客户封锁的动机,这取决于对合并后的企业整体而言,客户封锁获得的利益是否会超过其实施封锁的成本。

客户封锁的成本源于实施封锁策略后,合并后企业的下游部门减少或停止从上游特定供应商那里购买原料,尽管从特定供应商那里购买原料对下游部门更有利。比如,封锁策略可能涉及合并后企业的下游部门不再从一家更为有效的上游供应商那里,而是从合并后企业的上游部门那里购买原料。如果下游部门从第三方上游企业而非合并后企业的上游部门那里购买原料,其原料成本本来可以更低。[144] 或者,如果不实施封锁策略,合并后企业的下游部门本可以获得更高质量的原料。

---

143 实践中,合并后企业实施客户封锁的能力取决于很多因素。这些因素还包括上游竞争对手实施反击策略的能力,这可能包括这些企业自己实施纵向合并。

144 EC Non-horizontal Merger Guidelines, para. 69.

实施客户封锁获得的利益源自两方面。首先,如果客户封锁策略削弱上游竞争对手的竞争力,这可能提升合并后企业上游部门对下游部门竞争对手提供原料所获取的利润(或者提升对下游企业的销量)。其次,如果客户封锁导致下游竞争对手的原料成本上涨,这可以弱化下游部门面临的竞争约束,使得下游部门可以提高其产品售价或者提升其产品销量。

封锁策略对利润的整体影响是否积极,从而是否导致封锁动机出现,这是由很多因素决定的。和我们讨论实施原料封锁的动机一样,我们通过两个概念来认识实施客户封锁的动机:让封锁策略有利可图的下游需求临界增幅;客户封锁策略导致的下游需求实际增幅。下面会更为详细的讨论,封锁策略有利可图所需的下游需求临界增幅取决于封锁策略前后上游与下游活动的相对利润。[145] 439

封锁策略导致的下游需求的实际增幅,将取决于封锁策略对下游竞争对手成本带来的影响;[146]下游竞争对手以更高价格将上升的成本转嫁给消费者的幅度;下游竞争对手的消费者转而购买合并后企业下游部门产品的转移幅度。[147]

4.2.1　实施客户封锁的动机:假设案例

第 4.1.1 节假设的案例中,合并后的企业有能力拒绝从企业 B 那里购买原料,从而将其竞争对手的原料价格从 140 上涨到 150。现在我们稍微调整下该假设案例,用以说明如何去评估一家纵向合并企业是否拥有动机去实施客户封锁。

假设由于存在一家与企业 B 具有同等成本结构的潜在市场进入者(企业 C),企业 B 可以 100 的价格供应整个市场。当企业 B 销售 200 个单位时,100 的价格刚好可以让它有利可图,因为收入(100×200=20,000)刚好等于成本(200×50+10,000=20,000)。我们进一步假设企业 1 拒绝企业 B 的供应,则企业 B 只能以 150 的价格向企业 2 供应原料。在企业 B 销售 100 个单位的情况下,该价格刚好可以让企业 B 有利可图,因为收入(150×100=15,000)刚好等于成本(100×50+10,000=15,000)。

我们假设企业 1 和企业 2 生产的器具存在一定的差异,但企业 A 和企业 B 生产的零件具有同质性。我们假设如果合并后的企业接受企业 B 的供应,则企业 1

145　如果封锁策略导致上游利润的提升数量刚好等于下游利润的降低数量(因为下游部门不再从第三方那里获取原料,而是从上游部门那里以更高价格获得原料),则下游部门需求的临界增幅是零。

146　这转而取决于第 4.1 节讨论的因素,比如上游规模经济的重要性,原料作为成本的重要性等。

147　封锁策略的利润率还取决于下游部门是否拥有必要的剩余产能去满足封锁策略导致的需求提升。

440 和企业 2 每单位的成本是 100,且以每个器具 200 的价格销售 100 件器具。

首先我们考虑在合并后的企业 A1 愿意让企业 B 向部门 1 供货的情形下,企业 A1 的利润情况。部门 1 和企业 2 同意企业 B 以 100 的价格供应整个下游市场。这种情况下,部门 A 的利润是零。部门 1 的利润等于其出售器具的价格(200)与边际成本(100)的差额乘以出售的器具数量(100),即 10,000。因此,当企业 A1 接受企业 B 的供应时,其利润是 10,000。

现在我们考虑企业 A1 拒绝企业 B 向部门 1 供应原料时的利润情况。这种情况下,如在第 4.1.1 节所述,部门 A 可以 150 的价格向企业 2 供应原料。[148] 因此,合并后企业上游部门的利润等于每单位原料的价格(150)与边际成本(140)的差额乘以向企业 2 出售的零件数量(100),即 1000。

下游部门以成本价(140)从上游部门那里获得供应。尽管企业 2 的成本已经提升,我们先假设部门 1 的产品售价为 200(后面我们会讨论其他不同的情形)。部门 1 的利润等于其器具售价(200)与边际成本(140)的差额乘以向消费者出售的器具数量(100),即等于 6000。

因此,当合并后的企业 A1 拒绝从企业 B 购买原料时,其利润等于 7000(如图 5.11 所示)。

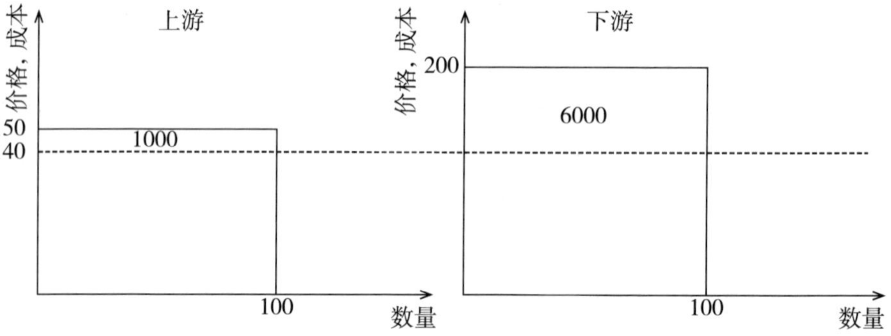

图 5.11　客户封锁情形下,下游产品价格与产量不变时合并后企业上下游的利润

因此,很明显,当下游企业 1 和企业 2 的产量与售价不变时,合并后的企业接
441 受企业 B 向其下游部门供应原料可以获得更高的利润。拒绝从企业 B 那里购买

148　假定企业 B 不能低于该价格有利可图地向企业 2 供应原料,则企业 2 接受企业 A 的供应就是最优选择。

原料的成本源于合并后企业拒绝以低于其自身边际供应成本的价格获得零件。

但是,如果封锁策略将企业 2 的原料成本从 140 提高到 150,这可能导致企业 2 提高其对最终消费者出售的器具的价格。这一原料成本的上涨可能导致一些消费者从购买企业 2 的器具转向购买部门 1 的器具。对合并后的企业而言,这一下游需求的提升,可能使得合并后的企业实施封锁策略整体上有利可图。

现在可以计算,在下游市场售价持续 200 的情况下,需要从企业 2 那里转移多少单位的销售量到部门 1 那里,才可以补偿合并后的企业拒绝从企业 B 那里购买原料所发生的成本。换句话说,我们可以计算,让封锁策略有利可图的部门 1 所需的临界需求增幅。[149] 我们暂时假设封锁策略后部门 1 的下游价格不变,因此封锁策略带来的利润完全体现在下游销量的提升。[150]

首先,让我们回顾一下,与愿意从企业 B 那里购买原料所能获得的利润相比,合并后的企业拒绝从企业 B 购买原料所获得的利润差额是 3000(10,000-7000)。因企业 2 在下游的产品售价提高而导致的从企业 2 转向部门 1 的每个产品单位,都为合并后的企业增加 50 的利润。这是因为下游部门出售的每个新增的单位能获得 60 的利润(200-140),但同时每个新增单位也意味着上游部门向企业 2 的销量会减少,上游部门每单位销量的利润是 10(150-140)。因此,下游新增的每个单位对合并后企业利润的净效应是 50。因此,我们可以发现,为了让合并后的企业利润从 7000 提高到 10,000(通过从企业 B 那里购买原料可以获得的利润),所需的下游转移的销量单位是 60,因为每个新增单位给合并后企业带来的净利润 50 乘以 60 个单位等于 3000。60 个单位的转移幅度将上游部门的利润从 1000 降
低到 400(因为现在上游部门是以每个单位 10 的利润销售 40 个单位而非 100 个 442
单位的原料)。但是,下游部门的利润从 6000 提升到了 9600(因为现在下游部门是以每单位 60 的利润出售 160 个器具而非 100 个器具)。因此,合并后企业整体上获得的利润是 10,000(如图 5.12 所示)。

149　企业 2 需求的任何下降可能意味着企业 B 以 150 的价格向企业 2 供货不再有利可图,这可能使得部门 A 将其向企业 2 收取的价格提高到 150 以上。

150　后面我们会讨论由于下游竞争约束的削弱使得部门 1 价格提升是如何影响下游需求临界增幅的。

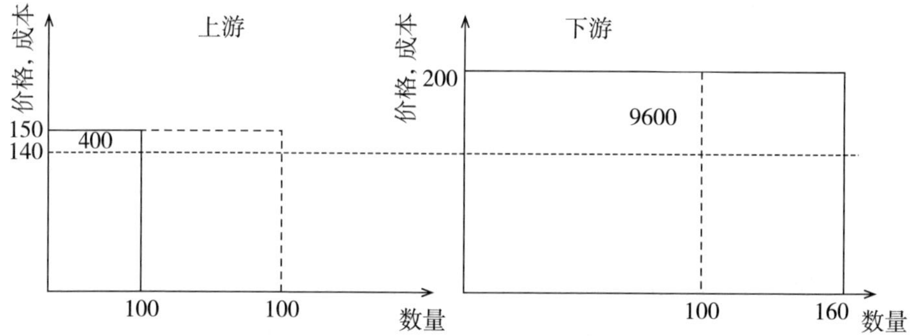

图 5.12　客户封锁情形下，假设向下游部门转移 60 个销量单位，合并后企业上下游的利润

上面计算得出 60 个单位的临界增幅，是综合考虑了下列因素得出的，即上游部门对企业 2 销售的利润损失，合并后企业拒绝向企业 B 购买原料后下游部门销售所获的利润，以及合并后的企业同意部门 1 以比部门 A 边际成本低的价格从企业 B 那里购买原料时下游部门销售获得的利润。

如果出现下列情形，封锁策略有利可图所需的临界增幅将小于 60 个单位：

第一，实施封锁策略后，合并后企业的上游部门在向企业 2 销售时能够获得更高的利润。假定实施封锁策略后，上游部门将其向企业 2 的原料售价由 150 提高到 160。[151] 这意味着上游每单位原料销售获得的利润是 20(160−140)，向企业 2 销售 100 个单位原料获得的利润是 2000。如果下游销售量不提升，下游部门的利润是 6000(因为以每个单位 60 的利润去销售 100 个单位的器具)。因此，如果下
443 游需求不提升，合并后的企业实施封锁策略获得的总利润是 8000。和前面计算的那样，如果合并后的企业从企业 B 那里购买原料，其利润是 10,000。为了让封锁策略有利可图，合并后企业的下游部门从企业 2 那里夺得的销量产生的利润至少应该是 2000。因企业 2 的下游价格提高，从企业 2 转向部门 1 的每个单位销量可以给合并后的企业增加 40 的利润。[152] 因此，需求临界增幅是 50 个单位(因为 40×

---

[151] 这种情形是可能发生的，比如，如果市场进入的固定成本是 11,000 而非 10,000。11,000 的市场进入固定成本意味着销售 1000 个单位产品所需的收支平衡价格是 160，因为企业 B 收取的价格是 160 时，其销售收入(1000×160)等于成本(11,000+50×100)。

[152] 这是因为每个新增单位让下游部门赚取 60 的利润(200−140)，但同时每个新增的单位也意味着上游部门对企业 2 的销量损失，上游部门每个单位本来可以赚 20 的利润(160−140)。因此，转移过来的每个新增单位的净利润是 40。

50=2000)。[153]

第二,实施封锁策略后,合并后企业的下游部门在向消费者出售产品时能够获得更高的利润。假设封锁策略导致下游部门面临的竞争约束被削弱,部门1将其器具的售价由200提升到210。[154] 这意味着下游部门每单位器具销售获得的利润是70(210-140),如果下游消费者的购买量不变,则下游销售100个单位器具的利润就是7000。上游部门以每个单位利润10(150-140)向企业2销售100个单位原料获得的利润是1000。因此,合并后的企业实施封锁后的总利润是8000。如果合并后的企业从企业B那里购买原料,其获得的净利润是10,000。因此要让封锁策略有利可图,从企业2那里夺得的销量产生的利润至少是2000(10,000-8000)。因企业2的下游价格提高,从企业2转向部门1的每个单位销量可以给合并后的企业增加60的利润。[155] 因此,需求临界增幅是33.33个单位(因为60×33.33=2000)。[156] 444

第三,不实施封锁策略时,合并后企业的下游部门在向消费者出售产品时能获得的利润更低。假定企业B提出的条件不是以100的价格而是110的价格向整个下游市场供应原料。这意味着不实施封锁策略时,合并后的企业下游每个单位的利润不是100而是90,其将从销售100个单位的器具中获得9000的利润。如果合并后的企业实施封锁策略后下游需求不发生变化,其利润是7000,确保封锁策略有利可图的下游新增销售量产生的利润至少应该是2000(9000-7000)。因企业2的下游价格提高,从企业2转向部门1的每个单位销量可以给合并后的

153 值得注意的是,如果上游价格提升到180而非150,则所需的临界增幅是零。即使合并后企业下游部门的需求没有变化,实施封锁获得的利润仍等于接受企业2报价时所能获得的利润。

154 下游价格可能比200高,因为实施封锁策略后下游企业的边际成本(140)高于不实施封锁策略时的边际成本(100)。

155 这是因为每个新增单位让下游部门获得70的利润(210-140),但每个新增单位也意味着上游部门对企业2的销量有所损失,上游部门本来每个单位可获得10的利润(150-140)。因此,转移的每个单位带来的净利润是60。

156 如果下游价格提升到230而非210,则所需临界增幅是零。即使合并后企业下游部门的需求没有变化,实施封锁获得的利润仍等于接受企业2报价时所能获得的利润。

企业增加 50 的利润。[157] 因此,需求临界增幅是 40 个单位(因为 50×40=2000)。[158]

客户封锁策略是否有利可图,取决于部门 1 的实际销售增幅是否大于临界增幅。要让部门 1 需求的实际增幅超过临界增幅,这取决于:

第一,企业 2 的边际成本从 100 上涨到 150 后,其将上涨的成本转嫁给最终的器具消费者的幅度;

第二,器具消费者面临企业 2 的涨价,转而购买部门 1 的转换幅度(企业 1 与企业 2 器具之间的可替代性程度)。

以更高器具价格的形式将提升的零件成本转嫁给消费者的幅度越大,部门 1 的实际需求增幅超过临界增幅所需的企业 2 与部门 1 的器具可替代性的程度要求也就越低。

445 相反,下游产品之间可替代性越高,实际需求增幅超过临界需求增幅所需的成本转嫁幅度,也就越低。[159]

前面我们已经提及,如果客户封锁策略让部门 1 提升其利润,这将降低封锁策略有利可图所需的临界需求增幅。值得注意的是,与部门 1 的价格保持不变的状态相比,由于封锁策略的影响,部门 1 价格的任何提升也会降低其所能获得的实际需求增幅。[160]

与评估原料封锁的动机一样,如果用合并前的下游利润作为合并后下游利润的替代考量因素,这很大程度上可以简化对临界需求增幅与实际需求增幅的分析。为了评估一家企业实施封锁的动机,通过这一假设,往往可能对一项假定的封锁策略的利润率作出深入分析。

---

157 这是因为每个新增单位让下游部门获得 60 的利润(200-140),但每个新增单位也意味着上游部门对企业 2 的销量有所损失,上游部门本来每个单位可获得 10 的利润(150-140)。因此,转移的每个单位带来的净利润是 50。

158 如果下游价格提升到 130 而非 100,则所需临界增幅是零。即使合并后企业下游部门的需求没有变化,实施封锁获得的利润仍等于接受企业 2 报价时所能获得的利润。

159 值得注意的是,这些因素自身是相互关联的,因为导致企业 2 涨价的成本提升幅度,还部分取决于其多大幅度的涨价会导致部分销售额流向部门 1。

160 这是因为一些企业 2 器具的消费者,即使面临企业 2 的价格提升,可能仍不会转而购买合并后企业的器具,而是继续购买企业 2 的器具。

4.3　客户封锁的效果

和原料封锁一样,只有在客户封锁使得竞争减少,进而导致下游市场更高的产品价格时,客户封锁才会被称为“反竞争性封锁”。

只有当客户封锁使得上游竞争对手的销量减少,降低了上游市场的竞争,使得下游竞争对手获取原料的成本上涨,这转而导致下游市场产品更高的价格时,客户封锁才会损害消费者利益。

上游市场的竞争在多大程度上被封锁策略所影响,这主要取决于评估实施封锁策略的能力时考虑的那些因素,比如规模经济的重要性,下游竞争性需求的规模(那些不受封锁策略所影响的需求)。这也取决于那些代表着上游重要竞争力的企业在多大程度上被封锁策略所影响。如果封锁策略只影响小部分的上游市场(如一些特定的重要上游企业通过向其他地域市场销售原料而实现了最小有效规模),则封锁策略就不太可能减少上游的竞争。 446

即使客户封锁策略导致上游市场竞争减少,因而提升特定下游竞争对手面临的原料价格,这也并不意味着客户封锁一定会损害消费者利益。

客户封锁导致的下游竞争对手原料成本上涨多大的幅度时,预计下游产品的价格才会提高,这很大程度上取决于那些原料成本上涨的企业所占市场份额是否够大,它们整体上是否代表着很大一部分竞争力。此外,如果那些受上游竞争减少影响的企业与合并后企业的下游部门之间竞争很激烈,这会提升合并后企业涨价的幅度。

此外,如果封锁只影响下游市场的小部分(如一些下游企业对那些涨价的原料依赖度不高),或者存在一些不受封锁策略影响的潜在市场进入者,则合并后的企业不太可能提升下游产品的价格。

对封锁效果的评估还需要考虑,长期来看,上游原料的涨价可能引诱一些未被整合的企业进入上游市场。如第 4.1 节所述,上游企业可能通过与下游企业合并,或者通过更为激进的定价策略去扩大销售量从而实现规模经济,去对抗客户封锁策略。[161]

最后,对一项纵向合并的评估还必须考虑效率所扮演的潜在重要角色(参见第2.1节)。通过消除双重加价,一项纵向合并往往给合并后企业的下游部门提供动机去降低价格。即使合并同时带来提升下游竞争对手成本与价格的客户封
447 锁,使得下游竞争对手损失销量,合并仍可能带来效率。尽管上游与下游的竞争对手可能被封锁策略严重损害,由于合并后的企业可能提出更低的价格,合并交易对消费者的整体效果可能仍是积极的。

4.4 客户封锁:欧盟案例

尽管纵向合并案例中不会经常出现客户封锁,欧委会仍在一些涉及能源市场的纵向案件中确认了这类竞争关注。例如,在 *ENI/EDP/GDP* 案[162]中,欧委会确认该交易会导致燃气批发市场中存在客户封锁方面的竞争关注。该交易最终在第二阶段审查后被禁止,该交易导致葡萄牙境内的垄断性燃气批发供应商与下游燃气发电市场和燃气与电力零售分销市场的唯一供应商,处于共同控制权之下。欧委会认为,该交易会阻碍潜在竞争对手获得进入上游批发燃气市场所需的足够的下游燃气需求。欧委会认为,提议的交易会加强 GDP 在上游市场的支配地位。[163]

类似地,在 *DONG/Elsam/Energi E2* 案[164]中,欧委会评估了批发燃气市场中出现客户封锁的可能性。DONG 是一家准垄断型的上游企业,Elsam 和 E2 这两家丹麦发电公司分别位于西丹麦和东丹麦,它们是当时丹麦最为重要的两家天然气购买商。在对每个下游购买商与 DONG 签署的长期协议进行分别评估后,欧委会认为封锁效应可能影响短期的燃气购买量,并且当长期协议终止后,封锁效应会覆盖 Elsam 和 E2 的所有燃气购买量。欧委会认为,这一客户封锁效应会显著加
448 强 DONG 在上游的支配地位,这将对潜在的市场进入造成进一步的抑制作用。特

161 和评估原料封锁的效果一样,各评估阶段的界限存在一定的模糊性。那些短期内影响合并后企业提升上游竞争对手成本幅度的因素,在评估封锁能力的阶段会考虑,而那些长期影响合并后企业提升上游竞争对手成本幅度的因素(如新的市场进入或者对抗性合并下游企业)在评估封锁效果的阶段也会被考虑。

162 Case COMP/M. 3440-*ENI/EDP/GDP*, Commission decision of 9 December 2004.

163 Case COMP/M. 3440-*ENI/EDP/GDP*, Commission decision of 9 December 2004, Section V. B. 2.

164 Case COMP/M. 3868-*DONG/Elsam/Energi E2*, Commission decision of 14 March2006.

别是,该案决定书指出:"合并后对需求的封锁,将让 DONG 的竞争对手更难进入丹麦天然气行业,不论是作为批发供应商还是作为最终消费者的供应商,这些市场的进入障碍都会被提高。"[165]

在 *Syngenta/Monsanto's Sunflower Seed Business* 案[166]中,花种处理市场(上游)的竞争者以及潜在市场进入者指出,合并将阻碍它们接触到有效竞争所需的必要的客户。特别是,两个不同的上游市场都会遭遇客户封锁:处理向日葵种子的杀菌剂市场和处理向日葵种子的杀虫剂市场。最终,欧委会认为合并后的企业在这些市场中不会拥有能力去封锁目前的竞争对手或者潜在的市场进入者,因为提议的交易导致合并后的企业在向日葵种子商业化市场(下游)只占 40% ~50% 的市场份额,下游市场还存在至少 50% ~60% 的客户需求用以满足上游其他种子处理商。[167]

在一些其他案件中,欧委会解除了客户封锁的竞争关注,认为没有必要进行详细的实证分析。例如,在 *Itema/Barcovision* 案[168]中,欧委会很快就排除了交易导致客户封锁的可能性,欧委会指出:"Uster(Barcovision 的主要竞争对手)向 Itema 出售的络筒机传感器只占其总销量的 10% ~20% ,这部分销量占比不及整个络筒机传感器市场的 10% 。Itema 停止向 Uster 购买络筒机传感器对上游市场造成的影响非常有限,合并后的企业实施客户封锁策略明显是无利可图的。"[169]

最后,欧委会在对 WLR(一家私募公司,其拥有 SCI 公司,后者是一家汽车安全气囊模块零件制造商)收购 BST(一家技术织物生产商)案的调查中也分析了反 449
竞争性客户封锁的可能性。[170] 欧委会对该案客户封锁的具体评估,将在下文介绍。

4.4.1　案例研究:WLR/BST

WLR/BST 案[171]中,欧委会确定参与交易的两家企业的业务不存在横向重叠。但是,BST 生产的一种特殊产品(扁平气囊织物)是 SCI 的一种产品(切割与缝制

165　Case COMP/M.3868-*DONG/Elsam/Energi E2*, Commission decision of 14 March2006, para. 504.

166　Case COMP/M.5675-*Syngenta/Monsanto's Sunflower Seed Business*, Commission decision of 17 November 2010.

167　Case COMP/M.5675-*Syngenta/Monsanto's Sunflower Seed Business*, Commission decision of 17 November 2010, Sections IX.4.1.2, IX.4.2.2 and IX.4.2.4.

168　Case COMP/M.4874-*Itema/Barcovision*, Commission decision of 4 August 2008.

169　Case COMP/M.4874- *Itema/Barcovision*, Commission decision of 4 August 2008, para. 91.

170　Case COMP/M.4389- *WLR/BST*, Commission decision of 5 December 2006.

171　Case COMP/M.4389-*WLR/BST*, Commission decision of 5 December 2006.

型安全气囊,CSCs)的一种原料。由于扁平气囊织物供应市场中 BST 的一些竞争对手提出意见,欧委会就该交易的上述纵向关系是否会导致客户封锁,进行了竞争评估。[172]

欧委会发现在上游的扁平气囊织物市场中,BST 是欧洲经济区的领头企业,2005 年的市场份额占 45% ~ 50% 。[173]

在下游的 CSC 市场中,有两家主要的独立供应商,即 SCI 和 Aerazur,它们在独立销量市场所占份额分别为 40% ~ 45% 和 35% ~ 40% 。但是,除了这些独立供应商外,还存在一些与气囊模块生产商纵向整合的 CSC 制造商,以及只供自己使用的 CSC 的生产商。[174] 欧委会指出,独立 CSC 制造商面临着气囊模块供应商们自己生产 CSC 的巨大竞争压力,SCI 的产量占整个市场 CSC 生产量的 15% ~ 20% 。[175]

欧委会考虑了一种损害理论,即合并后的企业将封锁竞争性的扁平气囊织物供应商接触很大数量的 CSC 客户群,从而降低竞争性织物生产商的竞争力。

欧委会指出了很多可以削弱合并后企业实施客户封锁的能力的因素。欧委会发现一家 CSC 生产商很难迅速地转换织物供应商。这种困难源于供需双方持
450 续性的生产承诺,以及转换供应商后所需的相应检定程序。[176]

欧委会分析了合并后的企业如果决定其下游部门只从上游部门那里获取扁平织物,这会带来何种后果。欧委会发现,目前只有一家 BST 的竞争对手对 SCI 的供应超过其扁平织物营业额的 10% 。[177] 欧委会还发现,大部分 BST 的主要竞争对手都是大型的多元化公司,它们还生产应用于气囊模块之外的其他类型的技术织物,并且它们能够承受扁平织物销量的突然下跌,而不会出现严重的财务困难。

欧委会指出,如果 SCI 只从 BST 那里获取原料,这只会让整个欧洲经济区内 10% ~20% 的扁平织物产量被内部化。欧委会认为,如果 BST 的产能已完全利

---

172 尽管没有收到第三方主体提出的原料封锁方面的投诉意见,欧委会在该案中也对原料封锁相关的竞争关注进行了考虑并最终予以排除。Case COMP/M. 4389-*WLR/BST*, Commission decision of 5 December 2006, para. 30.

173 Case COMP/M. 4389-*WLR/BST*, Commission decision of 5 December 2006, para. 24.

174 Case COMP/M. 4389-*WLR/BST*, Commission decision of 5 December 2006, para. 10.

175 Case COMP/M. 4389-*WLR/BST*, Commission decision of 5 December 2006, para. 23.

176 Case COMP/M. 4389-*WLR/BST*, Commission decision of 5 December 2006, para. 33.

177 Case COMP/M. 4389-*WLR/BST*, Commission decision of 5 December 2006, para. 33.

用,且无法在短期内提升效率,则 SCI 的下游需求向 BST 的转变将会降低 BST 向 SCI 竞争对手的原料销量。这一供应的转移使得 SCI 的竞争对手的织物需求得不到满足,这部分需求只能由 BST 的竞争对手去满足。

此外,欧委会发现,如果 SCI 对扁平气囊织物的购买量仅占整个欧洲经济区扁平气囊织物需求量的 15% ~25% ,BST 的竞争对手仍然可以获得大量的客户基础,并且值得注意的是,整个欧洲经济区的气囊产品需求每年有 5% 左右的增幅。[178]

欧委会还考虑了 CSC 的客户即气囊模块生产商所扮演的角色。欧委会发现,气囊模块生产商对织物供应商的选择(甚至包括何时外包 CSC 生产)有重大影响。为了确保存在充分的竞争性替代供应商,它们倾向于对织物进行多元化的采购。[179]

由于欧委会在 *WLR/BST* 案中没有发现合并后的企业有封锁的能力,其也就不需要对合并后的企业是否有动机实施封锁进行具体分析了。

但是,一家 BST 的织物竞争对手提出了一项特殊的竞争关注,即由于合并后
的企业控制了大部分的重要原料(织物),为了扩大其在 CSC 市场的份额,它可能 451
会降低 CSC 的价格。这将为其他 CSC 生产商创造“反冲性”需求,即向上游要求更为便宜的织物。这会挤压 BST 的织物竞争对手的利润,并且可能会导致一些企业退出市场。[180]

有趣的是,与其对此关注做出以下回应,合并交易给 CSC 以及织物的价格带来的下降压力是合并带来的利益,应受到欢迎,欧委会指出合并后的企业没有动机实施这一策略,从而排除了这一竞争关注。欧委会回应这一质疑时指出,如果气囊模块生产商发现 SCI 在合并后从 BST 那里获得更低价格的织物,它们也会就其内部生产使用的织物向 BST 提出相应的折扣要求。欧委会进一步分析,因为织物的利润远高于 CSC 的利润,一项低价 CSC 策略的整体效果对合并后的企业来说是负面的。这是因为,BST 以低价将其 10% ~30% 的产量卖给 SCI 导致 CSC 销量提升所获得的利润,比不上 BST 将其 70% ~90% 的产量卖给第三方所获得的利润。

---

178 Case COMP/M. 4389-*WLR/BST*, Commission decision of 5 December 2006, para. 35.

179 Case COMP/M. 4389-*WLR/BST*, Commission decision of 5 December 2006, para. 36.

180 Case COMP/M. 4389-*WLR/BST*, Commission decision of 5 December 2006, para. 37.

值得注意的是,欧委会的这一分析并不常见。欧委会的分析是基于 BST 会降低价格向其下游部门供应原料,从而使得下游部门在与竞争对手的竞争中更为激进。欧委会没有对合并后的企业是否有动机实施客户封锁进行更为传统的分析。如果在不实施封锁时,下游部门倾向于从特定上游供应商那里购买原料,则在传统的动机分析中需要考虑下游部门减少从特定上游供应商那里采购原料所带来的成本。

5.混 合 合 并

“混合合并”指交易各方既不是横向关系(实际或潜在竞争对手之间),也不是纵向关系(供应商与客户之间)的合并。因此,混合合并包括互补性产品供应商之间的合并,以及提供的产品既不是互补品也不是替代品的企业之间的合并。[181]
452 大部分环境下,这类合并不会产生竞争关注。[182] 但是,特定情形下,由同一组客户购买的互补性产品或关联性产品的生产商之间的合并,也可能导致反竞争效果。

适用于混合合并的主要竞争损害理论是,合并使得企业在某一市场上的控制力量可以成为削弱另一关联市场竞争的手段。这种情形经常被称为市场力量的“杠杆传导”(leveraging)效应。但是,也可能是另一种情形,即合并使得合并后的企业可以实施一定的行为去保护已有的市场力量,如果合并不发生,参与合并的企业本应该面临更为有效的竞争压力。

上述两种情形下的竞争关注都是,由于产品范围的扩大,使得合并后的企业能够采取一些行为去减少其面临的竞争约束,从而导致其有单边涨价的动机,最终损害消费者利益。一般而言,合并后的企业采取的行为往往是,将合并一方目前在某市场销售的产品与合并另一方在另一市场销售的产品搭售或者捆绑销售。[183]

“纯捆绑”(pure bundling)这一概念用于描述一种状态,即产品基于固定比例被捆绑出售,各部分不能被拆分独立出售。比如,产品 A 与产品 B 的纯捆绑是指,

181 Case COMP/M. 4389-*WLR/BST*, Commission decision of 5 December 2006, para. 37.

182 See EC Non-horizontal Merger Guidelines, para. 92.

183 See EC Non-horizontal Merger Guidelines, para. 93.

客户只能同时购买产品 A 与产品 B,不能只购买产品 A 或者产品 B。“混合捆绑”(mixed bundling)是指,产品一般是基于固定比例被捆绑出售,但各部分也可以被拆分独立出售。当一项捆绑销售的价格低于所捆绑产品各自价格之和时,就可能出现封锁方面的竞争关注。纯捆绑可以视为混合捆绑的一种特殊情形,因为捆绑集合中的单个产品售价太高,因此没有顾客会分别购买这些产品。

“搭售”(tying)这一概念用于描述一种状态,即客户购买特定产品,即搭售品(tying good)时,也被要求同时购买另一种产品,即被搭售品(tied good)。比如,将产品 B 向产品 A 搭售是指,如果某客户要购买产品 A,他还必须购买产品 B 而非产品 C,即使产品 C 可能是产品 B 的一种替代品。与纯捆绑不同,消费者不必基于固定比例去购买产品 A 和产品 B,而是可以选择其所购买的产品 B 的数 453
量。[184] 搭售可以通过将搭售品设计为无法与那些和被搭售品相竞争的产品兼容(技术搭售)来实现,也可以通过合同确立客户购买搭售品时必须同时购买被搭售品而不是与被搭售品竞争的其他产品(商业搭售)来实现。

对上述这些行为的一般竞争关注是,合并后的企业可以将其竞争对手的利润降低到一定的程度,使得竞争对手无法对合并后的企业提供有效的竞争约束,结果是消费利益受到损失。

和纵向合并一样,欧盟《非横向合并指南》列举了针对一项混合合并是否被视为导致反竞争封锁时的三阶段评估法。[185] 三个阶段包括合并后的企业是否有能力实施封锁,合并后的企业是否有动机实施封锁,以及封锁是否对竞争有负面影响,从而损害消费者利益。下面讨论的内容便与这三个分析要素有关。值得注意的是,和纵向协议那部分的讨论一样,这些分析步骤相互紧密关联,实践中单一因素,比如竞争对手的可能反应或者规模经济的存在,都可能与这三个问题相关。

在讨论了与欧委会三阶段评估相关的因素后,我们会提供一个假设的案例去详细解释,合并后企业实施封锁的能力与动机,以及封锁导致消费者损害的可能性。

---

184 一些搭售中,客户购买搭售品(产品 A)时,客户可以选择不购买被搭售品(产品 B),但也禁止购买被搭售品的替代品(产品 C)。

185 See EC Non-horizontal Merger Guidelines, para. 94.

最后,我们会对欧委会考虑过混合合并相关竞争关注的 *Intel/McAfee*[186]、*GE/*
454 *Amersham*[187] 以及 *Google/DoubleClick*[188] 等案件进行分析与评述。

5.1 混合合并中实施封锁的能力

要评估合并后的企业是否有能力通过一些行为(如搭售或者捆绑)进行封锁,第一步是去考虑合并后的企业实施那些可疑的封锁行为在实践中是否具有可行性。很多案件中,通过对市场特性进行测试可以发现,合并后的企业不会实施某些封锁策略,比如纯捆绑。

两种产品可能存在不同的采购程序、不同的供应链,或者不同的采购时间安排。比如,某种产品采取的是一次性购买方式,十年内只需购买一次。另一种产品则是定期购买,要基于产品的生命周期定期更新。这种情形下,想要通过某种方式将第二种产品搭售于第一种产品,可能就非常困难。特别是,由于两种产品都属于同一系统所需的零件,尽管表面上看差异并不明显,但两种产品可能由不同的客户购买。这可能是因为不同的企业针对同一系统所需的不同原料的购买,会作出不同的决定。比如,一家飞机制造商会为飞机的制造购买某种零件,但是一家航空公司针对引擎的购买则会在后续的飞机订购环节通过竞标进行采购。因此,产品向不同的客户出售,往往使得搭售或捆绑无法实现。[189]

同一企业里面也可能存在不同的购买团队负责不同的产品采购。尽管这不会使得搭售或捆绑无法实现,但实践中这种情形可能使得搭售或捆绑更难实现,因为这可能要求卖家结合企业的特殊采购程序调整其销售策略。

在很多案件中,将一种产品技术搭售于另一种产品不具有可操作性。一些案件中两种产品进行技术搭售经常发生(如一家茶包生产商与一家茶杯生产商的合并),但另一些涉及更为复杂技术的产品的案件中,该问题会变得更为复杂。此
455 外,合并后的企业可能不会完全消除竞争性产品之间的兼容性,而是仅仅降低这些产品之间的兼容性,使得利用这些产品而非合并后企业生产的产品时,这些产

186 Case COMP/M.5984-*Intel/McAfee*, Commission decision of 26 January 2011.

187 Case COMP/M.3304-*GE/Amersham*, Commission decision of 21 January 2004.

188 Case COMP/M.4731-*Google/DoubleClick*, Commission decision of 11 March 2008.

189 通过兼容性标准,卖家仍然有可能针对不同的买家实施技术性搭售。

品的功能会下降。[190]

特定案件中,对评估某产品与另一种产品进行捆绑或搭售是否具有可行性产生影响的一个因素是,是否有证据表明相关企业过去针对这些产品曾实施过这类行为。

合并后的企业是否有能力实施捆绑与搭售,与合并后的企业是否有能力实施封锁,这两个问题之间存在一个重要的区分。一家企业将其生产的某种产品与其生产的另一种产品联合销售可能不会存在障碍(如向那些购买其联合销售的两种产品的客户提供折扣)。但重要的是,这类企业并不一定拥有实施封锁的能力。特别是,这类企业不一定可以实质性地减少其竞争对手的营业收入或提高其竞争对手的成本,从而削弱竞争对手的竞争力。基于此,企业要拥有实施封锁的能力,还需要满足一些其他条件。[191]

第一,合并后的企业必须至少在其活动的一个市场中拥有显著的市场势力。市场势力可能源于合并后的企业提供一种高度差异化的产品(竞争对手的产品不再被视为是一种好的替代品),或者源于竞争对手面临严重的产能约束。如果缺乏显著市场势力,则合并后的企业实施的行为能否实质性地影响其竞争对手带来的有效竞争就弄不清楚了。如果企业销售的每种产品都面临有效竞争约束,则企业只有通过更低的价格来吸引客户去购买其捆绑销售的产品,但这是竞争的本质体现,并非产生竞争关注的原因。只有当一家企业试图运用其在某个市场事先便拥有的市场势力去损害竞争对手,从而减少另一市场的竞争时,反竞争性封锁才可能出现。值得注意的是,在企业不具有显著市场力量的一些市场中也可能出现捆绑与搭售行为,并且这些策略之所以能够有利可图,明显不是因为其封锁了竞争对手。这得出一个重要的结论(下面的例证会讨论),即如果一项合并能让合并后的企业有能力与动机去实施捆绑行为,即使不去封锁竞争对手,有时捆绑策略 456
也是有利可图的。

第二,对于那些适用杠杆理论的产品,必须存在大规模的共同客户群。[192] 如果案件相关产品仅仅只被一些客户消费,则合并后的企业通过将其产品与其另一种产品联合销售的策略去影响其竞争对手的产品需求,是不太可能的。

190　这种情形可以被视为混合捆绑,即当合并后的企业生产的产品被捆绑购买而非分别购买时,不是价格更低,而是质量会有提升。

191　这些条件会在下述第5.4节的例证中分析。

192　EC Non-horizontal Merger Guidelines, para. 100.

除了这些条件外，还有其他的一些因素与合并后的企业是否有能力实施封锁有关。

第一，还需要考虑，通过降低其竞争对手产品的需求，合并后的企业是否能实质性地影响竞争对手的成本（或者他们产品的质量），使得竞争对手不能提供有效的竞争或者使得竞争对手被迫完全退出市场。特定行为可能将竞争对手的产品销量大大降低。但是，比如说，如果缺乏明显的规模经济，则竞争对手产品需求的降低，可能并不会影响他们有动机继续留在市场中，用合并发生前其收取的近似价格去赢得新增业务。依《非横向合并指南》，封锁针对的是竞争对手竞争的能力与动机，[193]则在评估合并后企业实施封锁的能力阶段，评估合并后企业实施封锁的动机阶段，以及评估封锁的效果阶段，去考虑竞争对手的成本结构就非常重要。[194]

第二，需要考虑竞争对手是否可以实施一些对抗性策略，去削弱合并后企业实施封锁的能力。比如，那些产品范围与合并后企业产品范围类似的竞争对手，可能复制合并后企业实施的捆绑或搭售策略。如果没有一家竞争对手目前能生产合并后的企业捆绑或搭售策略涉及的所有产品，则这些竞争对手就需要互相进行合并，或者实施“统一安排”，通过统一安排让他们可以共同向特定客户提供合并后企业捆绑策略中涉及的所有产品。通过提供类似的捆绑，合并后企业的竞争
457 对手就有可能能够将合并导致的合并后企业的竞争优势给抵消掉。

5.2 混合合并中实施封锁的动机

即使合并后的企业拥有通过捆绑或搭售策略去实施封锁的能力，其也可能发现实施封锁无利可图。这是因为，捆绑和搭售会给合并后的企业带来直接成本，而合并后的企业在其试图传导市场力量的那个市场中通过更大的销售量或者更高的售价带来的利润，可能无法弥补这部分成本。

5.2.1 捆绑与搭售的成本

捆绑与搭售带来的成本主要基于，捆绑与搭售在一起的产品中，某种产品的客户中有多少人愿意购买另一种产品。在极端的情形下，当捆绑与搭售在一起的

---

193 EC Non-horizontal Merger Guidelines, para. 18.

194 EC Non-horizontal Merger Guidelines, para. 101.

产品不存在共同的客户基础时(如GE的喷气发动机与其医疗诊断产品之间的关系便属于这种情形),纯捆绑可能给合并后的企业带来很大的损失,因为很多客户宁愿放弃购买纯捆绑中的某种产品,也不会选择购买纯捆绑中的所有产品。就混合捆绑而言,缺乏共同的客户基础意味着对混合捆绑的市场需求会很低。此外,在客户可以分别购买时,合并后的企业不会有动机对产品进行涨价,因为这样做只会导致客户转向那些竞争性的独立销售的产品,而非购买混合捆绑的产品。

即使捆绑产品存在共同客户(如GE的两种医疗诊断产品),捆绑也会给合并后的企业造成实质性的损失。纯捆绑可能导致一些以前分别从合并企业以及合并企业的某个竞争对手那里分别购买两种产品的客户,不会接受合并后企业的纯捆绑销售,而是选择两种产品都从合并后企业的竞争对手那里购买。此外,如果合并后的企业只有通过很低价格的纯捆绑或混合捆绑销售才能成功地封锁其竞争对手,则实施这种封锁策略造成的利润损失也是很大的。

5.2.2　捆绑与搭售的收益

捆绑与搭售可能给合并后的企业带来特定的利益。重要的是,尽管捆绑与搭售带来的利益可能要基于封锁效果(下文会进一步讨论),但原则上可能也存在一些情形,即尽管不产生任何的封锁效果,捆绑或搭售仍可能有利可图。这种情形 458
下,捆绑导致封锁进而使得合并后的企业可以涨价,这使得合并后的企业可以从捆绑策略中获得一些新增的利益。特别是混合捆绑,如果参与合并的企业的产品具有很大程度的互补性,或者如果混合捆绑扩大了合并后企业实施价格歧视的范围,则即使捆绑没有产生封锁效果,混合捆绑对合并后的企业来说也可能是有利可图的。

如果参与合并的企业的产品具有互补性,则如2.1部分所述,合并后的企业会考虑到,一种产品的价格下降会提升另一种产品的需求,反之亦然(所谓的古诺效应)。一种产品多大程度的降价会有利可图,这取决于降价对互补品需求提升的幅度,以及需求提升的产品新增销量所带来的利润有多大。另一种产品的需求提升越大(互补程度越高),另一种产品新增销量带来的利润越高,则第一种产品降价的动机也就越大。[195] 为了确保互补品的新增需求不被其竞争对手获得,合并后的企业可能有动机以从它那里购买互补品作为一种产品降价的条件(在混合捆

---

[195] 这与替代品供应商之间的合并情形类似,提升某种产品价格的动机,既受到另一种产品需求增幅的影响,也受到另一种产品新增销量所能赚取的利润的影响。

绑中提供互补品)。

即使合并后的企业出售的产品不具有互补性,仍可能产生对一些共同客户实施混合捆绑销售的动机,因为这样做可以扩大合并后企业实施价格歧视的范围。研究显示,从理论上来看,在特定总需求条件下,如果一家提供多种产品的垄断者可以对每种产品分别设定价格,混合捆绑对它来说是有利可图的。[196] 假定两种产品(产品 A 和产品 B)拥有各自独立的价值(对产品 A 有很高购买意愿的客户并
459 不必然对产品 B 也有很高的购买意愿),一个垄断者通过将产品 A 和产品 B 混合捆绑销售,在两种产品最优垄断价格之和的基础上实施折扣,垄断者可以获得更高的利润。[197]

下面我们来看上述情况是如何发生的。假定垄断者对产品 A 和产品 B 分别设定了最优价格,即价格设定在每种产品的边际收入等于边际成本的水平上。在这一价格水平上,任何一种产品的价格边际递减都不会对利润产生影响(对既存客户销量利润的降低刚好被新增的销量所抵消)。现在假定垄断者对产品 B 的价格进行边际递减,条件是顾客要购买产品 A。这意味着垄断者从购买产品 B 的客户那里赚取的利润会更低,但这也提升了产品 B 的需求量。这两种影响刚好可以相互抵消。这是因为,产品 B 的价格之前设置在最优价格上,并且重要的是,那些获得折扣的客户(购买产品 A 的客户)代表着产品 B 的全部需求(产品 A 和产品 B 的需求是独立的,这部分客户比其他客户具有更高的意愿购买产品 B)。但是,至关重要的是,条件性的折扣也会提升产品 A 的需求。这是因为,那些以前不购买产品 A 的特定客户,现在会购买产品 A,因为只有这样他们才能以边际性低价去购买产品 B。我们已经指出,在考虑产品 A 销量的提升前,对垄断者利润的影响是中性的,但产品 A 增加的销量肯定会整体上提升利润,使得利润水平高于实施混合捆绑前的利润水平。[198]

但是,重要的是,如果企业在合并前已经实施了价格歧视,则古诺效应以及预期的价格歧视相关的其他利益都不会出现。这种情形下,每个客户对于参与合并

---

196 See R. P. McAFee, J. McMillan and M. Whinston, 'Multiproduct Monopoly, Commodity Bundling, and the Correlation of Values' (1989) 103 *Quarterly Journal of Economics* 371-383.

197 该结果具有普适性,因为两种产品拥有独立价值这一假设条件对于大部分我们任意选择的两种不相关的产品(如苹果和笔)来说,都很容易满足。

198 要想了解对该结果的进一步解释以及为何实践中我们看不到很多的包含不相关产品的混合捆绑,可参见 B. Nalebuff, 'Bundling, Tying, and Portfolio Effects' (DTI Economics Paper No. 1, 2003)。

企业生产的每个单位的产品都有购买意愿,合并后的企业不能通过对任何单个客户降低其产品价格去提升销量,这意味着合并后不会产生古诺效应。此外,由于 460
参与合并的企业已经能够通过与客户进行单独的价格协商去有效实施价格歧视,因此混合捆绑不会进一步提升价格歧视的范围。

上面我们说明了捆绑与搭售在缺乏封锁动机的前提下可以有利可图,并且的确可能带来让消费者受益的降价。但是,捆绑与搭售的收益与实施这些策略产生的成本之间的对比关系,往往很大程度上又取决于封锁的效果。如果捆绑和搭售在导致封锁方面非常有效,并且封锁让合并后的企业可以大幅提升其产品价格或者产品销量,则即使短期内无利可图,合并后的企业仍可能有动机实施封锁。封锁策略长期内是否有利可图,这取决于封锁获得的利益是否超过其成本。影响封锁效果的因素我们会在第 5.3 节讨论。

如果捆绑行为涉及通过牺牲利润去排挤竞争对手,则其与掠夺性定价具有类似特性。如第 5.4 节例证中更为详细的讨论,如果我们在合并前并没有发现合并企业实施过掠夺性定价,则任何涉及牺牲短期利润的损害理论必须要澄清为何捆绑策略在合并后具有吸引力或者具有可行性。因此,尽管我们可以主张合并后的企业可以通过降低产品 A 的价格去引诱客户选择产品 B 而非产品 B 的其他竞争性替代品,但产品 B 的供应商在合并前就能够通过对产品 B 进行相同的降价去赢得竞争对手的销量。在这方面,可能需要考虑合并是否会让捆绑策略能够大幅降低成本(因为合并各方在合并前不会考虑产品互补性带来的需求提升效应),以及捆绑与搭售是否能让合并后的企业在特定市场中,实施较之前缺乏将该特定市场的销量与另一市场的销量连接起来的能力时,更为激进的定价行为。

5.3 混合合并中的封锁效果

合并后的企业实施捆绑或搭售,有可能通过降低其竞争对手产品的需求,从而给竞争对手造成严重的损害。但是,我们需要承认的重要一点是,所有的竞争行为都是试图去赢得竞争对手的市场份额,因此我们必须要将反竞争性的封锁与 461
普通的基于优势的竞争行为区分开来。只有对竞争对手的损害会直接导致消费者损害时,才会产生反竞争性封锁。合并后企业的竞争对手可能面临营收的大幅减少,并且他们还可能缺乏与合并后的企业就那些被实质性影响的新增业务展开竞争的能力或者动机。此外,即使合并后的企业的竞争对手的竞争受到负面影响,整体来看,消费者仍可能获益,因为合并产生的效率会带来更低的产品售价。基于客户封锁的损害理论,必须要在竞争对手需求的降低与竞争对手竞争能力的降低之间建立起联系。

尽管如此,特定情形下,封锁策略可能通过排除或者边缘化竞争对手,从而让合并后的企业可以提升或维持其在某个所处市场的市场力量。如果封锁策略使得竞争对手不再具有竞争力,从而被迫退出市场,则合并后企业的市场力量就会提升。类似地,如果市场进入被阻碍,则合并后企业的市场力量会得到维持。更普遍的情形是,市场力量的提升或维持可能源于合并后企业的重要竞争对手被边缘化。如果缺乏买方力量或者新的市场进入(或者以前被边缘化的竞争对手重新进入市场)等抵消性因素去制约合并后企业的定价决策,消费者利益就可能被更高商品售价所损害。

如果可变成本随着产出水平的提升能够显著下降,则竞争对手的边缘化就可能发生。这种情形下,一项降低竞争对手产量的封锁策略可能提升竞争对手的可变成本。这转而使得竞争对手不愿意就新增的客户通过提供更低的价格去与合并后的企业展开竞争。

如果竞争对手预计合并后企业的封锁策略会导致其营业收入更低,则竞争对手对研发进行投资的热情可能受到抑制。这可能意味着竞争对手将来的产品对客户的吸引力较之封锁策略实施前会更低,这进而使得竞争对手无法实质性地约束合并后企业的定价行为。实践中,往往很难评估封锁策略会如何影响竞争对手的研发投资动机。但是,有时相对清晰的是,特定产品或特定地域市场的营业额的降低,不太可能影响一家经营多元产品或在多个地域经营的竞争对手的研发投
462 资积极性。

即使封锁策略导致特定的竞争对手被边缘化(或者退出市场),这也不必然会对合并后企业所面临的竞争约束产生实质性的影响。只有当给合并后的企业带来重要竞争约束的一群竞争对手都被边缘化时,才会有封锁策略减少有效竞争的担忧。即使特定的竞争对手被边缘化,那些在合并后企业活动的每个市场中都提供单一产品的企业仍可能带来有效竞争,特别是当那些被边缘化的竞争对手成本较高或者提供的产品缺乏吸引力时。

如上所述,针对合并后的企业实施封锁的企图,竞争对手可能有能力与动机通过特定的可以削弱合并后企业实施封锁的能力的反击策略(甚至反对合并)去回应。在评估封锁的效果时,也需要考虑这类策略。特定案件中,那些非常清楚

他们需要一个竞争性市场为其服务的成熟客户们,在削弱封锁策略的反竞争效果方面也扮演着重要的角色。除了威胁去资助市场进入这类策略外,客户还可能通过去资助合并后企业的部分竞争对手去行使买方力量,如鼓励那些被资助的竞争对手通过合作性安排去提供竞争性的捆绑销售,这类资助由于维持了市场的竞争从而有利于客户的长远利益。大量有关捆绑与搭售的经济学文献都忽视了那些基于长远利益作出购买决定的大型客户可能扮演的角色。但是,在涉及工业产品的混合合并案件中,这一因素可能会非常重要。

重要的是,即使竞争对手被认为不能做出竞争性的回应去削弱合并后企业的 463
封锁策略,并且最终会被迫退出市场,只有在市场退出使得合并后的企业能够实质性的提升其产品价格的情形下,市场竞争才会被损害。特定案件中,这样的涨价对于合并后的企业可能没有吸引力,因为涨价可能吸引那些因封锁被迫退出市场的竞争对手重新进入市场。比如,一个竞争对手由于封锁被迫退出某个地域市场,但它仍在其他地域市场运营,如果合并后的企业试图通过高价来行使其市场力量,则该竞争对手可能发现重新进入市场相对容易且是有利可图的。

最后,对效率的评估可能是评估一项混合合并整体效果的一个重要部分。效率可能源于范围经济,因此合并后的企业可以通过销售更大范围的产品去降低其成本。从单一供应商那里购买多种产品,这也可能让消费者受益。此外,由于将互补性产品一起销售带来的定价方面外部性的内化,也可能代表着一种直接有利于消费者的效率。

导致竞争关注的原因(如通过低价混合捆绑去封锁竞争对手)可能与那些短期有利于消费者利益的效率密切相关。如果一项调查显示短期内低价会让消费者受益,则只在例外的情形下合并才会因为将竞争对手边缘化从而长期来看是有害的而被禁止。尽管原则上来看,如果短期消费者利益被证实较小而长期损害被证实更大且相对确定,前述情形有可能发生,但实践中这种情形出现的可能性很低。

5.4　混合合并中的封锁:假设案例

本节我们分析一个假设案例,它体现了与评估通过捆绑实施封锁的能力与动机相关的诸多特性。[199]

假定消费者购买的某种系统由两种类型的零件组成,即 A 零件和 B 零件。消费者分别单独使用这两种零件不会产生任何价值,只有将两种零件一起使用才会才生价值。零件 A 由两家竞争性企业 A 1 和 A2 生产,而零件 B 则由两家竞争性企业 B1 和 B2 生产。该案例中,我们分析 A1 和 B1 之间发生的合并会产生何种影响。合并前,消费者可以选择购买四种系统中的一种,即 A1B1、A1B2、A2B1 或者 A2B2,其中 A1B1 代表着一种由企业 A1 生产的 A 零件和企业 B1 生产的 B 零件组成的系统。假设这四种系统具有差异性,因此即使每种系统的价格相同,一
464 些消费者会偏好其中的某种系统,而其他消费者则会偏好另一种系统。

假定生产这四种零件的边际成本为零,同时假定每种零件的生产商要继续留在市场中,每年需要一次性承担 8000 的固定成本。[200] 合并前,每种零件的价格是 50,每种系统的需求量是 100 个单位(意味着每种零件的总需求量是 200 个单位)。每家零件生产商的总收入是 10,000(因为每家都以 50 的价格销售 200 个单位的零件),这足以弥补留存与市场中所需的 8000 的固定成本。

合并后,消费者的选择取决于合并后的企业是否实施一定形式的捆绑销售。

如果合并后的企业不实施任何形式的捆绑,合并后消费者仍可以对所有四种系统进行选择。

如果合并后的企业决定实施混合捆绑销售,则消费者仍可以在所有四种系统中进行选择,但较之消费者单独购买 A1,然后从合并后企业的竞争对手 B2 那里购买一种 B 零件再予以整合,同时购买捆绑销售的 A1 与 B1 时,消费者支付的 A1 价格会更低。类似地,较之消费者单独购买 B1,然后从合并后企业的竞争对手 A2 那里购买一种 A 零件再予以整合,同时购买 A1 与 B1 时,消费者支付的 B1 价格也会更低。

如果合并后的企业决定实施纯捆绑销售,则消费者将无法购买 A1 然后将其与 B2 整合,或者购买 B1 再与 A2 整合。因此,消费者只有两种系统可以选择:A1B1 或者 A2B2。

---

199 该案例受 Choi(2008)的启发。尽管我们使用了 Choi 提出的一些关键的直觉性结果,但我们没有对这些结果背后的假设进行详细的解释。See J. P. Choi 'Mergers with Bundling in Complementary Markets' (2008) 3 *Journal of Industrial Economics* 553-577.

200 这可能与生产这些零件的工厂的保修成本相关。

下面我们分别分析合并后的企业实施混合捆绑以及纯捆绑的能力与动机。

5.4.1　混合捆绑

我们假设合并后的企业对 A1 和 B1 进行混合捆绑销售，合并前系统 A1B1 的售价是 100（因为每种零件售价为 50），混合捆绑销售后系统 A1B1 的售价是 80。合并前，每家零件销售商都不会考虑其零件价格下降会提升互补性零件的需求。合并使得这种效果被考虑（定价外部性被内部化），使得混合捆绑的售价较之单个 465
零件独立定价时的售价之和要更低。

但是，合并后的企业决定将单独出售的零件价格提升到 60。合并后的企业认识到，如果其提高单独出售的零件的价格，由于 A1 和 B1 的单独售价提升，因此 A1B2 和 A2B1 这两种系统的售价也会提高，这会让合并后的企业通过捆绑提供的售价更低的系统 A1B1 俘获从系统 A1B2 和系统 A2B1 那里流失掉的部分需求。

为了回应合并后企业的混合捆绑策略，我们假定竞争性的零件生产商 A2 和 B2 决定将他们的零件价格从 50 降低到 45。这一降价行为源自两方面的原因。首先，合并后企业混合捆绑系统的更低价格意味着，其他的单独零件供应商拥有动机去降低其产品价格，从而让每一种包含他们零件的系统都能够与合并后企业通过混合捆绑销售提供的系统进行竞争。其次，A1 和 B1 零件单独售价的提高意味着，其他的单独零件供应商有动机去降低其产品价格，从而降低那些“混搭”系统（A2B1 和 A1B2）的需求流向合并后企业通过混合捆绑销售的系统的幅度。比如，由于替代性的系统 A1B1 更便宜，其他单独零件供应商有动机降低 A2 的售价，从而降低系统 A2B2 需求的流失率。其他单独零件供应商也有动机去降低 A2 的价格，从而降低系统 A2B1 需求的流失率，因为如果 A2 的价格不降低，如果零件 B1 单独出售的价格更高，则 A2B1 系统的吸引力会降低。但是，其他单独零件供应商不会将其零件价格降低到 40（这是合并后企业混合捆绑中每种零件的价格），因为每个单独零件供应商不会考虑其零件的小幅降低会提升另一家企业零件的需求。[201]

201　这种定价活动与 Choi 的研究（2008）一致。特别是，Choi 的模型显示（基于相关需求与成本条件的假设），合并后出现的混合捆绑对价格会带来下列影响：第一，合并后捆绑产品的售价低于合并前零件价格之和；第二，合并后企业对单个零件的分别售价会高于混合捆绑的售价；第三，市场上其他的独立企业也会降低他们的产品价格。See J. P. Choi, ‘Mergers with Bundling in Complementary Markets’ (2008) 3 *Journal of Industrial Economics* 553-577.

作为这些定价决策的结果，每种“混搭”型系统（A2B1 和 A1B2）的总价都变
为 105。这是因为这些系统由合并后企业提供的一种独立销售的零件（价格为
466 60）和其他独立零件供应商提供的一种零件（价格为 45）组成。而由其他独立零
件供应商提供的零件构成的系统（A2B2）价格则是 90，因为每种零件的售价为
45。合并后企业通过混合捆绑提供零件的系统（A1B1）售价为 80。

表 5.3 说明了合并前四种系统的总价格以及合并后混合捆绑策略实施后的情况。

表 5.3　实施混合捆绑情况下合并前和合并后系统的价格

系统	合并前的价格	合并后的价格
A_1B_1	100	80
A_2B_2	100	90
A_1B_2	100	105
A_2B_1	100	105

现在我们分析，每种系统的需求量从合并前的 100 个单位会如何变化。因为四种系统具有差异性，一些消费者会偏好某些更贵的系统，一些仍会偏好某种“混搭”型系统。我们假设混合捆绑系统的需求量大幅提升到 170 个单位，因为特定的消费者从其他系统转移到这种最便宜的系统上来。A2B2 系统价格的降低也让其保留了部分本来会转移到混合捆绑系统上去的需求量，并且从更高价格的“混搭”型系统那里获得了部分需求，A2B2 系统最终需求量小幅提升到 110 个单位。混搭型系统（A2B1 和 A1B2）的需求量则降低到 60 个单位，因为很多消费者转向了 A1B1 或者 A2B2。表 5.4 说明了合并前四种系统的总需求量以及合并后混合捆绑策略实施后的情况。[202]

202　这些需求方面的变化与 Choi 的研究结果类似。See J. P. Choi, ‘Mergers with Bundling in Complementary Markets’ (2008) 3 *Journal of Industrial Economics* 553–577.

表 5.4　实施混合捆绑情况下合并前和合并后系统的需求量

系统	合并前需求量	合并后需求量
A_1B_1	100	170
A_2B_2	100	110
A_1B_2	100	60
A_2B_1	100	60

值得注意的是,这一阶段对上述各种异质消费者的短期福利带来的影响是非常多元的。非常清楚的是,那些合并前就偏好 A1B1 系统的客户会受益,因为它们在合并后可以更低的价格购买这类系统。类似地,对于那些合并前就偏好 A2B2 的消费者来说也是受益的,因为这类系统的价格在合并后也会降低。但是,对于那些偏好混搭型系统,且即使价格更高也会继续的消费者而言,其福利则受 467
到损失。因此,整体的福利效果是模糊的。[203]

现在我们可以确定每家企业的营业收入。合并后企业的营业收入主要源自三个方面。第一,系统 A1B1 的销售收入是 13,600(以 80 的价格销售 170 个单位)。第二,单独销售作为系统 A1B2 组成部分的 A1 零件的收入是 3600(以 60 的价格销售 60 个单位)。第三,单独销售作为系统 A2B1 组成部分的 B1 零件的收入是 3600(以 60 的价格销售 60 个单位)。因此,合并后企业的总销售收入是 20,800。

每个单独的零件供应商的总收入也能计算出来。A2 零件生产商的收入主要源自两方面。第一,单独销售作为系统 A2B2 组成部分的 A2 零件的收入是 4950(以 45 的价格销售 110 个单位)。第二,单独销售作为系统 A2B1 组成部分的 A2 零件的收入是 2700(以 45 的价格销售 60 个单位)。因此,A2 零件生产商的总收入是 7650(4950+2700)。因为 B2 零件生产商的情况是一样的,所以总收入也是 7650。

因此,由于合并以及混合捆绑策略的影响,单独的零件供应商的收入由合并前的 10,000 下降到 7650。如前所述,我们假定要维系那些生产零件的工厂,需要

203　尽管 Choi 研究的一项关键结果是,如果不同系统的可替代性程度足够高,整体消费者福利效应可能为负。这种情形下,单独出售的产品的价格会大幅提升。See J. P. Choi, ‘Mergers with Bundling in Complementary Markets’ (2008) 3 *Journal of Industrial Economics* 553–577.

468 发生8000的固定成本。基于此,由于合并以及混合捆绑策略的影响,单独的零件供应商会倾向于退出市场而非承担8000的固定成本。如果单独的零件供应商退出市场,则合并后的企业的每一种零件所面临的竞争约束会降低,并且合并后的企业会发现提升零件价格是有利可图的,从而会损害所有消费者的利益。

在上述案例中,尽管短期内消费者可能享受更低价格(系统A1B1和系统A2B2的价格会降低)带来的利益,固定成本的存在意味着混合捆绑会导致合并后企业的竞争对手退出市场,减少长期的竞争。

值得注意的是,该案例中,合并后的企业短期内(在任何市场退出发生前)的利润要高于合并前A1生产商和B1生产商能够赚取的利润之和。合并前A1生产商和B1生产商的收入都是10,000。合并后,合并后企业的收入是20,800(每个部门收入是10,400)。因此,即使没有动机让竞争对手退出市场,A1和B1生产商也有动机进行合并以及实施混合捆绑。比如说,即使固定成本只是6000而非8000,而6000的固定成本意味着竞争对手会留存于市场之中,A1和B1生产商仍有动机进行合并以及实施混合捆绑。在该案例中,混合捆绑将竞争对手的收入降低到迫使他们退出市场的程度只是一个"副产品",这可能使合并后企业长期利润提升的幅度更高。一些专家提出不同的情形,一种情形是,即使缺乏封锁的动机,封锁只是源自非策略性捆绑,捆绑在短期内也是有利可图的;另一种情形是,只有封锁源自策略性捆绑,捆绑才是有利可图的。[204] 但是,实践中很难区分策略性捆绑与非策略性捆绑。

合并后企业实施封锁的能力与动机源于我们对前述案例设置的一些条件。[205]

第一,A零件与B零件存在共同的客户基础。实际上,每个A零件的消费者也是B零件的消费者。如果很多客户是单独地消费这些零件(如特定消费者对A
469 零件有需求但对B零件没有兴趣),这种情形会降低合并后的企业提高A1和B1单独出售的价格的动机,因为这些零件面临着A2和B2零件的竞争,那些单独零件供应商则有较低的动机降低他们产品的价格。此外,如果A零件和B零件的共

204 See B. H. Kobayashi, 'Does Economics Provide a Reliable Guide to Regulating Commodity Bundling by Firms? A survey of the economic literature', (2005) 1(4) *Journal of Competition Law & Economics* 707-746.

205 如上所述,很难将案例中影响封锁能力的因素与影响封锁动机的因素区分开来,因为影响封锁能力的因素同时也可能影响封锁动机。

同客户基础规模不大,合并后企业实施封锁的能力会降低,因为这种情形下合并后的企业没有多大能力通过混合捆绑去影响 A2 和 B2 零件的需求。那些购买 A2 零件但不购买 B 零件的特定消费者,如果他们对 B1 没有需求,则他们不会转向购买 A1 零件,因为单独出售的 A2 零件比整体出售的 A1B1 系统要便宜。

第二,我们已经假设合并后的企业拥有一定程度的市场力量。当提高 A1 和 B1 零件的单独售价时,合并后的企业只需担心一部分需求会转向不包含合并后企业的零件的唯一一种系统,即 A2B2。但是,如果合并后的企业的零件面临多个 A 零件和 B 零件生产商的竞争,则其不太可能去提升零件的售价,因为这可能导致其零件的需求向多种不同的系统流失。比如,如果市场上除了 A2B2 这种不包含合并后企业零件的系统外,还存在第三种不包含合并后企业零件的系统,即 A3B3。这种情形下,市场上便存在四种不包含合并后企业的零件的系统,即 A2B2、A2B3、A3B2 以及 A3B3。如果 A3 是 A1 的近似替代品,则当 A1 的单独售价提高后,那些以前购买 A1B2 系统的消费者可能转向购买系统 A3B2 而非 A1B1,甚至即使系统 A1B1 的价格降低时情况也可能如此。此外,很多 A 零件生产商的存在也意味着 B2 生产商降低其产品价格用以回应 A1 零件涨价的动机也会降低。这种情况发生的原因包括,B2 生产商没有多大必要通过降价维持其竞争力,因为尽管以前 B2 只是一种价格不会上涨的系统(A2B2)的组成部分,但 B2 现在成为两种系统的组成部分,即 A2B2 和 A3B2。因此,当合并后的企业的产品面临更多的竞争时,其一般没有多大能力去通过混合捆绑策略降低竞争对手的营业收入。

第三,存在一种由固定成本带来的极端形式的规模经济。如果竞争对手无法就这部分固定成本得到补偿,他们可能被迫退出市场。更为普遍的情形是,如果规模经济的形式没那么极端,则混合捆绑的封锁效应仍可能是一种竞争关注。比如,如果企业由于产量提升使得其可变成本降低,则混合捆绑导致的竞争对手的 470
需求降低会提高他们的可变成本,因此他们对合并后企业的定价行为的制约程度也会降低。混合捆绑策略也可能降低竞争对手对成本降低相关的研发进行投资的积极性。[206] 但是,当竞争对手目前的产品需求与利润不会对他们未来的竞争能力与动机产生影响时,我们并不清楚为何混合捆绑会让竞争对手边缘化以及会减

206 See J. P. Choi, 'Mergers with Bundling in Complementary Markets' (2008) 3 *Journal of Industrial Economics* 553–577.

少未来的有效竞争。特别是,在我们的假设案例中,如果固定成本较低(如6000),则不会出现竞争对手退出市场,因此市场的竞争并不会减少(不过在我们的案例中,由于系统 A1B2 和 A2B1 的价格提高,部分消费者的利益可能受损)。在分析企业实施封锁策略的能力与动机以及最终的封锁效果时,规模经济的存在与性质,是高度相关的因素。

第四,我们在案例中假设最终用户所需的系统只由两种零件构成,且这两种零件都由合并后的企业生产。如果我们假设该系统除了包含零件 A 和 B 外,还包含零件 C,且零件 C 不由合并方生产,则情况会不同。假设零件 C 占系统总价的很大一部分,而零件 A 和 B 则只占系统总价的一小部分。这将会限制零件 A 和 B 之间互补性的程度。零件 A 的价格只有非常大幅的下降才能让系统的价格实质性降低,从而提升系统的需求,也相应地提升零件 B 的需求。因此,这将降低古诺效应的影响,在古诺效应中,合并后的企业有明显的动机将零件 A 和 B 捆绑并以低价出售。降价之所以能够带来利益,是因为降价可以从零件 A 和 B 供应商的竞争对手那里夺得部分市场份额,但利益并非源自整个市场规模的提升(这是古诺在考虑垄断性供应商之间发生的合并时所确认的唯一新增利益)。

第五,我们还假定合并前 A1 和 B1 的生产商必须对所有客户适用同样的价
471 格。如果我们假定零件价格是与不同客户分别协商出来的,则情况又会不同。在特定案件中,如果企业能够基于完全信息协商价格,且能就任何剩余的分配进行协商,则前面提及的古诺效应就会消失。[207] 假定特定客户愿意分别就零件 A1 和 B1 支付 60 和 55 的价格。如果每家零件生产商能够实施完美的价格歧视,则他们将对特定客户就零件 A1 和 B1 分别收取 60 和 55 的价格。如果两家生产商合并,他们会将系统 A1B1 的售价确定为 115(客户愿意对每种零件承担的价格之和)。合并后的企业没有动机对这类客户降价,因为客户愿意支付这一价格。[208]

第六,我们并没有考虑其他独立的零件供应商实施反击行为的可能性。比

[207] 完全信息是一种假设。但是,该案例说明了当产品分别销售时,对所有客户适用同一价格这一假设条件进行调整时带来的影响。

[208] 与客户分别协商价格会让捆绑带来的利益消失,这一观点在 *GE/Honeywell* 案中曾被 GE 的经济学家提出[参见 B. J. Nalebuff, 'Bundling and the GE-Honeywell Merger' (Yale SOM Working Paper No. ES-22, September 2002)],并且如下面 5.5.3 部分所讨论,这一点在 Google/DoubleClick 案中也被欧委会所认可(参见 Case COMP/M. 4731-*Google/Double-Click*, Commission decision of 11 March 2008, para. 353)。

如,他们可以在生产改进或成本降低方面进行投资,使得包含其零件的系统与合并后企业通过混合捆绑销售的系统相比更具竞争力。另一种可能的反击策略是,A2 和 B2 的生产商也实施合并,进而提供一种竞争性的混合捆绑。这一合并将会对称性地修复每种系统的需求。但是,重要的是需要考虑,这种反击性的合并是否有利可图。独立供应商实施的反击性合并可能不会立即有利可图,因为古诺效应的内化在竞争性的系统之间创造了激烈的竞争,这使得 A2 和 B2 生产商的利润较之他们合并前的利润会减少。[209] 尽管反击性合并可能减少 A2 和 B2 短期的利润,它也能减少生产零件 A1 和 B1 的合并后企业的利润。从长期来看,这意味着其他独立供应商不太可能在研发方面落后,竞争性独立供应商有可能倾向于进行合并。[210] 此外,即使 A2 和 B2 的生产商不愿意提供竞争性的捆绑,那些可以从捆 472
绑销售中获益的拥有买方势力的客户,也可能强迫 A2 和 B2 提供竞争性捆绑。[211] 由独立供应商实施合并这样的反击策略,将实质性地削弱合并后的企业实施封锁的能力与动机,以及混合捆绑对最终消费者造成的负面影响。

第七,对有些公司而言可能存在有利可图的机会,即购买混合捆绑产品后将零件分别出售是有利可图的。比如,某企业可以 80 的价格购买混合捆绑产品,然后将每个零件分别以 50 的价格售出,从而有效地化解混合捆绑策略。除非合并后的企业可以确保这种套利行为不会发生,否则其不会实施混合捆绑行为。[212]

5.4.2　纯捆绑

如上所述,如果合并后的企业决定实施纯捆绑,则消费者就无法购买零件 A1 同时搭配 B2,或者购买零件 B1 同时搭配零件 A2。因此,可供消费者选择的系统只有两种:A1B1 或者 A2B2。特别是,我们还假设合并后的企业可以通过让其产品只作为整合性系统出售,且系统的零件与其他供应商的零件在技术上不兼容,

---

209 See J. Church, 'Conglomerate Mergers', in *Issues in Competition Law and Policy* (American Bar Association Section of Antitrust Law, 2008), Vol. II, pp. 1503-1522.

210 See B. J. Nalebuff, 'Bundling and the GE-Honeywell Merger' (Yale SOM Working Paper No. ES-22, September 2002).

211 See B. J. Nalebuff, 'Bundling and the GE-Honeywell Merger' (Yale SOM Working Paper No. ES-22, September 2002).

212 这与企业成功实施价格歧视所需的条件类似,比如,企业对一些客户以高价出售产品,对另一些客户则以低价出售产品,这种情况下,实施价格歧视的企业必须能够制止那些低价购买产品的客户向那些高价客户出售产品。

从而确保实施纯捆绑策略。[213]

值得注意的是,基于实施捆绑前的价格,四种零件的合计需求肯定会下降。这是因为,捆绑效应使得消费者无法获得 A1B2 和 A2B1 系统,部分以前购买这类系统的消费者会选择不去购买系统,而非购买其他两种可以购得的系统。

合并后的企业基于两方面的原因有动机以较低的价格实施纯捆绑。首先,由于作为系统 A1B2 组成部分的零件 A1 需求的减少,以及作为系统 A2B1 组成部分的零件 B1 需求的减少,合并后的企业拥有较少的超边际单位。这意味着降价
473 成本会更低,因为其是在较之以前更少的产品数量基础上损失利润。其次,基于 A1 和 B1 是互补品而产生的古诺效应,使得合并后的企业有动机降价。假定竞争对手不会进行任何反击,合并后的企业会选择基于 80 的价格实施纯捆绑销售。

但是,纯捆绑带来的影响可能导致其他独立供应商提高他们的价格。[214] 合并前,A2 价格的降低肯定会提升其需求,因为消费者会购买更多的 A2B1 系统和 A2B2 系统。但是,在纯捆绑情形下,任何的降价都只会带来需求量的小幅提升,因为消费者无法再购买作为 A2B1 系统组成部分的 A2 零件。换句话说,由于纯捆绑,上游的激烈竞争(基于新增的销量)变得没那么确定。如果企业面临的需求弹性较低,则 A2 的生产商有动机涨价。B2 生产商所处的情形类似。现在我们假定 A2 和 B2 零件生产商选择将其价格从 50 提高到 55。

假定竞争对手涨价,由于这会降低合并后企业面临的竞争约束,因此合并后的企业可能会进一步涨价。我们假定作为对竞争对手涨价的回应,合并后的企业将纯捆绑价格设定在 90。

表 5.5 对合并前与合并后采用纯捆绑时 A1B1 系统和 A2B2 系统的总价格分别进行了说明。

表 5.5　合并前和合并后采用纯捆绑时系统的价格

系统	合并前价格	合并后价格
A_1B_1	100	90
A_2B_2	100	110

213　Whinston (1990)讨论过能够确保实施纯捆绑策略的重要性,下面也会讨论该问题。See M. D. Whinston, 'Tying Foreclosure, and Exclusion' (1990) 80 *American Economic Review* 837-859.

214　See J. Church, 'Conglomerate Mergers', in *Issues in Competition Law and Policy* (American Bar Association Section of Antitrust Law, 2008), Vol. II, pp. 1503-1522.

现在我们分析四种系统合并前的需求量(都是100)是如何变化的。假定消费者无法再购得A2B1系统和A1B2系统,这类系统以前的部分消费者会转向购 474 买合并后企业提供的纯捆绑系统,而另一部分消费者(较小数量)则会转向购买替代性系统A2B2。但是,重要的是,一些消费者将不再选择购买市场上的任何系统。因此,由于市场上可购买的系统数量从4种降为2种,零件总需求将会下降。现在我们假定纯捆绑销售的系统的需求量从100上涨到180,由独立供应商提供的可替代系统的需求量从100上涨到110。

表5.6对合并前与合并后实施纯捆绑时两种系统的总需求量分别进行了说明。

表5.6　合并前和合并后实施纯捆绑时系统的需求量

系统	合并前需求量	合并后需求量
A_1B_1	100	180
A_2B_2	100	110

现在将合并后企业的收入从纯捆绑后的市场销售收入中分离出来。合并后的企业以90的价格出售180份系统,获得的收入是16,200。

现在将每家独立零件供应商的总收入从他们的零件作为系统A2B2一部分的销售收入中分离出来。每家独立零件供应商以55的价格销售110个零件,因此他们的零件收入是6050。

因此,独立供应商的收入从合并前的10,000降低到6050。这很大程度上是因为很多消费者离开了市场,因为他们可能无法将A2零件与B1零件进行混搭,或者将A1零件与B2零件进行混搭。

在混合捆绑的情形下,独立零件生产商倾向于退出市场而非承担8000的固定成本。如果独立零件生产商退出市场,则合并后的企业面临的竞争约束会降低,合并后的企业会发现涨价有利可图,从而损害所有消费者利益。

值得注意的是,该案例中,合并后企业的短期利润(在任何市场退出发生前)要低于合并前A1和B1利润之和。合并前,A1和B1生产商的收入分别都是 475 10,000。合并后,合并后企业的收入是16,200(意味着每个部门的收入是8100)。

因此,在这一特定案例中,纯捆绑策略的吸引力有赖于竞争对手退出市场,这将使得合并后的企业能够提升其长期利润。如果缺乏这一封锁动机,合并后的企业就不会实施纯捆绑。

如果捆绑策略涉及通过牺牲短期利润将竞争对手排挤出市场，则其与掠夺性定价的特点类似。如果我们没有发现参与合并的企业的产品在合并前实施过相关的掠夺性定价行为，涉及牺牲短期利润的任何损害理论都必须解释，为何这类牺牲在合并后是有利可图的。仅仅主张合并后的企业能够通过其在一种产品上的市场势力获得的利润，去"交叉补贴"其在另一种产品上的利润损失，这一论证是不充分的。即使长期来看，通过掠夺行为强迫竞争对手退出市场是有利可图的（值得注意的是，这一行为可能违反《欧盟运行条约》第 102 条），[215]我们仍不清楚为何只有在另一种产品提供交叉补贴的情形下企业才实施这类行为。对另一种产品赚取的利润而言，如果该策略是一种有吸引力的利用方式，则该类行为在合并前就应该是一种有吸引力的资金利用方式（存储的利润或借贷的资金）。

但是，值得注意的是，可能的确存在一个原因，它使得合并创造了合并前并不存在的机会去逼迫竞争对手退出市场。假定 A2 和 B2 零件的生产商正好要评估继续留在市场中是否会产生固定成本。我们进一步假定，如果 A1 和 B1 零件的生产商作出一项有约束力的承诺将在下一阶段收取更低的价格，则 A2 和 B2 的零件
476 生产商会选择退出市场，而非留在市场中承担固定成本。但是，A1 和 B1 零件生产商无法作出这样的承诺。如果 A2 和 B2 零件的生产商选择留在市场中，承担固定成本，则 A1 和 B1 生产商背弃设置更低价格的承诺而设置更高价格以适应其竞争对手留在市场的决定，这对 A1 和 B1 生产商而言会更加有利。但是，在特定情形下，纯捆绑可以解决这一承诺问题。

我们假定尽管 A1 和 B1 的生产商不能在合并前确保将会收取低价（假定定价决策很容易被推翻），合并后的企业可以采取一些无法被推翻的行为去确保其会实施纯捆绑。特别是，我们还假定合并后的企业让 A1 和 B1 零件只在相互搭配时才具有技术匹配性，而不会与合并后企业的竞争对手提供的零件互补。我们进一步假定，推翻上述决定的成本非常高。该决策的不可推翻性意味着，竞争对手

---

215 在 *GE/Hongywell* 案的判决中，欧洲初审法院批评欧委会没有适当考虑《欧盟运行条约》第 102 条对合并后企业实施捆绑行为的动机所产生的威慑效应，"从商业角度看，考虑到该行为的特点，欧委会应该考虑禁止滥用支配地位的欧共体法律对合并后企业实施这类行为的动机所产生的影响。由于委员会没这样做，其在适用法律方面存在一定的问题"。See Case T-210/01, *General Electric v. Commission* [2005] ECR II-5575, para. 425. 一般而言，"第 102 条抗辩"可能不是有效的。欧委会后来也指出，不是所有的封锁策略都能轻易或者很快地被发现，只有负面影响实质发生后才能采取干预措施。See Case COMP/M. 3440-*ENI/EDP/GDP*, Commission decision of 9 December 2004.

现在会退出市场而非留在市场中承担固定成本。因为竞争对手知道,和低价威胁不同,即使在竞争对手留存于市场的情形下合并后的企业推翻纯捆绑决策会更加有利可图,合并后的企业也无法推翻纯捆绑决策。事前决定实施纯捆绑并非可以实现短期利润的最大化。但是,假定合并后的企业已经承诺要实施纯捆绑,短期利润最大化的决定将导致竞争对手的收入不足以弥补其继续留在市场中所需承担的固定成本。这会使得竞争对手退出市场,由此带来合并后企业潜在的更高的长期利润。一家有远见的合并后企业可能发现,提供纯捆绑的决定整体来看是有利可图的。[216]

值得注意的是,纯捆绑策略的吸引力并不需要依赖于竞争对手退出市场。如果上述案例中的系统相对同质,便是这种情况。如果系统相对同质,则部分消费者退出市场所导致的需求的减少程度就会小一些(更多的消费者会转而购买市场上可以购得的捆绑性系统),则纯捆绑实际上在短期内也是有利可图的,因为即使竞争对手不退出市场,这也可能让竞争对手提高其价格。[217] 477

和混合捆绑一样,实施纯捆绑进行封锁的能力与动机源自该案例所设定的一些条件。

第一,A 零件和 B 零件存在共同的客户基础。如果这些零件被一些消费者单独消费(特定消费者需要 A 零件,但对 B 零件没兴趣),则纯捆绑策略会让合并后企业的产品需求大幅降低,因为纯捆绑消除了单独消费的产品。此外,纯捆绑的影响可能让消费者选择那些竞争对手生产的单独产品,这会削弱合并后企业通过纯捆绑策略去封锁竞争对手的能力。

第二,竞争对手是否退出市场,关联于留存市场中所需承担的固定成本。如

216　Whinston 首先提出捆绑可以作为一种工具,让垄断者承诺对市场进入者实施更为激进的对抗行为,这一承诺可以阻碍市场进入,参见 M. D. Whinston, 'Tying Foreclosure, and Exclusion' (1990) 80 *American Economic Review* 837-859。

217　如果系统相对同质,则纯捆绑导致的需求损失会少一些,因为部分消费者会转而购买纯捆绑的系统而非离开市场。此外,混合捆绑情形下,独立企业会降低其零件价格,但在纯捆绑情形下,他们会提升其零件价格。因此,当系统是同质时,纯捆绑会导致更高的价格。这也意味着当系统相对无差别时,独立企业的利润在纯捆绑情形下较之混合捆绑情形下会更高。一些情形下,即使系统差异性更大,因而混合捆绑下的短期利润高于纯捆绑时的利润,但合并后的企业仍可能倾向于实施纯捆绑,因为当系统相对差异化时,纯捆绑情形下对独立企业利润的负面影响要比混合捆绑时的负面影响更大。See J. Church, 'Conglomerate Mergers', *in Issues in Competition Law and Policy* (American Bar Association Section of Antitrust Law 2008), Vol. II, pp. 1503-1522.

混合捆绑部分所述,如果固定成本较低(如 6000),则竞争对手不会退出市场,因此市场竞争不会受损。合并后的企业将不再拥有能力将其竞争对手边缘化。此外,该案例中,因为只有竞争对手退出市场(市场竞争相应减少)纯捆绑才会有利可图,则在固定成本更低的情形下,合并后的企业不再有动机去实施纯捆绑。与混合捆绑一样,竞争对手的规模经济是分析合并后的企业实施封锁的能力与动机,以及封锁的最终效果的一项相关因素。

第三,我们忽略了那些实际上可能削弱合并后企业实施纯捆绑的能力的因素。如上所述,这些实际考虑因素包括不同零件具有不同的采购程序、不同的供应链,或者不同的采购时间安排。此外,还可能存在技术壁垒使得合并企业无法让其零件与竞争对手的零件不匹配(如存在一些成熟消费者可以调整或修改产品
478 从而确保零件之间的匹配性)。

第四,假定在合并前零件价格是卖方与不同客户分别协商确定的。与合并前相比,这种定价方式对于纯捆绑提升合并企业封锁竞争对手的能力与动机,具有实质意义。假设特定客户较之 A2 更偏好 A1 零件,只要两种零件的价格差异不超过 5,他就会选择 A1 零件。另外,假设只要 B1 和 B2 零件的价格差异不超过 5,较之 B1 零件更偏好 B2 零件的部分客户就会选择 B2 零件。合并前,假设协商定价的结果是客户选择 A1 和 B2,因为 A2 或 B1 的生产商都不愿意将其价格降低 5(这可以让其获得客户的业务),而只愿意在低于 5 的幅度内降价。合并后,通过将 A1 和 B1 纯捆绑销售,合并后的企业试图将客户的需求从 B2 转向 B1。但是,值得注意的是,如果合并后的企业引诱客户去购买纯捆绑产品,这需要纯捆绑的价格低于合并前分别销售零件的价格之和。假设合并前 B1 生产商没有动机小幅降低其价格去赢得业务,那么我们并不清楚为何合并后的企业就有动机去降低 B1 的价格去让客户接受纯捆绑销售。正如 Barry Nalebuff[218] 所指出:

> 如果有的客户偏好产品 A,有的偏好产品 B,则合并后的企业会基于合并前的价格持续分别提供这些单独产品。强迫客户接受捆绑只会降低企业 A 的利润。实际上,合并后的企业必须通过从其竞争力最强的产品中获得的利润,去弥补其他产品方面的劣势。这与亏本出售单个零

---

218 Barry Nalebuff 是耶鲁大学管理学院的 Milton Steinbach 讲席教授,是欧委会处理的 GE/Honeywell 案中 GE 的顾问。See B. J. Nalebuff, ‘Bundling and the *GE-Honeywell* merger’ (Yale SOM Working Paper No. ES-22, September 2002).

件（一种即使不实施捆绑，合并后的企业可以选择但仍不会选择的策略）没有差别。

第五，如混合捆绑那部分所述，合并后企业的竞争对手可能实施反击策略去削弱纯捆绑的排他效果。 479

5.5　混合合并中的封锁评估：欧盟案例

2004～2010年，只有*Intel/McAfee*[219]这一个案件被欧委会确认存在混合合并方面的竞争关注并附加了救济措施。该案在第5.5.1节讨论。尽管如此，还存在一些案件欧委会考虑了混合损害理论。这些案件中的两起案件，即*GE/Amersham*[220]和*Google/Double-Click*[221]会在第5.5.2节和第5.5.3节分别讨论。我们还列出来一些可供参考的案例（没有对细节进行讨论），在这些案件中，欧委会考虑了混合合并的竞争关注，这些案件包括*Johnson&Johnson/Guidant*[222]、*IBM/Telelogic*[223]、*Thomson Corporation/Reuters Group*[224]、*Omya/Huber PCC*[225]以及*Siemens/VATech*[226]。

如上所述，尽管混合合并涉及非横向或非纵向的其他市场，欧委会的实践显示，其执法主要关注那些存在经济互补，或者合并方的产品出售给同一客户群的合并。就纵向封锁方面的竞争关注而言，合并前拥有明显的市场力量是确定竞争损害的一个必要条件。

在分析欧委会近年的案件前，有必要先简要评价下*GE/Honeywell*案[227]。有关

---

219 Case COMP/M.5984-*Intel/McAfee*, Commission decision of 26 January 2011.

220 Case COMP/M.3304-*GE/Amersham*, Commission decision of 21 January 2004.

221 Case COMP/M.4731-*Google/DoubleClick*, Commission decision of 11 March 2008.

222 Case COMP/M.3687-*Johnson&Johnson/Guidant*, Commission decision of 25 August 2005.

223 Case COMP/M.4747-*IBM/Telelogic*, Commission decision of 5 March 2008.

224 Case COMP/M. 4726-*Thomson Corporation/Reuters Group*, Commission decision of 19 February 2008.

225 Case COMP/M.3796-*Omya/Huber PCC*, Commission decision of 19 July 2006.

226 Case COMP/M.3653-*Siemens/VATech*, Commission decision of 13 July 2005.

227 Case COMP/M.2220-*GE/Honeywell*, Commission decision of 3 July 2001.

该案的经济问题已经有大量材料讨论过,我们不会对该案展开详细的讨论。[228] 该
480 案非常重要,因为其体现了美国司法部(批准了该交易)与欧委会(禁止了该交易)在非横向合并方面的主要政策分歧。此外,欧委会的决定被上诉到欧洲初审法院(CFI)后[229],法院强烈批评了欧委会对混合效应的分析,法院认为其"存在明显的错误"。[230]

欧委会调查期间,交易双方的经济专家都主张不存在短期内实施混合捆绑的动机(特别是考虑到古诺效应,参见第5.4节)。但是,欧委会认为该问题是有可能的,因为合并后的企业为了边缘化其竞争对手,在一些情形下有动机实施捆绑。欧委会并不认为有必要依赖特定的经济学模型或分析去支持其捆绑理论,欧委会指出:

> 评估了交易方与第三方提供的有关混合捆绑理论的经济分析。这些经济分析存在理论争议,特别是第三方提供的有关混合捆绑的经济模型存在很大的理论争议。但是,欧委会并不认为有必要依赖某种模型才能得出结论,即合并后的企业会在引擎以及电子设备/非电子设备市场通过捆绑去封锁竞争对手。[231]

欧委会没有说明当价格通过单独协商确定,且通过掠夺性定价去排挤竞争对手的动机在合并前也不存在(参见第5.4节提及的Nalebuff的批评)的情况下,合并后是如何产生实施封锁的动机的。欧委会强调:"合并后企业交叉补贴其各种互补性行为的能力,以及实施有利可图的捆绑销售,这对竞争性电子设备和非电子设备生产商的盈利能力会造成负面影响(因为其市场份额被侵蚀)。"[232]

---

[228] 下面是有关该案经济分析的一些代表性资料:B. J. Nalebuff, 'Bundling and the GE-Honeywell Merger' (Yale SOM Working Paper No. ES-22, September 2002); D. S. Evans, and M. Salinger, 'Competition Thinking at the European Commission: Lessons from the aborted GE-Honeywell merger', *George Mason Law Review* (May 2002), 489-532; J. P. Choi, 'The Economics and Politics of International Merger Enforcement: A case study of GE/Honeywell Merger', in V. Ghosaland J. Stennek (eds.), *Political Economy of Antitrust* (Emerald Group Publishing, 10 Apr 2007); X. Vives and G. Staffiero, 'The GE-Honeywell Merger in the EU', in B. Lyons(ed.), *Cases in European Competition Policy, The Economic Analysis* (Cambridge University Press, 2008)。

[229] Case T-210/01, *General Electric v. Commission* [2005] ECR II-5575.

[230] 法院只在该合并横向方面的分析中支持禁止决定。

[231] Case COMP/M.2220-*GE/Honeywell*, Commission decision of 3 July 2001, para. 352.

[232] Case COMP/M.2220-*GE/Honeywell*, Commission decision of 3 July 2001, para. 398.

在欧洲初审法院对 *GE/Honeywell* 案的分析进行批评，以及发布了《非横向合并指南》后，欧委会针对混合合并采取了更强调证据基础的方法。从 2004 年开始，当欧委会考虑合并后的企业实施封锁的动机时，它开始承认搭售和捆绑可能带来沉重的成本。欧委会也开始关注一个问题，即即使合并后的企业实施搭售或捆绑，其竞争对手是否能否持续地施加有效的竞争约束。 481

5.5.1 Intel/McAfee

2011 年 1 月，欧委会附条件批准了中央处理器和芯片组生产商 Intel 与信息技术安全解决方案供应商 McAfee 之间的合并。欧委会对该交易附加了救济措施消除交易方产品之间非横向关系的竞争关注，特别是合并可能封锁竞争性安全解决方案供应商这一竞争关注。

欧委会指出，计算机硬件（中央处理器与芯片组）与安全解决方案之间存在重要的关联。首先，它们之间存在技术联系。欧委会指出，安全软件较之其他软件与硬件之间存在更紧密的交互关系。这意味着为了开发新的安全软件，安全软件供应商（SSVs）需要接触有关新的中央处理器与芯片组的最新、精确、完整的交互信息。[233]

其次，欧委会指出，交易方的产品之间存在商业关联。特别是，欧委会指出，每台使用 Intel 硬件的设备原则上都需要一定形式的安全软件以及同一媒介设备，如原始设备生产商（OEMs）需要决定安装哪种中央处理器以及哪种安全软件。[234] 482

作为这种关联的结果，欧委会考虑了 Intel 是否有能力与动机将 Intel 的中央处理器芯片组与 McAfee 的安全解决方案进行捆绑或搭售，或者降低 Intel 的硬件与安全解决方案之间，或者与其他竞争性安全解决方案供应商的产品之间的互操作性。

欧委会发现，其在 2009 年 Intel 反垄断案中确定的市场支配地位，Intel 继续拥有。[235] 这一结论基于持续的高市场份额，Intel 在桌面电脑、笔记本电脑以及笔记本

---

233 交互信息也用于优化软件的表现与能耗，因为安全程序的运行可能对中央处理器造成很大的负担，影响计算机的性能。此外，欧委会指出，信息技术安全的一些特点在硬件中比在软件中更能体现出来，部分嵌入硬件的安全解决方案可以让安全解决方案更健全、更高速。See Case COMP/M. 5984-*Intel/McAfee*, Commission decision of 26 January 2011, paras. 18 and 19.

234 See Case COMP/M. 5984-*Intel/McAfee*, Commission decision of 26 January 2011, para. 21.

235 COMP/C-3 /37. 990-Intel, ('the 2009 Intel antitrust decision').

电脑细分市场中，中央处理器所占市场份额高达70%～80%；在普通芯片组市场中，市场份额高达70%～80%；在可能的与Intel的中央处理器匹配的芯片组“后市场中”，市场份额高达90%～100%。此外，欧委会还考虑到这些市场面临很高的市场进入与扩张壁垒。[236] 欧委会指出，Intel在中央处理器方面，主要面临一个竞争对手AMD（市场份额10%～20%）以及其他一些市场份额很低的小型竞争对手。[237] 特别是，欧委会参考了其2009年的Intel反垄断案决定，该案决定书曾指出，一家潜在的市场进入者面临严重的知识产权进入壁垒，其必须进行实质性的初始研发与生产投资，才能开始x86中央处理器的生产。[238]

欧委会指出，McAfee是少有的全面活跃于所有安全技术服务领域的企业，它为最终消费、中小企业、大型私企以及政府组织提供安全技术服务。[239] 特别是，McAfee在终端安全服务方面占10%～20%的市场份额，是继Symantec（30%～40%市场份额）之后第二大的全球性安全技术服务公司。欧委会指出，由于需要品牌认可、广泛的产品、服务与支持，以及对企业持续创新的信任，企业进行市场扩张的障碍很明显。[240] 在消费者环节，欧委会发现，与原始设备生产商有沟通渠道的企业（Symantec、McAfee以及Trend Micro）和那些没有这类渠道的企业之间存在明显的差异。[241] 欧委会还指出，三家最大的安全技术服务公司得益于网络效应，
483 因为安全软件供应商的用户越多，其发现新的恶意软件的机会越大，特别是当用户均匀分布于不同地域时。[242]

对该交易的竞争关注主要体现为三种形式的封锁，即弱化Intel的硬件与安全解决方案以及与竞争对手产品之间的互操作性；捆绑/搭售（技术搭售）以及商业

---

[236] See Case COMP/M. 5984-*Intel/McAfee*, Commission decision of 26 January 2011, para. 62.

[237] See Case COMP/M. 5984-*Intel/McAfee*, Commission decision of 26 January 2011, para. 72.

[238] See Case COMP/M. 5984-*Intel/McAfee*, Commission decision of 26 January 2011, para. 91.

[239] See Case COMP/M. 5984-*Intel/McAfee*, Commission decision of 26 January 2011, para. 63.

[240] See Case COMP/M. 5984-*Intel/McAfee*, Commission decision of 26 January 2011, para. 102.

[241] See Case COMP/M. 5984-*Intel/McAfee*, Commission decision of 26 January 2011, para. 104.

[242] See Case COMP/M. 5984-*Intel/McAfee*, Commission decision of 26 January 2011, para. 106.

捆绑策略。下面会讨论互操作性弱化以及商业捆绑方面的竞争关注,[243]然后我们会简要介绍下解决这些竞争关注的救济措施。

5.5.1.1　降低互操作性

欧委会发现,Intel 有能力降低其硬件与 McAfee 的竞争对手提供的安全解决方案之间的互操作性(或称为兼容性)。[244] 欧委会发现,软件开发商如果要为特定的中央处理器设计软件,它需要从中央处理器生产商那里获得一定的信息与一定的工具去开发与优化其软件。[245] 欧委会关注了"积极的差别待遇",McAfee 可以优先接触 Intel 的中央处理器指令信息。[246] 欧委会认为,这种形式的差别待遇很难 484
被发现,并且对于 McAfee 的竞争对手来说,他们也无法通过"反向工程"去分析 Intel 的硬件从而回应这一歧视。[247]

就降低互操作性的动机而言,该交易的投诉人特别强调了 Intel 的首席执行官 Paul Otellini 的一项声明,其中提及 Intel 通过给予 McAfee 较之其竞争对手更多的便利去接触 Intel 的信息或技术,从而帮助 McAfee 的这一清晰的意图。[248] 欧委会也强调了与 McAfee 的产品进行整合的一些内部文件。[249]

243　拒绝向第三方提供那些可以让竞争对手的产品与合并后企业的产品建立关联的互操作信息,有时被视为一种特定的技术搭售,不过在 *Intel/McAfee* 案中,欧委会对这些竞争关注进行了分别考量。欧委会有关技术搭售(将 McAfee 的技术整合进 Intel 的硬件中)的讨论类似于降低互操作性问题的讨论,因此我们不分开讨论这些问题。就互操作性降低而言,欧委会认为 Intel 有能力与动机去实施技术搭售,这可能导致消费者利益受损。欧委会有关技术搭售的讨论可参考 Case COMP/M. 5984-*Intel/McAfee*, Commission decision of 26 January 2011, paras. 175–221。

244　欧委会在很多案件中都考虑了互操作性问题。在 *IBM/Telelogic* 案中,欧委会分析了合并后的企业是否有能力拒绝提供互操作性信息,并发现合并后的企业将具有该能力。欧委会认为,"一些软件供应商,如果其产品一定程度上肯定会成为其他软件产品的投入要素,则原则上这类软件供应商便有这种能力,不过拒绝提供互操作性信息的能力只适用于一些新的软件项目"。See Case COMP/M. 4747-*IBM/Telelogic*, Commission decision of 5 March 2008, para. 255. 其他涉及互操作性的案例还包括 Case COMP/M. 3083-*GE/Instrumentarium*, Commission decision of 2 September 2003; Case COMP/M. 2861-*Siemens/Drägerwerk/JV*, Commission decision of 30 April 2003.

245　See Case COMP/M. 5984-Intel/McAfee, Commission decision of 26 January 2011, para. 140.

246　See Case COMP/M. 5984-Intel/McAfee, Commission decision of 26 January 2011, para. 142.

247　See Case COMP/M. 5984-Intel/McAfee, Commission decision of 26 January 2011, para. 145.

248　"尽管我们仍会与 Symantecs 、Microsofts 以及 Nortons 合作,我们也会确保最好的可能解决方案是 Intel 对 Intel 或者是 Intel 对 McAfee,确保 Intel 和 McAfee 结合的运行效果最佳。" See Case COMP/M. 5984-*Intel/McAfee*, Commission decision of 26 January 2011, para. 154.

249　See Case COMP/M. 5984-*Intel/McAfee*, Commission decision of 26 January 2011, para. 161.

关键是,欧委会还发现,Intel 实施上述假设的反竞争策略时,并不会给其中央处理器的收入带来影响。特别是,欧委会指出,唯一能减少 Intel 的中央处理器收入的方式是,如果最终用户忠实拥护 McAfee 之外的另一家安全软件供应商,这些用户会转而使用其他中央处理器供应商的产品,但欧委会认为这种情形是不可能发生的。[250]

最后,欧委会发现,上述假设的反竞争策略的封锁效果会将 McAfee 的竞争对手从 Intel 的平台排除出去,结果会降低其他供应商提供的安全软件的有效性。[251] 欧委会指出,竞争对手在创新方面的激励会被影响,这可能会降低消费者的选择范围。欧委会还指出,McAfee 与其他芯片组或中央处理器的互操作性的降低,会提升市场进入的障碍,从而进一步保护 Intel 在中央处理器与芯片组市场的地位。[252]

5.5.1.2 商业性捆绑

欧委会分析了合并后的企业是否有能力与动机去实施纯商业性捆绑(中央处理器与安全软件排他性的一起销售)和混合商业性捆绑(当消费者同时从 Intel 和 McAfee 购买产品时,安全软件的价格有折扣)。Intel 提出了实施捆绑策略会面临
485 的系列困难,包括针对消费者个人电脑的中央处理器往往都是依季度去进行协商,而安全软件合同则往往以数年为单位,且安全软件的价格条款更为复杂。[253] 但是,欧委会指出,尽管中央处理器与安全解决方案的合同周期与持续期限目前存在差异,且目前的协商模式也常常使得这些产品适用不同的条款,但欧委会发现,如果考虑 Intel 针对原始设备生产商所拥有的市场力量,其完全可以改变目前的协商模式与合同条款。[254] 因此,欧委会认为 Intel 可能有能力在其芯片组/中央处理器与 McAfee 的终端安全产品之间实施商业性捆绑,从而实施封锁策略。[255]

就合并后的企业实施假设的反竞争策略的动机而言,欧委会重点考察了 Intel 提供的经济分析。首先,该经济分析主张,通过搭售或捆绑策略所能提升的 McAfee 的所有终端安全软件的销售份额很低(低于 1%)。该分析考虑到与 Intel

---

250 See Case COMP/M.5984-*Intel/McAfee*, Commission decision of 26 January 2011, para. 159.

251 See Case COMP/M.5984-*Intel/McAfee*, Commission decision of 26 January 2011, para. 166.

252 See Case COMP/M.5984-*Intel/McAfee*, Commission decision of 26 January 2011, para. 172.

253 See Case COMP/M.5984-*Intel/McAfee*, Commission decision of 26 January 2011, para. 229.

254 See Case COMP/M.5984-*Intel/McAfee*, Commission decision of 26 January 2011, para. 237.

255 See Case COMP/M.5984-*Intel/McAfee*, Commission decision of 26 January 2011, para. 238.

处理器以及与 McAfee 的竞争对手提供的安全软件测试版一起装载的个人电脑的比例较低(5% ~10%),且只有 0% ~5% 的安全软件测试版实际上会带来订单,而一些软件的销售还是源自旧订单的更新而非新的订单。[256] 其次,该分析考虑了让商业性捆绑无利可图的 Intel 的临界损失。[257] 该分析将因原始设备生产商转向其他供应商而导致的 Intel 在每台电脑上损失的中央处理器和芯片组的平均利润,与 McAfee 新增一份测试版软件(这会从每台电脑赢得一份新增的测试版软件)的预期利润进行了比较。该分析发现,只要 Intel 流失很少的硬件销量(低于 1%),捆绑就会无利可图。[258]

欧委会采取了与 Intel 类似的分析框架,也采纳了一些同样的分析假设。欧委会发现,在这些假设的合理范围内,临界损失应该高于 Intel 的估计,但的确不会很高。因此,欧委会认为,由于存在针对原始设备生产商的中央处理器销量可能减少这一风险,Intel 实施商业性捆绑的动机的确会被削弱。[259] 因此,欧委会认为,如果孤立地从这一点来看,Intel 实施反竞争策略的动机的确很有限。[260] 486

最后,就封锁的效果而言,欧委会发现,一项商业性捆绑策略不可能对竞争对手带来反竞争性的封锁效果。与其他策略不同,欧委会认为,商业性捆绑只能通过原始设备生产商去影响对消费者的销量。[261] 但是,欧委会指出,竞争对手能够通过其他方式接触消费者,如通过强化直接销售或者强化对企业部门的销售。

5.5.1.3 救济措施

为了解决欧委会有关降低互操作性和技术搭售方面的竞争关注,Intel 提出了系列的行为性救济措施。欧委会接受了那些最适合解决其竞争关注的救济措施,并设置了一些确保救济措施有效实施的条件。就互操作性而言,Intel 的主要承诺

---

256 See Case COMP/M. 5984-*Intel/McAfee*, Commission decision of 26 January 2011, para. 268.

257 临界损失被界定为特定的硬件销量损失额,该损失导致合并后企业的利润损失刚好可以抵消合并后企业从新增安全软件测试版那里获得的利润。See Case COMP/M. 5984-*Intel/McAfee*, Commission decision of 26 January 2011, para. 269.

258 See Case COMP/M. 5984-*Intel/McAfee*, Commission decision of 26 January 2011, para. 270.

259 See Case COMP/M. 5984-*Intel/McAfee*, Commission decision of 26 January 2011, para. 276.

260 See Case COMP/M. 5984-*Intel/McAfee*, Commission decision of 26 January 2011, para. 289.

261 See Case COMP/M. 5984-*Intel/McAfee*, Commission decision of 26 January 2011, para. 285.

是免费对外披露使用说明与互操作信息。[262] 就搭售而言,尽管 Intel 可以提供捆绑式解决方案,但原始设备生产商仍可以拒绝购买捆绑的 Intel 安全解决方案,且其购买的其他竞争性安全解决方案的质量或性能不会受到影响。[263] 这些承诺 5 年内有效,由一名监督受托人监督,并且设置了一项包括“快轨仲裁程序”的争议解决机制。

5.5.2 GE/Amersham

在调查 *GE/Amersham* 案[264]时,欧委会考虑了与合并后企业实施搭售与捆绑的能力与动机相关的若干问题。

该交易中,交易方生产的引起混合竞争关注的产品是 GE 的诊断影像(DI)设
487 备(用于医疗中拍摄人体影像)和 Amersham 生产的用于实现或提高 DI 设备影像清晰度的诊断医疗设备(DPs)。这些产品之间的关联是,存在共同的客户(医院)以及对于医院诊断而言它们构成了同一系统中的互补性零件。

针对 DI 设备,欧委会界定了几种相关产品市场,涉及 5 种主要的 DI 影像设备形式[X 射线、计算机断层扫描(CT)、磁共振(MR)、超声波(U/S)、核成像(NI)],但没有明确这些产品市场是否可以进一步细分。[265] 尽管欧委会认为交易方有关造影剂与放射性药品的界定范围过宽,但欧委会并没有界定 DP 市场的精确范围。这是因为欧委会考虑到,特定的不同 DI 所使用的造影剂之间的需求可替代性和供应可替代性很有限,且涉及 NI 的特定指令,需要使用针对特殊器官的 DP,这可能构成独立的市场。[266] 就地域市场而言,欧委会没有明确是否应界定为国家市场还是欧洲经济区,而是认为基于交易方在不同国家市场的地位,在竞争评估时可能应将地域市场界定的偏窄。[267]

尽管欧委会指出,GE 在特定的产品领域与国家市场中拥有很高的市场份额,但市场调查并没有发现 GE 较之其竞争对手因为特定的原因而拥有重要的经济优

---

[262] See Case COMP/M. 5984-*Intel/McAfee*, Commission decision of 26 January 2011 paras. 289 and 337-340.

[263] See Case COMP/M. 5984-*Intel/McAfee*, Commission decision of 26 January 2011 paras. 341 and 342.

[264] See Case COMP/M. 3304-*GE/Amersham*, Commission decision of 21 January 2004.

[265] See Case COMP/M. 3304-*GE/Amersham*, Commission decision of 21 January 2004, para. 9.

[266] See Case COMP/M. 3304-*GE/Amersham*, Commission decision of 21 January 2004, paras. 13-14.

[267] See Case COMP/M. 3304-*GE/Amersham*, Commission decision of 21 January 2004, para. 18.

势。[268] 欧委会指出，尽管 Amersham 在特定的 DP 市场拥有非常高的市场份额，考虑到研发对于相关市场的重要性，由于存在竞争对手通过推出新产品实现市场飞跃发展的可能性，因此 Amersham 的高市场份额可能只是暂时性的。[269]

欧委会分析了合并后的企业是否有能力与动机去通过将合并前的市场力量从一个市场传导到另一市场来封锁竞争。欧委会特别考察了两种可能的反竞争策略。首先，欧委会考虑了 DI 设备与 DP 进行的混合（商业性）捆绑，即如果客户同时购买这两种产品则合并后的企业会对这些产品的价格打折。[270] 其次，欧委会还考虑了技术性搭售（其产品之间是专属搭配关系或搭配使用时性能最优）。欧 488
委会强调了在 DI 设备与 DP 之间存在明显互补关系情形下的特殊指令。

5.5.2.1　混合捆绑

欧委会考虑了一种损害理论，即合并后的企业会以低于 DI 设备与 DP 分别出售的价格之和将这两种商品捆绑销售，目的是排斥竞争对手。第三方提出，这种情形下他们的收入会减少，并且投入研发的能力与动机也会降低，这逐渐会使得他们被边缘化以及退出市场。[271]

交易方提出了这一反竞争策略可行性方面所面临的问题。他们指出，DI 设备与 DP 的采购程序与供应链存在明显的差异，这些产品的采购周期也不同。[272] DI 设备往往是一次性的大额投资，其采购不会频繁（最短有效期一般是 10 年）。但 DP 则是在 DI 设备生命周期中需要持续购买的。欧委会指出，尽管这些因素不会必然排除掉商业捆绑的可能性，但这些因素的确对商业捆绑策略能否有效实施带

268　See Case COMP/M. 3304-*GE/Amersham*, Commission decision of 21 January 2004, para. 23.

269　See Case COMP/M. 3304-*GE/Amersham*, Commission decision of 21 January 2004, para. 28.

270　欧委会也考虑了 DI 设备与 DP 的纯捆绑（或者被称为“强迫捆绑”），即合并后的企业不再让这两种产品可以分别购得，而是只提供捆绑在一起的销售。但是，考虑到合并后的企业缺乏动机实施这种行为，欧委会很快排除了这种可能性，因为这会损失目前的大部分非 GE 设备的 DP 销量，还会损失那些倾向于持续使用非 Amersham 的 DP 的用户的 DI 设备销量。See Case COMP/M. 3304-*GE/Amersham*, Commission decision of 21 January 2004, para. 43.

271　Case COMP/M. 3304-*GE/Amersham*, Commission decision of 21 January 2004, para. 34.

272　很多案件中，欧委会都认为，由于客户购买的产品并不相同，特定的捆绑策略无法有效实施。比如，在 Johnson&Johnson/Guidant 案中，欧委会指出，该案涉及不同领域产品的捆绑策略，比如血管内设施、介入性心脏科设施，以及心脏管理系统设施（除颤器与起搏器）。欧委会认为涉及不同产品的捆绑很难有效实施，因为这些产品的客户往往不同。See Case COMP/M. 3687-*Johnson&- Johnson/Guidant*, Commission decision of 25 August 2005, para. 342.

来影响。[273]

欧委会指出,尽管交易方在特定成员国的一些产品市场拥有很高的市场份额,但这本身并不意味着交易方在这些市场中拥有市场支配地位。欧委会还强调
489 了这些市场的投标、设备采购的不频繁、通过创新实现跳跃式发展、缺乏转换成本以及医院的抵消性力量等特性。[274]

欧委会还发现存在一些 DI 设备和 DP 的竞争对手有能力去削弱合并后的企业进行封锁的能力,这些竞争对手可能通过降价、类似的捆绑(通过联合或对抗性合并)以及创新带来的技术性飞跃等对抗性策略去削弱合并后企业的能力。[275]

就实施封锁的动机以及封锁的效果而言,交易方提出了一些意见说明 DI 设备和 DP 的竞争对手不太可能被边缘化。

在了解有关 *GE/Amersham* 案评估的具体细节前,需要注意的是,在很多涉及分析封锁可能性的案件中,都要求对"既存"产品与"未来"产品的封锁从概念上进行区分。如果通过降低竞争对手的销量让这些竞争对手边缘化,使得竞争对手无法再利用他们既存或目前的产品提供有效的竞争约束,则对既存产品的封锁就会发生。比如,竞争对手可能决定在某个市场停止供应他们目前的产品,或者由于可变成本上涨他们只能提高其产品的价格。如果由于竞争对手降低其研发或产品等方面的投资,竞争对手无法通过他们未来的产品实施有效的竞争约束,则未来产品的封锁就会发生。如果没有证据证明封锁会降低竞争对手他们目前产品的竞争力,则竞争分析就不可避免地在性质上更为可疑,因为这种情形下的竞争分析需要去预测竞争对手在中长期后的未来的竞争力所带来的影响。

GE/Amersham 案中,在既存产品与未来产品之间进行了重要的区分。第一,就既存产品而言,交易方指出,如果能够实现的成本节省超过预期被放弃的收入,则产品只能从一些国家退出。DI 设备和 DP 的生产都存在明显的固定成本,即使在既定的成员国中的生产完全停止,一些固定成本(如全球水平的沉没研发投入)
490 也无法被弥补或者避免。假定这些产品的销售存在很高的利润,在他们发现由于无法通过新增销量为整个利润作出贡献,因此继续留在特定成员国变得没有吸引力之前,任何捆绑策略的影响都会很大程度上降低竞争对手的利润。

---

[273] Case COMP/M. 3304-*GE/Amersham*, Commission decision of 21 January 2004, para. 35.

[274] Case COMP/M. 3304-*GE/Amersham*, Commission decision of 21 January 2004, para. 38.

[275] Case COMP/M. 3304-*GE/Amersham*, Commission decision of 21 January 2004, para. 39.

第二,如果生产没有面临产能约束,单位可变成本相对恒定且独立于产出水平。这意味着即使竞争对手的产量明显降低,也没有理由相信他们在新增业务方面对合并后企业的竞争约束会降低。

第三,在每个成员国内都需要对既存的已经安装的 DI 设备提供持续性服务。要从已经出售给客户的影像设备的升级与服务中获得收入,需要继续留存于成员国市场中。因为合并后的企业不能影响这一收入源,其很难让竞争对手从特定的国家退出。此外,就 DP 而言,合并后的企业不能影响竞争对手向那些已经装备 DI 设备且在较近的未来不会考虑替换这些设备的医院销售,因为这些客户不会考虑合并后企业提供的商业性捆绑。

第四,重新进入特定的成员国很容易也可以很及时,因为重建分销网络的成本很低。这意味着即使竞争对手退出特定成员国,合并后的企业仍无法滥用其市场力量。

就未来产品而言,交易方指出,竞争对手对研发进行投资的动机不会受到负面影响,这主要是因为这些动机与在特定成员国带来的收入并不相关,而是与预期的全球销售额相关。

欧委会认为,只有在竞争对手被迫退出全球性的 DP 和 DI 市场时,反竞争性封锁才会出现。但在特定成员国的市场份额受损不可能导致全球范围的市场退出。欧委会也排除了竞争对手大幅降低其全球研发投入的可能性。最后,欧委会认可市场进入或重新进入特定成员国的障碍并不明显。[276] 因此最终欧委会认为, 491
尽管 DI 设备和 DP 的商业性捆绑可能在合并后发生,但这不会导致竞争关注。

5.5.2.2 技术性搭售

如上所述,技术性搭售是指,合并后的企业的产品互相之间搭配使用时才能确保整体性能最优或只能相互搭配才能发挥各自的作用。

该交易发生时,所有的 DI 设备都可以与市场上所有可购得的 DP 搭配使用。欧委会对第三方提出的上述假设的竞争关注进行了调查,即合并后的企业可能实施技术搭售,通过让合并后企业的产品与竞争对手的产品无法匹配,从而最终排

---

276 See Case COMP/M. 3304-*GE/Amersham*, Commission decision of 21 January 2004, paras. 40 and 41.

挤竞争对手。[277]

欧委会认为这一竞争关注原则上只与新产品相关,因为现存产品之间相互匹配可以实现功能的最优,没有行为可以消除这种匹配性。

欧委会考虑了 DI 设备的制造与 DP 的开发之间的技术联系,分析了新的 Amersham 的 DP 能否实现只有与 GE 的设备配合时才能发挥功能或者才能确保功能最优。[278] 市场调查发现,客户与竞争对手都没有在既存产品中发现互操作性问题。调查还发现,如果 Amersham 开发出突破性的其他竞争对手无法替代的,且无法适用于 GE 的 DI 设备之外的其他设备的 DP 产品,最可能发生在核成像领域。[279] 但是,在经过详细调查后,欧委会发现,Amersham 有关 DP 的开发计划,特备是有关核成像 DP 的开发计划,并没有出现未来有任何产品只与 GE 的设备匹配,而与其
492 他竞争性 DI 设备排斥的可能性。[280]

欧委会还考虑了实施技术性搭售的动机。欧委会认为,假设的反竞争策略会让合并后企业损失很大一部分 Amersham 的产品针对竞争性 DI 设备的销量。由于 GE 在核成像领域的市场份额不高,如果竞争性 DI 设备供应商在核成像市场的份额很高,则欧委会认为合并后的企业没有动机在核成像这一被认为最可能实施技术性搭售的市场中实施技术性搭售。[281]

综上所述,欧委会最终排除了合并后的企业将 DI 设备与 DP 进行技术性搭售这一竞争关注。

---

277 欧委会还考虑了第二个相关的竞争关注,即合并后的企业可能通过将合并各方所拥有的 DI 设备和 DP 相关的发展计划方面的知识内部化,从而拥有"时间方面的市场发展优势"。但是,欧委会最终放弃了这一担忧,因为这类行为的可行性存在很大的问题,这类优势往往只能存续很短的时间。See Case COMP/M. 3304-*GE/Amersham*, Commission decision of 21 January 2004, paras. 56 and 57.

278 欧委会考虑实施技术性搭售的实际能力的另一案例是 Saint Gobain/BPB 案, See Case COMP/M. 3943-*Saint-Gobain/BPB*, Commission decision of 9 November 2005, paragraph 61。

279 Case COMP/M. 3304-*GE/Amersham*, Commission decision of 21 January 2004, paragraph 49.

280 Case COMP/M. 3304-*GE/Amersham*, Commission decision of 21 January 2004, paragraph 54.

281 See Case COMP/M. 3304-*GE/Amersham*, Commission decision of 21 January 2004, para. 59. 类似地,在 *IBM/Telelogic* 案中,欧委会考虑了合并后的企业是否有动机通过不提供互操作信息实施技术性搭售,目的是将其在建模与需求管理工具市场的市场力量传导到相邻市场中去。欧委会认为,如果合并后的企业让其产品与竞争性产品不兼容,其会遭遇实质性的损失。经过比较,欧委会认为合并后企业提升被搭售产品所能获得的利益是非常有限的。See Case COMP/M. 4747-*IBM/Telelogic*, Commission decision of 5 March 2008, para. 268.

5.5.3　Google/DoubleClick

2008年3月,欧委会批准了Google对在线广告技术公司DoubleClick的收购。[282]

在线广告行业主要的市场主体包括广告发布商和广告商,前者在其网站出售广告发布空间,后者购买广告发布空间去接触互联网用户。

要界定被出售的在线广告空间相关产品市场,是件非常复杂的任务。首先,在线广告体现为多种不同的形式。Google主要是出售简单的文本广告,但市场上还包括静态图形广告以及更为高级的丰富媒体广告(被统称为展示广告)。[283] 其次,在线广告可以直接通过广告发布商出售给广告商,也可以通过广告网络或广 493
告交易所(作为双边媒介平台将广告商与那些提供适当广告空间的广告发布商进行匹配)间接出售给广告商。比如,Google便在那些利用其广告网络AdSense的第三方广告发布商网站,出售其广告空间。

针对该交易的大部分投诉意见,交易方认为,尽管广告体现为不同的形式,可以基于不同的方法定位目标客户,也可以通过不同的渠道进行销售,但不同形式的广告都具有替代性,因此相关市场至少包括对所有在线广告空间的销售业务。欧委会同意不同类型的在线广告具有一定程度的替代性,但欧委会没有明确指出这种替代性是否足以证明所有在线广告构成单一的相关市场。[284]

一旦一家广告发布商同意在其网站向一家广告商出售广告空间(不论直接还是间接),广告服务技术就被用于将一种广告形式从广告商传递到广告空间,并且广告服务技术还对广告发布商和广告商具有重要的支持作用。[285] 因为,广告服务是广告空间供应服务中的一项投入要素,广告空间供应商与广告服务解决方案供

282　See Case COMP/M.4731-*Google/DoubleClick*, Commission decision of 11 March 2008.除了排他性方面的竞争关注外,欧委会也考虑了第三方提出的"对角效应"。对角合并在第6部分会具体讨论。该案的更多讨论可参见S. Lewis and A. Lofaro,'Google/DoubleClick: The search for a theory of harm'(2008) 29(12) *European Competition Law Review* 717。

283　基于广告的投放目标,在线广告也存在不同的形式。比如,一种广告可以基于某用户输入的搜索疑问进行目标定位(搜索广告),可以基于网页显示的具体内容进行目标定位(文意定位),基于用户过去的浏览行为定位(行为定位),或者基于诸如用户所处的地域位置或用户每日浏览网页的时间等指标去进行目标定位。

284　但是,欧委会指出,广告中介可以界定为独立的市场。

285　DoubleClick提供的服务包括为广告商提供广告服务解决方案(DFA),为广告发布商提供广告服务解决方案(DFP)。

应商出售互补性产品,因此没有在同一相关市场中竞争。

重要的是,尽管所有在线广告(不论何种形式)需要一些广告服务技术去让广告进入网站,但文本广告所用的基础技术与更为高级的技术(如 DoubleClick 所提供的用于展示广告的技术)之间并不具有可替代性。这意味着,Google(广告空间出售商,其广告空间为文本广告提供基础性整合广告服务)与 DoubleClick(一家独立的展示广告服务解决方案提供商)之间没有直接的横向重叠。

该交易的投诉者们提出了多种非横向损害理论,包括合并后的企业会传导 DoubleClick 在展示广告服务市场的市场力量去封锁那些与 Google 的广告网络竞
494 争的广告中介(第 5.5.3.1 节讨论)。还有投诉人主张,合并后的企业将传导 Google 在广告与媒介市场的市场力量去封锁与 DoubleClick 竞争的展示广告服务供应商(在第 5.5.3.2 节讨论)。也有投诉人主张,Google 与 DoubleClick 之间的对角关系会使得合并后的企业实施有利可图的单边涨价行为(在第 6 节讨论)。

5.5.3.1 封锁广告中介供应商的主张

投诉人主张,合并后的企业会传导 DoubleClick 在广告服务市场的市场力量去封锁那些与 Google 的广告网络竞争的广告中介。尽管投诉人提出的竞争关注范围很广,但这些关注都涉及合并后企业采取的一些行为,如当交易方使用竞争对手的网络时就提高展示广告服务的价格,这会让 DoubleClick 的广告商客户和广告发布商客户,在面临其他广告网络时,会优先选择 Google 的广告网络。[286] 投诉人主张,这会导致竞争性广告网络被边缘化,而源自广告中介双边市场属性的网络效应又会让竞争损害进一步恶化。

对 DoubleClick 的市场力量进行分析是欧委会对上述损害理论进行评估的一个重要内容。欧委会基于《非横向合并指南》指出,封锁竞争关注产生的前提之一是实质性的市场力量(但不必然是市场支配地位)。特别是,欧委会指出,“如同《非横向合并指南》所指出,为了封锁竞争对手,新的实体必须在一个相关市场中
495 拥有实质程度的市场力量(但不必然构成支配地位)”。[287]

重要的是,欧委会的决定清晰表明,对一家企业封锁其竞争对手的能力的评

[286] 此外,欧委会还考虑了一种假设的反竞争策略,即 DoubleClick 会技术性的“改造”广告仲裁机制,去帮助 Google 的广告网络 AdSense。See Case COMP/M. 4731-*Google/DoubleClick*, Commission decision of 11 March 2008, para. 289.

[287] See Case COMP/M. 4731-*Google/DoubleClick*, Commission decision of 11 March 2008, para. 333.

估,需要考虑合并后的企业所面临的竞争对手的约束程度,而不仅仅是评估相关的市场份额。

尽管 DoubleClick 在针对广告商的广告服务市场中拥有 30% ~40% 的市场份额,针对广告发布商的广告服务市场中拥有 40% ~50% 的市场份额,欧委会认为 DoubleClick 仍面临竞争性广告服务供应商的实质性竞争约束,这会削弱其封锁竞争对手的能力。欧委会发现广告服务市场是竞争性市场,得出这一结论的理由包括,存在明显的客户转移证据,且有证据表明 DoubleClick 的客户可以通过协商让价格(每千人成本,简称为 CPM)大幅下降到足以更新合同的程度。此外还有证据表明,尽管需求在上升,但对所有规模客户的价格都是随着时间的流逝而在大幅降低。[288] 例如,欧委会指出:

> 欧委会考虑了交易方提供的证据,这些证据证明 DoubleClick 面临其竞争对手的竞争约束而必须降低其产品价格。如下所解释,交易方的证据显示,CPM 已经基于规模大小被降低(因此,平均 CPM 的降低并非主要由数量增长驱动),而与特定客户续约时,协商过程中的降价则表明 DoubleClick 针对竞争压力作出了回应。[289]

参考了交易方提交的分析,基于 DoubleClick 在广告服务市场的地位,欧委会在评估合并后企业实施封锁策略的能力时指出,“市场调查显示,DoubleClick 面临很多竞争约束,其没有能力实施任何实质性的市场力量”。[290]

欧委会之所以得出合并后企业没有能力去封锁竞争性广告中介供应商的结论,部分原因是因为其认为 DoubleClick 的客户没有面临实质性的转移成本。[291]

投诉人提出的一项关键主张是,DoubleClick 的广告服务价格占广告网络使用成本的很高比例,这使得 DoubleClick 广告服务价格的变化将影响竞争性广告网络的相对吸引力(对广告商和广告发布商而言)。但是,欧委会认为,广告服务的中介成本并不是广告发布商或者广告商选择广告网络时会考虑的一项特别因素。 496

广告商考虑的是购买广告空间的总成本,广告发布商考虑的则是出售广告空间所能赚取的利润。当使用一家竞争性广告网络时,即使广告服务的价格相对大

---

288 See Case COMP/M. 4731-*Google/DoubleClick*, Commission decision of11 March 2008, para. 168.

289 See Case COMP/M. 4731-*Google/DoubleClick*, Commission decision of11 March 2008, para. 169.

290 See Case COMP/M. 4731-*Google/DoubleClick*, Commission decision of11 March 2008, para. 296.

291 See Case COMP/M. 4731-*Google/DoubleClick*, Commission decision of11 March 2008, para. 297.

幅上升,也不会对前述总成本或利润产生明显的影响,因此不太可能影响广告商或者广告发布商对广告网络的选择。[292] 此外,展示广告服务市场的竞争也使得任何实质性的涨价不可能发生。

投诉人主张的封锁竞争关注中,还有个问题是,由于双边市场中经常存在的网络效应,广告中介往往倾向于实施"冒尖"(tipping)行为。[293] 广告商在选择使用特定广告网络时,除了考虑其利用该网络必须支付的价格外,还可能考虑使用同一网络的广告发布商的数量。类似地,一家广告发布商决定加入某广告网络时,除考虑其利用该网络必须支付的价格(或者其在广告收入中所占份额)外,还可能被利用同一网络的广告商的数量所影响。

投诉人指出,合并后的企业利用多种可行的传导策略,可以将很多广告商和广告发布商吸引到其广告网络中去,其他的广告网络其成员会越来越少,从而被边缘化。相应地,由于竞争性网络在另一边市场缺乏广告发布商(或广告商),其在广告商(或广告发布商)这边的"质量"就会降低,因此,竞争性网络无法提供有效的竞争约束让合并后的企业涨价无利可图,所以合并后的企业就可能涨价。

有关网络效应可能导致"冒尖"/"谋求垄断"的竞争关注,在其他案件中也出现过,最相关的可能是微软的 Windows 操作系统,但这样的竞争关注假设必须在
497 每个具体的相关市场环境中仔细的检验。当客户一般只使用一个平台,且网络效应不会在很低的利用水平上被耗尽时,"冒尖"的风险会更大。

交易方提供的市场证据让欧委会相信,上述情形在在线广告产业都不存在。首先,广告商与广告发布商经常利用不止一个平台(他们是"多宿主")。如果"多宿主"的方式很有吸引力且不发生成本,则可能存在的网络效应不会导致以排除竞争性广告网络为形式的反竞争效果的发生。这是因为,某个广告网络对广告商或广告发布商的吸引力,并不会让广告商或广告发布商无法接触其他的网络。

其次,交易方提供的证据证明,超过特定数量的广告发布商后,再新增一家广

---

[292] 比如,假设一家广告发布商选择 AdSense 之外的其他网络,以 2 美元的价格出售每千人广告,向广告网络支付 40 美分,向广告发布商那方的广告服务供应商支付 5 美分。广告发布商的纯利润是每千人 1.55 美元。现在假定广告发布商那边的广告服务价格上涨 10%,即从 5 美分涨到 5.5 美分。如果广告发布商持续使用该竞争性网络出售其广告空间,其纯利润将只会降低大约 0.3%,即每千人赚取的利润从 1.55 美元降低到 1.545 美元。

[293] 当消费者在特定市场的效用取决于其他主体对同一产品或服务的消耗量时,网络效应就可能出现。双边市场中,存在特定类型的网络外部性,这一外部性取决于另一边市场中的兼容性主体的消耗量。

告发布商加入网络,并不会给已在网络中的广告商带来进一步的利益。通过观察被调查的广告商,并没有发现“访问比”(访问广告网络网站的特定月访问者数量占在线用户数量的百分比)是不同广告网络之间的一项关键的差异性因素,尽管在市场中的各种替代性广告网络中,“访问比”存在明显的变化。因此,只要一家竞争性广告网络可以通过判断广告网络质量的其他因素(如所使用的锁定目标的方法)产生吸引力,则一家竞争性广告网络就可以通过在广告发布商那边相对少量的合作伙伴去持续地提供竞争性约束。

欧委会认为,考虑到 DoubleClick 的客户可以转向一些可信赖的替代性网络,且证据显示网络效应不足以强到引诱“冒尖”行为,因此任何吸引广告发布商或广告商去使用 AdSense 网络的策略,都不可能在中介市场中封锁竞争对手。[294]

就封锁的动机而言,欧委会认为将广告服务与广告中介进行纯捆绑可能无利可图。[295] 值得注意的是,尽管从捆绑策略中的新增销量赚取的利润超过广告服务工具方面的销售损失,但考虑到客户会转移到竞争性广告服务产品那里,则捆绑策略仍可能是无利可图的。[296] 欧委会还考虑了合并后的企业实施混合捆绑(当广 498
告服务产品与其他广告网络一起使用时会更贵或者质量更低)的动机。欧委会指出,考虑到那些作为 DoubleClick 广告服务产品客户的广告发布商只花费相对有限的数量在 Google 的非搜索平台上,合并后企业提供混合捆绑的动机可能很有限,因为通过 AdSense 网络获得的新增销量所能赚取的利润很有限,可能仅仅能补偿由于 DoubleClick 的工具价格下降所带来的机会成本。[297]

最后,就封锁的效果而言,欧委会指出反竞争封锁不可能产生,因为合并后的企业将持续与很多提供同样产品的平台进行竞争。特别是欧委会指出:

> 作为最近并购浪潮的结果,市场已经演化进一种状态,现在捆绑性平台(中介+广告服务工具)与独立的在线广告要素供应商(广告网络、只提供中介服务的广告交易所、独立的广告服务工具供应商)共同存在于市场。如果要反击新企业的捆绑策略,竞争性平台可以通过提供类似

294 See Case COMP/M. 4731-*Google/DoubleClick*, Commission decision of 11 March 2008, para. 310.

295 See Case COMP/M. 4731-*Google/DoubleClick*, Commission decision of 11 March 2008, para. 315.

296 See Case COMP/M. 4731-*Google/DoubleClick*, Commission decision of 11 March 2008, para. 315.

297 See Case COMP/M. 4731-*Google/DoubleClick*, Commission decision of 11 March 2008, para. 314.

的捆绑策略进行回应。[298]

在其他很多案件中,竞争对手反击合并后企业实施的捆绑策略的能力,被视为削弱潜在反竞争封锁效果的一项重要的因素,其他案件还包括 *Johnson & Johnson/Guidant*[299]、*GE/Smiths Aerospace*[300] 以及 *Procter&Gamble/Gillette*。[301]

499

5.5.3.2 封锁广告服务供应商的主张

投诉人主张,合并后的企业可能利用 Google 在搜索广告与(搜索)广告中介市场的市场地位,通过将其搜索广告或其针对搜索或非搜索广告的中介服务,与 DoubleClick 的广告服务技术一起捆绑销售,从而封锁 DoubleClick 的竞争对手。

欧委会对纯捆绑与混合捆绑策略都进行了分析。纯捆绑情形下,那些希望通过 Google 的搜索广告解决方案(AdWords)去投放搜索广告的广告商,将被要求(通过合同)特定的最低 DFA 使用量。那些希望使用 Google 的(搜索)广告中介解决方案(AdSense)的广告发布商,或者通过合同或者通过技术性关联手段被迫去使用 DFP。混合捆绑情形下,Google 将通过提供有条件的折扣去引诱广告商以及那些使用 AdWords 或者 AdSense 的广告发布商去(自愿)使用 DFA 或者 DFP。

欧委会认为,尽管合并后的企业拥有实施这些形式的封锁的能力的可能性不能被完全排除,但合并后的企业不太可能有动机去实施封锁。任何情形下,这些策略都不会对竞争造成显著的负面影响,因为市场上还存在很多财力强劲、纵向整合的竞争对手不会被封锁掉。[302]

---

298 See Case COMP/M. 4731-*Google/DoubleClick*, Commission decision of 11 March 2008, para. 327.

299 *Johnson&Johnson/Guida* 案中,欧委会认为捆绑不会导致封锁竞争对手的反竞争效果,因为捆绑策略可以被很多竞争对手反击。See Case COMP/M. 3687-*Johnson&Johnson/Guidant*, Commission decision of 25 August 2005, para. 341.

300 *GE/Smiths Aerospace* 案中,欧委会指出,Smiths Aerospace 的一家竞争对手 UTC,可以提供引擎与发电系统,因此它可以复制合并后企业提供的任何捆绑组合。而 Smiths Aerospace 的其他竞争对手也可以通过与其他引擎制造商联合,去应对合并后企业实施的搭售行为。See Case COMP/M. 4561-*GE/Smiths/Aerospace*, Commission decision of 23 April 2007, para. 124.

301 *Procter&Gamble/Gillette* 案中,尽管合并会产生更多的实施捆绑的机会,但反竞争封锁还是被视为不可能出现,因为市场上存在拥有类似产品组合的强有力的竞争对手,以及有力的买家。重要的是,欧委会认为,Procter&Gamble/Gillette 扩大产品范围后,可能从一站式购物与规模经济中获得效率(如更低的物流成本)。See Case COMP/M. 3732-*Procter&Gamble/Gillette*, Commission decision of 15 July 2005, paras. 121-122 and 131.

302 See Case COMP/M. 4731-*Google/DoubleClick*, Commission decision of 11 March 2008, para. 332.

就封锁的能力而言，欧委会特别指出，要让那些希望通过 Google 的 AdWords 去投放搜索广告的广告商去使用 DoubleClick 的广告服务产品 DFA，存在很多实际的困难。这是因为，搜索广告的价格由持续的竞价机制确定（基于每个用户每次输入一个搜索词条确定价格），而 DoubleClick 通过合同确定的提供展示广告服务的条款一般都持续 1～2 年，这使得很难同时为这些产品确定交易条件。[303] 这些实践中的困难让欧委会有效地排除了在广告商这边实施捆绑策略的可能性。尽管如此，欧委会发现，在广告发布商那边，将 Google 的（搜索）广告中介与 DFP 捆绑的实际困难似乎更为有限，因为针对大型广告发布商的展示广告服务与（搜索） 500
广告中介的合同安排，存在类似的性质与存续期限。[304] 但是，欧委会指出，Google 与 DoubleClick 目前的共同客户基础还相当有限，这降低了合并后企业实施封锁的能力。[305]

就封锁的动机而言，欧委会发现，将 Google 的搜索广告、（搜索）中介服务与 DFA 或者 DFP 捆绑销售将是无利可图的。欧委会指出，因为 DFA 以及 DFP 的利润与 Google 直接销售搜索广告和中介性销售（搜索）广告的利润相比更低，即使搜索广告以及（搜索）中介方面的少量销售损失（因为客户拒绝购买捆绑产品），也会超过客户购买 DFA 或者 DFP 所能创造的收入。[306]

欧委会也承认，如第 5.4.2 节所述，如果价格是与客户分别设置而非统一确定，则捆绑的一项重要利益会消失。特别是，欧委会指出：

> 在线广告行业的交易中，经常出现价格单独设置的订制型解决方案或服务。在价格是对所有客户统一设定的环境下，捆绑往往才是一项用于发现客户的支付意愿的有吸引力以及有利可图的策略。在线广告行业中，由于价格的高度差别化，捆绑无法让合并后的企业提升利润。在广告商这边，通过针对关键词的竞价机制确定价格的 Google，和同客户直接协商确定价格的 DoubleClick，都有能力基于客户的支付意愿去调整其产品价格。类似地，在广告发布商那边，通过与直接合作伙伴（占其 AFS 收入的 80% 以上）确定价格的 Google，以及通过与广告发布商直接

303　See Case COMP/M. 4731-*Google/DoubleClick*, Commission decision of 11 March 2008, para. 340.

304　See Case COMP/M. 4731-*Google/DoubleClick*, Commission decision of 11 March 2008, para. 341.

305　See Case COMP/M. 4731-*Google/DoubleClick*, Commission decision of 11 March 2008, para. 343.

306　See Case COMP/M. 4731-*Google/DoubleClick*, Commission decision of 11 March 2008, para. 348.

协商价格的 DoubleClick,都有能力基于广告发布商的偏好去调整他们的产品价格。在这种环境下,捆绑的一些吸引力往往会消失。[307]

最后,有关封锁的效果,欧委会重申了合并后的企业很难边缘化其竞争对手,如 Microsoft、Yahoo!、AOL,并指出这些竞争对手都是纵向一体化企业,且具有很
501 强的财力。[308]

6. 对角合并

"对角合并"这一概念是指一种特殊类型的非横向合并,这类合并中,合并一方是一家上游供应商,另一方是将该上游供应商的产品作为某种原料(投入要素)的下游企业的某个竞争对手。[309] 这类合并不是横向合并,因为合并方不在同一相关市场中运营。这类合并也不是纵向合并,因为作为上游供应商的合并一方生产的产品不是处于下游的合并另一方的原料,尽管其是下游合并方某些竞争对手的原料。

尽管这类合并中,作为对合并一方产品价格上涨的回应,不会有客户转移到合并另一方提供的产品上去,但两类产品在间接的意义上可能存在替代性。产生这种间接替代性的原因是,上游供应商提高向下游合并方竞争对手的价格会导致下游合并方的竞争对手成本上涨,从而有可能导致这些下游合并方的竞争对手的产品涨价,转而会改变下游合并方在下游的需求情况。因此,对角合并原则上可能导致单边涨价的动机。

同样,如果一项对角合并的下游合并方的涨价会提升其下游竞争对手的销售额,则对角合并可能让下游合并方有动机涨价,从而提升对上游合并一方原料供应的需求。

在评估一项对角合并导致涨价激励的可能性大小时,需要考虑:

第一,上游企业生产的原料是否是下游合并方的竞争对手的一种重要原料;

---

[307] See Case COMP/M. 4731-*Google/DoubleClick*, Commission decision of 11 March 2008, para. 353.

[308] See Case COMP/M. 4731-*Google/DoubleClick*, Commission decision of 11 March 2008, para. 357.

[309] 在经济学上这等于企业 A 与企业 B 的某个竞争对手之间的合并,企业 A 提供的产品是企业 B 提供产品的某种成分。

第二,上游企业是否面临生产同类原料的其他企业的有效竞争;

第三,下游合并方的竞争对手生产的产品是否是下游合并方生产的产品的紧密替代品。

为了进一步理解对角合并相关的单边反竞争效应以及上述考量因素的重要性,通过相关例证进行说明是有益的。 502

6.1　对角合并:一个例证

本部分将讨论一家锌供应商与一家钢铁供应商之间发生的一起假设的对角合并。[310] 锌与铜是生产黄铜的互补性原料。一些应用环节,黄铜是钢铁的一种替代品。当锌的价格上涨时,不会有客户考虑从使用锌转向使用钢铁。但是,这两种产品仍可能存在间接的替代性:锌价格的上涨会导致黄铜价格的上涨,进一步导致钢铁需求的提升;钢铁价格的上涨将导致黄铜需求的提升,从而导致锌需求的提升。一家钢铁供应商与一家锌供应商之间的合并会将这种关系内部化,从而可能导致合并后企业有动机对锌或者钢铁价格实施涨价。图 5.13 对锌与钢铁之间的对角关系进行了说明。

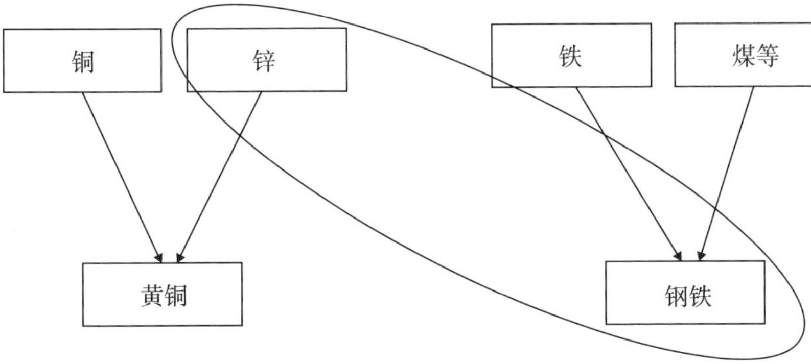

图 5.13　对角合并图解

为了评估单边反竞争效果,下述三个条件需要满足:

(1)锌必须占黄铜生产成本的相当比例。为了说明该条件,我们可以假定锌

310　Higgins 在文章中以一家锌供应商与一家钢铁供应商之间的合并为例,介绍了"对角合并"这一概念。See R. S. Higgins, 'Diagonal Merger' (1997) 12 *Review of Industrial Organization* 609–623.

如果只占生产既定黄铜数量成本的10%。这种情况下,锌的10%涨价只会导致黄铜生产成本上涨1%。这种情形不太可能导致黄铜价格的显著上涨,因此也就不太可能导致钢铁需求的显著上升。实际上,如果锌只占黄铜生产成本的很低比
503 例,这决定了钢铁与锌价格的需求交叉价格弹性很低。

(2)锌供应商没有面临其他锌供应商的有效竞争。假定在向黄铜供应商提供锌方面,锌供应商面临很多竞争对手。这种情形下,作为合并一方的锌供应商的任何涨价,不会导致黄铜生产成本的上涨,而是通过生产黄铜的客户的反应提升竞争性锌供应商的需求。

(3)黄铜与钢铁应该具有紧密替代性。如果黄铜与钢铁不是紧密替代品,则即使黄铜价格显著上涨,也不会导致另一合并方的钢铁需求显著上升。实际上,黄铜与钢铁的替代性如果很低,则钢铁与锌的价格之间的需求交叉价格弹性也很低。

上述这些条件必须同时考虑。特别是,黄铜与钢铁之间的替代性越强,原则上来说,存在显著替代关系所需的锌占黄铜生产成本的占比要求也就越低。

6.2 案例研究:*Google/Doubleclick* 案——评估对角效应

在调查 *Google/Doubleclick* 案时,欧委会考虑了对角关系可能导致单边效应的竞争关注。[311]

如第5.5.3节所述,Google 作为文本广告的广告空间与整合(基础性)广告服务的供应商,与作为独立展示广告服务解决方案供应商的 Doubleclick,它们之间并不存在横向的重叠。

但是,交易方的业务之间缺乏横向重叠,并不能排除合并后企业有直接的动机去实施单边涨价的可能性。

交易方与投诉人都同意,广告商与广告发布商都将文本广告与展示广告视为
504 替代品。投诉人主张,这使得 Google 与 Doubleclick 之间存在一种前面例证中描述的对角关系,这将使得合并后的企业实施单边涨价会有利可图。

投诉人主张,如果 Doubleclick 在广告商那边的广告服务解决方案(例证中的锌)价格上涨,这会提升一家从未被整合的渠道购买展示广告空间(黄铜)的广告

[311] See Case COMP/M.4731-*Google/DoubleClick*, Commission decision of 11 March 2008.

商的总成本,这种情形下 Doubleclick 的产品是一种投入要素。因为未被整合的渠道被视为与整合渠道具有可替代性,而 Google 在整合渠道中出售文本广告(钢铁),整合渠道会出现一定的需求转移,并且一些需求会流向 Google。这一转移率将被合并后的企业所内部化,这导致合并后的企业有动机提高展示广告解决方案的价格。[312]

尽管这一竞争关注在理论上有一定道理,但交易方的分析指出,我们前面例证中提及的三项条件没有一项能满足。

第一,广告商在不同形式的广告(如文本广告与展示广告)之间进行选择时,主要是比较不同形式广告的总成本高低。对于展示广告总成本的小而显著的上涨(5% ~10%),广告商可能可以很好地回应,比如重新配置文本广告方面的开支。由于展示广告服务只占展示广告总成本很小一部分,因此相对文本广告而言,展示广告服务的小而显著的价格变化只会对展示广告的总成本带来很小的影响。为了清晰说明这点,我们假设一家广告商需要就每千人展示广告服务向 DoubleClick 支付 5 美分,向购买网站广告空间的广告发布商每千人支付 2 美元。因此,广告总成本是 2.05 美元。如果广告商面临的广告服务价格提升 10%(从 5 美分涨到 5.5 美分),这只会导致广告总成本上涨大概 0.2%(从 2.05 美元涨到 2.055 美元)。欧委会指出,因此,这样的价格变化不太可能促成很多的(如果有一
些)需求从展示广告转移到文本广告。 505

第二,DoubleClick 在展示广告服务市场面临很强的竞争。如 5.5.3.1 部分所述,有时在与客户续签合同时,DoubleClick 会向广告商和广告发布商提供大幅降价的条件。此外,即使提供了很大的降价,DoubleClick 的大量客户仍流失到竞争性展示广告服务供应商那里。展示广告服务市场的激烈竞争意味着,DoubleClick 对广告服务的价格即使是小幅上涨都不可行,更别说实施导致大量需求转向文本广告的足够规模的涨价。

第三,Google 供应文本广告,而 DoubleClick 则是展示广告供应的原料供应商。尽管这些广告形式具有可替代性,但一定程度上它们又具有显著的差异。因此,Google 的综合解决方案与包括作为一种成分存在的 DoubleClick 的展示广告

312　类似地,DoubleClick 在广告发布商那边的广告服务解决方案(DFP)的价格上涨,将会降低一家从非整合渠道中出售广告空间的广告发布商的利润,导致在整合渠道中出售的广告空间的数量上涨,这一效果也会被合并后的企业所内部化。

服务技术的非综合解决方案,不可能被视为是特别接近的替代品。

上面的这些分析让欧委会认为,Google 和 Doubleclick 相互之间不会施加实
506 质性竞争约束,因此,合并后的单边涨价无利可图。

附录 A 回归分析与计量经济学

本附录简要介绍了线性回归分析及其在计量经济学中的应用。第 1 节旨在让读者能够对回归分析的结果有基本的了解。第 2 节将简要介绍计量经济学中的一个基本问题:识别有意义的经济关系。本附录并无提供在实践中运用回归分析的详尽指南的意图——这将超出本书的范围。同样,我们也不会探讨在回归分析中常出现的种种复杂问题。对于本附录涉及问题的更详尽的探讨可见于任何一本通用计量经济学教材。[1]

1. 回归分析与统计推断

回归分析是一种识别数学描述的工具,其反映了两个或两个以上变量之间所观测到的关系。回归分析可以让研究者了解到一个变量的取值将如何随着另一个或几个变量的变化而改变。

举一个简化的例子:电视定价。让我们来设想一个电视机提供商采取一种“大拇指规则”来对其 LED 平板 3D 电视定价。该定价规则仅考虑与电视相关的一个变量:屏幕的尺寸。该规则可以由一个数学公式来表示,而这个公式将能够提供任意一个屏幕尺寸下电视的价格。具体而言,电视的定价可以由下面的公式来表达,其中 P 为价格,SCR 为电视的尺寸(以英寸计)减去 26 英寸(26 英寸是现有电视机屏幕最小的尺寸):

$$P = 200 + 68SCR$$

---

1 See, e. g., J. M. Wooldridge, *Introductory Econometrics: A Modern Approach*, 4th edn., Cengage Learning, 2009.

这一公式告诉我们,价格(以欧元计)将等于68 欧元乘上该电视屏幕尺寸减
507 去最小的26 英寸所得之差,再加上200 欧元。

因而,对于任意给定的屏幕尺寸,电视提供商可以用该公式进行定价。一个26 英寸的电视将被定价为200 欧元,等于200+68×(26-26)。一个40 英寸的电视将被定价为1152 欧元,等于200+68×(40-26)。一个60 英寸的电视价格将为2512 欧元,等于200+68×(60-26)。

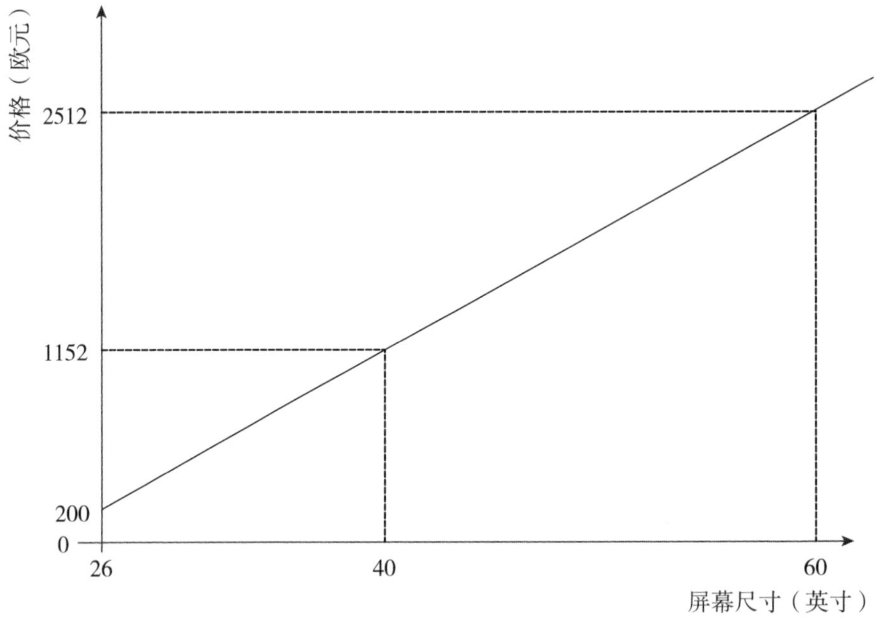

图附录 A-1　基于屏幕尺寸的定价规则的图示

上述等式中体现的屏幕尺寸和价格之间的关系也可以通过图示来呈现。如图附录 A-1 所示,对于任何一个给定的屏幕尺寸,在图示的直线上都能找出对应的价格。

在本例中,提供商在使用一个已知变量的值(屏幕尺寸)对另一个变量进行定值(价格)。回归分析将这个过程倒置:不是从一个描述变量之间关系的公式出发、根据一个变量取值预测另一个变量值,而是从观测各个变量的取值开始,基于观测尝试寻找变量之间关系的公式。

假设我们现在是相关研究者,我们推测电视机提供商运用一个固定的规则来为电视机定价,但并不知道这个定价的公式的具体内容。需要注意的是,在这里我们并不试图理解提供商为更大的电视机定更高的价格背后的经济机制(如可能

由于更大的电视机有更高的生产边际成本,或是消费者更愿意为大电视付高价)。 508
我们的兴趣只是找到电视提供商定价的具体规则。

假设我们有该电视提供商出售的 18 台电视的价格及其对应的屏幕尺寸的数据,除了屏幕尺寸之外,这些电视其他方面的规格完全相同(他们都是有 3D 放映功能,运用 LED 技术的平板电视)。这 18 个价格与屏幕尺寸的观测值如图附录 A-2 所示。

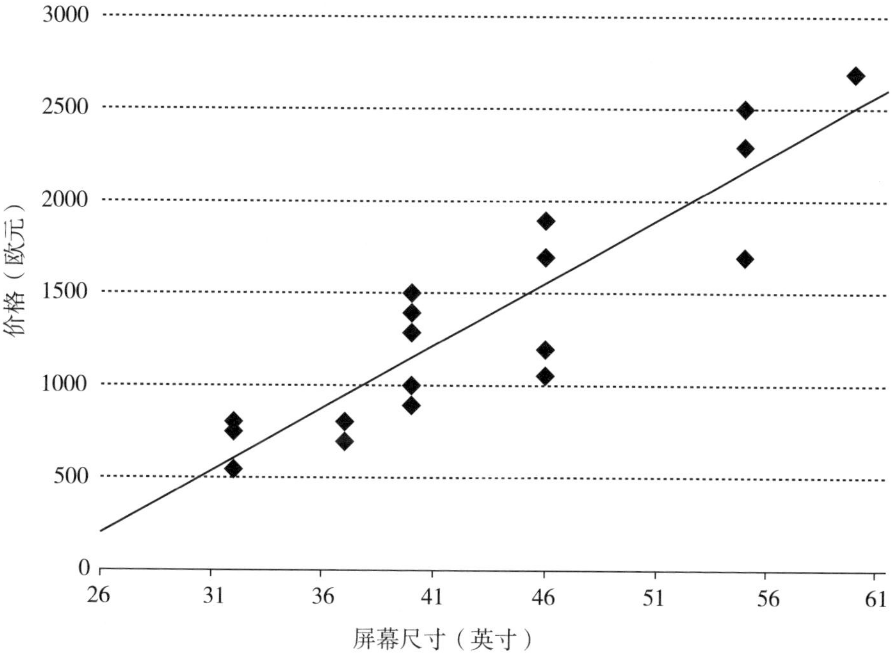

图附录 A-2　基于屏幕尺寸推测价格——图示回归

观察这 18 个观测点,价格与屏幕尺寸间的关系是相对清晰的。虽然无法画出一条穿越所有观测点的直线,但图中所示直线可以被认为很好地反映了上述关系。回归分析是一种数学工具,用于找到描述特定一组观测值的“最佳拟合线”的公式。

在大部分的经济应用中,我们关心**自变量**(例中为屏幕尺寸)的变化对于因变
量(例中为价格)的影响。这就是回归**系数**所呈现的。在本例中,回归系数表现的 509
是对于 3D 的 LED 平板电视屏幕尺寸增大一英寸时价格所增长数值的估计。对于上述数据进行回归,可以得到对于屏幕尺寸而言的回归系数为 68,与我们之前提到的电视定价公式相吻合。

上图中的直线试图描述屏幕尺寸对电视价格的影响，但是没有一个实际观测点落在该直线上。所以我们可以将真实的（我们实际观测到的）关系描述为

$$P = 200 + 68SCR + \text{其他}$$

这里的“其他”是指无法观测的项目或称误差项。它影响着经济过程，但无法为研究者所观察，所以无法纳入模型之中。在图附录 A-2 中，这种误差代表着直线与数据点之间的距离，被称作残留误差，简称残差。

无论是基于经济学理论的运用或一般常识，我们通常对什么是误差项存在一定的认识。例如，一个我们在上述分析中未考虑的因素就是电视机的“新潮程度”；每年新的电视设计推出时，旧的款式仍会出售，但会以更低的价格卖出。新的款式可能会看起来更时髦，更轻薄或是有一个更小的电视架。这些都将影响电视的价格，但并没有被纳入我们的模型。如下面将进一步提到的，我们可以在回归中增加可以解释一些价格差异的新的变量，进而能够更精准地确定屏幕尺寸对价格影响。

为了确定针对特定观测数据的最佳拟合曲线的等式，回归方法有多种不同的形式。若对这些方法一一说明，将超越本文的范围，不过其中最常用的方法为通过求残差平方和的最小值的最小二乘法（OLS，这里采用的方法）。

上述例子为一个很具体的回归，我们探寻的是“针对 3D 的 Led 平板电视，屏幕尺寸和价格的关系是什么？”如果我们从更普遍意义上对屏幕尺寸与平板电视价格的关系感兴趣，由于电视还会根据屏幕技术（如 LED 还是等离子）以及其他的变量来进行区分，那么我们就需要加入更多的观测量来衡量。

510 在实践中，回归分析可以被扩展到对多元自变量的考量。因而，在上述例子中，电视机价格作为因变量不仅可以被屏幕尺寸解释，还可以被屏幕种类（Led 或者等离子技术）、是否支持 3D 放映、是否内置 Wi-Fi、发行日期及其他因素所解释。虽然这种多维度关系不能像在上述两个变量情形那样用图形描述（这样的图需要为每一个自变量构建一个维度，再加上因变量的维度），但是基本原理是一样的。因而多变量回归分析将提供一个从回归的多元变量观测组合中减去了残值平方和的公式。

假设我们将上述的简单回归（价格和屏幕尺寸）应用到一个更大而差异化的、包含电视多种不同类型参数的样本中。这个样本有 42 组观测值，并且包括了在屏幕技术、产品型号新旧、是否支持 3D 放映、是否支持 Wi-Fi 以及屏幕尺寸上不同的电视机。

表附录 A-1　最小二乘法回归图示,因变量为单件价格(英镑)

	系数	标准差	t 统计量	p 值	95% 置信区间	
屏幕尺寸	56.13	5.56	10.10	0.000	44.82	67.43
LED	427.02	127.54	3.35	0.002	167.54	686.51
3D	-50.03	136.12	-0.37	0.716	-326.97	226.91
Wi-Fi	145.51	113.17	1.29	0.207	-84.74	375.77
最新型号	-244.71	165.58	-1.48	0.149	-581.59	92.16
倒数第二个型号	-592.35	115.44	-5.13	0.000	-827.21	-357.48
倒数第三个型号	-953.20	157.39	-6.06	0.000	-1273.42	-632.98
倒数第四个型号	-804.39	179.91	-4.47	0.000	-1170.41	-438.37
常数	309.2334	271.7705	1.14	0.263	243.69	862.15
n (样本量)	42					
R^2 (判定系数)	0.907					

表附录 A-1 展示了包含除屏幕尺寸之外其他自变量的多元回归分析描述性结果。虽然对于不同的软件输出结果的格式不同,但是解释回归结果的核心元素在各软件中是一致的。[2]

表附录 A-1 展示了将价格的观测值与电视机的下列变量相关联的回归结果,这些自变量有:屏幕尺寸;"LED",所谓的**哑变量**,如果电视有 LED 屏幕技术则取值为 1,如果为等离子技术屏幕,则取值为 0;"Wi-Fi",另一个哑变量,如果电视支持 Wi-Fi 则取值为 1,否则取值为 0;以及对应每一个产品型号的一个哑变量(如果全部为 0 则电视为最新的产品型号)。这些自变量的选取基于一个假设:技术参数越高级、型号越新,价格越高。

任何一个回归结果的核心元素为一组**回归系数**。他们是回归方程的因变量(价格)对于每一个自变量(屏幕尺寸、屏幕技术、产品型号新旧)的变化率的估测 511
值。每个变量的系数告诉我们,因变量的平均值将在该自变量变动一单位时将如何改变。针对屏幕尺寸的回归系数为 56.13,这意味着当其他变量相同时,屏幕

2　运用回归分析计算回归系数的过程在算数上是很困难的,但是现在可以通过数据分析软件来进行,如 Stata, E-Views 或 SAS。事实上,微软 Excel 也可以通过"linest"命令进行多元最小二乘法线性回归,虽然过程有些烦琐。

尺寸平均每增加一英寸将与电视价格增长 56.13 欧元相关。

对于一组回归分析结果,首要需检验的是回归系数的符号,或者说正负。在表附录 A–1 中,回归结果显示, LED 这一哑变量的估计系数为正。这表明对一个屏幕尺寸以及型号新旧给定的电视,如果屏幕采用 LED 而非等离子技术,我们可以预期电视将更贵。而“3 个款式前”这一哑变量的系数为负,这表明我们可以预期,当屏幕尺寸和技术给定情况下,一台比最新产品老三个款式的电视将更便宜。

系数的符号或者正负必须要基于**统计显著性**来分析。先前我们假设存在一个电视提供商用来为电视机定价的“真实的”潜在定价规则。我们尝试运用 42 个电视机价格及其他参数的观测值的样本来找到这个规则。我们发现那些支持 Wi–Fi的电视平均要比那些不支持的电视更贵(Wi–Fi 哑变量的回归系数符号为正)。然而,这可能仅仅是我们随机选取的这 42 台电视样本所产生的假象,而不
512 是“真实的”定价规则的特征。统计显著性的概念所关联的是我们对于一个观测结果并非纯粹偶然发生的信心。如果我们能够有一定的信心认为,一个自变量的系数只是由于偶然原因而不为零的概率很小,并且进而我们可以拒绝该自变量对因变量“没有影响”的假设,那么我们就认定,该自变量(如屏幕技术)的特定系数是“统计意义上显著的”。[3]

估算的系数的统计显著性可以通过以下四种方法的一种或几种进行表述:**标准误差**,**置信区间**,**t 统计量**及/或 **p 值**。上述例子展示了这四种方法。

我们对于存在一个“真实的”潜在影响的信心,来源于我们观测到的影响程度之大小(也就是系数的大小),以及观测数据与这一平均影响相比的离散程度。相比平均影响的离散程度越小,该系数就越可能是对该自变量“真实的”潜在影响的准确反映。这种离散程度通过每一个系数的**标准误差**进行量化。

无论选择何种模型,我们最终得到的系数总是对于总体真实系数的估测值。因此,在我们得到的系数周围,还有许多的可替代的并可作为真实值的取值。如果我们的估计量是无偏的,那么在我们给定的数据组下,一个给定取值与系数估计值偏离得越远,它就是真实值的概率也就越小。如果系数的估计值是 427.02 (如上述例子中的 LED 技术这一哑变量),那么真实值更可能是 427.02 而不是 450,而 450 相比于 375 又更可能是真实值。

一旦我们知道了一个估计系数的标准差,概率论就能让我们在给定的样本数据

3 通常简单而言,解释变量本身被认为是“统计意义上显著的”。

下,算出真实值与估测值相差某一特定值下的概率。存在这样的一个一般性结论:系数的真实值落在估计值周围大约两个(1.96 个)标准误差之间的概率为 95%。

因而在表附录 A-1 中,LED 技术而非等离子技术的系数真实值落在 427.02 上下 1.96 个标准误差(也就是 167.54 到 686.51)之间的概率为 95%。这个区间被称作**置信区间**,如上表中的最后两列所示。 513

在回归分析中,我们通常关注相关关系的方向(正负)。标准误差和置信区间的主要用途在于判定一个估测系数在统计上不为零的可能性。如果存在 95% 的概率使得系数的真实值与估测值落在 0 的同一侧,则可认为该系数的统计显著性水平为 5%(或称,与 0 有显著差异的水平为 5%)。这等价于检验 95% 的置信区间是仅仅包含了与估计值相同符号的值,还是跨越 0 点进而包含了相反符号的值。

计量经济学中的一个普遍的标准是:若一个系数在 5% 的显著性水平下有统计意义上的显著性,则可以拒绝该系数是 0 的原假设(亦即自变量对因变量"无影响"的原假设)。[4] 对于那些无法满足特定显著性水平要求的系数而言,我们无法拒绝其在 5% 的显著性水平下等于 0 的原假设。例如,从上述输出中可以看出,由于 95% 的置信区间不包含 0,我们可以拒绝在 5% 的显著性水平下电视屏幕尺寸对价格影响为零的原假设。但是,我们并不能拒绝在 5% 的显著性水平下 3D 效果对价格影响为零的原假设,因为 95% 的置信区间包含 0。[5]

t 统计量和 p 值是判断回归系数显著性的替代性方法。**t 统计量**代表了系数和标准差的比率。t 统计量的绝对值代表了各系数与 0 的差异为多少个标准差。如上所述,概率论告诉我们在 5% 的显著性水平下,系数与零相距在 1.96 个标准差之内的不显著,因而 t 统计量的绝对值若大于 1.96 则代表在 5% 的显著性水平下该系数是显著的。[6] 514

p 值与 t 统计量相关,代表着假定"无影响"的原假设正确时,得到与 t 统计量观测值一样极端或更极端取值的概率。小于 0.05 的 p 值意味着在 0.05 的显著性书评下系数有显著性,反之亦然。因而,与 t 统计量不同的是——t 统计量把系数

4 5% 的临界值是任意的。有时会选取 1% 或 10% 的显著性水平,具体取决于我们在多大程度上希望避免错误地否定"无影响"的原假设的可能性。

5 我们在假设检验中采用"不拒绝"这一说法而非"接受",因为检验结果仅指向变量的显著性,而无法排除"接受"所指向的其他可能性。我们无法拒绝影响的程度为 0,但这一事实并不意味着我们可以"接受"影响的程度(准确的)就是 0。

6 对应 1% 及 10% 的显著性水平下的 t 值分别为 2.58 和 1.65。

与给定的显著性水平进行比较,而 p 值可以找出在哪个具体的临界显著性水平下,系数是统计意义上显著的。

回归输出结果中的剩下的元素有常量、样本量以及离散系数。常量代表着回归方程的截距,也就是当屏幕尺寸为 26 英寸(因为我们把屏幕尺寸变量定义为屏幕尺寸减 26 英寸)且其他回归方程中的变量都取 0 时价格的取值。许多情况下,常量的作用有限。回归分析通常关心的是自变量和因变量间的关系,也就是自变量对因变量的影响,而非因变量自身的水平。

样本量,通常用字母“n”来表示,指代被用来估计回归方程的观测数据组合的个数。如上所述,样本量会通过显著性来影响估计量的可靠性。

判定系数(或 R^2)是用来反映回归“拟合优度”的统计量。R^2统计量取值在 0 到 1 之间,其测量着因变量差异中可以被自变量解释的部分。一个等于 1 的 R^2意味着自变量 100% 解释了因变量的变化。一个等于 0 的 R^2意味着自变量不解释因变量的任何变化,但是,虽然 R^2是一个回归拟合优度的良好指标,如果我们主要关心的是当其他自变量相同时,一个特定变量(如电视采用 LED 还是等离子技术)对价格的影响,则 R^2可能并不是很有用。

2. 回归分析,内生性以及确定经济影响

上述讨论已经介绍了回归分析的概念,并提供了一种确定观测变量之间数学关系的工具。回归分析是计量经济学领域常用的方法,其目的是将真实世界的数
515 据结合进经济理论,实证性地寻找到有意义的经济关系。然而在很多情况下,由于**内生性问题**,确定变量之间的*统计*关系无法正确地展示决定这些变量的潜在*经济*过程,而这些过程才是研究者关心的。

简单来说,内生性可以被定义为一个防止我们将两个变量间表面的*统计*关系等同于任何有意义的*经济*关系的问题。本节中,我们通过一个内生性问题的例子,来展现其导致扭曲真实经济关系的回归结果的可能范围。

下面的例子是一个关于教育对个体工资影响的研究。[7] 我们可能会观察到,

7　这是一个广为人知的会出现内生性问题的经济研究领域。See, e. g. , Z. Griliches, ‘Estimating the Returns to Schooling: Some econometric problems’, *Econometrica*, Issue 1, 1977, pp. 1–22.

受教育时间更长的人平均有着更高的收入水平。特别地,回归分析可能会发现,平均而言每多接受一年教育与每年薪水增加×欧元相关联。这可能意味着如下结论:每多接受一年教育可以平均让一个人每年多获得×欧元的薪水.

但是,这种方法并没有考虑到个人*自主选择*了其接受教育时间的事实。许多影响着这一选择的因素无法被计量经济学家们发现,如个体的天赋和职业伦理。尤其重要的是,这些影响着教育选择的未被观测的变量也很有可能独立的影响着个体的收入水平,与其接受的教育年数无关。因此,受教育市场与薪水之间的关系可能(至少部分)被解释为,拥有更强能力的个体倾向于选择接受更多年的教育。

在这个案例中,教育年限与薪水间的*统计学*关系并不能告诉我们教育对薪水的增量影响,而后者才正是*经济学*所关心的。图附录 A–3 展示了教育年限与薪水的统计学关系是如何让我们夸大了其经济意义上的关联性,这种关联描述了每 516
增加一年教育对薪水影响。

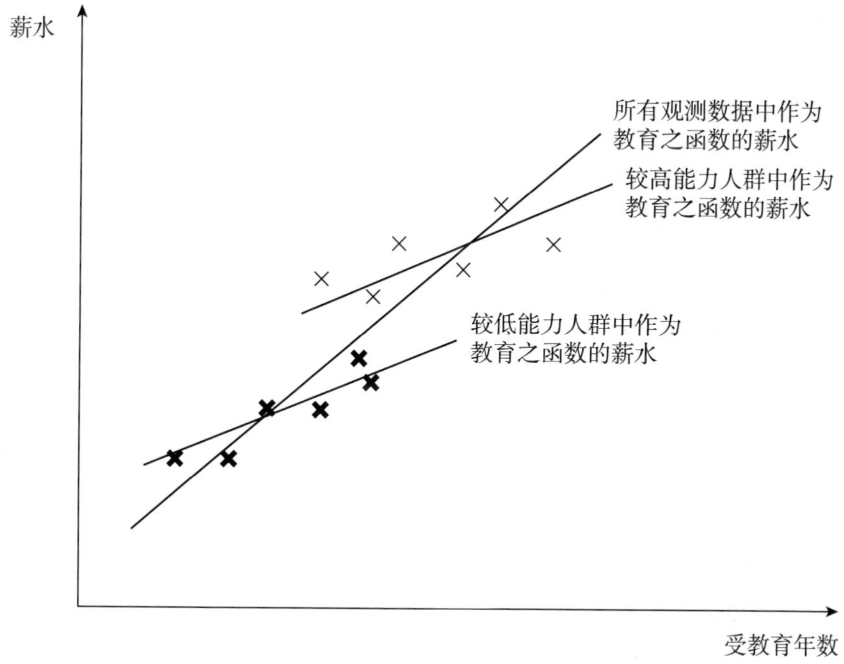

图附录 A–3 薪水与教育的关系

图附录 A–3 分别描绘了一系列拥有"较低能力"(以粗的叉号表示)和"较高能力"(以细的叉号表示)的个体的教育年限与薪水的观测值。可以看出"较低能力"的个体相较于"较高能力"的个体平均选择了更短的教育年限,并且在任一给定的教育水平下收入水平更低。对于这两个群体而言,每多接受一年教育对薪水的"真实"潜在影响,是通过穿过这些点的最佳拟合直线之斜率来体现的。然而现实中,不可能观察到哪些点代表的"较低能力"或"较高能力"的个体。画一条"观测的"穿过所有点的最佳拟合直线,会导致其相较于任意一条描绘两个群体"真实的"教育年限与薪水关系的直线而言都更陡峭。因而"观测的"最佳拟合直线的斜
517 率并不能揭示每多接受一年教育对薪水的真实影响。

如果下列事实为真,则上述内生性问题将不复存在:

——我们能够克隆个体,让本体去工作,同时让克隆的个体去多上一年学。通过这种构建,每位个体与其克隆人的区别将仅在于其接受教育的年限。这样我们可以通过比较个体与其克隆人的平均薪水差,直接推断出每多接受一年教育对薪水的经济学意义上的增量影响;

——由一个"疯狂的独裁者"要求每个个体将接受的教育年数完全随机确定。结合上面谈到的内生性问题:受教育时间更长的人赚得更多可能是(至少部分是)因为,有更强能力的个体既在任意给定的教育年限下赚得更多,又选择接受更多年的教育。如果个体不再有教育的选择权,那么内生性问题将消失。这就是医药研究中随机实验的基础,这些实验中对照组与实验组的唯一区别在于其是否接受治疗,以此使不同组的治疗结果之间任何系统性差异都能被完全归因于该治疗;

——我们可以直接观察"内在能力"。如果我们能够直接观察"能力",我们就可以轻易的将所有个体分在"较高能力组"或"较低能力组"中,并寻找各组中教育与薪水的联系。遗憾的是,对于经济学研究者们而言上述任何一个解决方案都是不现实的。特别地,经济学家们极罕见的能够在条件被控制的情况下进行试验。因而,计量经济学尤为关注解决内生性问题的方法。一个通常的做法是引入**工具变量**。对工具变量的一个通用的定义为:一个能够影响系统中一部分变量而
518 不影响其他变量、并因而能让研究者找到所关注的相关关系的变量。[8] 虽然对工具变量的使用超出了本书的范围,对其更具体的运用可以在任何一本通用计量经
519 济学课本中找到。[9]

---

8 更准确地说,使用工具变量的主要要求为:工具变量必须基于其他的协变量之上,与内生性自变量相关;且工具变量不能与自变量式子中的误差项相关。

9 对于内生性和工具变量更深入的探讨,参见 J. M. Wooldridge, *Introductory Econometrics: A Modern Approach*, 4th edn., Cengage Learning, 2009。

附录 B　需求估算模型

1. 导　　言

第二章中我们讨论了一个基于线性需求的简单的需求估算形式。本附录将进一步介绍合并审查语境下的不同需求估算形式。

1.1　连续需求估算的其他模型

回忆第二章第 3.2.1.1 节的图 2.6 中所示 Jaffa 橙汁需求曲线的线性描述。通过这条需求曲线我们可以看出,每增加 1 单位的价格将导致 10 单位的需求下降,而这一关系在任何价格下都成立。因而在运用线性需求系统时,我们强加了这样一个限制:例如,如果价格从 10 磅下降到 0 磅,其带来的需求增量将与价格从 150 磅下降到 140 磅的效果是一样的。直觉上我们认为这并不是一条需求曲线应有的特征。

我们可以找到一个并不具有上述特质的具体需求关系。考虑如下方程所构造的需求函数

$$\underset{\text{需求量}}{quantity_j} = \underset{\text{价格}}{\alpha price_j^{\beta}}$$

该需求曲线的图像如图附录 B-1 所示。

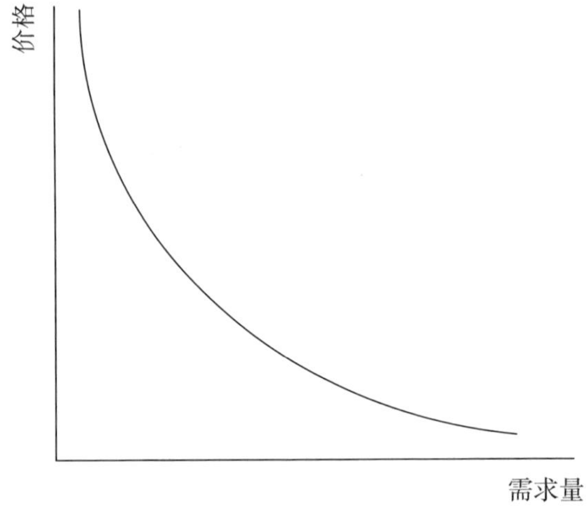

图附录 B-1　非线性需求曲线

需求曲线的曲率与位置取决于参数 α 和 β，其中 β 为负值。

如我们对等式两边取自然对数（一个简单的转化）将会得到一个线性关系，因
520 而更利于我们采取简单线性模型中的方法来进行估计。

$$\underset{\text{需求量}}{\mathrm{In}(quantity_j)} = \mathrm{In}(\alpha) + \beta\underset{\text{价格}}{\mathrm{In}(price_j)}$$

一个值得注意的点在于，取自然对数意味着系数 β 可以被解释为需求的价格弹性，该需求曲线中因而展现出在*任意价格下的固定价格弹性*。

固定弹性的需求曲线只是可以在经验寻得的诸多非线性需求函数形式之一。但是，虽然固定弹性假设有助于我们相对容易地找到需求曲线，该假设也会对需求曲线的形状施加限制。

实证分析中的挑战在于，如何找到一个能很好平衡计算之简易程度（通常要求增加更多关于消费者行为的假设）与灵活性（假设越少越好）的模型框架。实证研究中一个常用的需求模型为**近乎完美的需求系统（AIDS）**。[1] AIDS 模型采用了微观经济学理论中个体层面的可靠假设：消费者都拥有着一个在预算约束下最大化效用的函数。这个重要的假设让我们可以在个人开销数据的基础上使用价格和量化数据来得到需求函数。AIDS 模型很方便的一个特性在于，如果所有的个
521 体在一个给定的多元产品市场中服从于同一个需求等式的约束，那么其加总后也

1　A. Deaton and J. Muellbauer, *The American Economic Review*, (1980) 70(3), pp. 312–326.

是这样。AIDS 模型给出了一个基于微观经济学强有力的基础理论、并可以提供大量有价值参数的需求模型,其中包括价格弹性和交叉价格弹性。然而,虽然 AIDS 模型对数据量的要求比较低,但随着分析的产品数量增加,需要考虑的参数将急剧增加。在一个由 50 个差异化产品构成的市场中,需要分析 50^2 也就是 2500 个不同的参数。

1.2　离散需求估计模型

AIDS 模型是基于这样一个假设:消费者作出购买决定以实现其效用函数的最大化。在其最完整的形态下,该函数会包括价格和其他计量经济学家能观测到或无法观测的产品特质。**离散选择分析**被用来描绘消费者在从一系列选择中选取一个产品时的决策。例如,一个想从伦敦前往布鲁塞尔的消费者不会考虑在给定优势价格情况下乘某一种交通工具花*多少钱*,而是会考虑在给定优势价格下采用*哪种*交通方式。当她选择乘飞机出行时,她理论上就基于其预算约束进行了最大化效用的离散选择。

一个根本性假设在于,个体选取带给他们最大效用的选择。从一个具体的选择中获得的效用,通常被假定为一个线性函数,该函数由一系列选择相关的可测变量,个体相关的可测变量,以及不可测的随机误差组成。举例来说,一个消费者在选择购买一辆汽车时的效用函数,可能与一系列的汽车相关的变量(型号、燃油效率等),个体相关的变量(家庭人数、收入、年龄),以及我一些我们无法观测的部分组成。

这个方法的复杂之处在于,我们必须对模型中无法观测的量进行假设。我们选择的假设将决定分析的结果。一个通常的离散选择分析假设是,无法观测的变量遵循“第一类型极值分布”(其细节在此并不重要),这样将产生**条件 Logit** 需求 522
模型。[2] 该模型展示了消费者选择某商品而非其他商品的条件概率。如果我们有个体特征的相关数据(例如收入或者家庭成员数),那么这些数据将可以被用来获得给定个体特征下,个体选择某特定商品而非其他的商品的概率。因而将这些概率乘上市场中的消费者总数,就能得到每个商品的需求总量。

2　See D. McFadden, ‘Conditional Logit Analysis of Qualitative Choice Behaviour’ inP. Zaermbka (ed.), *Frontiers in Econometrics*, New York: Academic Press, 1973.

通常而言(尤其在模拟并购中),我们对**胜算比**感兴趣。这是一个商品 i 被选中的概率与另一商品 j 被选中的概率之比。因此,举例来说,如果 i 和 j 的胜算比为 2,那么这意味着一个新进入市场的消费者选 i 的可能性为选 j 的两倍。

条件 Logit 模型的假设能够让产品的胜算比通过可测变量得出。但是,这些假设也意味着商品 i 和 j 的胜算比独立于(a)除去 i 和 j 之外的任何商品,以及(b)市场中其他商品的数量。

这种特性被称为**非相关替代独立性(IIA)**。IIA 意味着,即使加入第三个选择(或者改变了选择的特性),选择一个商品之概率与选择另一个商品之概率的比值不变。不幸的是,该特性很多情况下是违背直觉的。例如,考虑如下经典例子(来自 1973 年 McFadden)。在一个选择上班往返交通工具的市场中,有两个可行的选择:乘坐红巴士或汽车。[3] 假设一个消费者选择这两者的概率均为 1/2(意味着胜算比为 1)。假设现在另一个选择——蓝巴士——被加入了消费者可以选择的上班交通工具中,且消费者对于公交车的颜色没有任何偏好(红色和蓝色大巴是完全替代品)。直觉上,我们会认为消费者对汽车的选择概率仍然为 1/2,而公交
523 车也是 1/2,这意味着选择红蓝巴士各有 1/4 的可能。但是,这将会触犯非相关替代独立性。如果 IIA 成立,那么汽车与红巴士的胜算比(过去是 1)应该不会随着蓝巴士的加入而发生改变。事实上,在这种情况下 IIA 将使得汽车、红蓝巴士都有 1/3 的概率被选中。IIA 无法考虑红蓝巴士之间相比与及汽而言是更接近的替代品。

IIA 假设也是 Logit 需求模型被批评的根源所在:该模型假设在不同品牌之间的切换与各品牌在所有选择中所占供应份额成比例。常识告诉我们,从一个品牌切换到另一个品牌不需要与品牌份额成比例,有些品牌之间就是更"接近"。

条件 Logit 模型经过修正后可以通过使用嵌套来解决这个问题,嵌套即把商品根据其特性而组合在一起的商品束。例如,上述例子中,我们可以将红蓝巴士放在同一个嵌套中,进而第一个决策只在巴士和汽车中选择,而第二个决策(已经选了巴士)则在红、蓝巴士中选择。这种决策过程的结构图如图附录 B-2 所示。

3 McFadden 不是第一个发现 IIA 问题的人,1960 年 Gérard Debreu 就已发现。他那时用了一个更高雅的例子,涉及的是贝多芬和德彪西所作音乐的市场。

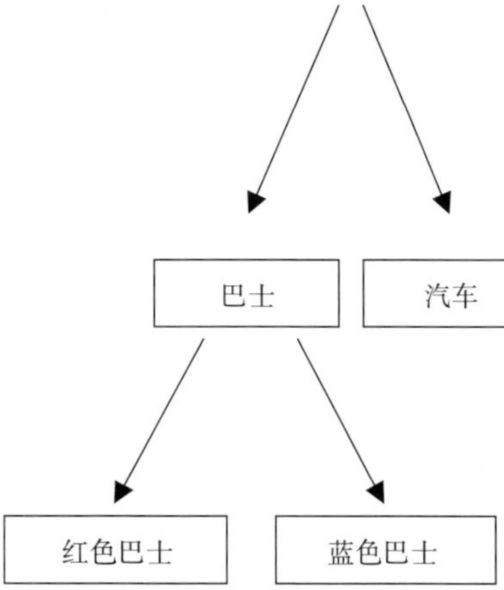

图附录 B-2　消费者决策过程结构

这种用来估计需求的框架被称作**嵌套式 Logit 模型**。其本质上是在每一个决策阶段的 Logit 模型。它可以让研究者将类似的选择细分在同一组中(让消费者对商品的偏好能够被联系进来)。通过对大嵌套内的选项进一步细分为小嵌套，这个模型可以划分出多层级嵌套穴。 524

嵌套式 Logit 模型通常在经济研究中被采用,并且被运用于最近的*卡夫/吉百利*(在其模拟合并中被采用)和*联合利华/萨拉李身体护理*(Sara Lee Body Care)的兼并中。

该股测模型同样也有优势和劣势。其具有一个很明显的优势在于该模型需要估测的参数值比 AIDS 模型少得多。然而,这也是有代价的。该模型在估测上相对容易,但是也让替代模式的结构僵化,这种替代模式被嵌套的选择以及在这些嵌套中的产品划分所约束着。这些选择和划分,都必须由计量经济学家们根据经验证据或直觉来先验的确定,而它们又是决定模型输出的最重要的因素。因此,很大程度上,嵌套式 Logit 模型的结果可能并非来自对数据的计量经济分析,而是可能来自研究者有一定任意性的选择。如此,嵌套式 Logit 模型由于无法提供对不同产品间替代模式的客观指导,在一些情况下其在兼并分析中并不那么有吸引力。

对于离散选择和需求估计更详细而全面的讨论,可参见 Davis 和 Garcés 等学者的著作。[4]

4　P. Davis and E. Garcés, Quantitative Techniques for Competition and Antitrust Analysis (Princeton University Press, 2009).

索　引

后　　记

经过长达一年多的奋战，在译作杀青之际，深感“事非经历不知难”。翻译是件苦差事，翻译专业著作尤甚，不用说“信、达、雅”，做到“通俗易懂”就很难。

与前辈相比，现在做翻译工作的条件不知道好了多少倍，然而，令人遗憾的是，反垄断领域的译著并不多见。这种怪现象缘于我们现行不合理的学术评价体制：翻译的著作往往不算学术成果，不能用于评职称或者权重极低。这种体制造成的恶果就是，大家一般不愿意把宝贵的时间和精力浪费在翻译这件苦差事上。

2007 年 12 月，我从全国人大财经委员会调到商务部，从事了 7 年经营者集中反垄断审查、配套立法和国际合作工作。其间，办理了英博收购 AB、可口可乐收购汇源果汁（第一起禁止集中的案件）、辉瑞收购惠氏、松下收购三洋等重大企业并购案件。2014 年 12 月，我离开商务部调到国家发改委后，萌发了一个强烈的愿望，希望对自己从事经营者集中反垄断审查工作的经历作个总结。恰逢此时，我遇到了 2013 年剑桥大学出版社出版的《The Economic Assessment of Mergers under European Competition Law》，该书清晰的逻辑结构、通俗的语言风格、精彩的案例分析成功地摧毁了我另起炉灶的野心，同时点燃了我学习玄奘的激情。

2015 年 2 月的某一天，在我家楼下的茶馆，我和黄晋、韩伟、解琳、柏勇、武泓毅、潘洪兴、李天一、陆睿查聚到一起，讨论了翻译方法，明确了任务分工，制定了工作计划。今天，自己一个人在同一家茶馆，看着翻译好的样书，为她写后记，告诉读者翻译背后的小故事，久违的成就感油然而生。

作为本书的审校，我有幸通读了四位外国原著作者、四位中文版译者的作品，可以负责任地说，我们至少做到了“信”和“达”。只要读者有兴趣，有耐心，就能享受到本书的真知灼见。无论是反垄断执法者、专业律师，还是专家学者、法律顾问，都能在阅读中遇到惊喜。

我们翻译该书是希望与所有对此话题有兴趣的读者共同分享，帮助大家全面准确地了解欧盟近六十年的理论成果和执法经验，并希望在此基础上走出一条中国特色反垄断执法的新路,为世界反垄断执法难题提出中国解决方案。

亲爱的读者,如果您阅读本书时很享受,有收获,请千万不要忘记:这绝不只是多种机缘的巧合,更是集体艰苦努力的成果。首先应该感谢的是黄晋、韩伟、解琳、柏勇,他们才是真正的英雄,把如此专业的英文转化为通俗的中文,好比学会弹奏李斯特的钢琴曲,只有练过的人才能真正体会其中的艰难。其次应该感谢的是王晓晔教授,她是我们共同的导师,她那严肃认真的做事态度就像遗传基因一样渗透到我们的血液中,往往在关键时刻激发出我们战胜困难的勇气。第三应该感谢的是 RBB 的余妍女士和法律出版社的潘洪兴老师和李天一老师,他们的敬业精神和专业水平,不仅赢得了我们的尊重,还赢得了剑桥大学出版社的肯定。

最后,最应该感谢的还是读者,您阅读本书就是对我们最大的奖赏。如果您在阅读过程中发现错漏、瑕疵,请一定做好标注,及时告诉我们,因为“信、达、雅”是我们共同追逐的梦想。

朱忠良

2017 年 4 月 9 日

图书在版编目(CIP)数据

经济学分析方法在欧盟企业并购反垄断审查中的适用/[英]丹尼尔·戈尔(Daniel Gore)等著;黄晋等译.—北京:法律出版社,2017.3

书名原文:The Economic Assessment of Mergers Under European Competition Law

ISBN 978-7-5197-0764-4

Ⅰ.①经… Ⅱ.①丹…②黄… Ⅲ.①经济学—分析方法—作用—欧洲国家联盟—企业兼并—反垄断法—研究 Ⅳ.①D950.229

中国版本图书馆CIP数据核字(2017)第063728号

经济学分析方法在欧盟企业并购反垄断审查中的适用
The Economic Assessment of Mergers Under European Competition Law

[英]Daniel Gore [英]Stephen Lewis
[意]Andrea Lofaro [荷]Frances Dethmers 著
黄晋 韩伟 解琳 柏勇 译
朱忠良 审校

责任编辑 李天一
装帧设计 乔智炜

开本 710毫米×1000毫米 1/16
印张 29 **字数** 474千
版本 2017年4月第1版
印次 2017年4月第1次印刷
出版 法律出版社
编辑统筹 独立项目策划部
总发行 中国法律图书有限公司
经销 新华书店
印刷 中煤(北京)印务有限公司
责任印制 张建伟

法律出版社/北京市丰台区莲花池西里7号(100073)
网址/www.lawpress.com.cn
投稿邮箱/info@lawpress.com.cn
销售热线/010-63939792/9779
举报维权邮箱/jbwq@lawpress.com.cn
咨询电话/010-63939796

中国法律图书有限公司/北京市丰台区莲花池西里7号(100073)
全国各地中法图分、子公司销售电话:
统一销售客服/400-660-6393
第一法律书店/010-63939781/9782 西安分公司/029-85330678 重庆分公司/023-67453036
上海分公司/021-62071010/1636 深圳分公司/0755-83072995

书号:ISBN 978-7-5197-0764-4 **定价:**98.00元
(如有缺页或倒装,中国法律图书有限公司负责退换)